Reinhard Blomert

Intellektuelle im Aufbruch

Karl Mannheim, Alfred Weber, Norbert Elias
und die Heidelberger Sozialwissenschaften
der Zwischenkriegszeit

Carl Hanser Verlag

1 2 3 4 5   03 02 01 00 99
ISBN 3-446-19756-7
Alle Rechte vorbehalten
© 1999 Carl Hanser Verlag München Wien
Satz: Satz für Satz. Barbara Reischmann, Leutkirch
Druck und Bindung: Kösel, Kempten
Printed in Germany

Inhalt

Vorwort	7
Institutspolitische Konzeptionen	14
Sozialwissenschaftliche Institute in der Weimarer Republik	14
Konzeption, Lehrer und Lehre am Heidelberger InSoSta	18
Gegen Feindbilder und Provinzialismus:	
Der Akademische Austauschdienst	31
Das Institut für Zeitungswesen	38
Nationalökonomie und Klassenanalyse	49
Die Entwicklung des Instituts	49
Mathematische Wirtschaftslehre: Lilly Hechts Dissertation	55
Emil Lederer	59
Die Umwertung der Bürokratie	61
Angestellte: Die Debatte über den »neuen Mittelstand«	71
Die Entdeckung des Angestellten	71
Siegfried Kracauer: Ausflüge in die Angestelltenkultur	79
Fritz Fischer: Die Gewerkschaften der Angestellten	84
Carl Dreyfuss: Vom Ganzen zum Detail	92
Emil Lederers Schüler	93
»Falsche Ideologie«? Das Bild der Angestellten in	
der Geschichte	101
Carl Brinkmanns Theorie der Refeudalisierung	104
Das Rockefeller-Programm 1929–1935	108
Staatswissenschaften: Nationalpolitische Aufgabe	
oder Politik als Wissenschaft?	121
Von der Herrschaftssoziologie zur geistigen Führung:	
Max und Alfred Weber	121
Die Generation der jüngeren Dozenten: Hans von Eckardt,	
Arnold Bergstraesser und Karl Mannheim	130
Die Adam-Müller-Debatte	150
Die Wiederentdeckung Adam Müllers	150
Der Begriff des Konservatismus	156

Tertium datur	162
Distanz als Methode	173
Politische Gespräche: Karl Mannheim und Carl Schmitt	175

Kultursoziologie 177
Alfred Webers Kultursoziologie 177
Karl Mannheims »Schwarzwälder Kultursoziologie« 183

Die Relativismusdebatte 192
Die Herausforderung 192
Angst vor dem »amerikanischen Bewußtsein« 193
Reaktionen der Schüler 197
Substantialistische Kritik: Ernst Robert Curtius 206
Dialoge in den vereinigten Seminaren 213
Epilog 220

Von der Philosophie zur Soziologie: Norbert Elias in Heidelberg 222
Die prägende Zeit der Jugendbewegung 222
Der Wechsel zur Soziologie 236
Im Seminar bei Alfred Weber 242
Ein neues Bild der Renaissance: Das Habilitationsprojekt 249
Der Einfluß der Heidelberger Soziologie auf Norbert Elias 275

Politik am Institut – Institutspolitik 280
Paneuropäische Ideen 280
Politische Verwicklungen 282
Der »Fall« Gumbel 283
Der *Tat*-Kreis 291
Der »Fall« Bergstraesser 301

Schluß 329
Wandlungen der Heidelberger Sozialwissenschaften 329
Funktionalistische Entzauberungen 336
Die Frage der Einheit der Sozialwissenschaften 343
Gegenläufige Bewegungen: Differenzierung und Integration 345

Anhang 347
Norbert Elias: *Die Entstehung der modernen Naturwissenschaften* (Erstabdruck der Disposition zur geplanten Habilitation bei Alfred Weber) 351
Literaturverzeichnis 365
Anmerkungen 395
Dank 457
Register 458

Vorwort

Das Heidelberger »Institut für Sozial- und Staatswissenschaften« (InSoSta)[1] wurde merkwürdigerweise von der Wissenschaftsgeschichte bislang wenig beachtet. Abgesehen von kleinen Hinweisen und einem Aufsatz von Carsten Klingemann (Klingemann 1990), ist ihm bislang nirgends eine größere Darstellung gewidmet worden. Wie ist das zu erklären? Zum einen ist eine der dort beheimateten Traditionen durch den Nationalsozialismus abgebrochen worden, Dozenten und Studenten des Instituts wurden ins Exil getrieben. Die Überlieferung hat hierdurch einen großen Einbruch erlitten. Zum zweiten ist an die Dominanz Max Webers als Repräsentant der Heidelberger Soziologie zu denken. Durch seine Rolle als Leitfigur mußte das, was nach ihm in Heidelberg an Sozialwissenschaft betrieben wurde, in den Schatten geraten. Die Max-Weber-Tradition war zwar auch im Dritten Reich nicht verschwunden, doch fand sie in Deutschland erst durch den Reimport von Talcott Parsons' Arbeiten wieder nachhaltige Anerkennung und Verbreitung. Die erstaunliche Nichterwähnung Alfred Webers in der Max-Weber-Literatur ist jedoch ein eigenes Phänomen, das als solches erklärungsbedürftig bleibt, haben Alfred und Max Weber doch in vielen wissenschaftlichen und politischen Belangen und in empirischen Arbeiten stets kooperiert. Schließlich ist an die Konstellation in der zweiten Nachkriegszeit zu erinnern, die die unmittelbaren Traditionen des Faches bestimmte. Das Heidelberger InSoSta, das Alfred Weber nach Kriegsende wieder einrichtete, hat sich noch zu seinen Lebzeiten, als man es 1949 in »Alfred-Weber-Institut für Sozial- und Staatswissenschaften« umbenannte, von der Soziologie, der Politik und der Zeitungswissenschaft gelöst und der Volkswirtschaftslehre zugewandt. Soziologie wurde am Institut für Publizistik gelehrt, das ab 1960 als Institut für Soziologie und Ethnologie firmierte. So verschütteten die neuen Entwicklungen die Geschichte der Heidelberger Sozialwissenschaften der zwanziger Jahre, und die Erinnerung reduzierte sich auf die Person Alfred Webers, des geehrten, in Heidelberg überlebenden Vertreters des InSoSta. Als in den fünfziger Jahren mit der Rückkehr des Frankfurter Instituts für Sozialforschung ein anderer ganzheitlicher

Ansatz auftrat, der auf einer marxistisch gefärbten Grundlage das Bedürfnis nach einer einheitlichen Welterklärung abdeckte, konnte sich eine Heidelberger Soziologie-Tradition trotz einer großen Zahl von Schülerinnen und Schülern Alfred Webers nicht länger halten. Als rückkehrende Emigranten erwarben sich die Frankfurter im Bildungsbürgertum und in der Studentengeneration der sechziger Jahre die Reputation einer hoch angesiedelten moralischen Instanz, die die Position der inneren Emigration entwertete und einem Verdrängungsprozeß unterwarf.

Von den Dozenten hat Arnold Bergstraesser Bedeutung erlangt als Gründer der »Freiburger Schule der Politikwissenschaften« (vgl. Schmitt, Horst 1995). Karl Mannheim fand seit den fünfziger Jahren in Deutschland breite Aufmerksamkeit mit seinen Büchern *Diagnose unserer Zeit. Gedanken eines Soziologen* (1951), *Mensch und Gesellschaft im Zeitalter des Umbruchs*[2] und der Aufsatzsammlung *Wissenssoziologie* (1966ff.)[3]. Leider sind die Zahlen der tatsächlich verkauften Exemplare nicht mehr verfügbar[4], doch deuten die editorischen Bemühungen auf einen zeitweiligen verlegerischen Erfolg hin. In zahlreichen Doktorarbeiten und Diplomarbeiten fanden Mannheims Arbeiten bis in die sechziger Jahre hinein immer wieder Aufmerksamkeit.

Auch Norbert Elias konnte man relativ früh in Deutschland wieder lesen. Ein Auszug aus dem Buch *Über den Prozeß der Zivilisation*, das in der NS-Zeit nicht verbreitet werden durfte, erschien 1947 in den Heften der *Neuen Auslese*, die die Alliierten in der frühen Nachkriegszeit zu Aufklärungszwecken in Deutschland verbreiteten.[5] Die eigentliche breite Rezeption fand allerdings erst seit den siebziger Jahren statt.

Karl Mannheim und Norbert Elias sind inzwischen in den Rang von »Klassikern« der Soziologie aufgerückt.[6] Sie wurden jedoch bislang nicht mit Heidelberg und der Heidelberger Soziologie in Verbindung gebracht. Zu Unrecht, waren doch beide, wie hier gezeigt werden soll, stark von Heidelberg geprägt.

Eine Heidelberger Schultradition hat sich aber auch in den zwanziger Jahren nicht gebildet, denn die Heidelberger Sozialwissenschaften eigneten sich nicht für synthetische Systembildungen. Ihr Charakteristikum war die offene Diskussion kontroverser Standpunkte, das Forum divergierender Meinungen und Methoden. Von daher läßt sich auch erklären, daß an drei bedeutenden sozialwissenschaftlichen Debatten der Weimarer Zeit InSoSta-Mitglieder maßgeblich beteiligt waren.

Eine ungewöhnlich große Zahl der Studenten und der jüngeren Lehrenden des InSoSta stammten aus der Jugendbewegung, und Alfred Weber verstand sich als deren Mentor. Dieser historisch noch bedeutsame Hintergrund kann hier nicht detailliert behandelt werden. Im ersten Kapitel wird nach einem Blick auf andere sozialwissenschaftliche Forschungsinstitute die Konzeption des Heidelberger InSoSta und die historische Entfaltung seiner Struktur gezeichnet und seine organisatorische und personelle Entwicklung beschrieben. Dabei konnte ich mich auf eine Reihe von Interviews mit Zeitzeugen und auf neue Quellenfunde stützen. Die Geschichte zeigt Alfred Weber als Organisator und Einwerber von Drittmitteln, aber auch die Funktion Lederers als Herausgeber der wichtigsten, von Max Weber übernommenen Heidelberger Publikationen (*Archiv für Sozialwissenschaft und Sozialpolitik, Grundriß der Sozialökonomik*) und als Unterhändler bei den Gründungsverhandlungen des Instituts für Zeitungswesen. Die bislang unterschätzte Rolle Bergstraessers wird hier ebenfalls deutlich: Bergstraesser fungierte seit 1932 als Geschäftsführer des InSoSta und war Hauptvermittler bei der Akquisition des Rockefeller-Programms.

Die Nationalökonomie war der wichtigste Bestandteil der Lehre und wurde von einer Reihe von Dozenten vertreten, deren politische und wissenschaftliche Standorte z. T. weit auseinanderlagen. Die Verhältnisse in der Weimarer Republik boten keinen Anlaß, von der Tradition der Schmoller-Schule abzugehen, die politisches und ökonomisches Denken nicht streng trennte. Dementsprechend wurden Staat und Wirtschaft bei der Mehrzahl der Dozenten in einem Zusammenhang betrachtet, und dieser Zusammenhang wurde häufig historisch weit ausgeleuchtet (vgl. zuletzt Brintzinger 1996). Alfred Weber hat seine berühmt gewordene Standorttheorie nicht weiter verfolgt. Ein Blick auf Carl Brinkmann zeigt dessen Refeudalisierungstheorie. Als Hauptvertreter der Heidelberger Ökonomie muß daher Emil Lederer gelten, der das *Grundriß*-Projekt zu Ende führte und das *Archiv für Sozialwissenschaften und Sozialpolitik*, das im Weltkrieg durch eine stark natiozentrische Richtung gekennzeichnet gewesen war, zu einer internationalen und erfolgreichen Zeitschrift ausbaute. Am Beispiel einer Dissertation bei Walter Waffenschmidt wird gezeigt, in welcher Art auch die mathematische Theorie am InSoSta aufgenommen werden konnte.

Lederer war auch der zentrale Pol der großen Debatte der Weimarer Zeit um die Einschätzung des »neuen Mittelstands« (s. S. 71ff.), an der neben Lederer und seinen Schülern auch Siegfried Kracauer teilnahm. Die Kracauerschen Beobachtungen wiesen erstmals auf die neuen Lebensweisen dieser Schicht und ihre neue Form der Öffentlichkeit hin. Kracauers Beobachtungen regten den Lederer-Schüler Hans Speier zu seinen eigenen Untersuchungen an. Speier mußte Deutschland verlassen, und sein Buch konnte in Deutschland erst 1979 erscheinen. Es ist fast Schritt für Schritt nachvollziehbar, wie bei der Entdeckung dieser neu entstehenden Schicht anfänglich noch Abwehr dominiert, wie mit ihrer gesellschaftlichen Stabilisierung langsam die Unsicherheit bei der analytischen Behandlung abnimmt und sich schließlich nach und nach eine distanziertere, sachliche Sicht einstellt. Ein anderer Lederer-Schüler, Fritz Croner, der ebenfalls Deutschland verlassen mußte, fand nach dem Zweiten Weltkrieg dann jene funktionalistische Erklärung, die diese Debatte zu ihrem eigentlichen Abschluß brachte. Der politische Verdacht, der den Angestellten als Schicht anhaftete, hat sich ebenfalls erst lange nach dem Ende des Zweiten Weltkriegs als haltlos erwiesen.

Mit dem Rockefeller-Programm gewann das InSoSta erstmals ein reines Forschungsprogramm, wobei anfangs jeder der Direktoren einen eigenen Apparat erhielt. Anhand der Archivunterlagen ließ sich die Konkurrenzsituation zwischen den verschiedenen Fraktionen des InSoSta am Ende der Republik und am Beginn des Nationalsozialismus rekonstruieren.

Die politische Lage der Republik spiegelte sich am deutlichsten in der staatswissenschaftlichen Lehre wider. Insbesondere das Verhältnis zu Frankreich gehörte zu den schwierigen Punkten der Nationalgeschichte, wie die beiden Schriften (Alfred Weber 1925, Arnold Bergstraesser 1930), die neben von Eckardts *Grundzügen der Politik* in diesem Kapitel vorgestellt werden, zeigen. Karl Mannheims Versuch, eine Politikwissenschaft zu begründen, ging nicht von außenpolitischen, sondern von innenpolitischen Fragen der ideologisierten Parteien aus. Er steht mit seiner Ausarbeitung dieses Versuchs in der Tradition Max Webers und konnte dessen Position im Werturteilsstreit auf seine Weise fortentwickeln. Die Adam-Müller-Debatte gehört ebenfalls zu den interessanten Kapiteln republikweiter Auseinandersetzungen um Fragen der politischen Position, an der sich Heidelberger Dozenten beteiligt haben.

Dem Kapitel über die Kultursoziologie am InSoSta kommt besonderes Interesse zu, obwohl sie vom Anteil an der Lehre des InSoSta und von den Studentenzahlen her weit hinter dem Lehrbetrieb der Nationalökonomie zurückblieb. Doch galt ihr Alfred Webers spezielle Neigung, und er sah sich zu Recht als der Schöpfer dieser neuen

Subdisziplin der Soziologie. Um die Fragestellungen und Positionen Alfred Webers zu verstehen, mußte der neoplatonische Denkmodus von Alfred Weber, der die Basis seiner Kultursoziologie bildete, rekonstruiert werden – die historische Distanz zu diesem Denken ist fast unüberbrückbar geworden. Die Entdeckung eines Manuskripts von Karl Mannheim aus dem Jahre 1922 durch Kettler, Meja und Stehr erweist sich als Glücksfall, insofern Mannheim sich in dieser »Kultursoziologie« relativ ausführlich mit Max und Alfred Weber auseinandergesetzt hat.

Um die Auffassung von Kultur ging es auch in einer anderen Kontroverse, die in der Republik ebenfalls große Resonanz fand, in der Relativismusdebatte. Sie spielte sich auf zwei Ebenen ab: Zu einer kleinen Auseinandersetzung mit Alfred Weber kam es auf dem Züricher Soziologentag und zu einem friedlichen Dialog danach in den »vereinigten Seminaren« der beiden Kontrahenten in Heidelberg. Obwohl Mannheim seine eigene Position zu den Werken von Max und Alfred Weber schon 1922 gefunden hatte, hatte sich doch bis 1928 offenbar kein Anlaß zu einer Auseinandersetzung ergeben. Nach dem Erscheinen von *Ideologie und Utopie* kam es zu der berühmten Polemik mit Ernst Robert Curtius. Mannheims Relativierungen wurden als Angriff auf geheiligte Positionen begriffen, und die Abwehrpolemik fiel dementsprechend stark aus.

Mannheims Bezüge zu Simmel und zu Max Weber, seine Hinwendung zum funktionalen Denken, das jedoch nicht zum letzten Schritt, zur »Neuen Sachlichkeit«, führte, sein Verhältnis zu Alfred Weber, seine Debatte mit Carl Schmitt – all dies verstärkt den Eindruck, daß Mannheim ein unendlich neugieriger Gedankenexperimentator war. Fritz Croner berichtet von einer Begegnung mit Mannheim, Jahre nachdem Croner von Heidelberg nach Berlin gezogen war: Bei einem Besuch in Heidelberg im Frühjahr 1925 holte er Mannheim von seiner Wohnung in der Landfriedstraße zu einem Spaziergang ab. »An der Ecke Hauptstraße und Theaterstraße hob er den Blick vom Boden und sagte: ›Sie leben und arbeiten doch nun in Berlin. Sagen Sie: Wie *ist* denn die Wirklichkeit?‹« (Croner, Fritz 1968:159). Croner, der Mannheim gut kannte, begriff, wie sich Mannheim die Welt erkenntnismäßig erarbeitete:

»Die Frage kann rührend naiv erscheinen, und in gewisser Hinsicht war sie es ja auch. Vor allem aber war sie ein Ausdruck für Karl Mannheims wissenschaftliche Technik und sein unermüdliches Bemühen, die eigene Methodik zu kontrollieren. Er hatte selbst keinen direkten Zutritt zu der sozialen Realität, deren ›Struktur‹ nach seiner Theorie das Denken und Handeln der Menschen beherrschte. Er konnte sie am zuverlässigsten kennenlernen, wenn er die Freunde und Bekannten verhörte, die in ihr tätig waren. Dann summierte oder subtrahierte er in Gedanken und überzeugte sich, ob das Resultat seine Theorien oder die Relationen zwischen ›Struktur‹ und ›Variablen‹ verifizierte« (ebd.).

Ganz das Gegenteil war sein Famulus, Alfred Webers Habilitationskandidat Norbert Elias. Elias hatte als Führer des Breslauer Blau-Weiß-Bundes, einer zionistischen Jugendgruppe, eine Tradition des Erfahrens (der »Fahrten« der Wanderbünde) in sich aufgenommen; der gedankliche Nachvollzug des unmittelbaren Erlebens von Menschen in der Gesellschaft bildete stets das methodische Zentrum seiner Forschungen. Wenn »Mannheim ein Begriffsanalytiker« war, wie Klibansky schrieb, so war Elias ein »Forscher, der ins Einzelne ging«[7]. Die wiedergefundene Disposition zu seiner ersten Habilitation, zu der er sich bei Alfred Weber angemeldet hatte, zeigt diesen Zugriff: Die Entdeckung der malerischen Perspektive wird erklärt mit der Methode der Vertiefung in die unmittelbare Lebenswelt der »experimentierenden Meister«. Diese Entdeckung schließt eine Lücke in unserer Kenntnis der wissenschaftlichen Entwicklung von Elias, die bisher zwischen der Dissertation (1922) und dem großen Buch *Über den Prozeß der Zivilisation* (1936/1939) klaffte.[8] Es zeigte sich, daß Elias die Kulturabhängigkeit der Wahrnehmung, die Grundbestand wissenssoziologischer Methode ist, bereits vor seiner Bekanntschaft mit Mannheim vertrat. Das Renaissance-Thema fand sich bei Elias Anfang der zwanziger Jahre. Doch die kultursoziologischen Seminare Alfred Webers, die hier ebenfalls dargestellt werden, lehrten ihn die soziologische Handhabung kulturgeschichtlicher Stoffmassen – das vor allem hat er in Heidelberg gelernt.[9]

In diesen Rahmen des nicht geglückten Epochenwandels, der die Kämpfe der Zwischenkriegszeit kennzeichnete, von denen auch die Wissenschaften und die Wissenschaftler nicht verschont blieben, gehört das Kapitel über die Politik am InSoSta, in dem auf die Verbindung zwischen dem InSoSta und zwei Zeitschriften, der *Europäischen Revue* und der *Tat*, sowie auf die Fälle Gumbel und Bergstraesser eingegangen wird. Das ursprünglich ausschließlich wissenschaftsgeschichtlich geplante Unternehmen der vorliegenden Arbeit mußte hier die reine Wissenschaftssphäre verlassen. Wissenssoziologisch aber sind auch diese Fälle Anschauungsmaterial für das Scheitern des Epochenwechsels – als solche fanden sie daher hier ihren Platz.

Ein Schema für diese Studien war anfangs nicht vorhanden. Durch die Entdeckung der Cassirerschen Differenzierung zwischen substantialistischem und funktionalem Denken zeigte sich ein wissenssoziologisch bedeutsamer Gegensatz, der zur Leitidee auch in der Differenzierung wurde. Was bei Simmel vordergründig noch von formalen ästhetischen Kategorien dominiert war und in einer entsprechenden Rangordnung der Werte und einer durchaus problematischen Wertung der Menschen (Lichtblau 1996:108ff.) mündete, stellt sich letztlich als eine Theorie aristokratischer Ressentiments gegen die nivellierende Geldverkehrsgesellschaft heraus, die zu den romantischen geisteswissenschaftlichen Reaktionen des antikapitalistischen Bildungsbürgertums der Jahrhundertwende gehörte.[10] Cassirer sah dagegen im funktionalistischen Denken eine Wandlung vom vertikalen zum horizontalen Denken – von den Erklärungen, die sich auf den göttlichen Ursprung allen Seins berufen, zu den säkularen Erklärungen, die sich auf weltliche Ursachen beziehen. Cassirers Unterscheidung war zwar zunächst nur auf die neuzeitliche Naturwissenschaft gemünzt[11], wurde jedoch in den zwanziger Jahren von Mannheim und Elias übertragen auf die Methodologie der Sozialwissenschaften. Dadurch konnten sie die Denkfalle des Entfremdungstheorems vermeiden.

Die Forschungs- und Quellenlage machte es möglich, das InSoSta von verschiedenen Seiten aus zu behandeln. Doch konnte es bei der Fülle des Stoffes nicht ausbleiben, daß eine Reihe von Bezügen nicht oder nur marginal behandelt werden konnte – es mußte auf eine tiefergehende Analyse der drei so gegensätzlichen Zeitschriften, dem direkt zum InSoSta gehörigen *Archiv für Sozialwissenschaften und Sozialpolitik* und der *Europäischen Revue* und der *Tat*, die nur indirekt mit dem Institut verbunden waren, verzichtet werden. Auch konnte auf viele andere, die in der InSoSta-Geschichte vielleicht ebensoviel Interesse verdient hätten wie die hier dargestellten Gelehrten, nicht oder nicht ausführlicher eingegangen werden. Glücklicherweise kann ich jedoch darauf verweisen, daß über einige dieser Wissenschaftler inzwischen Einzelstudien vorliegen.[12]

Institutspolitische Konzeptionen

Sozialwissenschaftliche Institute in der Weimarer Republik

Konrad Adenauer war es zu verdanken, daß es am Ende des Ersten Weltkriegs zur Initiative der Errichtung eines »Instituts für Sozialwissenschaften in Cöln« kam, das die neuen Massenbewegungen soziologisch erforschen sollte. Das Institut solle »rein wissenschaftlich arbeiten« und »ganz selbständig sein«, wie er in einem Brief an die *Frankfurter Zeitung* schrieb[1]. Berufen werden sollten Forscher verschiedener Couleur: ein sozialistischer, ein christlich-sozialer und einer, der den Unternehmerstandpunkt vertreten sollte. Die Initiative Adenauers stammte aus dem Jahr der russischen Revolution 1917, und das Institut, kurz darauf im Jahre 1918 vom Kölner Stadtparlament genehmigt, wurde Anfang 1919 als unabhängiges Institut an der Stiftungsuniversität Köln gegründet.[2] Wenn die Universität sich als »neue Universität« verstand, die sich im Vergleich zur Humboldtschen Universitätsidee als »praxisbezogener, methodisch pluralistischer und offener den im 19. Jahrhundert entstandenen Natur-, Wirtschafts- und Sozialwissenschaften gegenüber«[3] empfand, so ist die Errichtung des Instituts für Sozialwissenschaften ein Ausdruck dieser Bestrebungen.

Für Michael Buckmiller war die Gründung des Instituts ein Zeichen für die Einsicht des Bürgertums, daß die herkömmliche »bloße Gewaltpolitik« angesichts der neuen Massenbewegungen umzustellen sei und man auf neue Mittel zurückgreifen müsse, die mit Hilfe der sozialwissenschaftlichen Forschung herauszufinden seien. Dagegen würde sprechen, daß Adenauers Initiative bereits 1917 begann – also noch bevor die »bloße Gewaltpolitik« tatsächlich von demokratischeren Politikverfahren abgelöst wurde. Ob das Kölner Institut tatsächlich »exemplarisch als unmittelbare Abwehrreaktion des Bürgertums auf den Sozialismus als revolutionäre Massenbewegung zu begreifen ist«? (Buckmiller: 173). Das Klassenkampfdenken legt eine solche Sicht der Dinge nahe, interpretiert es doch alle Aktionen und Reaktionen des ideologischen Gegners als Kampfstrategien gegen sich. Daß es um die Erforschung von Massenbewegungen ging, die als gefährlich angesehen wurden, daran kann kein Zweifel bestehen: Adenauer betonte, daß es Aufgabe des Instituts sei, »die ›soziale Frage‹ wissenschaftlich zu untersuchen« (von Alemann, 1976:651). Aber das Institut hatte zweifellos Ziele und Interessen, die über die Konterstrategie gegen den Sozialismus hinaus gingen und dazu dienen sollten, die Standpunkte des Katholizismus, der katholischen Arbeiterbewegung und der Unternehmen in den Debatten über die »soziale Frage« zu Gehör zu bringen, die bislang hauptsächlich außerhalb der Wissenschaft in Kampfschriften oder direkt auf der Straße stattgefunden hatten und auf seiten der Arbeiterschaft sozialdemokratisch dominiert waren. Insbesondere Max Scheler gelang es, dem katholischen Standpunkt in Deutschland Gehör zu verschaffen, und als 1929 der christliche Gewerkschafter Theodor Brauer an das Institut kam, unterstützte er diese Arbeit durch empirische Forschungen. Dagegen scheint der für den »verfeinerten kapitalistischen und Unternehmerstandpunkt« (Adenauer, von Alemann, 1976:650) angeworbene Leopold von Wiese weder persönliches noch forschungsstrategisches Profil gehabt zu haben. Von Wiese, immerhin Schriftführer und Tagungsorganisator der Deutschen Gesellschaft für Soziologie und Herausgeber der *Kölner Vierteljahreshefte für Soziologie*, beschrieb die Zwischenkriegszeit selbst als »die ruhigsten Jahre in seinem Leben«, die er »mit (s)einer Familie recht einsam« verbrachte, Abwechslung nur von seinen Studenten empfangend und konzentriert an seiner »Beziehungslehre« arbeitend.[4]

Das Kölner Institut stand im Zusammenhang mit der Gründung dreier reiner großstädtischer Universitäten zu Beginn der Weimarer Republik, Köln, Hamburg und Frankfurt.[5] Die eigentliche Welle von Gründungen sozialwissenschaftlicher Institute setzte erst später ein. Dazu gehören die Frankfurter »Akademie für Arbeit«[6], die Berliner »Hochschule für Politik«, das Frankfurter »Institut für Sozialforschung«, das Berliner Institut von Karl Dunkmann, an dem Tönnies gelegentlich arbeitete, und auch Plenges Ein-Mann-Institut in Münster, das »Forschungsinstitut für Organisationslehre und allgemeine und vergleichende Soziologe« wird gelegentlich dazu gezählt.[7]

Ein Forschungsinstitut wäre hier zu nennen, dessen Ausrichtung von den bislang aufgezählten abweicht: das »Institut für Auswärtige Politik« in Hamburg. Ursprünglich als Forschungsstätte für die Kriegsschuldfrage gedacht, nahm es schließlich Gestalt an im Zusammenhang einmal mit den Diskussionen, die 1920 in London zur Gründung des »British Institute of International Affairs« (1926 umbenannt in »Royal Institute of International Affairs«) geführt hatten, zum anderen in Zusammenhang mit Fragen der »Verantwortlichkeiten«, die die Verfasser der Denkschrift vom 27. Mai 1919 geäußert hatten.[8] Die Vorgeschichte dieses Instituts ist in unserem Zusammenhang nicht ganz unwichtig, da sie in Heidelberg spielt: Anfang Februar 1919 nahm im Hause Max Webers in der Ziegelhäuser Landstraße die »Heidelberger Vereinigung – Arbeitsgemeinschaft für eine Politik des Rechts« ihren Sitz, zu deren recht exklusivem Mitgliederkreis neben dem Hausherrn sein Bruder Alfred, die Historiker Hans Delbrück, Hermann Oncken und Friedrich Meinecke, die Ökonomen Lujo Brentano und Moritz Julius Bonn sowie der Potsdamer Pfarrer Johannes Lepsius[9], der Hamburger Bankier Max Warburg, finanzpolitischer Berater des Prinzen Max von Baden und Unterhändler in der deutschen Versailles-Delegation, und, als Finanzier, der Stuttgarter Industrielle Robert Bosch gehörten. Die treibenden Kräfte dieser Vereinigung waren Kurt Hahn, persönlicher Berater des Prinzen Max von Baden und Gründer der Salem-Schule und Graf Max Montgelas. Dieser Gruppe entstammten die Mitautoren der »Professorendenkschrift«, und aus diesem Kreis erwuchs auch bald der Gedanke an ein deutsches Institut für Auswärtige Politik, das zunächst als »Forschungsstelle für die Kriegsursachen« im Privathause Max Warburgs firmierte, um 1923 unter der Leitung Mendelssohn-Bartholdys dann in Hamburg Gestalt anzunehmen. Die Familien Warburg und Carl Melchior wurden die wichtigsten Wegbereiter und Förderer des »Instituts für Auswärtige Politik«, das u. a. die Edition der vierzigbändigen Aktenpublikation *Die Große Politik der Europäischen Kabinette*[10] und die Zeitschrift *Europäische Gespräche* herausbrachte.[11] Wenn wir von den außenpolitischen Absichten dieses Instituts, das die Wiedergewinnung von Deutschlands internationaler Anerkennung erstrebte, absehen, gehörten zu den Intentionen ihrer Träger und Förderer insbesondere auch die politischen Ziele der Förderung einer Rechtsstaatskultur im Innern und eines liberalen Wirtschaftsklimas. Vor dem Hintergrund traditioneller Hamburger Überseehandelsinteressen verkörperte dieses Institut damit neben liberalen Wissenschaftlern hauptsächlich das in der Republik ansonsten schwach vertretene liberale Wirtschafts- und Finanzbürgertum[12].

Daß bei all diesen so verschiedenen Instituten stets auch politische Intentionen eine Rolle spielten, kann kaum überraschen. War es beim Frankfurter Institut für Sozialforschung das Konzept der wissenschaftlichen Erforschung und des Studiums der Marxschen Theorie der sozialen Revolution, das von vielen der dort arbeitenden jungen Sozialisten und Kommunisten ganz aktivistisch verstanden wurde, da sie mit der alsbald kommenden Revolution in Deutschland rechneten, so waren es bei anderen der genannten Institute sozialdemokratische, bürgerlich-wissenschaftliche, gewerkschaftliche, religiöse (jüdische oder auch katholische) Hintergründe, die ihre Ausrichtung bestimmten oder wesentlich mitbestimmten. Immer ging es um die Ausbildung von Führungskräften für die politischen, wirtschaftlichen und wissenschaftlichen Einrichtungen, Organisationen und Betriebe der Republik, denn diese Studenten bildeten eine exklusive Schicht. In der Regel repräsentierten die Institute jedoch nicht lediglich eine Richtung, sondern ein Bündel von Interessenstandpunkten mehrerer Fraktionen, die zwar majoritär, aber nicht einförmig sein konnten. So repräsentierte der erwähnte Proporz im Kölner Institut die damalige »Parteiengliederung im Rheinland mit Zentrum, Sozialdemokratischer Partei und Liberalen« (von Alemann 1976:650), also zugleich der »Weimarer Koalition«. Die Tendenz zum Katholischen ergab sich aus der starken Person Schelers und den gleichzeitig schwachen Vertretern der Liberalen und der Sozialisten. Ein ähnliches Muster hatte das Heidelberger Institut – mit einer eigenen Schlagseite zur Sozialdemokratie und zur DDP hin. Das Einbeziehen mehrerer politischer Richtungen war freilich bei Adenauer und bei Weber weniger aus dem Gedanken der Toleranz geboren als vielmehr wohldurchdachtes Kalkül. Beide waren im Umgang mit Behörden erfahren genug, ihre Vorstellungen den demokratischen Umständen anzubequemen: Zuwendungen hingen von den politischen Parteien ab, die bis 1930 die Weimarer Koalition bildeten. Ihre eigene Interessenlage setzten sie dabei nicht hintan, taten dies allerdings nicht offensiv durch offene Parteinahme – wie es das marxistische Institut für Sozialforschung tun konnte, das lediglich von einem einzigen Stifter abhing – als vielmehr durch Grenzziehungen: In Heidelberg konnten Juden, Sozialdemokraten, ja sogar Marxisten und Pazifisten lehren, aber kein Katholik. Zwei Versuche, die vom badischen Unterrichtsministerium[13] oder von dritter Seite unternommen wurden, eine Position mit einem Katholiken zu besetzen, scheiterten an Alfred Webers geschicktem Widerstand. Dabei ging Alfred Weber nicht, wie es von seinem Bruder bekannt war, mit offenem Visier vor, sondern wußte stets so zu argumentieren, daß man ihm keinen offenen Antikatholizismus nachsagen konnte. Offener Antikatholizismus hätte die Überlebenschancen des InSoSta zweifellos geschmälert, denn selbst wenn das InSoSta durch die Aktivitäten Bergstraessers und Alfred Webers große Teile seines Etats durch Stiftungen oder Spenden der Alumni und der Industrie bekam, so war es doch stets auch auf das Wohlwollen des Zentrums angewiesen, das in Baden mehrfach den Kultusminister stellte.[14]

Wenn wir diese Institute näher betrachten, werden wir entweder eine bestimmte politisch-wissenschaftliche Konstellation entdecken, ohne deren Zusammenklang die Existenz gefährdet worden wäre, oder die eine oder andere dominierende Figur: In Köln war es die Kombination Adenauer – Eckert – L. von Wiese, in Münster war es Plenge (und nur Plenge), und das Hamburger Institut wurde völlig von Mendelssohn-Bartholdy dominiert.[15] In Frankfurt hatte Kurt Albert Gerlach, der früh verstorbene Mentor von Felix Weil, die Idee eines Marxismus-Instituts aufgebracht. Trotz der Hilfe profilierter Theoretiker wie Lukács kam es freilich erst mit Grünberg zustande, dessen Assistent Friedrich Pollock das entscheidende Organisationstalent besaß und dem Institut auch nach Übernahme der Leitung durch Horkheimer 1930 erhalten blieb.[16, 17]

Konzeption, Lehrer und Lehre am Heidelberger InSoSta

Das 1924 ins Leben gerufene Heidelberger Institut gehört zwar nicht direkt in diese Reihe von Institutsgründungen, denn es wurde nicht als Forschungsinstitut gegründet und stand daher nicht in Konkurrenz zu den anderen. Mit dem Rockefeller-Programm jedoch bekam auch das InSoSta eine Forschungsabteilung mit Assistenten, die keine Lehrverpflichtungen hatten. Alfred Weber hatte das bisherige volkswirtschaftliche Seminar in Abstimmung mit dem badischen Kultusminister in »Institut für Sozial- und Staatswissenschaften« umbenannt. Die Betonung des »sozialwissenschaftlichen« Anspruchs verstärkte die neuen Akzente, die Alfred Weber dem Seminar schon seit seiner Berufung gegeben hatte: Mit dem Eintritt »hochbegabter, wissenschaftlich eigenwilliger, bis heute namhafter junger Wissenschaftler« hatte er, zusammen mit dem zweiten Lehrstuhlinhaber Eberhard Gothein, der Heidelberger Wissenschaft »eine besondere Note und eine ungewöhnlich anregende Spannbreite verliehen« (Hentschel 1988:211).

Hentschel spricht von den »überragenden Talenten«[18], die in kleinen Seminarübungen und Kollegs Spezialgebiete anboten, die dem Fach in Heidelberg erstmals ein hohes Ansehen brachten. Salz las nicht nur über »Abstrakte Theorie der Verteilung« und »Grundprobleme der Nationalökonomie«, sondern auch über »Wirtschaftsanschauungen und Wirtschaftsideologien« und über »Geschichte und Theorie des Kapitalismus« (Hentschel:212). Salin las über Theoriegeschichte, Lederers Vorlesungen beschäftigten sich hauptsächlich mit Theorie und Praxis der sozialen Bewegung, daneben Konjunkturgeschichte und Konjunkturtheorie. Seit den zwanziger Jahren bot er »Grundzüge der ökonomischen Theorie« als Einführung an. Die Einrichtung des InSoSta war jedoch mehr als nur eine »institutionelle Konsolidierung«, wie Hentschel glaubt (Hentschel:216), denn die Gründung des Zeitungswissenschaftlichen Instituts als An-Institut, die Stiftungsprofessur und der AAD zeigen, daß Alfred Webers Interessen weit über einen gewöhnlichen Seminarbetrieb hinausreichten.

Neben der Nationalökonomie wurden am InSoSta seit dem Winter 1929/30 Soziologie und seit dem Sommer 1932 Soziologie und Politik als Einheit angeboten. Dabei machten die nationalökonomischen Vorlesungen und Übungen[19] allerdings stets den größeren Teil des Lehrangebots aus. Von 18 Vorlesungen im Sommersemester 1930 waren fünf soziologische und dreizehn volkswirtschaftliche – darunter die Lehraufträge von Marie Baum zur Jugendwohlfahrt und zur Sozialen Fürsorge sowie Buchhaltung, Statistik, Mathematik für Nationalökonomen (Gumbel), Effektenverkehr, Wirtschaftsgeschichte (v. Eckardt), Theorie des Imperialismus (Salz), Wirtschaftskunde als Staatsbürgerkunde (Bergstraesser), Allgemeine Volkswirtschaftslehre (Salz), Praktische Volkswirtschaftslehre (Brinkmann) und Wirtschaftsleben in der Renaissance (von dem Historiker Andreas). Als Gast las in diesem Semester der Generaldirektor und Senator der Universität Heidelberg, Friedrich Bergius, über »Probleme der Rohstoffwirtschaft«. Alfred Weber las nicht über Nationalökonomie, sondern bot den ersten Teil des zweiten Zyklus seiner Vorlesungen über Kultursoziologie an. Unter der Rubrik »Soziologie« (»Teil b der Staats- und Kameralwissenschaften«) waren auch Vorlesungen von Eckardts über »Grundzüge der Politik« und über die »soziale Revolution in Rußland« verzeichnet sowie zwei Vorlesungen über den »Aufgabenbereich der deutschen Zeitung« (Dr. Waldkirch) und »Die Praxis des Journalisten« (Chefredakteur Scheel).

Die Einteilung in Übungen, Seminare oder Vorlesung ist, wie man an dieser Aufzählung sieht, ebensowenig konsequent wie die Einteilung in die beiden Bereiche a) Nationalökonomie und b) Soziologie. Waldkirchs und Scheels Veranstaltungen, die im ersten Teil mit den Vorlesungen aufgeführt werden,[20] konnten ebensowenig Vorlesungen sein wie Marie Baums Angebote, weil sie keine *venia legendi* hatten. Auch ist nicht erkennbar, warum Marie Baums Lehrangebote zu Jugendwohlfahrt und zur Sozialen Fürsorge unter Nationalökonomie rubriziert sind, während sie doch ebensogut unter b) Soziologie hätten aufgeführt werden können. Es zeigt sich am Beispiel des Sommersemesters 1930, daß die Vorlesungsverzeichnisse keine vollständig verläßliche Hilfe sein können, um die Anteile der einzelnen Sozialwissenschaften am Vorlesungs- und Seminarplan zu eruieren. Die Themenverteilung wurde jedenfalls nicht nach den drei Bereichen innerhalb der Sozialwissenschaften vorgenommen, sondern folgte einem anderen Schlüssel.[21]

Das Institut für Sozial- und Staatswissenschaften ist eine Kreation Alfred Webers, und trotz bedeutender Lehrer des Instituts (Lederer, Mannheim, Bergstraesser, Salin) beruhte seine Reputation doch auf dem Namen des Gründers. Weber verfügte über ein breites Netzwerk von Beziehungen und die Fähigkeit, vermögende Gönner zu Stiftungen anzuregen. Es gelang ihm dadurch, mit privaten Drittmitteln den Etat so weit aufzustocken, daß sich aus dem ursprünglichen volkswirtschaftlichen Seminar nach und nach ein höchst ansehnliches sozialwissenschaftliches Institut entwickelte.

Max Webers Denkschrift: Vorbild der InSoSta-Konzeption

Vielleicht stand am Beginn der Institutsgründung ein Gedanke von Max Weber. Er findet sich in einer Art Denkschrift, die er in einem Brief an die Heidelberger Akademie der Wissenschaften 1909 formuliert hatte. Sie läßt erkennen, wie nahe sich die Brüder in wissenschaftsorganisatorischen Fragen offenbar waren. Diese Denkschrift enthält das Programm einer Akademie der Sozialwissenschaften, das sich in einer ganzen Reihe von Punkten in der Konzeption des InSoSta wiederfindet. Max Weber hatte u. a. gefordert,

– daß »seitens der Akademie für große Kollektivarbeiten die Erhebung und in den ökonomischen Disziplinen speziell auch die rechnerische Ausarbeitung des selbst erhobenen oder in Massenpublikationen der offiziellen Statistik brachliegenden Tatsachenmaterials kontinuierlich durch erhebliche Mittel unterstützt werden könnte«;

– daß »eine systematische Stipendierung besonders begabter, schon hinter dem Abschluß ihrer Studien stehender jüngerer Leute für Reisen, speziell Auslandsreisen, mit systematisch gewählten Fragestellungen und unter gemeinsamer Kontrolle der aktiven Vertreter jener

Disziplinen in die Wege geleitet werden könnte«, weil »das praktische Funktionieren der Rechts- und Verfassungsinstitutionen ebenso wie die Erforschung der entscheidenden gesellschaftlichen Grundlagen für die politische und ökonomische Macht- und Kulturentfaltung der Völker ... ausschließlich auf diesem Wege gefördert werden (könnten)«.[22]

Wir werden die Verwirklichung dieser Forderungen im Rahmen des InSoSta im folgenden zeigen. Max Webers Konzept und seine teilweise organisatorische Realisierung durch Alfred Weber bilden ein Stück der Kontinuität in den Heidelberger Sozialwissenschaften, wie sie in den gemeinsamen Zielen der Brüder zum Ausdruck kommt.

Dozenten und Drittmittel – der Aufbau des InSoSta

Erst nach dem Tode Eberhard Gotheins kam Alfred Weber 1923 in jene Position, die ihm die Umgestaltung des Seminars erlaubte, konnte doch die generative Hierarchie nicht übersprungen werden. Seit dem 23. Mai 1924 hieß das bisherige volkswirtschaftliche Seminar offiziell »Institut für Sozial- und Staatswissenschaften«. Die Institutsgründung selbst erforderte lediglich einen Briefwechsel zwischen Alfred Weber und dem badischen Ministerium für Unterricht sowie einen Antrag an die Philosophische Fakultät und wurde ohne Widerstände genehmigt.[23] Der Vorteil, den sich Alfred Weber von dieser Gründung versprach, sollte bald spürbar werden. Das volkswirtschaftliche Seminar hatte zwei Ordinariate, die von Alfred Weber und von Emil Lederer, dem Nachfolger Gotheins seit 1923, besetzt wurden, und eine außerordentliche Professur »ad personam«, die, ebenfalls seit 1923, von Brinkmann eingenommen wurde. Hierzu kamen innerhalb kurzer Zeit zwei weitere außerordentliche Professuren, die mit Drittmitteln finanziert wurden, die »Gothein-Gedächtnis-Professur für Auslandskunde«, und die Professur von Eckardts am »Institut für Zeitungswesen«. Weber war ausgesprochen erfolgreich bei der Beschaffung von Drittmitteln. Bergstraesser, der an der Entwicklung des InSoSta seit 1922 aktiv mitbeteiligt war, wies 1962 in einem Vortrag[24] auf die »merkwürdige Anziehungskraft von Alfred Weber für Geld« hin. Bergstraesser führte als Grund Alfred Webers Naturell an: »Ein Mensch, der nicht ein einziges Mal in seinem Leben über seine Stimmung hinweg andere zu belügen imstande ist, niemals höflicher sein kann kraft Natur, als es ihm revers zumutet ist, hat dadurch, man könnte sagen, durch diese Grobheit, wenn das nicht viel zu undifferenziert wäre, Leuten das Vertrauen eingeflößt, daß hier Geld, Stiftungsgeld, richtig verwendet und nützlichen Zwecken zugeführt wird« (Bergstraesser 1983:17). Daß Weber sich offenbar auch privat mit einem gewissen Vergnügen mit Gelddingen beschäftigte, geht aus einer Reihe von Briefen hervor, die er Else Jaffé zu Anfang der zwanziger Jahre schrieb.[25]

Sicherlich hatte die Benennung eines Seminars als Institut auch Prestigegründe. Doch bot diese Firmierung offenbar nicht allein die entsprechende Voraussetzung, in unabhängigerer Art und Weise private Spenden hereinzuholen, sondern diese Bezeichnung machte auch – freilich nicht ohne die notwendigen Abstimmungsprozesse mit der Fakultät und dem badischen Unterrichtsministerium – die Gründung von An-Instituten und Neben-Einrichtungen möglich, die von einem normalen Universitätsseminar aus vielleicht komplizierter, wenn nicht unmöglich gewesen wären. Demm rechnet aus, daß der Etat des InSoSta durch die Zuwendungen der »Studien- und Fördergesellschaft«[26] im Haushaltsjahr 1928/29 das Doppelte der staatlichen Mittel ausmachte.[27] Auch die Bibliothek von Edgar Jaffé, die auf Betreiben Edgar Salins Anfang der zwanziger Jahre dem Corpus der Institutsbibliothek eingefügt wurde, konnte mit einer Finanzhilfe der Discontobank angekauft werden. Das Palais Weimar, in welches das InSoSta 1927 einzog, wurde mit Mitteln der Alumni hergerichtet, und die Portheim-Stiftung von Viktor Goldschmidt leistete einen laufenden Beitrag zur Bibliothekserweiterung.[28] Eine weitere Stiftung kam dem Institut für Zeitungswesen 1931 zugute »aus dem Erbe von Fritz Artmann, dem früheren Generaldirektor der Ludwigshafener Walzmühle«[29]. Jakob Goldschmidt, der Direktor der Darmstädter und Nationalbank, bezuschußte die Studien- und Fördergesellschaft[30]. Der Schweizer Bankier Felix Somary, ein Studienfreund von Emil Lederer, der 1928 eine Gastvorlesung »Wandlungen der Weltwirtschaft seit dem Kriege«[31] hielt, unterstützte Alfred Weber auch privat »durch die Bereitstellung eines Kraftwagens mit Chauffeur« (Demm 1997:101). Die Beziehungen zwischen den Wissenschaftlern und den Praktikern erwecken manchmal den Eindruck, als ob man damals amerikanischen Gepflogenheiten von Wissenschaftsförderung durch Unternehmungen und private Stiftungen näherstand als jemals später wieder, soweit es die Geistes- bzw. Sozialwissenschaften in Deutschland betrifft.

Max Webers Erbe

Max Weber hatte für das Wintersemester 1917/18 in Heidelberg einen Lehrauftrag bekommen, den er jedoch nicht annahm.[32] Er verließ Heidelberg, um nach Wien zu gehen und zog nach einem Semester nach München, wo Else Jaffé lebte, und wo er bis zuletzt Vorlesungen hielt. Nach seinem Tod 1920 bewahrte die Witwe Max Webers, die in Heidelberg geblieben war, sein Erbe und betreute die Herausgabe seiner Schriften, die zu Lehrbüchern der neuen Wissenschaft der Soziologie wurden.

Wenngleich sich eine breitere Diskussion dieses Themas naturgemäß verbietet, muß das Verhältnis zwischen den Brüdern hier wenigstens knapp zur Sprache kommen.[33] Bei weitgehend gleichen oder nahe beieinander liegenden politischen und wissenschaftspolitischen Anschauungen, beruhte ihr Gegensatz auf persönlich sehr unterschiedlichen Lebensauffassungen. In einem Brief vom 8. Juni 1920 an Else gibt Alfred einen Eindruck davon, wie er zu Max Webers Soziologie steht. Er hat im Seminar die Texte seines Bruders behandelt: »Sehr feine fabelhafte Bewältigung geistiger Tatbestände – aber alles aus einer Kampfposition heraus.« Man müsse die Texte »entmaxen«, um sie rezipierbar zu machen.[34] Als Max Weber starb, war Alfred Weber zunächst im Gespräch für dessen Lehrstuhl in München[35] und dann in Wien (1921). Alfred Weber blieb jedoch in Heidelberg und die Loyalität vieler Freunde und Schüler Max Webers übertrug sich auf ihn.

Heidelberg ist auch nach 1920 vom Einfluß der Weber-Familie geprägt. Alfred und Marianne trugen den Namen, und der Familienbezug behielt seine große Bedeutung: Alfred Webers Lebensgefährtin, Else Jaffé, war nach dem Tode Edgar Jaffés nicht nur die Inhaberin der Rechte am *Archiv* (*AfSS*), sondern auch die letzte Freundin von Max Weber und nach ihrem Umzug nach Heidelberg, mit Marianne Weber zusammen, Ratgeberin im Hintergrund in vielen Personalangelegenheiten.[36] Die Schülerberichte gleichen sich hier: Zugang zu einer Universitätslaufbahn erhielt man durch eine Vorstellung im Salon der Marianne Weber[37], und noch nach dem Zweiten Weltkrieg war bei Alfred Weber ein Essen in seiner Wohnung in der Bachstraße mit Else Jaffé der Prüfstein für die Zulassung zum Weberschen Privatissimum und einer weiteren Karriere.[38] Arthur Salz gehörte, wie Salin, schon vor dem Ersten Weltkrieg zur Gruppe um Alfred Weber, mit dem er aus Prag gekommen war. Befreundet mit Friedrich Gundelfinger (später Gundolf), stand er ebenso wie Salin dem George-Kreis nahe. Edgar Salin war vor dem Ersten Weltkrieg Assistent von Gothein, verstand sich aber gleichzeitig als Alfred-Weber-Schüler.

Die Heidelberger Sozialwissenschaftler der zwanziger Jahre waren vor allem mit Max Webers Schriften *Politik als Beruf* und *Wissenschaft als Beruf* vertraut. Das zeigt sich immer wieder an ihrer Begrifflichkeit. Einige der Mitarbeiter Alfred Webers, wie Emil Lederer, Salin und Salz, hatten Max Weber in Heidelberg noch persönlich kennengelernt. Andere, wie Arnold Bergstraesser, hatten ihn noch in München gehört.[39] In Bergstraessers Schriften finden wir häufige Hinweise auf Max Webers Machtbegriff. Als Schüler Max Webers fühlte sich der Nationalökonom Carl Brinkmann, von dem wir jedoch nicht wissen, ob und wann er Max Weber getroffen hat.[40] Max Webers Einfluß läßt sich leicht aus den Zitaten und Paraphrasen der Professoren und Mitarbeiter des InSoSta ersehen, die sich häufig auf Max Weber beziehen.[41] Sie gaben Max Webers Arbeiten einen jeweils eigenen Stellenwert, übernahmen seine Vorgaben, legten dieselben oder andere Akzente, heroisierten ihn oder standen zu seinen Ansätzen in Opposition. Interessant dabei ist, in welcher Weise die Vorarbeiten Max Webers angenommen und weiterverarbeitet wurden: Die spezielle Weise der historischen Betrachtung wurde weitergeführt (Alfred Weber, Norbert Elias), die programmatischen Überlegungen zur »Kultur des Kapitalismus« genutzt (Emil Lederer), und die Wissenschaftslehre weiterentwickelt (Karl Mannheim) sowie das Thema der Bürokratie, das sich von Max Webers Überlegungen in gleicher Weise wie von Alfred Weber herleitet.

Emil Lederer[42] war zunächst Mitarbeiter Max Webers am *Archiv für Sozialwissenschaft und Sozialpolitik*, das er nach dem Tod Max Webers 1920 und Edgar Jaffés 1921 als Herausgeber weiterführte[43], ebenso wie am *Grundriß der Sozialökonomik*, dessen Fortführung er ebenfalls organisierte. Alfred Weber kümmerte sich nur ungern um technische Einzelheiten und Tagesaufgaben – sein Interesse galt den großen organisatorischen und politischen Problemen und bald fast nur noch der Kultursoziologie. Das war wohl auch der Grund, warum nicht er, sondern Emil Lederer zum Herausgeber des *Archivs* und des *Grundrisses* wurde.[44] Mit Lederer als Herausgeber wurde das *Archiv*, das während des Krieges ausgesprochen nationalistische Politik betrieben hatte, zu einem internationalen Diskussionen gegenüber höchst aufgeschlossenen Organ der sozialwissenschaftlichen Theorie und Empirie. Hier kamen die führenden ökonomischen und sozialwissenschaftlichen Theorien der zwanziger Jahre zu Wort, wurden kritisiert und debattiert. Wenn man von einer Linie des *Archivs* sprechen könnte, so wäre sie sozialdemokratisch zu nennen. Lederer kam aus der österreichischen Schule der Nationalökonomie (Carl Menger) und war sozialdemokratischer Marxist, wobei er als solcher verschiedene Elemente des zeitgenössischen Marxismus nicht akzeptierte. Doch das *Archiv* blieb für die verschiedensten Positionen offen. So nahm gelegentlich auch Alfred Weber Stellung. Alfred Weber, dem 1907 von seiner Mutter eine »rote Richtung« nachgesagt wurde,[45] hatte 1913 in Band 36 des *Archivs* die These aufgestellt, daß marxistische Vorstellungen über die Problematik der Arbeiterfrage nicht mehr zeitgemäß wären, da die Frage der sozialen Sicherheit der Arbeiter beantwortet sei, als neues Problem dagegen die psychische Befreiung der Arbeiter von der bürokratischen Maschinerie auf der Tagesordnung stünde.[46] Das schloß inhaltlich an Lederers Habilitation über den »neuen Mittelstand« von 1912 an und wurde von Weber hier als größte Gefahr für die gesellschaftliche Zukunft angesprochen – ein Thema, das, wie wir sehen werden, in der Weimarer Zeit einer der neuen Schwerpunkte der Forschung der Heidelberger Sozialwissenschaftler wurde und in den Beiträgen im *Archiv* in der Folge eine bedeutende Rolle spielte. Hans Kelsen stellte im *Archiv* 1920 die Demokratie als eine bedeutende politische Errungenschaft vor[47], und nach Einschätzung von Wilhelm Hennis wurde mit dem Beitrag von Siegfried Landshut, einem Schüler von Karl Mannheim und Alfred Weber, die Grundlage der Politikwissenschaften in Deutschland gelegt.[48] Außerdem kamen in der politischen Theorie neben Carl Schmitt und Robert Michels, der zu einem der wenigen Theoretiker des Faschismus wurde, deren Kritiker Nathan Leites und Otto Kirchheimer[49] sowie Jakob Marschak zu Wort. Beiden Seiten wurde Publikationsraum zur Verfügung gestellt. Während Michels, einst Max-Weber-Schüler, den Faschismus als proletarischen Sieg über das bürgerliche Parteiensystem lobte, kritisierte der Lederer-Assistent Marschak, der selbst kurzzeitig Mitglied einer menschewistischen Räteregierung gewesen war, den Faschismus als programmatischen Opportunismus der Macht.[50]

Als Lederer, der seit 1918 lediglich eine außerordentliche Professur innehatte, einen »hochdotierten Ruf nach Nürnberg« erhielt, war Weber äußerst besorgt. Er schrieb: »Wir *dürfen* ihn hier nicht verlieren. Sind schon denudiert genug. Es ist ja niemand mehr hier.« Gothein habe »in seiner üblichen Leichtfertigkeit« gesagt: »Lehnen Sie Nürnberg ab!«, ohne daß die Stelle in Heidelberg gesichert war. »Die Verantwortung kann ich nicht übernehmen!... Nun muß ich, wenn es geht, Montag selber zu Schwoerer«[51,52]. Lederer bekam zunächst eine Professur »ad personam«. Noch vor seinem zweijährigen Aufenthalt an der Universität Tokio hatte Lederer auf Webers Druck hin vom badischen Kultusministerium die Zusicherung erhalten, bei Freiwerden des zweiten Ordinariats den Lehrstuhl übernehmen zu können, und wurde so am 1. April 1923 Nachfolger von Gothein. Lederer, der in der Weimarer Zeit eine Reihe von Rufen erhielt[53], blieb, nicht zuletzt auch aufgrund der Bemühungen Alfred Webers, bis 1931 in Heidelberg.

Neben Lederer, dem zweiten Direktor des InSoSta, fungierte als dritter Direktor Carl Brinkmann, Sohn eines Berliner Bürgermeisters und ehemaliger Rhodes-Stipendiat. Brinkmann hat im Alter von 36 Jahren seine erste außerordentliche Professur in Berlin erhalten und bekam zwei Jahre später, 1923, in Heidelberg eine Professur »ad personam«. Mit dem Schwerpunkt Wirtschaftsgeschichte übernahm er inhaltlich die Nachfolge Gotheins. Brinkmann blieb während der Weimarer Zeit merkwürdig blaß. Um seine Berufung auf das durch den Weggang Lederers 1931 frei gewordene Ordinariat gab es einen langen Streit zwischen Fakultät und Kultusminister, der schließlich zugunsten Brinkmanns endete.[54] Bergstraesser, der ihn aus nächster Nähe kannte, schrieb über ihn 1962: »Wir haben in diesen Jahren auch Carl Brinkmann dabeigehabt und sollten seiner gedenken – eine in ganz anderer Weise universalhistorische Persönlichkeit, weder der Theorie noch der Soziologie fremd, von einer unendlichen Sensitivität des Lernens, beinahe in sich abgeschlossen, für sich sprechend – sehr eigentümlich, daß er nie zu Menschen direkt sprach, wenn er vortrug, sondern sozusagen zur Welt sprach, die in seinem eigenen Kopf sich herstellte.«[55]

Neben den nationalökonomischen Kernfächern, den Finanzwissenschaften und der praktischen und allgemeinen Volkswirtschaftslehre lehrte Brinkmann auch nationalökonomische Theorie. Seine Arbeiten reichen von juristischen Studien über nationalökonomisch-historische Themen bis zu soziologischen Länderstudien über England und die Vereinigten Staaten von Amerika. Er betrachtete sich als Max-Weber-Schüler. In der Freundesgabe, die nach Max Webers Tod erschien, findet sich ein Beitrag von ihm (Brinkmann, 1923), und noch 1940 schreibt Brinkmann einen Aufsatz über Max Weber in den Schmoller'schen Jahrbüchern. In der Heidelberger Zeit fiel er zunächst wenig auf, eine Studentin beschrieb ihn als pädagogisch »spröde«[56], er selbst erklärt, wenig Umgang mit den Kollegen zu haben.[57] Zu seinen Schülern gehörte der Marburger Betriebswirtschaftler Kirsch ebenso wie der Journalist Giselher Wirsing, der kurze Zeit sein Assistent war, oder der spätere Wirtschaftsminister der Bundesrepublik Karl Schiller.

Brinkmann[58] fühlte sich in Heidelberg nie am rechten Platz, seine Wünsche richteten sich auf Berlin, wo er gerne in der Nähe der politischen Machthaber gewesen wäre. Ganz im Gegensatz zu Max Webers Hypothese des unaufhaltsamen Prozesses der Rationalisierung glaubte Brinkmann, daß es Anzeichen für eine Refeudalisierung in der Gesellschaft gebe und daß die Demokratie von Weimar nur eine vorübergehende Entwicklungsphase sei. Vielleicht bildete diese Neigung zum ständischen Monarchismus die Grundlage für seine im Jahre 1925 geknüpfte lebenslange Freundschaft zu Carl Schmitt[59]? Sie begann, als Carl Schmitt seinen Kollegen bat, ihm die Artikel »Umformung« und »Aristokratie«, die Brinkmann in den *Grundrissen* veröffentlichen wollte, noch vor Drucklegung für Seminarzwecke zu besorgen. Brinkmann lud Carl Schmitt daraufhin nach Heidelberg ein, wo Schmitt im Jahre 1927 einen Vortrag hielt. Sie trafen sich erneut auf den Davoser Hochschultagen 1928 und waren insbesondere nach der Berufung Brinkmanns nach Berlin 1942 häufig zusammen. Auch wenn Brinkmann sich in mancher Hinsicht an Carl Schmitt orientierte, geriet er doch nie in Abhängigkeit von ihm.[60] Sie bezeichnen sich im Briefwechsel gegenseitig als »Weggefährten«. Brinkmann neigte offenbar zu korporatistisch-romantischen Idealisierungen, hielt sich jedoch, ebenso wie Carl Schmitt bis 1933, in Distanz zu den Nationalsozialisten[61], die er für »Dilettanten« hielt.[62]

Brinkmann verbrachte das Wintersemester 1927/28 als Gastprofessor in Kiel und war von Oktober 1928 bis März 1929 zu einem Studienaufenthalt in den USA. Als Lederer 1931 nach Berlin berufen wurde, erhielt er nach längeren Verhandlungen dessen Lehrstuhl und wurde damit dritter Nachfolger auf dem Lehrstuhl von Max Weber. In der Zeit des Nationalsozialismus förderte Brinkmann die Beziehungen zwischen Wissenschaft und Praxis und setzte eine Reihe von Forschungsaufträgen in Zusammenarbeit mit der badischen Landesbauernschaft und der Heidelberger Kreisbauernschaft »zur Geschichte von Bauer und Boden« an, wie er im Januar 1939 schrieb. Dabei berief er sich auf den Geist »unserer Vorgänger, von denen Rau zumal die Agrarpolitik der Rheinebene, Weber die des deutschen Ostens erforscht hatte«[63]. Als Brinkmann 1942 als ordentlicher Professor nach Berlin ging, wurde nach längeren Verhandlungen Horst Jecht für drei Semester der Nachfolger auf dem zweiten Ordinariat für Nationalökonomie (Brintzinger 1996:208).

Zu den Max-Weber-Schülern der zweiten Generation gehört Karl Mannheim, dessen Heidelberger Habilitation von Alfred Weber und Emil Lederer federführend betreut wurde. Mannheim war Schüler des von Max Weber hoch geschätzten Georg Lukács und mit Lederer freundschaftlich bekannt. Mannheim war Mitglied des von Lukács geleiteten Budapester Sonntagszirkels gewesen (Karádi/Vezér 1985), bevor die russische Revolution sich auch nach Ungarn ausbreitete und aus Lukács und einer Reihe der übrigen Mitglieder Parteikommunisten machte, die sich der ungarischen Räterevolution anschlossen. Mannheim wurde kein Kommunist, aber Lukács, der Kommissar für das Erziehungswesen geworden war, ernannte ihn zum Hochschulprofessor (Kettler 1967:38). Aufgrund der Zerschlagung der Räterevolution wurden viele der »Sonntägler« aus Ungarn vertrieben. Mannheim wandte sich über Wien nach Heidelberg, wo er aufgrund einer Empfehlung von Lukács[64] Zutritt zum Weber-Kreis bekam. Ob Mannheim jemals direkt mit Max Weber in Kontakt gekommen ist, wissen wir bislang nicht. Es ist denkbar, daß Mannheim Max Weber bei dessen Besuch im Sommer 1916 im Budapester Sonntagszirkel getroffen hat. Da Mannheim dem Diskussionszirkel von Anfang an angehörte, wäre es eher ein Zufall, wenn er gerade bei dieser Gelegenheit nicht zugegen gewesen wäre. Bislang ist jedoch keine Quelle gefunden worden, die uns eindeutig Auskunft darüber gibt. In einem Brief vom 19. November 1916 teilt Mannheim Lukács mit, daß er eine geplante Heidelbergreise nicht unternehmen könne wegen »unüberwindlicher äußerer Hindernisse«, dafür wolle er aber im Sommer (1917) kommen. Er macht den Besuch von seiner Promotion abhängig, die jedoch erst 1918 stattfindet.[65] Auch über diese Reise wissen wir nichts Näheres. Während sich Mannheim mit den Schriften Max Webers wiederholt auseinandergesetzt hat, läßt sich schwer einschätzen, welcher Einfluß von Max Webers Person auf Mannheim ausging. Es bleibt jedoch festzuhalten, daß Mannheim nie von einer Begegnung mit Max Weber berichtet, wie es doch nahezu alle jene getan haben, die einen persönlichen Eindruck dieses Mannes bekommen hatten.[66]

Neben Mannheim gab es weitere Mitglieder des Sonntagskreises, die in Heidelberg ein Studium oder Teile davon absolvierten: László Radványi, der bei Alfred Weber 1923 über den Chiliasmus promoviert wurde,[67] György Káldor und Béla Fogarasi[68]. Lukács hatte zum engsten Kreis von Max Weber gehört[69] und seinen Schülern die Wege nach Heidelberg geebnet. Karl Mannheim war dann selbst in seiner Heidelberger Zeit häufiger Gast und Redner bei den Tees von

Marianne Weber, die das informelle Zentrum der Institutspolitik bildeten. Mannheim hat sich ganz auf Heidelberg eingelassen, das ihm nicht nur durch die Lederers gesellschaftlichen Zugang bot (vgl. Gábor 1983:9), sondern zugleich eine wissenschaftliche Entfaltungsmöglichkeit, die sich von der Philosophie auf die Soziologie hin zu richten begann.

Raymond Klibansky, der 1923 im Hause Weber wohnte, beschrieb Mannheim als Philosophen, der erst nach seiner Doktorarbeit zum Soziologen wurde.[70] Die Doktorarbeit hatte er zwar schon geschrieben, aber Klibansky bezieht sich wohl auf die deutsche Fassung, die 1922 in den Kant-Studien erschien. Karl und Julia Mannheim wohnten in Heidelberg mitten in der Altstadt in der Landfriedstraße 6, neben Lederers, die in Haus Nr. 8 wohnten. Die Beziehung zu den Lederers beruhte auf freundschaftlichen familiären Kontakten.[71] In seinem Lebenslauf schrieb Mannheim, er habe »neben den philosophischen Studien (Rickert) volkswirtschaftliche und soziologische (bei Alfred Weber und Lederer) betrieb(en)«[72]. Nachweisbar ist er in Alfred Webers Vorlesung zur Allgemeinen Volkswirtschaft (Nr. 330) und in der volkswirtschaftlichen und soziologischen Übung (Nr. 150) im Sommersemester 1921[73]. An Lederers Disziplin, der Ökonomie, scheint Mannheim jedoch kein Interesse gehabt zu haben. Zwar gab er mit Lederer zusammen im Sommersemester 1927 eine Veranstaltung über die »ökonomischen und geistigen Grundlagen des Imperialismus«[74], doch dürfte sich sein Anteil an dieser Übung auf die »geistigen Grundlagen« beschränkt haben. Mannheims Kenntnisse der Ökonomie blieben rudimentär, wie seine gelegentlichen Versuche in dieser Disziplin zeigen.[75] Er begann schon bald mit soziologischen Übungen. Henk Woldring berichtet von einem privaten Seminar, das Mannheim unter dem Titel »Was ist Soziologie?« bereits im Sommer 1920 in Heidelberg gegeben habe. Daran sollen Alfred und Marianne Weber, Heinrich Rickert, Karl Jaspers, Martin Buber, Emil Lederer und seine Frau Emmy Seidler-Lederer sowie, nach Gábor, auch die Radványi-Seghers und Jürgen Kuczinsky regelmäßig teilgenommen haben.[76] Mannheim selbst berichtet: »(Ich) hielt bereits vor meiner Habilitation, wenn auch inoffiziell, im Zusammenhange mit dem soziologischen Lehrbetrieb Übungen ab.«[77]

Mannheim war auch »Mitglied der Redaktionskommission« beim *Archiv für Sozialwissenschaften und Sozialpolitik* (*AfSS*), ein Status, der in Heidelberg zweifellos eine intellektuelle Anerkennung bedeutete. Die Redaktionskorrespondenz, die im Archiv des Siebeck Verlags fast vollständig erhalten geblieben ist, weist freilich gerade bei »Mannheim« Lücken auf,[78] so daß wir über Einzelheiten seines Einflusses auf die Gestaltung der Zeitschrift nichts Näheres wissen. Spätere Redaktionsassistenten wie A. von Schelting, Hans Speier oder Mark Mitnitzky wurden von Siebeck mit einem kleinen Gehalt bezahlt, aber von den Heidelbergern, also von Lederer in Abstimmung mit der Besitzerin Else Jaffé und Alfred Weber, bestellt.

Mannheim hatte in Heidelberg stets ungarische Studenten, die ihm nicht nur durch das Studium, sondern auch privat verbunden waren. So kamen bis Mitte der zwanziger Jahre die »Sonntägler« Györgi Káldor, László Radványi und Károly Tolnay zu ihm. Auch mit Lukács scheint er sich noch gelegentlich getroffen zu haben. Sicher ist, daß sich Lukács und Mannheim ein letztes Mal 1933 in Frankfurt trafen, als Lukács von der Kant-Gesellschaft zu einem Vortrag eingeladen worden war. Er hielt zwei Vorträge über den jungen Hegel und über den dialektischen Materialismus, die Mannheim beide besuchte. Márta Kreilisheims Zeugnis zufolge ergriff Mannheim in den Diskussionen jeweils Partei für Lukács (Gábor 1983:10; 14, Anm. 29). Lukács hat sich zu Mannheim erst sehr viel später in zwei Aufsätzen geäußert, die er in den vierziger Jahren schrieb. Dort zählte er Mannheim zu den Feinden des Marxismus und rückt ihn, nach dem Muster, daß alle Feinde der Arbeiterbewegung untereinander Ähnlichkeiten haben, in die Nähe einmal der »Sozialfaschisten«, läßt ein andermal Mannheims Idee der »freischwebenden Intelligenz« »stark ins Faschistische hinüberschillern«, und an einer dritten Stelle findet er ihn ununterscheidbar von Spengler[79]. Lukács war nun zum Legitimator des sowjetischen Regimes geworden.

Daß Mannheim in Heidelberg schnell eine gewisse Aufmerksamkeit erregte, geht nicht nur aus den erwähnten Kennzeichen einer herausgehobenen Position, sondern auch aus anderen Hinweisen hervor. Eva Gábor weist auf Lukács hin: »His friendly reception in Heidelberg was therefore due mainly to his former friendship with Lukács. In the intellectual circles of Heidelberg it became soon known that Mannheim had belonged to the inner circle of Lukács in the second half of the 1910's ... It was certainly this contact which opened to him the doors of Weber's house« (Gábor 1983:9). Es ergab sich also für den »freien Intellektuellen« Karl Mannheim die große Entfaltungschance im Heidelberger Milieu, das ihn mit offenen Armen aufnahm und bis zum Weggang ein Forum für seine pädagogischen und soziologischen Talente bot.

Aber Mannheim beeindruckte nicht alle gleichermaßen. Raymond Klibansky, der Marianne Weber sehr nahestand und ihr bei der

Herausgabe von *Wirtschaft und Gesellschaft* half, inszenierte zu ihrem 60. Geburtstag einen Sketch.

»Es wurde auf einiges angespielt. Im Zentrum stand das Problem der Wissenschaft, die Wertfreiheit. Und nun war das einer der großen Diskussionspunkte: Kann es überhaupt eine wertfreie Wissenschaft geben? Und da gab es einen Flügel, den ungarischen Flügel, vertreten durch Emil Lederer und einen jüngeren Herrn namens Karl Mannheim. Bei dieser Feier hatte ich viele Rollen, ahmte aber auch die charakteristische Sprache der Ungarn nach.«

Klibansky spielte den »revolutionären Flügel, die Links-Weberianer«, die er »etwas persiflierte« (vgl. Klibansky 1994:16f.). Klibansky konnte mit Mannheims Soziologie nicht viel anfangen und gab das in dieser soziologischen Öffentlichkeit zum Ausdruck.

Gegen Feindbilder und Provinzialismus: Der Akademische Austauschdienst

Eine der ersten Nebeneinrichtungen des InSoSta wurde der Akademische Austauschdienst, dessen Gründung schon vor der Umbenennung in InSoSta eingeleitet worden war. Der ursprünglich einzige Gegenpart war der »American German Student Exchange« mit Sitz in New York. Laitenberger berichtet: »Im Herbst 1922 faßte eine kleine, radikale amerikanische Studentengruppe, angeregt durch Informationen über die deutsche Jugendbewegung, den Plan, Studenten aus verschiedenen europäischen Ländern in die USA einzuladen. Der Heidelberger Student der Sozial- und Staatswissenschaften Carl Joachim Friedrich, als Mitglied der Akademischen Freischar aus der bündischen Jugend kommend, erfuhr davon über seinen Freund Alexander Rüstow, an den sich die Amerikaner bei der Suche nach geeigneten Studenten gewandt hatten. Friedrich meldete sich und wurde aus ca. 20–30 Bewerbern für die USA-Rundreise ausgewählt«[80]. Durch die spontane Spende eines Chemieindustriellen wurde die Verwirklichung der Idee eines deutsch-amerikanischen Studentenaustauschs möglich, die von Stephan P. Duggan vom Institute of International Education in New York auf der amerikanischen Seite unterstützt wurde.

In der Broschüre, die der Akademische Austauschdienst zwei Jahre nach seiner Gründung als Selbstdarstellung herausgab,[81] wird auf weiter zurückliegende Wurzeln dieser Einrichtung hingewiesen: Die Schaffung des Austauschdienstes »ging auf Anregungen zurück, an denen der verstorbene Heidelberger Nationalökonom Professor Eberhard Gothein noch regen Anteil hatte«. Gothein wird hier kurz nach seinem Tode gewürdigt als eine »reiche und lebensvolle Persönlichkeit«, dem »über die wissenschaftliche Facharbeit hinaus das Schicksal der studentischen Jugend am Herzen lag, und der das Problem nicht sowohl der Schulung als der Bildung des Nachwuchses als eine Schicksalsfrage des Volkes auffaßte«[82]. Da bis Mitte der zwanziger Jahre im europäischen Ausland ein Boykott deutscher wissenschaftlicher Einrichtungen bestand,[83] bot sich als Ausweg der Blick über den Atlantik an, wollte man die Isolation aufbrechen, in die die deutschen Wissenschaftler nicht nur als Wissenschaftler – das hätte sich zur Not durch Textlesen ausgleichen lassen –, sondern auch persönlich seit dem »Aufruf an die Kulturwelt« von 1914[84] geraten waren.

In den Berichten der deutschen Austauschstudenten kommt diese lange wissenschaftliche Isolation vielfältig zum Ausdruck: Mitgaus England-Besuch liegt noch vor der AAD-Gründung. Er war als einer von acht Studenten auf drei aufeinanderfolgende Konferenzen einer christlichen Organisation eingeladen. Mitgau, InSoSta-Student und einer der rührigsten Organisatoren studentischer Hilfsdienste[85], läßt bei der Beschreibung seines England-Besuchs noch alle Minderwertigkeitsgefühle erkennen, die dieser Provinzialismus mit sich gebracht hat:

»Swanwick, d. 27.7. (1923). Wir Deutsche wurden bei der Vorstellung mit besonderem Beifall begrüßt. Ich glaube nicht, daß wir etwa persönlich den Tagungsteilnehmern sympathischer wären als die anderen Vertreter der vielen ›oversea‹-Nationen, die hier zusammengekommen sind. Abgesehen von einem geradezu erstaunlichen Gefühl für politischen Takt, der dem jungen Engländer angeboren zu sein scheint, empfinde ich diese Begrüßung als eine spontane und sehr gesunde Demonstration der Jugend gegen die Machenschaften der großen Politik, die versucht hat, ein Kulturvolk mit den gemeinsten Mitteln zu verleumden.«

Er meint zu spüren, daß die Engländer versuchten, »wenigstens im Umgang von Mensch zu Mensch wieder etwas gut zu machen«[86]. Auch das umgekehrte Staunen eines der ersten französischen Austauschstudenten wurde von Armand Bérard beschrieben:

»Ich war einer der ersten französischen Studenten, die seit dem Kriege in Heidelberg sich inskribieren ließen und ich erwartete demnach einen viel kühleren Empfang oder zum mindesten eine gewisse Gleichgültigkeit, wie sie damals noch in vielen Kreisen Frankreichs gang und gäbe war. Von einigen nationalistischen Kreisen abgesehen ward ich im Gegenteil überall gut aufgenommen. Das Interesse, das man an mir nahm, entsprach der geistigen Verfassung, die damals in Deutschland herrschte ... Mein damaliger Eindruck war, einer Wiederentdeckung der Welt beizuwohnen.«

Italien war von den deutschen Studenten zuerst erschlossen worden. Von England und Frankreich hatten sie noch das Feindbild aus der Kriegszeit, das sich in der Gegenüberstellung plötzlich verflüchtigte und die Wißbegierde erklärt, die den Franzosen erstaunte, der aus Paris abgestumpfte Gleichgültigkeit gewohnt war:

»Jeder bezeugte mir ein anfangs wohl noch etwas distanziertes, doch äußerst lebhaftes Interesse. Dieses Interesse für den Fremden erstaunte mich umso mehr, als man in Frankreich in dieser Hinsicht recht abgestumpft war. Paris bot damals mehr als je den Anblick einer kosmopolitischen Stadt. Überall traf man Engländer, Russen, Italiener und später Amerikaner, dazu noch all die exotischen Truppen, die Marokkaner in ihren Burnussen, die Senegalneger, die Tonkinesen und die berittenen Sikhs, die zu Marseille im Garten des Prado kampierten. Darum ergab sich nach dem Waffenstillstand eine gewisse Fremdenmüdigkeit und ein sehr lebhaftes Verlangen, Frankreich den Franzosen wiedergegeben zu sehen.«[87]

Johannes Höber, ebenfalls InSoSta-Student und aktiver Mitarbeiter beim Studentenwerk, lernte im Wintersemester 1927/28 an der London School of Economics (LSE) die ihm unbekannten Fächer Weltwirtschaft und Völkerrecht kennen und befand sich dort plötzlich mitten unter indischen, holländischen, kanadischen, afrikanischen oder chinesischen Studenten, die vierzig Prozent der Studierenden der LSE ausmachten. Was dem Austauschstudenten aus Deutschland in England auffällt, und

»was ihm gänzlich ungewohnt ist, ist die internationale Zusammensetzung der Studentenschaft. Natürlich herrschen zahlenmäßig die ›British subjects‹ vor. British Subject aber ist eben ein Völkerbund, der sich über alle vier Weltteile erstreckt ... Der Deutsche, der seit dem Krieg gewohnt ist, im nationalen, allenfalls im europäischen Maßstab zu denken, erkennt hier plötzlich, wie eng sein Gesichtskreis geworden ist.«[88]

Die Bedeutung dieser Begegnungen kann kaum überschätzt werden – den allgemeinen Provinzialismus, der sich seit dem Weltkriegsausbruch über das Reich gelegt hatte, konnte es freilich schon rein quantitativ nur wenig auflockern. In der Broschüre des AAD wurde zu Recht auf diese, aber auch auf noch eine zweite Funktion des Austauschs hingewiesen:

»Gestattete auch die politische Lage zunehmend die Wiederaufnahme akademischer Beziehungen zu den früheren Feindstaaten, so erwies es sich doch, daß die Verarmung der deutschen Studentenschaft diese fast ebenso wirksam von der Welt abschnürte wie vordem der moralische Boykott. Ein für Wissenschaft wie Wirtschaft wie Politik gleich verhängnisvoller Mangel eines Nachwuchses mit Auslandskenntnissen war die Folge und Hand in Hand damit ein zunehmender Provinzialismus, eine ideologische Enge und Voreingenommenheit in den breiteren Kreisen der Studentenschaft, der die Mittelsmänner zu einer größeren Welt fehlten« (Picht in: Goverts/Höber 1930:7).

Picht, der Pazifist war, betonte dabei auch den Charakter eines »Friedensschlusses in der Akademischen Welt«, der die »Wiederanknüpfung akademischer Beziehungen zunächst zu den großen uns im Weltkrieg feindlichen westlichen Kulturnationen: Vereinigte Staaten, England, Frankreich (in der Reihenfolge der Inangriffnahme der Arbeit)« (a.a.O.) ermöglichte.

Die Suche nach deutschen Förderern erwies sich als kompliziert (vgl. Laitenberger 1976), gelang jedoch schließlich. Der Präsident der Berliner Handelskammer, Franz von Mendelssohn, gab dem deutschen Fonds des Akademischen Austauschdienstes die ersten tausend Mark und schlug damit »die Bresche« für weitere Spenden (Bergstraesser 1983:17). Friedrich hatte im Winter 1923/24 so viel Geld zusammen, daß Fellowships für 13 deutsche Studenten im Austausch zur Verfügung standen. Laitenberger schrieb:

»Erst dieser beachtliche Erfolg, der die Notwendigkeit nach sich zog, in Deutschland 13 geeignete Studenten zu finden und möglichst bald entsprechende Freistellen für amerikanische Studenten in Deutschland zu schaffen, führte zum Aufbau der Heidelberger Austauschstelle, deren erster Geschäftsführer Arnold Bergstraesser wurde. Ihm gelang es, Alfred Weber für das Projekt zu gewinnen, der sich zwar wenig konkret engagierte, dessen Name und Beziehungen der weiteren Entwicklung der Austauschstelle aber sehr förderlich war.«

Der AAD, der zunächst vom InSoSta aus nur Staatswissenschaftler für den Austausch aussuchte, wurde bald auch für Studenten und Studentinnen anderer Fächer geöffnet. 1926 wurde die Geschäftsstelle nach Berlin verlegt und kurz darauf in das entstehende System der deutschen auswärtigen Kulturpolitik eingebaut. Bergstraesser übergab die Geschäftsführung an Werner Picht, der allerdings bald »einem Nachfolger weichen (mußte), dessen Tatkraft und Durchsetzungsvermögen den Austauschdienst« politisch stark aufwerteten: Adolf Morsbach (Laitenberger 1976:18,19f.). Alfred Weber gab den Vorsitz des Austauschdienstes mit dem Wechsel von Heidelberg nach Berlin an Victor Bruns ab. Heidelberger blieben jedoch weiterhin in den Ausschüssen und hatten auch weiterhin einen relativ hohen Anteil an den Austauschstudenten.

Auch die vierte Professur des InSoSta hatte die Abkehr vom Isolationismus zum Ziel. Aus einer von Gothein 1919 begonnenen Sammlung für einen Fonds zur Errichtung eines »Anglo-Amerikanischen Instituts an der Universität Heidelberg (Institut für Wirtschafts- und Gesellschaftskunde des Auslandes)« war die Eberhard-Gothein-Gedächtnis-Stiftung entstanden, die auf Zuwendungen von Industriellen der Region beruhte. Gotheins Idee war ursprünglich groß angelegt. Das Institut sollte nicht nur die »wirtschaftlichen, rechtlichen und gesellschaftlichen Verhältnisse des Auslandes, insbesondere des englischen Weltreiches und der Vereinigten Staaten« erforschen, sondern auch Veröffentlichungen entsprechender wissenschaftlicher Arbeiten dieses Themenkreises finanzieren, eine Bibliothek mit entsprechender Spezialliteratur aufbauen und Dozenten- und Studentenaustausch und Studienreisen förden und vermitteln.[89] Außerdem sollte auch eine außerordentliche Professur für Auslandskunde errichtet werden, durch die das Institut an die Philosophische Fakultät angeschlossen würde. Diese Professur, so heißt es in dem Entwurf (a.a.O.), »führt den Namen ›Gothein-Professur für Auslandskunde‹«. Gothein wurde als Vorsitzender des Verwaltungsrats »auf Lebenszeit« eingesetzt (§ 5). Die Errichtung dieses Instituts scheiterte an der Entwertung der in dem Fonds enthaltenen Papiere in der Inflation. Nach Gotheins Tod wurde eine zweite Sammlung von seinen Schülern und Freunden durchgeführt, die zur tatsächlichen Errichtung der außerordentlichen Professur am 5. Mai 1924 führte. Zum ersten Inhaber wurde der langjährige Assistent Gotheins, der Finanzwissenschaftler Edgar Salin, berufen, der vom Sommersemester 1924 an mit einem Lehrauftrag für Staatswissenschaften, »vornehmlich Auslandskunde«, beauftragt wurde. Im Jahre 1925 brachte der Fonds niedrigere Erträge und der Lehrstuhl wurde nach Salins Weggang nach Basel nicht wieder besetzt. Das Geld der Stiftung wurde nun, ganz im Sinne des § 2 des »Entwurfs«, dem Etat des InSoSta zugeführt.[90] Erst 1932 konnte durch die Zuwendung eines Stuttgarter Verlegers die Neubesetzung mit Bergstraesser erfolgen.

Arnold Bergstraesser hatte sich 1930 um den Carnegie-Lehrstuhl der Deutschen Hochschule für Politik beworben. Offensichtlich orientierte er sich bereits zu dieser Zeit in Richtung Berlin, nicht nur, weil ein freier Lehrstuhl in Heidelberg nicht abzusehen war, sondern auch aus Interesse am Zugang zu politischen Kreisen. Der Carnegie-Lehrstuhl wurde jedoch mit seinem Heidelberger Kollegen Hajo Holborn besetzt (Eisfeld 1991:83). Bergstraesser blieb in Heidelberg. In einem Brief des Kultusministeriums an den Engeren Senat der Universität Heidelberg vom 4. Januar 1932 heißt es: »Durch die von unbekannter Seite erfolgte Zustiftung von 40 000 Mark zum Eberhard-Gothein-Gedächtnisfonds ist die Grundlage geschaffen, um dem stifterischen Willen entsprechend die Professur für Auslandskunde wieder zu besetzen«[91]. Aus dem vermutlich von Alfred Weber verfaßten »Memorandum zum Gespräch mit dem Herrn Minister am 23. Oktober« (1931) geht hervor, daß »die Philosophische Fakultät beabsichtigt, für die Wiederbesetzung ... den bisherigen ersten Assistenten des Instituts für Sozial- und Staatswissenschaften, Herrn Privatdozent Dr. Bergstraesser, in Vorschlag zu bringen«[92]. Im Schreiben des badischen Kultusministers, mit dem dieser die Wiedererrichtung der Gothein-Gedächtnis-Professur ankündigte, nannte er sie einen »vertraglichen Lehrstuhl« und setzte ein festes Gehalt und eine vierteljährliche Kündigungsfrist fest.[93] Somit entfiel bei dieser Professur die Berufungsprozedur. Bergstraesser bezeichnet sich selbst[94] denn auch als »vertragsmäßige(n) Inhaber, Dr. Arnold Bergstraesser«.

Aus dem erwähnten Memorandum geht auch der »unbekannte« Stifter hervor: der Stuttgarter Verleger Carl Esser, der Verleger des *Stuttgarter Neuen Tageblatts*[95], der nicht öffentlich genannt werden wollte[96]. In seinen Auffassungen dürfte er Alfred Weber nahegestanden haben, wie aus einem Vortrag hervorgeht, den er 1930 gehalten hat, in dem u.a. auf die Notwendigkeit der Zusammenarbeit zwischen Verleger und Redakteuren hingewiesen und mehrfach betont wird, daß die Zeitung »ein geistiges Produkt« ist und deshalb »das Zahlenmäßige im Aufbau eines Zeitungsunternehmens mehr als sonst in der Wirtschaft auf Belebung durch den menschlichen Schöpfergeist angewiesen ist« (Esser 1930:47). Esser wurde dafür gewonnen, den Gothein-Gedächtnis-Fonds so weit finanziell zu sanieren, daß der Lehrstuhl wieder eingerichtet werden konnte. In der Anlage des Memorandums befindet sich ein Brief Essers an Geheimrat Weber, in dem er die »Absichten, welche mich bei dieser Stiftung leiten«, darlegt:

»Die nähere Bekanntschaft mit dem von Ihnen geleiteten Institut und die mir gewordenen Mitteilungen haben mich in der Absicht bestärkt, soweit ich es irgend vermag, dazu beizutragen, daß das Institut seine Arbeit auch unter den schweren Umständen der Gegenwart weiterzuführen imstande ist.«[97]

In dem Brief ist nicht von Bergstraesser die Rede, nur davon, daß die Stiftung »so verwendet werden« soll, daß »sie zur Ergänzung der seitens des badischen Staates dem Institut zugewendeten Mittel, nicht aber zu ihrer Verminderung führt«[98]. Damit sollte sichergestellt werden, daß das bisher von der Gothein-Gedächtnis-Stiftung gezahlte Geld für den »ersten Assistenten Bergstraessers frei wird und einem anderen Assistenten zukomme«. Dieser andere Assistent war Jakob Marschak, der bis 1933 aus den frei gewordenen Mitteln der Gothein-Gedächtnis-Stiftung bezahlt wurde.

Das Institut für Zeitungswesen

Das Rheinland und die Pfalz waren noch von französischen Truppen besetzt, in Ludwigshafen und Karlsruhe die badischen Rheinhäfen, um den französischen Reparationsforderungen Geltung zu verschaffen, als sich am 5. Juni 1923 der Karlsruher Zeitungsverleger Dr. Albert Knittel[1] an Victor Schwoerer, den Staatssekretär im badischen Ministerium für Erziehung und Unterricht, mit dem Vorschlag zur Errichtung eines Zeitungswissenschaftlichen Instituts wandte. Eine vertrauliche Denkschrift ist beigefügt, in der Kritik am Zustand der Presse geübt wird, die »doch sehr an alten Gewohnheiten... hängen geblieben (sei)«. Nachrichten der Depeschendienste würden verfälscht, falsch gekürzt, mit falschen Überschriften versehen, die Redakteure kämen, »bei reichen Maschinen, ohne eigentlichen Berufslehrgang, in die Lage, eine Verantwortung übernehmen zu sollen, für die sie keine Erfahrung mitbringen.« Er stellt ein »ungenügendes Maß an beruflicher Gewissenhaftigkeit und Initiative« fest und ein »Fehlen kritischer Denkweise« und schlägt im Auftrag des Verbandes der süddeutschen Zeitungsverleger vor, um dieser mangelnden Professionalität beizukommen, die Schaffung einer Art »geistigen Bandes« durch die Errichtung eines solchen Instituts, das als geeignete Zentralstelle einen geistigen Mittelpunkt fachmännischen Denkens darstellen soll und zugleich ständige Verbindung zur Praxis haben soll. Es geht dabei auch um eine »Erziehung zum guten Stil« und »gegen die Ungehörigkeiten in den Zeitungspolemiken«. Die Pflege des Stils liegt ihm dabei besonders am Herzen – gegen »*Sensationssucht*« (unterstrichen i.O.) solle zur »Selbsterziehung zu politischer Kultur« aufgerufen werden. Diese Prinzipien würden den Einfluß der Zeitungen fördern. Betriebswissenschaften und praktische Kurse sollten den jungen Leuten angeboten werden, besonders dachte er an die Söhne von Verlegern. Die Dozenten müßten dementsprechend geistig hochstehende und rednerisch begabte Verleger und Redakteure sein. »Das deutsche Volk muß vorwärts gehen und nicht zurückschauen, deutsche Zeitungen müssen Führer sein auf diesem Weg.« Die Grundlinien einer Art Berufshochschule werden gezeichnet, dessen Kuratorium von Zeitungsmännern verschiedener Couleur gebildet und räumlich an der Universität angesiedelt sein soll.

Der Kernpunkt in Knittels Vorschlag aber lautet: Die »Aufgabe des Instituts soll auch sein, Propagandapläne außerdeutscher Staaten zu verfolgen und... entsprechende Gegenabwehr zu schaffen«[2]. Als Leiter solle Herr Waldkirch eingesetzt werden. Die Studenten müßten ausgewählt werden, »weil selbstverständlich die Tätigkeit dieser Stelle dem Ausland gegenüber weit möglich unbekannt bleiben muß«. Die Denkschrift endet: »Eile tut not, da die vermutlich beginnenden Verhandlungen der Entente nur dann zu einem günstigen Ende geführt werden können, wenn die Unterhändler für uns eine entsprechende Resonanz in der Presse finden.«[3] Schwoerer vermerkt handschriftlich auf dem Brief: »Zuzuziehen wären... der Rektor, der Dekan der jur. Fak., der künftige Rektor, Prof. Andreas, Prof. Alfred Weber, Oberbürgermeister...«

Mit diesem, in doppelter Hinsicht höchst zweifelhaften Vorschlag Knittels beginnt der zweite Anlauf zur Gründung eines Zeitungswissenschaftlichen Instituts am volkswirtschaftlichen Seminar der Universität Heidelberg. Der erste lag etwas mehr als drei Jahrzehnte zurück: In den 1890er Jahren hatte der Privatdozent Adolf Koch mit Vorlesungen über Pressewesen, Journalismus und Zeitgeschichte begonnen. Diese 1897 schon als »journalistisches Seminar« bezeichneten Versuche endeten mit der Aufgabe der Lehrtätigkeit von Koch 1912 aufgrund eines Skandals. Der Privatdozent Arnold Ruge hatte 1910

»mit einer geschmacklosen Bemerkung über die Frauenbewegung (sie setze sich zusammen ›aus alten Mädchen, sterilen Frauen, Witwen und Jüdinnen, die aber, welche Mütter sind und die Pflichten der Mütter erfüllen, sind nicht dabei‹) heftigen Protest bei Max Weber ausgelöst, der seine Frau beleidigt sah«[4].

Koch hatte sich eine Unvorsichtigkeit bei der Weitergabe von »Heidelberger Universitätsklatsch über den Streit Ruge-Weber an seinen Schüler Dr. Bandmann« (Riese 1977:375) zuschulden kommen lassen. Bandmann hatte diese Informationen zum Ärger von Max Weber in einigen Zeitungsartikeln ausgewertet. Als Weber daher Koch als die Quelle dieser Informationen eruiert hatte, verfolgte er Koch mit der ihm eigenen Unerbittlichkeit. Allerdings brachte erst »die von Weber provozierte Beleidigungsklage Kochs und der sich anschließende Prozeß, vor dem Freunde und Kollegen gewarnt hatten,... die befürchtete Publizität eines Universitätsskandals« (Riese 1977:376). Max

Weber schaltete auch die Fakultät ein, welche Koch nach einem Disziplinarverfahren, in dem es an antisemitischen Motiven nicht fehlte, die venia legendi entzog. Koch hatte in der Fakultät unter seinen Kollegen keinen Fürsprecher – nur der Nationalökonom Gothein sprach für ihn (vgl. Riese 1977:376). Durch die im Zusammenhang mit diesem Skandal von ihm erhobene Forderung nach Aufhebung des Redaktionsgeheimnisses hatte sich Max Weber allerdings bei den Zeitungsverlegern nachhaltig unbeliebt gemacht.

Knittels Denkschrift stellt einen neuen Versuch dar. Die propagandistischen Anteile darin weisen auf die noch nicht überwundene Situation des »Kalten Kriegs mit Frankreich« hin. Das zweite dubiose Element in dieser Denkschrift war das in verblüffend offener Weise vorgetragene Interesse an der Versorgung von Verlegersöhnen mit einer Fachausbildung, das ein vordemokratisch ständisches Denken verrät. Beide Elemente dieses Vorschlags, die zu Zweifeln an der wissenschaftlichen Qualität des Unternehmens Anlaß geben mußten, wurden im Laufe der Entwicklung des Projekts wenn nicht ausgeschaltet, so doch in den Hintergrund gedrängt und neutralisiert.

Am 20. Juli 1925 erreichte das Kultusministerium eine weitere Denkschrift der Zeitungsverleger[5]: Redakteure bräuchten eine Ausbildung, die nicht durch Vorlesungen über Journalistik abgedeckt werden könne. Es gehe um die Erhaltung des Kulturgutes in der Presse und es müsse ein Berufsstand der Zeitungsleute geschaffen werden, der die »Rechte und Pflichten... gegenüber der Volksgemeinschaft und dem Staate« bewahrt. Das ist der Rest des patriotischen Anteils in der Denkschrift: Die deutsch-französische Annäherung von Locarno hat die propagandistische Funktion des Vorhabens, die – neben der Sorge für die eigenen Söhne – zweifellos Hauptanlaß für den ursprünglichen Vorstoß der Zeitungsverleger war, überflüssig gemacht. Geblieben ist der Gedanke des »Stils« und der »Pressekultur« im Staat, der oberste Instanz im Denken auch der Mehrheit der Zeitungsverleger bleiben sollte.

Alfred Weber, der von Schwoerer offenbar von Anfang an als Ansprechpartner ausersehen war (wie die handschriftliche Notiz ausweist), zieht nach der Gründung des InSoSta (23. Mai 1924) die Idee an sich. Remmele, der badische Kultusminister, bestimmte Emil Lederer zum Verhandlungsführer mit den Zeitungsverlegern.[6] Lederer berichtete, daß die Zeitungsverleger sich damit einverstanden erklärt haben, daß das Institut wie die übrigen Institute der Universitäten aufgebaut wird. Die Universität hatte sich vorbehalten, den Institutsleiter selbst zu bestimmen und die Lehrfreiheit zu garantieren. Lederer bestand auf der Konstruktion einer Stiftung, da man ohne regelmäßig gesicherte Zahlungen keine Verträge abschließen könne (die »Lücke zwischen Zahlungsversprechen und Zahlungsleistung« müsse ausgefüllt werden)[7]. Lederers Furcht, daß es die Verleger trotz großen Interesses an Zahlungsbereitschaft mangeln lassen würden, sollte sich nicht bewahrheiten. Schon ein halbes Jahr später war der Fonds mit 250 Tsd. RM abgesichert und am 20. Juli 1926 lag dem Engeren Senat der Universität Heidelberg ein Antrag auf Errichtung eines »Instituts für Zeitungswesen« vor. Verbunden damit war der Vorschlag zur Einrichtung einer Professur für Publizistik, auf die nach den Vorstellungen Alfred Webers Hans von Eckardt berufen werden sollte.

Willy Hellpach erhob gegen das Projekt schwere Bedenken: Zum einen hätte die Initiative von der Universität ausgehen müssen, nicht von den Interessenverbänden. »Immerhin«, schrieb er in seinem Kommentar für die entscheidende Sitzung des Großen Senats, an der er nicht teilnehmen konnte, »bleibt erwünscht«, daß die Universität sich jetzt dem Berufsbildungsplan widmet und dessen Aufstellung »nicht den Interessenten und Stiftern überläßt«. Heidelberg habe schließlich »doppelt Anlaß hierauf zu achten« – und erinnert an die Episode Koch, die sich »auch nicht andeutungsweise so wiederholen dürfe«[8]. Forschung und Lehre müßten in jedem Fall frei bleiben vom Einfluß der Stifter, die nur auf die finanzielle Verwaltung wirken dürften. Bei der Berufung müsse ebenfalls sichergestellt werden, daß »das *übliche* Berufungsverfahren nicht nur in voller Unabhängigkeit von evtl. Wünschen der Stifter, sondern auch in voller Herkömmlichkeit gewahrt bleibt« (ebd.). Dies richtete sich offensichtlich gegen Alfred Weber und seinen Wunsch, von Eckardt auf diese Stelle zu bekommen. Ausdrücklich verlangte Hellpach auch eine Berufungsliste. Das Institut dürfte nicht von außen beeinflußt werden und müßte jeder politischen Einstellung entrückt sein. Darauf weist Hellpach in einem letzten Punkt noch einmal besonders hin: Angesichts der Tatsache, daß es im Stifterverband der Zeitungsverleger eine Gegnerschaft gegen das Projekt gebe, könne man sich allein durch die strikte Wahrung der Unabhängigkeit und Sachlichkeit sichern. Zu den anfänglichen Gegnern des Projekts zählten immerhin die beiden großen überregional agierenden Berliner Zeitungsverleger Mosse und Ullstein. Rudolf Mosse hatte eine spezielle Beziehung zur Heidelberger Universität, deren Ehrendoktor er war: Er hatte im letzten Kriegsjahr noch eine »Theodor-Mommsen-Stiftung« als Stipendienprogramm gestiftet, um einen Austausch von Studenten zwischen Berlin und Heidelberg zu ermöglichen.[9] Was ihn von der Zustimmung zu einem solchen Institut abhielt, ist nicht bekannt, doch könnte es das durch den Fall Koch entstandene Mißtrauen bei den Verlegern gegen den Namen Weber gewesen sein. Dieses Mißtrauen scheint Alfred Weber jedoch überwunden zu haben, denn im Verwaltungsrat des Instituts finden wir schließlich auch Dr. Carbe, einen Vertreter von Mosse.[10]

In der Aussprache der Fakultät vom 10. Juli 1926 ergreift Ernst Robert Curtius das Wort. Er will keine Rücksicht auf Verlegersöhne nehmen und wünscht keine Berufsschule für Journalisten. Er fragt, was die Fakultät sich von einem solchen Institut verspreche und erhebt Bedenken gegen »noch eine Professur in Volkswirtschaft« mit der Frage, ob denn nicht anderes Wissen vonnöten sei. Weber antwortet, er erhoffe sich eine »Verbesserung des Studentenmaterials davon«, das sei ein Gewinn für die ganze Fakultät. Und Lederer sekundierte: Es solle keinen geschlossenen Lehrplan geben und die spezifischen Leistungen des Instituts sollte von Vorlesungen und Übungen anderer Art ergänzt werden.[11] E. R. Curtius, der für die akademische Lesehalle zuständig war, erhoffte sich eine Entlastung seiner Einrichtung, wenn im Institut für Zeitungswesen Zeitungen gehalten werden. Auch Curtius wollte bei der Berufung nicht vom üblichen Verfahren abweichen. Der Dekan stimmte dem zu. »Desgleichen Weber«, steht im Protokoll. Als Hampe freilich einen Dreiervorschlag für die Berufungskommission vorschlug, äußerte Weber »Zweifel«. Die Kommission wurde dennoch gebildet, Curtius war Mitglied. Am 23. Juli 1926 wurde der Antrag auf Errichtung des Instituts für Zeitungswesen vom Großen Senat angenommen. Eine Berufungsliste wurde nie erstellt. Dem Bericht von Ludwig Curtius an die Philosophische Fakultät vom 25. September 1925 ist zu entnehmen, daß das Vorbild für die Professur die Gothein-Gedächtnis-Professur sein sollte.[12] Zwar gab es wegen dieser Umgehung universitärer Regeln eine Rüge Rickerts für Alfred Weber[13], doch hatte seine Personalpolitik hier letztlich Erfolg. Am 1. Oktober 1926 wird von Eckardt als vertraglicher Professor am Institut für Zeitungswesen mit halbjährlicher Kündigungsfrist eingestellt.[14]

Schwierigkeiten gab es auch mit den Redakteuren im Reichsverband der deutschen Presse, der »Standesorganisation aller reichsdeutschen Redakteure ohne Unterschied der Partei«. Der Reichsverband lehnte am 22. August 1926 zunächst die Unterstützung für das Institut ab mit der Begründung, er sei nicht rechtzeitig informiert worden und der Leiter biete nicht die wissenschaftliche Gewähr, die der Reichsverband im Interesse des öffentlichen Ansehens der gesamten Presse sowohl des Verlegerstandes wie des Journalistenstandes verlangen müsse. Im übrigen heißt es, daß Journalismus nicht zu lernen sei, sondern ein freier Beruf ist, dessen Mitglieder sich aus den »allerverschiedensten Kreisen« rekrutieren. Dazu sei zwar die beste Ausbildung gerade gut genug, aber eine »erforderliche Bildung durch Zertifikat« lehne man ab. An den Universitäten solle Journalismus und Zeitungswissenschaft unterrichtet werden, jedoch als Hilfswissenschaft, die allen Studierenden offensteht, und nicht als Redakteursbildungsfach. Gefordert wird auch die Finanzierung aus öffentlichen Mitteln im Interesse der Unabhängigkeit.

Die Erwähnung der Verlegersöhne in der Denkschrift der Zeitungsverleger von 1925 zeigt ein spezifisches Interesse an einem Lehrstuhl, der sich von der Journalistik, die bereits an einigen deutschen Fachhochschulen für Zeitungswissenschaften betrieben wurde (z. B. in Leipzig und Berlin), unterscheiden sollte: Es ging um die Ausbildung der höheren Ebene der »Führungskräfte« der Zeitungen, worunter Verleger und eventuell noch Chefredakteure und Ressortleiter zu verstehen waren, nicht um die Ebene der Journalisten. Das macht die Broschüre der Zeitungsverleger von 1925 deutlich (s. o.). Die Verleger und Alfred Weber waren sich auch auf zeittypische Weise einig, daß diese Führungskräfte (bei denen die Verlegersöhne natürlich eine große Rolle spielen mußten) einer »geistigen« Ausbildung mehr bedurften als einer technischen. Die Führungskräfte standen nach der Anschauung weiter Teile der damaligen deutschen Oberschicht über den technischen Kräften und bedurften einer Allgemeinbildung, nicht aber unbedingt einer spezifischen Fachausbildung. Die Verleger betonten in der Denkschrift die hohen Berufspflichten der deutschen Verlegerschaft, die sie weit über den einfachen »Geschäftsmann« hinaushöben, der nur einfach »Drucker seines Blattes« ist. Die Verleger seien Staatsbürger, die sich für öffentliche Interessen verantwortlich fühlen und insoweit »wird sich wohl der gewissenhafte Verleger darüber im Klaren sein müssen, daß er die moralische Verantwortung« seiner Zeitung trägt.[15] Nicht nur das Technische, sondern auch das Geschäftliche ist den Verlegern, wie sie es hier zum Ausdruck brachten, etwas in der Skala der Werte niedriger rangierendes, als Pflichten und Moral des patriotischen Staatsbürgers im Zeitungsverleger.

Der Widerstand der Redakteure gegen ein solches Eliteinstitut, das nicht unabhängig war und den Abstand zu den Redakteuren noch vergrößern half, wirkt verständlich. Die Unabhängigkeit des Instituts von den Stiftern mußte tatsächlich erkämpft werden. Trotz der Zusicherung der Zeitungsverleger, sich an die von der Universität autonom gesetzten Regeln der wissenschaftlichen Freiheit der Berufungen zu halten, enthielt eine Broschüre, die die Verleger über das neue Institut druckten, Aussagen, die den Bedenken der Redakteure sowie von Hellpach und Curtius recht gaben. Der badische Kultusminister, zu dieser Zeit der Sozialdemokrat Remmele, reagierte prompt auf diese Broschüre: Am 3. November 1926 wies er in einem Schreiben an die Philosophische Fakultät darauf hin, daß Lehraufträge am Institut für Zeitungswesen von der Fakultät und vom Kultusministerium vergeben bzw. genehmigt werden sollten. In der Verlegerbroschüre dagegen war zu lesen, der Leiter des Instituts könne »prominenten Verlegern und Redakteuren Lehraufträge« erteilen. Er unterstrich, daß er sein Augenmerk auf die Entwicklung dieses Instituts als eines »wissenschaftlichen Universitätsinstituts« richten werde. Im übrigen übernahm er die vorgelegten Organisationsvorschläge und bestellte Alfred Weber zum Vorsitzenden des Arbeitsausschusses des Verwaltungsrates und Lederer zum stellvertretenden Vorsitzenden.[16] Die Einmischung des Reichsverbandes der Redakteure trug offenbar ihre Früchte, als in den Verwaltungsrat je zwei Vertreter von Redakteurs- und Verlegerseite aufgenommen wurden, um die Parität des Einflusses zu wahren. Auch die Bedenken der Redakteure, daß die Redakteurslaufbahn nicht mehr allen Kreisen zugänglich sein könnte, werden zerstreut: Das Institut für Zeitungswesen stellte keine Studienzeugnisse aus.

Verhandlungen um Dovifat

Der Reichsverband der deutschen Presse drängte darauf, Emil Dovifat, den man für einen kompetenten Zeitungsmann hielt, einen Lehrauftrag zu verschaffen. Weber aber wollte Dovifat nicht. Als typisches Beispiel für Webers Verhandlungsstil soll diese Episode hier geschildert werden.

Dovifats Kandidatur wurde »nachdrücklich von G. Richter vom Reichsverband der deutschen Presse unterstützt, der in einem Schreiben an Weber erklärte: Dovifat wünsche die Umhabilitation und die sofortige Verleihung des Professorentitels, außerdem wolle er mit dem wissenschaftlichen Leiter des Instituts vollkommen gleichgestellt werden«[17]. Alfred Weber schrieb an Kurt Simon, *Frankfurter Zeitung*, am 6. Dezember 1926: »In der Angelegenheit Dr. Dovifat und des weiteren Ausbaus des Zeitungsinstituts habe ich vom Reichsverband das in Abschrift beiliegende Schreiben erhalten ... Meine persönliche *vertrauliche* Meinung ist, (d)aß der Druck, der hier auf die

Fakultät auszuüben versucht wird, nicht gut zulässig ist, ganz abgesehen von den in Berlin besprochenen Fragen der Parität. Ich persönlich bin der Meinung, daß man den Schwierigkeiten wohl am besten entgeht, wenn man die Angelegenheit Dovifat etwas dilatorisch behandelt. Vielleicht passiert dann etwas anderes, was offenbar sowieso im Hintergrunde steht.« Es ging um zwei Lehraufträge für mit Eckardt gleichberechtigte fachwissenschaftliche Leiter des Instituts, die unter Webers Oberleitung stünden. Da man Waldkirch »anständigerweise«[18] nicht umgehen konnte, der sich bei der Errichtung des Instituts seine Verdienste erworben hatte, blieb noch ein Lehrauftrag übrig. Um diesen also ging es. Warum aber hatte Dovifat nicht Webers Vertrauen, wie er Simon wissen ließ? Zum einen, so wäre zu vermuten, einfach aus dem Grunde, weil er von Redakteursseite so massiv vorgeschlagen wurde. Dovifat habe ein halbes Dutzend Aufsätze in der *Deutschen Presse*, dem Organ des Reichsverbandes der deutschen Presse, veröffentlicht, hieß es in dem Lebenslauf, der Alfred Weber vorlag.[19] Zum andern aber, das dürfte ausschlaggebend gewesen sein, war Dovifat Katholik, »Rheinländer«, wie es in der Vita hieß. Dovifat hatte sich offenbar nach seiner Habilitation in Leipzig beworben und war abgelehnt worden. Nun wollte er sich für Heidelberg umhabilitieren und dies mit dem Lehrauftrag und einem Professorentitel verbinden. Weber holte ein Urteil von Wiedenfeld ein, dem Leipziger Zeitungswissenschaftler, der ihm erklärte, daß Dovifat nicht berufen wurde aus persönlichen und parteipolitischen Gründen[20], obwohl er, wie sie feststellen konnten, niemals dem Zentrum angehört habe.[21] Weber hatte das Urteil Wiedenfelds offensichtlich mit der Absicht eingeholt, um sich mit einem wissenschaftlichen Argument gegen Dovifat munitionieren zu können, da er seine eigenen Gründe nicht offenlegen wollte. Nun ging jedoch seine Strategie nicht auf, da er hier ebenfalls Ablehnungsgründe konfessioneller Art vorfand. Wiedenfeld legt ihm Dovifat sogar noch als hochqualifizierten Mann nahe, schon Bücher habe auf ihn als Fachmann hingewiesen. Wiedenfeld schreibt: »Die Arbeit, die in meiner Sammlung erschienen ist, schätze ich etwas höher ein, als Sie es tun. Sie ist zwar sicher leicht geschrieben, baut sich aber doch auf einem selbständigen Durchdringen des ganzen Problems auf und zeigt die Entwicklung des Zeitungswesens in eigenartiger Beleuchtung« (ebd.). So bot ihm Wiedenfelds Urteil keine Hilfe und er schrieb schließlich an Dovifat, durch die Empfehlung von Herrn Richter seien seine Chancen auf Habilitation in Heidelberg wohl eher gesunken, da sich die Fakultät dadurch unter eine Art Druck gestellt fühle. Daher möchte er gegenwärtig nicht mit dem Anliegen an die Fakultät herantreten.[22] Simon, der Verleger der *Frankfurter Zeitung*, schrieb Weber am 9. Dezember 1926: »Ihren diplomatischen Brief an Herrn Richter habe ich mit einigem Schmunzeln gelesen. Er weicht in seiner Art so sehr von der grobschlächtigen Schreibweise des Majors a.D. (d.i. Richter, RB) ab, daß das Vergnügen dadurch noch erhöht wird.« Simon bedauert, daß »die gute Idee durch Hineintragen zu vieler persönlicher Momente und zu viel Taktik verzögert und die flotte Inangriffnahme verhindert wurde: Es ist ja alles nur ein kleiner Ausschnitt aus dem Gegensatz von Redakteur und Verleger, wie es sich nicht zuletzt durch die Tätigkeit des Herrn Richter zugespitzt hat. Und durch den Umstand, daß in Berlin wenig eigentliche Verleger vorhanden sind...« Simon versprach, sich in Berlin für Webers Position zu verwenden. Den Lehrauftrag bekam schließlich nicht Dovifat, sondern Alfred Scheel, Chefredakteur in Mannheim. Dovifat kam allerdings in den Verwaltungsrat als Vertreter der Redakteure.

Die Vorlesungen und Seminare der Zeitungswissenschaftler hatten Kollegcharakter, da es keinen Abschluß gab. Abschlüsse über zeitungswissenschaftliche Themen waren allerdings am InSoSta möglich, wenn dort auch ein entsprechendes Studium absolviert worden war. Neben Hans von Eckardt wurden der frühere Chefredakteur der Mannheimer *Neuen Badischen Landeszeitung* und seinerzeitige Hauptinitiator des Reichsverbandes der deutschen Presse, Alfred Scheel, und der Zeitungsverleger, der Geheime Kommerzienrat Wilhelm Waldkirch – der schon im ersten Vorschlag Knittels 1923 auftauchte –, zu »fachwissenschaftlichen Leitern« des Instituts bestellt. Zwar begann von Eckardt bereits im WS 26/27 mit Vorlesungen über »Probleme der öffentlichen Meinung, der politischen Willensbildung und des Parteiwesens«, doch die Räumlichkeiten des Instituts im Haus Buhl konnten erst am 14. Mai 1927 gegenüber vom Palais Weimar bezogen werden.

Das Studium hatte einen technischen Teil mit betriebswirtschaftlichem, pressejuristischem und nachrichtentechnischem Unterricht, der von Scheel und Waldkirch geleitet wurde, sowie einen sozial- und staatswissenschaftlichen Anteil, der von Hans von Eckardt und einer Reihe von Lehrbeauftragten der philosophischen Fakultät (darunter neben Ernst Robert Curtius auch Emil Lederer, Karl Mannheim, Hajo Holborn und Arnold Bergstraesser) vertreten wurde. Dazu kamen die Zeitungswissenschaftlichen Kolloquien, Vorträge von Praktikern und Wissenschaftlern und die »Hochschulvorträge für die Zeitungspraxis«, die nicht nur den Studierenden der Zeitungswissenschaften zugänglich waren.

Das Institut für Zeitungswesen war ein großer Erfolg. Die Immatrikulationszahlen, wie sie im »Bericht über den Ausbau des Lehrplans und die Institutstätigkeit 1932/33« vorliegen, zeigen eine ansteigende Kurve vom Sommersemester 1927 bis zum letzten aufgeführten Wintersemster 1930/31: Waren es im SS 27 51 Hörer, so erreichten die Zahlen bis WS 1929/30 103, um im SS 1930 über 94 auf WS 1930/31 72 zu fallen. Die in der Liste der vom Institut veranstalteten Vorträge verzeichneten Referenten, immerhin zwischen 10 und 14 pro Semester, ist höchst illuster: Sie reicht von Reichsbankpräsident Hjalmar Schacht (Sommersemester 1927[23]) über Diplomaten (Graf Thun-Hohenstein) und Wissenschaftler (darunter die Heidelberger E. R. Curtius, Gruhle, Heinsheimer, Ernst Jäckh von der Deutschen Hochschule für Politik Berlin und Kurt Singer, dem George-Schüler und Nationalökonomen aus Hamburg, bis zu Vertretern der verschiedensten Richtungen der Presse, darunter zwei Vertretern der *Frankfurter Zeitung*, Heinz Simon, dem Verleger, und Bernhard Diebold, dem Theaterkritiker der *FZ*, Monty Jacobs von der *Vossischen Zeitung*, Dr. Franz Klüß vom *Vorwärts*, Dr. Krieg vom Scherl-Verlag und Th. Meyer von der Zentrumspresse. Hans von Eckardts Vetter, Felix von Eckardt, referierte ebenso wie Pater Erich Przywara, der Jesuit, und Eugen Rosenstock-Huessy, Soziologe und Initiator der Arbeitslagerbewegung (vgl. Keil 1932). Auffällig ist, mit welch aufwendigen Berichten und Eröffnungsbroschüren die Arbeit dieses Instituts durch die Verleger begleitet wird – das dürfte in der Institutslandschaft der Weimarer Zeit ihresgleichen suchen. Lilly Abegg war als wissenschaftliche Mitarbeiterin bei Eckardt eingestellt. Sie wurde später Korrespondentin der *Frankfurter Zeitung* in China. Auch Georg Böse, ebenfalls wissenschaftlicher Mitarbeiter am IfZ, wurde nach dem Krieg als Zeitungsmann in Konstanz tätig.

Horst Reimann, der das Institut in einem Beitrag gewürdigt hat (Reimann 1986), nannte Mannheim als den sicher »bedeutendsten Dozenten, (der) an diesem Institut zu Wort gekommen (ist)«.[24] Das Immatrikulationsbuch zeigt, daß seine Schüler ihm auch hier die Treue hielten – es ist jene kleine Clique vertreten, die Richard Löwenthal einmal als den Kreis um Mannheim bezeichnet hat. Reimann weist auch auf die bedeutenden Sammlungen an Zeitungen und Zeitschriften hin, die dort angelegt und zum Teil ausgewertet wurden von einer studentischen Arbeitsgruppe, die ein »Zeitstoffarchiv« verwaltete, mit dessen Hilfe »Sonderfragen aus Politik, Wirtschaft und Kultur« erarbeitet wurden. Dieses Zeitstoffarchiv, das noch bis in die fünfziger Jahre hinein gesammelt wurde, fiel schließlich dem Umzug des Instituts in den siebziger Jahren zum Opfer (vgl. auch Reimann 1986:338).

Die Machtübernahme durch die Nationalsozialisten 1933 brachte einen vollständigen Wechsel des Personals. Der bisherige Lehrbeauftragte Hans Adler stellte sich der neuen Herrschaft sofort zur Verfügung und konnte in einem Bericht für den Verwaltungsrat am 20. Juni 1938 melden, daß vom »ersten Tage des neuen Reiches an die junge Mannschaft, die von der neuen und tiefen Volksverpflichtung der Zeitungswissenschaft sich ergreifen ließ ... dem Institut durch Haltung und Arbeit ein völlig anderes Gesicht gab«[25]. Am 23. März 1934 löst Adler die räumlichen Gemeinsamkeiten mit dem InSoSta auf und das IfZ (jetzt »Institut für Zeitungs*wissenschaften*«) zog in die Grabengasse. Die Zeitungswissenschaften werden nun von der wirtschaftswissenschaftlichen Fakultät abgetrennt, denn »nach nationalsozialistischer Auffassung ist die Aufgabenstellung im Zeitungswesen nicht eine wirtschaftliche, sondern eine kulturelle«, wie Adler in einem Brief an Rienhardt (den Vertreter der Zeitungsverleger) am 1. Dezember 1934 schreibt.[26] Ende 1933 wurde die Zeitungswissenschaft Promotionsfach. Der Treuhänder des Reichspropagandaministeriums Heide wurde Vorsitzender des Verwaltungsrates. Adler, der als ehemaliger Freimaurer selbst nicht Parteimitglied werden konnte, bemühte sich besonders um sein Ansehen bei der Partei und verhalf einer Reihe von Führungskräften des Dritten Reichs zum akademischen Grad.[27]

Nationalökonomie und Klassenanalyse

Die Entwicklung des Instituts

Max Weber war als Nachfolger von Karl Knies seit 1897 ordentlicher Professor für Nationalökonomie und Finanzwissenschaften. Er las »Allgemeine (›theoretische‹) Nationalökonomie«[1] im Sommersemester 1897, Praktische Nationalökonomie (Handels, Gewerbe- und Verkehrspolitik) im Wintersemester 1897/98. Außerdem bot er eine »kleine zweistündige Vorlesung über Agrarpolitik« an (Hentschel 1988:205). Die Vorlesung im folgenden Sommersemester 1898 mußte er bereits wegen »Neurasthenie« abbrechen, die Hauptvorlesung 1898/99 »und eine schwach besetzte Übung hielt er mit Mühen durch« (Hentschel 1988:205). Sein letztes Kolleg hielt er im Wintersemester 1899/1900. Er nahm noch an Fakultätssitzungen und Doktorprüfungen teil, bis er 1903 auf eine Honorarprofessorenstelle entlassen wurde, die ihm weiterhin die Möglichkeit offenhielt, zu lehren. Bis 1919 wurde Max Weber als ordentlicher Honorarprofessor im Heidelberger Vorlesungsverzeichnis geführt. Max Weber hatte seit 1898 auf die Errichtung eines zweiten Lehrstuhls gedrängt. Aber erst, als Webers Entlassungsgesuch vorlag, wurde die Genehmigung zur Errichtung dieser zweiten Professur erteilt, da das Ministerium ihn mit allen Mitteln zu halten versuchte. Auf der Berufungsliste standen an erster Stelle Sombart, Rathgen an zweiter und ein weiterer, Hasbach, an dritter Stelle. An vierter Stelle war der Privatdozent Karl Helfferich genannt, weil das Minsterium darum bat, »auch jüngere Kräfte« (Hentschel 1988:207) zu berücksichtigen. Das Ministerium überging Sombart und berief Rathgen.

Max Webers Lehrstuhl, seit 1900 unbesetzt und seit 1903 offiziell vakant, wurde im Sommer 1903 neu ausgeschrieben. Diesmal hatte die Fakultät Sombart auf die zweite Stelle plaziert und das Ministerium nahm den Erstvorschlag an: Eberhard Gothein wurde Nachfolger Max Webers. Gothein machte sich stark für Wirtschaftsgeschichte, und neben den vorgeschriebenen Vorlesungen zur allgemeinen und praktischen Volkswirtschaftslehre erhielt er einen Lehrauftrag für Kulturgeschichte. Gothein hatte sich bereits in den neunziger Jahren einen Namen gemacht durch seine Auseinandersetzung mit Dietrich Schäfer über die Aufgaben der Kulturgeschichte.

Als in Hamburg 1906 eine Kolonial-Akademie gegründet wurde, sollten beide Heidelberger Volkswirtschaftslehrer angeworben werden. Gothein konnte mit einer Erhöhung seiner Bezüge gehalten werden, aber Rathgen verließ Heidelberg, was dem Fach allerdings »eher zum Vorteil als zum Nachteil« gereichte, wie Hentschel urteilt (Hentschel 1988:209). Denn »Rathgen machte Platz für einen Mann ungleich größeren Kalibers«, für Alfred Weber, der am 2. August 1907 ernannt wurde.[2] In der Tat muß man Hentschel ohne Einschränkung zustimmen, daß »keiner ... der Geschichte des Faches in Heidelberg nachdrücklicher seinen Stempel aufgeprägt (hat)« als Alfred Weber. Alfred Weber lehrte in Heidelberg mit zwei Unterbrechungen, 1914–1919 und 1933–1945, bis 1955. Als er 1958 im Alter von knapp 90 Jahren starb, trug das InSoSta bereits seinen Namen. Hentschel nennt Alfred Weber einen »sparsamen« Lehrer, denn nach einer Anfangszeit, in der sich Gothein und Weber jeweils zwischen Allgemeiner Volkswirtschaftslehre und Finanzwissenschaften und Praktischer Nationalökonomie derart ablösten, daß sowohl im Wintersemester als auch im Sommersemester alle drei Vorlesungen gehört werden konnten, gab Weber bald die Finanzwissenschaften auf und begann mit der Einführung der Soziologie. Auf Betreiben Gotheins und Max Webers sollte 1911 der Soziologe Georg Simmel nach Heidelberg berufen werden. Dies scheiterte jedoch an Geldmangel (Riese 1977:111).[3]

Als Alfred Weber nach Gotheins Tod das volkswirtschaftliche Seminar in das »Institut für Sozial- und Staatswissenschaften« überführte, übernahm er den alten Begriff »Staatswissenschaften«, der seit 1841 verwendet wurde, und fügte die »Sozialwissenschaften« hinzu, um den neuen Schwerpunkt seines Ansatzes zum Ausdruck zu bringen. Nationalökonomie oder Kameralwissenschaft (bzw. Finanzwissenschaft) tauchte in dieser Bezeichnung nicht auf, auch wenn die Lehrstühle diese Bezeichnung trugen. Lederers Lehrstuhl freilich, der erste, der nach Alfred Webers Berufung neu eingerichtet wurde, erhielt die Bezeichnung »Sozialpolitik«. Erst als Lederer, auf Drängen Alfred Webers, Nachfolger des verstorbenen Gothein geworden war, lautete sein Titel auf Nationalökonomie und Finanzwissenschaft. Lederer hatte damit die Lehrstuhlnachfolge Max Webers angetreten und Brinkmann erhielt nominell die Professur Lederers, wenngleich er sich thematisch vor allem in Gotheins Lehrgebiet der Wirtschaftsgeschichte und der empirisch-ökonomischen Regionalforschung bewegte.

Alfred Weber bewahrte damit einen außergewöhnlichen Grad an akademischer Freiheit am Institut. Eine utilitaristische Wissenschaft wie die Privatwirtschaftslehre, die als Hilfswissenschaft für wirtschaftliches Handeln der privaten Betriebe aufgefaßt werden mußte, wollte er nicht betreiben. Das sollte den eigens eingerichteten Handelshochschulen überlassen bleiben – Kaufleute benötigten nach seiner Ansicht keine akademische Ausbildung. Daß trotzdem am InSoSta etwa Buchhaltungslehre unterrichtet wurde, war kein Widerspruch – sie wurde vom promovierten Studienrat Emil Gerstner gelehrt und galt als »nicht-wissenschaftlicher Lehrauftrag« (vgl. Jansen 1997:26, Fn. 2).

Die Hörerzahlen zeigen einen langsamen Anstieg: Während Max Webers Hörerschaft noch unter hundert blieb, lasen Rathgen, Gothein und Alfred Weber z.T. bereits vor mehr als 150 Hörern. Schon vor dem Ersten Weltkrieg wurden die volkswirtschaftlichen Vorlesungen von etwa 300 Hörern frequentiert. Die Zahlen der im Fach Nationalökonomie immatrikulierten Studenten stiegen von 200 im Jahre 1900 auf 1250 im Jahre 1914. Als Alfred Weber im Sommersemester 1919 wieder zu lehren begann, war der Zustrom zu den volkswirtschaftlichen Fächern auf ein Vielfaches angeschwollen, 477 Hörer besuchten seine Vorlesung für Allgemeine Volkswirtschaftslehre. In den frühen zwanziger Jahren bewegten sich die Zahlen der Hörerinnen und Hörer seiner Vorlesungen stets zwischen 250 und 400.[4] Nach 1920 hatte Lederer 193 Hörerinnen und Hörer. Auch bei Lederer stiegen die Zahlen auf 150 bis 300 Studenten an. Darin drückte sich auch ein neues Interesse aus, dem Alfred Weber mit seiner soziologischen Sicht und Lederer mit seinen sozialpolitischen Seminaren in besonderer Weise entgegenkamen. Seit 1922 wurde ein Dr. rer. pol. als Abschluß eingeführt, zu dessen Verleihung eine »Staatswissenschaftliche Kommission« aus Nationalökonomen, Philosophen, Staatsrechtlern und Historikern eingesetzt wurde, die je nach der Wahl der Fächerkombination durch den Kandidaten zusammengesetzt war (vgl. Hentschel 1988:232). Damit war auch die Ausrichtung der »Staats- und Kameralwissenschaften« in der Philosophischen Fakultät, wie die Bezeichnung von 1841 bis 1933 lautete, deutlich vorgegeben: Weber prägte »die historisch-soziologische und zum Teil politologische Richtung« der Heidelberger Nationalökonomie und befruchtete so »die deutsche Volkswirtschaftslehre durch ihre soziologische Sichtweise bis über das Ende des 2. Weltkriegs hinaus« (Schremmer 1985:3).

Kampf gegen Instrumentalisierung der Wissenschaft

Alfred Weber wollte keine »Brotstudenten« und es war ihm sogar ein besonderes Anliegen, das akademische, nichtpragmatische Denken zu fördern – die Betriebs- und Privatwirtschaftslehre wurde erst nach einem längeren Zögern durch einen Lehrauftrag an den Mannheimer Professor Sommerfeld abgedeckt (Brintzinger 1998:172f.). Gothein und Weber wehrten sich vergeblich gegen die Einführung des Diplomstudiengangs, denn »das Ministerium setzte die von Fakultäts- und Ministerialvertretern ausgearbeitete Diplom-Prüfungsordnung für Volkswirte zum Wintersemester 1922/23 in Kraft« (Brintzinger 1996:171).

Doch Weber und Gothein konnten die mehrmaligen Versuche des Ministers, die Volkswirtschaftslehre zu einem Teil der juristischen Fakultät zu machen, verhindern. Wie stark Alfred Webers Einfluß bereits war, zeigt sich an der kleinen Geschichte dieser Versuche: Während die juristische Fakultät sich in ihrem Votum an das Ministerium noch 1920 für die Integration der Nationalökonomie in ihre Fakultät aussprach, übernahm die philosophische Fakultät in ihrer Ablehnung fast wörtlich den Entwurf Webers und Gotheins. Eine daraufhin eingesetzte Kommission der beiden Fakultäten änderte zwar am zustimmenden Votum der Juristen nichts, übernahm jedoch in ihrem abschließenden Urteil das negative Votum der Philosophen, das wiederum auf Alfred Weber zurückging. Der Minister versuchte es im folgenden Jahr noch einmal, aber als Gothein und Alfred Weber sich weigerten, an den entscheidenden Sitzungen überhaupt teilzunehmen, entschieden nun auch die Juristen gegen eine Vereinigung mit den Nationalökonomen, »einstimmig«, wie es in dem Schreiben an das badische Unterrichtsministerium vom 12. Januar 1922 heißt. Auch der letzte Versuch des Ministers, noch im selben Monat unternommen, scheiterte. Nun entschied sich auch der Große Senat der Universität Heidelberg gegen das Drängen des Ministeriums, das Ministerium mußte gegen diesen Widerstand kapitulieren.

Diese Kapitulation wirft ein Licht auf das Programm, das Alfred Weber mit der nationalökonomischen Lehre verband. In dem von ihm und Gothein unterzeichneten erwähnten Entwurf heißt es:

»Als wissenschaftliche Disziplin stellt die Volkswirtschaftslehre einen Teil, und zwar den bisher am besten, ja allein vollständig ausgebauten Teil, der Soziologie dar. Ihre wissenschaftliche Zukunft sowohl als historische wie als theoretische Durchdringung des Wirtschaftslebens kann sie nur im Rahmen soziologischer Fragestellungen, d. h. in engster Verbindung mit den historischen und philosophischen Disziplinen vollziehen.«[5]

Das ist eine erstaunliche Verortung – die Soziologie, die im Rahmen einer außeruniversitären Professoreninitiative von ihm und seinem Bruder Max seit der Jahrhundertwende in Deutschland als Interessengebiet ausgewiesen worden war, sollte die Mutterwissenschaft der universitär schon lange verankerten Nationalökonomie sein, deren Vorläufer – als Staatswirtschaft oder Kameralwissenschaft – auf das achtzehnte Jahrhundert zurückgingen? Glaubte Alfred Weber tatsächlich, daß diese Soziologie den Status einer alle Kulturwissenschaften überspannenden Universalwissenschaft bekommen sollte, wie es die Antisoziologen von von Below bis E. R. Curtius befürchteten? Hatte nicht sein Bruder gerade für jene Zuordnung plädiert, die der Unterrichtsminister einführen wollte? Tatsächlich hatte Max Weber, der ja für Handelsrecht habilitiert war, noch in Freiburg 1896 mit Erfolg darauf gedrängt, daß der Lehrstuhl für Nationalökonomie in die juristische Fakultät überführt wurde. Und jetzt wurde gerade nach diesem Vorbild in Tübingen vorgegangen und sollte auch in Heidelberg gleiches geschehen. Warum also sperrte sich Alfred Weber gegen dieses Vorhaben des Ministeriums so massiv? Der Entwurf bleibt hier die Antwort nicht schuldig:

»(Die) moderne Volkswirtschaftslehre und in ganz besonderem Maße die deutsche (ist) als Wissenschaft nur durch die fortgesetzte Befruchtung von diesen beiden Seiten her (der soziologischen und der philosophischen, RB) auf ihren heutigen Stand gekommen. Man würde sie aus ihren wissenschaftlich wichtigsten Beziehungen lösen und in Gefahr geraten, sie in eine reine Arbeitsdisziplin für praktische Zwecke zu verwandeln, wenn man sie generell an den deutschen Universitäten aus dieser Verbindung heraushöbe.«[6]

Damit wies Alfred Weber auf die Tradition hin, die die Kameralwissenschaften an den von Preußen beeinflußten deutschen Universitäten von Anfang an bestimmt hatten. Anders als in Österreich sollten die staatswissenschaftlichen Fächer hier Grundlagenwissenschaften sein und bleiben, und damit standen sie der Philosophie näher als der Jurisprudenz. Denn die Jurisprudenz war seit der Einführung juristischer Laufbahnen im Staatsdienst nur noch bedingt eine akademische Disziplin und kannte als Abschluß lediglich das Staatsexamen. Akademische Disziplin blieb sie nur durch das Promotionswesen, das als extracurricularer Zusatzabschluß aus Prestigezwecken oder für die

Möglichkeit einer Universitätslaufbahn beibehalten wurde. Wenn Gothein und Weber so energisch gegen die pragmatische Version der Wirtschaftswissenschaften kämpften, so zeigt sich darin ihr Selbstverständnis als Akademiker, mit dem sie zugleich den Bildungsbegriff der universitären Tradition des 19. Jahrhunderts als prononcierten Antiutilitarismus vertraten. Gotheins Einsatz für die Mannheimer Handelshochschule macht deutlich, daß er die Notwendigkeit der »Privatwirtschaftslehre« zwar sehr wohl begriff, aber daß er sie nicht für eine akademische Wissenschaft hielt. Heidelberg sollte auch nach dem Umbruch von 1918 der besondere Status einer Bildungsinstitution erhalten bleiben, die Wissen und Lehre nicht an Zwecke binden läßt. So konnten wirtschaftliche und staatlich-politische curriculare Zwänge abgewehrt und die Freiheit der akademischen Unabhängigkeit bewahrt werden.

Alfred Weber als Nationalökonom

Die Konzentration seiner Interessen auf Fragen der Nationalökonomie läßt sich bei Alfred Weber für einen Zeitraum von etwas mehr als zehn Jahren seit seiner Dissertation bei Schmoller über »Hausindustrielle Gesetzgebung« erkennen, mit der er 1897 promovierte. Nach seiner Habilitation mit Arbeiten über die Hausindustrie unterrichtete er vier Jahre lang an der Berliner Universität Themen wie Gewerbepolitik, Deutschland als Industriestaat und die Entwicklung der Großindustrie (vgl. dazu Demm 1990:27). 1908 regte Alfred Weber, wie sein Bruder Mitglied des Vereins für Sozialpolitik, eine Erhebung über die Arbeiterschaft in der Großindustrie an mit dem Titel »Anpassung und Auslese«. Die »Pointe der Problemstellung«, wie Marianne Weber es formulierte, war: »Was für Menschen prägt die moderne Großindustrie und welches berufliche und sonstige Schicksal bereitet sie ihnen?« (Weber, Marianne 1926:344f.). Diese Frage wird er in der Folge immer wieder stellen, sie beschäftigte ihn in praktischer und theoretischer Hinsicht, wobei er die empirisch-nationalökonomische Perspektive nach und nach zugunsten einer kultursoziologischen Sicht verließ. Nach seiner Berufung nach Prag 1904 entstand sein Buch über die Standortlehre (vgl. Demm 1990:49), das sein ökonomisches Hauptwerk blieb. Als Standardwerk in der nationalökonomischen Lehre wurde es auch von Lenin gelesen, wie von Lichnowsky hervorgehoben wird, die einschränkend hinzufügte, daß nicht geklärt sei, ob er sich bei der Industrialisierung

Rußlands daran orientiert hat (vgl. Lichnowsky 1986). Weber begreift die Standortfrage als Frage der rationalen Koordination von Entscheidungen, nicht aber als Marktvorgang. Daher finden sich in diesem Werk auch als Kriterien für die Allokation von Ressourcen die Entfernung der Produktionsfaktoren voneinander. Statt Kostenkriterien benutzt Weber also physische Argumente. Nach seiner Berufung nach Heidelberg scheint er den Plan für den zweiten Teil der Arbeit aufgegeben zu haben. Dieser Teil, mit dem die »realistische Theorie« der »reinen Theorie« folgen sollte, ist jedenfalls nie erschienen. Die von Weber betreuten Doktorarbeiten, die unter dem Signum »Über den Standort der Industrien‹, II. Teil: Die deutsche Industrie seit 1860« erschienen, zeigen nur allzu deutlich, daß Weber sein Interesse an der Nationalökonomie verloren hat.[7]

Edgar Salin, Schüler von Alfred Weber und Vertreter einer »anschaulichen Theorie«, die den rationalen Kern der Wirtschaft nur insoweit für berechtigt hält, »als rationales Handeln das Wirtschaftsleben selbst bestimmt« (Schefold 1992:308), stellte in seiner ausführlichen Diskussion des Standortproblems, knapp zwanzig Jahre nach dem Erscheinen des Buches, die Grenzen der Weberschen Theorie dar: Weber hatte Gesetze aufgestellt, nach denen die Industrien ihre Standorte auswählen. Demnach werden die rohstoffgebundene, die arbeitsgebundene und die verbrauchsgebundene Industrie jeweils ihre Standorte so ausrichten, daß sie die geringst möglichen Transportkosten zu tragen haben. Salin stellt nun fest, daß die Wirklichkeit der Standorte sich häufig nicht nach diesen Gesetzen richtete, vielmehr seien historische Standorttraditonen oder vielfach auch rein zufällige Gesichtspunkte dominierend. In der Praxis also zeige sich, daß der Standort in den seltensten Fällen nach rein rationalen Kriterien bestimmt werde (Salin 1929:78ff.).

Mathematische Wirtschaftslehre:
Lilly Hechts Dissertation

Die methodische Offenheit der Lehre am InSoSta soll am Beispiel einer Studie dargelegt werden, die Lilly Hecht 1930[8] veröffentlichte. Hechts Dissertation *A. Cournot und L. Walras, ein formaler und materialer Vergleich wirtschaftstheoretischer Ableitungen* ist eine Arbeit, in der sie die »Gründer« der »Mathematischen Schule« vorstellt, miteinander vergleicht und ihre Bedeutung für die aktuelle nationalökonomische

Theoriebildung beschreibt. Diese Arbeit, die im Rahmen der »Heidelberger Studien aus dem Institut für Sozial- und Staatswissenschaften« erschien (herausgegeben von Arthur Salz, »in Verbindung mit Alfred Weber, Emil Lederer und Carl Brinkmann«), geht von den Lebensumständen der beiden französischen Mathematiker aus. Hecht hat sich zu diesem Zweck mit der Tochter von Walras in Verbindung gesetzt, die ihr Briefe ihres Vaters zur Verfügung stellte. Außerdem zieht sie auch Kollegmitschriften des früheren Heidelberger Rektors Heinsheimer, eines Juristen, der 1890 bei Walras gehört hatte, zu Rate. Das »Historisches« benannte II. Kapitel (nach einem I. Kapitel »Methodologisches«) zeigt das Nebeneinanderarbeiten von Cournot und Walras an dem gleichen Problem, ihre späte gegenseitige Wahrnehmung – der Zufall wollte, daß Cournot mit Auguste Walras, dem Vater von Léon Walras, auf der École Normale in Paris studiert hatten.

Im »methodologischen« Teil setzt sie sich mit Schumpeter, Spann, Max Weber, Husserl, Weyl, Rickert, David Hilbert und Karl Schunck auseinander – einem philosophischen und mathematischen Spektrum neben den eigentlichen Sozialwissenschaftlern, das zwar nicht weiter vertieft wird (und bei Schunck bisweilen geradezu aufgesetzt wirkt), aber dennoch einiges über die Ausbildung zeigt, die Hecht u. a. dem Heidelberger und Karlsruher Lehrer Walter Waffenschmidt verdankt.[9] Waffenschmidt hat Cournot ins Deutsche übertragen und galt als einer der Wegbereiter der mathematischen Wirtschaftstheorie (Brintzinger 1996:156).

Das Problem dieser Zeit ist die Grenzüberschreitung einer historischen Wissenschaft zur Quasi-Naturwissenschaft. Hecht beschränkt – Carl Menger folgend – den Begriff naturwissenschaftlicher Methoden auf die »sogenannte Geisteswissenschaft« dadurch, daß mit der Mathematik die »Erforschung der Typen und typischen Relationen« quantitativ erfaßbar werden, die unter der Voraussetzung der Scheidung von indviduellen und generellen Erkenntnissen den Einsatz der Mathematik in Fragen quantitativer und logischer Natur notwendig macht (vgl. Hecht op.cit.:11f.). Die Nationalökonomie entfernt sich mit diesem Schritt – das ist Hecht bewußt – von der »wirklichen Welt« und wird zum Konstrukt, von individuell und qualitativ besonderer Wirklichkeit zu einem »logische(n) Produkt«, das »Relationsbegriffe von genereller Geltung (Gesetze)« behandelt, wie Hecht nach Max Weber formuliert (op.cit.:13). Es entsteht ein Feld von Axiomen, die sich auf den Tausch beziehen. Das Verhältnis zwischen Gütern und Preisen wird mathematisiert – auf rein formaler Ebene (es umfaßt damit tendenziell alle Güter-Preis-Märkte, vom Warenmarkt über den Arbeitskräftemarkt bis zum Kapitalmarkt). Der Empirie wird noch ein Stellenwert eingeräumt, aber die historisch-individuelle Betrachtung ist verschwunden, während die rein mathematische sich noch nicht durchgesetzt hat.

Hecht spricht einerseits, Max Weber zitierend, von der Einführung der Mathematik in die ökonomische Theorie als »quantitativ differenzierter Bewegungsvorgänge, deren Gesetze sich in Kausalgleichungen ausdrücken lassen«, läßt jedoch die Relativität des Gesetzesbegriffes nicht auf einem hermeneutischen Boden der sozialwissenschaftlichen Gesetzesbegriffe, sondern begreift sie aus den neuesten Erkenntnissen der Naturwissenschaft selber mit dem Hinweis auf die »jüngste Umwälzung in der Quantenmechanik«, in der das Kausalitätsprinzip durch die rein statistische Gesetzmäßigkeit abgelöst wurde (ebd.:15).

Waffenschmidts Einfluß wird deutlich, wenn sie schreibt, daß die Statik keine Ursachen- und Wirkungsfragen kenne und deshalb ergänzt werden müsse durch die »Kinetik und Dynamik«, die sich auch mit Konjunkturfragen befassen: »Es darf hierbei die jetzt vielfach angewandte mathematisch-statistische Methode nicht unerwähnt bleiben, die in erster Linie in Amerika ihre Vertreter hat« (16f.). Begriffe wie Kinetik und Dynamik, wie sie Waffenschmidt von der Ingenieurstechnik her in die Volkswirtschaft einzuführen versuchte, haben sich nicht durchgesetzt.

Sehr deutlich ist die Abkehr von allen individualisierenden Einschlägen – selbst die Unternehmerfunktion Schumpeters wird kritisch beurteilt: »Auf diesen Unternehmertyp läßt sich kein Gossensches Gesetz anwenden«, schreibt sie. Radikal auch die Absage an eine Ökonomie ohne Mathematik, wie sie Edgar Salin bis zuletzt vertreten hat: »Mag die verbale Sprache auch für manche verständlicher sein, so geht ihr eben doch die Schlußsicherheit und Folgerichtigkeit ab, die der mathematischen Sprache eigen ist und die viel weitergehend in die Tiefe dringen kann, ohne umständlich und schwulstig in der Ausdrucksweise werden zu müssen« (Hecht:71), schreibt sie. Zwar gesteht sie ohne weiteres zu, daß aus praktisch-pädagogischen Gründen die »verbale Sprache oft zweckmäßiger wäre, da das Ganze vielleicht für viele verständlicher würde, die der mathematisch-formalen Sprache nicht Herr genug sind« (Hecht:70), doch angesichts der Ausstattung schon der Mittelschüler mit Mathematik sei es nur eine Frage der Zeit, bis diese Theoriesprache auch »einem immer größeren Kreis zugänglich« (Hecht:71) werde. Dabei soll die »mathematische Einkleidung das

Raisonnement erleichtern ... und uns gegen Denkfehler schützen, weiter nichts« (Hecht:71). Das Problem, das auch Schumpeter bei Walras sah, ist das Moment des Verharrens im Gleichgewicht. Hecht kommt zu dem Ergebnis, »daß die für die ›mathematische Methode‹ grundlegenden, bedeutenden Arbeiten von Cournot und Walras ein sicheres Fundament bilden für die ›mathematische Schule‹. Ihre Nachfolger suchen eine immer größere Mannigfaltigkeit der komplexen Realität zu erfassen ... das Ziel der Dynamik ist (immerhin) bereits gesehen, wann man auch noch weit davon entfernt ist« (Hecht:90).

Hechts Arbeit mit ihrem knappen Problemaufriß der Fragen, die sich dem Gebiet der Nationalökonomie seinerzeit stellten, gleicht einer Art Forschungsbericht, in dem die historische Bedeutung der französischen Mathematiker gewürdigt wird. Sie gibt uns zugleich einen kleinen, durchaus spezifischen Einblick in die Wahrnehmung der aktuellen nationalökonomischen Debatten am InSoSta, wo auch Sichtweisen pädagogische Unterstützung bekamen, die einem neuen theoretischen ökonomischen Instrumentarium Raum gewährten: Markt tritt hier in den Mittelpunkt des Interesses und beginnt das historistisch-konkrete Denken zu verdrängen.

Die methodische Offenheit der Lehre am InSoSta, die durch die Freiheiten des Studiums und das breite Spektrum des Lehrangebots gewährleistet war, erwies sich für eine ganze Reihe ihrer Studenten als ausgesprochen wertvoll. Es ermöglichte ihnen später, sich wissenschaftlich auf neue Anforderungen einzustellen. Claus-Dieter Krohn schrieb über den Absolventen Nathan Leites:

»Leites durch die Emigration bewirkter Professionalisierungswechsel ist nicht untypisch für die Vertreter der Heidelberger Schule. Wie seine akademischen Lehrer gehörte er nicht zu den Vertretern enger Fachspezialisierung. Gerade bei jüngeren Gelehrten waren die Breite der Kompetenz und die intellektuelle Mobilität entscheidend für die wissenschaftliche Integration in den Zufluchtsländern.«[10]

Auch Krohn betont also die Offenheit der Ausrichtung, die weder der Grenznutzentheorie noch der Arbeitswertlehre mit Absolutheit zugetan war, die sich soziologischen Fragen gegenüber öffnete und wirtschaftliche Entwicklungen auch in politischer Hinsicht zu begreifen suchte. Wenn Krohn dennoch hier von »Heidelberger Schule« spricht, so zweifellos eben in diesem Sinne einer Schule der Offenheit, die ein enges Systemdenken nicht zuließ. Zur Lederer-

Schule sind bedeutende Ökonomen zu rechnen, als Schüler oder (spätere) Mitarbeiter: Neben den in dieser Arbeit erwähnten Croner, Marschak, Riemer und Speier besuchten auch Carlo Mierendorff[11], Albert Salomon, Hanna Horkheimer, Carl Zuckmayer, Leo Löwenthal, Nathan Leites, Leonore Gräfin Lichnowsky, Hans Gerth, Arnold Bergstraesser und Talcott Parsons seine Seminare.[12] Außerdem findet sich unter seinen Hörern der Name von Artur Feiler, später Wirtschaftskorrespondent der *Frankfurter Zeitung*.[13]

Emil Lederer

Emil Lederer war ohne Frage der wichtigste Vertreter der Nationalökonomie am InSoSta. Abgesehen von Altmann, der sich bereits 1910 in Heidelberg habilitierte und bis zu seinem Tod in Heidelberg lehrte, der aber seinen Schwerpunkt an der Mannheimer Handelshochschule hatte, wo er 1923 Ordinarius wurde, gehörte Lederer nach Alfred Weber selbst zu den ältesten Mitgliedern des volkswirtschaftlichen Seminars. Als Alfred Weber sich nach dem Weltkrieg der Politik und ab Mitte der zwanziger Jahre der Kultursoziologie zuwandte, fiel ihm dieser Rang des Hauptvertreters der Ökonomie zu. Am 3. Februar 1912 wurde er in Heidelberg habilitiert, wo er sich seitdem, mit einer zweijährigen Unterbrechung für seine Gastprofessur in Tokio, aufhielt. Als Mitarbeiter von Max Weber bei der Herausgabe des Archivs hatte er engen Kontakt zur Familie Weber und gehörte zu den Teilnehmern von Max Webers Salon, der bis zum Weggang der Webers aus Heidelberg 1917 in der Ziegelhäuser Landstraße sonntags nachmittags stattfand. Auch bei der von Marianne Weber ab 1924 wiederaufgenommenen »akademischen Geselligkeit«[14] war Lederer zugegen. Nach Max Webers Tod und dem Ausscheiden von Edgar Jaffé übernahm Emil Lederer die alleinige Leitung des *Archivs*, das er in den zwanziger Jahren zur angesehensten sozialwissenschaftlichen Zeitschrift der Republik machte. Emil Lederer war ein erfolgreicher Organisator und hielt Kontakte zu Wissenschaftlern in aller Welt – ein Talent, das ihn vor allen anderen wohl am meisten auszeichnete und ihm den Erfolg in seinem späteren Exil bescheren sollte. Bereits zu seinem fünfzigsten Geburtstag 1932 plante man für Lederer eine Festschrift, die jedoch nie erschienen ist.[15] Die erhalten gebliebenen Texte geben Aufschluß über die Kultur der Freundschaft, die er offenbar gepflegt hat. Sie zeugen von der

Verehrung auch von seiten der Kollegen, von seinem Kosmopolitismus und von Lederers vielseitigen Interessen.

Zu den Zeugnissen seiner Fähigkeit, auch über politische Gräben hinweg Freundschaften zu halten, zählt etwa ein Beitrag seines monarchistischen österreichischen Studienfreundes Felix Somary, der im Sommersemester 1928 in Heidelberg Vorlesungen über »Die Umgestaltung der Weltwirtschaft seit dem Krieg« gehalten hatte, in denen er die Probleme der kommenden Wirtschaftskrise vorhersah.[16] Somary schrieb in seinem Beitrag zur Festschrift:

»Seit den drei Jahrzehnten, wo wir gemeinsam zu den Füßen von Philippovich, Menger und Böhm-Bawerk saßen, haben wir über so viele wissenschaftliche Fragen uns ausgesprochen, die uns lebensnah gingen. Nie verband uns Gesinnung, stets einigte uns die gemeinsame tiefe Achtung vor den Problemen unserer Wissenschaft.«[17]

Lederers wissenschaftliche Arbeiten sind von Einflüssen der österreichischen Schule, von Schumpeter und der marxistischen Akkumulationstheorie geprägt.[18] In einem Beitrag zur Einkommenstheorie (Lederer 1929) hat Lederer den Ricardoschen Produktivitätsbegriff, der sich im Marxismus tradiert hatte, abgelehnt und gesteht auch Dienstleistungen eine originäre Wertschöpfung zu (Lederer 1929:36). Damit zeigte Lederer in diesem Punkt die Überwindung des substantialistischen Denkens, wie es die Arbeitswertlehre darstellt, zugunsten einer funktionalen Behandlung des Stoffes. Die Kapitalbildung in den Händen von Arbeitern (Häuserbau, öffentliche Kapitalbildung bei Post und Bahn) hält er für eine mögliche – und wünschenswerte – Perspektive der Entwicklung des Kapitalismus. Die 1931 vorgelegte Studie über »Technischer Fortschritt und Arbeitslosigkeit« hatte die Absatzkrise der deutschen Industrie Ende der zwanziger Jahre zum Gegenstand, die der Rationalisierungsbewegung gefolgt war (vgl. Eßlinger 1990 sowie Hagemann/Kalmbach 1983).

Die Lederer-Schule zeichnete sich vor allem durch ihre sozioökonomischen Fragestellungen aus. Zu den bedeutendsten Diskursen, die in dieser Schule geführt wurden und die weit über die Lederer-Schule hinaus Beachtung fanden, gehörte die Debatte um den »neuen Mittelstand«, die sich in Heidelberg an die Fragen von Alfred und Max Weber zur politischen und kulturellen Prägung des »Beamten« anschloß.

Die Umwertung der Bürokratie

»Bureaumanie« nannte der französische Physiokrat Vincent de Gournay die »Krankheit der Schreibstuben und Kanzleien«, deren Reglementierungssucht ihm, der die Herrschaft der Natur in der Wirtschaft verfocht, widersinnig erschien. Gournay war es auch, der – in ironisch-polemischer Anlehnung an die antiken Wortbildungen für Regierungsformen – den Begriff der »bureaucratie« erfand, so überliefert es der Aufklärer Melchior Grimm (vgl. Wunder 1986:7) in der *Literarischen Korrespondenz* anläßlich der Behandlung der französischen Debatte über die Regulierung des Getreidemarktes im Sommer 1764. Der Begriff der »Bürokratie« begann sich von da an in allen Sprachen rasch zu verbreiten, zunächst in demselben diskursiven Zusammenhang von Handelsfreiheit und Bürokratie – im ganzen 19. Jahrhundert ist es nicht die Monarchie, sondern die »Bürokratie«, gegen die die Liberalen kämpfen. Bürokratie ist zum Begriff der Freiheitshemmung für das liberale Bürgertum geworden – man hat mit einem enormen Phantasiereichtum die Figur des »Bürokraten« oder auch des »Beamten« karikiert, in der Art, wie jede politische Überzeugung ihren subsumptiven Gegner lächerlich zu machen versucht. Bei Friedrich List heißt es: »Eine von dem Volke ausgeschiedene, über das ganze Land ausgegossene, in den Ministerien sich konzentrierende Beamtenwelt, unbekannt mit den Bedürfnissen des Volkes und den Verhältnissen des bürgerlichen Lebens, in endlosem Formenwesen kreisend, behauptet das Monopol der öffentlichen Verwaltung, jeder Einwirkung des Bürgers, gleich als wäre sie staatsgefährlich, entgegenkämpfend.«[19] Auch Max Weber zeigt die Leiden eines Liberalen an der Bürokratie, wenn er klagt: »Wie ist es angesichts dieser Übermacht der Tendenz zur Bürokratisierung überhaupt noch möglich, irgend welche Reste einer in irgendeinem Sinn ›individualistischen‹ Bewegungsfreiheit zu retten?« (MWGI/15:465f.). Max Weber teilt die Ambivalenz des deutschen Bürgertums zwischen dem Leiden an der deutschen Bürokratie und der Bewunderung für sie, zwischen liberalen und nationalen Motiven, und er teilt auch die überwiegende nationale Motivation, die die Stärkung des Standorts Deutschland im Weltmachtgefüge favorisiert. Denn gleichzeitig spricht er tautologisch von der »bürokratischen Herrschaft«, die für ihn als »Verwaltung durch geschulte Einzelbeamte« die beste Herrschafts- und Verwaltungsform überhaupt ist. Den Fachbeamten nennt Max Weber den »Eckpfeiler des modernen Staats und der modernen Wirtschaft des Okzidents«, er ist in seinen Augen

»konstitutiv für die soziale Ordnung«. Bei Max Weber findet sich am Ende des Jahrhunderts vom Spott de Gournays nichts mehr, sondern große Bewunderung für die Bürokratie, obgleich er in ihrer Entwicklung die Individualität nach wie vor gefährdet sah.

Wie kommt es zu dieser Umwertung? Lists Kritik an der Beamtenschaft ging über die Karikatur hinaus, indem er der Beamtenschaft vorwarf, sie sei »... eng unter sich verbündet durch die Bande der Verwandtschaft, der Interessen, gleicher Erziehung und gleicher Vorurteile« (Wunder 1986:7f.). Diese von List angekreidete Klientelwirtschaft scheint nun gerade nicht zum Kennzeichen *der* Bürokratie geworden zu sein, von der Max Weber sprach, der Bürokratie des zweiten deutschen Kaiserreichs.

Was hat sich in der Zeit getan, die zwischen List und Weber liegt? Wunder schreibt: »Eine Neuerung Preußens ... liegt ... in der Militarisierung der Verwaltung, die sich vor allem in der Verwendung von Kommissaren in bisher unbekanntem Umfang innerhalb der Zivilverwaltung niederschlug. So, wie der Offizier im stehenden Heer aus seinen Familien- und Klientelbanden gelöst und als Individuum in den königlichen Dienst funktional eingegliedert werden sollte, sollte auch der Zivilbeamte isoliert, in den Herrschaftsapparat integriert und damit instrumentalisiert werden« (Wunder 1986:17f.). Die Formung des Beamten, der – so Max Weber in seiner idealtypischen Beschreibung –, »sine ira et studio, ohne allen Einfluß persönlicher Motive oder gefühlsmäßiger Einflüsse, frei von Willkür und Unberechenbarkeiten, insbesondere ›ohne Ansehen der Person‹ streng formalistisch nach rationalen Regeln« seinen Dienst verrichtet[20], ist geprägt durch Aufnahme in ein spezifisches, nur dem Gehorsam nach oben verpflichtetes Kollektiv mit einer nur auf diesen Zweck ausgerichteten Disziplin.[21]

Die Bürokratisierungsfurcht der Brüder Weber

Die Hochschätzung dieser privilegierten Gruppe von Dienstleistern ging parallel mit der Furcht von Alfred und Max Weber vor dem Verlust an unternehmerischer Bewegungsfreiheit, die sie durch die Zunahme von Kommunal- und Staatsbetrieben auf Deutschland zukommen sahen. Berühmt wurde die Debatte um die Kommunalisierung im Verein für Sozialpolitik 1909, in welcher die beiden Brüder der kathedersozialistischen Mehrheit ihr liberales Credo entgegenhielten (Demm 1990:112). Da jedoch nach seiner Vorstellung diese

Freiheit des Handelns der Wirtschaftsführer durch die ökonomische Dynamik in Europa verloren ging, bestand nach Max Webers Logik ein Ausweg allein noch in jenen als »frei« verstandenen Wirtschaftsräumen der noch nicht industrialisierten Welt, in denen diese Freiheit noch zu verwirklichen Platz fände. Aus seinem Drang nach Verwirklichung von individueller Freiheit erklärt Mommsen Max Webers kolonialistische Phantasien, die – so Mommsen – immerhin durch seine Freiburger Antrittsrede »gesellschaftsfähig« geworden waren (vgl. Mommsen, Wolfgang J. 1974:76; 87f.). Während also Max Webers Angst vor der »stationären, bürokratisch verfestigten Wirtschaftsordnung, in der festes Reglement das freie, wagende Unternehmertum« einschränken werde in das vielzitierte »Gehäuse der Hörigkeit«[22], seinen Ausweg in der außenpolitischen imperialistischen Perspektive fand, die er als dringendste Ziele deutscher Politik vertrat, sah Alfred Weber eine solche Perspektive des nichtbürokratisierten Lebensraums eher im Osten[23], zunächst in Polen und Litauen, gegen Ende der Weimarer Republik stärker im Donauraum.[24]

Alfred Weber: Das Bild des »Beamten«

Im Oktober 1910 erschien in der *Neuen Rundschau* Alfred Webers Aufsatz »Der Beamte«, eine soziologische Analyse, eingekleidet in einen literarisch-polemischen Stil, in der er auf eine Gefahr hinweist, die sich aus der zweiten Phase der Umwandlung des Produktionsprozesses ergebe. Der Begriff »Beamter« wird von ihm dabei nicht differenziert, er gilt für den »Privatbeamten« und den »Staatsbeamten«. Der Begriff des »Privatbeamten« kam erst »mit dem Krieg ... sehr aus der Mode«, schreibt Kocka, »und (lebte) nur in einigen Teilbereichen (in ... Großunternehmen und Banken) fort«[25]. Alfred Webers Essay »Der Beamte« bot einen folgenreichen Auftakt nicht nur für die Heidelberger Diskussion im engeren Sinne.[26] Während Max Webers Bureaukratiekritik stets ihre negativen Folgen für die Formung der Führungspersönlichkeiten im deutschen Nationalstaat in den Mittelpunkt stellt, wird Bureaukratisierung bei Alfred Weber in ihrer kulturellen und psychischen Bedeutung für die Wandlung von Lebensformen und Lebenshaltungen in der betroffenen deutschen Bevölkerungsschicht begriffen.

Alfred Weber sieht die erste Phase der Industrialisierung mit der Überführung mittlerer und kleiner Handwerker in die Arbeiterexistenz als abgeschlossen an. Aus einer Welt, die »kleinorganisiert, ›unrechenhaft‹, von Bluts- und Nachbarschaftsbeziehungen, von Gefühlskomplexen und nicht vom ökonomischen Prinzip beherrscht« (ISK:83) war, entfaltete sich die Großbetriebsgestaltung, »die wir heute im Gebiet der Technik ›Herrschaft der Maschine und der Arbeitsteilung‹, im Gebiet der Wirtschaft ›kapitalistische Gesellschaft‹ nennen«. An diesem Umwandlungsprozeß interessiert Alfred Weber nicht die »Rationalisierung«, die Arbeitsteilung und die genauere Rechenlegung und Fakturierung der Betriebsführung, auch nicht, wie man diesen neuen Hang zur genaueren Fakturierung erklären könnte, sondern die Frage, wie die Menschen, die darin verwickelt sind, verwandelt werden. Die »soziale Frage« spiegele sich in diesem Umwandlungsprozeß, in dem die unteren Schichten aus ihren bisher freien Existenzen geworfen worden und »rücksichtslos« in die »grauen öden gleichartigen Gehäuse« der Großbetriebe »eingesogen« worden seien (ISK:83). Die ersten Reaktionen der kleinen Handwerksmeister, die ihre Selbstbehauptung verloren, seien die Maschinenstürme gewesen, die zweite aber die Sozialdemokratie, die ihnen die Lehre brachte, daß die Entwicklung sie zur Freiheit führen werde. Diese »hat ihnen eigentlich die Kraft gegeben, den neuen Zustand leidlich ruhig zu ertragen« (ISK:85f.). Allerdings hätten es diese unteren Schichten verstanden, »als Menschen aus der Zerstörung ihrer Arbeitswerte sich zu retten, indem sie den entwerteten Beruf, die Arbeit, die sie tun, als das behandeln, was sie nur noch ist: ›Gegebenheit‹, nicht mehr« (ISK:87). Durch diese Distanzierung von der Arbeit im Betrieb haben sie den »geistigen Schwerpunkt« ihres Daseins verlegt in das Leben außerhalb des Betriebes, wo sie »die ganze Frische, Kraft und Unverbrauchtheit, ... ihre Aufgeschlossenheit für alles, was Kultur heißt, ihr(en) politische(n) Sinn, ihre Aufopferungsfreudigkeit im Kampf, ihr wundervolles kräftiges Sehnen nach dem, was sie für das Gute, das Gerechte und Schöne halten«, erhalten und entfalten können. Damit seien sie in die Lage versetzt, »ihr ganzes geistiges und Charakter-Rüstzeug« zu bewahren und sich »als Menschen« zu retten, »indem sie eine Welt verloren, sich eine andere eroberten« (ISK:87). Nimmt man einmal das Emphatische dieses Lobgesangs auf das Volk beiseite, so bleibt hier die offene Sympathie für die Sozialdemokratie, die den Arbeitern eine zweite Welt geschaffen hat durch die Organisierung in Vereinigungen und Parteiunterorganisationen, die – nicht zuletzt aufgrund der Bismarckschen Sozialistengesetze, die ihre Schutzfunktion deutlich machten – ein so starkes inneres Eigenleben bekommen hatten wie in keinem anderen Land. Die Partei der Arbeiter und ihre gewerkschaftlichen Organisationen waren zum Auffangbecken der durch die Auflösung der Zünfte entwurzelten ehemaligen Kleinbürger und Landhandwerker geworden und betreuten die neuen Arbeiterschichten von der Wiege bis zur Bahre durch genossenschaftliche Versicherungssysteme, durch Sport-, Kultur- und Bildungsvereine.

In der ersten Phase geschieht die Verortung der neuen Klasse der Arbeiter im gesellschaftlichen Raum und im politischen der Arbeiterbewegung, der ihnen das erhält, was für Weber am meisten wiegt: ein »kräftiges Sehnen nach dem, was sie für das Gute, das Gerechte und Schöne halten«. Wie lassen sich die Schichten verorten, die in der zweiten Phase dieser »Rationalisierung« geformt werden? Diese Frage bewegt die Debatte bis in die dreißiger Jahre hinein.

Alfred Weber stellt zunächst Verluste fest: Diese »höhere Stufenleiter der unten schon geschaffenen ökonomisierten Mechanismen« beginne die mittleren und oberen Schichten der Gesellschaft in ihren Betrieb einzugliedern, um sie als »technischen, kaufmännischen, den schreib- und anordnungsverwendeten, den bureaukratischen Kopf des Ganzen« (ISK:84) einzusetzen. Darin nun sieht er einen von St. Simon entdeckten Prozeß der »Intellektualisierung praktisch alles unseres praktisch relevanten Handelns«, die eine Folge des »Zwanges« sei, »zu denken« (ISK:84). Dieser Prozeß, in dem die neue Mittelschicht entsteht, und Teile der bisherigen mittleren Bürgerschicht einschmilzt, ist für Alfred Weber ein reiner »historischer Zufall« – »es hätte grad so gut (wie es ja auch teilweise der Fall gewesen ist) der *Staat* sein können, der die generelle Rationalisierung vornahm« (ISK:84).

Die Zahl der 700 000 Beamten im Jahre 1885 stieg bis 1910 auf 2 Millionen[27], um im Jahre 1925 mit 5,274 Millionen die Zahl der Selbständigen mit 5,538 Millionen nur knapp zu unterschreiten.[28] In dieser Zunahme sah Alfred Weber einen Transformationsprozeß, der die ganze Gesellschaft erfaßt: einen »Faktor der Charakterbildung der Nation« (ISK:86), der die »ungeheuerlichste geschichtliche Veränderung der äußeren Einfügung des Menschen in das Leben« darstellt, die »eigentliche gesellschaftliche Revolution des neunzehnten Jahrhunderts« (ISK:83). Denn Deutschland habe nicht, wie Frankreich und England, die Tradition der großstädtischen Schichten, in denen sich »höfische Verfeinerung, alte Aristokratie und bürgerlicher Unternehmungsgeist« amalgamiert habe und ein »goldenes Geländer« biete gegen die »Berufsverstumpfung« (ISK:89).

Ein Prozeß der Urbanisierung von den jeweiligen Handelszentren Paris und London aus hatte sich in Frankreich und England in der Tat sehr viel früher vollzogen. Aufgrund der atlantischen Lage und des

65

überseeischen Kolonialbesitzes vollzog sich die Industrialisierung in Frankreich und England auf einer anderen Grundlage als in Deutschland, das erst den Anschluß an die westliche Entwicklung zur Geldverkehrsgesellschaft finden mußte. Im Gegensatz zu der Ansicht einer Reihe seiner Kollegen war jedoch die Frage, ob Deutschland Agrarland bleiben wollte oder Industriegesellschaft werden, für Alfred Weber entschieden. Daß sich in diesem Prozeß, der sich in ganz Europa vollzieht und erst am Ende des Zweiten Weltkriegs überwiegend abgeschlossen ist,[29] auch weitreichende Folgen für das Bildungs- und Kulturverständnis ergaben, ist klar. »Tendenzen, die der neue bureaukratische Mechanismus schafft, die wieder auf das Enge, Warme, das Sichschmiegen, die ›Pensionsversicherung des Lebens‹ gehen, finden (sich) auch in der geistigen Atmosphäre jener Völker« (ISK:90), auch sie haben »in der ungeheuren Umwälzung des neunzehnten Jahrhunderts die Persönlichkeitsvereinfachung« mitgemacht, die sich durch die Ökonomisierung der bisher ständischen Lebensbereiche vollzogen habe. Durch diesen Prozeß seien »die geistigen Kräfte von der inneren auf die äußere Existenz« (ISK:91) gerichtet worden. Und nirgends habe sich diese Tendenz so rigoros ausgewirkt wie in Deutschland, das nach der späten Einigung den Zusammenbruch des höfischen Lebens erfahren habe und nun die ganze Rationalisierungsentwicklung nachholen wollte:

»Und das Resultat ist, daß wir wie in einem Paroxysmus das Persönlichkeitsgepäck verfeinerter Kultur ... einfach fortgeworfen haben, jene Elemente eines feinen inneren Kritizismus, einer rein entfalteten Phantastik, eines immerhin doch tief fundierten idealen Optimismus und so vieles andere, alles nacheinander in den Straßengraben der Geschichte ... bis der neue Deutsche unserer Tage dastand, jener wunderbarste, sonderbarste ›Realist‹, den die Geschichte sah« (ISK:92).

Er spricht vom Verlust einer gebildeten Oberschicht, die durch den Beamten ersetzt wird: »Bureaukratisierung der Gesellschaft ist ja nichts anderes als Verwandlung ihrer oberen Schichten in Beamte« (ISK:82). Das aber sei ein Symptom entwickelter Gesellschaftsordnung, da stimmt Alfred Weber mit Schmoller überein: Es sei ihr deshalb »nie und nimmer zu entfliehen« (ISK:88). Doch geht es ihm darum, die Persönlichkeit zu retten: All dies wird gefordert, damit in Deutschland nicht mehr der Parvenue dominiert, sondern damit »in den oberen Klassen künftig vielleicht wieder menschlich groß gefühlt und daher groß gelebt und auch geschaffen werde« (ISK:101). An dieses Ziel müsse man »glauben, das ist alles, was wir brauchen«

(ebd.). Bei aller Tiefenschärfe Webers im Blick auf das ökonomische Entwicklungsmoment, das den Hintergrund seiner Beobachtung liefert, der »Beamte« selbst ist nicht mehr als spezifische Schicht unterscheidbar. In der kulturkritischen Rhetorik wird »der Beamte« zum typischen Deutschen, wie »der Deutsche« typologisch zum Beamten wird. Die Typologisierung ist Webers Stärke, aber zugleich auch seine größte Schwäche. Denn mit diesem Erkenntnisinstrument, den starken Bildern, die es liefert, macht Alfred Weber immer wieder soziologisch wertvolle Entdeckungen. Seine oft überraschenden Perspektiven machen Zusammenhänge und Konstellationen deutlich, die sonst unerkannt geblieben waren. Daß er jedoch bei diesen Bildern stehenbleibt, sie nicht systematischer ausgebaut und in eine klare Sprache gebracht hat, bildete gewiß auch ein Hindernis für die Formierung einer soziologischen Alfred-Weber-Schule. Hatte er nicht aber Schüler in der Literatur?

Exkurs: Kafka liest Weber

Weber hatte seit 1904 an der Deutschen Universität zu Prag gelehrt, war auch durch Vorträge außerhalb des Curriculums und sein kulturelles Interesse öffentlich aufgefallen (vgl. Brod: 1960). Weber war ein höchst sensibler Seismograph zeitgenössischer Trends und von der »literarischen Moderne«[30] und ihren spezifischen reflexiven Themen angetan. Einer aus dem Kreise der Prager jüdischen Intelligenz nahm Gedanken aus Webers Aufsatz auf, Gedanken, die ihn sein Leben lang bewegen sollten: Franz Kafka, der an der Deutschen Universität Prag studiert hatte. Weber war sein Promotor, ohne daß Kafka freilich die Seminare Webers besucht hatte. Kafka, der selbst Beamter in der Arbeiter-Unfallversicherung war, griff in seiner Erzählung »Die Strafkolonie« auf Begriffe und Bilder zurück, die er aus dem Beitrag Alfred Webers kannte. Kafkas Erzählung »Die Strafkolonie« ist als Antwort auf Webers Essay über den »Beamten« zu deuten, wie es Astrid Lange-Kirchheim dargestellt hat (vgl. dies. 1986). Das Thema des »Beamten« erschien so nicht zufällig in der *Neuen Rundschau*, also im Umkreis dieser literarischen Moderne, in der auch die »Gefängnis-Literatur«[31] ein besonderes Gewicht erhielt, an die sprachlich das Bild des Käfigs der Bürokratie knüpft. Die Gefangenschaft des Menschen ist nicht nur im metaphorischen, sondern auch »in einem ganz und gar empirischen Verständnis« (Müller-Seidel 1989:54) nachzuvollziehen. Müller-Seidel weist auf die Deportationen der Kommunarden auf die französische Strafkolonie Neukaledonien hin, auf die Verbannung von Dreyfus und auf die Biographie des Grafen Confalonieri, die Ricarda Huch im selben Jahr (1910) herausbrachte. Zwischen Metaphorik und Empirie bewegt sich die kultursoziologische Beschreibung des Weberschen »Beamten«, der ja nicht wirklich Sklave ist, sondern mit einem freien Willen ausgestattet täglich erneut in die »Fächer kriecht«.

An zeitgenössischen Bezügen wird bei Müller-Seidel neben Alfred Weber auch ausführlich auf den Grazer Professor für Kriminologie und Strafrecht Hans Groß eingegangen, der von 1902 bis 1905 in Prag lehrte. Kafka hat bei ihm Jura studiert und nachweislich an vielen seiner Seminare teilgenommen. »Was das Jahrhundert an Vorurteilen angehäuft hat, ist in der Person dieses Gelehrten versammelt« schreibt Müller-Seidel (Müller-Seidel 1989:54). Da Groß auch für Heidelberg eine gewisse Rolle spielte, sei hier kurz auf ihn eingegangen. Für Hans Groß waren »Arbeitsscheue, Vagabunden, Umstürzler, Anarchisten und andere ›politisch Malkontente‹‹ ›unbrauchbar und schädlich‹« für die menschliche Gesellschaft. Die lebenslange Deportation sah Groß deshalb als sinnvollste Strafe für sie an. Groß, der als angesehener Kriminalist galt und eine Reihe von Methoden zur Entdeckung von Verbrechen einführte, hat zweifelhafte Berühmtheit erlangt, nachdem er seinen eigenen Sohn für verrückt erklären und in ein österreichisches psychiatrisches Krankenhaus sperren ließ. Otto Groß, ebendieser Sohn, galt als einer der begabtesten Schüler Sigmund Freuds. Groß war kurze Zeit mit Else Jaffé liiert, die von ihm auch ein Kind hatte. Alfred Weber kannte ihn daher ebenso wie Max Weber. Otto Groß war mit Kafka bekannt, wenn auch wohl eher flüchtig, doch reichte diese Bekanntschaft offenbar aus, den Plan zur Gründung einer gemeinsamen Zeitschrift zu fassen, die *Blätter zur Bekämpfung des Machtwillens* heißen sollte (Müller-Seidel 1989:66). In diesen Zusammenhang gehört Kafkas Auseinandersetzung mit der Bürokratie, die durch ihn Eingang in die Weltliteratur fand.[32] Weber dagegen suchte ganz pragmatisch nach Rezepten gegen die Bürokratisierung.

Der Kampf gegen die Bürokratie

In der Bürokratisierung sieht Weber eine Gefahr, noch keine durchgesetzte Wirklichkeit. Er macht sich wenig Hoffnung, daß sich dieser äußere Prozeß der »Rationalisierung« aufhalten ließe und setzt deshalb auf Hilfsmechanismen, die dieser Gefahr entgegenwirken können. Zwei solcher Mechanismen führt er auf:

1. Die Zerstörung des Nimbus des Beamten, der »Theokratisierung des Beamtentums« (ISK:93), die es mit sich bringe, daß aus dem Menschen, der im Bureau arbeitet, der Teil eines Apparates wird: eine »Mystik, die zu jener grenzenlosen Übersteigerung des Autoritätsbewußtseins und des Autoritätsbedürfnisses der Organisation hinaufführt« (ISK:94), die zur Verkümmerung der Selbstverwaltung führe und zum »Verschwinden der Persönlichkeit« durch die generelle Treuepflicht der Beamten, die »in die allerengste Form gepreßt« werde.

2. Der Beamte müsse auch »realiter« frei gemacht werden von seinen Ketten, die ihn an den Apparat bänden – die Rechte der Person müssen gegen »Staats- und Gemeinnotwendigkeiten« wiederhergestellt werden, auch wenn es die »alten Kämpfe des Verfassungs- und Verwaltungslebens« wieder aufreiße. Am Beispiel der Arbeiter, die sich die »Abgrenzung der beiden Lebenssphären der Person und des Berufs« erkämpft haben, müsse diese Differenzierung auch für den Beamten erreicht werden. Es sind also nicht nur »geistige« Mittel, mit denen er jene kulturellen Gefahren, die er mit der Bürokratie heraufziehen sieht, bekämpfen will, sondern auch juristische: die Lösung des Beamten aus dem ihn als ganze Person verpflichtenden Treueid gegenüber dem Staat.[33]

Entsprechend diesen Überlegungen gestaltet er auch seine Vorlesungen und seine Lehrtätigkeit: die »geistigen Glieder für einen künftigeren ›Tanz‹ noch lebendig« zu halten, für eine Zeit, in der die Gefahr der »Verphilisterung der Gesellschaft durch den Bureaukratismus gebannt sein werde« (ISK:101). Weber sah in diesem Vorgang – zu Recht – den Prozeß des Untergangs des relativ ungebundenen, selbstverantwortlichen Bürgertums. Die entstehende neue Mittelschicht der »Beamten« blieb ihm – selbst Geheimrat – sein Leben lang Gegenstand von Haßgefühlen und Spottreden, in seinen letzten Schriften anthropologisiert als »vierter Mensch«.

Das Thema und der Tenor sind nicht neu – schon Theodor Mommsen hat die Entwicklung zur Industrialisierung hin als »Dehumanisierung« beschrieben.[34] Selbst die Forderung nach einem Schulterschluß zwischen Bürgertum und Sozialdemokratie war bereits Mommsens Anliegen. Ansichten über die verheerenden Folgen dieser existentiellen Umwälzung finden sich bei Nietzsche und Jakob Burckhardt[35]. Das klassische Bildungsbürgertum, das sich plötzlich in Konkurrenz zu naturwissenschaftlichem, technischem und ökonomischem Wissen befindet, sah darin die Bedrohung seiner Existenz und malte den Untergang der Kultur aus. Die Diagnosen lauten ähnlich – von Jacob Burckhardt bis Kracauer –, die Folgerungen daraus freilich waren jeweils andere. Für Alfred Weber waren die »seelisch-geistigen« Veränderungen kein Grund zur stoisch-epikuräischen Zurückgezogenheit, wie bei Burckhardt, oder zur Akzeptanz dieser schicksalhaften Entwicklung. Und doch spürt man auch bei ihm eine gewisse Resignation nach dem Ende seiner politischen Laufbahn: Die Verlegung seiner Energien auf die Kultursoziologie, die er als eine eigene Sphäre begreift – das bedeutete Stärkung der »geistigen Glieder« im Kampf gegen Verphilisterung, aber auch eine Form des Rückzugs vor der Welt der Machtgestaltungen. So hat Alfred Weber zwar das Thema des neuen Mittelstands in der Heidelberger Diskussion mit angestoßen, aber die Hauptdiskutanten wurden Emil Lederer und dessen Schüler.

Angestellte: Die Debatte über den »neuen Mittelstand«

> Unsere Epoche, die Epoche der Bourgeoisie, zeichnet sich dadurch aus, daß sie die Klassengegensätze vereinfacht hat. Die ganze Gesellschaft spaltet sich mehr und mehr in zwei große feindliche Lager, in zwei große, einander direkt gegenüberstehende Klassen: Bourgeoisie und Proletariat.
>
> *Kommunistisches Manifest*

Die Entdeckung des Angestellten

Nur in Europa hat es ein »Industriezeitalter« gegeben, eine Epoche, in der die Industrie mehr Menschen beschäftigte als die beiden anderen Sektoren. Nur hier hatte die europäische Entwicklung zu einem immensen Aufblähen des sekundären Sektors geführt – und doch kam es nicht zu einer dauerhaften Gesellschaftsteilung in zwei große Klassen, als in der zweiten Phase der Industrialisierung mit dem tertiären Sektor die »neue Mittelschicht« entstand.[1] Die Vorhersage des Kommunistischen Manifests, daß sich die Gesellschaft in zwei ökonomisch bestimmte Großgruppen teilt, die das Klassenkampfdenken noch im 20. Jahrhundert gespeist hat, erwies sich schon gegen Ende des 19. Jahrhunderts als falsch. Das von Marx vorgegebene Schema hat die Anerkennung der Tatsache einer eigenständigen Mittelklasse mit eigenem »Lebensstil« und eigener Identität lange verhindert.

Ausgehend von Alfred Webers Diagnose, schrieb Lederer 1913 im *AfSS*[2], daß »in den letzten Jahrhunderten die Verdrängung alles instinktiven, traditionell gebundenen, unbewußten oder unbewußt gewordenen Handelns« als Grundzug aller wirtschaftlichen Entwicklung wie auch in der gesamten Entwicklung im Geistesleben stattgefunden habe. Er will nicht wie Weber die »gesamte geistige Physiognomie und die kulturelle Attitüde« der Zeit gegenüber vergangenen Epochen zeichnen, sondern untersuchen, wie sich die sozialen Grup-

pen als solche in ihrer Einstellung zum Leben gewandelt haben«.
Schon im Ansatz ist der Nachdruck auf die sozialökonomische Entwicklung gelegt, zu der im Geistesleben allerdings eine Parallele besteht.[3] In der Debatte über die Soziologie der Angestellten in den zwanziger Jahren ging es um beide Fragen – um die Klassenzugehörigkeit der Angestellten und um den sozialpsychologischen Habitus der neuen Schicht.
Im gleichen Jahr, in dem der »Beamte« erschien, veröffentlichte Lederer seine ersten Aufsätze über den Mittelstand.[4] Mit dem Thema »Die Pensionsversicherung der Privatangestellten« wurde er 1911 in München promoviert und habilitierte sich im Jahr darauf mit der Schrift *Theoretische und statistische Grundlagen zur Beurteilung der modernen Angestelltenfrage* in Heidelberg. Diese Habilitation legte den Grundstein für alle folgenden Arbeiten auf dem Gebiet der Angestelltenforschung: Lederer wurde in den zwanziger Jahren zur uneingeschränkten Autorität als Mittelstandsforscher, es erschien kaum ein Aufsatz oder Beitrag, der sich mit den Angestellten befaßte, ohne daß er zitiert wurde.

Auf dem Bahnhof zwischen den Klassen?
Die schwierige soziale Verortung der Angestellten

In Übereinstimmung mit Schmoller und Alfred Weber ging auch Lederer 1912 in den »Angestellten im Wilhelminischen Reich«[5] von der Erkenntnis aus, daß diese Entwicklung der zweiten Phase der Industrialisierung keine Rückkehr zur Selbständigkeit in den alten Mittelstand mehr bot. Andererseits fand er, daß die klassenlagemäßige Gleichheit mit dem Proletariat (Abhängigkeit vom Kapital) nicht zur Solidarisierung führte, sondern zur Differenzierung in Haltung und Ideologie. Schon hier ergeben sich bei Lederer die ersten Kriterien, die die Lage der Angestellten als besondere charakterisieren, als »neue Mittelschicht«, die aus der Polarität herausfallen, wie sie die marxistische Theorie extemporiert hatte. Lederer transzendiert zwar in der Analyse ständig die marxistische Theorie und stellt ihre Annahmen in Frage, seine Analyse ist jedoch getragen von dem Gedanken, wie sich diese neue Mittelschicht in den Sozialismus – wenn er käme – einfügen ließe. Lederer stellt daher fest, daß »die Abhängigkeit vom Kapital sich eben nicht als ausreichend für die eindeutige Bestimmung einer Schicht (erweist)«[6], da auch andere Konstituenten im Spiel seien: die »Zusammenhänge mit der Bourgeoisie, das (namentlich im

Handel) Vorkommen eines Aufsteigens in dieselbe und Gemeinsamkeiten der Lebenshaltung«. So gewinnen »die Psyche und die Ideologien« an Bedeutung, je mehr die gewerkschaftlichen Erfolge die Existenz absichern (Lederer 1979:53). Für die Stellung der großen Gruppen der Angestelltenschaft charakteristisch sei ihre Lage »zwischen den Klassen«: Einerseits sind sie als »unselbständig Berufstätige« beschäftigt, »ihrer technischen Leistung nach jedoch dirigieren oder... organisieren« sie Aufgaben im Betriebsablauf (Lederer 1979:55). Lederers Fragestellung läuft darauf hinaus, hier eine Entwicklung zur Eindeutigkeit zu suchen: »Welches der beiden Elemente der Angestelltenposition dominiert?« In der Antwort, die er mit Vorbehalten gibt, tendiert er zu der Erklärung, daß »diejenigen Elemente der Tätigkeit von größerer Bedeutung sind, die für die ökonomische Position ... in Betracht kommen«, also daß »sich die Tatsache der unselbständigen Berufstätigkeit viel schärfer zum Ausdruck bringt als die der Tätigkeit im Betriebe« (Lederer 1979:56).

Allein die Tatsache, daß sich auch die Privatbeamten in Gewerkschaften organisierten, ließ sich in dieser Richtung deuten. Freilich hatten die Gewerkschaften der Privatbeamten lange eine andere Ausrichtung als jene der Arbeiterbewegung. Deshalb sah er im Anwachsen derjenigen gewerkschaftlichen Organisationen, die die Interessen der Angestellten als »unselbständig Berufstätige ... vertreten«, die also die geselligen Zwecke in den Hintergrund rücken und zum Ausschluß der Prinzipale aus ihren Organisationen tendieren, einen Hinweis auf ein wachsendes Gefühl der Zugehörigkeit zu den Lohnabhängigen.

Mit dieser Prognose sollte er recht behalten. Tatsächlich wurde in der nach Ende des Ersten Weltkriegs geschlossenen ZAG eine Voraussetzung zur Anerkennung einer Organisation als Gewerkschaft die Nichtmitgliedschaft oder Nichtförderung durch Prinzipale, durch Chefs. Die »soziale Politik der Angestellten (als aktive Klassenpolitik) ist im großen ganzen das Spiegelbild der Arbeitersozialpolitik, nur daß jede der einzelnen Forderungen einen speziellen mittelständischen Einschlag erhält« (Lederer 1979:57). Dieser mittelständische Einschlag ist »konservativ« oder konservierend, er »erstrebt Sicherung« als »Reaktionserscheinung auf die zerstörenden Wirkungen des Industriesystems hinsichtlich der Angestelltenschaft« (Lederer 1979:57). Mindestgehälter, die eine gehobene Lebenshaltung der Angestellten garantieren sollen, Pensionsversicherung, Schutz der Erfindungen – all dies trug nach Lederers Meinung den Charakter konservativer Sozialpolitik.

Der Unterschied zu den Arbeitern bestand jedoch in der Grundhaltung: Lederer sah in den gewerkschaftlichen sozialpolitischen Forderungen der Arbeiter eine Taktik, eine »Etappe nicht bloß für die radikalsten und aktivsten Teile«, während ihre Strategie auf eine neue sozialistische Gesellschaft zielte. Die Angestellten dagegen haben keine weiterreichende Strategie entwickelt, sie streben »einem Beharrungszustande zu, der die Elemente der mittelständischen Lebensweise ... auf Basis einer unselbständigen Berufstätigkeit realisieren soll« (Lederer 1979:57). Auch dies also eine konservative Tendenz, die Lederer vor allem bei den technischen Angestellten wiederfindet, während die Handlungsgehilfen »schon vielmehr ›radikalisiert‹ und proletarischen ... Ideologien verwandt« sind, da sie »in ihrer großen Mehrzahl proletarischen Verhältnissen materiell sehr nahe stehen«. Die »Distanzierung von der Arbeiterschaft fehlt« (Lederer 1979:57) dort, stellt er fest. Tatsächlich drehte sich diese Gewichtung in der Weimarer Zeit direkt um – die Techniker galten als progressiv, die kaufmännischen Angestellten jedoch als ständisch.

Um die beiden Tendenzen zu beschreiben, nimmt Lederer ein Schlagwort von Naumann auf: Während die Arbeiter dem Weltbild eines »Industrie-Feudalismus« verhaftet bleiben, in welchem die Machtfrage auf der Tagesordnung des Klassenkampfs bleibt, gelte es für die Angestelltenschaft, einen »Industrie-Konstitutionalismus« zu schaffen, einen »Gleichgewichtszustand«, in welchem den Angestellten »in den Fragen der eigenen Gruppe ein Mitberatungs-, vielleicht auch ein Mitbestimmungsrecht gewährt werden soll« (Lederer 1979:58).

Es wurde in dieser Debatte um den »neuen Mittelstand« versucht, die Haltung der Angestellten mit verschiedenen Elementen wie Herkunft, Verhältnis zum Eigentum, Verhältnis zum Staat, Abgrenzung zum Proletariat (Privilegien) etc. zu erklären. Sie werden jedoch noch als vorübergehende Erscheinung betrachtet: Noch »bilden ... die Privatangestellten eine flottante Schicht«, glaubt Lederer und meint, daß die Entwicklung der oben genannten einzelnen Momente die Frage lösen wird, ob die Angestellten »sich der Bourgeoisie oder dem Proletariat werden aggregieren können« (Lederer 1979:82).

Schließlich liefen diese Untersuchungen und Erklärungen jedoch alle auf den Punkt hinaus: Die Stellung der Angestellten leide am Verlust der »Ganzheitlichkeit«. Im *Grundriß der Sozialökonomik* erschien 1926 in der IX. Abteilung (»Das soziale System des Kapitalismus«) als erster Band *Die gesellschaftliche Schichtung im Kapitalismus.*

Unter Mithilfe seines Assistenten Jakob Marschak faßte Lederer darin seine Studien zu einem Beitrag über den »neuen Mittelstand« zusammen. Darin resümiert er, »(daß) der Typus des modernen Angestellten ... in seiner Teilfunktion jeden Zusammenhang mit dem Ganzen der Produktion verloren hat« (Lederer/Marschak 1926:124). Die mangelnde Übersichtlichkeit, die die Großbetriebsorganisation für die Mehrzahl der Mitarbeiter mit sich bringt, wird hier als Verlust des »Ganzen« verbucht. Das »Ganze«, als zeittypischer Ordnungsbegriff, bedeutete einen hohen Wert, den es wiederzugewinnen galt. Der politische Tenor des im übrigen völlig sachlich gehaltenen Artikels wird in solchen Hinweisen versteckt: In ihnen geht es um Weltgeschichte und die Vorstellung ihrer geistigen Einheit. Mit diesem »Ganzen« meinten sie eine sozialistisch-utopische Gemeinschaft, zu der die Einheit der Arbeiterbewegung notwendige Voraussetzung war. Daher betonen Lederer und Marschak, die als Sozialisten schon den Begriff »neuer Mittelstand« ablehnen müssen (Lederer/Marschak 1926:122), vor allem die Gemeinsamkeiten mit den Arbeitern, um die Interessengleichheit zu betonen (vgl. Lederer/Marschak 1926:126, 130, 133f., 138f.). Der Glaube an eine einheitliche Arbeiterschicht trägt daher auch ihre Prognosen. Trotz der Gegentendenzen durch die Organisationen von höheren Angestellten (z. B. der Diplomingenieure, vgl. Lederer/Marschak 1926:139f.) und Beamten neige sich die Bewegung der großen Massen des »neuen Mittelstands« einer Radikalisierung zu:

»Die städtische Gesellschaft organisiert sich immer mehr nach Interessengesichtspunkten, und der Gegensatz Arbeitnehmer – Arbeitgeber gestaltet sich immer durchgreifender (womit nicht geleugnet werden soll, daß gewisse Rückschläge denkbar sind). Die Position zwischen den Klassen ist unmöglich geworden.«

Eine einheitliche Arbeitnehmerschicht sei in Bildung begriffen (Lederer/Marschak 1926:139, 141), nicht jedoch ein Volksganzes, wie die Vertreter der ständischen Ideen behaupten: Denn die »Idee der sozialen Harmonie (ist) eine literarische Idee, der die Realisierung in einem System sozialer Mächte versagt bleibt«, heißt es am Schluß des Artikels. Dahinter versteckt sich eine Absage an die Vorstellungen einer Gesellschaft, in der Gewerkschaften und Arbeitgeber »harmonisch« zum Wohle der ganzen Nation kooperieren – ein korporativer Gedanke, wie ihn der italienische Faschismus propagierte.

Eine Revision des Kommunistischen Manifests

Die *Neue Rundschau*, in der auch Webers »Beamter« erschienen war, druckte 1929 einen Beitrag Lederers ab, der sich kritisch mit den Aussagen des *Kommunistischen Manifests* über die Zunahme des Proletariats und seine stetige Pauperisierung auseinandersetze. Statistische Belege machten deutlich, daß das *Kommunistische Manifest* weder die Veränderung der Lage des Proletariats (der zunehmenden sozialen Sicherheit, der Verkürzung des Arbeitstages, der gewonnenn Tarifhoheit etc.) noch das Heraufkommen der Angestelltenschicht vorhergesagt hatte, deren Zahl die Zahl der Arbeiter in manchen Branchen zu übertreffen begann. Lederer widerlegt damit eine Reihe von festgesetzten Vorstellungen, die das *Kommunistische Manifest* geprägt hatte. So stellt er fest, daß das »Proletariat (nur) von außen gesehen eine ›graue Massenschicht‹ (ist)«, und führt die Unterschiede der verschiedensten Arbeiterberufe vor Augen, um zu zeigen, daß »die Arbeiterschaft eine reichgegliederte Klasse ist«[7]. Und doch fühle sie sich als geschlossene Klasse, deren solidarische Aktion nach außenhin auch die Stufungen in ihrem Aufbau nicht verhinderten (vgl. ebd.). Demnach, so hat der Leser zu folgern, spräche nichts dagegen, diese reiche Gliederung noch um einige Stehkragenproletarier zu erweitern.

Lederer geht in seiner Argumentation so weit, die »Entfremdung« der Büroarbeit für ausgeprägter zu erklären als diejenige der Arbeit im Betrieb. In Anbindung an Max Webers Begriff vom Rationalisierungsprozeß beschreibt er den Betrieb als einen kontrollierten Prozeß scharfsinniger Planung und Organisation, in dem die Angestellten nicht einfach die Leitung der Arbeit übernehmen, sondern deren »Organisierung, ... Formung, Bestimmung in jedem Detail, in Tempo und Ausführung«. Die Register und Leistungskurven, die als Resultat der Kontrolle ständig produziert werden, »enthüllen die fehlerhaften Stellen, (und) bereiten eine noch straffere Durcharbeitung und Rationalisierung vor«[8]. Sein Urteil über diese Prozesse gleicht jenem Alfred Webers und unterscheidet sich wenig von den allgemein verbreiteten kulturkritischen Stellungnahmen: Die »unerbittliche Intellektualisierung des Betriebs, die Ausmerzung aller empirischen, ›historischen‹ Elemente des Prozesses zugunsten eines immer exakteren, vorgedachten und vorgeplanten Gefüges« verändere die Arbeitsqualität. Während die Arbeit im Fabriksaal trotz der Maschinisierung noch als Erzeugungsprozeß erkennbar bleibe, sei die Arbeit im Büro »unentrinnbar abstrakt, (und) gerade für die Angestelltenmassen entleert sie sich fortdauernd des Inhalts, wird apparathaft exakte und damit unbeseelte Funktion« (Lederer 1979:177). Hier klingt Alfred Webers Aufsatz durch, nicht nur in den Begriffen,[9] sondern auch in der Bewertung der zweiten Phase der Industrialisierung, die als eine sehr viel einschneidendere Entwicklung kultureller Art begriffen wird.

Lederer, der die Angestellten sehr wohl zu differenzieren wußte, meint, aus dieser Analyse einen logischen Schluß ziehen zu können: Wenn die Angestellten nun zu einer Massenschicht werden durch die »Verapparatung« im Prozeß der Rationalisierung der Betriebsabläufe, ihr »Sein (also) ihr Bewußtsein uniformiert«, wie er es ausdrückt (Lederer 1979:178), so stellt sich für ihn die Frage: »Entsteht da nicht eine neue Schicht des Proletariats? Eine Schicht in der ökonomischen Position und in der Bewußtseinslage der Arbeiterschaft?« (Lederer 1979:178). Im anderen Fall sehe er eine »universale Krise« heraufziehen, die zum Bürgerkrieg führen müsse (Lederer 1979:185).

Die von Lederer erhoffte »Ralliierung aller nichtkapitalistischen Schichten« fand nicht statt. Die Entwicklung zeigt vielmehr eine Aufstiegsbewegung – eine Ralliierung des Proletariats an die Angestellten. Schon 1930 schrieb Max Rössiger: Nicht nur die Angestellten orientierten sich an den »höheren Schichten«, sondern auch die Arbeiter, die darauf Wert legen, äußerlich bürgerlich zu erscheinen, »um wenigstens für den Sonn- und Feiertag die äußere Kennzeichnung als Arbeiter abzulegen«[10].

Der Mittelstand mit seinem urbanen Habitus paßte nicht in das marxistische Schema der Gesellschaft der Produzenten, man war nicht bereit, ihm eine eigenständige Kategorie zu gewähren und positionierte ihn gewissermaßen auf einem Bahnhof zwischen den Klassen. Darin waren sich die Soziologen fast alle einig. Das Problem zeigt sich bei Theodor Geiger besonders deutlich. In seinem Buch über die soziale Schichtung des deutschen Volkes[11] zitiert er den Klassenbegriff von Schmoller:

»Wir verstehen unter sozialen Klassen diejenigen größeren Gruppen einer arbeitsteiligen Gesellschaft, die sich nicht nach Blut, Geschlecht, Verwandtschaft, nicht nach Religion, nicht nach Orts-, Kreis-, Provinzial- und Staatszusammengehörigkeit bilden, sondern die durch gleiche oder ähnliche Besitzart und Besitzgröße, durch gleiche oder ähnliche Art der Einfügung in die Ordnung der Volkswirtschaft oder des Staates, durch gleichen oder ähnlichen Rang in der hierarchischen Gesellschaftsordnung, durch gleiche oder ähnliche Interessen aller Art ein Bewußtsein der Zusammengehörigkeit haben und dem Ausdruck geben.«[12]

Diese für eine ständische Gesellschaft formulierte Definition erscheint Geiger »logisch unmöglich«, weil aus ihr das zur rein ökonomischen Verortung zugehörige Bewußtsein nicht erfahrbar werde. Auch Geiger fragt also nach der »seelisch-geistigen« Einstellung: »Was ist mit den Menschen, die zwar die klassentypischen Eigenschaftsmerkmale aufweisen, ihrer Zusammengehörigkeit mit ihresgleichen aber nicht bewußt sind oder ihr nicht Ausdruck geben (›fehlendes Klassenbewußtsein‹). Was ist weiter mit jenen, die sich mit einer Klasse solidarisch verhalten, ohne deren typische Eigenschaftsmerkmale zu tragen (›falsche Ideologie‹, Apostaten)?« (Geiger 1932:3).

In der Tat ist bei Schmoller die Koinzidenz von Klassenlage und Klassenbewußtsein impliziert, Diskordanzen, Übergänge oder Ungleichzeitigkeiten werden nicht in Betracht gezogen. Das Problematischwerden dieser Diskordanzen durch Klassenverschiebungen und die große Umschichtung durch das frappante Wachstum des Mittelstandes, die auch ideologische Neuverortungen notwendig machte, fand erst mit dem Anwachsen dieser Schichten in den zwanziger Jahren allgemeine Aufmerksamkeit. Geiger definiert nun nicht etwa den Klassenbegriff ideologieneutral, sondern behilft sich mit dem Ersatz von »Klasse« durch »Bevölkerungsteil« und kann damit seine Sozialstatistik durchführen. Als Soziologe begnügt er sich nicht mit der Statistik, sondern diskutiert ausführlich die Frage der Kongruenz von Bewußtsein und wirtschaftlicher Lage, wobei er der Lederer/Marschakschen Kennzeichnung dieses Bevölkerungsteils[13] zustimmt: Dieser Block zwischen den Klassen habe seine endgültige Bestimmung noch nicht gefunden.[14] Auch Geiger glaubte 1932, daß die Bürokratisierung mit dem Ende des Liberalismus unausweichlich sei: »Es gibt heute keine große und starke Partei mehr, die den Gedanken der freien kapitalistischen Wirtschaft vertritt« (Geiger 1932:84). So faßt Geiger am Ende der Epoche noch einmal die Daten und Erkenntnisse zusammen, geht jedoch in seiner Analyse nicht über Lederer hinaus.[15]

Siegfried Kracauer:
Ausflüge in die Angestelltenkultur

Lederer hatte einen aufmerksamen Leser seiner Studien, den Soziologen und Redakteur der *Frankfurter Zeitung* Siegfried Kracauer. Kracauers Reportagen wurden als Artikelserie in der *Frankfurter Zeitung* vorabgedruckt und sofort nach Erscheinen überall diskutiert. Kracauer fügt Beobachtungen aus Arbeitsgerichten, aus Anzeigen in Tageszeitungen, Betriebszeitungen und Interviews mit Angestellten und Unternehmern zu einem Mosaik zusammen. Es sind kommentierte Entdeckungen aus dem Leben einer Schicht, das sich zwar in der Öffentlichkeit abspielte, aber doch unbekannt blieb.[16] »Kein Geringerer als Emil Lederer«, schrieb er, halte es »für eine objektive Tatsache, ... daß die Angestellten das Schicksal des Proletariats teilen« und zitiert Lederer: »der gesellschaftliche Raum, in dem wir noch die moderne Sklaverei finden ... ist heute nicht mehr der Betrieb, in welchem die große Masse der Arbeiter arbeitet, sondern dieser soziale Raum ist das Bureau«. Kracauer fügt nüchtern hinzu: »Über das Quantum der Sklaverei hier und dort läßt sich streiten, aber die Proletarisierung der Angestellten ist nicht zu bezweifeln.« Auch Kracauer hält also nichts vom Begriff des »neuen Mittelstandes«, doch ist er bezüglich der politischen Hoffnungen Lederers wesentlich skeptischer: »Man wird sehen«, schreibt er, »daß die für Angestellte produzierten Illusionen auf reichliche Nachfrage stoßen« (Kracauer 1971:13).

Kracauer entdeckt hierin im eigentlichen Sinne die neue Qualität. Was für Lederer noch als Ideologie fungierte, die aus der bürgerlichen Herkunft der Mehrzahl der Angestellten resultierte, erkennt Kracauer als eigenständige »Angestelltenkultur«. Berlin, wo Kracauer sein Material zusammentrug, war eine Beamten- und Angestelltenstadt. Kracauers Definition dieser »Szene« ist voller Zynismus: Angestelltenkultur ist eine »Kultur, die von Angestellten für Angestellte gemacht und von den meisten Angestellten für eine Kultur gehalten wird« (Kracauer 1971:15). Damit reiht sich Kracauer ein in die traditionelle Klage über den Verlust des Ganzen in der Industriegesellschaft.

Die Einzelbeobachtungen werfen ein Licht auf die Zustände in den Büros in jener Zeit, in Mentalitätsdifferenzen (z. B. zwischen kaufmännischen Angestellten und Technikern), in die soziale Einstellung bei den Arbeitsgerichten, in die Praktiken der Personalführung. Interessant dabei, wie wenig die oberen Etagen der internen Personalauslese entstammen: Sie werden in der Regel von außen in den

Betrieb genommen, aufgrund von Empfehlungen, und sind »Protektionskinder«, die ihre »Sinekuren« finden (Kracauer 1971:42), unabhängig von ihrer Eignung oder Leistung.[17] Interessant auch, wie in vielen Betrieben Führungsqualität verstanden wurde: Die Abteilungsleiter sind häufig ehemalige Offiziere, deren geistige Fähigkeiten auch von den Unternehmern selbst nicht besonders hoch eingeschätzt wurden (Kracauer 1971:37). Immer wieder konfrontieren Kracauers Kommentare die Wirklichkeit mit einem Anspruch, der von diesen Angestellten kaum geteilt worden sein dürfte – Kracauer erweist sich durchweg als konservativer Kulturkritiker, der den »Similiglanz« der »Zivilisation« am Maßstab der »echten« Kultur mißt: Er hält die Masse der Angestellten für »geistig obdachlos«. Eine »zu Reflexionen neigende Stenotypistin äußert sich ... ›Die Mädels kommen meist aus geringem Milieu und werden vom Glanz angelockt‹«, schreibt er und zitiert fort: »›Ernste Unterhaltungen‹, sagte sie, ›zerstreuen nur und lenken von der Umwelt ab, die man genießen möchte‹. Wenn einem ernsten Gespräch zerstreuende Wirkungen beigemessen werden, ist es mit der Zerstreuung unerbittlicher Ernst« (Kracauer 1971:91f.).

Kracauer beschreibt auch die psychologischen Tests, wie sie zu jener Zeit etwa William Stern den Betrieben anbot. Die Firmen nutzten sie zum Beispiel für Untersuchungen über den richtigen Personaleinsatz. Wenn sie wissenschaftliche Gutachter solche Fragen lösen lasse, dann zeige das, wie wenig die Führungsebene über die anderen Ebenen der Betriebshierarchie wisse (Kracauer 1971:21ff.). Er sieht darin – zweifellos zu Recht – ein Zeichen der Fremdheit, die hier zwischen den Arbeitgebern und den Mitgliedern eines großen Betriebes entstehe. Aus einer Definition des Reichskuratoriums für Wirtschaftlichkeit zitiert er: »Rationalisierung ist die Anwendung aller Mittel, die Technik und planmäßige Ordnung bieten, zur Hebung der Wirtschaftlichkeit und damit zur Steigerung der Gütererzeugung, zu ihrer Verbilligung und auch zu ihrer Verbesserung« – um zu entdecken: Es »fehlt das Wort Mensch. Vermutlich ist es vergessen worden, weil es keine so wichtige Rolle mehr spielt« (Kracauer 1971:30).

Die Intellektuellen, denen Kracauer die Unkenntnis dieser eigenartigen Lebensweise vorhält, stürzten sich auf sein Buch. Während sie bei Kafka, den Kracauer als Klassiker von Werken über den Großbetrieb zitiert (Kracauer 1971:36), noch als angsteinflößende Maschinerie erschien, ermöglicht Kracauers Außenperspektive entlastende Distanz.

Kracauers Kritik an Lederer

Wir hatten die Differenz zu Lederer bereits in bezug auf Kracauers Pessimismus über die zukünftige politische Rolle der Angestellten bemerkt. Gegen Ende seiner Ausführungen geht er noch einmal auf Lederer ein, der der Ausbreitung des Sports in jenem Aufsatz wertvolle Seiten abgewonnen hatte: Sport, so hatte Lederer geschrieben, »macht sicher, löst Komplexe auf oder läßt sie erst gar nicht entstehen«. Natürlich geht es Lederer nicht um die psychische Hygiene der Angestellten oder die Freuden der Rekreation, sondern um die politische Bedeutung des Sports. Der Sport schaffe »eine Vororganisation der Masse, in welche der einzelne sich aktiv einfügt, seine Funktion erhält, die er betätigt, in der ein freier und gemeinsamer Wille alle eint...«. Im Sport sah Lederer eine »Ahnung von der Möglichkeit gesellschaftlichen Handelns bei gleichzeitiger Entbindung persönlicher Kraft« (Lederer 1979:184). Diese Menschen, die »in ihrer Welt Bescheid wissen« und »sie immer besser bewältigen«, werden die ihnen gesetzten Schranken kaum »ohne einen Versuch der Umgestaltung dauernd ertragen« (Lederer 1979:184, Kracauer 1971:100). Kracauer hält von diesem Optimismus nicht viel: »Alles in allem trifft eher das Gegenteil zu«, widerspricht er schroff. »Die Ausbreitung des Sports löst nicht Komplexe auf, sondern ist unter anderem eine Verdrängungserscheinung großen Stils; sie fördert nicht die Umgestaltung der sozialen Verhältnisse, sondern ist insgesamt ein Hauptmittel der Entpolitisierung« (Kracauer 1971:100). Gerade die Sehnsucht der Massen nach Sport sei zwar ein Naturrecht, das wider die Schäden der Zivilisation aufgerichtet werden könne, doch sei es mit dem Sport wie mit der Wasserkunst im Lunapark, in dem

»immer neu geformte Strahlenbüschel rot, gelb, grün ins Dunkel (fliehen). Ist die Pracht dahin, so zeigt sich, daß sie dem ärmlichen Knorpelgebilde einiger Röhrchen entfuhr. Die Wasserkunst gleicht (aber) dem Leben vieler Angestellter. Aus seiner Dürftigkeit rettet es sich in die Zerstreuung, läßt sich bengalisch beleuchten und löst sich, seines Ursprungs uneingedenk, in der nächtlichen Leere auf« (Kracauer 1971:101).

Reaktionen auf Kracauer

In der sozialdemokratischen Zeitschrift *Gesellschaft* wurde Kracauers Ironie von Walter Benjamin mit Wohlwollen registriert: Kracauer wurde als Lumpensammler beschrieben, der sich »frühe im Morgengrauen mit seinem Stock« auf die Suche nach den »Redelumpen und Sprachfetzen« mache, »um sie murrend, ein wenig versoffen, in seinen Karren zu werfen«. Spöttisch lasse der Lumpensammler dann die Wertbegriffe dieser Angestelltenkultur, »›Menschentum‹, ›Innerlichkeit‹, ›Vertiefung‹« wie »ausgeblichene Kattune ... im Morgenwind flattern« (Benjamin 1930:473–477; 1972:219–225).

Theodor Geiger dagegen ging Kracauers Ironie zu weit: Zwar habe Kracauer die bildungsständischen Züge der Angestellten »in Momentaufnahmen oft treffend skizziert, nur leider zu ausschließlich in den Vordergrund gezogen und wohl auch zu unduldsam beurteilt« (Geiger 1932:104). Auch Speier hat Kracauers Sehnsucht nach Ganzheit als Schwäche kritisiert und wirft ihm vor, in der Angestelltenkultur nur eine Flucht aus der Realität zu sehen. Kracauer hatte mit seinen Reportagen »aus dem neuesten Deutschland« den Nerv der Zeit getroffen. Seine Ironie, mit der er die Angestelltenkultur bedacht hatte, fand bei den Betroffenen wenig Gegenliebe. Kracauer hatte das Standesbewußtsein der Angestellten angegriffen: »Wer hört nicht, wie verurteilungswürdig, ja borniert es Kracauer deucht, daß Angestellte noch an ihrem Standesgefühl festhalten? ... Kracauer möchte es ausgerottet sehen«, schrieb Ernst Niekisch.[18] Der Gewerkschaftsarbeiter Max Rössiger gehörte zu den vielen, die sich von Kracauer zu Unrecht kulturell degradiert fühlten. Rössiger kritisiert »Dr. Kracauer«, der den Betrieb im »Haus Vaterland« für einen Teil der Angestelltenkultur hält: »Natürlich gehen auch besserverdienende Angestellte und etliche jüngere mit ihren Bräuten und Freundinnen hin, denn schließlich ist die Rechnung: für 1,– RM Eintritt ein halbes Dutzend feudaler Tanzgelegenheiten ... verlockend.« Aber für »die Masse aller Angestellten ... kommt allerhöchstens einmal eine Besichtigung dieses Vergnügungs›palastes‹ (?), aber kein wiederholter Besuch in Frage. ... Kracauer vergißt, daß ›Vaterland‹ die Attraktion für das ganze provinzielle Deutschland ist« (Rössiger 1930:68f.).

Rössiger zeigt Verständnis für den Angestellten, der nach der Arbeit zur leichten Kost der Unterhaltung greift – doch mit allem Haß auf die »verfluchte geistige Anspruchslosigkeit«, wie sie von Unternehmern, die sich auf den »Geschmack der Leute verstehen«, verbreitet wird.[19] Rössiger ist also in seiner Kulturkritik nicht weit von Kracauer entfernt, doch seinem pädagogischen Impuls geht Kracauers Kritik zu weit, insofern sie in ihrem generalisierenden Zynismus die Klassendistanz verrät. Die Angestellten, so Rössiger, leisteten sich lieber »Rundfunk bei Charell oder ›hinten‹ in der Scala, de(n) Lichtblick preiswerter Volkstheaterabonnements, billige Sonntage im

Zoo ... und dann das Kino. Dazu das billige Buch in der Volksausgabe (darunter manches schon etwas abgestandene) ... und die schönen und deshalb überfüllten Strand- und Sonnenbäder ... Das ist die Welt des Angestellten auch in Berlin« (Rössiger 1930:69). Tatsächlich hatten die Angestellten im Verhältnis zu den übrigen Schichten den höchsten Anteil an Radios: 50 Prozent, also weit über dem deutschen Durchschnitt von 11 Prozent im Jahre 1927! Das war der bedeutendste Klassenunterschied, wie Sandra J. Coyneer in ihrer Untersuchung der Konsumgewohnheiten in der Weimarer Zeit meinte (Coyneer 1977:321).

War aber die kulturelle Eigenentwicklung der Angestellten nicht auch Zeichen für eine spezifische demokratische Disposition? Auf die folgende Beobachtung wurde schon hingewiesen, sie richtet sich gegen Kracauer und seinen Pessimismus und legt eine optimistischere entwicklungsdynamische Auffassung an den Tag, die den Gedanken der Demokratisierung in die Diskussion bringt: Man habe bei den Angestellten ein besonders starkes Bestreben nach gesellschaftlichem Mimikry feststellen wollen, also das Bestreben, den »höheren Schichten« äußerlich möglichst gleichartig zu erscheinen. »Das braucht gar nicht bestritten zu werden. Dasselbe sehen wir auch beim Arbeiter, der weit mehr als früher Wert darauf legt, äußerlich bürgerlich zu erscheinen. Das ist auch derselbe Vorgang, den wir, wenn auch ungeübter und darum ungeschickter, bei der Landbevölkerung beobachten, die sich äußerlich städtische Gewohnheiten zulegt« (Rössiger 1930:70f.). Was Kracauer als Mimikry erscheint, wird hier anders gedeutet: Es ist

»nichts anderes als ein Ausdruck des ganz natürlichen Drängens nach oben. Es handelt sich hier ja auch gar nicht um das Tragen sogenannter ›unerlaubter Uniformen‹, sondern nur um ein Stück Demokratisierung. Es ist eine instinktive Abwehr gegen äußere klassenmäßige Abstempelung. Sie zeigt natürlich Überspitzung, im übrigen aber trägt dieses Drängen nach der Anpassung der äußeren Erscheinung wie die Abschaffung von Adel und Orden mit zur Niederlegung von Klassenvorurteilen bei« (Rössiger 1930:71).

Wenn man als demokratisch die gesellschaftliche Möglichkeit des Aufstiegs betrachtet, so scheint in der Tat unter den Angestellten die Überwindung des statisch-substantialistischen Denkens weiter fortgeschritten zu sein, insofern sie ihre gesellschaftliche Position nicht als fixiert betrachteten.

Fritz Fischer: Die Gewerkschaften der Angestellten

1931 beendete Fritz Wilhelm Fischer am InSoSta eine Dissertation mit dem Titel *Die Angestellten, ihre Bewegung und ihre Ideologien.* Über Fritz W.(ilhelm) Fischer ist nichts weiter bekannt geworden. Seine Arbeit hat er nach Studien an der Handelshochschule Mannheim, an der Universität Freiburg und nach vier Semestern am InSoSta als Doktorarbeit im Bereich Staatswissenschaften am 30. Juni 1931 eingereicht. Zur Zeit seiner Promotion in Heidelberg, so heißt es im der Dissertation angefügten Lebenslauf, übte er den Beruf eines Buchprüfers und Steuerberaters aus (Fischer 1931:159). Als Referent wird Prof. Dr. Ernst Schuster angegeben, der von 1927 bis 1933 als ordentlicher Professor an der Handelshochschule in Mannheim lehrte. Seit seiner Ernennung zum ordentlichen Honorarprofessor in Heidelberg 1930 hatte er auch Promotionsrecht in Heidelberg. Schuster war nach der Eingliederung der Handelshochschule in die neugegründete Staats- und Wirtschaftswissenschaftliche Fakultät von 1934 bis 1946 ordentlicher Professor in Heidelberg. Dann wurde er von der amerikanischen Militärregierung entlassen. Zur Zeit der Fischerschen Dissertation dürfte er noch als Sozialdemokrat gegolten haben. Schuster war 1932 mit einer Forderung nach Politisierung der Wissenschaften aufgefallen. Im Mai 1933 trat er der NSDAP bei. Jansen hält ihn jedoch nicht für einen typischen Vertreter des nationalsozialistischen Wissenschaftsverständnisses, weil er seine Forderung nach Politisierung der Wissenschaft erkenntnistheoretisch begründet hatte.[20] Lederer war im Sommersemester 1931 noch in Heidelberg, als die Arbeit abgeschlossen wurde. Fischer setzte sich intensiv mit einem Thema auseinander, das am InSoSta vor allem von Lederer bearbeitet wurde. Im Literaturverzeichnis finden wir die Namen Croner, Kracauer, Lederer (6x), Marschak und Mannheim, auch Alfred Weber wird aufgeführt, nicht aber Ernst Schuster. Das läßt darauf schließen, daß Fischer diese Arbeit bei Lederer begonnen und abgeschlossen hat. Lederers Berufung nach Berlin erlaubte dann wohl nicht mehr, das Vorhaben zu Ende zu führen und aller Wahrscheinlichkeit nach übernahm Ernst Schuster schließlich aus Kollegialität und aus seiner persönlichen Kenntnis des Kandidaten von der Handelshochschule Mannheim her die weitere Betreuung des Verfahrens.

Fischers Darstellung liefert eine gründliche Analyse der drei gewerkschaftlichen Formationen – der ständischen (DHV), liberalen (GdA) und der sozialistischen (Afa), die die Kulturüberlagerung in der Weimarer Demokratie charakterisiert. Die Politik, die Bildungsanstrengungen und weitere Elemente der Arbeit dieser drei Gewerkschaftstypen spiegeln die drei Haltungen in einer unerwarteten Deutlichkeit wider. Aus diesen Stellungnahmen und der tatsächlichen Arbeit der Angestelltengewerkschaften ergibt sich ein sehr genaues Bild dieser Weimarer Welt.

Fischer beruft sich zunächst auf den grundlegenden Text Lederers aus dem Jahre 1912 (Fischer 1931:1) und entwickelt von dessen Fragestellungen aus seine Überlegungen, die er mit aktuellen Daten der Statistik und empirischen Forschungen über die Angestelltenverbände kombiniert. Bei Fischer wird noch einmal sehr deutlich, wie sehr die Gewerkschaften auch der Angestellten das Leben und Denken der Mitglieder organisierten oder zumindest anboten, es zu organisieren. Hauptfrage bei Fischer ist ebenfalls die soziale Stellung der Angestellten in der Gesellschaft und ihre Position in ihrem eigenen Weltbild, wobei er sehr ausführlich auf die Differenzen zwischen den verschiedenen Angestelltenorganisationen eingeht: Hatten die Angestellten einen festen gesellschaftlichen Standort oder befanden sie sich in einer Übergangslage?

Max Webers Definition der Klassen – einer Gruppe von Menschen mit gleichen Güterbesitz- und Erwerbsinteressen – umfaßt auch die Privatbeamten – »als Mittelklasse« – und »Angestellte« – als »soziale Klasse«[21]. Die Angestellten sind in bezug auf ihre Erwerbsinteressen mit den Arbeitnehmern in einer Lage (»negativ privilegiert«) klar zu definieren (Fischer 1931:85). Diese Klassenlage wurde auch von keinem der Angestelltenverbände der Weimarer Republik in Frage gestellt. Doch vertraten einige Verbände zugleich die Ansicht, daß die Angestellten einen Stand bilden. Nach Webers Definition jedoch gehört der Stand »vorzugsweise« in die ständische Gesellschaft (Max Weber, WuG:180), doch ist das ständische Denken in der Republik, wie sich hieran zeigt, keineswegs einfach verschwunden. Die Standesdefinition besagt, daß ein Stand dann vorliege, wenn

»die Gliederung und Orientierung der Gruppe nicht nach den Beziehungen zur Produktion, sondern nach den Prinzipien des Güterkonsums in Gestalt spezifischer Lebensführung erfolgt und wenn die Gruppe durch bestimmte Ehrbegriffe zusammengeschlossen wird. Auch ein Berufsstand prätendiert kraft seiner spezifischen Lebensführung soziale Ehre und ist dadurch Stand.«

Die Definitionen schließen sich freilich nur dann gegenseitig aus, wenn man davon ausgeht, daß jede Gesellschaft eindeutig zu definieren ist – entweder vollständig marktorientiert oder vollständig ständisch. Die Weimarer Republik bildet jedoch eine Übergangsgesellschaft, in der das Geldmotiv sich noch nicht durchsetzen konnte. Die Definition der Angestellten mußte daran scheitern, daß man sie in bereits vorhandene Schemata zu pressen versuchte: Sie blieb unentscheidbar (so Fischer 1931:86), weil die alten Kategorien nicht mehr paßten.

Gegen die ständische Definition setzt sich das Aufstiegsbewußtsein der beiden übrigen Gewerkschaftstypen ab – der liberalen mit ihrem individuellen Aufstiegsideal und der sozialistischen mit ihrer Klassenstrategie, die auch ein Aufstiegsmodell darstellt.

In seiner kritischen Auseinandersetzung mit den Staatsvorstellungen der Angestelltenverbände erkennt Fischer die Wandlung von der reinen Staatsverneinung zur Staatsbejahung:»aus der Gleichsetzung – Staat ist gleich Klassenstaat – ist heute der Gedanke des Volksstaates geworden. Wie die Sozialisten also die bedingungslose Opposition aufgegeben und zu einer Mitarbeit an der parlamentarischen Demokratie gefunden haben, so auch die freien Gewerkschaften.« Diese Mitarbeit hat sich faktisch in der Richtung einer Stabilisierung der Weimarer Republik ausgewirkt. So ist die Selbsteinschätzung der freigewerkschaftlichen Organisationen als einer »republikanischen Kerntruppe« nicht überraschend.[22] Auf seiten der ständisch orientierten Organisationen herrscht die Ideologie, daß die »Stände ›Organe der jeweiligen gesellschaftlichen oder wirtschaftlichen Ganzheiten als Ausdruck von Gliederungen und als Träger der in diesen Gliederungen liegenden Aufgaben‹« (Fischer 1931:99) sind. Und während noch 1926 auf dem III. Kongreß des »Gewerkschaftsringes deutscher Arbeiter-, Angestellter- und Beamtenverbände« die Überlegung diskutiert worden war, ob die gewerkschaftliche Sozialpolitik nicht ihr Schwergewicht »vom Nationalen ins Internationale aus Gründen der weltwirtschaftlichen Konkurrenz und Entwicklung verlegen müsse« (Fischer 1931:95), wird bei den ständischen Organisationen der Staat zur letzten Denkgrenze:»Das Ganze: das ist die Nation, der Staat. In seinem Schicksal ist das Leben aller seiner Glieder beschlossen. Wo Verantwortung gegenüber dem Staate und seinen Funktionen gepflegt und von Generation zu Generation als zu mehrendes Erbe weitergegeben wird, da erwächst dem Staate die Gefolgschaft, die auch bereit ist, ihm im Unglück zu dienen«, zitiert Fischer diese Auffassung. Die nationale Vorstellungsgrenze neigt nicht nur zur Binnenschau, sondern auch zu Ausgrenzungen im Innern. Fischer weist auf diesen Widerspruch hin: Der DHV verweigert in §7 seiner Satzung »Juden und in einem bewußten Gegensatz zum Deutschtum stehenden Angehörigen anderer Nationen und Rassen« die Mitgliederrechte.

Bildungserlebnis als Kulturteilhabe

Fischer bemerkt, daß »eine wissenschaftliche Vertiefung der ständischen Idee, wie es beim Marxismus der Fall ist, nicht erfolgt. Die Standesorganisationen beschränkten sich auf Fragen sozialer Natur, ohne ihr Programm wissenschaftlich genau fundiert zu haben« (Fischer 1931:105). Die ständischen Organisationen haben keinerlei Geschichtsorientierung. Die historische Reflexion wird durch kulturelle Programme ersetzt, die eine bemerkenswerte Rolle gespielt haben. Was »der Arbeit an Beseelung durch die Mechanisierung verloren geht, (soll) aus anderen Regionen her ersetzt werden. Das Bewußtsein der gesellschaftlichen Pflicht, der Funktionswichtigkeit, der Standes- und Klassenzugehörigkeit ist der Ersatz für die Entzauberung der Arbeit und des Berufes. Der immer übrig bleibende Rest wird dann nur von der Metaphysik, der Religion, abgegolten werden können« (Fischer 1931:110). Der Gedanke der Bildung ist Ersatz für die Sinnfindung in der beruflichen Arbeit selber. Fischer beschreibt diese Bildungsarbeit und ihr Ziel ganz ohne jene ironische Brechung, die Kracauer gegenüber diesen kulturellen Etüden zur Schau trägt. Die Kracauersche Ironie ist Distanzierung, wenn nicht schon Verachtung dieser kulturellen Bemühungen am falschen Objekt − den niedriger stehenden Massen. Fischers bejahende objektivistische Beschreibung spiegelt dagegen noch entfernt den Optimismus der pädagogischen Bestrebungen wider, den die großen Weimarer Schulreformer in ihre Arbeit gelegt hatten − Demokratisierung durch Bildung des Volks, Volkshochschulen und Reformschulen gehörten zu diesen Bereichen ebenso wie Gewerkschaftsheime und die Frankfurter »Akademie der Arbeit«. »Das Streben der Verbände geht dahin, die Angestellten am Kultur- und Bildungsgut teilnehmen zu lassen.« Bildungsgut steht aber nicht für sich allein, sondern hat »dem Beruf... seinen Zweck- und Sittlichkeitscharakter wieder zu geben.« Die Angestellten- und die Arbeitergewerkschaften unterscheiden sich hier in keiner Weise. In der »Arbeitermarseillaise« heißt es: »Der Feind, den wir am tiefsten hassen, das ist der Unverstand der Massen«[23]. Auch in der Kulturarbeit der Gewerkschaften erkennt Fischer die zwei Pole: die freien Gewerkschaften »halten an den Forderungen des Klassenkampfes fest«, »die Massen sollen geformt werden zum ideologischen Angriff auf die kapitalistische Kultur. ... Nicht Spitzenkultur einer kleinen herrschenden Schicht ist das Ziel, sondern Kultur des Volksganzen« – die »umfassende Bildung« ist dabei zu bejahen als ein »Mittel der werdenden sozialistischen Kultur« (Fischer 1931:111).

Die nationalen Gewerkschaften hingegen sehen als Ziel ihrer Bildungsarbeit die Stärkung der »deutschen Volksgemeinschaft« (Fischer 1931:111), der noch vorhandenen Traditionsreste, Pflichterfüllung und »ständische Führerschaft« (Fischer 1931:112). Bildungsarbeit ist »vielleicht das wichtigste Mittel ihrer Kulturpolitik« (Fischer 1931:112).

Organisatorisch mündete die Umsetzung dieses selbstgegebenen Bildungsauftrags in mannigfaltige Schulungstätigkeit in der Gründung von Bildungsstätten für Kader, Jugendbildungswerke, Jugendführerschulungen (z. B. Burg Lobeda). Die freien Verbände waren beteiligt an der Frankfurter »Akademie der Arbeit«, an den staatlichen Fachschulen für Wirtschaft und Verwaltung in Düsseldorf und Berlin und an der Heimvolkshochschule Tinz in Thüringen. Der DHV betrieb berufsständische Seminare in Spandau (Johannesstift) und in einer gewerkschaftlichen Kriegsakademie. Für die Öffentlichkeitsarbeit der Gewerkschaften hatte die christliche Arbeitnehmerbewegung eine eigene Tageszeitung (der »Deutsche«), während die Mitglieder der freien Gewerkschaften nur auf Parteizeitungen zurückgreifen können. Außerdem gab es »vorzügliche und vorbildliche« gewerkschaftseigene Pressekorrespondenzen und Pressedienste, die die Tageszeitungen versorgten, sowie berufsbezogene Handbücher, Verlage, die den Gewerkschaften nahestanden (so stand die Hanseatische Verlagsanstalt dem DHV nahe).

Der DHV als Standesverband will »Kaufmannspersönlichkeiten formen helfen, die über die Beherrschung der Technik eines Büroteilbetriebs hinausragen«, und ähnlich äußerte sich der GDA. Der Zentralverband der Angestellten

»wehrt sich gegen die Unterstellung, daß nur Fachangestellte zu bilden sein Ziel sei, und betont ausdrücklich, daß es ihm darauf ankomme, den vielen Angestellten, die durch die gegenwärtige Wirtschaftsordnung an jeder Bildungs- und Aufstiegsmöglichkeit behindert sind, die Quellen eines ausreichenden Allgemeinwissens und einer guten Berufsausbildung zugänglich zu machen« (vgl. Fischer 1931:119).

Das ist das Webersche Vokabular, daß die Bürokratie Fachmenschen heranbilde, keine »Persönlichkeiten«. Wie sieht diese »Allgemeinbildung« aus? Fischer präzisiert: »Vorträge über deutsche Dichtung, Malerei und Musik, eigene Theatervorstellungen, Kunst in der Natur, im Heim, Kennzeichen des Geschmacks, Geschmacksbildung usw.« und kommentiert: »Der ganze Mensch, der die Harmonie des menschlichen Seins aus Vereinigung von Verstand und Gemüt zu erreichen sucht, soll erzogen werden« (Fischer 1931:122). Hier werden die »Schätze deutscher Kultur« zum »Mittel friedlichen sozialen Ausgleichs«, da sie Eigentum des ganzen Volks werden sollen – nicht nur der Spitzengruppe. Die Gewerkschaften sehen hierin eine große Verantwortung in der Vermittlung, die offenbar auch auf einen Bildungshunger auf der Seite ihrer Mitglieder stößt. Vortragsreihen zu Kunst, Dichtung oder Wissenschaftsthemen werden zentral ausgearbeitet und jeder Ortsgruppe zur Verfügung gestellt. »Kulturfilme« werden verschickt und in den Ortsverbänden gezeigt, allerdings wehrt sich der DHV gegen den Tonfilm, der »ein neuer Schritt (sei) zur Entfaltung einer mechanischen Ersatzkunst, die weder seelische noch sittliche Werte zu vermitteln vermag« (zit. bei Fischer 1931:123).

Im Unterschied zu den Veranstaltungen der Gewerkschaften, die sich an das Gefühl wenden, wehrt sich der DHV auch gegen die »üblichen heiteren Abende« der anderen Gewerkschaften. Die Männerchöre der DHV treten statt dessen eher auf bei Dichtergedenkfeiern, Sonnwendfeiern oder altdeutschen Liederabenden, durch die das Standesgefühl kulturell akzentuiert wird. Für diese offenbar eher weihevollen Veranstaltungen gab es ebenfalls Unterlagen – Noten und Gedichtsammlungen, die von der Zentrale verschickt wurden. Kein Zweifel, diese gemeinsamen Huldigungen an eine deutsche Kultur haben bereits religiöse Dimensionen. In den verbandseigenen Heimen kristallisierten sich durch die über den engen Rahmen der Gewerkschaftsmitglieder hinaus abgehaltenen Kulturveranstaltungen Gemeinschaften heraus, die sich an diesen Bildungsgütern gegenseitig erkannten. Fischer sieht die Schizophrenie nicht, die in dieser Berufsunabhängigkeit des Bildungserlebnisses liegt, und glaubt, »daß durch Bildung die Arbeit wieder vergeistigt werden kann« (Fischer 1931:124). Denn durch derartige Bildungserlebnisse steige die Daseinsfreude wieder, »die die Hauptvoraussetzung ... für die Wiederbeseelung der Arbeit und für qualifizierte Leistungen sei« (Fischer 1931:124f.).

Fürsorge – Aufgehobensein des ganzen Menschen

Die Gewerkschaften verfügten über Einrichtungen für nahezu alle Lebensbereiche: Rechtsschutzabteilungen gaben den Mitgliedern nicht nur Rechtsauskünfte, sie übernahmen alle Aufgaben von Anwälten (Schriftsätze anfertigen, Termine wahrnehmen, Klagen führen etc.), boten Stellenvermittlungsdienste für das In- und Ausland, Auskunfteien über Betriebe, Stellenlosenkassen, Hinterbliebenenversicherung, Altershilfe und Ersatzkassen. Manche dieser Einrichtungen waren nur für Mitglieder, andere auch für Außenstehende zugänglich wie die Versicherungsangebote des Deutschen Rings, der der DHV gehörte. Um sich gegen Bodenspekulation zur Wehr zu setzen, engagierten sich die Gewerkschaften auch im Wohnungsbau. Wenn sich in dieser Aufgabenstellung der Sorge um die Mitglieder die Tradition des korporatistischen Denkens zeigt, so erweist sich auch in der Lösung des Tarifauftrags, wie weit entfernt die Angestelltengewerkschaften vom rein funktionalistischen Leistungsdenken waren. So wurde vom DHV der Achtstundentag als ein Mittel der »Wiederbeseelung« betrachtet – man gehe wieder lieber zur Arbeit (Fischer 1931:131). Auch die Betonung des »Gehalts« gehört zu dieser Haltung, drücke sich doch im »Lohn« die proletarische Käuflichkeit aus (ebd.).

Während die Sozialisten Lohnforderungen unter strategischen Gesichtspunkten[24] soweit wie möglich nach oben treiben, um die Profite der Kapitalisten soweit als möglich herabzudrücken, steht hinter den Gehaltsforderungen der ständischen Gewerkschaften eine Gerechtigkeitsvorstellung vom anteiligen Verdienst jedes Standes nach seinem Rang bzw. nach seiner Leistung als Stand: Die »Leistungsentlohnung (soll) der ›Bedeutung des Berufsstandes und der wirtschaftlichen Tragfähigkeit des Gewerbes entsprechen‹, ›ein auch die Kulturbedürfnisse berücksichtigendes Mindesteinkommen sichern‹ und eine ›angemessene Beteiligung‹ am Unternehmensertrag ermöglichen« (nach Fischer 1931:134). Standesgemäß und »standeswürdig« sind auch die Maßstäbe, nach denen der GDA die Gehaltsforderungen bemessen sehen will.

Die AfA fordert noch im gegenwärtigen Wirtschaftssystem die Verbesserung der Löhne, ohne aber das Endziel aufzugeben, das in der Zahlung des vollen Arbeitsertrags besteht. Damit ist zugegeben, daß im Kapitalismus das Existenzminimum auch für die Proletarier überwunden werden kann. Die sozialistischen Gewerkschaften wollen also einen möglichst hohen Lohn, um den Anteil des Profits möglichst gering zu halten (vgl. Fischer 1931:138). Dieser Lohnpolitik wuchs ein weiteres Argument zu, das aus den Eindrücken einer Amerikareise stammt: Starke Kaufkraft sei das Geheimnis der amerikanischen Wirtschaft (ADGB 1926, zit. bei Fischer 1931:138). Lohnpessimismus (ehernes Gesetz) wandelt sich also in Lohnoptimismus. Eduard Heimann wandte sich strikt fundamentalistisch gegen dies Denken (was sei dann noch gegen den Kapitalismus einzuwenden? fragte er[25]). Lederer dagegen unterstützte die Kaufkrafttheorie: Steigerung der Konsumkraft überwinde Absatzpropbleme (Fischer 1931:138). Lederers Theorie wurde zur »herrschenden unter den freien Gewerkschaften«. Der ADGB-Gewerkschafter Fritz Tarnow fragte: »Warum arm sein?« (Fischer 1931:138). In der Folge erst prüften die Gewerkschaften die Tragfähigkeit der Forderungen an der Rentabilität des Industriezweigs, aus dem reinen Verteilungskampf entwickelte sich die Frage des Produktivitätsniveaus (Fischer 1931:139), die noch heute die Grundlage von Tarifverhandlungen bildet. Nicht alle übernahmen diese Theorie. Der ZdA beharrte auf der Verelendungstheorie, ebenso wie der Butab (Fischer 1931:141).

Einen Blick richtet Fischer auch auf das Verhältnis von Kapital in Gewerkschaftshand. Alle drei Gewerkschaften hatten Gewerkschaftsbanken, allerdings aus unterschiedlichen Motiven. Während die ständischen Gewerkschaften mit der Kapitalbildung in Arbeitnehmerhand die Arbeiter in den Mitbesitz der Produktionsmittel setzen wollten, um der einseitigen Unternehmerpolitik auch auf dieser Ebene etwas entgegensetzen zu können (Fischer 1931:143), kamen die sozialistischen Gewerkschaften erst spät zu eigenen Banken, da ihnen die Frontstellung gegen den Kapitalismus »ein Übernehmen kapitalistischer Wirtschaftsformen« eigentlich verbot. Sie wurden aber doch noch als Selbsthilfeeinrichtungen eingerichtet, was ihnen die Kritik der DHV einbrachte, 15 Mrd. Goldmark der Arbeitnehmer verzettelt zu haben.[26]

Carl Dreyfuss: Vom Ganzen zum Detail

Carl Dreyfuss untersuchte 1933 die Angestellten als eigene Kategorie und kritisierte entsprechend die Theorie, die sich auf die Frage der beruflichen Stellung orientierte, nicht aber das Berufsleben selbst analysierte. Erst Kracauer, so Dreyfuss, habe »Ausschnitte aus dem Berufsleben der Angestellten gezeigt«, ohne daß er dabei allerdings – entsprechend dem essayistischen Charakter der Beiträge – systematisch vorgegangen sei (Dreyfuss 1933:4). Dreyfuss erwähnt auch von der Gablentz/Mennicke lobend, die ein »lebendiges, objektives Bild von den einzelnen wirtschaftlichen Berufsgruppen« gegeben hätten.[27] Dreyfuss selbst nimmt für seine Untersuchungen bereits die Psychoanalyse zu Hilfe, die er als »für zukünftige Arbeiten immer brauchbarere(s) Hilfsmittel« bezeichnet (Dreyfuss 1933:6). Woher kommt der Komparativ? Was macht die Steigerung der Brauchbarkeit dieses »Hilfsmittels« aus? Tatsächlich ist mit dem Wohlstandsgewinn und der Verschiebung der Klassen auch eine Verschiebung des Interesses zu registrieren, die eine epochale Veränderung anzeigt. Das Nichteintreten der Verelendung des Proletariats hat das Interesse von der »sozialen Frage« auf die »geistig-seelischen« Ebenen verschoben, wie schon Alfred Weber es 1913[28] beobachtete – freilich hatte Weber noch eine andere Vorstellung vom geistigen Leben und seine Auffassungen von Seele waren weit entfernt von der psychoanalytischen Lehre. Die Debatte um das »Ganze«, die mit der Vorstellung vom Industriefeudalismus[29] an Klassenkampfbegriffe geknüpft war, ist durch öffentliche Diskurse um zivilisatorische Details, Betragen, Verhalten, Kleidung und Gefühle ersetzt worden, die makrosoziologischen sind von den mikrosoziologischen Beobachtungen abgelöst, die der psychologischen Terminologie kaum entraten können.

Die quasimilitärische Hierarchie der Industriebetriebe ist oft herausgestellt worden. Abgeschlossenheit, permanente Kontrolle und starre Arbeitszeitregeln prägen aber auch die Arbeitswelten der Angestellten, insbesondere in den repetitiven Bereichen. Neue Elemente, die auch bereits früh gesehen wurden, waren die Betonung von Kleidung und »korrektem« Betragen, das teilweise an häusliche Umgebung erinnernde Ambiente des Büros und die Forderung nach Freundlichkeit für das Verkaufspersonal.[30] Aus der Lederer-Schule war es vor allem Hans Speier, der hierzu weiterführende empirische Beobachtungen lieferte.

Emil Lederers Schüler

Während Fritz Fischer offenbar nicht in der Wissenschaft geblieben ist[31], haben sich Riemer, Croner und Speier an der Fortführung der Debatte um Rolle und Funktion der Angestellten beteiligt und eigene Positionen weiterentwickelt. Croner wurde selbst Mitarbeiter in der Afa, dem »Allgemeinen Freien Angestellten-Bund«, der den Sozialdemokraten nahestand und als deren Theoretiker Emil Lederer galt. In seinen Lebenserinnerungen hat Croner die atmosphärische Miniatur eines Lederer-Seminars gezeichnet (Croner 1968:160ff.). Svend Riemer, 1930 noch in Heidelberg bei Lederer promoviert, war von 1930–1934 als Assistent am Kieler Institut für Weltwirtschaft und schrieb eine Reihe von Beiträgen, u. a. für die *AfSS* und die sozialdemokratische Zeitschrift *Die Gesellschaft*. 1934 mußte er auswandern und lehrte als Soziologe an verschiedenen Universitäten in den Vereinigten Staaten.[32]

Hans Speier war, nach Egon Wertheimer und Jakob Marschak, der engste Mitarbeiter Lederers. Er hatte seit 1925 in Heidelberg bei Lederer und Jaspers studiert, war aber besonders von Mannheim beeindruckt. Bei ihm schrieb er seine Doktorarbeit – noch bevor Mannheim zum Professor berufen war, wurde Speier sein erster Doktorand.[33] Speier ging 1929 nach Berlin, wo er durch Lederers Vermittlung eine Stelle bei Ullstein bekam. Er schrieb Beiträge für sozialwissenschaftliche Zeitschriften, lehrte daneben an der Deutschen Hochschule für Politik und war zugleich Lederers Assistent, nachdem dieser 1931 ebenfalls nach Berlin gekommen war. Speier rühmte sich später, zu den wenigen Intellektuellen gehört zu haben, die Hitlers *Mein Kampf* vor 1933 gelesen hatten. Für kurze Zeit war er als Redakteur zusätzlich für Emil Lederer und das *AfSS* tätig, bis es 1934 abgewickelt wurde. Nach Hitlers Machtübernahme gelangte er durch Lederers Vermittlung an die University in Exile der New School in New York, wo er jüngstes Mitglied des Lehrkörpers wurde. Hier hatte er erneut eine enge Verbindung mit Lederer, der dort bis zu seinem frühen Tode lehrte und forschte[34] und dessen letztes nicht vollendetes Buch von Speier ediert wurde.[35]

Svend Riemer

Riemer nimmt einige Argumtene, die Weber in »Der Beamte« formulierte, wieder in die Diskussion auf. Die berufssoziologische Struktur des Beamtentums durchsetze die Angestelltenschaft der freien Wirtschaft. Damit meint er, daß durch die Spezialisierung der Rahmen der individuellen Verantwortung enger geworden sei, und statt des Blicks auf das »Ganze« nur mehr »das Prinzip der begrenzten Verantwortlichkeit« herrsche. Die Abhängigkeit vom wirtschaftlichen Erfolg verringert sich, die »gehaltlichen Abmachungen vollziehen sich relativ fern von der wirtschaftlichen Kalkulation«[36]. Wenn auch die Krise bei den Angestellten ebenso Folgen hat, so ist doch die Produktivität der fixen Kosten, zu denen die Arbeit der Angestellten gehört, im einzelnen schwer festzulegen. »So ist es immer weniger das Wagnishafte, Spekulative des aufstrebenden Unternehmrs, als die fundierte sachliche Leistung, langjährige Erfahrung und vollendetes Spezialistentum, das in die Leitung der Wirtschaft hinaufführt« (Riemer 1932:105f.).

Der Unternehmer im »idealtypischen Sinne, wie ihn Sombart und Schumpeter etwa gezeichnet haben, ... ist heute im Zeitalter eines organisierten Kapitalismus ... auf ganz bestimmte Reservate zurückgedrängt« (Riemer 1932:106f.). Wenn Riemer im Angestelltenmilieu die Kulturideale des Nationalsozialismus zu entdecken meint, die im wesentlichen aus »Sport und Spiel«, Museenbesuchen und kleinbürgerlichem Kunstgewerbe bestünden, und sie mit dem Motto karikiert: »Wie verbringe ich meine Freizeit?«, so hatte er ein wichtiges Element übersehen – den unterschiedlichen Charakter von Sport und Spiel bei den Angestellten auf der einen Seite und die Instrumentalisierung für die »Wehrfähigkeit« des Volkes bei den Nationalsozialisten auf der anderen Seite. Auch mit seiner Schlußbemerkung: »Die Bauformel des Dritten Reichs heißt Bürokratisierung« zielt er lediglich auf seinen NS-Verdacht gegen die Angestellten, übersieht dabei aber jene andere Seite des Nationalsozialismus, die Bewegung und Unruhe als diktatorische Willkürinstrumente einsetzte.

Hans Speier

Speier verstand sein Buch über *Die Angestellten vor dem Nationalsozialismus* als einen »Beitrag zum Verständnis der deutschen Sozialstruktur 1918–1933«. Das Buch konnte während des Nationalsozialismus (aufgrund des Einspruchs von Andreas Walther[37]) nicht erscheinen, Teile daraus wurden in den USA veröffentlicht. Auf Initiative Jürgen Kockas erschien es 1977 in deutscher Sprache.[38] Leider läßt sich nicht erkennen, welche Stellen Speier für die publizierte deutsche Buchfassung geändert und ausgearbeitet hat. Aber es handelt sich um eine Arbeit, die auf äußerst umfangreichen Recherchen und Interviews beruhte, die Speier selbst durchgeführt hatte, und sie enthält, wohl als Frucht der Überarbeitung[39], die beste Zusammenfassung an Forschungsliteratur der Weimarer Epoche. In Speiers Studie werden einige zentrale Aspekte angesprochen, die zu den Kennzeichen dieses neuen Mittelstandes gehören, Aspekte, die Speier derart soziologisch darzustellen vermag, daß daraus unter anderem deutlich wird, wie sehr die marxistischen Hoffnungen – sei es der Sozialdemokraten, sei es der Kommunisten – schieflagen in der Erwartung, daß die Angestellten endlich ihre Lage erkennen mußten und sich ihren Reihen anschließen würden. Der Industriekonstitutionalismus erwies sich letztlich auch für die Arbeiter als realistischer als die utopischen Hoffnungen der Klassenkampfstrategen und der Korporationisten.[40] Lederer hatte bereits die statistischen Tatsachen gegen die Aussagen des *Kommunistischen Manifests* aufgeführt, hatte auch mit Studien zum Habitus der Angestellten begonnen (z. B. ihrem unterschiedlichen Zeithorizont: Monatslohn erzieht zu anderem Geldverhalten als der Wochen- oder gar Tageslohn). Speiers Studie entfaltet nun auf Basis der Ledererschen Vorarbeiten ein neues Raster von Empirie und Theorie, aus dem sich bereits diejenigen Ansätze qualitativ neuer Gesichtspunkte in der Angestelltendebatte ergeben, die analytisch heute im Vordergrund unserer mittelstandsdominierten Gesellschaft stehen.

In der »Angestelltenkultur« existierten sehr unterschiedliche Wertvorstellungen und Geltungsansprüche, die aus der Tatsache resultieren, daß es sich noch nicht um eine »alte urbane Schicht« handelt, wie sie Alfred Weber vor Augen schwebte. Speier spricht sogar von einer »wert-parasitischen Schicht« (Speier 1977:21), eine Formulierung, die seine tiefe Verachtung für diese Kultur erkennen läßt. Speier hat die Skepsis, die sich von der sozialistischen Ausgangsposition auf die Welt der Angestellten richtete, nicht überwunden. Daher ist sein Blick auch gelegentlich durchaus voreingenommen und traditionalistisch. So stand auch für Speier fest, daß Automatisierung im Prozeß der Rationalisierung zum Verlust der »Individualität« führt: Bei der Verkaufstätgkeit ist der Rationalisierung in den zwanziger Jahren noch eine enge Grenze gesetzt, der Einheitspreisladen setzt sich nicht durch, und so findet die Rationalisierung erst mit der Einführung des Selbstbedienungsladens ihre Fortsetzung. In den großen Büros werden ab 1925 Büromaschinen eingeführt – Lochkartensysteme, Adrema-Maschinen, Schreibmaschinen, Rechenmaschinen, Rohrpostanlagen und Formulare, die die Angestelltentätigkeit standardisieren. Für die Angestellten bedeutete diese Zunahme an technischen Hilfsgeräten eine qualitative Veränderug ihrer Arbeit, in den Augen Speiers eine »Entgeistigung der Arbeit und Verarmung der menschlichen Beziehungen im Betrieb« (Speier 1977:38). Auch die Zunahme der Zahl der Angestellten in diesen Großbüros beurteilt Speier so, »daß die Individualität des einzelnen Angestellten, der in solchen Räumen arbeitete, an Bedeutung verloren hat« (ebd.).

Doch entscheidend an seiner Untersuchung sind ihre neuen Beobachtungen, die neue Qualitäten im Angestelltenmilieu erkennen lassen. Zivilisierung oder Militarisierung – das waren die beiden gegenläufigen Tendenzen, die im Milieu der Angestellten auf verschiedenen Ebenen gegeneinander auftraten. Als eines der Momente der Zivilisierung – und als Aufweichung der Haltungen des alten Mittelstandes – muß man die wachsende Zahl von Frauen im Angestelltenmilieu betrachten. Dabei hat der »Zustrom der Frauen in die Kontore und Büros... schon lange vor dem (Ersten) Weltkrieg« eingesetzt. Zwar mußten diese Frauen vor allem Arbeiten verrichten, die als Hilfsarbeiten betrachtet und bezahlt wurden (Telephonistinnen oder Stenotypistinnen und Schreibmaschinensekretärinnen), weil »der männliche Lehrling und Gehilfe sich dünkelhaft weigerten«, sich diese Kenntnisse anzueignen.[41] Auch waren zumeist junge Frauen (unter zwanzig) beschäftigt, die nach vier oder fünf Jahren das Kontor wieder verließen, um zu heiraten. Doch die Präsenz von Frauen beeinflußte Haltung und Bewußtsein der Angestellten im Büro: »Der Geschlechtsunterschied, welcher der rationalen Betriebsatmosphäre einen Einschlag des ›Lebens‹ gab, minderte die Spannung zum Vorgesetzten: bestand sie kraft Organisation, so wurde sie oft auf erotische Weise kompensiert« (Speier 1977:39). Ebenso aber beeinflußte sie mit Sicherheit das Verhalten der Männer, was Speier nicht explizit beachtet. Lediglich eine kleine Vermutung widmet er diesem Punkt:

»Es ist möglich, aus dem Umstand, daß das technische Personal auch auf den unteren Rangstufen mit Männern, nicht mit Mädchen besetzt ist, die nüchternere, dem mittelständischen Ideal des Ausgleichs abgeneigte gewerkschaftliche Haltung der Techniker den kaufmännischen Angestellten gegenüber zu verstehen (freilich erklärt sich die radikalere Haltung der Techniker nicht damit allein)« (Speier 1977:101).

Als einziger Angestelltenverband nahm der DHV keine Frauen auf. Diese organisierten sich in einem eigenen Verband, dem »Verband weiblicher Angestellter« (VWA), welcher »in gewerkschaftlichen und politischen Fragen ... dem DHV die Führung überläßt« (Fischer 1931:52).

Technische Rationalisierung aber bedeutete auch eine Entwertung des traditionellen, auf militärartige Menschenführung gerichteten Herrschaftswissens. Die Abgrenzung der Angestelltenarbeit von der Arbeit der Proletarier ist mit geistigen Ansprüchen an die Arbeit erklärt worden – Alfred Weber sprach von »Intellektualisierung« der Arbeit, einem Prozeß, der die planmäßige Organisierung der Tätigkeiten (Taylorismus) im Sinne des Unternehmensziels (also den Ausbau des kaufmännischen Bereichs) und den zunehmenden Einsatz technischen Wissens meint. Änderungen in der Betriebshierarchie ergaben sich tatsächlich durch die Verwissenschaftlichung der Produktion. Die sozialen Folgen waren die Erschütterung der »patriarchalischen Stellung des Werkmeisters« (Speier 1977:29), denn seine Position wurde reduziert und entwertet, seine Anordnungsbefugnis konnte sich nicht mehr auf das größere praktische »Wissen« berufen, welches er durch längere Betriebszugehörigkeit erworben haben mochte.

In den Behörden gab es nicht nur Beamte, sondern auch Angestellte, die allerdings bei Speier nicht näher untersucht wurden. Ihre Vertreter »spielten den Angestellten als Träger des modernen rationalistischen Geistes gegen den Beamten als Träger bürokratischer Zöpfe aus« und forderten gelegentlich die »Opferung der wohlerworbenen Beamtenrechte, um das der Leistung angeblich abträgliche Pfründengefühl des gesicherten Beamten abzutöten« (Speier 1977:42). Diese Behördenangestellten traten also in ihrem Selbstverständnis als Vorreiter des geldwirtschaftlichen Leistungsdenkens auf, mit dem sie gegen die realen oder ideologisch imaginierten Beamten ihre Existenz verteidigten. Freilich hatten auch die Behördenangestellten Dauerverträge, was ihnen gewisse Privilegien gegenüber den Angestellten in der nichtstaatlichen Wirtschaft brachte. Nicht nur gegenüber den klassischen Beamten aber hatten sie sich zu bestätigen, auch gegen die sogenannten »Zivildienstberechtigten«, die bei der Stellenbesetzung bevorzugt eingestellt wurden. Diese Zividienstberechtigten waren ehemalige Soldaten des 1919 demobilisierten Heeres, die nach zwölfjähriger Militärdienstzeit einen Anspruch auf eine Stelle im Behördenbereich erworben hatten. Durch diese (auch »Zwölfender« genannten) ehemaligen Soldaten erfolgte eine gewisse »Militarisierung der unteren Bürokratie« (Speier 1977:43). Von diesen Zivildienstberechtigten waren laut Statistik ihres Verbandes nur drei Prozent in der freien Wirtschaft untergekommen, die übrigen entweder schon pensioniert oder aber reguläre Beamte.

Die soziale Distanz zwischen Arbeitern und Angestellten beruhte auf materiellen, symbolischen und zivilisatorischen Momenten. Den materiellen Abstand schufen die Privilegien ihrer Entlohnung und Bevorzugung bei Risiken: monatliche Gehaltszahlung, Fortzahlung des Gehalts im Krankheitsfall, längere Kündigungsfristen und besonderer Kündigungsschutz für ältere Kräfte, Bevorzugung der Gehalts-, nicht der Lohnforderungen bei Konkurs, eigene Pensionsversicherung, besondere Betriebsvertretung im Angestelltenrat (Speier 1977:68).

Die symbolische Distanz lag nicht nur im Bewußtsein, sondern auch in kleinen Zeichen der Differenz: Angestelltenberufe galten als »feiner«, also weniger schmutzig, der Begriff des »white collar« besagt es gleichermaßen wie der deutsche Schmähbegriff des »Stehkragenproletariats«, den die Arbeiter ihnen gaben. Die Urteile von Arbeitern über die Angestellten, wie sie Speier kolportiert, belegen dies deutlich: »Arbeiter, nach ihrer Meinung über Angestellte gefragt, gaben in der Regel die Antwort, daß deren Tätigkeit sachlich weitgehend überflüssig und daher kostensteigernd, aber im Interesse des Unternehmers notwendig sei, weil sie lohndrückend wirke.« Dem Werkmeister, mit dem der Arbeiter in persönlichen Kontakt kam, »oblag nach seiner unmittelbaren Erfahrung die exakte Ausbeutung«. Auch die Behandlung war eine andere: »Warum wird der Angestellte mit Herr Müller, der Arbeiter dagegen mit Müller angesprochen?« (Speier 1977:70).

Betriebszeitungen und Hausorgane, in denen »die Lebensläufe verdienter Mitarbeiter ausführlich dargestellt« wurden, »kleine Geschenke, besondere Dekorationen, lobende Erwähnungen und andere symbolische Auszeichnungen dienten dem gleichen Zweck« (Speier 1977:75), nämlich der symbolischen Distanzierung durch eine Form der Privilegierung, die pekuniär nicht so stark zu Buche schlägt. Innerbetriebliche Feste wurden veranstaltet, Ausflüge für das Büropersonal, und bei solchen Gelegenheiten »tanzte (der Chef) vor aller Augen mit Sekretärinnen«, »der Prokurist trank dann Kaffee mit dem kaufmännischen Lehrling« (Speier 1977:75). Spezielle Betriebspsychologen empfahlen derartige Maßnahmen wegen ihrer Wirkung auf das »Betriebsklima« (Speier 1977:75). Dem entsprach eine zivilisatorische Differenz, die sehr stark an die Distanzierungsmittel erinnern, mit denen die höfische Aristokratie sich gegen das niedrigere Bürgertum abzuheben trachtete, wie Elias es beschreibt. Speier bemerkt diese Parellele selbst:

»Ähnlich wie ehemals das aufstrebende antifeudale Bürgertum das Bild des Adels eher nach den herrschenden Repräsentanten und nach den durch Fremdheit der Lebensführung provokatorisch wirkenden Libertinisten als nach den verarmten Existenzen sich zeichnete, veranschaulichte sich die Arbeiterschaft das Wesen des Angestellten an denjenigen Zügen der Schicht, die ihr selber fehlten. Damit urteilte sie eminent soziologisch, denn auf dem Unterschiedlichen, nicht auf dem Gleichen beruht in der Tat jegliche Geltung« (Speier 1977:71).

Berührungsängste der als höher angesehenen Angestellten führten auch dazu, daß Tischgemeinschaft und Connubium zwischen kaufmännischen Angestellten und Arbeitern möglichst vermieden und »nach einem ungeschriebenen Ehrenkodex oder aus Prestige-Gründen abgelehnt« wurden (Speier 1977:67).

Fritz Croner

Fritz Croner, der einer jüdischen Kaufmannsfamilie aus Berlin entstammte, lernte dort 1919 Emil Lederer kennen und begann mit einem Studium der Nationalökonomie in Heidelberg, wo er 1921 bei Lederer promovierte. Croner wurde 1924 aufgrund einer Empfehlung Lederers Abteilungsleiter im Werkmeisterverband und »avancierte rasch zu einem der maßgeblichen Funktionäre des Allgemeinen Freien Angestelltenbundes (AFA-Bund)«[42] in der Weimarer Republik. Nach seiner Emigration arbeitete er in Schweden in der Angestelltengewerkschaft und übernahm auch eine Dozentur.

Croner erst gelang es in seiner in der schwedischen Emigration verfaßten sozialhistorischen und soziologischen Studie über die »Angestellten in der Modernen Gesellschaft«[43], zu einer funktionalen Erklärung der neuen Mittelschicht zu finden. Croner schrieb, es gehe nicht an, die Angestellten als Nichtarbeiter zu definieren, »da man dann in die gleiche Schwierigkeit bei der Definiton des Arbeiterbegriffs gerät«. Eine streng logische Abgrenzung habe sich bislang als unmöglich erwiesen, und er stimme Lederer zu, »daß ›wir im großen und ganzen ja wissen, was wir unter der Angestelltenschicht zu verstehen haben««. Croner macht vier Angestelltenfunktionen aus, die ihre Qualität definieren, die arbeitsleitende, die konstruktive (gestaltende) bzw. analysierende Funktion, die verwaltende Funktion und die merkantile Funktion. Er stützt sich dabei auf die Kriterien der Sozialversicherung und macht sie damit unabhängig von anderen Abgrenzungskriterien wie »höhere« oder »niedrigere« Arbeit oder »geistige« und »intellektuelle« Eigenschaft der Arbeit.

In seiner Studie, die zum Teil auf seinen eigenen Forschungen in Firmenarchiven und Firmengeschichten, zum Teil auf einer Enquete unter schwedischen Unternehmen beruht, hat er die Delegationstheorie entwickelt: »Die vier Funktionen der Angestellten sind ursprünglich Teile der allumfassenden Unternehmerfunktion gewesen. Die Entwicklung der Betriebsorganisation beinhalte gerade, daß immer neue Arbeiten, die zu den Gebieten der Arbeitsleitung, der Konstruktion usw., der Verwaltung und des Verkaufs gehören, von den persönlichen Aufgaben des Unternehmers abgetrennt und auf ›Funktionäre‹ überführt und ›delegiert‹ werden« (Croner 1954:36). Tatsächlich haben die Angestellten, wie er in seiner Untersuchung zeigen konnte, lediglich die Funktionen des Arbeitgebers mit übernommen: Die vier Funktionen waren zuvor Aufgaben des Unternehmers selbst, von denen sie im Zuge des Ausbaus der Betriebsstruktur zunächst an Mitglieder der Familie delegiert wurden, bis sie schließlich auf außenstehende Angestellte übertragen wurden, die jedoch ihre besondere Vertrauensstellung behielten.[44]

Waren es zunächst die Unternehmer, die »am liebsten alle Arbeiten selbst« machten[45], so treten bald, in Croners idealtypischer Geschichte, Verwandte als vertrauenswürdige Mitarbeiter auf: »Die Aufteilung der Unternehmerfunktion auf Verwandte kann als der erste Schritt auf dem Wege zur modernen Betriebsorganisation bezeichnet werden. Söhne (manchmal auch Töchter), Brüder, Schwäger usw. werden die Gehilfen des klassischen ›Allein-Unternehmers‹, ergänzen ihn und werden seine Nachfolger ... Es ist ein besonders wichtiges Kapitel in der Geschichte der Betriebsorganisation, daß zu den leitenden Aufgaben in erster Linie oder ausschließlich Verwandte des Chefs Zutritt haben sollten und daß die Chefstellung selbst solange wie möglich in der Familie bleiben sollte« (Croner 1954:45). Daraus erklärt Croner nicht nur die »Vorstellung, daß man die Chefstellung erheiraten kann«, sondern auch die geforderte – familienähnliche – Betriebsidentifikation, die mit entsprechenden Anforderungen an die Belastbarkeit einhergeht. In dem Augenblick, wo »Außenstehende« eingesetzt werden, engagiert man sie auf »Empfehlungen«.

»Sie treten damit in ein nahes Vertrauensverhältnis zum Chef der Firma, sie leisten einen Teil der ›Familienarbeit‹. Sie werden daher zu Beginn als Mitglieder der ›Familie der Firma‹ gewertet, auch bevor oder ohne daß eine wirkliche Einheirat erfolgt. Die Angestellten dieser Epoche sind in der eigentlichen Bedeutung des Wortes ›Mitarbeiter‹ des Chefs. Sie nehmen an den vertraulichen Beschlüssen und Maßnahmen der Geschäftsleitung teil«, sei es als Buchhalter, Kassierer oder Ingenieure[46]. Croners Delegationstheorie stellt in ihrer sachlich-funktionalen Erklärung eine Überwindung der klassischen Fragestellung dar, die auf das »Wesen« der Angestellten abzielte.

»Falsche Ideologie«? Das Bild der Angestellten in der Geschichte

»In diesen kapitalistischen Zwischenschichten ist die soziale Romantik zu Hause, und die Gedanken des Faschismus von dem Aufbau einer ständischen Welt, in welcher die aktivistische Jugend der alten Schichten herrscht und bestimmte Arbeitergruppen mit sich reißen will, schlagen am leichtesten in diesen Zwischenschichten Wurzeln«, schrieb Emil Lederer 1929 (Lederer 1979:184). Und Theodor Geiger hielt die Anfälligkeit der Angestellten für den Nationalsozialismus für »außer jedem Zweifel«[47]. Diese seit dem Ende der Weimarer Republik von sozialistischen und sozialdemokratischen Intellektuellen vertretene These[48] ist ins Wanken geraten. Die Trennlinie, die zwischen Arbeitern und Angestellten verlief, hielten sie für falsch, die Anerkennung einer Mittelschicht zwischen Arbeiter und Unternehmer erschien ihnen »romantisch« (Lederer) oder »falsche Ideologie« (Geiger) etc., und sie verwandten ihren Scharfsinn darauf, diese Falschheit und Romantik zu erklären. Tatsächlich wurden sie jedoch selbst Opfer ihrer Vorurteile. Sandra J. Coyneer schrieb 1977 in ihrem Beitrag zur Entwicklung der Konsumgewohnheiten von Angestellten in der Weimarer Zeit: »The breadth of Nazi appeal within this group has yet to be demonstrated, and may not have been as large as assumed« (Coyneer 1977:326). Coyneer stellte fest, daß Angestellte weniger Geld für Wohnkomfort ausgaben, am häufigsten in Untermiete wohnten und im Verhältnis zu Beamten des öffentlichen Dienstes und zu Arbeitern häufiger unverheiratet waren. Diese Lebensstil-Untersuchung weist weitere Unterschiede zu den Beamten auf, die häufiger verheiratet waren, deren Familien in der Regel mehr Kinder hatten und die traditioneller zu essen pflegten: Der Speisezettel der Beamten zeigte, so Coyneer, eine fast ländliche Kost. Beamte gaben für Zigarren das meiste Geld aus, während Arbeiter Pfeife und Angestellte Zigaretten zu rauchen pflegten (Coyneer 1977:316). Und während Beamte die höchsten Ausgaben für Kleidung, Haushalt und Erziehung hatten, gaben Angestellte im Verhältnis mehr Geld für »Vergnügungen« – Zirkus, Theater, Tanz, Sport, Grammophone aus. Die Angestellten suchten auch keine Sicherheiten im Sparen, wie die anderen beiden Vergleichsgruppen. Wenn sie sparten, so gaben sie das Ersparte für größere Anschaffungen wieder aus. Auch Ratenkäufe waren bei Angestellten beliebter als bei Arbeitern und Beamten (Coyneer 1977:324f.). Diese Konsumgewohnheiten lassen aber, so Coyneer, eher darauf schließen, daß die Angestellten gerade nicht traditionale Werte vertraten, sondern eher eine Bindung an die »moderne« Gesellschaft, bevor deren Werte universal wurden: »We would hardly expect such a group to be antimodern or even anti-capitalist; they would be more likely to favor social change, as long as they approved of its direction« (Coyneer 1977:326).

Richard Hamilton hielt 1981 fest, daß die »Konsensus-Position« der Soziologen über die NS-Sympathien der Angestellten nirgendwo bewiesen worden sei. Da es bis zum Zweiten Weltkrieg in Deutschland keine politischen Befragungen gegeben habe, seien alle Untersuchungen auf die Auswertung der statistischen Daten angewiesen, die bestimmte Merkmale der demographischen Zusammensetzung der Wohnbevölkerung eines Wahlkreises mit den Wahlergebnissen korrellieren. Aus diesen Daten aber ergab sich für ihn ein ganz anderes Bild: Demnach hatten die Protestanten auf dem Lande und in den Kleinstädten vor allem nationalsozialistisch gewählt, in den Großstädten war es vor allem die Oberschicht, die nationalsozialistisch wählte. Wahlbezirke mit hohem Mittelschichtanteil dagegen zeigten keine besonders hohen NSDAP-Wahlresultate.[49] Dieses Ergebnis wurde von Jürgen Falter bestätigt. Auch seine Wahlanalysen zeigen, daß Angestellte vermutlich nicht überdurchschnittlich häufig NSDAP gewählt haben. Aufgrund der Schwierigkeiten der Zuordnung ist Falter äußerst vorsichtig – aus aggregierten Daten lassen sich eben nur mit den entsprechenden Fehlerquoten die hier zur Debatte stehenden spezifischen Schlüsse ziehen. Um so schwerwiegender ist daher seine Feststellung, daß der NSDAP-Anteil der Wähler im Durchschnitt sogar »um so niedriger ausfiel, je mehr Angestellte in den Untersuchungseinheiten wohnten«[50]. Auch eine andere Untersuchung belegt: »Insgesamt ergibt sich ein Zusammenhang, der nicht auf eine breite Unterstützung der Angestelltenschaft für die NSDAP hindeutet.«[51] Angestellte wählten NSDAP bestenfalls in gleichem Maße wie die übrigen Berufsschichten, eher noch etwas weniger, wie Falter zeigt. Beamte dagegen waren anfälliger für die NSDAP, wie sich aus Falters Studien ergibt. Dagegen hat sich die Arbeiterschaft keineswegs als so resistent gegen den Einfluß der NSDAP erwiesen, wie es den Vorstellungen dieser »Konsensus-Position« entsprach: Die Arbeiter wiesen im Durchschnitt weder einen niedrigeren noch einen höheren Anteil an NSDAP-Wählern auf, wie andere Schichten. Insbesondere sind es Gebiete mit arbeitslosen Arbeitern, in denen die NSDAP unterdurchschnittliche Resultate erzielte, während in Gebieten mit einem höheren Anteil erwerbstätiger Arbeiter die NSDAP höhere Wahlerfolge hatte (vgl. Falter 1991:202).

Der gesellschaftliche Hintergrund, vor dem sich die »Debatte um den neuen Mittelstand« abspielte, hat sich verändert. Die Arbeiter haben sich in Habitus und Verdienststruktur an die Angestellten angeglichen, und der ehemals »neue« Mittelstand hat in fast allen Bereichen der Öffentlichkeit die Meinungsführerschaft übernommen. Aus der ehemaligen Zwischenschicht ist eine hochdifferenzierte, tragende Schicht der europäischen und nordamerikanischen Gesellschaften geworden.

Carl Brinkmanns Theorie der Refeudalisierung

Carl Brinkmann glaubte, in einigen typischen Haltungen der Gesellschaft Zeichen einer Refeudalisierung zu erkennen: Die wirtschaftliche gesellschaftliche Elite zeige Tendenzen zur Transformation in Richtung Aristokratisierung (vgl. Brinkmann, 1926[1]:19). Brinkmann sah in der Epoche, die mit der »Schutzzollgesetzgebung seit den (18)90er Jahren Landwirtschaft und Industrie wieder zu Bundesgenossen der nationalen Handelspolitik machte«, eine neumerkantilistische Periode, in der neben den Interessen auch die »geistigen Haltungen der kapitalistisch-industriell-bourgeoisen und der vorkapitalistisch-agrarisch-feudalen Sphäre« verschmolzen (Brinkmann 1926:18) Eines diese Anzeichen sieht er in der habituellen Nähe des »Schwerindustriellen« zum Agrarier:

»Neben dem Typus des englisch-amerikanischen, kaufmännischen und finanzmännischen Großunternehmers erwuchs der zuerst in den beiden großen Schutzzolländern des europäischen Festlandes, Deutschland und Frankreich, verkörperte neue des schwerindustriellen Industriekapitäns, dessen französischer Name ›maitre de forges‹ mit seinem Anklang zugleich an feudale und handwerkliche Vergangenheiten sein soziologisches Wesen nicht übel ausspricht. Er ist von seiner weithin außerstädtischen Lebensweise bis zu seiner theoretisch-ökonomischen Stellung im Gesellschaftsganzen mehr der Gesinnungs- und daher möglicherweise der Standesgenosse des adeligen Großgrundbesitzers als des bürgerlichen Großhändlers und Großbänkers. An die Stelle der vollkommenen Freizügigkeit des Kapitals, das durch seine Wanderungen zwischen den verschiedenen Anlagesphären theoretisch deren Ertragsfähigkeit ausgleicht, tritt bei ihm von vornherein, wie in der Landwirtschaft, ein Element der Daueranlage, der geschlechterlangen Verbundenheit mit einer Grube, einer Hütte oder wenigstens einem schwerindustriellen Standortbezirk, deshalb aber auch sogleich ein Element des Monopols, das wie in der Landwirtschaft lange vor der Wirtschaftspolitik der Kartellierung und des staatlichen Zollschutzes dem Inhaber mitten in dem Wettbewerb der freiwirtschaftlichen Massenerzeugung eine Differentialrente abwirft« (Brinkmann 1926[1]:19).

Seine Refeudalisierungsthese endet in folgender Schichtungsanalyse:

»Unterhalb der einheitlichen Führerklasse feudal-bourgeoiser und landwirtschaftlich-industrieller Großbesitzer und Großunternehmer, die heute, nicht zum geringsten Teil durch ihren Einfluß auf die Weltwirtschaft und dadurch auf die Weltpolitik, die kapitalistischen Staatsgesellschaften beherrscht, folgen in der Klassenhierarchie die alten manchesterlichen Schichten der Handels- und Bankwelt mit ihrem kleinbürgerlich-mittelständischen Unterbau. Sie tragen noch heute, am wenigsten in Frankreich, am meisten in Deutschland und hier mit als Folge eines besonders breiten jüdischen Einschlags, die Merkmale der geistigen und gesellschaftlichen Opposition gegen Ständewesen und Nationalismus, die ihre mit der Zeit abgeblaßte Farbe an der Interessenkollision mit dem Neumerkantilismus wieder aufgefrischt hat.

Der von dem deutschen Hochkapitalismus geschaffene Typus der Großbank mit ihrer Vereinigung von Depositen- und Anlagegeschäft hat, geschichtlich eine Schöpfung des kaufmännischen Manchestertums, über eine Zwischenstufe der sog. Bankherrschaft rasch zu dem kontinentalen Wirtschaftsziel der Industrieherrschaft zurückgeführt« (Brinkmann 1926[1]:20).

Im Ausblick erscheint die Angst vor Instabilitäten von außen, die den Prozeß der Rückbildung behindern könnten:

»Wie die heutige Berührung sozialer und ethischer Revolutionsgedanken an der Grenze Europas und Asiens zeigt, ist die Rückbildung des Kapitalismus zu vorkapitalistischen Ausgleichen, die sich im Innern der ältesten Volkswirtschaften anbahnt, möglicherweise von einer riesenhaften Projektion der kapitalistischen Klassenkämpfe auf den weltwirtschaftlichen Hintergrund begleitet und aufgewogen« (Brinkmann 1926[1]:21).

Brinkmanns Analyse enthält zweifellos einige interessante Gedanken – die Aristokratisierung der großbürgerlichen Lebensweise etwa. Seine Betrachtungen sind stets auf globale Entwicklungen gerichtet, entbehren dadurch – bei aller gedanklicher Schärfe im Zugriff auf das, was ihm die Hauptmerkmale scheinen – freilich oft des Blicks auf empirisch erfaßbare Besonderheiten, insbesondere finden sich bei Brinkmann keine weiterführenden Daten, mit denen er Trends oder Machtverschiebungen, die ihm am wichtigsten erscheinen, empirisch belegt.

Brinkmann erliegt in seinen historischen Darlegungen einer aristokratisch geprägten antikapitalistischen Utopie, die sich hinter sehr verschachtelten Formulierungen verbirgt. Aber auch wenn die Formulierungen auf den ersten Blick relativ neutral und sachlich wirken[1], so sind doch die prägenden Elemente erkennbar: Opposition gegen Nationalismus und Ständewesen disqualifizieren die »alten manchesterlichen Schichten der Handels- und Bankwelt mit ihrem kleinbürgerlich-mittelständischen Unterbau« und »einem besonders breiten jüdischen Einschlag« in den Augen des Soziologen und Wirtschaftshistorikers, der an die Zukunft der Korporationen glaubt.

In dem zweiten *Grundriß*-Artikel über »Die Aristokratie im kapitalistischen Zeitalter« (Brinkmann 1926[2]) wird sein Interesse an aristokratischen Schichten ebenfalls deutlich. Adel ist bei ihm nicht mit der Reinheit des Blutes verknüpft, sondern besitzt eine »gleichsam unterirdisch(e Verbindung) mit dem Kräftevorrat des Gesellschaftsganzen« (Brinkmann 1926[2]:27). Es wird ein metaphysisches Konzept von Kräften sichtbar, das mit den substantialistischen Weltbildern seines gesellschaftlichen Umfeldes korrespondiert. Sein Adel ist an eine soziologische Reinheit gebunden, so daß auch der alte Adel niemals ungefährdet ist, seinen gewissermaßen »inneren« Adel zu verlieren. Wenn nämlich die städtisch-kapitalistische Differenzierung der Gesellschaft die Aristokratie »als oberste, dem gesellschaftlichen Kräfteumsatz am meisten preisgegebene Schicht« beeinflußt und zersetzt,

»dann summieren sich, wie gerade das Beispiel der russischen Intelligenz dargetan hat, die Wirkungen innerer leiblicher Entartung und äußerer, geistiger Inanspruchnahme oft in erschreckender Weise. So hat die Schaffung der großen absolutistischen Beamtenstaaten im festländischen Europa allenthalben zwar auf einer gewissen Domestikation des Lehensadels beruht, die namentlich gern seine höheren, höfischen Kreise über die niederen, verbauernden emporhob, aber im Unterschied von der harmonischen Fortbildung des englischen Adels mußte dabei die Aristokratie, wie sie selber wohl empfand, einer neuen, im tiefsten nicht mehr ständischen, sondern schon atomischen Lebensordnung weichen« (Brinkmann 1926[2]:27f.).

Die atomistische Lebensordnung ist für Brinkmann eine soziale Ursache für das »Eintrocknen der Aristokratie«, andere Formen der »Entartung«, die sich physiologisch erkennen lassen als Zeichen der Dekadenz. »Unfruchtbarkeit der Ehen und die Ehelosigkeit« der alten Adelsgeschlechter seien auch im Zusammenhang mit den Fideikommissen und Majoraten zu erklären, also »wohl überhaupt derjenigen wirtschaftlichen Einrichtungen, durch die die staatliche und ständische Rechtsbildung Geschlechtern künstlich ihr gesellschaftliches Ansehen zu wahren sucht« (Brinkmann 1926[2]:28).

Auch die Rolle der Syphilis für die »verwöhntesten und überaltertsten Schichten« sei bisher nicht hinreichend gewürdigt worden, stelle sie doch »mit den großen militärischen und politischen Bewegungen des Renaissancezeitalters geradezu etwas wie einen Totentanz der mittelalterlichen Herrenstände« dar (Brinkmann 1926[2]:29).

Das Vorbild für seine Refeudalisierungshypothese ist die englische Gesellschaft, wo, so Brinkmann, die »eigentlichen Kräfte« nicht in »Utilitarismus und der manchesterlichen Freiwirtschaftslehre« liegen, sondern »in der Konservation der natürlichen traditionellen ranggegliederten Gruppierung und Schichtung, aber freilich ohne Widerspruch, ja vielmehr neben und mitten in der künstlichen, rationalen, gleichheitlichen« (Brinkmann 1926[2]:26). Der englische Adel war offen zum Bürgertum hin, weil den Adelstitel stets nur der erste Sohn erben konnte, wodurch die nachfolgenden Söhne bürgerliche wurden. Brinkmanns soziologischer Adelsbegriff ist analog dazu nicht an genetische Verwandtschaft, sondern an einen realen gesellschaftlichen Status gebunden, wie hier deutlich wurde. Zu dieser Erscheinung gehört auch der Gentleman:

»Als eines der Hauptsymptome dieser bemerkenswerten Kompromißerscheinung, die man selbstverständlich je nach dem Standpunkt als Verwässerung und Lähmung oder als Entgiftung und Verdelung des reinen Wesens von Aristokratie und Kapitalismus ansehen kann, ist heute mit Recht der Begriff des Gentleman herausgehoben und erforscht worden« (Brinkmann 1926[2]:26).

Der Gentleman breche mit der ständischen Gesellschaftsauffassung, aber nicht in der Art des französischen citoyen, der

»die besondere, ästhetisch ausgezeichnete Lebensform überhaupt aufzuheben strebte, sondern so, daß die ständische Auszeichnung als solche erhalten bleibt und nur grundsätzlich den erfolgreichen Wettbewerbern der neuen, kapitalistischen Gesellschaft geöffnet oder, wenn man lieber will, auferlegt wird ... Der Sinn des Kompromisses liegt ... darum auf der Linie allergrößter gesellschaftlicher Fähigkeiten« (Brinkmann 1926[2]:26f.).

In einem solchen Wettbewerb der »Besten« mit den »Edelsten« sah Brinkmann ein Ideal, das er aufgrund des Verlustes eines deutschen monarchischen Ideals an englischen Vorbildern maß.

Das Rockefeller-Programm 1929–1935

Arnold Bergstraesser war noch nicht habilitiert, als er am 9. Februar 1928 beim deutschen Referenten der Rockefeller Foundation, August Wilhelm Fehling, in Kiel nachfragte, ob eine Förderung des InSoSta durch die Stiftung möglich wäre. Kurz nach seiner Antrittsvorlesung am 23. Mai 1928[1] wird am 23. Juni 1928 der offizielle Förderantrag gestellt[2]. Da Bergstraesser mit Fehling befreundet war[3], fand er von seiten des deutschen Referenten hierzu alle Unterstützung.

Am 19. November 1928 genehmigte die Rockefeller Foundation dem InSoSta eine Summe von 60 000,– RM (»or so much thereof as may be necessary«) für ein Fünfjahresprogramm »Zum wirtschaftlichen Schicksal Europas«, beginnend mit dem 1.Januar 1929, endend am 31. Dezember 1933.[4]

Dieses Programm hatte drei Schwerpunkte:

1. Fragen der europäischen Produktion und ihrer Standorte, »integration und non-integration of industry«; kommerzielle Verflechtungen Europas im Welthandel.

Dazu soll eine Reihe von Studien die spezielle Situation in verschiedenen europäischen Ländern untersuchen. Bergstraessers Buch über Frankreich sollte als Beispiel für diese Art von Studien dienen. Alfred Weber ist der Leiter dieses Forschungsschwerpunktes.

2. Forschungen zur Bedeutung der Nachkriegsbeziehungen des Kapitals für die wirtschaftliche Gegenwart und Zukunft Europas. Leiter dieses Schwerpunktes ist zunächst Emil Lederer, nach seinem Weggang 1931 sein Hauptassistent Jakob Marschak, der sich am 22.2.1930 in Heidelberg habilitierte.

3. Forschungen zu Verwaltungs- und Verfassungsfragen in Deutschland. Leiter ist Carl Brinkmann.

Dieses Programm wurde so zum Bestandteil einer Förderungsabsicht der Rockefeller-Stiftung, die »seit den frühen zwanziger Jahren darum bemüht (war), in Europa eine ›induktive‹, an den gesellschaftlichen Problemen der Gegenwart orientierte Sozialforschung zu fördern«. Denn aus Sicht der Amerikaner »waren die europäischen Gesellschaftswissenschaftler zu sehr mit historischen, philosophischen oder gesellschaftstheoretischen Fragestellungen befaßt« (Wagner 1990:327), weshalb es auch nicht nur darum ging, die spezifischen Forschungsthemen auszuarbeiten, sondern zugleich um die Förderung des InSoSta als eines vielversprechenden deutschen sozialwissenschaftlichen Instituts.[5] Dieses Forschungsprogramm war nach dem Programm für das Kieler Institut für Weltwirtschaft das zweitgrößte in Deutschland.

Alfred Weber diktierte im September 1947 eine Selbstdarstellung, in der es u. a. heißt: »In dem von ihm mit Unterstützung seines Schülers Arnold Bergstraesser (jetzt Professor in Chicago) geschaffenen, durch Dotationen – auch der Rockefeller Foundation – mit reichen Mitteln ausgestatteten Instituts für Sozial- und Staatswissenschaften hatte er einen Mittelpunkt einer auch ins Praktische und der Universität fernerstehende Kreise gerichteten Ansprache, den das Hitlerregime alsbald zerstörte.«[6]

Nicht nur in Webers Selbstdarstellung wird deutlich, daß Bergstraesser bis 1933 sein wichtigster Mitarbeiter war. Auch Marianne Weber beschrieb, welche Bedeutung Bergstraesser für das InSoSta hatte: »A whole group of young persons gathered around him; they saw in him a helper and a guide ... His widely ranging practical activities were indispensable to the Institut für Sozial- und Staatswissenschaften which was directed by Alfred Weber« (Marianne Weber 1977:221). Alfred Weber überläßt Bergstraesser die ganze Korrespondenz,[7] die auf englisch geführt wird.[8] Bergstraesser war berühmt für seine Fähigkeit, nicht nur junge Menschen für sich einzunehmen, und besaß ein Geschick für strategisches Verhandeln. In einem der wenigen Gespräche, die zwischen den Stiftungsvertretern, Alfred Weber und Bergstraesser, persönlich geführt wurden, läßt sich Bergstraessers Taktik erkennen: Wenn Weber van Sickle gegenüber begeistert von seinem Buch über *Kultursoziologie* spricht[9], dann übersetzt Bergstraesser, Weber schreibe ein grundlegendes Buch über *Soziologie*. Offenbar war in Bergstraessers Augen die Kultursoziologie nicht der richtige Ansatz, um die amerikanischen Geldgeber von Alfred Webers nationaler Bedeutung im Fach zu überzeugen. So suggeriert er durch falsche Übersetzung, daß Weber ein grundlegendes Buch über die Soziologie schriebe.

Weber macht im übrigen gar kein Geheimnis aus dieser Konstellation: John van Sickle gegenüber sagt er, »that B. is really the force behind the institute«. Dementsprechend war Bergstraesser der Ansprechpartner, aber auch derjenige, der ehrgeizig die Fäden in der Hand hielt – Alfred Weber war Namensgeber und verfolgt zugleich jene Stränge in dem Programm, die ihn besonders interessieren. Im übrigen hält sich Weber von dieser Welt der Zivilisations- und Gesellschaftssphäre zurück und bewegt sich hauptsächlich in den historisch-tellurischen Dimensionen der Kultursphäre. 1931 läßt er sich für ein Semester beurlauben. Am 1. April 1932, an dem Tag, als er die Gothein-Gedächtnis-Professur antrat, übernahm Bergstraesser auch nominell die Institutsleitung und entlastet Weber, der das Feld dem Jüngeren gerne überläßt.

Bergstraesser, der Mitinitiator des Akademischen Austauschdienstes in Heidelberg und dessen erster Geschäftsführer war, bevor die Organisation ganz nach Berlin verlegt wurde, war seit 1924 Assistent des InSoSta. Er war stark in der studentischen Politik engagiert und Mitglied der Führung der Deutschen Akademischen Freischar. Das Jahr 1928, in dem die ersten Schritte für das Rockefeller-Förderungs-Programm unternommen wurden, war für Bergstraesser auch mit persönlichen Belastungen verbunden. Bergstraessers bekommen am 23. Februar 1927 einen Sohn, der am 15. November 1928 stirbt.[10] Die große Anteilnahme der Kollegen und Freunde Bergstraessers ist aus den erhaltenen schriftlichen Beileidsbekundungen zu erkennen.[11] Von den Kollegen kondolieren Alfred Weber, Emil Lederer und Hans von Eckardt, der frühere Kollege und Freund Edgar Salin und der Privatdozent Herbert Sultan, nicht aber der Privatdozent Gumbel[12]. Auch Mannheim und Brinkmann kondolieren nicht, Brinkmann weilt zu diesem Zeitpunkt in den USA. Statt dessen kondolieren die Ehefrauen, Hanna Brinkmann und Julia Mannheim[13]. Julia Mannheim kondoliert der Mutter:

». . . daß ich durch den Tod ihres Kleinen, den ich an diesem schönen Sommertagnachmittag so unvergeßlich lieb gewonnen habe, in meiner ganzen Seele erschüttert bin. Seither sah ich in der Erinnerung so oft sein blondes Köpfchen vor mir und in meiner eigenen Kinderlosigkeit war es so gut zu wissen, daß es ein Männle gibt. In Ihren schweren Tagen bin ich in Gedanken mit ganzem Herzen und wärmsten Gefühlen bei Ihnen beiden, Ihre Julia Mannheim.«[14]

Da wir über das Verhältnis zwischen Bergstraesser und Mannheim kaum etwas wissen, ist diese Beileidsbekundung, die offensichtlich mehr als nur Förmlichkeit ist, besonders wertvoll, zeigt sie doch, daß zumindest keine offene Antipathie zwischen ihren Frauen bestand.[15]

In dieser Zeit wird er in das Mayrisch-Komitee gewählt, das ein deutsch-französisches Stipendienprogramm betreute. Am 23. Januar 1929 bittet das Auswärtige Amt für Bergstraesser beim Badischen Kultusminister um die Beschleunigung des Verfahrens für die Ernennung Bergstraessers zum Professor. Der Grund ist, daß Bergstraesser die Leitung der deutsch-amerikanischen Vermittlungsstelle des Akademischen Austauschdienstes in London übernehmen soll, die direkt dem Auswärtigen Amt unterstellt ist.[16] Der badische Kultusminister äußert sich einsichtig und »wäre geneigt«, einem entsprechenden Antrag des Engeren Senats der Universität Heidelberg zu folgen. Allerdings ist der Antrag bald »gegenstandslos geworden« »durch Ablehnung der Übernahme der Leitung ... seitens des Herrn Dr. Bergstraesser«[17].

Anfang 1929 stellt Bergstraesser an die Rockefeller-Stiftung einen Antrag für ein USA-Stipendium. Dieser Antrag läuft über den deutschen Referenten des AA, Fehling, der ihm von diesem Schritt abrät:

»Ich habe heute morgen mit Exzellenz sowie Geheimrat Schwoerer gesprochen. Exzellenz ist folgender Ansicht: er ist gefühlsmäßig dagegen, daß ein Mitglied eines so repräsentativen Komitees, wie das französisch-deutsche, Fellow der Rockefeller Stiftung würde. Außerdem könnte es als unfreundlicher Akt gegenüber dem A.A. aufgefaßt werden. Schließlich meint er, Sie müßten eben tun, was Sie für richtig halten. Geheimrat Schwoerer schien von Ihrer letzten Rücksprache nicht befriedigt. Jedenfalls war er weniger wohlwollend Ihnen gegenüber als früher.«[18]

Deutlicher konnte der Kultusminister Becker (»Exzellenz«) nicht werden. Ablehnen könne man Bergstraessers Antrag allerdings nicht, wie Fehling meint. Im Gespräch erfuhr Fehling jedoch, daß man mit Bergstraesser anderes vorhat:

»Ich hatte das Empfinden, es, das heißt die geschlossene Verwaltung, will Sie für London haben und möchte Ihnen keinen anderen Weg, wenn er auch der für Ihre Zukunft bessere wäre, offen lassen, einer augenblicklichen Verlegenheit um eines Ersatzmannes willen. Trotzdem weiß ich nicht, ob nicht der Kompromiß das Bessere ist, da man als Opposition doch meist den kürzeren zieht. Aber das hängt von der Beurteilung Ihrer Position als Machtfaktor ab, die ich nicht übersehe.«[19]

Bergstraesser ging nicht nach London[20], sondern »für wissenschaftliche Arbeiten« und unter Belassung der Bezüge[21] nach Kiel, wo er sich bei Wolters aufhält. Im Jahre 1931 soll er zum Reichstagskandidaten der neu gegründeten Deutschen Staatspartei aufgestellt werden. Das badische Kultusministerium lehnt jedoch eine Beurlaubung zu diesem Zwecke ab. Bergstraesser wird kurz vor seiner Ernennung zum Professor auch Mitglied des Kuratoriums der »Notgemeinschaft der deutschen Wissenschaft«, der Vorläuferorganisation der heutigen

DFG[22]. Daneben hält er zahlreiche Vorträge, nicht allein für die Freischar[23] oder für die Vorbereitungen der Stipendiaten des DAAD, die sein Freund Adolf Morsbach organisiert[24], sondern ebenso im Frühjahr 1931 im amerikanischen Institut in Florenz, dem »Centre for European & International Studies«[25]. Die Charakterisierung der Überbeschäftigung Bergstraessers aus dem Jahre 1936 ist auf die frühen dreißiger Jahre zu beziehen:

»In the last few years he was so overburdened with a variety of work and activities – directing Alfred Weber's Institute, conducting a large number of classes and advanced seminars, giving ever so much attention to the dissertations of his students, lecturing at the Hochschule für Politik in Berlin, conducting research of his own, and in addition to that, taking an active part in the political life of his country and in international student contacts ... I even feel that in practival every line of his activities he could have done better than he did if he had had a chance of greater concentration. Nevertheless, he was at all times one of the most inspiring teachers I have known.«[26]

Zwei Studien des Programms zum wirtschaftlichen Schicksal Europas erschienen bereits 1932, als erste die von Alfred Weber eingeleitete Arbeit zum »Aufbau der europäischen Industrie nach dem Kriege« von Otto Schlier, als zweite die von Arnold Bergstraesser eingeleitete Arbeit zum »Methodenwandel der europäischen Handelspolitik während des Krisenjahres 1931« von Walter Greiff. Mit starken empirisch-statistischen Anteilen und relativ knappen Texten wurden in diesen Studien die Veränderungen in der Produktion und im Handelsvolumen dargestellt und, hauptsächlich in den Einleitungen, in den Zusammenhang allgemeiner Fragen der Veränderung des Verhältnisses von Staat und Wirtschaft gestellt. Greiffs Untersuchung zeigt deutlich den zunehmenden Protektionismus der europäischen Handelspartner, der nicht nur gegen die internationalen Handelsverträge verstieß, sondern zur »Zerstörung« des Welthandels führen müsse, wie Bergstraesser hellsichtig anmerkte. Das aber werde »mit einer Senkung des Wohlstandes aller Beteiligten« verbunden sein, und in einem solchen Rahmen »(vermöchten) auch einzelne Länder nur relative Vorteile zu erlangen«[27].

Als 1933 Adolf Hitler zum Reichskanzler ernannt wurde, waren nur wenige Arbeiten abgeschlossen. Die Schwerpunkte hatten sich etwas verschoben: Statt drei waren noch zwei Schwerpunkte erhalten geblieben, die »Arbeiten zur europäischen Problematik«, die Alfred Weber in Verbindung mit Arnold Bergstraesser und Jakob Marschak herausgab, und die »Arbeiten zur deutschen Problematik«, die von

Brinkmann allein herausgegeben wurden. In die Arbeiten zur europäischen Problematik ist Lederers Schwerpunkt »Zur kapitalwirtschaftlichen Struktur Europas« als vierter Teil aufgenommen worden. Der Grund für diese Reduzierung des zweiten Schwerpunktes ist offensichtlich der Weggang Lederers und einiger seiner Mitarbeiter, die an dem Programm beteiligt waren.[28] Bis März 1937 erschienen weitere Studien, zwei in der ersten Abteilung und sechs in der Brinkmannschen Abteilung zur »deutschen Problematik«. Die Fortführung des Programms stand nach dem Machtwechsel zunächst in Frage. Die Forschergruppe hatte John van Sickle, dem Vizedirektor der Stiftung, noch im Februar eine Fortführung des Programms auf drei Jahre vorgeschlagen.[29] Weber hatte diesen Antrag sogar durch Bergstraesser persönlich im Pariser Büro überreichen lassen.[30] Tracy Kittredge besuchte Heidelberg, traf sich zur Besprechung mit Weber auch einmal in Berlin. Das Programm wurde noch einmal aufgelegt, da es – so die Bilanz 1933 – »has proceeded satisfactorily«. Daß sich nun alles auf Bergstraesser konzentriert, der zuletzt die Geschäftsführung des InSoSta innehatte, bis die badische Regierung Brinkmann einsetzte, verwundert nach den vertraulichen Berichten van Sickles an die Leitung der Stiftung nicht.

Das New Yorker Komitee schloß sich jedoch dem reduzierten Vorschlag van Sickles an und beschloß aufgrund der politischen Lage auf eine jährliche Bewilligungsdauer überzugehen. Hatte er bei seinem Besuch in Heidelberg im Februar 1933 noch von einer Erneuerung des Programms gesprochen[31], so schrieb John van Sickle in seinem Bericht vom 7. Juli 1933[32], er bezweifle, daß die Vollendung der noch ausstehenden Studien unter den gegenwärtigen politischen Bedingungen möglich sein werde. Alfred Weber habe bereits an Auswanderung gedacht, falls sein Buch nicht in Deutschland erscheinen könne (es erschien in Holland[33]), und Bergstraesser habe nicht nur eine jüdische Großmutter, sondern sei auch liberal. »Wenn ein Mann wie B. (Bergstraesser), ein Nationalist in einer erträglichen Art, in Deutschland nicht mehr bleiben kann, sehe ich schwarz für die Sozialwissenschaften in Deutschland«. Wenn van Sickle von »nichtarischer Großmutter« und von »liberal« spricht, so darf man als Quelle Bergstraessers eigene Darstellung vermuten.[34] Durch diesen Bericht van Sickles hindurch zeigen sich daher zugleich Bergstraessers Perspektiven: Bergstraesser war sich, wie aus diesem Bericht hervorgeht, bereits seit Beginn der NS-Herrschaft darüber im klaren, daß er aufgrund eines nichtarischen Großelternteils keine Karriere in einem von Hitler beherrschten rassistischen Deutschland zu erwarten hatte.

1933 wurde Bergstraesser als Leiter des InSoSta abgesetzt. Weber habe sich zurückgezogen, sei jedoch, mit Erlaubnis der badischen Regierung, weiterhin Leiter des Rockefeller-Programms. Brinkmann, so van Sickle, ist jetzt der Leiter des Instituts, »and I do not trust him. Nor, I suspect, do the Baden Nazis who's favor he is trying to cultivate«[35]. Letzteres scheint Brinkmann schließlich gelungen zu sein. Denn im Oktober 1933 schrieb van Sickle: »Brinkmann allein kann das Institut retten, er hat das Vertrauen der Badischen Regierung.« Aber seine unlängst erfolgte Konversion spreche gegen Brinkmann: »Wenn ich ein Nazi wäre, würde ich ihm nicht trauen. Und als Repräsentant der RF traue ich ihm (auch) nicht über den Weg.«[36] Brinkmann sei voll Neid gegenüber Bergstraesser und Weber und würde lieber auf eigene Faust arbeiten, aber er wisse, daß die RF an Bergstraessers und Webers Bleiben gebunden ist (ebd.). Die Sympathien der Vertreter der Stiftung lagen bei Bergstraesser, was auch Brinkmann nicht verborgen geblieben sein dürfte. Man hoffte auch, daß die politischen Schwierigkeiten, mit denen Bergstraesser offensichtlich zu kämpfen hatte, sich bald auflösen würden: »Doubtless, if he can brave the present storm the future may be brighter.«[37]

Brinkmann galt in den zwanziger Jahren als »liberal« – Jansen rechnet ihn in dieser Zeit zur DDP (Jansen 1997:37). Das hinderte ihn jedoch nicht an einer Freundschaft mit Carl Schmitt, die sich seit Mitte der zwanziger Jahre angebahnt hatte[38] und die sich bis zum Tode Brinkmanns fortsetzte. In der Korrespondenz bleibt Brinkmann in den zwanziger Jahren durchaus Schmitt-kritisch. In einem Brief vom 3. September 1927 tadelte er Schmitt: »beim Carl Schmitt zwingt leider die Wissenschaft bisweilen eine eigene skeptische Unerbittlichkeit gegen ihn selbst umzukehren und der abgründigen Frage nachzusinnen, inwieweit Tendenz und Pathos (wie die des Liberalismus) überhaupt nur wieder durch ein entgegengesetztes Ihresgleichen zu enthüllen sind.« Seine Einzelkritik hebt er dort an, »wo wir neulich schon mit Dohna waren, nämlich dem Zweifel an der Unauflöslichkeit der Freund-Feind Kategorie«[39]. Was van Sickle mit »Konversion«[40] gemeint haben dürfte, wird von Jansen beschrieben:

»Der in den zwanziger Jahren liberale Nationalökonom Carl Brinkmann revidierte 1933 ausdrücklich sein früheres Selbstverständnis: Die alten ›Ideale‹ der ›voraussetzungslosen‹ Forschung und Erziehung zu ›wahrer Menschlichkeit‹ sind zu erkennen nicht als schlechthin falsche, aber als gefährliche und einseitige Götter ... voran der Deutschen, für die die an sich hohen und großen

Werte der allgemeinen Menschlichkeit bisher leider meist nur eine Niederhaltung und Verkümmerung ihres eigensten Wesens und Rechts bedeutet haben« (Jansen 1992:57).

Brinkmann wurde offensichtlich als Konvertit empfunden mit diesen Bemerkungen, die in einem für ihn typischen, durchaus mehrdeutigen Stil gehalten waren und im *Heidelberger Student* im Sommersemester 1933 (Jansen 1992:57; 325, Anm. 40) veröffentlicht wurden. Er wurde jedoch nie Mitglied der NSDAP. Jedenfalls waren Brinkmann und Bergstraesser spätestens hier zu Konkurrenten geworden.

John van Sickle erhielt nicht nur von Bergstraesser Besuch, sondern auch von Jakob Marschak. Lederer hatte einen Brief mit einem Vorschlag an die Rockefeller-Stiftung geschrieben und Marschak erkundigte sich nun am 3. Mai 1933, ob die Studien, die jetzt noch in Kiel und Heidelberg gefördert würden, nicht nach Genf transferiert werden sollten. Van Sickle schrieb daraufhin an Fehling (4. Mai 1933), was für Veränderungen Fehling in der Heidelberger Gruppe erkennen könne, nachdem Weber offenbar ausgeschieden sei. Er wolle eine Fortsetzung der Unterstützung zurückstellen, bis er sich selbst vor Ort Klarheit verschafft habe. Das werde wohl erst im Oktober sein, aber das Programm sei ja bis zum Jahresende ausgelegt. Bis dahin sollten sich Bergstraesser und Brinkmann Gedanken über die Art der Neuorganisation machen.[41] Er bittet Fehling, Bergstraesser von seinen Überlegungen zu berichten.

So hatte Bergstraesser nach 1933 gegen eine doppelte Konkurrenz zu kämpfen: Die Verlagerung nach Genf stand zur Debatte, und es bestand die Gefahr, daß er von Brinkmann politisch ausgespielt werden konnte. Die Gruppe »europäische Kapitalstrukturen« hatte sehr unter dem Weggang von Lederer und Marschak gelitten. Trotz seiner Vertreibung hatte Marschak aber seine Studie fast vollendet.

Fehling gibt van Sickles Beurteilung der Heidelberger Situation am 18. Mai an Bergstraesser weiter und bemerkt, van Sickle habe nicht gewußt, »daß Geheimrat Weber trotz der Beurlaubung die Arbeit fortführen könnte«. Allerdings sei die Förderung an ein Institut gebunden, was eine gewisse Schwierigkeit bedeuten könnte. Bergstraesser gibt Fehlings Brief nicht an Alfred Weber weiter mit dem Argument, das Rockefeller-Programm sei das letzte, was Alfred Weber geblieben sei, denn die Fortführung der Arbeiten sei ihm ausdrücklich zugesagt worden. Weber habe im übrigen auch noch ein Zimmer am Institut und sei gewöhnlicher Emeritus mit allen Rechten. Bergstraesser schiebt Alfred Weber vor, um jede Gefahr für die

Fortsetzung des Programms, das an Webers Namen gebunden war, zu vermeiden: »Das scheint mir nicht mehr wie billig zu sein, da es Alfred Weber war, der sich intensiv um diese Forschungsarbeiten gekümmert hat und da doch wesentlich auch seine Ideen dabei ausgeführt werden.«[42] Da Brinkmann die nationalsozialistische badische Regierung geschickter hatte für sich einnehmen können und Bergstraesser die Leitung des InSoSta am 8. November 1933 an ihn verloren hatte[43], schien es ihm notwendig, Alfred Weber weiterhin als Leiter des Rockefeller-Programms zu behalten. Die folgende Bemerkung in dem Brief an Fehling zeigt die Konkurrenzsituation zwischen ihm und Brinkmann: »Der Satz im Brief van Sickles, den Sie mir mitgeteilt haben, stellt fälschlicherweise meinen Namen vor den Brinkmanns.« Und als handschriftliche Notiz ist hinzugefügt: »Ich bitte auf solche Dinge *sehr* achtzugeben. Mehr mündlich.« Deutlicher konnte er nicht werden, ahnte er doch, daß seine Post kontrolliert wurde. Fehling rät ihm am 23. Mai, van Sickle persönlich aufzusuchen.[44] Er sieht eine andere Gefahr: »Wieweit auch Marschak, der ja in Paris war, seine Hände im Spiele hat, weiß ich nicht.«

Am 19. Mai 1933, Fehling hat van Sickle noch nicht erreichen können, schrieb van Sickle an Weber, es gebe eigentlich keinen Grund, warum die vertriebenen Wissenschaftler ihre Studien nicht im Ausland auch vollenden sollten. Bergstraesser aber sah die Gefahr, daß die Forschungsförderung von Heidelberg nach und nach ganz abgezogen werden könnte. Einen solchen Transfer will er auf jeden Fall vermeiden. Im Gespräch mit Tracy B. Kittredge, dem Pariser Vertreter der Rockefeller Foundation, sucht er nach Argumenten gegen den Abzug der Förderung aus Deutschland und erklärt,

»daß es in offiziellen Kreisen Deutschlands gewöhnlich unterstellt wird, daß die R(ockefeller) F(oundation) jene Summen, die für die Arbeit in Deutschland gedacht waren, für vertriebene Wissenschaftler zurückhält. Offensichtlich interpretieren die Naziführer mit außergewöhnlicher Empfindlichkeit für die Meinungen des Auslands jede negative Entscheidung für die Projekte in Deutschland als Teil einer durchgängigen Politik, mit der die Stiftung bemüht ist, ihre Mißachtung für den Regimewechsel auszudrücken.«

Bergstraesser wollte damit das Fördergeld für Heidelberg retten, doch er hat seine Befürchtungen nicht nur zu diesem Zwecke erfunden, denn Kittredge schreibt, daß Bergstraessers Beobachtungen von Curtius und Berber in Berlin bestätigt wurden.

Vermutlich aufgrund der Intervention Bergstraessers wird eine generelle Verlagerung der Forschung ins Ausland nicht mehr ins Auge gefaßt. Auch Lederers Vorschlag wird nicht mehr verfolgt. Allerdings werden die Studien sowohl Marschaks als auch Liepmanns, der ebenfalls ins englische Exil ging, noch zu Ende gefördert und zum Druck gebracht.

In einem persönlichen Gespräch, das Bergstraesser in Paris mit Kittredge geführt hat, zeigte er sich mit einer Reduzierung des Programms einverstanden.[45] Am 11. Januar 1934 wird das Programm neu aufgelegt. Es hat wieder drei Abteilungen und geht fälschlicherweise von »drei Direktoren« (so Kittredge in dem Brief) aus, die jeweils eine Summe für ihre Einzelvorhaben bekommen. Bergstraesser bekommt den höchsten Betrag, 9200 RM, Brinkmann 8000 RM und Weber 6800 RM. Einige Projekte werden fallengelassen.

Der Bericht, den van Sickle im November 1934 abgab, zeigte eine Konsolidierung an. Man glaubte nun, daß Bergstraesser, dessen Position nach seiner Absetzung als Institutsleiter gefährdet schien, sich letztlich in Deutschland durchsetzen werde. Er berichtet von neuen, erstaunlichen Projekten, die Bergstraesser vorgeschlagen habe: Im November 1933 stellen sowohl Weber als auch Bergstraesser noch neue Studien für das Programm vor, die ihnen »sehr am Herzen liegen«, wie John van Sickle in seinem Memorandum schreibt[46]: Es ist ein Programm Webers zu »Europa und der ostasiatische Wettbewerb«. Weber glaubt, daß die industrielle Entwicklung in Japan und Nordchina und die dortige Bevölkerungsentwicklung weitreichende Rückwirkungen auf Europa haben werden. Eine solche Studie könne in zwei Jahren fertiggestellt werden. Weber würde gerne eine großzügige Förderung dafür bekommen, die ihm auch eine Reise dorthin ermöglichen würde.[47] Der neue Vorschlag Bergstraessers, der ebenfalls zwei Jahre in Anspruch nehmen würde, richtet sich nach Afrika. Bergstraesser sei überzeugt, daß der Zusammenbruch des Welthandels und die Unwahrscheinlichkeit seiner raschen Gesundung einige Millionen Deutsche zur Emigration zwingen werde. Afrika biete die beste Möglichkeit dafür. Auch Bergstraesser möchte eine Förderung, die ihm einen Besuch in Afrika ermöglicht.

Van Sickle jedoch ist skeptisch: »Ich persönlich habe meine Zweifel – sowohl in bezug auf die Eignung Afrikas als auch in bezug auf die Bereitschaft der europäischen Mächte, eine große Anzahl Deutscher nach Afrika zuzulassen.«[48]

Weber, der um diese Zeit von seiner Schülerin Leonore von Ungern-Sternberg besucht wurde, die mit ihrem Mann, einem deutschen Geschäftsmann, in China lebt, mag sich durch deren Erzählungen zu derartigen Plänen haben inspririeren lassen. Auch Bergstraesser mag einen ähnlichen Anlaß für sein ungewöhnliches Projekt gehabt haben[49], das ein wenig phantastisch klingt.[50] Aus beiden Vorschlägen aber scheint eines jedoch mit ausreichender Deutlichkeit hervorzugehen: der Wunsch beider Gelehrter, Deutschland zu verlassen. Die Projekte wurden nicht genehmigt.[51] Daß Bergstraesser sich im November 1934 um ein Stipendium für die USA bemüht, bestätigt die Vermutung, daß er in Deutschland keine große Zukunft mehr für sich sah.[52] Die Rockefeller-Stiftung aber lehnt diesen Vorschlag ab, weil sie glaubt, daß Bergstraesser in Deutschland notwendig gebraucht werde.[53]

John van Sickle schrieb in einem Memorandum vom 4. März 1937: »Die Studie von Pfleiderer[54], soweit sich das nach einer raschen Prüfung sagen läßt, scheint einen hohen Standard an Objektivität aufzuweisen – wie es von allen Studien, die unter der Leitung von Professor Weber entstanden sind, zu erwarten war.« Dagegen kritisiert van Sickle die Arbeit des Brinkmann-Schülers Prinzing als unwissenschaftlich und ideologiegetränkt:

»Ganz im Gegensatz dazu steht die Studie, die unter Karl Brinkmann erarbeitet wurde, Prinzings ›Wirtschaftslenkung – das australische Beispiel‹. In dieser Studie betont der Autor durchweg den Einfluß von Rasse und Territorium auf die australischen Entwicklungen und es scheint so, als ob alles getan wurde, um die Arbeit für seine deutschen Leser ideologisch akzeptabel zu machen.«[55]

Brinkmann glaubt, wie aus seiner Einleitung hervorgeht, daß es eine Entwicklung zu einer neuen »überparlamentarischen und überbürokratischen Führungsgruppe« gebe, wofür Australien ein Beispiel sei:

»Diese Entwicklung zeichne sich aus durch eine ökonomische Wirtschaftsform, die zwei wesentliche Charakteristika aufweise: antiliberal und antibolschewistisch zu sein.«[56]

Brinkmann, der in deutscher Sprache mit der Stiftung korrespondierte – obwohl er Rhodes-Stipendiat und mehrfach in den USA war –, kämpfte um die Fortsetzung seines Programms und machte sich Sorgen darüber, daß seinen Arbeiten mangelnde Seriosität und Objektivität vorgeworfen wurde.[57] Unmittelbar darauf teilte der Stiftungsbeauftragte Kittredge Brinkmann am 15. Mai 1935 unmißverständlich mit, daß die neue Orientierung im Programm der Forschung es »uns unmöglich macht, weitere Förderung zuzulassen«. Es werde daher definitiv die Beendigung der Förderung beschlossen.

Bergstraesser wurde am 23. September 1935 vom Rektor Groh mit Vorlesungsverbot belegt. Es ist der Anfang vom Ende seiner Heidelberger Universitätslaufbahn. Ein Gutachten, das der Rektor über Bergstraesser angeblich angefordert hat, trägt die Unterschrift von Dekan Günther Franz. Er hat mit bemerkenswerter Akribie alle Vorlesungen und Dissertationen, Themen und Noten der Promotionen aufgeführt. Obwohl er sich um die Gunst der Rockefeller-Förderung gebracht sieht und Bergstraesser beneidet, ist vermutlich nicht Brinkmann Initiator dieser Kampagne gegen Bergstraesser. Die Entlassung Bergstraessers scheint von einer anderen Gruppierung betrieben worden zu sein, doch ist nicht bekannt, ob und welche Rolle Brinkmann dabei spielte. Daß der »Bericht des Dekans betr. Prof. Bergstraesser« – eben das denunziatorische Gutachten – auch an den Leiter der Studentenschaft ging[58], könnte bedeutsam sein, da dieser eng mit dem Brinkmann-Schüler Albert Prinzing zusammenarbeitete, dessen Arbeit von Kittredge als nicht gerade objektiv beschrieben wurde. Der Einfluß der nationalsozialistischen Studenten reichte sehr weit.[59] Bergstraesser rechnete sich noch Chancen bei höheren Stellen in Berlin aus. Aber er kämpfte vergeblich und wurde, mit weiterbezahlten Bezügen bis September, am 13. August 1936 endgültig entlassen.

Bergstraesser, der sich 1929 und 1934 um ein Stipendium in die USA beworben hatte und zweimal aus verschiedenen Gründen (Schwoerer, Macy) abgelehnt wurde, weil man etwas anderes mit ihm vorhatte, blieb jetzt nur noch die Emigration. Nach seinem Rückzug in das Haus seiner Mutter bei München gelang es ihm, seinen Paß wiederzuerhalten und in die USA auszureisen. Das Gehalt am Scripps College zahlte ihm für die ersten drei Jahre die Rockefeller Foundation, die ihm auch mit einer Einladung bei der Ausreise behilflich war. Auch als man in den USA gegen Bergstraesser Anschuldigungen erhob (vgl. Krohn, Claus-Dieter 1986), sind es die »officers« der Rockefeller Foundation, die eine Ehrenerklärung für Bergstraesser abgeben.[60]

Alfred Weber schrieb ihm am 9. März 1938 in die USA:

»In diesen Tagen hörten wir von zwei Seiten, Fräulein von Thadden und Frau Hampe, von Ihnen. Dabei ist mir erst zu Bewußtsein gekommen, daß ich ja seit Ihrem Fortgang aus Deutschland gar nicht mehr mit Ihnen in Verbindung gewesen bin, will sagen Ihnen nicht geschrieben habe. Ich will das wenigstens mit einem kurzen herzlichen Gruß nachholen. Ich hatte mir die veränderte Situation innerlich härter vorgestellt ... Zum Glück höre ich, daß die Dinge in dieser Ihrer amerikanischen Anfangsstatik (?) – so sehe ich sie an – äußerlich in Landschaft und Lebensbedingungen, wie sachlich, in Ihrer Tätigkeit erfreulich sind. Das ist viel wert... Von hier und von mir ist wenig zu erzählen. Ich lebe so zurückgezogen, wie Sie es schon kannten, und hoffe, in nicht allzu langer Zeit Ergänzungen zu meinem Buch zu bringen... Weihnachten in Berlin habe ich doch unseren alten gemeinsamen Bekannten und Walter Bauer erreicht, dem es gutgeht, während unser Freund P. natürlich bis über den Kopf in Schwierigkeiten steckt. Er wird sich wohl bestimmt nicht halten können. Das... et nos mutant in illis... im übrigen bei mir nicht. Zum Glück hatte ich das Recht, dafür zu alt zu sein. Aber vielleicht gibt es überhaupt verschiedene Welten. Jedenfalls grüße ich Sie und Ihre Frau sehr herzlich und mit den besten Wünschen in alter Verbundenheit, Ihr Alfred Weber.«[61]

Der Brief enthält Passagen, die als Anspielungen gelesen werden können. Was kann es etwa bedeuten, wenn Weber sich aus seiner isolierten Lage in Deutschland heraus über Bergstraesser wundert, dessen veränderte Situation er sich »härter« vorgestellt hätte? Will er Bergstraesser indirekt mitteilen, daß es ihm in den Vereinigten Staaten besserzugehen scheint als den im Lande Gebliebenen? Was bedeutet vor allem die Bemerkung »et nos mutant in illis«? Wen auch immer Weber damit gemeint hat, für ihn gibt es jedenfalls noch eine andere Welt, mit der er die aktuelle politische und gesellschaftliche Situation von sich fernhalten kann.

Staatswissenschaften: Nationalpolitische Aufgabe oder Politik als Wissenschaft?

Von der Herrschaftssoziologie zur geistigen Führung: Max und Alfred Weber

Die Staats- und Kulturwissenschaften am InSoSta standen zunächst im Banne des durch die Ergebnisse des Weltkrieges verschärften deutsch-französischen Gegensatzes, mehr noch, sie waren im Gegensatz zum »Westen« insgesamt befangen. Das politische Denken war von der Suche nach einer nationalen »Substanz« dominiert, nach der Behauptung des »deutschen Wesens« gegen die westlichen Werte. Gegenüber der westlichen wurde dementsprechend nach einer spezifisch deutschen Art von Demokratie gesucht, die gerade nicht von »mechanischen« Wahlverfahren, sondern von inhaltlichen Übereinstimmungen zwischen Führern und Geführten geprägt sein sollte. Wenn Max Weber Demokratie gefordert hatte, so nur, um durch eine andere Führerauslese dem nationalen Anliegen bessere Geltung zu verschaffen: Das Parlament interessierte ihn unter dem Gesichtspunkt der Leistung und war dem außenpolitischen Primat untergeordnet, die »Grundpostulate der Selbstbestimmung des Bürgers und der Volkssouveränität« (Mommsen, Wolfgang J. 1993:52) gehörten nicht zu seinem Anspruch. Auch für ihn stand damit keinesfalls die Annäherung an den Westen auf dem Programm, sondern eine demokratische Herrschaft, durch die der Aufstieg des Deutschen Reichs zur Weltmacht effizienter ins Werk gesetzt werden könnte: »Er wollte, das ganze Volk solle sich um seine Führer scharen, sowohl politisch als auch militärisch, und sie durch sein Vertrauen stärken – im Interesse des Nationalstaates und seiner Macht gegenüber der äußeren Welt« (Sternberger 1995:94). Max Weber machte mit der »Soziologie der Herrschaft« eine Reihe von Vorgaben für eine politische Wissenschaft, die alle kein demokratisches Verständnis im westlichen Sinne erkennen lassen. Weder läßt sich bei Max Weber die »rational-legale Ordnung« von der bürokratischen Herrschaft unterscheiden noch sein Demokratiebegriff von der charismatischen Führerherrschaft (Sternberger 1995:97, 100; Mommsen, Wolfgang J. 1993:52). Es ist auch kein Zufall, daß Max Weber als erster das Element der »Legitimität« der Macht entdeckte: Wer eine »inhaltliche« Unterstützung der Herrschaft wünscht, kann sich mit einer auf Gehorsam oder Furcht beruhenden Ordnung nicht begnügen. Daß bei ihm kein Unterschied zwischen einer vereinbarten und einer oktroyierten Ordnung erkennbar ist, macht seine spezifisch deutsch-nationale Haltung ebenso deutlich wie die Tatsache, daß die Legitimität bei ihm aus dem Glauben erwächst. Insoweit Max Weber als Lehrer der politischen Wissenschaft in Anspruch genommen wurde, konnte dies nur zur Bestätigung einer typisch deutschen Demokratievorstellung geschehen, die mit dem besonderen deutschen Staatsverständnis verknüpft war.

Wenn wir bei Alfred Weber eine besondere Betonung des Europagedankens finden, so hat dies zum einen humanistisch-bildungsbürgerliche, zum andern aber ebenso nationalpolitische Gründe: Im Januar 1923 hatten die französische und die belgische Armee das Ruhrgebiet und Teile des Rheinlandes besetzt, um in der Reparationsfrage den Vorrang der Politik vor der internationalen Geschäftswelt zu demonstrieren. Dieser Vorrang war in Gefahr geraten durch die wirtschaftlichen Nöte und die internationalen Geld- und Handelsprobleme, die eine Neuregelung nach Geschäftsprinzipien statt nach den Vorstellungen der Alliierten nahezulegen schien (vgl. Krüger 1993:182). Diese Ereignisse brachten Weber dazu, die beiden Übungen zur Volkswirtschaftslehre und zur Soziologie, die er seit Beginn separat zu halten pflegte, für das Sommersemester zusammenzulegen, um eine Vorlesung zu diesem aktuellen politischen Problem anbieten zu können. Das Interesse war groß: Weber konnte den höchsten Zulauf seit dem ersten Sommersemester 1919 verbuchen: 403 Hörer in der Vorlesung über Allgemeine Volkswirtschaftslehre und 276 in der Vorlesung über »Die Krise des modernen Staatsgedankens«.

Die deutsche Politik war auf eine Neuordnung Europas angewiesen, und Alfred Weber suchte einen Weg, wie Deutschland – ohne Einsatz militärischer Mittel – in den Kreis souveräner Staaten zurückkehren konnte. Zur zentralen Frage machte er den Formenwandel des Bewußtseins der europäischen Einheit in der Neuzeit, die sich nach dem Ende der »europäischen Gesamtgewalt« durch die französische Staatsbildung im 15. Jahrhundert neu formierte. Das Ende des einheitlichen mittelalterlichen Europa beginnt mit einem französischen Feldzug: »Eingeleitet wird die neue Problematik bekanntlich durch den Zug König Karls VIII.... 1495 nach Italien« (Weber

1925:16). Weber ließ es sich also nicht entgehen, auf einen französischen Einmarsch als »Beginn der neuzeitlichen europäischen Problematik« hinzuweisen.

Der Zerfall der europäischen Einheit, die Enthierarchisierung Europas mit dem Ende des Mittelalters, war begleitet von den Staatsbildungsprozessen und den Bemühungen um eine neue Grundlage des Systems der »möglichst gleichberechtigten Entfaltung der verschiedenen Kräfte« (Weber 1925:16). Diese Staaten entstanden zunächst im Bunde mit den kapitalistischen Kräften, um sich schließlich zu verselbständigen in seiner beinahe hundert Jahre dauernden »Verwirklichungsperiode«, die nach Weber kurz vor der Französischen Revolution beginnt und 1875/80 endet. Den Staat betrachtet er nicht als »Anstaltsbetrieb mit bureaukratischem Apparat und stehendem Heer auf geldwirtschaftlicher Fundierung« (Weber 1925:13) wie sein Bruder, sondern in der Zwecksetzung seines politischen Wollens. Solange der Staat der Nährer und Erzieher des Kapitalismus war, ist er noch nicht zu seinem Wesen gelangt. Der moderne Staat verwirkliche sich erst durch die »doppelte Ehescheidung, die eine von der nun ›privatisierten‹ alten Gesellschaftsformung, mit der er verwachsen gewesen war, die andere von der Wirtschaft« (Weber 1925:40). Erstmals trat die Gesellschaft als ein Heteronomes (Weber 1925:18) dem Staat gegenüber – der Staat wurde zum selbständigen »Rechtsstaat«,

»ein soziologisch völlig selbständiges, grundsätzlich mit nichts anderem verflochtenes Gebilde, ganz auf eigenen Unterlagen ruhend, sich nach eigener Gesetzlichkeit in ausschließlich staatspolitischem Raum bewegend, endlich der ›wahre Staat‹ des so lang um ihn bemühten europäischen Denkens« (Weber 1925:40).

Das ist Webers moderner Staat – ein selbständiges »Wesen«, nicht von wesensfremden ökonomischen Interessen tangiert, aus eigener Macht im separierbaren Raum des staatspolitischen Handelns agierend: Es überrascht bei einer solchen substantialistischen Staatsvorstellung nicht, daß er Hegel als den größten europäischen Staatsdenker anführt – der Webersche Staat, der zu seinem Wesen gelangt, ist deutlich genug auf Hegels Denken gestützt.[1]

Er beklagt den Verlust des Staates, denn die Niederlage der Monarchie 1918 hatte ein symbolisches Vakuum hinterlassen, das der Staat der Weimarer Republik nicht ausfüllen konnte – weder von seiten der ihn tragenden Politiker noch von seiner Verfassung her. Zwar hatte Max Weber die Volkswahl des Reichspräsidenten mit in die

Verfassung hineingeschrieben, doch gelang es den Institutionen von Parlament, Justiz und Bürokratie nicht, sich das Ansehen einer der Monarchie überlegenen Staatsform zu verschaffen. Im Verständnis der Mehrzahl der Staatsmitglieder blieb das Staatsideal eine Redistributionsmacht, die das Ganze der Gesellschaft im Auge hat, und hob sich gegen die parlamentarischen Kämpfe ab, bei denen die »Interessen« der Klassen- und der Wirtschaftsmächte im Vordergrund standen. In Alfred Webers Buch *Die Krise des modernen Staatsgedankens* zeigt sich deutlich diese Bindung an die Vorstellung eines Staatsideals mit seinen substantialistischen Qualitäten: Immer wieder ist die Rede vom »Wesen« des Staates, das durch nichts infrage gestellt werden dürfe, und es ist kein Zufall, daß der Titel nicht »Zur Krise des modernen Staats« heißt, sondern des »Staatsgedankens«. Dennoch ist Alfred Weber bereit, die Macht der Wirtschaftskräfte anzuerkennen, um die Funktion des Staates – für das »Ganze« Verantwortung zu übernehmen – zumindest graduell zu retten, da diese Ökonomisierung in seinen Augen nicht mehr rückgängig zu machen ist. Entscheidend ist die Öffnung seiner Argumentation: Ein Wesen des Staates gibt es für ihn zwar noch, aber seine Aufgaben hat er im Zusammenhang mit den Veränderungen in der Gesellschaft zu erfüllen. Die Säkularisierung, die in dieser Abkehr von der Vorstellung einer isolierten »Wesenheit« erkennbar wird, stellt sich also als sukzessiver Rückzug des Absolutheitsanspruchs dar, den man als Prozeß der Entzauberung in der Erkenntnisgeschichte begreifen kann.

In dieser Phase habe sich auch das europäische Staatensystem konsolidiert, das im Zuge der drohenden Napoleonisierung des Kontinents gefährdet war. Den deutschen Befreiungskrieg betrachtet Weber deshalb als eine »Selbstrettung Europas«, und mit dem Wiener Kongreß sei der neue Ansatz zur europäischen Einheit durch die Internationalisierung großer europäischer Ströme (Rhein und Donau), die Neutralisierung von Rivalitätsgebieten (Schweiz und später Belgien) und die »wiederkehrenden Zusammenkünfte« ihrer Regierungen geschaffen worden. Zwar habe diese Idee der europäischen Einheit »unter ausgesprochen reaktionärer Flagge« gestanden, doch habe es hier immerhin ein Europa als »faßbares, historisch-modern gemeinverwaltetes Gebilde« gegeben (Weber 1925:41).

Auf dem Boden dieses neuen Einheitsbewußtseins sei die europäische Staatstheorie erwachsen. Ihre Prinzipien wurzelten stets in einem europäischen Bewußtsein, auch wenn sie »isoliert staatlich« formuliert worden seien (Weber 1925:17): Zu den drei Prinzipien, die den »modernen Staatsgedanken« in seiner Theorie ausmachen, gehören die Menschenrechte, die sich als Rechte gegen den Staat formulieren lassen. Dabei sind sie jedoch, wie bei Rousseau, kein statisches »Naturrecht«, sondern »soziologisch etwas anderes, ein wechselndes Produkt der aus einer bestimmten geschichtlichen Konstellation entstehenden Bedürfnisse und Forderungen der Kultursphäre, ihrer Stellung im gesamten Lebenskosmos« (Weber 1925:45). Man könne sich ebenso wie das Privateigentum oder die Gleichheit und Freiheit auch »ebensogut sozialistische ... Menschheitspostulate vorstellen, die vor dem Staate stehen sollen, je nach dem gewollten Kulturgehalt und der gesellschaftlichen Umwelt« (Weber 1925:45). Dieser »Kulturwille« gehe vom Volk aus, das Volk als Souverän stelle durch die »volonté générale« einen »immer wieder abänderungsfähigen Gemeinschaftswillen« dar (Weber 1925:46).

Das zweite Prinzip des modernen Staatsgedankens ist das »Majoritätsprinzip«. Weber vertritt die Auffassung, daß ein technisches Mehrheitsprinzip ebenso gewalttätig gegen Minderheiten sein kann wie sein Gegenprinzip, der charismatische, traditionale oder der gewaltmäßige Autoritarismus. Wie will Alfred Weber dieses Problem lösen, erkennt er doch selbst kein Drittes zwischen Einstimmigkeit oder Minderheiten- bzw. Einzelherrschaft? Was empfiehlt Weber gegen die Gefahren der Herrschaft des »Massenwollens, das zum Durchdenken der Dinge oft nicht geneigt ist« und »von schwer bestimmbaren Wallungen stark bewegt« sein kann? Zwar könne dies Massenwollen »in seiner Eigenkompetenz ganz sicher durch Erziehung, Disziplinierung und Gewöhnung erheblich gehoben werden«, müsse aber doch geleitet werden von einzelnen Oberen oder herrschenden Schichten, die »auf das Gemeinwohl ausgerichtet« sein müssen. Diese einzelnen oder oberen Schichten müssen als geistige Führer dienen und die Überzeugungen der Massen beeinflussen, »deren Verstand durch diese Beeinflussung ergänzt wird«, damit dadurch das Ganze zum »wenn auch nur relativ, von allen Seiten anerkannten Gemeinbesten geleitet wird« (Weber 1925:51f.). Die Willensbildung ist also an Bedingungen geknüpft, an die »größere emotionale Diszipliniertheit, die größere Erfahrung für das Handeln« der Führungskräfte. Den Massen mißtraut Weber, und das Majoritätsprinzip soll daher nur für »geistig konfrontierbare Ziele« gelten, nicht aber für Glaubens- oder Wissensfragen, die eben aus den erwähnten Gründen aus dem Mehrheitsbereich ausscheiden müssen.

Ausgeschlossen will er auch jene Möglichkeiten sehen, die das Ganze in Frage stellen – denn die Einheit des Staates dürfe nicht gefährdet sein. Das dritte Prinzip des modernen Staatsgedankens ist daher das Nationalitätsprinzip. Hier nimmt er ein sehr aktuelles Beispiel für die Frage der nationalen Einheit: Elsaß-Lothringen. Gegen Renan formuliert er: Erst müsse doch das Ganze vorhanden sein, in welchem der »plébiscite de tous les jours« überhaupt stattfinden könne. Dies Ganze aber, so kann man sich denken, kann nur Deutschland sein, wenn 85 Prozent der Elsässer Deutsch sprechen. Außerdem spricht er den Franzosen und Engländern ab, jemals tiefer über die Nationalitätsfrage nachgedacht zu haben. Das aber habe man in Deutschland getan, wo man um die Realisierung der nationalen Einheit habe so lange ringen müssen. Weber fordert nicht das Elsaß zurück, er fordert nicht offen Gerechtigkeit oder Revanche – er begnügt sich damit, den Alliierten das Recht abzusprechen, in dieser Frage mitzureden, weil sie niemals über dieses dritte Fundament moderner Staatsbildung haben nachdenken müssen. Was bei Montesquieu nur als »Geist der Nationen« angesprochen wurde, sei in Deutschland staatspolitisch praktisch geworden durch die Befreiungskriege (Weber 1925:55).

Nach dem Ende der Verwirklichungsphase 1875/80 sei die alte Staatsidee durch »Neomilitarismus« und Wettrüsten der europäischen Nationen[2], durch die Durchdringung mit ökonomischen Interessen und durch die Problematik der »Willensbildung in den Massenstaaten« (Weber 1925:76) gefährdet. Diese Willensbildung enthalte die Gefahr der Mediatisierung von Majoritäten durch Finanziers oder Industrielle. Weber attackiert hier die alten agrarisch-schwerindustriellen Interessenagglomerationen, die im Kaiserreich das Beamtentum in der Hand gehabt haben. Doch bilde die Notwendigkeit von Presse und Parteien, mit wachsender Verbreitung und Wählerschaft auch breitere Interessenspektren zu betreuen, das Gegengewicht gegen allzu engen Interesseneinfluß von Geldgebern (Weber 1925:86f.). Sein Standpunkt »im Strom der Geschichte« wird hier deutlich: Noch glaubte er an ein geistiges Europa, an eine Parteienlandschaft, die noch nicht vollständig von materiellen Interessen verdorben war, an die Möglichkeit einer Presse, deren Redaktionen noch nicht gekauft waren. Alle seine Bemühungen richteten sich, nach dem Verlust der eigenen politisch-praktischen Chancen, auf die Ausbildung des Nachwuchses, durch den diese Rahmenbedingungen erhalten bleiben und gestärkt werden sollten.

Nach dem Ende der Dynastien sah er – neben dem kapitalistischen Einfluß – zwei Mächte als neue Gefahren für den Staat am Horizont. Der alte Legitimismus, der das Gegengewicht gegen das »Westlertum« gebildet hatte, sei nach dem Ende des Weltkriegs nun unwiderruflich dahin. Eine Restauration sei nur möglich im Gewand des »Prätorianer-Monarchismus«, die als Ausdrucksform des Volkswillens von ihm begrenzt und in seinem Rahmen bleiben müsse (Weber 1925:116). Was aber, fragt er, ist an seine Stelle getreten? Die russische Räteregierung habe die parlamentarische Demokratie übersprungen. Sie habe durch ein geschicktes Delegationssystem Bürger und Bauern von der Regierung ausgeschlossen, demokratische Grundrechte der Presse-, Versammlungs-, Rede- und Koalitionsfreiheit abgeschafft und sich als sektenmäßige Macht organisiert, die, mehr noch als die mittelalterliche Kirche, mit »sakralem« Ausschließungsrecht für Häretiker ausgestattet sei. Der russische Sozialismus sei letztlich nichts anderes als ein neozaristischer bürokratischer Verwaltungsstaat,

»dessen beinahe einzige Aufgabe ist, das Wiederaufkommen des Kapitalismus zu verhindern, und der zu diesem Zweck die gesamte europäische Freiheitsideologie vernichtet, die gesamten in Europa bisher staatlich garantierten Grundprinzipen der Kulturentwicklung als abgelebten Plunder achtlos beiseite schiebt« (Weber 1925:120).

In Deutschland dagegen habe »äußerlich restlos die ... alte demokratische Staatsidee gesiegt. Zum mindesten für den Verfassungsaufbau« (Weber 1925:120). In Wahrheit jedoch sei eine zweite Macht entstanden, der italienische Faschismus, der sich als »große(s) Ordnungs- und Vernunftprinzip, überweht ... von den symbolischen Zeichen eines ... romantisch- nationalen Aufschwungs, nur in Anlehnung an den Krieg und an Kriegerformationen in den Sattel setzen« konnte (Weber 1925:121). In ihm haben sich in den unterlegenen Ländern die Reste des alten Legitimismus gerettet. Die Gefahr des Faschismus liege darin, daß er als »modernes Quidproquo der gesamten konservativen Lebenseinstellung« um so eher auftreten könne, je mehr nach dem Sturz des alten echten Legitimismus »in dem eingetretenen Chaos und dem vorhandenen Druck Wohlstand, Ordnung und nationale Würde mit herabgerissen« worden zu sein scheinen (Weber 1925:122).

Alfred Webers moderner Staatsgedanke steht nicht auf naturrechtlichem Boden; er vertritt eine kulturdemokratische Staatsidee, jedoch stehen für ihn nicht formale, sondern praktisch-politische Fragen im Vordergrund: Es galt für ihn, den Gefahren des Einflusses der Wirtschaftskräfte und den neuen Gefahren durch die neuen Mächte zu begegnen. Daher spielen bei ihm Führer die herausragende politische Rolle bei der Regierung des Landes, die das Gemeinwohl im

Auge haben. Nicht in einem mechanischen Abstimmungsmechanismus liege das »Wesen der Demokratie« (ISK:114), sondern in einer

»neuen Stellung zur Grundtatsache der Führung, in einer neuen Art der Beziehung zwischen Führern und Geführten, in einem veränderten Maß des Einflusses von Geführten und Führer letztlich und hauptsächlich in einer neuen Art der Auslese der Führer und einer neuen Dezendenz derselben zu den Massen als dem wesentlichen Kern und Inhalt aller politischen Selbstbestimmung« (ISK:114).

Hier weicht er in einem entscheidenden Punkt von Max Weber ab: Alfred Webers ideale Führer zeichnen sich durch ihre geistige Potenz aus. Sie sind nicht durch religiöses oder »veralltäglichtes« Charisma ausgezeichnet, sondern durch ihren geistigen Einfluß bei ihrer Stellungnahme zum »Lebendigen«, zum Ganzen. Es geht ihm um »Intellektuelle«[3], die durch ihre nationale Bedeutung auf die öffentliche Meinung einwirken und, wie in der deutschen Klassik, »an der Mitformung des Schicksals des deutschen Volkes« beteiligt sein sollen. Alfred Weber nimmt hier Goethe, Kant und Nietzsche als Intellektuelle in Anspruch, die am Schicksal des deutschen Volkes führend Anteil genommen hätten: Es zeigt sich eine offensichtliche Konzentration seines Blickes auf das »kulturelle Schicksal«, denn der Einfluß dieser Klassiker auf die praktischen Staatsgeschäfte ist wohl – außer bei Goethe – vernachlässigenswert. Das kulturelle Schicksal war ihm wichtiger als militärischer oder technischer Machterhalt.

Weber klagte schon 1918 über einen Mangel an geistigen Führern, weil nur durch sie der vordringenden westlichen Zivilisation etwas entgegengesetzt werden könne. Nur durch die Formung des »Daseins vom seelischen Zentrum aus, von *innen* her und nicht von äußeren Zwecken aus« könne das deutsche Wesen behauptet werden. Bei Alfred Weber ist die »Idee des deutschen Wesens« somit nicht durch Rasse, mißverstandene Romantik oder äußere Machtphilosophie gekennzeichnet, wie es das »Substrat des staatlich und machtpolitisch organisierten neuen Deutschtums« vertritt – das sei »nur angeschwemmtes Gut« und »Travestie« dieser Idee (ISK:120), heißt es in einem Aufsatz über die »Bedeutung der geistigen Führer in Deutschland« von 1918, der die Grundlage seiner Vorlesung »Zur Krise des modernen Staatsgedankens« im Sommer 1923 bildete (ISK:102, Fn. 1). Bemerkenswert bleibt, nicht nur in dieser Situation, die völlig unkriegerische Argumentation: Die Wesensbehauptung des Deutschen liege allein in der Wahrnehmung seines Erstgeburtsrechts, »dem Primat der kulturellen Welt«, durch den allein eine neue Ebene erreicht werden könnte.

Wirtschaft und Geschäfte sind die »äußerlichen« Werte der westlichen Zivilisation, die für ihn einen niedrigen Rang haben. Für Weber lag die Stärke der Deutschen gegenüber den Franzosen in ihrer »Kultur«, die er gegen das von der alliierten Propaganda hervorgehobene Militaristische am deutschen Wesen hervorzuheben suchte. Daß der Typus des »deutschen Praktikers« den Einfluß der geistigen Sphäre im letzten halben Jahrhundert[4] verdrängt habe, sei nur die eine Seite der Medaille – die andere Seite sei die Schwäche dieser geistigen Führer gewesen, die es jetzt zu stärken gelte:

»Die Nation hat sich in einen einheitlichen geistigen Raum verwandelt durch diesen Krieg. Sie ruft nach Ideen, nach Gedanken und nach Worten, die groß genug sind, diesen Raum zu füllen und die das Volk als eine Einheit in ihm in Bewegung setzt. Sie hat die geistigen Kräfte in sich, das soziale und sonstige Rankenwerk zu zerbrechen, das deren Aufkommen und deren allgemeines Gehörtwerden verhindert. Sie wird – so kann man hoffen – auch die Männer finden, die für die Leistung, die von der Geschichte aufgegeben ist, die Führer werden.«[5]

Das ist noch vor der Gründung der Weimarer Demokratie formuliert. Weber mag die Niederlage geahnt haben[6], wenn er die kulturellen Stärken der Deutschen hervorhob, die ihm von jeher nähergelegen hatten als die militärischen. Die Frage nach dem »Wesen« des Deutschen aber konnte nach der Konfrontation mit der französischen »Zivilisation« im Weltkrieg neu gestellt werden und sie beschäftigte die Intellektuellen während der zwanziger Jahre brennend. Die starke Beschäftigung mit dem eigenen »Wesen« zeigt in der Regel eher einen Mangel an innerer Souveränität[7]. Sie suchten sich gegenseitig ständig der kulturellen Qualitäten der Deutschen zu versichern, gekränkt durch die Niederlage und den folgenden Souveränitätsverlust, ohne Bestätigung durch äußere Erfolge. Alfred Weber hatte die Niederlage zwar nicht begrüßt, doch sah er darin gewissermaßen eine Chance der Neubewertung des Kulturmenschen, hatte die Niederlage doch den von ihm gehaßten »Typus des Gewaltmenschen« notwendigerweise zurückgedrängt. Freilich konnte er die großen Männer, die ihm hier als geistige Führer vorschwebten, noch nicht sehen – was er sah, waren nur Spezialisten und Fachleute.

Obwohl seine Gedankenführung keine Verfassungsfragen im engeren Sinne berührte und nicht als Politiklehrbuch gedacht war, sind hier doch die Linien zu erkennen, die Weber als Maßstab und Anspruch des politischen Wissens erhob. Weber zog sich von 1926 an aus diesem Bereich zurück, um sich stärker auf die Kultursoziologie verlegen zu können. Trotzdem schrieb er weiterhin gelegentlich Beiträge für Zeitungen und Zeitschriften, die politische Tagesfragen oder kulturpolitische Überlegungen betrafen, so etwa einen Leitartikel in der *Frankfurter Zeitung* für die Deutsche Staatspartei, die 1930 aus der merkwürdigen Verbindung der ehemaligen DDP und der »Deutschen Volksnationalen Reichsvereinigung« des Jungdeutschen Ordens von Arthur Mahraun hervorgegangen war und nur ein kurzes Dasein führen sollte (Demm 1990:289).

Die Generation der jüngeren Dozenten: Hans von Eckardt, Arnold Bergstraesser und Karl Mannheim

Hans von Eckardts Grundzüge der Politik

Zur jüngeren Generation der Heidelberger Lehrer für Politik resp. Staatswissenschaften zählte der Deutsch-Balte Hans von Eckardt (1890–1957), der 1926 von Alfred Weber gegen den Widerstand der Fakultät als Leiter des Zeitungswissenschaftlichen Instituts nach Heidelberg geholt worden war.[8] Er lehrte bis zu seiner Entlassung 1933 dort und zugleich am InSoSta. Hans von Eckardt stammte aus Riga und deshalb war sein Blick, anders als bei seinen Kollegen, stärker nach Rußland als nach Frankreich gerichtet.[9] Hans von Eckardt hatte zwar eine Professur für Staatswissenschaften verliehen bekommen, aber sein Gehalt wurde aus dem Fonds des Instituts für Zeitungswesen finanziert.

In der »Jedermanns Bücherei« des Hirt Verlags, Breslau, erschien 1927 das Büchlein *Grundzüge der Politik*, das seinen Vorlesungen zugrunde gelegen haben mag (v. Eckardt 1927). Dort weist er darauf hin, daß es heute gelte, »die landläufige und herabsetzende Meinung von der Politik anzufechten und eine neue zu vertreten, die die junge Generation anzuregen vermag, wieder Politik zu treiben« (v. Eckardt 1927:9). Wie sahen von Eckardts Anregungen aus? Politik verstand er als eine Mischung aus Machtwille und Opferbereitschaft, als Wechselspiel von Masse und geistiger Führung: Das Wesen der Politik sah er in ihrer Fähigkeit, »Macht zu schaffen und Macht zu widerstehen,

Völker und Staaten zu erhalten (und) Einsichten des Geistes und Ziele zu verwirklichen, die höchstem Traum und letzten Inhalten entsprechen sollen« (v. Eckardt 1927:7). Deutschland aber sei von »Heroen und Tätern verlassen und den kleinen oder gar anonymen Geistern des Geschäftes ausgeliefert«, weshalb sich die Deutschen »betrogen, überlistet, verführt« (v. Eckardt 1927:7) fühlten. Es bedürfe also wieder einer Politik als »erkennbarer, erfaßbarer und doch auch abwendbarer Kraft, die man beherrschen kann« (v. Eckardt 1927:8). Mit dieser, auf den ersten Blick unverständlichen Formulierung ging es von Eckardt um die Priorität der Politik über Geschäft und über das Militär (v. Eckardt 1927:142). Von Eckardt stimmte offensichtlich mit Alfred Webers Ressentiments gegen die Geschäfte und seinen Vorbehalten gegenüber dem Militär überein. Das Ende der Herrschaft der Politik über das Militär war im Weltkrieg vorgespielt worden, als Ludendorff dem Kaiser jegliche Handlungsmöglichkeit entwand und zum militärischen Diktator wurde[10], die politischen Folgen seines Handelns allerdings mit einem gewissen Erfolg den zivilen Politikern aufbürdete. Von Eckardt bleibt, trotz seiner Forderung nach dem Primat der Politik, blind für die tatsächlichen Zusammenhänge, wenn er schreibt: »So hat man uns im Weltkriege nicht zu schlagen vermocht, aber politisch in den Zusammenbruch hineinmanövriert, – besonders seit unserem Waffenstillstandsersuchen, da man uns in unerhört geschickter Weise zu entwaffnen verstand« (v. Eckardt 1927:142). Von Eckardt gelingt die Differenzierung nicht, er kann das Wir-Gefühl, in das die Uniform auch manchen Geist steckte, nicht abschütteln.

Die Einteilung des Büchleins verrät bereits entscheidende Grundlagen seiner Auffassungen: Es gibt auch bei ihm keinen Abschnitt, der der Verfassung und der Übertragung der Gewalten gewidmet wäre. Statt dessen bietet von Eckardt Typologien: »Das Individuum als Funktionär, Beauftragter, Führer und Herrscher«, Abschnitte über »Die Masse«, »Die Kollektive«, »Die Partei«, »Volk und Nation« etc. (v. Eckardt 1927:5). Im Abschnitt mit dem Titel »Der Staat« liest man nicht etwa eine Erklärung zur Genese des Staates als Gewaltmonopol, sondern eine organische Erklärung seiner Entstehung und durchaus inkonsistente Merkmalsbeschreibungen:

»Bildet das Volk den Raum, in dem sich die innere Politik auswirkt, so erscheint der Staat als der aus dem Volke dem lebenspendenden, kräftegebärenden Heimatboden und der Wirtschaft sich gestaltende Eigenkörper. Die Formen des Staates, sein Aussehen, sein Wesen sind geschichtlich geworden und jeweils durch die Machtverhältnisse der Beherrscher des Volkes auf Grund der territorialen Gegebenheiten und – Erfordernisse bestimmt worden. Die Ideen und Interessen, unklare Wunschbilder und konkrete Erlebnisse des Volkes, vor allem aber die Wesensart der Herrschenden haben den Staat jeweils zu dem gemacht, was er ist« (v. Eckardt 1927:131).

Ein offensichtlich irgendwann einmal gewordener Staat ist bei von Eckardt substantialistisch zum »Eigenkörper« erstarrt. Selbst wenn man in Rechnung stellt, daß von Eckardt hier nicht nur an ein studentisches Publikum gedacht hat, so sind doch die morphologischen Bilder, die er benutzt, nicht als sachliche Ausführungen zur Politik einzuordnen:

»Um ein vielleicht etwas kühnes Bild heranzuziehen: Der Staat ist nicht nur eine Individualität, sondern ist auch ein Künstler, der außer seinem Ich eine gewünschte, erdachte Rolle verkörpert. Deshalb schreitet der Staat stets auf dem hohen Kothurn seiner Würde und Autorität einher, während die in ihm lebende Persönlichkeit des Volkes schlicht und einfach, durchaus natürlich, leidenschaftlich und einfältig, triebhaft und instinktvoll ist« (v. Eckardt 1927:131f.).

Aus dem Eigenkörper wiederum wird eine Persönlichkeit, aus dem Bild, mit welchem er den Staat zu beschreiben versucht, eine Karikatur. Von Eckardt verrät wenig analytische Kraft bei seinen Versuchen, den Staat zu erklären.

Die von Max Weber aufgeworfene Frage der Legitimität des Staates wird bei von Eckardt zur Frage der Respektierung des Volkes und wird ohne formale Einzelheiten mit ästhetisierender Metaphorik aufgelöst:

»Lag in dem Anspruch eines Ludwig XIV., in eigener Person den ganzen Staat zu verkörpern, eine unerträgliche Anmaßung gegenüber dem französischen Volke und allen seinen Ständen, so ist der Anspruch der modernen Demokratie, gleichfalls den ganzen Staat in seiner Gesamtheit restlos zu verkörpern, insofern nicht weniger anmaßend, als auf Grund dieser Behauptung das Recht des Staates abgeleitet wird, über *allen* Lebensfragen seiner Bewohner zu stehen. Denn wenn der Staat auch im Bewußtsein seiner Bürger, der ganzen Nation lebendig ist, so ist er schließlich doch nur eine Objektivation, etwas, was vom Volke herausgestellt ist, es wohl überwölbt, jedoch keineswegs vollkommen und restlos einschließt. Irgendwo außerhalb des Staates gibt es immer noch Volk, ist immer noch etwas lebendig, das noch nicht Staat geworden ist« (v. Eckardt 1927:132).

Statt einer genaueren Analyse der Abgrenzung von Staat und Gesellschaft in verschiedenen historischen Perioden und in verschiedenen Staatsverfassungen, schwimmt von Eckardts bildhafte Beschreibung zwischen einem romantischen Volksbegriff und wertgeladenen Meinungen, die ein elitäres Herrschaftsverständnis erkennen lassen. Jansen schrieb, von Eckardt habe eine »mechanistische, antiidealistische und ahistorische Theorie der Politik« gelehrt, die politisches Handeln nicht von seinen Voraussetzungen und Zielen her, sondern allein von seinem Erfolg her beurteilte. Sein Resümee über die politische Lehre von Eckardts ist denn auch ausgesprochen kritisch: Sie sei sicher nicht genuin faschistisch, weise aber doch »viele Überschneidungen mit diesem Denkstil auf« (Jansen 1992:66). Jansens Charakterisierung trifft von Eckardts Politikverständnis nicht genau. Das »mechanistische, antiidealistische« bei von Eckardt ist nicht einschlägig, da sein Denken ebenso organische wie mechanistische Züge aufweist. Auch kann man bei von Eckardt durchaus einen idealistischen Zug ausmachen, wenn er den Staat als Idee und Wunschbild beschreibt, der nicht nur Gegenwart, sondern zugleich auch Zukunft darstellt. Von Eckardts Büchlein endet mit dem Wunsch, die »klassische Idee von Weimar auf die große Politik« zu übertragen, da dies »die Verwirklichung der eigentlich deutschen und europäischen Weltanschauung unserer Denker« (v. Eckardt 1927:144) darstellen würde. Was auch immer ein solches Ziel für praktische Implikationen bedeutet haben könnte – von Eckardt läßt sich darüber nicht aus –, neben der Assoziation des politischen zum klassischen Weimar enthält dieser Gedanke in seiner Begrenztheit doch zumindest ein kulturelles, kein militärisches Ideal als politisches Ziel. Jansen ist dagegen ohne Einschränkung zuzustimmen in bezug auf die offensichtliche »Ahistorizität« in von Eckardts politischem Denken. Seine Vorlesungen konnten nicht zur Entwicklung einer sachlichen politischen Wissenschaft führen.

Arnold Bergstraesser und die Gesamtgestaltung eines neuen Europa

Arnold Bergstraessers Buch über Frankreich (Bergstraesser 1930), das als zweiter Band des »Curtius-Bergstraesser« große Aufmerksamkeit fand, lagen verschiedene Studien und Reisen Bergstraessers nach Frankreich zugrunde. Arnold Bergstraesser hatte den Austausch von Studenten zwischen beiden Ländern tatkräftig gefördert und war Mitglied in mehreren Kreisen, die sich den deutsch-französischen Beziehungen widmeten.[11] Seine Antrittsvorlesung vom 23. Mai 1928 hatte den Titel »Politischer Katholizismus in Frankreich«. Im Wintersemester 1929/30 hatte Bergstraesser einen Lehrauftrag für »Wirtschafts- und Gesellschaftskunde des Auslands« am InSoSta. Das Buch zeigt einen nationalistischen Denker, der dennoch in der Lage ist, die politischen Kräfte in Frankreich illusionslos einzuschätzen. Auch Bergstraesser erweist sich nicht als Freund der westlichen Demokratie, wenn er bedauert, »daß innenpolitische ›Fragen von Wesentlichkeit nicht prinzipiell, sondern auf dem Wege des Kompromisses‹ gelöst werden« (Jansen 1992:214). Denn auch ihm erschienen mechanische Abstimmungen nicht sinnvoll, sieht er dadurch doch die »›Fähigkeit, nationalpolitisch mit Unvoreingenommenheit zu denken, gelähmt‹« (Jansen 1992:214). Diese Ablehnung des demokratischen Kompromisses bei Angelegenheiten von hoher nationaler Bedeutung liegt auf der gleichen Ebene wie der Anspruch an eine nicht-formale, also eine inhaltliche Demokratie bei den Webers.[12] Auch für Bergstraesser gab es absolute nationale Werte, die unabhängig von ihrer demokratischen Vermittelbarkeit Geltung beanspruchten. Die politische Haltung Bergstraessers wird uns am Ende noch einmal beschäftigen, im folgenden soll sich unser Blick auf jenes Buch richten, durch das er berühmt wurde.

Ohne auf die vielen Sachinformationen einzugehen, die das Buch für breite Kreise interessant machten[13], soll hier nur ein Licht auf seine methodischen Ansätze geworfen werden. Bergstraesser beschreibt Frankreich als »geschichtlich-gesellschaftlichen Körper« mit bestimmten Wesenszügen, die die Menschen dieses Landes einheitlich geprägt haben. Er registriert die »klare Formung der Nation«, die Universalität der Normen des privaten und öffentlichen Lebens«, das sich Deutschland gegenüber »als das Fertige und Vollendete« darstelle, während Deutschland noch im Werden begriffen sei und »dem Künftigen zugewandt« (Bergstraesser 1930:VII). Bergstraesser glaubt, daß Ideen politische und soziale Macht erringen können (vgl. Bergstraesser 1930:2):

»Die Französische Revolution hatte die Idee des 18. Jahrhunderts zu doktrinärer und national nicht mehr begrenzter Macht erhoben. Die eigene Staatsgründung der Franzosen und die Rechtfertigung ihres Handelns durch allgemein menschliche Ideen ist der Ursprung der nationalen Erhebungen des 19. Jahrhunderts. In den polnischen Aufständen gegen die Teilungsmächte, in dem griechischen Befreiungskrieg gegen die Türkei, in dem belgischen Aufstand gegen das niederländische Reich 1815, im italienischen Risorgimento erwachten Pathos und Selbstbewußtsein von 1789. Der Nationalismus der französischen Republikaner hat auch jene Ideen erzeugt und politisch wirksam gemacht, in deren Zeichen nach mehr als einem Jahrhundert das alte Österreich-Ungarn zertrümmert wurde und die Nachfolgestaaten auf dem Prinzip des Nationalstaates begründet worden sind, zugleich der letzte und abschließende Sieg des Gedankens der Volkssouveränität über die legitimistische Monarchie« (Bergstraesser 1930:6f.).

Es war der »Gedanke« der Volkssouveränität, der Siege erfocht – nicht etwa eine aus Menschen verschiedener Interessengruppen zusammengestellte Armee oder dergleichen. Daß hier lauter Beispiele benutzt werden, die zur Illustration von erkämpfter nationaler Souveränität führten, ist sicherlich kein Zufall, bedenkt man Bergstraessers Forderung nach der vollen Souveränität Deutschlands. An anderer Stelle hat die »Idee« eine ähnliche Funktion: Es mußte schließlich noch der Untertan zum Souverän erhoben werden, um »der Idee der egalitären Demokratie zu genügen« (Bergstraesser 1930:7). Diese »idealistische« Konzeption zieht sich durch das ganze Buch und soll mit einem letzten Beispiel hier belegt werden:

»Weder der moderne Industriekapitalismus noch der Sozialismus haben in der Gegenwart eine Menschen und Wirtschaft beherrschende Stellung zu erlangen vermocht ... Die geistigen Elemente, auf denen die bürgerliche Gesellschaft Frankreichs beruht, konnten sich gegenüber der kapitalistischen Entwicklung widerstandsfähig erhalten« (Bergstraesser 1930:40).

Diese Interpretation der französischen Geschichte findet sich an zahllosen Stellen des Buches, in denen geschichtliche Prozesse als Sieg oder Durchsetzung von Ideen erklärt werden:

»Der Lebenstypus des Bürgers hatte sich bis dahin in diesen Volksschichten (den kleinbürgerlichen Massen, RB) durchgesetzt. Sie bildeten in Anlehnung an die Ideen der Revolution ihre eigene Staatsanschauung aus« (Bergstraesser 1930:42).

Geschichte ist für Bergstraesser eine Geschichte vom Kampf der Ideen, die Französische Revolution beginnt für ihn

»mit der Enfaltung einer geistigen Opposition gegen Ideenwelt und Lebensform des Absolutismus, mit der zunehmenden Beherrschung des Menschen durch die philosophischen, die Welt wissenschaftlich erklärenden Systeme des 18. Jahrhunderts«,

ja, emphatisch,

»mit dem Freiwerden eines selbstbewußten und selbstgenügsamen Geistes der Kritik und Konstruktion und mit seiner Anwendung auf Staat, Religion und Gesellschaft« (Bergstraesser 1930:42).

Die Ideen sind die Konstrukteure von geistigen Gebilden, die auf die Wirklichkeit angewendet werden. Die Klassen haben ihren »Geist«, der sich anderen Kräften, etwa den wirtschaftlichen gegenüber zu behaupten hat. Es war, so Bergstraesser, der »neue Geist des Bürgertums«, der »die Vernunft über den Gehorsam« erhob und die »Verwandlung des Menschen durch das neue Denken« vollzog (Bergstraesser 1930:43). Bei Bergstraesser werden wir keine ausformulierten Überlegungen zu seinem Konzept der Bewegung der Geschichte durch Gedanken, Ideen und durch den bloßen Willen finden. Seine Auffassungen sind nicht näher philosophisch reflektiert. Statt dessen lag ihm die literarische Reflexion näher, worauf jedoch hier nicht eingegangen werden soll.[14]

Bergstraesser argumentiert zu diesem Zeitpunkt noch durchaus ambivalent – wenn er den citoyen feiert und die französische Lebensweise als vollendet erklärt. Seine Sympathie gehört der Armee, die ein »bedeutendes Herrschaftsorgan des Staates« darstellt, ein »starkes Mittel nationaler Erziehung und Disziplin« (Bergstraesser 1930:193). Hier wird die Armee zum »kriegerischen Geist« der Nation, das große »heroische Vorbilder« zu schaffen in der Lage war. Nur ein »Radikaler« könne die Armee »als Verkörperung herrschaftlichen Geistes« zum Gegenstand der Sorge machen, wenn er von ihr »eine unberechtigte Einmischung in die politische Willensbildung« befürchtet (Bergstraesser 1930:193). Als größten Helden der französischen Armee feiert er Napoleon.[15] Bergstraesser scheint zu bedauern, daß in Frankreich »in der Öffentlichkeit ... der Offizier keine Geltung« hat, »denn dort herrscht der Zivilist. Aber außerhalb Frankreichs, in Asien und Afrika setzt die Armee die Tradition des Heroismus fort und pflegt die Regierungskunst der napoleonischen Zeit auf dem Gebiete kolonialpolitischer Bewährung«[16].

Bemerkenswert ist für diese Auffassung der französischen Nation als einer Idee die Bedeutung von Elsaß-Lothringen, dem ein eigenes Kapitel gewidmet ist. Dort heißt es etwa: »Das Land löste sich von einem Deutschland, dem der Untergang drohte, dem eine ungewisse trübe Zukunft bevorstand« (Bergstraesser 1930:178) – so, als ob Elsaß-Lothringen Deutschland 1918 verraten hätte, als es den Einmarsch der französischen Armee begrüßte.[17] Auch an mehreren weiteren Stellen des Buches weist Bergstraesser auf diese Provinz hin, die den überkommenen französischen Unitarismus »in Frage stellt« (Bergstraesser 1930:VIII). Mit verschiedenen Argumenten sucht er zu belegen, daß diese Provinz ein Fremdkörper im einheitlichen französischen Nationalorganismus darstellt (Bergstraesser 1930:192f.). Bergstraesser kritisiert schließlich den Konservatismus Frankreichs, das sich den Paneuropa-Plänen Briands entgegenstemmte und stärkste Widerstände »gegen jede lebendige Gesamtgestaltung von Politik und Wirtschaft Europas« erhebt (Bergstraesser 1930:312). Daß mit der »Lösung der europäischen Probleme« das Problem Deutschlands, das seine nationale Souveränität beschränkt sah, gemeint ist, darüber kann kein Zweifel bestehen. Schon hier aber fügt Bergstraesser bei aller offensichtlichen Bewunderung hinzu, daß er Frankreich für eine Lebensform der Vergangenheit hält, »die gegenüber dem amerikanischen Fortgang der modernen Zivilisation eine feinere Kunst des Lebens verteidigt« (Bergstraesser 1930:312). Frankreich bleibt für ihn letztlich eine »fremde Nation, mit der uns ein hartes Schicksal von tausend Jahren gemeinsam ist«. So lautete das Fazit, mit dem Bergstraesser den zweiten Band der beiden Frankreich-Bücher beschloß. Aber nicht Frankreich hat das letzte Wort, in den letzten Zeilen bekräftigt er noch einmal sein politisches Anliegen: »Aus den ›Fundamenten‹ des deutschen Daseins wächst der nicht mehr suchende, sondern sichere und gestaltende Mensch herauf, dessen Leben unsere Zukunft trägt« (Bergstraesser 1930:312). Mit diesem Schluß wird deutlich, warum ihm in der Einleitung Frankreich von Deutschland aus als das Fertige und Vollendete »erschien« – Bergstraessers jugendbewegte Hoffnung auf ein nationales Erwachen Deutschlands sprach sich hier selbst Mut zu. Dieser Schluß zeigt eine Distanz von jenem Fazit, das Alfred Weber 1925 in seinem Buch *Die Krise des modernen Staatsgedankens* zog: »Irgendeiner Art der Föderation, deren Kernstück eine *gleichberechtigte* deutsch-französische Verständigung unter Zuziehung von England und Italien, eine solche also der großen Zentralmächte sein müßte, wird aller Wahrscheinlichkeit nach die früher oder später durch Zwischenstadien erreichte Lösung bilden« (Weber 1925:165). Die Schwierigkeit dabei wird es sein, eine Machtbalance zu erreichen »ohne verschleierte Diktatur der größten« Mächte. Hier liege ein »bisher in moderner Form kaum ... beackertes Feld geistiger, vor allem politischer Zukunftsarbeit für Europa« (Weber 1925:166). Auch Alfred Weber hatte, wie man sieht, ein neues »Gesamteuropa« im Sinne. Aber seine Vorstellungen sind weniger von einem rein nationalen Interessenstandpunkt aus formuliert, es überwiegt der souveräne Blick auf ein Gesamteuropa, in dem es auch darum geht, Gerechtigkeitspostulate zu berücksichtigen. Das nationale Interesse, das Bergstraesser in seinem Frankreich-Buch in einseitig politischer Zuspitzung vertrat, läßt sich jedoch von imperialistischen Großraumtheorien der Nationalsozialisten abgrenzen. Daß auch sein Ideal in dieser Zeit in einem geordneten Machtstaat mit inhaltlicher, nicht parlamentarischer Demokratie bestand, ist nicht bezweifelbar. Trotzdem unterscheidet sich Bergstraessers Haltung, sein Geistesaristokratismus und Elitismus durchaus vom rassistisch-nationalsozialistischen Herrenmenschentum (vgl. Schmitt, Horst 1996:66). Dennoch wurde Bergstraesser erst nach seiner Rückkehr aus dem amerikanischen Exil mit Arbeiten, die sich auf den Parlamentarismus westlicher Prägung beriefen, zum Gründer der Freiburger Schule der Politikwissenschaft (vgl. Schmitt, Horst 1995). Als den zweifellos bedeutendsten Versuch der Versachlichung der Politik in den zwanziger Jahren wird man daher Karl Mannheims *Ideologie und Utopie* betrachten müssen.

Karl Mannheims Neuansatz

Karl Mannheims Schrift über den Konservatismus verfolgte einen begrenzten strategischen Zweck: die Habilitation, sie brachte aber noch nicht den entscheidenden Durchbruch. Vielmehr scheint diese Arbeit relativ unbeachtet geblieben zu sein – vielleicht, weil sie lediglich als historischer Beitrag gelesen wurde. Erst mit *Ideologie und Utopie* gelang es Mannheim, in der Öffentlichkeit wahrgenommen zu werden. Es wurde das Buch, mit dem Mannheim berühmt wurde und das ihm den Ruf nach Frankfurt verschaffte.[18] Sowohl die Entstehungszeit als auch noch die Veröffentlichung fielen in die »goldenen Jahre« der Republik – man muß daher Mannheims Buch noch zur politisch »optimistischen« Phase der Weimarer Zeit rechnen. Der kalte Krieg mit Frankreich war beendet und das Briand-Stresemann-Abkommen kündigte friedlichere Nachbarschaftsbeziehungen an, die Einführung der Rentenmark hatte die Inflation beendet und die Unternehmer hatten aufgehört, die Freikorps mit privaten Spenden zu unterstützen. Zwischen 1926 und 1929 flossen die ausländischen Kredite in private, kommunale[19] und staatliche Projekte und der infrastrukturelle Ausbau verhieß wirtschaftliche Genesung nach der großen Inflation. Das allgemeine Unbehagen war für kurze Zeit von einem friedlichen Mantel zugedeckt, ohne daß die Gegensätze verschwunden waren. Mannheims Buch wurde gerade noch vor dem Ausbruch der Wirtschaftskrise als Diskussionsangebot wahrgenommen, und noch reagierten Kommentatoren verschiedener politischer Richtungen darauf – für das Buch ein günstiger geschichtlicher Augenblick. Die drei Kapitel des Buches[20] haben ganz unterschiedlichen Charakter und sind offenbar auch aus verschiedenen Anlässen heraus entstanden. Von einem dieser Anlässe haben wir eine anschauliche Schilderung.

Im Februar 1927 schrieb der Finanzwissenschaftler Sally Altmann an eine Studentin: »Liebe Ruth Neuberg, hoffentlich kommen Sie«, und bat: »Besorgen Sie einen Anschlag am Schwarzen Brett, die Vorlesung von Professor Altmann am Donnerstag den 24. muß ausfallen«. Altmann ließ seine Vorlesung am Donnerstag ausfallen, weil er damit rechnete, daß es spät werden konnte bei dem Termin, zu dem er Ruth Neuberg zu kommen bat. Es ging um einen Vortrag in der »Mannheimer Politischen Gesellschaft«, zu dem die beiden Vorstände, Sally Altmann und Hermann Troeltsch, am 23. Februar 1927 »abends pünktlich 8 1/2 Uhr« im Hörsaal 16 der Handels-Hochschule Mannheim einluden. Über diese Gesellschaft ist auch im Stadtarchiv Mannheim nichts Näheres bekannt, vermutlich zählte sie jedoch zu den in der Weimarer Zeit verbreiteten Einrichtungen staatspolitischer Vereinigungen, die mit Vorträgen bekannter Fachleute ein breiteres Publikum an das republikanische Denken heranführen sollten. Sie wurden meist von kommunalen Honoratioren auf Vereinsbasis geführt und verstanden sich als parteineutral. Von der Mannheimer Politischen Gesellschaft sind die Vorschläge für eine Reihe von Themen für das Winterprogramm 1920/21 bekannt: »So soll gesprochen werden über den Bund der Erneuerung, über die Mittelstands- und Sozialisierungsfragen, über kulturpolitische und Fragen der wirtschaftlichen und politischen Neugliederung des Reiches, für welche Themen erste politische und wirtschaftliche Autoritäten in Aussicht genommen sind«[21]. Zu den Honoratioren, die diese Gesellschaft trugen, gehörten nach dem Weggang der Bürgermeister von Hollander und Dr. Frank aus Mannheim der Professor an der Mannheimer Handelshochschule und Honorarprofessor am InSoSta, Sally Altmann, sowie Dr. Troeltsch und der Syndikus der Mannheimer Handelskammer, Dr. Blaustein. Geschäftsführer wurde anstelle von Altmann, der gesundheitlich angeschlagen war, Herr Goldammer, Auslandsredakteur des *Heidelberger Tageblatts* (ebd.). Diese Gesellschaft zählte also zur bürgerlichen politischen Öffentlichkeit der Stadt, war gesellschaftlicher Treffpunkt und Diskussionsforum ihrer Funktionsträger zugleich. Ruth Neuberg schrieb: »Natürlich ging ich damals zu Mannheims Vortrag... Zu solchen Vorträgen ging ›man‹ in ›seinem Kreis‹, in meinem Fall mit Speier, Münzner, den Rewalts und noch ein paar«[22]. Ruth Neuberg konnte sich noch an den Vortrag erinnern, der sehr interessant gewesen sei. Es handelte sich um einen Vortrag von Karl Mannheim zum Thema »Ist Politik als Wissenschaft möglich?«. Mannheim zählte offenbar zu den »ersten wirtschaftlichen und politischen Autoritäten«, die zu einem Vortrag eingeladen wurden. Das Thema war das in *Ideologie und Utopie* aufgenommene zweite Kapitel, das er hier erstmals einem öffentlichen Publikum vorstellte. Über die Resonanz auf diesen Vortrag ist leider nichts bekannt, aber Ernst Bloch, der dem Vortrag beiwohnte, soll »restlos zufrieden« gewesen sein.

Das schrieb Mannheim an Kracauer[23], dem er den Text dieses Vortrags anbot. Denn Mannheim wollte dies Manuskript zuerst der Frankfurter Societätsdruckerei als »Büchlein von 60–70 Seiten« anbieten. Er habe zwar auch »anderwärtig« die Möglichkeit, die Arbeit zu publizieren, aber er würde »zunächst doch (wegen der breiten Publizität) die Societätsdruckerei vorziehen« (ebd.). Kracauer sollte aufgrund seines großen Einflusses in Erfahrung bringen, ob dort Interesse an dem Manuskript bestünde.

Plädoyer für eine neue Disziplin: Politik als Wissenschaft

> »Ich versuche in dieser Arbeit auf Grund einer historisch-soziologischen Bedeutungsanalyse zu zeigen, wie die elementarsten Begriffe, Aspekte sozial differenziert sind, dass wir kaum eine einheitliche Plattform für das Denken und Handeln haben und wie dennoch und in welcher Gestalt in dieser zerklüfteten Welt Politik noch möglich ist«
> *Mannheim an Kracauer, 26. Juni 1928*

Politik gehöre nicht in den Lehrsaal – weder von seiten der Studenten noch von seiten der Dozenten, das war die Forderung Max Webers, der dies als »eine moralische Frage« betrachtete. Und Weber bekräftigte, sie gehöre gerade dann nicht in den Lehrsaal, wenn der Stoff sich mit Politik befaßte. Ein Unterrichtsfach Politische Wissenschaft jedoch existierte nicht. Mannheim führte mit seinem Vorschlag einen von Max Weber gehegten Gedanken der Qualifizierung der politischen Eliten auf eine neue Ebene: Statt des naturwüchsigen Prozesses der Auslese von Persönlichkeiten im Kampf in den und zwischen den Institutionen und Interessen schlug er eine professionelle Ausbildung für Politikwissenschaft vor, die bislang ein Privileg der Parteischulen war. Die Wissenssoziologie sollte dabei als Protowissenschaft der Wissenschaft der Politik dienen. Dabei ging es ihm nicht um einen Ersatz der Parteischulen, vielmehr wollte er Plattformen zur höheren Form einer Lehre der Politik schaffen, die den noch nicht entschiedenen Hörern bei der Wahl ihrer Entscheidungen helfen könnten, indem sie einen Totalzusammenhang aufzeigen. Mannheim suchte die Politik aus der politisch-agitatorischen Einkapselung herauszulösen und als übergeordnete Forschungsrichtung zu etablieren.

Aus der speziellen Fassung der Ideologietheorie des Marxismus entwickelt er eine allgemeine Theorie, die auch den Standpunkt des Marxismus ideologiekritisch untersucht. Mannheims eigener Standpunkt hatte den Marxismus als Ausgangspunkt, den er als fortgeschrittenste Theorie betrachtete und nunmehr revidierte und kritisch fortentwickelte. Mannheim suchte mit dem Terminus »seinsgebundenes Denken« genau die Falle zu vermeiden, in die der Marxismus vom durch das Sein bestimmten Bewußtsein führe: In der allgemeinen Fassung des totalen Ideologiebegriffs sei das menschliche Denken bei allen Parteien in sämtlichen Epochen ideologisch bestimmt. Die Wissenssoziologie überwinde diese Sicht durch den Vergleich der verschiedenen Standpunkte und die historische Betrachtung – durch diese beiden Mittel werde die Relativierung des seinsgebundenen Denkens erreicht. Das Konzept einer »wertfreien Ideologieforschung« für die Wissenssoziologie erwuchs aus der Untersuchung von Erlebnisformen, Denkhaltungen, Moral und Ethik und ihre Seinsgebundenheit (vgl. I&U:36). In einer Gesamtschau wurden die einzelnen Partikularideologien wiederum funktional aufeinander bezogen und die Grenzen der einzelnen Denkweisen und gesellschaftlichen Standorte und »Wollungen« erkennbar gemacht. Wertfreiheit hieß für die Wissenssoziologie auch, daß die Unterscheidung zwischen dem »richtigen« und »falschen« durch das »adäquate« Bewußtsein ersetzt werden sollte. Denn was für den einzelnen seinsgebundenen Denker richtig, also in Deckung mit dem Sein erscheint, kann mit dieser Methode objektiviert werden durch das Aufzeigen der Funktion, die es in der gesellschaftlichen Totalität zu einem bestimm-

ten historischen Zeitpunkt einnimmt – ein Bewußtsein kann sich in bezug auf einen Standort oder eine historische Situation als adäquat oder nicht adäquat erweisen. Die Verortung eines Bewußtseins im Strom der Geschichte spielt also bei dieser Theorie eine wesentliche Rolle. Mannheims Geschichtskonzept kommt hier zum Tragen: Wahrheit wurde bei Mannheim zur geschichtlichen Frage (vgl. I&U:39/40).
Mannheim bot damit eine bedeutsame Weiterentwicklung der Überlegungen zur Wertfreiheitslehre von Max Weber. Wenn Max Weber von »Tatsachen« oder »Sachverhalten« spricht, so ist die wissenschaftliche Erkenntnis derselben an die »Regeln der Logik und Methodik: dieser allgemeinen Grundlagen unserer Orientierung in der Welt« (MWG I/17:93) gebunden. Mannheim jedoch glaubt nicht, daß es »allgemeine Grundlagen ›unserer‹ Orientierung in der Welt« gibt. Der Vergleich zwischen dem konservativen und dem bürgerlichen Denken hatte ihn gelehrt, daß nicht nur verschiedene Gesellschaftsformationen, sondern auch gleichzeitig verschiedene Klassen, Stände oder Schichten bis in den Sprachgebrauch hinein völlig verschiedene Weltsichten verwenden. »Tatsachen« und »Wahrheiten« werden bei ihm auf Kategorienapparate bezogen, die jeweils Standortqualität anzeigen (I&U:42). Die Art der Problemstellung ist in der kategorialen Apparatur sozial-vital gebunden an den politischen Hintergrund des Denkens – Differenzen bis in das Gebiet der Logik hinein ergeben sich dadurch, so daß man von verschiedenen Denkstilen sprechen muß (I&U:76). Mannheim hatte entdeckt, daß eben auch die sozialen »Tatsachen« eine Begriffsapparatur voraussetzen, die bei einer Gemeinschaft mit gleichen Voraussetzungen eindeutig sind, anders aber in der Gesellschaft mit ihren verschiedenen Standorten (I&U:59).

Max Weber erschien es aufgrund der menschlichen Unzulänglichkeit als schwierig oder fast unmöglich, seine Sympathien in der Lehre völlig »auszuschalten« (MWG I/17:98). Mannheim aber geht von Anfang an davon aus, daß es keine wertfreien Standpunkte gibt (I&U:44): Wer konsequent das Denken auf seine Voraussetzungen untersucht, der entdeckt, wieviel »Erwartungen und Setzungen« bereits in den Fragestellungen und Kategorien enthalten sind, die die empirische Methode bestimmen. Auch der denkende Theoretiker steht nicht außerhalb des Spektrums der sich bekämpfenden Parteien und Kräfte und er ist auch in seinen Wertungen und Willensimpulsen gebunden (I&U:76). Die Gefahr liegt daher für Mannheim nicht in der Tatsache der Voraussetzungen und der daraus erhaltenen Ergebnisse – der Positivismus habe beträchtliche Ergebnisse seiner Forschungen trotz falscher Voraussetzungen gezeigt – sondern darin, daß man sie verabsolutiert und absolut setzt. Mannheim fordert also nicht Wertfreiheit, sondern die Bereitschaft, offen zu sein für neue Erkenntnisse und die Einsicht in die Partikularität und Wandelbarkeit der »hergebrachten theoretischen Bezugsebenen« (I&U:45).

Das ist eine neue Ebene, auf der die Verschiedenheit von Entwicklungen und Standpunkten im gesellschaftlichen Raum entdeckt wird, wo bei Max Weber nur der Maßstab der allgemeinen Logik und des Fortschritts zur Verfügung stand. Auch Max Weber erwartete im übrigen die Offenheit für neue Entwicklungen und die Fähigkeit zur Revision von Standpunkten – freilich meinte er damit mehr die Verfallszeit für technisches Wissen, während Mannheim sich auf die Entwertung des Wissens und der Standorte durch Revolutionen und gesellschaftliche Umbrüche bezog.

Max Weber plädierte für eine harte Erziehung: Wer Erlebnisse sucht, zeigt in seinen Augen Schwäche, der Lehrer habe unbequeme Wahrheiten zu verkünden und sich der Dimensionen politischer Probleme auf dem Wege theoretischer Erörterungen zu widmen. Lehre solle die politischen Ordnungen »analysieren in der Art, wie sie funktionieren, feststellen, welche einzelnen Folgen für die Lebensverhältnisse die eine oder andere hat«, die Verschiedenheiten der politischen Ordnungen einander gegenüberstellen und »versuchen, so weit zu gelangen, daß der Hörer in der Lage ist, den Punkt zu finden, von dem aus er von seinen letzten Idealen aus Stellung dazu nehmen kann« (MWG I/17:96). Nie aber dürfe der Lehrer seine Position dazu mißbrauchen, eigene Stellungnahmen »sei es ausdrücklich, sei es durch Suggestion« abzugeben. Max Weber war jedoch nur scheinbar konsequent: Erlebnisse wollte er nicht zulassen, Treitschkes Vorträge aber ließ er mit ihrer ganzen Leidenschaftlichkeit gelten. Ja, er ließ sie sogar wegen ihrer Leidenschaftlichkeit gelten, denn daß man die Leidenschaften und »temperamentvollen Erörterungen« aus der Lehre ausscheiden könne, sei »eine Bureaukratenmeinung« (WL:490).

Für Mannheim ist die Frage der persönlichen Enthaltung von Werturteilen ganz unproblematisch, da der Lehrer für ihn Vermittler ist, die Wissenssoziologie eine Methode der Diagnose, nicht der Verkündung politischer Stellungnahmen. Für ihn liegt das Problem an anderer Stelle. Das Bürgertum sei mit einem extremen Intellektualismus aufgetreten und verlange ausdrücklich eine wissenschaftliche Politik. Dabei gelinge ihm aber lediglich »eine scheinbare formale Intellektualisierung der ihrem Wesen nach irrationalen Elemente«

(I&U:83f.). Dies bürgerliche Verständnis von wissenschaftlicher Politik trenne Theorie und Praxis, die intellektuelle von der emotionalen Sphäre (ebd.:84). Mannheim stellt daher die Frage, ob »das Emotionale unter Umständen nicht viel wesenhafter mit dem Rationalen verstrickt sein kann (sogar bis in die kategoriale Struktur hineinragend), so daß in verschiedenen Gebieten die Forderung der Isolierung de facto unvollziehbar wäre« (ebd.). Die bürgerliche Wissenschaft suche das »wertende« Element abzulösen und isoliert zu konstruieren. Wenn Mannheim auch an dieser Stelle nur Rickert zitiert, so ist doch klar, daß er damit zugleich auf den Max Weber von *Wissenschaft als Beruf* anspielt, dessen Bestreben gerade diese Trennung zum Ausdruck brachte. In einer Fußnote, in der er auf Max Weber hinweist, der sich »ungefähr« auch in diesem Sinne über die Aufgaben einer politischen Soziologie geäußert habe, heißt es:

»Wenn seine Lösung noch allzu sehr auf der Voraussetzung der grundsätzlichen Trennbarkeit von Theorie und Entscheidung durchdrungen ist, so bleibt seine Forderung, eine gemeinsame Plattform für die Erforschung des politischen Feldes zu schaffen, ein immer wieder zu erstrebendes Ziel« (I&U:133).

Wie aber will Mannheim das zugrundeliegende Problem lösen, ohne auf das Postulat der politischen Enthaltsamkeit zu verzichten? Denn daß er darauf auch nicht verzichten will, geht nicht nur aus den Bedingungen seiner Wissenssoziologie hervor, er sagt es auch ausdrücklich:

»Aber auch hier ist das Wesentliche, daß jene willensmäßigen Impulse und persönlichen Bezüge so weit, wie überhaupt möglich ist, zurückgestellt werden, um auf der sachlichen Basis abstrakte Möglichkeiten einander gegenüberzustellen« (I&U:152).

Die Definition der »freischwebenden Intelligenz« determiniert zugleich die Form der Ausbildung: »Das Teilhaben am gemeinsamen Bildungsgut unterdrückt der Tendenz nach immer mehr die geburtsmäßig-ständischen, beruflichen, besitzmäßigen Differenzen und verbindet die einzelnen Gebildeten gerade im Zeichen dieser Bildung« (I&U:124). Mannheim stellt sich die »moderne Bildung von Anfang an als lebendigen Widerstreit (vor, als) verkleinertes Abbild der im sozialen Raum sich bekämpfenden Wollungen und Tendenzen« (I&U:124), nicht aber als »summative Synthese« (I&U:120), die aus dem »statischen Weltbild des Intellektualismus« (I&U:119) entstünde. Bildung darf also nicht eine »statische Form der Vermittlung« (I&U:122) annehmen, sondern soll »eine progressive Weiterbildung der Geschichte« fördern, in dem sie »möglichst viel von den akkumulierten Kulturgütern und sozialen Energien (zu) erhalten« (I&U:123) sucht. Es geht darum, den Parteischulen, die zu jener Zeit die Ausbildung der Parteieliten übernahmen, eine »höhere Form der politischen Bildung« entgegenzusetzen:

»Geben wir nicht ein bedeutendes Gut europäischer Geschichte ohne weiteres auf, wenn wir nicht beim Herannahen drohender Parteimaschinerie im kritischen Augenblick noch den Versuch machen, gerade jene Tendenzen zu stärken, die auf Grund einer vorangehenden Gesamtorientierung Entscheidungen treffen wollen?« (I&U:157f.).

Es müsse wenigstens der Versuch unternommen werden, die politische Bildung an den Universitäten zu institutionalisieren, um die Funktionen des Staates und der Politik oberhalb all der Parteiinteressen wieder sichtbar zu machen. Die Ausbildung solle jedoch auch praxisnah sein, sogar in einem reicheren Maße als an den Parteischulen. »Auch in einer solchen Hochschule sollten nicht ›Parteilose‹ zu Wort kommen, auch hier gilt es nicht, die politische Entscheidung auszuschalten. Aber es ist doch ein gewaltiger Unterschied, ob ein Lehrer, der die Phase der Deliberation hinter sich hat, zu deliberierenden Hörern von seinem errungenen Zentrum aus spricht und auf diese Weise ein Bild vom Totalzusammenhange entwirft, oder ob es beim Forschen und Lehren nur auf die Züchtung eines vorgegebenen Parteiwillens ausschließlich ankommt« (I&U:132).

Nicht die Ausschaltung der politischen Standpunkte soll die Wissenschaft kennzeichnen, aber das Katheder soll auch nicht zur Basis für die Proselytenjagd werden. Vielmehr sollen verschiedene Parteimeinungen lebendig vorgeführt werden, um den Erlebnisgehalt mit in die Lehre hineinzutragen, aber zugleich die Entscheidung von politischen Problemen nicht von einer einzigen Meinung abhängig zu machen, sondern deren »Partikularität« durch die Vorführung anderer politischer Perspektiven erkenntlich zu machen. Nicht die Willensentscheidung sei lehrbar, sondern nur der »Strukturzusammenhang zwischen Entscheidung und Sicht, zwischen Sozialprozeß und Willensprozeß« (I&U:134). Es ging ihm also darum, eine Unterrichtsform zu finden, die eine sachliche Seite hat, in der die »nötige historische, juristische, ökonomische« Fachbildung sich vollzieht, aber

zugleich auch »jener Spielraum« für »die noch suchenden, vor der Entscheidung stehenden Menschen« sichtbar werden sollte, »in dem Willensentscheidung und Sicht in einer unvermeidlichen Weise verknüpft sind«. Das Ziel war die Weckung eines »die Kritik in sich verarbeitende(n) Willens«, die für Mannheim eine »höhere Art von Willen« darstellte als der durch »Züchtung in den Parteischulen« erreichbare Weltwille (vgl. I&U:158).
Daher schlug er eine Lehrgestalt vor, durch die »die Zusammenhänge im spezifisch politischen Spielraume ... in wirklicher Realdiskussion erfaßt werden können«. Die politische Wissenschaft sollte also »um unmittelbar aktuelle miterlebbare Ereignisse konzentriert sein ..., um die Fähigkeit zur aktiven Orientierung unmittelbar zu wecken«. So wie die Kunst im »Atelier« ihren spezifischen Raum hatte, in der sie entwickelt wurde, wie das Handwerk die Werkstatt, so habe die frühbürgerliche Politik den Klub gehabt, der als Plattform der politischen Auseinandersetzung gedient habe (vgl. I&U:156). Und nach diesem Vorbild sollte auch die Plattform für die Politikwissenschaft beschaffen sein:

»Daß z. B. hier der Lehrbetrieb um unmittelbar aktuelle miterlebbare Ereignisse konzentriert sein muß, um die Fähigkeit zur aktiven Orientierung unmittelbar zu wecken, ist zweifellos. Denn es gibt keine günstigere Möglichkeit, die eigentliche Struktur des politischen Spielraumes kennenzulernen, als die lebendige Auseinandersetzung, mit den Gegnern über das Allergegenwärtigste, da bei einer solchen Gelegenheit stets die in einem Zeitpunkte sich bekämpfenden Kräfte und Aspekte zu Worte kommen« (I&U:159).

Nicht die Entscheidung, aber die Wege zur Entscheidung stehen zur Diskussion. Die Relativierung, die Erstellung »sozialer Gleichungen« sind die Instrumente, mit der die Wissenssoziologie die politischen Strömungen untersucht. Ein Blick auf die Veranstaltungen der Heidelberger Studien- und Fördergesellschaft macht deutlich, wie die begleitende Praxis aussah, die Mannheim hier neben die reine Fachbildung zum Anspruch einer am Erleben geschulten politischen Bildung machte. In seiner pragmatischen Art bot Alfred Weber eine Plattform, eine Möglichkeit der persönlichen Erfahrung von Politikern zur Einführung in die Politik an, von der Max Weber gesprochen hatte und über die Mannheim reflektierte. Als Mittel gegen die begrenzte Möglichkeit der formalen Abwehr der »Irrationalismen« wurde diese Praxis Alfred Webers am InSoSta einbezogen, in der die emotionale Dimension der Erziehung auch zum Zuge kam und »Erlebnisse« in einer Art pädagogischem Theater zugelassen wurden: Die Politiker diskutierten mit den Studenten, und dadurch sollten die Studentinnen und Studenten die Polyvalenzen selbst entdecken. Entscheidungsprozesse sollten auf diese Weise öffentlich gemacht werden und nicht mehr der Verantwortung des stillen Kämmerleins nach der Lektüre von theoretischen Abhandlungen überlassen bleiben. Der Bericht Alfred Webers über die Tätigkeit der Studien- und Förderungsgesellschaft an den Rektor läßt einen Einblick in die Praxis zu, auf die sich Mannheim bezog.

```
Vorstand d. Studien- u. Förderungsgesellschaft
d.Instituts f. Sozial- u. Staatswissenschaften
                          und
Direktion d. Inst.f.Staats-u.Staatswissensch.

                       Bericht
des Vorstandes u. der Instituts-Direktion über das Wintersemester
                1927/28 und das Sommersemester 1928.

Die Studien- u- Förderungsgesellschaft des Instituts hat, nachdem
ihre Gründung Ende Juli 1927 erfolgt war, während der beiden fol-
genden Semester je 2 Versammlungen abgehalten. Am 17.Nov. sprach
Herr Reichsminister a.D. Dr. Peter R h e i n h o l d , der eben vo
einer Reise nach den Ver. Staaten zurückgekommen war, über "Aus-
landsanleihen und Reparationen"; am 12. Jan. Herr Geh.Rat Prof.
Dr.   A n s c h ü t z   und Herr.Reichsminister  H u c h - W e s e r
über das"Problem der Vereinheitlichung des Reiches". Beiden An-
sprachen folgten lebhafte Diskussionen. Im Sommersemester fand am
12. Mai 1928 eine Sitzung statt, die sich mit dem Studium und der
Ausbildung der Nationalökonomen befasste. In dieser Sitzung refe-
rierten die Herren Staatssekretär Dr. T r e n d e l e n b u r g
und Prof. Dr. F.W. B r u c k , München. Am 17. Juni 1928 fand ein
den ganzen Tag in Anspruch nehmende Aussprache über das Problem de
Umgestaltung des Verhältnisses von Reich und Ländern statt. Als
Referenten hatten sich Herr Finanzminister  H o e p k e r -
A s c h o f f  und Herr Reichskanzler a.D. Dr. L u t h e r zur Ver
fügung gestellt. Herr Reichsminister a.D. H a m m  und Herr Finan
minister a.D. S c h a l l , sowie zahlreiche auswärtige Mitglieder
beteiligten sich an der Diskussion.
    Während der Berichtszeit fanden vier öffentliche Veranstal-
tungen statt. Als erste der Vortrag des Herrn Reichsministers Dr.
R e i n h o l d , welcher der geschlossenen Aussprache über das
gleiche Thema "Auslandsanleihen und Reparationen" vorangig.
Im Febr. 1928 sprach der französische Abgeordnete Champetier de
R i b e s , Paris, Parteiführer der Démocrates Populaires über
"Die politische Lage vor den französischen Wahlen". Im Juni 1928
sprach Herr Ministerialrat  I m h o f f  vom Reichswirtschafts-
ministerium-Berlin über "Die Weltwirtschaftskonferenz und ihre
handelspolitische Bedeutung". Seinem Vortrag folgte am nächsten
Tag eine interne Diskussion.
Vom 11-14. Juli fanden 5 Vorträge über "Wirtschaft und Politik
in Nordostdeutschland" statt, jeweils mit 2 anschliessenden Aus-
sprachen, die vor allem in der Generaldebatte des letzten Tages
die grundsätzlichen agrarpolitischen Probleme des deutschen Osten
behandelten. Zu diesen Vorträgen hatten sich vier Herren aus Pom-
mern, Herr Rittergutsbesitzer Dr.v.T h a d d e n , Herr Landrat v.
B i s m a r c k , Herr Dr.v. E i c k s t e d t und Herr Ritter-
gutsbesitzer von  Z i t z e w i t z - K o t t o w  zur Verfügung
gestellt.- Diese Tagung erhielt durch die Anbahnung eines besserer
Verständnisses zwischen Osten und Westen eine besondere Bedeutung
und es besteht die Hoffnung, dass die angeknüpften Beziehungen zu
einer Weiterführung dieser Aussprache führen werden.
    Während der Berichtszeit hatten die Institutsdirektion und
der Vorstand der Studien- und Förderungsgesellschaft die Ehre, in
```

147

- 2 -
(Bericht)

ihrem Kreis zu empfangen:
Die Herren Dr.h.c.Professor S o l i g m a n n , New-York
         Dr.h.c.Paul W a r b u r g , New-York
         Dr.h.c.Emil M a y r i s c h ,Luxemburg,Präsident
                      d.internat.Rohstahlgesellschaft
         Dr.Jacob G o l d s c h m i d t , Berlin.

Die Studien- und Fördergesellschaft beklagt das Ableben ihrer Mitglieder Kommerzienrat Dr. C l e m m , Waldhof, und Präsident Emil M a y r i s c h m Luxemburg.

Der Gesellschaft sind seit der Ausgabe der letzten Mitglieder liste eine Reihe neuer Mitglieder beigetreten, deren Namen in der Anlage mitgeteilt sind.

Herr Dr. Emil M a y r i s c h hat noch kurz vor seinem Tode der Instituts-Direktion eine Stiftung gemacht, die ermöglicht und bestimmt, während der Dauer von vier Jahren abwechselnd einen Deutschen in Paris oder einen Franzosen beim Institut für Sozial- und Staatswissenschaften studieren zu lassen.

Das Institut hat während der Semester durchschnittlich 270 Studierende Mitglieder.

Der Bücherzugnang beträgt während der Berichtszeit 3300 Bände, die Zahl der gehaltenen Zeitschriften hat sich auf 250 erhöht.

Wenn die Finanzlage des Instituts und der Studien- und Fördergesellschaft sich befriedigend gestaltet, hofft die Direktion, die Bibliothek auf der gleichen Höhe zu halten und die Veranstaltungen in ähnlichem Umfange wie bisher fortführen zu können. Die Gründung der Studien- und Fördergesellschaft hat über die regelmässigen Aussprachen hinaus insofern Früchte getragen, als die Inangriffnahme systematischer Forschungsarbeiten in Verbindung mit Stellen und Persönlichkeiten der Praxis vorbereitet werden konnte, die der Gesellschaft nahe stehen.
Ein Dozenten-Verzeichnis des Instituts und den vorlesungsplan des nächsten Semesters für die Fächer der Staats- und Sozial Wissenschaften füge ich bei. Das Programm der Veranstaltungen der Studien- und Fördergesellschaft und des Instituts im Wintsemester 1928/29 wird den Mitgliedern nach Feststellung der Termine zugehen.

                   Mit dem Ausdruck meiner
                            vorzüglichen Hochachtung
                            gez. Alfred W e b e r
                   Geschäftsführender Direktor des Institutes. Stellv. Vorsitzender der Studien und Fördergesellschaft.

Neben diesen Veranstaltungen fanden alle zwei Wochen im Hotel Schrieder die legendären »soziologischen Diskussionsabende« statt. Sie hatten eine ähnliche Funktion und »gehörten zu dem, was die Heidelberger Universität für rebellische junge Intellektuelle – Jugendbewegte, Sozialisten, ›konservative Revolutionäre‹ und andere – so attraktiv machte« (Jansen 1992:36). Im Unterschied zu den Abenden der »Studien- und Fördergesellschaft« lag die Organisation der »Soziologischen Diskussionsabende« ab etwa Mitte der zwanziger Jahre in den Händen der Fachschaft des InSoSta (Jansen 1992:36). Sie waren ursprünglich von »Eugen Leviné zusammen mit der aus Karlsruhe stammenden Sozialwissenschaftlerin Marie Bernays« initiiert worden (Marx 1952:52) und wurden schon seit 1911 vor allem von Alfred Weber gefördert. Fritz Croner, der von 1919 bis 1921 in Heidelberg Nationalökonomie studierte, schrieb: »Man brauchte Alfred Webers oder Emil Lederers oder anderer mächtiger Männer persönliche Erlaubnis, um daran teilnehmen zu dürfen« (Croner 1968:157)[24].

Wenn dahinter bei Alfred Weber ein athenisches Demokratiemodell stand, das Modell der Entscheidungsfindung durch Debatte in der Volksversammlung, so war es bei Mannheim ein vom Parlamentarismus unabhängiges Ideal der Formung einer geistigen Elite, die über den Standpunkt der vorhandenen Parteien hinausblicken lernen sollte – eben das Vorbild des politischen Klubs im Kaffeehaus in der Französischen Revolution (*I&U*:156). Mannheim wie Alfred Weber hatten auf ihre je eigene Weise die Ausbildung einer Schicht von geistigen Führern im Auge, die an das Gesamtwohl denken. Ihre Vorstellungen von gesellschaftlicher Leitung waren so verschieden nicht. Während jedoch bei Alfred Weber das Profil dieser geistigen Führer sich in der Forderung nach »wirkliche(n) Führer(n), die die Totalität des Lebens erfassen können« (Demm 1990:296) und Charakter haben, erschöpft, gehen Mannheims Überlegungen darüber hinaus zur Spezifikation ihres Wissens und ihrer Ausbildung – unter besonderer Betonung des politischen Aspekts oder Standpunktverschiedenheit.

Die Adam-Müller-Debatte

Die Wiederentdeckung Adam Müllers

Seine *Zwölf Reden über die Beredsamkeit*, die er als Reden an die deutsche Nation unmittelbar nach der Schlacht von Austerlitz hielt, sind bis heute auf dem Buchmarkt.[1] Der Autor, Adam Heinrich Müller, der mit Heinrich von Kleist zusammen das »Journal für die Kunst« »Phöbus« herausgab, hat sich selbst als Romantiker und Publizist bezeichnet. Durch die Beurteilungen, die er durch Goethe und andere Zeitgenossen erhielt, ist er in der Germanistik nicht recht heimisch geworden. »Denn wenn man wirklich darin einen vorzüglichen Geist erblickte«, schrieb Goethe, »so ward man auch mancher unsichern Schritte gewahr, welche nach und nach folgerecht das beste Naturell auf falsche Wege führen mußten«[2]. Krättli notiert: »Auch die Brüder Grimm spürten etwas Falsches und Unechtes, als sie ihre Eindrücke über den berühmten Mann austauschten« (ebd.). Dieser moralisch gefärbten Kritik, die an die antifranzösische Zivilisationskritik Kants erinnert, schloß sich auch die germanophile Mme. de Staël an, die den Kritiker ihrer »Corinne« zwar für einen glänzenden, aber weder tiefen noch kühnen Kopf hielt, »der überdies dazu neige, mit frevelhaftem Leichtsinn Sachen und Personen abzuurteilen« (ebd.). Während Mme. de Staël also ihre spezifischen Gründe hatte, Müller abzulehnen, läßt sich aus den übrigen Zeugnissen eine für das personalistische Denken der vorhöfischen Zeit typische Kritik am Höfling erkennen, den Müller für sie repräsentierte.[3]

Müller ist denn auch nicht als Literat, sondern als Staatswissenschaftler mit den »Elementen der Staatskunst«[4] und seiner »Theorie vom Gelde«[5] in die Geistesgeschichte eingegangen. Aufgrund seiner Parteinahme für Österreich bei der Besetzung Dresdens 1809 wurde er nach der Rückeroberung durch Sachsen im gleichen Monat verhaftet und mußte fliehen. Er ging zunächst nach Berlin und arbeitete an Kleists »Berliner Abendblättern« mit. Müllers Kritik an Hardenbergs Finanzedikt brachte nicht nur das Blatt in Schwierigkeiten mit der Zensur, sie zeitigte auch weitere, verblüffende Folgen: »Es war indessen der preußische Kanzler Hardenberg selbst, der den unbequemen oppositionellen Publizisten in geheimer Mission nach Wien sandte« (Krättli 1968:14). Er gelangte durch seinen Mentor und Wegbereiter[6] Friedrich von Gentz an den Wiener Hof, wurde zunächst Pressesekretär und schließlich Generalkonsul im Dienste des Fürsten Metternich in Leipzig und geriet durch seine Tätigkeit für die politische Restauration als Staatswissenschaftler auch bei liberalen Historikern in Verruf. So wurde er fast hundert Jahre lang nahezu vergessen. Erst Friedrich Meinecke erinnerte bei seiner Erwähnung der Vorläufer des historischen Denkens wieder an den Romantiker Adam Heinrich Müller[7]. Eine eigentliche Wiederentdeckung aber folgte nach dem Weltkrieg, als der Staatsrechtler Carl Schmitt-Dorotic 1919 in seiner Schrift über die »Politische Romantik«[8] ihm seine Aufmerksamkeit widmete. Sie bildete den Auftakt für eine Debatte um Müller, an der sich Historiker, Staatswissenschaftler und Soziologen beteiligten und an der neben dem Wiener Staatswissenschaftler Othmar Spann[9] auch Heidelberger oder mit Heidelberg verbundene Wissenschaftler teilnahmen.[10]

In dieser Debatte, die sich bis in die dreißiger Jahre hineinzog, ging es um eine geisteswissenschaftliche Standortbestimmung, die auf verschiedenen Ebenen mehrere Dimensionen berührte. Hans Baron hat in einem Aufsatz ihren entscheidenden Grundton angeschlagen: »Es gibt in der Geschichte der europäischen Geistesentwicklung Epochen, wo sich ... in einer jungen Generation frische Kräfte und Talente regten, ein eigenes selbständiges Lebensgefühl erwuchs und seinen Gegensatz zu allen überlieferten kulturellen und ethischen Überzeugungen entdeckte, bis schließlich die neue ›Freiheit‹, die man suchte, dem alten ›Zwang‹ auf jedem Gebiete des Lebens kampfesfroh entgegentrat«[11]. Die »junge Generation«, das »selbständige Lebensgefühl«, das sich in ihr regt, die Metapher des »Gewachsenen« dieses Gefühls, die Bestimmung des Gegensatzes zum überlieferten »alten Zwang« und das »kampfesfrohe«, mit der man eine neue »Freiheit« suchte: Die Schlüsselbegriffe sind sofort erkennbar, mit denen die Epoche der Antiaufklärung der Jugendbewegung parallel gesetzt wird. Im Kern drehte es sich um die Empfindung einer Polarität vom Zwang eines technischen Rationalismus und dem Drang nach spontaner Emotionalität, wie Baron deutlich macht:

»In solchem jähen Umschwung brach seit der Mitte des 18. Jahrhunderts gegen die Aufklärung, eben als sie in Kultur- und Staatsleben siegreich auf ihrer Höhe stand, der Widerspruch aller Kräfte, die sich von ihr vergewaltigt fühlten, frisch hervor – im Namen des *Gefühls* gegen eine strenge Verstandesnorm in Kunst, Philosophie und Wissenschaft, im Namen der *Freiheit* gegen jede absolutistischeinheitliche Reglementierung von Wirtschaft und Politik« (ebd.).

Als eine solche Epoche wurde die Romantik empfunden, die damit als Projektionsfläche der Jugendbewegung für die Problematik der eigenen Zeit mit ihren geldwirtschaftlichen Individualisierungszwängen diente. Adam Müller konnte für diese Projektion genutzt werden – seine Staatsvorstellung eignete sich für Gemeinschaftsutopien, aber er stellte zugleich auch eine Gegenfigur dar mit seiner Absage an das verbreitete Verständnis von »deutscher Kultur«, dessen integratives »Echtheits«-Postulat mit dem Anspruch auf Werteindeutigkeit und personaler Bekenntnishaftigkeit verbunden war. Müller eignete sich also für die verschiedensten Arten von Projektionen und mußte konträre Deutungen hervorrufen.

Man darf davon ausgehen, daß der junge Mannheim sehr genau registrierte, welchen Rang jeweils bestimmte Figuren in der deutschen Wissenschaft einnahmen. Ob Carl Schmitts Schrift für Karl Mannheim eine Herausforderung für das Thema seiner Habilitation über »Konservatismus« war? Wir kommen später darauf zurück. Woher seine Fragestellung rührte, hatten wir erwähnt. Offensichtlich ist nun, daß es sich bei der Habilitationsschrift, um die es im folgenden geht[12], um eine am Material ausgebaute Fortführung der Gedanken seines Historismus-Aufsatzes handelte[13], der wiederum eine stark ausgebaute Rezension des Buches von Troeltschs »Historismus« (1922) darstellt. Eine knappe Skizze dieser Debatte im folgenden soll zum einen die unterschiedlichen Interpretationen erkennen lassen, mit jener von Carl Schmitt als Auftakt, gefolgt von denen verschiedener »Heidelberger« (Salz, Troeltsch, Mannheim). Aber zum anderen soll, hauptsächlich anhand der konträren Positionen von Carl Schmitt und Karl Mannheim, die zeitgeschichtliche Relevanz des romantischen und des konservativen Denkens dargestellt werden. Schließlich wird Adam Müllers Bedeutung für Mannheims soziologische Fragestellung aufgezeigt.

Es wirkt auf den ersten Blick überraschend, daß Schmitt, der selbst einen politischen Laienkatholizismus vertrat (vgl. Koenen 1995a und Blomert 1998b), den zum Katholizismus konvertierten Diplomaten und Schriftsteller Müller keineswegs wohlwollend interpretiert, sondern frontal angreift. Was war der Grund für Schmitts Attacke auf Müller, der doch nicht allein ständisch dachte, sondern auch dem Staat in einer religiös überhöhten Weise huldigte, wie es Schmitt sich nur wünschen konnte?

Schmitt schildert Müller als reinsten Typus des politischen Romantikers und als Vertreter einer Haltung, die er als Occasionalismus bezeichnet.[14] Occasionalismus stellt für Schmitt die Haltung des Bürgerlichen dar, die er verabscheute. Das von Müller geliebte freie Gespräch, die Gesellschaft, all diese zivilen Elemente, die Müller stark machte, waren Schmitt zutiefst unsympathisch. Schmitt, den Troeltsch als Moralisten mit »stark parteiischer Abneigung« empfand[15], erwies sich hier bereits in seiner ersten, weiter verbreiteten Schrift als radikaler Vereinfacher: Für ihn stellte Müller einen Typus dar, den er in diesem Buche erst schuf, den »politischen Romantiker«. Schmitt identifizierte Müller mit jener Haltung, die die Welt nur unter dem ästhetischen Gesichtspunkt betrachtet. Alles Spielerische an dieser Haltung, ihre Fähigkeit zu Ironie und ambiguen Denkform waren für Schmitt Anathema: Für Schmitt mußte eine Theorie zu Entscheidungen führen, um sie ernst nehmen zu können, sein spielerisches Talent war auf Polemik reduziert, sein ganzes Denken auf den Staat und sein innen- und außenpolitisches Gewaltpotential konzentriert. Schmitt verkörpert damit selbst jenen Typus des »Soldaten«, der sich im Katholizismus bei den Jesuiten am ausgeprägtesten findet.

Schmitts Urteil über Müller ist daher zugespitzt für seine strategischen Zwecke: Er rechtfertigt die Darstellung Adam Müllers – jener »unbedeutenden und zweifelhaften Persönlichkeit« (Schmitt-Dorotic 1919[1]/1925:27, Anm. 4) – allein damit, hier »den Typus politischer Romantik in seltener Reinheit« vorgefunden zu haben. Dabei ist sein Verständnis von »Typus« höchst aufschlußreich: Es handelt sich nicht einfach um eine literarische Kategorie, an der sich eine verbreitete oder sonstwie interesseheischende Haltung erklären ließe. Vielmehr ist sein »Typus« mit einem lebensgeschichtlichen und generativ organizistischen Homogenitätspostulat aufgeladen. Diese Pointe kommt in der Gegenüberstellung mit Chateaubriand zum Ausdruck: »Nicht einmal Chateaubriand kann man hier mit ihm vergleichen, weil dieser als Aristokrat und Katholik aus alter Familie immer noch mit den Dingen verwachsen war, die er romantisierte, während bei Müller, wenn er als Herold von Tradition, Adel und Kirche auftritt, die vitale Inkongruenz ebenso deutlich ist wie die Romantik.«

So fehlte ihm bei Müller also nicht nur der Ernst[16], der schneidend durch Schmitts Schriften sich hinzieht, sondern es fällt bei ihm auch das Wort von Müllers »vitaler Inkongruenz«, die sich auf dessen protestantisch kleinbürgerliche Herkunft bezieht: Schmitt hatte nichts übrig für Proselyten[17]. Es ist klar, daß die Adam-Müller-Renaissance dieser Jahre nicht von ihm ausging. Vielmehr war sie dem Engagement von Arthur Salz zu verdanken.

1920 plante Arthur Salz eine Ausgabe der Schriften von Adam Müller im Verlag Drei Masken. Erschienen sind nur zwei Bände mit den *Vorlesungen über die deutsche Wissenschaft und Literatur* und die

Zwölf Reden zur Beredsamkeit. Als Herausgeber der Werke fungierte später Othmar Spanns Assistent Jakob Baxa, dem wir auch eine große Sammlung biographischer Zeugnisse aus Müllers Leben verdanken (Baxa 1921 und 1930). Was hatte das Interesse von Arthur Salz an Müller angeregt? Salz führte für die Veröffentlichung politische Gründe an. Müllers *Vorlesungen über die deutsche Wissenschaft und Literatur* sollten nach dem verlorenen Krieg an die geistigen Traditionen erinnern und zur Restauration eines nationalen Selbstbewußtseins auf der Ebene der Wissenschaft und Literatur dienen. Müllers Vorlesungen wiesen nicht nur für Salz eine historische Parallele auf: »Als ... Österreich und Preußen geschlagen, das ganze Deutsche Reich wehrlos Napoleon zu Füßen lag, sprach Adam Müller im Winter 1806 zu Dresden vor einer erlesenen Schar von Zuhörern, die des Vaterlandes und des eigenen Lebens Not dort versammelt hatte, über deutsche Wissenschaft und Literatur«, beginnt sein Vorwort[18]. Salz gibt damit an, worin er die aktuelle politische Bedeutung sieht: Müller ist für ihn ein »Anwalt des mißachteten Vaterlandes«, »ohne Dünkel und Ruhmredigkeit, aber mit erquickendem Stolze, der dem Erben und Hüter deutschen Geistes ziemt und ansteht, fremden Siegern verständlich zu machen (sucht), wer wir sind und was wir als unsere Aufgabe, Leistung und Bestimmung in der Welt... ansehen dürfen« (Salz 1920:VI). Diese Leistung ist keine militärische, sondern, wie bei Alfred Weber, eine geistige: Denn ohne den »spezifischen Beitrag der Deutschen zu dieser föderativen Weltrepublik des Geistes« wäre »der Weltgeist ärmer, unvollständiger« (Salz 1920:VIII).

Salz gibt schon einen Hinweis auf Müllers methodische Leistungen: auf das »Verfahren der verstehenden und vermittelnden Kritik«, das neben der organischen Ganzheitsschau und der »Toleranz, die nach Müller das Korrelat der deutschen Universalität ist« (Salz 1920:XI) zum Nutzen der »geistigen Produktion selbst« dienen könnte. Troeltsch schreckte in den Vorworten von Salz vor allem das nationale Pathos, das im geschwollenen Stil der Georgeaner daherkommt. Doch ist leicht zu erkennen, daß Salz zwischen verschiedenen Arten, national zu denken, sehr wohl unterscheidet: In den Reden sieht er »gleichsam die Antwort auf die Gewissensfrage, ob und was national deutsch oder deutsch-national eigentlich sei«. Sie zeigen auch für ihn, »wiefern man als geistiger Mensch sich einen nationalen Deutschen nennen darf, ohne sich in üble Gesellschaft zu begeben« (Salz 1920:VII). Es ist eine zivile Leistung, die für ihn mit der nationalen Orientierung verbunden ist, nämlich die zur politischen Vorstellungswelt der George-Schüler gehörige Kombination von Staat und Poesie. Dahinter steckt natürlich ein völlig anderer Staatsbegriff als jener des zwischen Freund und Feind scheidenden Gewaltmonopols, es ist eine romantische Idee von nationaler Gemeinschaft, die sich in der Macht des Staates verwirklicht.[19] Salz verbindet diese Idee mit der Hoffnung auf Rettung des Staates durch die Poesie: »Weder der Buchstabe noch das Geld werden unsere Staaten (gemeint sind die deutschen Kleinstaaten, RB) retten, diese höchste, diese Bedingung aller unserer Zukunft überhaupt, gewährt nur das lebendige Wort und die lebendige Tat«, zitiert er Müller. Salz hielt Müller freilich zugleich für einen »übelbeleumundeten romantischen Reaktionär«. Also bedurfte es auch für ihn der Rechtfertigung, warum er »sein Herz« an ihn hängt (Salz 1920:XII): Für den Müller der *Zwölf Reden* hätten die »Vorwürfe, die man gegen ihn als Charakter, das Ganze seines Lebens überschauend, erheben kann« (Salz 1920:XV), noch nicht zugetroffen. Salz stutzt sich keinen Müller zurecht, wie er ihn braucht, sondern trennt seine Lebensabschnitte in einen, den er nicht nur akzeptiert, sondern auch bewundert, und einen zweiten, in dem er in Müller kein Vorbild mehr erkennen mag.[20]

Die dritte Möglichkeit, Müllers Werk im Zusammenhang mit seinen biographischen Brüchen zu erklären (statt zu bewerten), verschließt sich ihm: Für Salz gilt die Einheit von Person und Werk und dementsprechend die »Wahrheit, daß höher als das Wort den Völkern das Vorbild ist« (XIV).

Ernst Troeltsch betrachtet Müller in gleicher Weise wie Meinecke als einen bedeutenden Vorbereiter der romantischen Schule des deutschen Historismus: »Er hat die Verbindung der neuen Geistesgeschichte mit dem soziologischen Realismus für sein besonderes Problem gehalten und die Methoden der Organologie als ›gegensätzische Methode‹, als Entgegenstellung der synthetisch-dynamischen Idee gegen den abstrakten und mechanisch zergliedernden Begriff, grundsätzlich entwickelt.« Troeltsch erkennt darin eine über die reine Aufklärungskritik hinausgreifende methodische Leistung Müllers. Auch für Troeltsch jedoch ist Müllers Rhetorik ein Problem, seine »Spielereien und sophistischen Redekünste« (Troeltsch 1922:297), welche »die gegensätzische Methode mit allerhand Gerede tothetzen«, sind ihm zuwider. »Immerhin«, so konzediert er ihm, »versucht er doch auch die eigentlich historische Erkenntnis auf eine intuitive Vernunft im Gegensatz gegen den zergliedernden Verstand zu begründen und diese Vernunft wenigstens einigermaßen im Sinn einer neuen Logik zu logisieren. Daß er dabei zu einer sehr konservativen, mittelalterlich-ständisch gefärbten und zugleich modern realpolitisch-national gesinnten Staatsauffassung kommt, ist eine Sache für sich« (Troeltsch 1922:297). Troeltsch, der hier der Einschätzung von Arthur Salz zu folgen scheint, daß Müller eine moderne nationalpolitische Gesinnung zeige, sieht auch den Übergang zum Reaktionär, den Salz kritisierte: »... daß die Konstruktion der Entwicklung bei ihm noch weniger als bei Schelling einen durchwaltenden Auftrieb und vollends kein logisches Fortschrittsprinzip in der Weise Hegels hat, ist eine sehr persönliche Wendung des Grundgedankens und hängt mit seinen stark religiösen Neigungen zusammen« (Troeltsch 1922:297). Troeltsch reicht eine solche Erklärung aus, »religiöse Neigungen« geben für ihn eine sinnvolle Begründung für eine theoretische Erkenntnis ab.

Mannheim hat diese Begründung nicht ausgereicht und seine Deutung steht hier – bei aller Übereinstimmung in der Frage der methodischen Leistung Müllers – in Konkurrenz zu Troeltsch. Was war für Karl Mannheim der Grund, sich mit Müller zu befassen? Für Mannheim war auch gerade die von Troeltsch und Schmitt beklagte Ambiguität Müllers von Interesse. Das Thema fügte sich in seine eigenen Gedanken über die spezifisch deutsche Kritik des Fortschritts, als deren Konsequenzen sich die »Ideenunruhen« jener Zeit zeigen, deren Blüte zu den »incertitudes allemandes« geführt hatte.[21] Mannheim suchte freilich nicht einfach einen von religiösen Wertungen – und damit im Gegensatz zu Max Webers und Ernst Troeltschs Vorgaben über den Einfluß des Protestantismus auf Handeln und Denken der Menschen – unabhängigen Denkstandort, sondern er wollte zugleich Nutzen und Problematik des Historismus und der Fortschrittskritik herausarbeiten und politisch-sozial verorten, was mit dem Vokabular Max Webers nicht zu leisten war.

Der Begriff des Konservatismus

Aus den Schriften der Romantiker gewann Mannheim ein methodologisches Instrumentarium für die Soziologie als Wissenschaft, das auch für uns noch bemerkenswerte Möglichkeiten zur Erfassung historisch-soziologischer Prozesse enthält. Es bietet soziologische Zugriffe, die mit dem eindimensionalen Traditionalismusbegriff, wie ihn Max Weber geprägt hatte, nicht zu gewinnen sind. Konservatives

Denken ist, so Karl Mannheims Definition, das Reflexivwerden des Traditionalismus (*Kons*:111), der von Max Weber als »seelische Eingestelltheit auf und der Glaube an das alltäglich *Gewohnte* als unverbrüchliche Norm für das Handeln« bezeichnet wurde.[22] Die Unterdeterminiertheit von Max Webers Traditionalismus-Begriff, auf den sich Mannheim bezieht, dürfte leicht erklärt sein: Sie hängt zum einen damit zusammen, daß Weber gar nicht versuchte, den Begriff in Auseinandersetzung mit dem reifsten konservativen Gedankengut seiner Zeit zu entfalten, wie Troeltsch es tat und wie es Mannheim im Anschluß an seine Auseinandersetzung mit Troeltschs Historismus-Buch tat. Zum anderen aber bestand für Max Weber kein Anlaß zu einer solchen Auseinandersetzung, sah er doch den Sieg dessen vor Augen, was er »die Moderne« nannte. Das Gesicht der Gegenrevolution, die sich zu Beginn der zwanziger Jahre zeigt, war für ihn noch nicht erkennbar. Es taucht bei Ernst Troeltsch 1922 auf (Troeltsch 1926:14), und vermutlich war es auch Ernst Troeltsch, der in bezug auf die deutschen Verhältnisse zum ersten Mal den »gegensätzischen« Begriff der »konservativen Revolution« gebrauchte.[23]

Was sind die Kennzeichen dieses konservativen Denkens?

Mannheim geht selbst bei seiner Erklärung »gegensätzisch« (Müller) vor, indem er das konservative Denken an seinem Gegensatz, dem bürgerlich rationalistischen Denken entwickelt. Er hat ein Bild des bürgerlichen Denkens, das am Rationalismus der Aufklärung orientiert ist. Dem stellt er die Qualitäten des konservativen Denkstils gegenüber, nicht ohne die jeweilige soziologische Verortung zu vermerken (vgl. *Kons*:48). Er zeigt, daß das konservative Denken nicht starr und statisch ist, wie das Denken der »progressiven Fortschrittler«, sondern dynamisch: Während das revolutionäre Denken des Bürgertums im Bündnis mit dem Rationalismus zur Welt kommt[24], entwickelte sich das konservative Denken aus dem Bedrohtheitsgefühl der altständischen Schichten. Mannheim schärft den Blick für historische Lebens- und Denkweisen, zeigt die Dimensionen auf, in denen sich Gegenwart und Vergangenheit voneinander distanzieren, und führt dadurch Methoden des Fremdverstehens ein. Methoden, die anders als Identifikation oder Ablehnung funktionieren, wie wir es bei Salz und Schmitt gefunden haben.[25]

»Definitionen sind das Gift der Wissenschaft«

Entscheidende Bedeutung hat zunächst die unterschiedliche Logik, die vom Aufklärungsdenken mit dem Etikett des Irrationalismus belegt wurde und damit erledigt schien. Der Konservatismus diente aber mit seinen neu geschaffenen Methoden nicht nur seinem eigenen antirevolutionären Anliegen, sondern rettete jene altständischen Denkweisen vor dem Untergang, indem er sie in eine neue Denkstufe einbezog. Das romantische Denken »schiebt zugleich den Bereich des Rationalen ein Stück weiter und löst damit eine Aufgabe der Aufklärung zur Rationalisierung der Welt« (Kons:173), indem es eine Sprache entwickelte, die »zur Theoretisierung all jener Lebensmächte, die der Aufklärung immer wieder entgleiten mußten, fähig waren« (Kons:86).

Eine erste Korrektur dieses »wirklichkeitsfremden« Rationalismus, der stets von einem Prinzip aus ableite, bedeutete die romantische Entfaltung des Denkens von mehreren Positionen aus. Mannheim sieht darin eine Steigerung für die Leistungsfähigkeit des Denkens – begonnen mit dem Denken aus Antithesen und Polaritäten, die romantisches Erbgut darstellten (Kons:171). Die Natur etwa sei hier »ein aus unendlichen Oppositonen sich bildendes Ganzes (Organismus)«, eine Konzeption, die in der Geschlechterdifferenz kulminiere.

Die zweite Korrektur stellt für ihn die Ersetzung des Begriffes durch die Idee dar, die ebenfalls eine Dynamisierung bringen soll: Es geht dabei um nichts weniger als um den »Durchbruch der Absicht, das Denken genau so beweglich zu machen, wie das Leben selbst ist« (Kons:172). Dementsprechend sind auch für Müller »Definitionen das Gift der Wissenschaft« (Kons:173). Diese Korrektur ist freilich problematischer und wird von Mannheim auch nicht weiter verfolgt: »Zieht man noch weitere Stellen heran, so muß es ins Auge fallen, wie er (Müller) immer wieder in das romantisch analogisierende Denken zurückfällt« (Kons:173).

Es handelt sich hier um Wirklichkeitsbegriffe, die völlig anders konstruiert sind als diejenigen der bürgerlichen Denkform, welche geradlinig alles in ein Entweder-Oder zerspalte (Kons:260, Anm. 206).[26] Dagegen ging die ständisch-romantische Synthese zunächst von dem vorhegelianischen Begriff des Vermittelns aus, einem Begriff, in dem Mannheim jenes »Sich-Sträuben gegen die Subsumtion unter das Allgemeine« mithörte. Hegel befreite aus der Gegenüberstellung von starrem Denken versus irrationaler Dynamik, als er erklärte, »es gibt eine höhere Art der Rationalität als die des ›abstrakten‹

starren Denkens, es gibt das dynamische Denken«. Doch Mannheim war kein Fortschrittsfeind, und wenn bei aller Dynamisierung der Denkformen das konservative Denken sich starr gegen die neuen Inhalte zeigte (Kons:260, Anm. 204), so lag für ihn darin eine Begrenzung des konservativen Denkens.

Mannheim übernahm dabei von Troeltsch und Meinecke den Gedanken, daß in der Romantik das historische Denken geboren wird. Er arbeitete Schlüsselbegriffe der konservativen Wirklichkeitsbetrachtung heraus, die in ihrer Weise gerade auch für das konservative Denken in der Weimarer Republik konstitutiv wurden (freilich nicht für den Faschismus, den Mannheim am italienischen Beispiel erst in *Ideologie und Utopie* behandeln wird (*I&U*:87–113)). Raum- und Zeitbegriffe gehören dazu, aber auch der Begriff des Eigentums und der Freiheit. Mannheim griff etwa auf Möser zurück, um die Differenzen am Beispiel des Eigentumsbegriffs zu erklären: Möser wies »darauf hin, daß jenes ältere ›echte Eigentum‹ mit seinem Besitzer ganz anders verbunden war, als dies beim modernen Besitz der Fall ist. Es bestand eine besondere, lebendige, gegenseitige Beziehung zwischen Besitzer und Besitz. Das alte echte Eigentum verlieh seinem Besitzer bestimmte Vorrechte, z.B. ›Stimmbarkeit‹ im Staate, Jagdrecht, ›Schöpfenbarkeit‹, es war also mit der besonderen persönlichen Ehre des Besitzers eng verbunden und in diesem Sinne unveräußerlich.« Das zeigte sich dann, wenn »der Besitzer sein Gut ... veräußerte, (so) konnte z.B. das Jagdrecht nicht abgetreten werden, und das ... war ein bleibendes Wahrzeichen dafür, daß der neue Besitzer nicht der ›echte‹ Besitzer des Gutes ist« (*Kons*:112f.). Besitz war in diesem Verständnis gebunden an die »seinsmäßigen konkreten Beziehungen in einer ständisch-gegliederten Gesellschaft zwischen Person und Eigentum« und damit qualitativ-individuell gewachsen, wogegen der abstrakte bürgerliche Eigentumsbegriff nur noch quantitativ bestimmbar sei.

Ähnlich der Freiheitsbegriff mit seinen spezifischen, vom Liberalen divergierenden Konnotationen: Er richte sich nicht gegen die bürgerliche Freiheit selbst, sondern gegen die dahinter stehende Vorstellung der Gleichheit der Menschen. Für den Konservativen sei eine solche Bestimmung der Menschen wider alle Vernunft, erkenne er doch die tatsächliche Ungleichheit der Menschen und ihre individuellen Talente als höchstes Prinzip von Individualisierung: »Nichts kann der Freiheit, wie ich sie beschrieben habe, ... mehr widersprechen als der Begriff einer äußeren Gleichheit. Wenn die Freiheit nichts anderes als das allgemeine Streben der verschiedenartigsten

Naturen nach Wachstum und Leben ist, so kann ich keinen größeren Widerspruch ausdenken, als indem man, mit Einführung der Freiheit zugleich, die ganze Eigenthümlichkeit, d. h. Verschiedenartigkeit dieser Naturen aufhebt« (Möser, *Kons*:115).

Diese organische Auffassung der Freiheit, die sich an Naturbegriffe anlehnt, ist schon bei Aristoteles oder Goethe zu finden, doch erhält sie hier eine politische Spitze (*Kons*:115f.). Mannheim arbeitet hier wiederum den Gegensatz zwischen dem rationalistischen und dem organisch-romantischen Denken heraus: Während der seiner revolutionären Funktion entsprechend abstrakte, von den Möglichkeiten her konstruierende liberale Denker an der prinzipiellen Gleichheit aller Menschen oder zumindest an der These von den gleichen Möglichkeiten aller (aus einem abstrakten Optimismus heraus) festhält und die Schranke für die Freiheit des einzelnen nur in der Freiheit seiner Mitbürger setzt[27], sieht der romantische Denker diese Schranke der Freiheit bereits im ›individuellen Gesetz‹ des Wachstums, in dem jeder seine Möglichkeiten und Grenzen findet (*Kons*:116).

Insofern diese individuelle Freiheit statt des Begriffs von Öffentlichkeit nur denjenigen der Gemeinschaft (später: des Volkes) kennt, ist er eingebettet in die ständische Herkunft der einzelnen, ist sie zugleich an diese »organischen Gemeinschaften« gebunden, die Träger des Wachstumsprinzips sind. Hier »enthüllt sich aber zumindest die andere Wurzel des qualitativen Freiheitsbegriffes«: Die »Freiheiten« der Stände seien im Laufe der Geschichte zu jenen Privilegien geworden, die das Bürgertum in seiner Entfaltung hinderte.[28] Alle adelige, ständische oder kirchliche Opposition gegen den ›mechanischen‹ Absolutismus stütze sich auf ›hergebrachte‹ Rechte und Freiheiten, konnte daher nicht abstrakt naturrechtlich, sondern mußte historisch argumentieren.

Dies hat sich auch in der rechtshistorischen Diskussion niedergeschlagen, sowohl was das »Allgemeine preußische Landrecht« anbelangt, in welchem Suarez die lokalen Besonderheiten und Privilegien in vielfältiger Weise berücksichtigte (nicht immer zur Freude des Königs, der es einfacher haben wollte), als auch in den Auseinandersetzungen zwischen dem römischen und dem deutschen Recht zwischen Savigny und Thibaut. Auf Mannheims Darstellung dieser rechtstheoretischen Debatte kann ich hier nicht eingehen – immerhin wird seine Darstellung in der rechtshistorischen Literatur als »grundlegend« beschrieben (vgl. Stolleis 1992:125).

Insbesondere dieser Freiheitsbegriff wurde im Ersten Weltkrieg nicht nur in konservativen Kreisen mit neuen Konnotationen wieder aktualisiert.[29] So blieb Wagner für Thomas Mann zwar »48er-Revolutionär«, aber einer des Geistes, nicht der Politik. Und er erinnerte daran, daß Wagner »im Dresdner ›Vaterlandsverein‹ jene grundsonderbare Rede hielt, worin er sich als glühender Anhänger des Königtums, als Verächter alles Konstitutionalismus bekannte und Deutschland beschwor, die ›fremdartigen, undeutschen Begriffe‹, nämlich den westlichen Demokratismus, zum Teufel zu jagen und das einzig heilwirkende altgermanische Verhältnis zwischen dem absoluten König und dem freien Volke wiederherzustellen: denn im absoluten König werde der Begriff der Freiheit selbst zum höchsten, gotterfüllten Bewußtsein erhöht, und frei sei das Volk nur, wenn *einer* herrsche, nicht, wenn *viele* herrschen« (Mann 1983:276f.). Thomas Manns Auffassungen sind grundkonservativ – aber sie sind noch nicht konterrevolutionär. Mit der bald nach dem Ende der Monarchie einsetzenden konservativen Gegenrevolution, die nach der politischen »Tat« verlangte, hatte er nichts mehr zu tun.

Warum wurde der deutsche Historismus im Gegensatz zum französischen oder englischen Traditionalismus nicht reaktionär? Mannheim erklärte den Unterschied u. a. durch die Tatsache, daß in Deutschland keine Revolution stattgefunden hatte, welche die politische Konfrontation auf lange Sicht aufrechterhielt und damit auch das polare Denken verhärtete. Die preußischen Reformen (Hardenberg) wurden evolutionär durchgeführt und so begünstigte »die evolutionäre Geisteshaltung ... das Zustandekommen des dynamischen Historismus« (*Kons*:157). Wenn das Grunderlebnis der französischen Traditionalisten die »Dauer« ist[30], so ist, nach Mannheim, das deutsche Pendant im konservativen Denken das organische Wachstum, welches einer spezifischen Erlebnisweise entspricht, die sich in Stileinheit und Bildungsprinzip aus vortheoretischen Elementen zum Konservatismus herausschälen. Als Repräsentanten einer bestimmten Schicht, die ursprünglich praktisch dachte, und deren Lebensformen von der aufkommenden bürgerlichen Schicht bedrängt wurden, mußten sie, das ist Mannheims Erklärung, angesichts dieser Bedrohung reflexiv werden und entwickelten dabei Methoden, Erkenntnisweisen und Begriffsmöglichkeiten die zum Bestand geisteswissenschaftlicher und sozialwissenschaftlicher Techniken geworden sind. Mannheim grenzt dies Denken nicht gegen den liberalen Freiheitsbegriff ab, sondern – näher am deutschen Beispiel – gegen den bureaukratischen Absolutismus, jene Despotie der bureaukratischen Verwaltung, die »alles nach wenigen Regeln zwingen will und darüber den Reichtum der Mannigfaltigkeit verliert« (Möser, *Kons*:163). »Dieses Ausspielen des Lebens und der Mannigfaltigkeit als des durch den bureaukratischen Rationalismus nicht erfaßbaren Elements ist die Vorwegnahme dessen, was hier in Opposition zum revolutionären Naturrecht sich als Vorläufer der Lebensphilosophie – um es sofort beim richtigen Namen zu nennen – zu einem Denkstandorte agglomerierte« (*Kons:*165). Für Mannheim liegt die große Bedeutung der sich aus dem konservativen Denken entwickelnden Lebensphilosophie in ihrer Erkenntnis der Abstraktheit der bürgerlichen Beziehungen (Verdinglichung). Die Lebensphilosophie sehe, daß »diese Welt der angeblichen Realität nur die Welt der kapitalistischen Rationalisierung ist« (*Kons*:183). Da sie jedoch keinen Bezug zur Praxis mehr habe, sei sie »entpolitisiert«. Allerdings halte sie einen »Erlebniskeim lebendig« und ist damit, so sah es Mannheim, offen für »spätere Synthesen«, denn es sei noch nicht ausgemacht, »in welche Verbindungen sie noch eingehen wird«. Und darin liegt für ihn die Hoffnung auf einen politischen Bündnispartner im Kampf gegen den »Kapitalismus«. Zwar sei noch nicht erkennbar, welche Richtung die Denk- und Erlebnisorientierungen der lebensphilosophisch Bewegten einnehmen werden. Doch daß sich die Bergsonsche Linie in Faschismus und action directe (Sorel) aufteile, die seinen élan übernehmen und eine Fundierung eruptiver, auf Tat ausgerichteter politischer Tendenzen böten, darauf weist er bereits in der dazugehörigen Anmerkung hin (*Kons*:263, Anm. 233).

Mannheim verfolgt also mit der Einführung dieser romantischen Methodologie in die Soziologie auch einen politischen Gedanken, denjenigen der Einbindung von Kräften und Gegenkräften in einen Dialog – seine Wissenssoziologie beinhaltet stets auch eine politische Pädagogik.

Tertium datur

Mannheim sieht Müller im Ensemble einer geistigen Bewegung, die von Möser bis Hegel reichte und das »mechanistische, einlinige Denken der Aufklärung« überwinden half. Müller wird neu positioniert: Für Schmitt bedeutete die romantische Haltung eine Fehlentwicklung des Liberalismus. Mannheim jedoch lobt Müller genau wegen dieser Haltung, und während im Schmittschen Dezisionismus ein tertium non datur, stellt Mannheim in den Mittelpunkt seiner Müllerinterpretation jenen wesentlichen Schritt im Denken, den für ihn das vermittelnde Dritte bedeutete. Dieser Schritt war Müller möglich aufgrund seiner sozialen Lagerung, die ihm intellektuelle Distanzierung erlaubte. Während Möser und Burke aufgrund ihres direkten Praxisbezugs zu absoluter Nüchternheit neigen, ist es für Mannheim eine Eigentümlichkeit von Müllers Philosophie, daß sie sich »von philosophischen Prinzipien aus erst die Praxis erobert« (Kons:154). Darin liegt der Vorteil, der zu der Müllerschen Entdeckung einer neuen geistigen Methode führte, zur Vermittlung. Die Vermittlung ist jene von Müller eingebrachte neue Denkmöglichkeit, die agonistische Situationen transzendieren kann und für Mannheim zum Movens und Ziel aller wissenssoziologischen Absichten wird – bei Müller sieht er ihren Ursprung. Zwar habe Müller diesen Schritt noch nicht zu Ende geführt – das war Hegels Dialektik vorbehalten, doch bleibe seine Leistung für diese Denkfigur von säkularem Wert.

Wie eng für Mannheim »soziale Mittellage« und »Vermittlung« als Denkschritt und zugleich als Ausgleichsfunktion in polarisierten Situationen miteinander zusammenhingen, hat er in der berühmten Passage über die Intellektuellen und ihre gesellschaftlichen Aufgaben in *Ideologie und Utopie* geschildert (I&U:121-134) – eine Passage, die auch sein Kritiker Curtius besonders hervorhob und als eine »ausgezeichnete« und »grundlegende Analyse« bezeichnete und sie allen Politikern und den Intellektuellen aller Parteien zur Lektüre empfahl (Curtius, SuiG:735). Curtius monierte freilich – ganz im platonischen Sinne – die soziologische Pointe, daß Mannheim das Wort Intelligenz nicht »hier als Funktion des Geistes« genommen habe, sondern »als Gruppe von Personen« (SuiG:736). Gerade der wissenssoziologische Ansatz, der Mannheims neue Perspektive ausmachte, war ihm suspekt.

Adam Müller, den Mannheim in der geistigen Bewegung des konservativen Denkens als einen Kreuzungspunkt zwischen Literaturromantik und altständischem Denken betrachtet, verdiene nicht wegen seiner Bedeutsamkeit oder schöpferischen Eigenart erwähnt zu werden, sondern als Typus des Ideologen und Romantikers, »wesentlich rezeptiv, zugleich aber Kenner, mit einem unendlich feinen Gefühl begabt, das Zusammengehörige aus dem Gemenge der Gedankenelemente, die im Zeitbecken umherschwirren, aufzufangen« (Kons:149). Müller wird zum Prototyp der Schicht, die als »freischwebende Intelligenz« in der Wissenssoziologie jene Funktion der Vermittlung gegensätzlicher Ideologien zu übernehmen haben und dazu diese Eigenschaften feinfühliger Rezeptivität und Vermittlungsfähigkeit für »das Zusammengehörige« brauchen. Es steckt mehr dahinter als ein irenisches innenpolitisches Kalkül, wie es in *Ideologie und Utopie* später fast eher nüchtern entwickelt wird: »(G)äbe es diese ungebundene, sozial freigestellte Literatenschicht nicht, so wäre es leicht möglich, daß in dem kapitalistisch werdenden Sozialkörper ein großer Teil unserer geistigen Inhalte verschwände und nur die nackten Interessen übrigblieben« (*Kons*:147). Glaubt Mannheim, wie es hier anzuklingen scheint, daß die bürgerliche Gesellschaft von Hauen und Stechen geprägt wäre, wenn nicht Intellektuelle auch die Interessen der Proletarier artikulieren würden? Sollte also die Intelligenz als »geistiges Schmiermittel« im sozialen Körper wirken, damit die kapitalistischen Interessen nicht »so nackt« hervortreten? Würde das nicht heißen, daß die Intelligenz, die er doch mit Alfred Weber als »freischwebend« begreift, ohne direkten Auftrag, gewissermaßen aus freien Stücken die Aufgabe erfüllte, »Opium für das Volk« herzustellen? Mannheim vollführt hier einen merkwürdigen Spagat, der nur vor dem Hintergrund seiner teleologischen Denkweise geklärt werden kann: Für ihn ist die Intelligenz nicht, wie für den Vulgärmarxismus, ein Instrument, das einer Klasse dient – entweder der bürgerlichen oder der proletarischen. Das freie Schweben der Intelligenz ermöglicht ihr, geistige Elemente zu speichern, die zwar für die Gegenwart der bürgerlichen Gesellschaft keine aktuelle Bedeutung haben, aber für eine zukünftige etwas aufbewahren können, was sie benötigt. Die Intelligenz hat eine Flaschenpost zu transportieren für die nachbürgerliche sozialistische Gesellschaft. Dieser Gedanke ist auch 1929 im Schlußsatz von *Ideologie und Utopie* wiederzufinden, in etwas verwandelter Formulierung:

»Während der Untergang des Ideologischen nur für bestimmte Schichten eine Krise darstellt und die durch Ideologieenthüllung entstehende Sachlichkeit für die Gesamtheit immer eine Selbstklärung bedeutet, würde das völlige Verschwinden des Utopischen die Gestalt der gesamten Menschwerdung transformieren. ... Es entstünde die größte Paradoxie, die denkbar ist, daß nämlich der Mensch der rationalsten Sachbeherrschung zum Menschen der Triebe wird, daß der Mensch, der nach einer so langen opfervollen und heroischen Entwicklung die höchste Stufe der Bewußtheit erreicht hat – in der bereits Geschichte nicht blindes Schicksal, sondern eigene Schöpfung wird –, mit dem Aufgeben der verschiedenen Gestalten der Utopie den Willen zur Geschichte und damit den Blick in die Geschichte verliert« (*I&U*:249f.).

Hier heißt es nicht »nackte Interessen«, sondern – möglicherweise bereits durch Freud im Sprachgebrauch angeregt –»der Mensch der Triebe«, der alles überflüssige utopische Potential als Ballast abzuwerfen bestrebt scheint. Das Verschwinden der Utopie erschiene ihm als ein Verlust jener Qualitäten des Menschen, die ihn über das Tier hinausheben, ein Verlust, den sein eigener Stand, die »freischwebende Intelligenz« aufzuhalten beauftragt ist: Es ist die Mission der Intellektuellen, Wächter in finstrer Nacht zu sein, wie er sich in Ideologie und Utopie ausdrücken wird (*I&U*:130).

Soziologie ist, wie hier wiederum deutlich wird, für Mannheim stets auch Geschichtstheorie: Mit der Wissenssoziologie beschreibt er den historischen und aktuellen Status von Denkstilen oder Denkfiguren, ihre geschichtsformierenden oder geschichtsabgewandten Kräfte (»Wollungen«), ihre Übernahmen in anderen Denkrichtungen, ihre Vermischungen mit gegnerischen Auffassungen und die Gestaltungen, die sich aus diesen komplexen Bedeutungsamalgamen für sie ergeben. So erklärt er in diesem Sinne auch die Parallelen in den Argumentationssträngen der Romantiker und der marxistischen Theorie, die sich hauptsächlich auf das Entfremdungstheorem gründet:

»Interessant ist es ..., auch hier zu sehen, was immer wieder zu beobachten sein wird, wie von der konservativen Opposition gegen das bürgerlich-kapitalistische Erleben auch die Linksopposition lernt: die tausendfach wiederholte Betonung der Abstraktheit der menschlichen Beziehungen in der kapitalistischen Welt (bei Marx u. a.) geht auf die Entdeckungen der altständischen Welt zurück« (*Kons*:114).

Geschichtsphilosophie

Mannheims Affinität zur Romantik hängt mit dieser Aufbewahrungsfunktion zusammen, die sie für eine zukünftige sozialistische Gesellschaft übernimmt. Hinter dieser Affinität verbirgt sich auch seine Geschichtsphilosophie der Abfolge historischer gesellschaftlicher Stufen und der gleichzeitigen Entfaltung einer geistigen Synthese, die zur Auflösung der Spannungen zwischen den »nackten kapitalistisch-rationalistischen Interessen« und den konservativen Bedürfnissen des Menschen führen sollten. Diese Funktion hatte er zunächst im Historismus gesehen, der für ihn mehr war als eine bestimmte Methode der Geschichtsforschung und Geschichtsschreibung. Der Historismus sollte an die Stelle der früheren Metaphysik treten und »mit Hilfe der Kategorie der Totalität die tiefere Einheit des Wandels zu erfassen suchen«. Der Historist sollte, so meint Mannheim ihn definieren zu können, das »sich entfaltende letzte Substrat« der Zeit transzendieren und »Tendenzen« erfassen, die die Zukunft gestalten. Damit erst löse er seine Aufgabe, den Relativismus zu überwinden, und aus dem »endlosen Gewirr der Einzelursachen gerade jene (aufzuzeigen, die) im Gesamtprozeß zur Geltung kommen, die für seine Entfaltung hemmend oder fördernd waren« (Historismus 1924:299f.). Die Geschichtsphilosophie, zu der Mannheim den Historismus hier macht, müsse damit auf die Frage antworten können: »Was sollen wir tun?« (Historismus 1924:301). Dies nicht zu Ende gedacht zu haben, wirft er Troeltsch vor (Hist:273, 276), dem er seine »geschichtsphilosophische Vision« eines »vollendeten Historismus« (Hist:250) entgegenhält. So deutlich wie Mannheim hier die Wertfrage in seine persönliche Definition eines »vollendeten Historismus« mit hineinnimmt, wird man es in seinen späteren Heidelberger Arbeiten nicht wiederfinden, das politisch-utopische Element in seinem eigenen Denken blieb im Hintergrund: Zweifellos ging es ihm um die Sachlichkeit der Darstellung, die nicht unter der Wertung leiden sollte. Doch Mannheim glaubte nicht daran, daß Wertung und Sachdarstellung sich trennen ließen – vielmehr konnte es stets nur darum gehen, die »Wollungen« durch Bewußtmachen kontrollierbar zu machen.

Als Mannheim Geschichtsschreibung mit einer Geschichtsphilosophie identifizierte und vom Historismus verlangte, »nicht nur eine genetische, sondern auch eine sinngenetische Stufenfolge der Werdegestaltungen zu entdecken« (Hist:273), wurde er am InSoSta offenbar auf die Problematik seiner Denkweise aufmerksam gemacht. Einer entsprechenden Fußnote in dem Aufsatz können wir entnehmen, daß Mannheim über diese und »einige weitere Fragen« mit Alexander von Schelting diskutiert hat, der ihn hier »gefördert« habe. Allerdings glaubte er, daß gerade in diesem Aufsatz »keine Fehlerquelle« aus dieser Identifikation entstanden sei (Hist:191, Fn. 26).

Praxisbezug und Romantisierungstechnik

Was bei Möser noch nüchtern gesehen ist, wird in der Romantik und der historischen Schule romantisiert. Möser raubt der Theorie, wie sie die rationalistische Aufklärung bietet, ihre Selbstherrlichkeit. Möser setzt sich für den Primat der Praxis ein, von ihr aus denkt er und richtet sich gegen Kant, der die Sphären von Theorie und Praxis trennt, um sie danach in Beziehung zu setzen. Müller dagegen hat keinen stabilen Praxisbezug – die Veränderungen seiner sozialen Position haben verschiedene Einstellungen zur Folge. Mannheim hat Müllers Haltungsverschiebung und den Wandel seines Bewußtseins untersucht: Aus dem preußisch-ständischen Lager, wo er sich nach den Reformen nicht mehr halten konnte, flüchtete Müller nach Österreich. Dort jedoch wurden »alle jene Keime zerstört..., die in ihr (der Müllerschen Romantik, RB) genuin entstanden waren, aus denen und für die sie einen Sinn hatte«. Lokalitäts- und Schichtverlust machten Adam Müller katholisch-romantisch. In dem Moment also, wo bei Müller der Praxisbezug (anders als bei Möser) verschwimmt, verliert auch der Lebensbegriff seine Konkretheit. Immer wenn er nun konkret werden soll, »verrennt er sich stets in Deklamationen über das ›Lebendige‹...« (*Kons*:181). So wird das »abgehoben erlebte Dynamische« in der zweiten Hälfte des 19. Jahrhunderts zu einem »Realismus«, der das ›Leben‹ nicht mehr in der Praxis, im Alltag sucht, sondern im Erleben, im verinnerlichten Bewußtsein« (*Kons*:182).

Der Vergleich mit dem bodenständigen Justus Möser zeigt, wie stark bei Müller bereits die Romantisierung eingesetzt hat. Romantisierung ist, nach Mannheim, »einen Tatbestand auf eine höhere Begründungsebene (zu erheben), als auf der er uns sonst entgegenzutreten pflegt« (*Kons*:148). Romantisierung etwa des Katholizismus oder des Adels sind typisch: »Das Vorhandensein des Adels ist eine empirische Tatsache; alle historischen Fehler und Tugenden des Adels als gegeben und als bekannt gesetzt, leistet das romantische Denken das Seinige, indem es in ihm ein Prinzip entdeckt und zugleich das Werden als einen Kampf verschiedener Prinzipien darstellt. Dadurch sind Tatsachen, die als solche insbesondere für das positivistisch eingestellte Denken nur in einem Wirkungszusammenhange gegeben wären, zu Sinnzusammenhängen gemacht. Sicher rückt durch eine solche ›Romantisierung‹ der Tatbestand in ein schärferes Licht (›etwas ist immer gut gesehen‹), aber der Realzusammenhang wird dadurch verdeckt« (*Kons*:148). Aus Wirkungszusammenhängen werden Sinnzusammenhänge – und dadurch wird eine neue »Tiefenschicht« von Zusammenhängen erkennbar gemacht. Mit Novalis sieht er in dieser Technik eine »qualitative Potenzierung«: »Indem ich dem Gemeinen einen hohen Sinn, dem Gewöhnlichen ein geheimnisvolles Ansehen, dem Bekannten die Würde des Unbekannten, dem Endlichen einen unendlichen Schein gebe, so romantisiere ich es« (Novalis

1907:304f.). Bei Mannheim wird klar, warum man diese Romantisierung, die ja die Wendung zum Katholizismus und die Romantisierung des Adels betrifft, nicht auf das religiöse Bekenntnis noch auf die »Verwachsenheit« zurückführen kann: Man verliert nicht allein den Punkt der soziologischen Erklärung, sondern dreht sich im Kreis, wenn man die »Wendung zum Katholizismus« mit einer religiösen Neigung, die Romantisierung des Adels mit einer »Verwachsenheit« erklärt. Statt die Tatsache zu erklären, hat man auf diese Weise nur tautologisch umformuliert. Das Romantisieren reicht über derartige Tautologien hinaus. Freilich ist dadurch die Möglichkeit der Willkür eröffnet, das, was Mannheim den »Mißbrauch« der Technik nennt:

»Bezeichnenderweise steckt bereits im Novalis'schen Satz die Möglichkeit doppelter Auslegung: einer, die auf das ›Vertiefen‹ hinzielt, und einer zweiten, die zur ›Ideologisierung‹ bestehender Zustände führt« (Kons:149).

Für Mannheim ist jedoch nicht das Romantisieren die säkulare Leistung der Romantik, sondern das »qualitative Potenzieren«:

»Ihre Konstruktionen sind deshalb immer falsch oder auch gefälscht; aber irgend etwas ist immer ›gut gesehen‹. Darin lag das Befruchtende der Romantik für die Geisteswissenschaften: Sie warf Probleme in die Diskussion, sie entdeckte ganze Gebiete; es mußte aber einer späteren Forschungsarbeit überlassen werden, das Tatsächliche von der bloßen Konstruktion abzusondern« (Kons:146).

An dieser Entdeckung von Wirk- und Entwicklungsmöglichkeiten in den Zustandstatsachen, wie sie die »Romantisierung« oder das »qualitative Potenzieren« darstellen, scheiterten die Positivisten, die die Vernunftreligion der Aufklärung fortführten, sie war (und blieb) für sie die Mauer, an der ihr Verständnis endete, hinter der sie nichts als »Irrationalismus« mehr entdecken konnten. Selbst im Marxismus hatte der naturwissenschaftlich orientierte Positivismus bis in die zwanziger Jahre die hegelianische Komponente so weit verdrängt, daß ökonomistischer Fortschrittsglaube und Kantianismus ihn dominierten, bevor Lukács mit seiner Schrift *Geschichte und Klassenbewußtsein* eine Wende einleitete, gewissermaßen eine »Romantisierung« – oder eine »qualitative Potenzierung« des Marxismus (zu der auch Bloch beizutragen suchte, der jedoch nicht Mitglied der Partei wurde). Im Gegensatz zur westlichen Soziologie war in der deutschen Soziologie die Erbschaft der Romantik in Form ihrer historischen Ausrichtung erhalten geblieben (vgl. Kruse 1990). Mannheim wollte diese Romantisierung, die sich in der Lebensphilosophie und im Historismus bewahrt hatte, erneut zum Leben erwecken und durch die Wissenssoziologie den Sinn für das »aufkeimende Neue« schärfen, behielt dabei gleichzeitig den geschichtsphilosophischen Impetus bei.

Nichtkonformismus – Seinsprimat – Ideologisierung

»Man muß vom geschichtlichen Prozeß etwas wollen, um ihm etwas erkenntnismäßig abgewinnen zu können« (Kons:156). Erst durch Nichtkonformität, also eine bestimmte, oppositionelle Position im politischen Geschehen werden Bewußtwerdungsprozesse in Gang gesetzt. In der Restaurationsepoche setzt Mannheim nicht nur den Beginn der neueren Geschichtsschreibung an, wie auch Meinecke, Troeltsch und andere es getan hatten, sondern ebenso Romantik, Konservatismus und schließlich auch die Lebensphilosophie seiner eigenen Zeit: Sie erwachsen alle aus derselben Quelle der Gegenrevolution. »Dies ist der gemeinsame Sinn der Burkeschen Kontinuität, des fanzösischen Traditionalismus und des deutschen Historismus« (ebd.). Auch wenn sie sich dieses Ursprungs nicht mehr bewußt sind, ihren Widerpart, den rationalistischen Positivismus halten sie stets im Auge. Für Mannheim liegt die Erklärung dafür, daß der Konservatismus in Deutschland »nicht reaktionär werden mußte, in der für Deutschland günstigen Konstellation, hatte er doch keine siegreiche Revolution im Lande«. Denn jede Gegenrevolution »ist gezwungen, genau so starr ein utopisches Richtungsbild der Wirklichkeit gegenüber zu stellen, wie die Revolution es tut. Die evolutionäre Geisteshaltung (der preußischen Reformer, RB) begünstigt das Zustandekommen des dynamischen Historismus« (Kons:156f.). Der Konservatismus habe also nicht die Geschichte überhaupt entdeckt, sondern nur einen spezifischen Sinn darin, den »Sinn des Werdens, der Vergangenheit: den Sinn der Tradition und Kontinuität in ihr« (Kons:156). Das Moment, das ihnen allen gemeinsam ist, ist der »Seinsprimat«, der sie vom »Denkprimat« der rationalistischen Philosophie unterscheidet. Dieser Seinsprimat, der sich im konkreten Denken ausdrückt, findet sich etwa in der Kritik am aufklärerischen Menschheitsideal wieder, einer Kritik, die sich hinzieht bis zur Kritik des Völkerbundes und übernationaler Gebilde zugunsten zunächst von lokal-überschaubaren Gebilden. Die Entwicklung von diesen überschaubaren Gebilden zum Volk und zu einem abstrakten Volksgeist ist dann eine Form der Romantisierung und wird zur Ideologisierung eines ursprünglich konkreten Gehalts. Und doch, so fügen wir hinzu, handelt es sich noch um eine typische »Wir-Struktur« (*Kons*:134), eine Ganzheit, die noch konkret denkbar bleibt, als ihr ein »Außen«, ein »Anderes« oder gar ein »Widerpart« noch entgegengestellt werden kann, was bei den geistigen Positionen mit »Denkprimat« und »Ich-Strukturen« (ebd.) nicht mehr möglich ist.[31]

Müller, der als Literat und Publizist begonnen hatte – ein Typus jener freischwebenden Intelligenz, deren Anfänge Mannheim dort setzt, wo Autoren von ihrem Schreiben leben können –, gehörte der ständischen Opposition in Preußen an, die sich, wie bei Möser, gegen den absolutistisch rationalistischen Bürokratismus wandte und der Normierung die konkreten Besonderheiten lokaler Überschaubarkeit entgegensetzte. Barons Ausführungen bleiben freilich hinter der weiten Perspektive dieses Einstiegs zurück, denn Möser eignete sich im Grunde nicht für jugendbewegte Gefühlsüberschwänge. Baron betont immer wieder seinen Pragmatismus und seine Nüchternheit, doch ist der wohl entscheidende Ansatz hier der als gleich empfundene Gegensatz des bürokratischen Rationalismus der Aufklärung und des Kaiserreichs, gegen den Baron Möser mit seinen konservativen Einsichten ins Feld führt: Mösers Kritik an der »allgemeinen Vernunftreligion«, die bei ihm aus tiefer Abneigung gegen »allgemeine Religionen und Sittenlehren« erwuchsen. Möser

»schloß sich den physiokratischen Angriffen auf die gouvernementalen Grundsätze des Merkantilismus an, schalt den Despotismus, daß er alles nach wenigen Regeln zwingen wolle und darüber den Reichtum der Mannigfaltigkeit verlöre, hielt dem seelenlosen Heerwesen der Gegenwart, wo sich persönliche Tapferkeit nicht mehr entfalten könne, das Muster der Alten vor, die noch in ihrem eigenen Charakter handelten und stritten« (Baron 1924:40).

Möser wollte das Vorurteil schwächen, »welches die Tugend schlechterdings zur Frucht unseres Verstandes macht«, denn »Neigung und Verstand ... sind beide Gaben eines Schöpfers«, und er zürnte über die Aufklärer (die »philosophischen Hausväter unseres Jahrhunderts«), die nur an den Kutscher denken, »die Vernunft«, die »Pferde aber, unsere Leidenschaften, ungefüttert lassen« (Baron 1924:37). Baron stellt Möser damit in die Tradition der Kritik der Aufklärung, denn hier ist das Thema der großen Staatstheorien angesprochen. Im Vergleich zu deren großen Konzeptionen und anthropologischen Deutungen jedoch bleibt Möser auf dem Boden von Empirie und

Geschichte, ja er entwickelt geradezu eine »Andacht vor der Welt der Geschichte« (Baron 1924:44), die der Aufklärung völlig fremd war und die ihn eben in die Reihe der Vorläufer des Historismus brachte.

Zwar wurzelte Möser in den Traditionen der Aufklärung, doch die Relativierung ihrer Leitnormen zugunsten des Individualitätsprinzips brachte ihn über diese hinaus, ja wir finden bei ihm bereits eine Art Formulierung sozialer Gesetzmäßigkeiten:

»Er wollte aus seiner historischen Arbeit nicht nur jede moralisierende Kritik aufs strikteste ausgeschaltet wissen, sondern vermied es auch im Gegensatz zur Gewohnheit der Aufklärungsgeschichtsschreibung, nach allgemeinen politischen Idealen geschichtliche Urteile zu fällen.«

Möser zeigt sich auch hierin als objektivierender Historiker, der die Ursachen der menschlichen Handlungen nicht darin sucht, was »das Beste sei, sondern was die Not des historischen Augenblicks erfordere« (Baron 1924:41). Das macht um so deutlicher, daß sich in Barons Möser-Interpretation vor allem die eigene Zeit in der geschichtlichen Vorlage spiegelt.

Müller steht in der konservativen Bewegung zwischen Möser und Savigny: Während Möser (1720–1794) in altständischer Nüchternheit noch keine Technik des Romantisierens entwickelte, sondern im konkreten Denken und in der Verfolgung der Traditionen der Alten (dies kann man nun als Vorstufe des Romantischen interpretieren, muß sich jedoch klar darüber sein, daß diese Traditionen noch nicht verschwunden waren) und ihren Schönheiten nachspürte[32], gehört Müller auch altersmäßig einer späteren Generation an. Geboren 1779, war er zehn Jahre alt, als die Französische Revolution ausbrach, Sohn eines preußischen Beamten, erzogen von einem Onkel, der Pastor war.

Im Vergleich zum gleichaltrigen Savigny (1779–1861) nun war Müller ein Romantiker:

»Der Unterschied in der Denkweise A. Müllers und Savignys besteht eher darin, daß – während in den ›Elementen‹ das Lob der Stände (bzw. des Adels) nackt handgreiflich an der Oberfläche liegt – bei Savigny die altständische Herkunft, die Zugehörigkeit zum Adel mehr in den Strukturformen seines Denkens zur Geltung kommt. (Man denke an das ... Klären ..., die Abneigung gegen abstrakte Systematik ...). Savigny ... lebte aber trotz seines oft betonten und in vielem sicher richtig gesehenen Quietismus instinktsicher in der Denkweise, in den Traditionen seines Herkommens – daher das unbewußte, spontan adäquate Reagieren auf die Ereignisse, daher die ›Ausmünzbarkeit‹ und ›Zeitgemäßheit‹ seines Konservatismus. Er war zwar nicht fortschrittlich im Sinne des Vorgreifens, wie der englische Adel, aber er war auch nicht reaktiv wie die märkischen Junker und nicht überschwenglich wie der aufstrebende A. Müller, der auch die letzteren zu übertrumpfen gezwungen war« (*Kons*:218).

Müller war ein Romantiker, der seine rationalistischen Wurzeln nie abgestreift hat — »er will an die Lebendigkeit des Lebens durch ein Beweglichmachen der Ratio herankommen« (*Kons*:219). Die Gegensätze zwischen beiden: »Dort Streit, hier Entfaltung, dort Erweiterung der Tragkraft des Rationalisierens, hier weitgehendes Irrationalisieren des Denkens selbst« (*Kons*:219) werden auf die Verschiedenheit ihrer sozialen und epochalen Lagerung zurückgeführt, auf den Status der Familie, die soziale Bewegung im Leben und auf Generationsprägungen.

Während bei Möser sehr leicht erkennbar ist, wie stark sich im Vergleich der Generationenabstand auf die Verschiedenheit der Bewertungen der gesellschaftlichen Tatsachen gegenüber Müller auswirkt, ist hier der unterschiedliche gesellschaftliche Standort als entscheidend angesehen. Mannheim erkennt mehrere Dimensionen für die Standortbestimmung[33], die jeweils ausschlaggebend sein können. Zwar sind beide auf der Höhe ihres Lebens Beamte, doch spiegelt sich die unterschiedliche Herkunft in der unterschiedlichen Spannung wider, die sie im Verhältnis zu den gesellschaftlichen Mächten an den Tag legen: »Im Aufstieg erfaßt man das, worauf man hinstrebt, im Niedergang wird durchsichtig, was man verliert« (*Kons*:158). Müller schrieb sein Buch »zur Zeit der größten Aufregungen, wo der Adel von oben und unten angegriffen wurde und die Vorspuren der ständischen Oppositon gegen Hardenberg zu fühlen waren« (*Kons*:220). Während Savigny sein Buch niederschrieb, begann bereits die Restaurationsepoche, »die innere Oppositon war ... lahmgelegt und es galt sie umzustellen« (ebd.). Dazu kommt eine spezifische außenpolitische Konstellation, die bereits Meinecke registrierte: »... in einem außenpolitsich machtlosen Lande, wozu Deutschland damals geworden war, in einem Lande, dessen Rechte durch die Vormundschaft der Heiligen Allianz garantiert werden sollten, die nationale Idee gleichsam vom ›Staat‹ abgleiten und hinter dem ›Volk‹ sich verstecken mußte« (ebd.), verliert der Begriff des ›Volksgeistes‹, den Savigny benutzt, seinen romantisch-schillernden Charakter und erhält aus dieser Sicht ein eindeutiges außenpolitisches Profil, das lediglich innenpolitisch weniger klar faßbar ist.« Bei Mannheim wird die unterschiedliche Haltung aus den lebensgeschichtlichen Daten ebenso wie aus dem gesellschaftlichen Standort beider so verschiedener Romantiker verständlich gemacht, Savignys »stille Opposition des ständischen Elementes« und Müllers »radikalere und lautere Auflehnung ... gegen den Rationalismus und Despotie« (*Kons*:220f.). Müller ist also der »freischwebende Intellektuelle«, der sich radikalisiert, während Savigny als Professor selbst zum Bureaukraten wurde, seine Haltung aus der Kombination seines Herkommens und seiner Berufsposition erklärlich wird. In ihrer Konzeption der Geschichte wie auch in ihrem Erkenntnisbegriff lassen sich diese Differenzen erkennen: Während für Müller die Geschichte ein »ewig fruchtbarer Streit der Stände« (*Kons*:219) ist, der der Vermittlung durch die politische Erkenntnis bedarf, ist Savignys Sicht auf das »Klären« gerichtet: Es klärt sich in der Geschichte das historisch Mitgebrachte »an den konkreten Wirklichkeiten« (*Kons*:219).

Distanz als Methode

Jeder Konservatismus der neueren Zeit steht unter dem Eindruck Edmund Burkes. Im Unterschied zu Müller schlägt bei Burke und Möser die Praxis in Philosophie um, weil beide von ihrem Standpunkt aus zu einer so günstigen Perspektive gelangen. Was Schmitt als »vitale Inkongruenz« von Adam Müller beschreibt, ist bei Mannheim als Eigentümlichkeit seiner Philosophie beschrieben, die sich »von philosophischen Prinzipien aus erst die Praxis erobert« (*Kons*:154). Das Praxisverhältnis nun macht einen fundamentalen Teil seiner Soziologie aus. Es ist hier das erste – und zugleich das letzte – Mal, daß Mannheim dieses Verhältnis so eng an seinem Gegenstand nachweist: Alle drei, Möser, Burke und Müller waren Bürgerliche, aber deshalb hatten sie Abstand zur sozialen Klasse, deren »Sinndeuter« sie wurden. Nur in Frankreich waren es Adelige, denen ihre eigene Existenzform durchsichtig wurde. Das schrieb Rohden, der Herausgeber der Werke von de Maistre, der Tatsache zu, daß es sich um den Landadel handelte (vgl. *Kons*: Anm. 169/171). Mannheim sieht, geschärften Blicks aufgrund eigener Erfahrung, die Emigration als Grund für diese Fähigkeit des französischen Adels an – sie brachte die nötige reflexiv wirkende Distanz (*Kons*:157). Aus dieser Erkenntnis gewinnt Mannheim sogleich eine methodische Forderung für die Soziologie: »Zur Soziologie ... gehört Distanz, produktiver Standort, existentiell geschaffene produktive Blickeinstellung«. Darin liegt die Funktion und die »Bedeutung der sozial freischwebenden Intelligenz für die Duchleuchtung des sozialen Körpers« (*Kons*:157). Obwohl Burke kein Theoretiker war, wurden seine Betrachtungen über die Französische Revolution zum Ausgangspunkt jedes konservativen Denkens. Mannheim sieht einen Zusammenhang mit dem englischen Beobachtungspunkt:

»Von England aus die Revolution mit Verständnis und politischem Blick zu beobachten, war an und für sich eine günstige Gelegenheit, ein so günstige Perspektiven bietender Standort, daß dadurch eine jede Einzelbeobachtung von selbst ins Prinzipielle, ins ›Philosophische‹ – auch bei einem sonst (an einem ernsten Maßstabe gemessen) so unphilosophischen Geist, wie Burke es war – umschlagen mußte. Darin besteht nämlich die Eigentümlichkeit dieser Philosophie (der einzige wesentliche Punkt übrigens, worin sich Möser und Burke im Gegensatz zu Müller verwandt sind), daß hier die Praxis in Philosophie umschlägt und nicht, wie bei Müller, von philosophischen Prinzipien aus erst die Praxis erobert werden soll« (*Kons*:154).

Distanz als Methode geht in eine andere Richtung als die Objektivitätsforderung und die Forderung nach Wertungsabstinenz: Sie hat einen nicht auf guten Willen reduzierbaren existentiellen Sinn und ist nicht lehrbar. Damit ist gesagt, daß der Außenseiter den besten Einblick hat – der Intellektuelle, den Mannheim als radikalen Infragesteller begreift.

Mösers Kampf gegen den bureaukratischen Absolutismus ergab sich aus seinem sozialen Standort als Patrizier im Osnabrückischen. Da die preußischen Reformen jedoch evolutionär und nicht plötzlich und gewaltsam waren, konnte sich Mösers Denken im dynamischen Historismus entfalten (*Kons*:156). Das Denken hat hier eine solche Blüte erreicht, weil diese Schichten sich vom Untergang bedroht fühlten.

Als sich nach der Revolution 1919 die gegenrevolutionären Kräfte formierten, hat die Fortschrittskritik freilich den evolutionären Weg verweigert und ist in keinem Land »mit solcher unerbittlicher Konsequenz entfaltet und zu Ende gedacht worden wie in Deutschland« (Plessner 1959:16).

Müllers Rolle bei der Verbreitung der Schriften von Adam Smith im deutschsprachigen Raum, seine Geld- und Staatstheorie entfallen in Mannheims Darstellung. Müller wird auch von Mannheim nur selektiv wahrgenommen – er nimmt ihn als eine Gestalt, an der er einerseits soziologisch die Funktion der Intelligenz sichtbar macht und andererseits zugleich die Notwendigkeit von Distanz als soziologischer Methode zeigt.

Politische Gespräche:
Karl Mannheim und Carl Schmitt

Carl Schmitt kannte keine Scheu, Karl Mannheim zu zitieren und sich mit ihm im Werk und in Gespräch und Korrespondenz auseinanderzusetzen. Mannheim hatte Schmitt im *Archiv für Sozialwissenschaften und Sozialpolitik* mit ungenauer Titelangabe zitiert. Lederer, als Herausgeber, erhielt von Schmitt einen empörten Brief, in dem er sich über Mannheims Zitierweise beschwerte. Noack berichtet in seiner Schmitt-Biographie, daß »Karl Mannheim, der große jüdische Soziologe, der später emigrieren mußte, 1927 (sich) untertänigst bei (Carl Schmitt entschuldigte), nur weil er den Titel eines Werkes unrichtig zitiert und zwei Anmerkungen vertauscht hatte«. Auf die Schmittsche Beschwerde hin wandte sich Mannheim am 4. April 1927 erstmals persönlich an Carl Schmitt. Nach der Entschuldigung für die Zitierfehler, daß er wegen einer Krankheit die Korrekturen nicht gründlich gelesen habe, fuhr Mannheim fort: »Ich bedaure von Herzen, daß diese Umstände bei Ihnen den Anschein erweckten, als würde ich Ihre Werke nur vom Hörensagen kennen. – Ich erlaube mir Ihnen als Gegenbeweis meine Handexemplare einzusenden, die nicht nur von einer Lektüre, sondern von einer emotionalen Lektüre Zeugnis ablegen können.« Welcher Art diese Emotionen waren, wird nicht erkennbar, doch ist klar, daß ihm selbst nicht so sehr der Zitierfehler sehr peinlich war, sondern daß der Gedanke ihn quälte, seine wissenschaftliche Reputation stünde auf dem Spiel, wenn Carl Schmitt glaubte, er habe aus Sekundärquellen zitiert oder nach dem Hörensagen, ohne Schmitts Buch durchgearbeitet zu haben. Mannheim geht noch einen Schritt weiter: »Leid tut mir dies ... umsomehr, als ich stets gehofft hatte, einmal Gelegenheit zu finden, gerade Ihr Urteil über meine Arbeit kennen zu lernen – denn den Eindruck werden Sie ... auch so gewonnen haben, daß es wenige Leser geben kann, auf deren Urteil es mir so sehr ankommen muß als auf das Ihrige.«[34]

Daß Mannheims Entschuldigung »untertänigst« gewesen sei, darf man getrost als Fehlinterpretation betrachten, da man trotz des relativ kurzen Zeitabstands unsere heutigen Maßstäbe hier nicht anlegen darf. Der Briefstil jener Zeit unterscheidet sich erheblich von heutigem Stil, der von Resten der Formalität nach und nach gereinigt worden ist, abgesehen davon, daß Mannheim aus dem österreichisch-ungarischen Raum her weit »höflichere« Umgangsformen mitbrachte, als es in Deutschland zu jener Zeit noch gang und gäbe war.

Noack versucht zu erklären, warum Mannheim hier offensichtlich über die Entschuldigungsfloskel hinausgeht und fügt hinzu: »Wahrscheinlich ahnte Mannheim damals schon, was ein Jahr später, 1928, eintrat«: 1928 nämlich wurden Carl Schmitt, Hans Freyer, Theodor Geiger und Mannheim »als Ratsmitglied in die ›Deutsche Gesellschaft für Soziologie‹ gewählt. Er mußte also Interesse daran haben, die künftige kollegiale Beziehung nicht durch eine Unachtsamkeit zu belasten«. Und Carl Schmitt war sehr »rechthaberisch ... und in Statusfragen sogar kleinlich« (ebd.). Mannheim war in seinen Briefen stets von ausgesuchter Höflichkeit und Achtsamkeit. Er verfügte jedoch über genügend Selbstbewußtsein, sich in seinen Urteilen und Bewertungen davon nicht tangieren zu lassen, wie wir aus seinem Verhältnis zu Lukács ebenso wie aus seiner ganz offenen Kritik an Max und Alfred Weber wissen. Auch in der Konservatismus-Arbeit nun ist eine Carl-Schmitt-Kritik enthalten. Daß Carl Schmitt mit Carl Brinkmann, dem Gutachter seiner Habilitation, befreundet war, dürfte wohl von größerer Bedeutung für Mannheim gewesen sein als eine mögliche Gleichzeitigkeit des Eintritts in die DGS und zeigt, welche eventuellen kollegialen Rücksichten hier nähergelegen hätten als die von Noack hinter diesem ganzen Manöver vermuteten. Mannheim war jedoch völlig unempfänglich für solche Art von Rücksichtnahmen. Der Brief an Schmitt zeigt allein, wie schnell Mannheim bereit war, auch mit dem Kritisierten in einen Dialog einzutreten – nicht aus »kollegialer Rücksichtnahme« als vielmehr aus intellektueller Neugier heraus. Mannheim hatte sicherlich unvermutet erreicht, daß Schmitt reagierte. Aber er bog die Entschuldigung um in ein Gesprächsangebot, das er mit dem gebotenen Respekt in Anbetracht der hierarchischen Differenz formulierte. Carl Schmitt berichtete nach dem Zweiten Weltkrieg, er erinnere sich »mancher guten Gespräche mit Karl Mannheim«[35]. Daraus läßt sich schließen, daß es nach diesem Brief Mannheims an Schmitt zu den von ihm gewünschten persönlichen Kontakten gekommen sein muß. Der oben erwähnte Vortrag, zu dem Brinkmann Schmitt nach Heidelberg eingeladen hatte[36], mag einer der Anlässe zum Gespräch gewesen sein. Die »Politische Romantik« Schmitts war also sicher eine der Herausforderungen, auf die Mannheim mit der Arbeit über den Konservatismus reagierte.

Kultursoziologie

Alfred Webers Kultursoziologie

Weber entstammte dem politisch liberalen Bürgertum des Kaiserreichs. Im Gegensatz zu seinem Bruder hatte er den Habitus der satisfaktionsfähigen Gesellschaft (vgl. Elias 1989) nicht adaptiert und blieb trotz seines Patriotismus ein klassisch liberaler Bildungsbürger, der die kriegerischen Verkehrsformen zwischen den Menschen der satisfaktionsfähigen Gesellschaft als überholt empfand. Sein spontaner Entschluß, sich als Freiwilliger zum Ersten Weltkrieg zu melden, scheint ihm nachträglich peinlich gewesen zu sein: Als er sich Anfang August 1914 mit 46 Jahren freiwillig zum Kriegsdienst meldete, wurde er »von der allgemeinen Begeisterung mitgerissen, was er später nicht gerne zugibt« (Demm 1990:153). Auch seine Abwehr gegen ökonomistisch-utilitaristisches Denken, das ihm primitiv und kulturlos vorkam, ist ein tyisches Element des deutschen bildungsbürgerlichen Habitus. Ungewöhnlich jedoch sind seine Hinwendung zur Jugendbewegung und seine Beziehungen zu den Vertretern verschiedener Strömungen seiner Zeit, die sich mit kulturellen und geistigen Fragen befaßten. Von den meisten dieser Strömungen allerdings unterschied sich Alfred Weber dadurch, daß er sich tatsächlich intensiv mit Politik und Ökonomie befaßt hatte und daß er nie die Auffassung vertreten hatte, daß Deutschlands Weg vom Agrar- zum Industriestaat ein Irrweg gewesen sei.

Kruse hat als Leitthema von Alfred Webers Arbeiten die »Umwandlung des Menschen im bürokratischen Apparat« dargestellt, die sich schon seit 1905 bei ihm nachweisen läßt und empirisch insbesondere in den drei Beiträgen »Das Berufsschicksal der Industriearbeiter«, »Die Bürokratisierung und die gelbe Arbeiterbewegung« und in dem programmatischen Aufsatz »Neuorientierung in der Sozialpolitik« zum Ausdruck kommt (Kruse 1990:369). Diese Umwandlung des Menschen, die Weber als ein Zeichen von Kulturverfall in der Massengesellschaft deutete, hat er insbesondere in der Zeit nach dem Zweiten Weltkrieg als Heraufkunft des vierten Menschen gedeutet. Webers besondere Bewertung der Kultur ist unschwer zu erklären als Reaktion auf die Entwertung des bis dahin gültigen Wissens des Bildungsbürgertums durch die neue Wertschätzung von Technik und Naturwissenschaften einerseits, die eine relative Zurücksetzung der Träger dieses Wissens mit sich brachte, und durch die Entwicklung des Industrialismus im Kaiserreich, der eine Entmachtung der patriarchalischen kleinen und mittleren Unternehmer mit sich brachte und durch die bürokratische Organisation in den Großbetrieben ersetzte. Diese Bewertung der Kultur hatte bei ihm absolute Geltung, was nicht dem Wertekanon der satisfaktionfähigen Gesellschaft entsprach. Für Alfred Weber sollte deshalb auch der Nationalsozialismus nicht so sehr singuläres Ereignis werden als vielmehr Triumph eines Typus, den er schon früh karikierte:

»Denn mit dem ›Idealismus‹ ist auch der Rest unserer alten Ideenwelt, ihre Kulturprobleme und Persönlichkeitsanschauung, ihr ›Denken und Dichten‹ verloren gegangen; es steht vor den Augen der erstaunten Welt, herausgeschält aus den Falten von früher, der nicht mehr von Skrupeln und Zweifeln geplagte physisch und geistig kurzgeschorene, energische organisatorische Realist des Neogermanentums, ein ›rebarbarisierter Mensch‹, wie ihn Mommsen schmerzlich genannt hat« (ISK:76).

War seine freiwillige Meldung zum Kriegsdienst im Ersten Weltkrieg für den Monarchisten Alfred Weber noch Ausdruck einer vaterländischen Pflicht, so war der Nationalsozialismus für ihn mit diesem nationalen Vaterlandsbegriff nicht mehr vereinbar, weil jene Werte, die für ihn die Nation ausmachten, beiseite geschoben wurden durch die Gewalt, die sich nicht erst in der Fahnenaktion gleich zu Anfang der NS-Herrschaft auch in Heidelberg bemerkbar machte.[1]
Die Werte seiner Kultursoziologie hatten Absolutheitsanspruch. jede Relativierung war ihm Sakrileg, hier stand er Gundolf, mit dem er befreundet war, näher als den Soziologen Simmel und Mannheim. Wenn Gundolf den Relativismus, den er von Simmels und Cassirers Philosophie her eindringen sah, als »Entgötterung« verwirft[2], so dürfte sich Weber damit genauso einverstanden erklärt haben, wenn er den Relativismus entschieden verwirft:

»Der Relativismus unserer panhistorischen und panszientistischen Zeit ist also nichts als ein Symptom der eigenen Schwäche, des Ausgeschlossenseins von eigener Gestaltungsfähigkeit und daher Lebensfähigkeit im Absoluten. Durch auf eigenem Mutterboden gewachsene Gestalt vermag sie das Ewige aus irgendeinem Grund nicht darzustellen und zu sehen, so irrt sie auf der Walstatt aller Zeiten und Völker umher und verkriecht sich frierend wechselweise in die Gestaltentrümmer und die Gewänder fremder Götter« (Weber 1923/24, in ISK:51).

Was er hier dem Relativismus vorwirft, ist der Verzicht auf eigene Wertsetzungen, durch den historische und zeitgenössische Gestalten erst ihren Rang im Sinngefüge der Welt erhalten. Es ist ein gegen den Historismus gerichteter Ansatz. Im Gegensatz zu seinem Bruder hatte sich Alfred Weber vom protestantischen Glauben gelöst (Weber 1912), hatte jedoch den christlichen Glauben gegen eine besondere Art von Religiosität ausgetauscht, die er Philosophie der immanenten Transzendenz nannte.[3] Sie bildet den Ausgangspunkt all seiner kultursoziologischen Überlegungen. Für Weber gibt es Grenzen der empirischen Wissenschaft, da die Lebensäußerungen sich nicht aus sich selbst verstehen lassen[4], sondern Zeichen von transzendenten Mächten sind, die sich nicht analysieren, sondern nur fühlen lassen. Die Arbeit des Wissenschaftlers dieser »neuen Wissenschaft« ist deshalb begrenzt auf Interpretation und Konstellationsanalyse unter der Fragestellung: »Wo befinden wir uns im geschichtlichen Strom? Welchen Elementen der Bewegung sind wir im weitren Fortgang so gut wie unabänderlich unterworfen? Welche können wir ändern, wo können wir eingreifen, nach welcher ungefähren Richtung können wir lenken?« (ISK:6). Wissenschaft soll sich in den Dienst der geistigen Lebensnot stellen, Orientierungswissenschaft sein (ISK:6).

Weber geht es um die Kultur, welche er als »Emanation« von geistig-seelischen Mächten in bestimmten historischen einmaligen Ausdrucksformen literarischer religiöser oder poetischer Art betrachtet. Dabei treten geistige Mächte als Organisationprinzipien in der lebendigen Materie heraus, »wie eine unmittelbar hinter dieser liegende überall vorhandene andersartige Wesen, Gestalt und Ausdruck bestimmende Schicht«, schrieb er 1946[5]. Weber geht aus von der Wirkung geistig-seelischer Mächte im Lebendigen, welches nur Träger dieser »übervitalen« Kräfte ist, die sich auch im Unlebendigen und im Kosmischen finden können:

»Die von der Biologie erfaßten Wesensbestimmer enthalten, das Vitale überschüttend, formend und von innen gestaltend in Schönheit und Häßlichkeit, in Bosheit, Tücke, Mut, Anhänglichkeit weit über den Bereich des Menschen hinaus übervitale, über die vitale Vollendung weit hinausgehende Qualitäten, die nichts anderes sind als Ausdruck seelisch-geistiger, mit dem vitalen zusammen in die Lebensträger eingehender und sie gestaltender Mächte. Diese Mächte gestalten von innen her genau so wie die rein biologisch zweckmäßigen und nur nach zweckmäßiger Vollendung strebenden über solche Art der Vollendung hinaus. Auch für sie ist das Bedingungsnetz der Materie ›Apparatur‹ ihres Manifestwerdens, und wollen sie sichtbar werden, Mittel dazu. Nur so sind Schönheit und Häßlichkeit zu verstehen, von innen, von der transzendenten Schicht her, aus der sie stammen; nur so auch dem Wesen nach rein innerlich bleibendes Seelisch-Geistiges, das sich im übrigen meist durch den Ausdruck verrät« (Weber 1946:260f.).

Das »Eigentliche«, das »Wesen« des Geistes ist nicht faßbar, nur in seinem Ausdruck zu entdecken, der sich im Weltlichen manifestiert in der Kultur. Daß es dazu »keiner wissenschaftlichen Physiognomik« bedarf, »um das zu erfahren« (Weber 1946:261), leuchtet ein: Das Gefühl wird zum Sensor der übersinnlichen Mächte, Wissenschaft ist nur noch Anleitung für die Möglichkeit der Entdeckung des Wunderbaren und der Kultur. Weber steht damit jedoch keineswegs als Sonderling da, vertritt er hier doch lediglich eine Form jenes Neoplatonismus, der zu seiner Zeit als »Goethereligion«[6] im deutschen Bildungsbürgertum weit verbreitet war. Insofern die Webersche Kultursoziologie aus dieser religiös bestimmten Haltung erklärt werden kann, wird auch die Abwehr aller Relativierungen deutlicher, würde doch jedes Abgehen von der absoluten Wertung für sie eine Selbstaufgabe bedeuten.[7] Die Art, wie Weber zu beweisen versucht, daß es absolute Kulturwerte gibt, läßt die Schwierigkeit erkennen, mit der sein Verfahren notwendigerweise zu kämpfen hat:

»Es ist ebenso wenig naturalistisch verständlich, wieso ein Konsensus zwischen den Menschen besteht über das, was erhaben, schön, heilig usf. ist, mag es in welcher Wesenheit, welchem Inhalt, welcher Form auch immer auftreten. Und Wesenheit, Inhalt und Form sind in den verschiedenen Geschichtskörpern weltweit verschieden, ja z.T. sogar in deren Epochen. – Ein Konsensus, der weiche und elastische Grenzen haben mag, ohne den aber kein Historiker von der Größe eines Menschen, eines Werkes, einer Zeit, eines anderen Geschichtsgebietes zu uns sprechen, kein Kunst- oder Literaturhistoriker ein fremdes Kunstwerk seinen Hörern zu interpretieren vermöchte, kein Religions- oder Philosophiehistoriker die Erhabenheit einer fremden Ideen- oder Glaubenswelt zu vermitteln imstande wäre« (Weber 1931:290).

Dieses allgemeine Verständnis für kulturelle Manifestationen ist Beweis für die Geltung der kulturellen Werte, die zeigen, »daß wir also unterirdisch alle miteinander verbunden sind«, eine »Tatsache«, die er selbst wiederum als ein »Wunder« bezeichnet (Weber 1931:290). Seine »neue Wissenschaft« der Kultursoziologie verfolgt die Frage der »Bedingungen der Symbolgestaltung auf der Erde« und will die »Gesetzmäßigkeiten des Entstehens von erlösender Erscheinungswelt ... finden« (Weber 1923/24 in ISK:51). Weber sieht sich mit seiner Wissenschaft auf einem ähnlichen Weg wie Goethe: »Ihr Bedürfnis ist gegenüber der Geschichte und der Gestaltenwelt der Menschheit ein ähnliches wie seinerzeit das Goethes gegenüber derjenigen der Natur.«[8] Was sind die seelisch-geistigen Mächte, die »bei ihrem Entgegenspringen in der inneren und äußeren Erfahrung und Erscheinung« (Weber 1946:262) uns zu einer Stellungnahme zwingen? Sie treten nur »im stets vielfältig schillernden mythologischen Symbol« hervor, sind logisch nicht zu fassen (Weber 1946:263). Es handelt sich um eine »Mächteschicht seelisch-geistiger Art, die uns als Hintergrund nicht bloß im Lebendigen, sondern überall, wo wir unbefangen hinblicken und aufnehmen, entgegenspringt, und deren vollster Auseinanderfaltung uns von innen im Menschlich-Lebendigen unmittelbar zugänglich« (Weber 1946:265).

Sein Konzept baut auf Driesch (und Wolterecks) Vitalismus auf und sieht die Besonderheit des Menschen in seinen Fähigkeiten zur Spontaneität. Der Mensch ist frei und zugleich Teil einer Gesamtheit von konzentrischen Ringen (Weber 1946:268f.): Während er »jenen Philosophen« mit seinem dialektischen Hakenschlag kritisiert, der die Freiheit des Menschen »in Zwang und Entkleidung von Selbstbestimmung einsperren wollte«, so ist doch auch für ihn selbst das Individuum keineswegs frei, sondern nur soweit es sich eingegliedert weiß in »jene Gesamtheitsringe«, die gebildet sind aus Familie und Volk und durchtränkt sind im Seelisch-Geistigen von Pietät, Tradition, Sprach- und anderen Schicksalsmächten als Fermenten (Weber 1946:269).

Diese Mächte sind absolut, sie manifestieren sich immer in denselben Formen, Gestaltungen und Strebungen. Häßlich und schön, gut und böse sind objektive Qualitäten, können aber durch Bewußtseinsverstellung oder mangelnde Bewußtseinsaufhellung verdeckt sein – daher die großen Verschiedenheiten der Ansichten darüber in den Kulturen.[9] Zu den absoluten Erscheinungen des ewig Vollendeten gehört für ihn die deutsche Musik in ihrer Schönheit ebenso wie die klassische Antike. Sein Beweis: Sie könnten sonst nicht von Ostasiaten »rezipiert und verstanden werden« (Weber 1946:273).

Der Mensch hat, nach Weber, aber nicht nur einen Sinn für das Erhabene und Schöne, sondern auch einen naturalistischen Trieb, der Hunger und Sexualität umfaßt, aber auch Macht. Macht ist Bestandteil aller, auch der ›edlen‹ Handlungen: »Es ist das einzig Anständige, sich das zuzugeben und danach die eigenen Handlungen zu bewerten« (Weber 1946:274).

Parellelen zum Spenglerschen Denken (Kulturmorphologie, Schicksalsbegriff, Goetheverehrung) weisen auf Einflüsse verschiedener

Zeitströmungen hin.[10] Wenn Spengler erklärte, daß Geschichte dichterisch behandelt werden müsse, so liegt hierin eine besonders hohe Bewertung der Kultur, die sympathetisch zur Weberschen Einstellung war. Weber nannte sich selbst einen großen Verehrer des Spenglerschen Buches, das ihm »zu endgültiger Erleuchtung verholfen« habe (Demm 1990:142), wie er im August 1919 an Else Jaffé schrieb.[11] Doch von Spenglers Pessimismus ist Alfred Weber weit entfernt – für ihn liegt noch eine große Zukunft in der kulturellen Kreativität Deutschlands.[12] Gewisse neue Stilbildungen konnte er bereits entdecken, die Deutschland der vordringenden »Zivilisation« entgegenzusetzen habe:

»Wir haben eine Auskehr des ganzen Wusts von entleerten und nur aufgetragenen Ausdrucksformen unternommen, die uns umgeben. Und wer in den letzten Jahren unsere neuen Stadtviertel, unsere Fabriken und Geschäftsgebäude, die Einrichtungen unserer Häuser, unsere Gebrauchsgenstände, das ganze Tätigkeitsgebiet des ›Werkbundes‹ beachtet, oder die Entwicklung unserer künstlerischen Ausdrucksformen im Theater und auf anderen Gebieten verfolgt hat, wird nicht bestreiten, daß hier viel erreicht ward, eine starke Abstoßung von leeren Formen und verdorbenem Scheinwerk wirklich durchgesetzt ward« (ISK:110).

Doch noch fehle es an einer »generellen Leistung« der Nation – dem »wirklich seelisch Letzten, das von *innen* neu war« (ISK:110).

Diese Webersche Definition des deutschen Wesens berührt jene verbreitete Haltung im deutschen Bildungsbürgertum, die sich aus einem Gegensatz zwischen französischer »Äußerlichkeit« und zivilisatorischem »Schein« und deutscher »Echtheit« definiert. Deutlich hieran wird die Dominanz der kulturellen Werte gegenüber dem Geschäft, das nur sekundäre Geltung beanspruchen könne – ein Schema der Rangordnung, das demjenigen des Kaiserreichs entsprach und das antikapitalistische Ressentiment der Beamten und Bildungsbürger reproduzierte. Weber hielt diese besondere Wertschätzung selbst für ein deutsches Phänomen, wenn er von England aus auf Deutschland blickte:

»Und es ist im Grunde für sie (die Engländer, RB) unverständlich, daß wir Deutschen uns bei ihrem Begriff nicht ohne weiteres begnügen, daß wir immer noch von ›Kultur‹ mit jenem anspruchsvollen, harten deutschen Anfangsbuchstaben daneben reden, daß wir anscheinend eben diese Zivilisation mit all ihren Errungenschaften durch dieses Wort vom Throne stoßen wollen, sie dadurch jedenfalls als problematisch anzudeuten scheinen« (ISK:108).

Karl Mannheims »Schwarzwälder Kultursoziologie«

Anhand der Schrift »über die Eigenart kultursoziologischer Erkenntnis«, die im Nachlaß gefunden wurde, läßt sich der soziologische Anfang Mannheims in Heidelberg nachvollziehen. Es handelt sich um seine Auseinandersetzung mit der Heidelberger Soziologie insbesondere von Max und Alfred Weber. Diese kleine Arbeit datiert von 1922 und wurde 1980 erstmals herausgegeben.[13] Das Manuskript, auf dem die gedruckte Fassung beruht, trug auf dem Deckblatt den Titel, den Namen des Autors und die Bemerkung »Sulz am Neckar. Begonnen September 1922«. Sulz war bereits in den zwanziger Jahren ein anerkannter Erholungsort mit mildem Schwarzwaldklima. Es liegt am Rande der Schwäbischen Alb am Oberlauf des Neckars, etwa 200 km von Heidelberg entfernt und war mit der Eisenbahn gut erreichbar. Sulz hatte Kurhaus, Hotels und Pensionen, und Mannheim hatte sich dorthin wohl wegen seines Herzleidens und zur Abfassung dieser Arbeit zurückgezogen. Andere Gründe sind nicht erkennbar.[14]

Warum die Arbeit damals nicht gedruckt worden ist, wissen wir nicht.[15] Sie zeugt von seiner ausführlichen Beschäftigung mit den Schriften von Max und Alfred Weber und erweist sich als Wendung Mannheims zur Soziologie[16], aus der er sich sogleich zur Kultursoziologie hin öffnet.

Er entwirft hier das Schema einer historischen Entwicklung zur Soziologie, die sich als Reflexionsgegenstand erst im Zuge der Säkularisierung herauskristallisiert hat – »Die Kultur wird zum Wert, wo sie als Sein aufgehört hat zu existierten«[17], schreibt er. Die Gesellschaftssphäre als solche sei erst in allerletzter Zeit der geistigen Entwicklung sichtbar geworden – zugleich mit dem Kulturprozeß. Ganz in der Tradition Hegels setzt Mannheim einen historischen Schnitt mit der Aufklärung und der durch sie forcierten Säkularisierung der Kultur.[18] Während dabei der Naturbegriff zurückgedrängt wird und »geradezu die Gesamtheit aller jener Bestimmungen (erhält), die dem Kulturleben nicht zukommen« (EdK:49), gerät der Kulturbegriff zu einem dazu Entgegengesetzten, das einen ungleich höheren Rang in der Werteskala einnimmt. Kultur erhält eine herausgehobene Dignität, die sie bis dahin nicht gehabt hatte, da sie in den Alltag eingebettet war: »Ein gewisses Kulturerleben ist dann bereits versunken, wenn der Kulturbegriff entsteht, das organische Wachstum der Seinskultur hat aufgehört« (EdK:48). Wert und Sein haben sich seit der Säkularisation geschieden, und daraus ist ein neues Wertgefälle entstanden. Das bedeutet auch, daß sich der Sinn des Lebens für den einzelnen nicht mehr aus dem »Sein der Dinge selbst« ergibt. Vielmehr wird der Sinn in abstraktere »Gebilde« hineinprojiziert, sei es die Kultur, die »zum Wert wird, wo sie als Sein aufgehört hat zu existieren« (ebd.) oder in Ideale, in die Menschheit oder in das Humanitätsideal der klassischen Ausprägung (EdK:48).

Seine historische Beschreibung der Kultur als einer für das Denken jungen Entdeckung läßt erkennen, was darunter alles erfaßt werden soll: Eine Art Überbau, der sich verselbständigt hat und sich über den harten Sachen der Welt im menschlichen Geist erhebt. Die Eindeutigkeit der Dinge, die sie in der »Gemeinschaftskultur« haben, ist aufgehoben, Werte sind nicht mehr mit Verhältnissen und Dingen verwachsen, sondern Projektionen geworden, seit die historischen Relativierungen eingesetzt haben. Er hat hier deutlich den deutschen Kulturbegriff im Auge, der die subjektive Kultur (den »Kult«) meint im Gegensatz zum französischen Zivilisationsbegriff, der das äußere, objektive in den Mittelpunkt stellt.[19] Mannheims Beschreibung des Kulturbegriffs bezieht sich auf Alfred Webers Auffassung von Kultur und erfaßte zugleich das damals gängige Kulturverständnis, äußerlich erfahrbar in Kunst, Religion, Wissenschaft und innerlich mit Sinn aufgeladen: Es ist erst als Erlebniswelt zugänglich (das »Wahre, Gute, Schöne«), muß also auch kultursoziologisch aus seinem immanenten Sinn heraus erfaßt werden.

Die drei Relativierungen

Mannheim erklärt historisch, warum sich die Wissenschaften seiner Zeit so intensiv mit der Kultur beschäftigten. Mit der Entchristlichung der Welt und den aus ihr entlassenen enthierarchisierten Sphären verschiedener Werte habe sich der Kulturbegriff aus den drei »Relativierungen« entwickelt:

a) »Es bedurfte des Sturzes der Religion, damit eine Einstellung zu den ›Werken‹ entstehen konnte, in der alle geistigen Realitäten sozusagen homogenisiert eine Einheitsbildung erlauben und das innere Interesse an die Gesamtheit sich verschob.«

b) Die Relativierung einer jeden besonderen historischen Ausgestaltung der ›Kultur‹:

»Das Stabilitätsempfinden eines metaphysisch-ontisch denkenden Zeitalters ist notwendigerweise dazu prädestiniert, der eigenen kulturellen Umwelt irgendeinen ontischen Vorzug zu gewähren und sie nicht nur als transitorische Gestalt zu erleben.«

c) Das Prozeßartige des modernen Kulturbegriffs: »Nicht nur anderswerdend, flüssig, stellen wir uns den geistigen Kosmos vor, sondern in der Gestalt eines Prozesses, in dem kein historisches Phänomen für sich dasteht, sondern einen festbestimmten Ort von dem Vorangehenden und Nachfolgenden empfängt. Die Zeiten sind nicht gegeneinander austauschbar« (EdK:46).

Aufgrund dieser Relativierungen, die einem historischen Differenzierungsprozeß in der Gesellschaft entsprechen und nicht willkürliche theoretische Unterscheidung sind, wird nicht nur Historie erst zur Wissenschaft, sondern es entsteht auch erst die Kultur-Wissenschaft.

Der Historismus hatte die Voraussetzungen für die historischen und sozialen Relativierungen geschaffen, die Ausgangspunkte seiner Arbeit in den zwanziger Jahren wurden. Ohne sich gegen die Welt der Bedeutung abzuschotten, wie es die Materialisten mit dem Überbaubegriff betrieben, suchte er umgekehrt den Weg, »bei der Entwicklung der geistigen Problematik auch die Problematik des werdenden Lebens heranzuziehen und die Immanenz der Geistesgeschichte in dieser Weise zu durchbrechen« (Mannheim 1925/1964:310). Es ging um die Vertiefung der Frage der Maßstäbe und Begriffe, die andere Menschen, andere Zeiten, andere Gemeinschaften benutzten. Denn »man kann nicht in der Vergangenheit wie in der Gegenwart ohne weiteres wandeln«, wie es in Kulturgemeinschaften möglich ist, deren Wertbezüge fest sind und sich daher weder historisch noch relativ zu anderen abheben. Nach dem Ende der Gemeinschaftskultur heben sich aber die Zeiten streng voneinander ab und es ist »eine vollständige Umformung der Einstellung, der Maßstäbe und Begriffe notwendig«, um historische Zeiten und Mächte darstellen zu können (EdK:46). Ein Nachvollziehen von menschlicher Erfahrung und menschlichen Erlebnissen bedarf dieser Brechungen durch die Veränderungen der Sichtweisen und Wahrnehmungsformen in Zeit und Raum. Seine Skepsis richtet sich gegen das Schließen von sich auf andere, das schlechte historische Romane ebenso auszeichnet wie unmittelbare Übertragungen von eigenen Gefühls- und Erlebnisweisen auf Menschen anderer Lebenskreise (Klassen, Kulturen etc.) in den Wissenschaften, die nicht mehr als Projektionen sein können. Das Verstehen anderer Zeiten, Klassen und Kulturen ist ein Prozeß der Grenzüberschreitungen – ein mühsamer Prozeß, dem er sich streng analytisch nähert. Man erkennt ohne weiteres die Schwierigkeit, die sich für Mannheim aus der Selbstverständlichkeit ergeben mußte, mit der Alfred Weber vom Konsensus der Menschen über die kulturellen Werte sprach. Weber, der sich in Berlin, München, Prag und Heidelberg stets im deutschsprachigen Milieu aufgehalten hatte, brachte kein Verständnis für derartige Fragen der Übersetzungsarbeit auf.

Diese Schrift, die Mannheim den Weg in die Soziologie frei machte, zeigt auch, welche Elemente der Philosophie in der Soziologie aufbewahrt bleiben. Mit der Lebensphilosophie hält er die »erlebnismäßigen Wurzeln« der Erkenntnis für eine Voraussetzung, ohne welche der Zugang zum Wissen nicht möglich ist. Und es bleibt die Verbundenheit mit dem Hegelianismus bestehen. Mannheim teilte Hegels Überzeugung, »daß man, um die Welt zu verstehen, vom Begriffszusammenhang der Philosophie und seiner Entwicklung in der Zeit ausgehen müsse« (Marramao 1996:36). Das war der Hintergrund für seine Überlegung, warum Soziologie erst auftreten konnte in dem Moment, in dem die Gesellschaftssphäre als solche sichtbar wurde, und die Kultur als Erkenntnisobjekt erst möglich werden konnte in dem Moment, in dem sie ihre religiös-ethische Unmittelbarkeit verloren hat.

Funktionale Kulturanalyse

Die Kultursoziologie untersucht das Verhältnis, in dem sich die Funktionalität der Kulturgebilde für die Gesellschaft zeigt. Sie kann sich nur auf der Basis der Soziologie entwickeln. Die Gesellschaftssphäre als solche, die bei Saint-Simon noch am ökonomisch-juristischen System orientiert war, sei im vollen Umfang dann bei Marx und seinen Schülern gesehen worden. Erst mit Simmel, Weber und Kistiakowski sei die Soziologie jedoch von diesem System unabhängig und selbständig geworden. Und erst auf dieser Basis sei die Kultursoziologie möglich geworden (EdK:52). Mannheim grenzt sich gegen die »pragmatischen Lehren und den Vulgärmarxismus« ab, die die höheren Gebilde (Kultur) aus sinnfreien Zusammenhängen erklären (EdK, Anm.15/S.149f.), denn er will »Geltung« nicht aus der Kultur ausschließen. Kulturphänomene erschließen sich auf erlebnismäßige Weise und der Soziologe habe bereits einen vorwissenschaftlichen Zugang zum Thema, bevor er mit seiner Arbeit beginnt. Mannheim fordert nicht die künstliche Ausblendung oder Unterdrückung dieser Erfahrungen, sondern ihre Kontrolle (EdK:62).

Aufgabe der Kultursoziologie sei es, »das Werk, die Kulturobjektivation auf ihre Funktionalität hin zu erfassen« (EdK:76). Der überwiegende Teil der individuellen Erlebniszusammenhänge bewege sich in Bahnen, die für eine Gruppe oder ein Zeitalter charakteristisch seien – die Untersuchung von Gruppenbewußtsein und Gruppenhandeln erweist sich also in seiner Perspektive als notwendige Voraussetzung für die Kultursoziologie – selbst dann, wenn es nur um die Betrachtung eines Einzelwerkes geht. Denn dieses Gruppenbewußtsein, das sich auf die Zugehörigkeit zu Ständen oder Klassen beziehen kann, ist auch präsent, wenn es dem einzelnen nicht bewußt ist. Elias wird diese Auffassung später noch radikaler formulieren: Es gebe gar kein nicht aus Gruppen und Figurationen geborenes Wissen oder Fühlen (vgl. Elias 1987).

Wenn Mannheim Sitte, Recht, Lebensformen, Kunst und Religion – also die Gebiete der Kultursoziologie – in ihrer Funktionalität erfassen will, bedeutet das für ihn die Untersuchung ihres Zeitbezugs und ihres Gruppenbezugs (EdK:89) anhand der seelischen Konstellationen, der Weltanschauung der Subjekte und der Funktionen des Strebens der Gruppen nach wirtschaftlicher und gesellschaftlicher Macht.

Schritt für Schritt die möglichen anderen Methoden und Gegenstände der Kultursoziologie ausschließend, arbeitet sich Mannheim an den für ihn zentralen Begriff der Weltanschauung heran (EdK:88), der die Vermittlung zwischen Stand/Klasse und Denkweisen herstelle (EdK:101). Dabei betont er den Erlebniszusammenhang, den die Weltanschauung für eine Vielzahl von Individuen bilde und die gemeinsame Basis ihrer Lebenserfahrung und »Lebensdurchdringung« (ebd.).

Mannheim weist auf diese Elemente in spezifischer Abgrenzung zur »bloß logisch-methodologischen Analyse« hin (EdK:54)[20], die die »Tatsache« völlig außer acht ließe, daß »das Subjekt der kulturwissenschaftlichen Erkenntnis nicht bloß das erkenntnistheoretische Subjekt, sondern der ›ganze Mensch‹ ist« (EdK:54). Mit diesen beiden Grundvoraussetzungen gelte es, »bei der strukturellen Untersuchung der Geisteswissenschaften Ernst zu machen« (ebd.).

Obwohl er Max Webers methodischen Individualismus ablehnte, ist er voll des Lobes für eine Studie, die diese kultursoziologischen Aufgaben »vorbildhaft« gelöst habe: die »Protestantische Ethik«. In dieser Studie habe Weber »aus dem objektiven Gebilde der Religion (den) dahinterstehenden Erlebniszusammenhang, der mit dem Ausdruck ›innerweltliche Askese‹ bezeichnet wird, herausgestellt« und als Geist des aufsteigenden Kapitalismus, also eines Bürgertums gezeigt, das wirtschaftliche Macht erstrebt (EdK:104). Mannheim verstand die »Protestantische Ethik« als eine Weltanschauung, gewissermaßen als nicht weiter zu begründendes kollektives Motiv für soziologisch relevante Verhaltensformen und ordnete sie dadurch in ein objektivierbares wissenssoziologisches Schema ein. Ganz im Gegensatz zu Alfred Weber, der, wenn er sich auf Max Webers religionssoziologische Studien beruft, gerade den religiösen Aspekt darin wahrnahm, der bei Mannheim nur als Hintergrund aufscheint.

Die Soziologie wählt weder den Standort der immanenten Betrachtung noch der objektiven Analyse, sondern sucht das »Werk, die Kulturobjektivation auf ihre Funktionalität hin zu erfassen« (EdK:76). Es geht ihr um die Funktion der Kultur nicht für das individuelle Seelenleben, sondern für den Gesellschaftsprozeß. Wenn Max Weber den Motivursprung der Handlungen untersucht, so sieht Mannheim darin einen »extremen Nominalismus«: Nicht, daß der vergesellschaftete Mensch »aus (s)einen Motivationszusammenhängen heraus zufällig *ab und zu* mit Erlebnisgehalten anderer derselben Gruppe angehörenden Individuen in Übereinstimmung (gerät)«, macht den Gruppencharakter des Menschen aus, sondern die Tatsache, daß »die verschiedenen Individuen zumindest gewissen äußeren Schicksalen gegenüber ... denselben Erlebniszusammenhang in sich vollziehen« (EdK:77f.). Bestandteil dieses Erlebniszusammenhangs ist die bewußt empfindende Funktion des Individuums für die Gemeinschaft: »Indem es nicht nur im eigenen Namen, sondern im Namen aller handelt, indem es argumentiert und ›im Namen aller‹ argumentiert, tut es das im Bewußtsein davon, daß es nicht nur seine Lebensstrecke beschreitet und daß die entstehenden Gebilde als Funktionen des Gemeinschaftsstromes genommen werden müssen« (EdK:78).

Also nicht nur die Funktion für die Gruppe, sondern auch die Identifikation mit dem, was das Werk der Gruppe ausmacht, begründet, so Mannheim, das soziale Handeln in der Gesellschaft. Die Betonung liegt für ihn auf dem Zusammenhang, denn »eine Funktionalität gegenüber einem einzigen seelischen Inhalt gibt es gar nicht« (EdK:79). Mit dieser Erklärung von der Konstitution der »Wir-Gefühle« durch Erlebnisgemeinschaften (in Gemeinschaftserlebnissen und gemeinsamen Lebenslagen oder auch in Gruppen und sozialen Lagerungen) greift er auch offensiv die verbreiteten Vorstellungen der Massenpsychologen an, die von »seelischer Ansteckung«, »Nachahmung« oder »Wechselwirkungen« ansonsten atomisierter einzelner ausgehen: »Alle jene Theorien, die die Masse als einen aus Atomen zusammengesetzten Haufen aufbauen, ... sind nur zur Erklärung von Massenerscheinungen, Volksversammlungen usw. brauchbar und versagen sofort, wo jene Erscheinungen erklärt sein wollen, die sowohl zeitlich wie räumlich über eine flüchtige Zusammenkunft hinaus sich erstrecken« (EdK:80). Erlebniszusammenhänge formen so die Kennzeichen, die größere Gruppen konstituieren und bilden Anhaltspunkte für die »soziale Struktur des Bewußtseins« eines bestimmten Zeitalters.[21] Dieser Ansatz ist kein »materialistischer Ansatz« mehr, aber es ist auch kein »idealistischer« Ansatz. Für Mannheim handelt es sich um eine Integration dieser beiden oppositionellen Auffassungen: Das Erleben, das Generationen prägt, hat beide Komponenten und spiegelt Lebenserfahrungen im Handeln und Denken wider. Die Konstitution der Wissenssoziologie bahnt sich hier unmittelbar an. Der Erlebensbegriff wird jedoch, das soll hier bereits festgestellt werden, bei Mannheim stark schematisch ausgelegt. Ganz im Gegensatz zu Elias kommt bei Mannheim der emotionale Anteil, den der Begriff »Erlebnis« ja verspricht, verhältnismäßig zu kurz.

Die Tatsache, daß die Individuen aus einem »umfassenden Fond des Erlebens« heraus handeln, die sie aus ihren gruppenbezogenen Erlebniszusammenhängen heraus schöpfen, muß den einzelnen nicht immer bewußt sein. »Ganz im Gegenteil wird das naive unreflektierte Individuum seine geistigen Objektivationen der Funktionalität nach *seinem individuellen* Erlebnisstrom« zurechnen und erst in der Konfrontation mit anderen Gruppen (Klassen, Ständen oder Rassen) deutlich werden und als Klassen- oder Standesbewußtsein erkennbar (vgl. EdK:81). Die Idee der Standesgemäßheit bezeugt die Funktionalität der geistigen Gebilde, der die soziologische Erkenntnis entspringt (EdK:82).

Es findet sich in diesem Manuskript, dessen Stellenwert angesichts des veröffentlichungsreifen Charakters über eine reine »Selbstverständigung« weit hinausreicht, auch eine Stellungnahme zu Marx, die Distanz verrät: »Wenn man auch nicht, wie Marx, die ideologischen Momente letzten Endes stets an den Produktionsverhältnissen wird ableiten wollen, so wird doch eine jede soziologische Untersuchung in irgendeiner Form darauf hinauslaufen, die theoretischen Zusammenhänge aus außertheoretischen Konstellationen ableiten zu wollen« (EdK:90). Eine Erklärung in der Kultursoziologie muß also funktional, aber nicht allein auf die Produktionsverhältnisse, sondern ebenso auf andere »gesellschaftsbildende Faktoren« (EdK:108) beziehbar sein. Tatsächlich sei das zwangsmäßig im Wirtschaftsprozeß die Menschen Verbindende »vom innerlichen Erlebniszentrum zu fernliegend«, als daß damit die »sublimeren Erscheinungen« erklärt werden könnten (ebd.).

Nach einer Kritik an der Soziologie Simmels (impressionistische Einzelbeobachtungen, ihre Ergebnisse substantialisierend, EdK:117–123) und von Wieses (mechanistisch-nominalistische Konzeption), grenzt er Max Webers allgemeine Soziologie ab, die sich von der formalen darin unterscheide, daß sie historisch gewordene Regelmäßigkeiten kenne und damit den Faktor Zeit einbeziehe. Allerdings denke Max Weber nicht historisch und kenne keine »hierarchischzeitlich geordneten Typen«, seine Typologisierungen stellt er in den Raum, unabhängig von den Kulturkreisen und ihren historischen Stufen. Aber nur dann erhalten sie »einen prägnanten Sinn, wenn sie aufgrund jener einmaligen Struktur typisiert werden«, in die sie hineingehören, also wenn der »Geschichtskörper« mitgedacht werde, zu welchem sie zu rechnen seien (EdK:131). Mannheims Kritik an Max Weber rührt aus seinem besonderen Verständnis der historisch-funktionalen Methode her, die die Besonderheit seiner soziologischen Denkweise ausmacht. Mannheim geht auch auf Alfred Webers Leistung ein, dessen Begriffe »Aufstieg«, »Verfall«, »Beginn«, »Ende« als kultursoziologische Kategorien er der reinen Kausalerklärung überordnet. Kultursoziologie arbeite Weltanschauungen und Stile in ihrer typischen Periode heraus, mit Begriffen, die »aus den Wertungen und innersten Tendenzen des zu untersuchenden Zeitraums selbst« stammen (EdK:145). Mannheim erkannte den großen Fortschritt, den Alfred Webers Methode für die Kulturmorphologie bedeutete. Weber hatte die Ganzheit der Geschichtskörper in drei Ströme aufgelöst, die verschiedene Durchsetzungsweisen und verschiedene Dynamiken haben. Die Technik und das technische Wissen um die Natur, so lehrte Alfred Weber, ganz in der Tradition der Wiener Schule, haben eine Tendenz der Universalisierung. Technische Fertigkeiten überschreiten mühelos Kulturgrenzen, ohne daß daraus irgendwelche andere Folgerungen für den Einfluß der einen auf die andere Kultur zu ziehen wären. Der Zivilisationsprozeß, wie er diesen geschichtlichen Strom nannte, ist unumkehrbar und entspricht dem Rationalisierungsprozeß, von dem Max Weber sprach. Daneben gibt es den Gesellschaftsprozeß, der eine begrenzte Zahl von staatlichen Formen im Wechsel aufweist; und schließlich die Kulturbewegung, die, so Weber, keine eigentliche Richtung und keine eigentliche Entwicklung habe, sondern die »Physiognomie«, also die geistig-seelische Ausstattung einer jeden Epoche bildet. Von einem Achsenpunkt aus, der epochale Bedeutung gewinnt, erhält jede Zeit ihr besonderes Gesicht.

Alfred Weber hatte damit nicht nur Kategorien geliefert, die über die reine Kausalerklärung hinausgehen, sondern auch den Entwicklungsmonismus aufgehoben, der seit Augustin in der Geschichte die Verwirklichung eines einzigen Prinzips erkennen will.[22] Damit aber, so erkannte Karl Mannheim, ist der Monismus der gesamthistorischen Entwicklung durchbrochen und hat einer »polyphonen Erklärung« Platz gemacht (EdK:146), in der Gebilde zwar untereinander in Austausch stehen und eine Gesamtkonstellation bilden, aber (EdK:142) außer einer synoptischen Betrachtung läßt sich keine gemeinsame Logik mehr aus ihnen herauspräparieren. Mannheim nutzt diesen Gedanken zur Einführung seiner eigenen Fragestellung, die Alfred Webers Polyphonie bereichert: Was sei mit jenen Weltanschauungen, die von anderen historisch siegreichen gestürzt worden sind? »Ist der Adel z.B. seiner Führungsrolle entledigt, und übernimmt das Bürgertum die Rolle des Kulturträgers, so leben die dem Adel zurechenbaren Weltanschauungen weiter« (EdK:147). Was geschieht mit ihnen, wie greifen sie ein? Oder was geschieht mit Weltanschauungen und Kulturgebilden, die von einer anderen Trägerschicht übernommen wurden? (EdK:148). Das Phänomen »Adel« wird Thema seiner Habilitation. Mannheim entdeckt, wie wenig sich die Soziologie um diese Frage bisher gekümmert hatte – aus dem aufklärerisch-bürgerlichen Affekt ihrer Protagonisten heraus hat sie die Beschäftigung mit dieser untergehenden Klasse völlig vernachlässigt, ihren Beitrag zur Kultur unterschätzt oder auch unterschlagen. Mannheim findet aber auch hierfür eine irenische Erklärungsformel, die an seine Hegelsche Herkunft erinnert: Die Soziologie habe im Laufe ihrer Entwicklung eine Mannigfaltigkeit entwickelt, nicht, »um einander aufzuheben und zu vernichten, sondern (um) in einem systematischen Gesamtplan einander die Waage zu halten« (EdK:110). Denn ebenso wie die Gesichtspunkte der früheren Forschung zwar veralten, veralten sie »nicht in allen Teilen, und auch die Methoden werden als mögliche Gesichtspunkte aufbewahrt« (EdK:111), ebenso sei es mit den Weltanschauungen früherer Eliten. Daß sich jedoch auch die Emotionen, die den Forschungsgegenständen anhaften, weitertradierten, das vergaß Mannheim. Elias hielt dagegen in seiner Habilitationsschrift fest, »ein Nachklang der bürgerlichen Kampfstellung gegen den Hof und die durch das Hofleben geprägten Menschen ... verstellt wohl heute noch oft den Blick für die repräsentative Bedeutung der Höfe und verhindert eine Untersuchung ihres Aufbaus ohne Gereiztheit und ohne Ressentiment ...« (Elias 1969:62).

Die Relativismusdebatte

Die Herausforderung

Aufklärung hatte in Deutschland, anders als in Frankreich, keinen dezidiert antireligiösen Charakter, sondern trat bisweilen selbst in religiösem Gewand auf. Die von Mannheim diagnostizierte Verselbständigung der Kultur aus dem religiösen Kosmos hatte im Bewußtsein vor allem der protestantischen Kulturträgerschichten Deutschlands jedoch nicht zu einer Trennung der beiden Bereiche geführt, sondern zu einer neuen Amalgamierung: Kulturelle Themen erwiesen sich als religiös affiziert, wie es das Phänomen der »Goethereligion« zeigte. Kultur unterlag, wie eine Religion, dem Kritiktabu. Karl Mannheim spricht von dieser Verlagerung und davon, daß der freigewordene Wertakzent der Religion auf das Phänomen der »Kultur überhaupt« übertragen worden ist (EdK:42). Heidelberg war voll von »Geistigen«, die in der Kultur einen nicht kritisierbaren letzten Wertekosmos sahen, dem sie sich angehörig fühlten. Es waren jedoch nicht allein die neoplatonischen Denker, die sich durch Mannheims Funktionalismus herausgefordert fühlten, es waren auch seine politischen Freunde und seine Schüler, die ihn nicht verstanden.

Mannheim wirkte fast unangreifbar, da er kein offenes Bekenntnis bot. Statt dessen stellte er sich über die materiellen Interessen in die Höhenregion einer Wissenssoziologie, den Ort einer künftigen Erkenntnis – nicht mit seherischer Kraft wie Bloch, sondern mit dem Anspruch, wertfreie Wissenschaft zu treiben. Sein Standpunkt war über allen Partikularideologien angesiedelt, er meinte, deren Standort im Strom der Geschichte sehen zu können und sich so über deren »Froschperspektive« hinausbegeben zu können in die höheren Sphären der Geistesgeschichte. Seine Relativierungen wurden vor allem von den Vertretern der Parteimilieus als Angriff von einer Seite aus aufgefaßt, die nicht faßbar war, von seiten der Wissenschaftsvertreter dagegen als Herausforderung. Seine Methodik war für viele einfach nicht nachvollziehbar – das sicherte ihm hohe Aufmerksamkeit und die langen Diskussionen, in denen ihm »Relativismus« zum Vorwurf gemacht wurde. Seine eigene Unterscheidung zwischen

Relativismus und Relationismus wurde kaum wahrgenommen, doch liegt hier der entscheidende Punkt: Der Relativist ist gewissermaßen der Gleichmacher, während der Relationist die Architektur des Gebäudes im Geiste zu erkennen sucht, das Morphologische in der Bewegung des Weltgeistes. Wenn man dennoch eine Antwort geben wollte auf die Frage, wo nun Mannheim »wirklich« stand, so wird man eine politische und eine philosophische Antwort finden.

Um den politischen Standort Mannheims zu erkennen, lege man einfach nach Mannheims Vorgaben eine »soziale Gleichung« an seine Aussagen an: Welcher Partei kommt ein Standpunkt am nächsten, der die proletarischen Schichten als kommende Klasse sieht und der sich aus dem Marxismus dadurch weiterentwickelt hat, daß er auch die Standpunkte anderer Klassen in seine Gesamtpolitik einbezieht, und der gleichzeitig gegen eine extremistische Politik eintritt, die ihr Handeln nur an einer Gelegenheit zur Revolution ausrichtet?

Mannheim war vermutlich nie Mitglied irgendeiner Partei (vgl. z. B. Jansen 1992:396). Gerth schrieb zwar: »Die Herren Tillich, Löwe und Mannheim (seien) bekannt als Sozialdemokraten« (Greffrath 63f.), doch damit war nicht unbedingt eine Parteizugehörigkeit gemeint. Mannheims wissenschaftlicher Anspruch ist exklusiv, hier mag das Vorbild tatsächlich der späte Max Weber gewesen sein, bei dem sich Parteipolitik und Wissenschaft nicht miteinander vertragen.[1] Um den philosophischen Standort zu entdecken, wird man seinen transzendentalen Bildungsbegriff ins Auge fassen müssen, der in der Funktion der Wissenssoziologie aufgeht: Wissenssoziologie wird bei ihm Aufbewahrungsort der verschwindenden Utopie und Werkstatt für Geschichte.

Angst vor dem »amerikanischen Bewußtsein«

Im letzten Abschnitt von *Ideologie und Utopie* wird Mannheims Ambivalenz in bezug auf die Konsequenzen des Funktionalismus deutlich. In der »gegenwärtigen Konstellation« sah er eine neue Generation heraufkommen mit einer Weltsicht, die sich weder um Geschichte noch um Ideologien und Utopien bekümmerte, sondern sich nur für technisch-organisatorische Lösungen von konkreten Einzelproblemen interessierte. Die Totalansicht, der geschichtliche Überblick verschwände aus dem Gesichtskreis des kommenden Zeitalters und es müsse daher ein Mittel gefunden werden, um einen Ersatz dafür zu schaffen:

Der »gegenwärtige Augenblick steht im Zeichen ... des Näherrücken(s) der ... geschichtstranszendenten Utopie. Nicht nur funktionell, auch substantiell wandelte sich hierbei die Gestalt dieser dem Geschichtlichen immer näherrückende Gewalt« (I&U:233).

Die Spannung zwischen Utopie und Gegenwart verflüchtige sich in dem Maße, in dem immer »breitere Schichten in die konkrete Seinsbeherrschung hineinwachsen« und die bisher in utopischen Bewußtseinslagen beheimateten Schichten zum parlamentarischen Mitregieren gelangen (I&U:237). Damit aber verschwinde sukzessive das Utopische, »je weitere Gebiete des Bewußtseins dieses Bedingtheitserlebnis erfaßt« (I&U:236). Mannheim zitiert Gottfried Keller mit dem Satz: »Der Freiheit letzter Sieg wird trocken sein« (ebd.). Es berühre die Parteien ebenso wie die Wissenschaften, wenn die Alltagspraxis und Einzelfallsicht die »strahlende Totalsicht« der Programme abzulösen beginne: Sie zeigten sich immer weniger als sich bekämpfende Glaubensbekenntnisse, sondern immer mehr als nur konkurrierende Parteien, und im Bereich der Wissenschaft als nur »mögliche Forschungshypothesen« (I&U:237).

Nicht mehr die Philosophie, sondern die Soziologie spiegele daher »heute die innere Lage des sozialgeistigen Gesamtkörpers[2] am klarsten ... wider« (ebd.).

Den Verlust der Ganzheitsbetrachtung vor Augen, glaubt er, daß für die Wissenssoziologie noch eine letzte Aufgabe übrigbleibt. Die einzelnen Denkstandorte erwiesen in der geschichtlichen Synthese ihre Fruchtbarkeit: »Die Vermutung wird immer wahrscheinlicher, daß der Geschichtsprozeß stets etwas Umfassenderes ist als alle vorhandenen Standorte« (ebd.). Die Wissenssoziologie solle nun diese geschichtliche Synthese vorbereiten helfen als ihr »Konstruktionszentrum« (ebd.), da der Verlust der Utopie auch den Verlust der Totalsicht beinhaltet, der nur noch auf der extremen Rechten und der extremen Linken vorhanden sei (ebd.). Die bisher vorhandenen Totalsichten mit ihren Absolutheitsansprüchen sollen durch die Wissenssoziologie im Sinne einer intellektuellen *Werkstatt der Geschichte* ersetzt werden – in der Tat kein geringer Anspruch. Aus der Sicht Mannheims soll durch eine Transformation zur Wissenschaft der geistige Gehalt der Utopie gerettet werden, um der Drohung der Utopielosigkeit zu entgehen.

Das »amerikanische Bewußtsein« entsprach nicht nur in Mannheims Augen jener befürchteten vollendeten Utopielosigkeit, weil es sich nicht, wie das europäische, an der Geschichte und der »Lösung des Klassenproblems« orientiert, sondern an Einzelproblemen: Was dem tiefsten europäischen Kulturpessimismus entspricht, hat in Amerika sogar noch einen »optimistische(n) Unterton: Für das Ganze habe ich nicht zu sorgen, das Ganze macht sich schon von selbst« (*I&U*:241). Auch in Europa glaubte er diesen Prozeß der Destruktion des Utopischen und des Ideologischen zu erkennen, in dem alle spirituellen Elemente abgebaut würden – in den neuen Lebensformen, im »Hervorbrechen der Triebstrukturen im Sport« oder auch in der Kunst, wo das »Verschwinden des Humanitären« zugleich mit der »in Erotik und Baukunst durchbrechende(n) neue(n) ›Sachlichkeit‹« als Symptom für diesen Prozeß gewertet werden könnten (*I&U*:242). Müsse nicht auch, so fragt er

»die ... allmähliche Reduktion des Politischen auf die Ökonomie, das bewußte Verneinen der Vergangenheit und der historischen Zeit, das bewußte Beiseiteschieben eines jeden ›Kulturideals‹ als ein Verschwinden des Utopischen in jedweder Gestalt ... gedeutet werden?« (*I&U*:242f.).

Diese Prozesse nun seien in jener Bewußtseinshaltung feststellbar, vor der sich »alle Ideen blamiert, alle Utopien zersetzt haben« (*I&U*:243). Mannheim steht nicht an, diese nun

»sich ankündigende ›Trockenheit‹ zu bejahen als einziges Mittel, die Gegenwart zu beherrschen, weitgehend zu bejahen als eine Transformation der Utopie zur Wissenschaft, als eine Destruktion der verlogenen und mit unserer Seinswirklichkeit sich nicht in Deckung befindenden Ideologien« (ebd.).

Er selbst ist sich allerdings nicht sicher, ob er diese Formen des Bewußtseins, die an der neuen Angestelltenwelt orientiert zu sein scheinen, gut finden soll:

»Es gehört vielleicht eine von unserer Generation kaum mehr vollziehbare Herbheit oder die ahnungslose Naivität einer in diese Welt neu hineingeborenen Generation dazu, mit der so gewordenen Wirklichkeit in diesem Sinne in absoluter Deckung zu leben« (*I&U*:243).

Und er fragt skeptisch:

»Vielleicht kann eine fertig gewordene Welt sich dies leisten. Sind wir aber wirklich dermaßen am Ziele, daß eine Spannungslosigkeit mit Echtheit sich vereinigen läßt?« (ebd.).

Eine Welt der Spannungslosigkeit, in der keine historischen Ganzheiten mehr erkennbar sind, erscheint ihm als wenig erstrebenswert, da nicht nur die politische Aktivität, sondern auch die wissenschaftliche Intensität erlöschen müssen (ebd.). Und so endet das Buch mit tiefer Skepsis.

Siegfried Kracauer, der Mannheim kannte, hatte das Anliegen, das Mannheim mit seiner Forderung nach radikaler Relativierung aller Standpunkte vertrat, sehr wohl verstanden; seine Rezension zu *Ideologie und Utopie*, die im Literaturblatt, der Beilage zur *Frankfurter Zeitung* am 28. April 1929 erschien, zeichnete Mannheims Intentionen treffend auf. Kracauer bemerkte aber auch Mannheims Ambivalenz: Wenn die Utopie erkennbar schwindet, so bleiben nach Mannheim lediglich zwei Mächte, die proletarischen Schichten und die Intelligenz, die eine Spannung zur Seinstranszendenz aufrechterhielten. Diese freie Intelligenz aber

»wird ihm zum Leib und Träger des fortgeschrittensten Bewußtseins ... Indem er sie zur Ergründung der Struktursituationen, zu Synthesen in seinem Sinne auffordert, scheint es ihm, als vertraue er ihr eine eigene Mission an: die ›Wächter zu sein in einer sonst allzu finstren Nacht‹«.

Diese Intelligenz bezahle freilich den Preis für ihre »Fähigkeit des Sichselbsthabens mit Formalität«, so Kracauers Kritik. »Die Überwindung der Teilaspekte kommt also der gereinigten Ratio teuer zu stehen. Im gleichen Maße, indem sie sich aus der Enge erhebt, entleert sie sich und rückt in eine bedrohliche Nähe zum alten idealistischen Bewußtsein überhaupt.« Damit aber, so fürchtet Kracauer, werde die Intelligenz doch letztlich zum Nachfahren des Bürgertums:

»Mannheim wird darauf zu achten haben, daß das die Relationen beherrschende Bewußtsein sich nicht unter der Hand aus sämtlichen Relationen davonstiehlt und daß die Avantgarde der Intelligenz sich nicht in Synthesen verflüchtigt, die zuletzt doch der bestehenden Gesellschaft zugute kommt. Seine Wächter wären in diesem Fall Schlafmützen ...«

Die Kritik Kracauers lief auf die Forderung nach inhaltlicher Füllung der Aufgaben der Intelligenz hinaus: Der Gefahr der Verwechslung seiner Wissenssoziologie mit dem idealistischen Bewußtsein hätte er entgehen können »durch die Angabe von Gehalten«, meint Kracauer. Denn »erst auf Grund handgreiflicher Auskünfte wird zu entscheiden sein, auf welche Seite im sozialen und politischen Kampf das fortgeschrittene Bewußtsein seine Träger drängt« (ebd.). Kracauer verlangt letztlich also auch nach einer Absichtserklärung für eine sozialdemokratische Politik, in der er sich mit Mannheim einig wußte.

Mannheim jedoch blieb es verwehrt, politische Aussagen zu machen, schon Curtius hatte dies bemerkt, als er ihn in der Nachfolge Max Webers sah: Von den Voraussetzungen aus, die Max Weber vorgegeben hatte, konnte Mannheim »nicht weiter gelangen« (Curtius 1929:735). Obwohl er Aussagen über die Zukunft machte, sah sich Mannheim keineswegs als Prophet, sondern nur als Vermittler zwischen den Mächten. Im Aufzeigen von Möglichkeiten, die die Voraussetzung für Vermittlung bilden, sah er die Aufgabe der Wissenschaft. Dazu bedurfte es der Distanz, nicht des Bekenntnisses zu einer bestimmten Politik – insofern blieb die Wissenssoziologie in der Tat inhaltsleer.

Reaktionen der Schüler

Elias notiert über Karl Mannheim:

»Er war ... in Heidelberg auf dem Höhepunkt seines geistigen Schaffens; er besaß nicht nur eine hohe Intelligenz, sondern auch ein großes Geschick im Argumentieren, dessen hohes Abstraktionsniveau die oft zerstörerische Schärfe seiner Angriffskraft leicht verdeckte. Alles das zog intelligente Studenten an, gelegentlich auch Studentinnen, die in Heidelberg noch sehr in der Minderzahl waren« (Elias, NzL:37).

Mannheim schienen, wie er selbst von Simmel schrieb, jene Kräfte zu fehlen, die gemeinschaftsbildend wirkten. Es war vor allem die Radikalität seiner Formulierungen, die attraktiv wirkte: Kann es um etwas Grundlegenderes gehen, als »ein werdendes Gefüge, in dessen Element auch die neue Menschwerdung sich vollzieht« (I&U:2) zu beobachten? Formulierungen dieser Art des rhetorischen An-die-Wurzel-Gehens, die an Heidegger erinnern, machten ihn für eine kleine Zahl Studenten attraktiv: »Wie kann der Mensch in einer Zeit, in der das Problem der Ideologie und Utopie einmal radikal gestellt und zu Ende gedacht wird, überhaupt noch denken und leben?« (I&U:3). An Superlativen spart er nicht in seinen Ansprüchen: »... dem Gedanken der Ideologiehaftigkeit des Denkens in seiner konsequentesten Gestalt« (ebd.) nachgehen zu wollen, oder dabei »... das Ideologieproblem in seiner konsequentesten Gestalt an die entscheidenden Strömungen des gegenwärtigen Denkens heranzutragen« (ebd.). Er wollte »in schonungsloser Rücksichtslosigkeit auch uns selbst gegenüber...« (I&U:4), »in äußerster Konsequenz« (ebd.) »die strikteste Klarheit erstreben« (ebd.). Was den Erfolg des Buches ausmachte, war sicher zum Teil diesem Verbalradikalismus geschuldet, der mehr Fragen aufwarf als Antworten bot. Mit derartigem Vokabular aber, das insbesondere im ersten Abschnitt auftaucht, mußte er Mißverständnisse heraufbeschwören.

Das Buch schien den an plakative Aussagen gewöhnten Lesern allzu subtil, die rhetorischen Eingangsformeln wirkten zu stark auf Leser und Leserinnen, die Rhetorik mit Programmatik verwechselten. Hannah Arendt etwa, die Karl Mannheim gekannt hat und bei ihm studierte[3], schrieb zu *Ideologie und Utopie*: »Wir halten uns allein an die philosophische Grundabsicht... des Buches, dessen Bedeutung darin besteht, die Fragwürdigkeit moderner Geistigkeit überhaupt in historischem Verständnis aufzuzeigen.«[4] Mannheim scheint es mit dem existentialistischen Ton in den Eingangssätzen, der sich im zweiten Kapitel gar nicht wiederfindet, gelungen zu sein, die Philosophen anzusprechen. Arendt jedenfalls fühlte sich zu einer philosophischen Stellungnahme herausgefordert, die Mannheims Fragestellung aus existentialistischer Perspektive kritisierte: »Vor der Mannheimschen Frage nach dem sozialen und historischen Ort soziologischer Fragestellung steht die nach der Seinslage, in der soziologische Analysen historisch berechtigt sind« (Meja/Stehr 1982:529). Arendt glaubte den Primat der Philosophie in Frage gestellt, den sie nicht der Soziologie überlassen wollte. Günther Stern sah Anlaß, die Philosophie zu befragen und »die von der Soziologie offenbar gemachte Krise als ihre eigene zu übernehmen«. Aber auch Stern beharrte auf dem Primat der Philosophie als Zentralwissenschaft und hielt die Wissenssoziologie nicht für berechtigt, einen solchen Titel zu tragen[5].

Welche Lehrerfolge er wirklich hatte, ist schwer zu bestimmen. Nach den Quästurakten und nach den wenigen Studentinnen und Studenten, die noch befragt werden konnten, läßt sich eine kleine Zahl von Schülerinnen und Schülern feststellen, die ihm zum Teil so stark verbunden waren, daß sie ihm von Heidelberg nach Frankfurt gefolgt sind – neben Hans Gerth und Norbert Elias waren darunter z. B. Nina Rubinstein und Natalia Halperin, deren Spuren Claudia Honegger und David Kettler verfolgt haben.[6] Er wirkte als Redner, entwickelte sich in Frankfurt sogar zur öffentlichen Figur und konnte sich des Zulaufs des Publikums sicher sein: Kurt H. Wolff berichtete, wie man ihn auf Mannheims Vorlesungen hinwies: »der sei der letzte Schrei, den müßte man einfach hören. So ging er hin. Er war sofort fasziniert von ihm, ›hauptsächlich‹, so erinnerte er sich, ›aus zwei Gründen: Erstens trug er Seidenhemden und zwar hellblaue, zweitens hatte er einen ungarischen Akzent. Beides fand ich absolut hinreißend‹.«[7]

Wolff schrieb ebenfalls eine Dissertation bei Mannheim und wurde dabei von Elias betreut (Korte, Hermann 1988:114f.). Als eigentliche Schüler, die auch in der Wissenschaft blieben, wird man Kurt H. Wolff und im weiteren Sinne seinen ersten Doktoranden und Tutor Hans Speier[8], aber auch z. B. Hans Gerth, Gerhard Münzner, Werner Falk, Johannes Höber oder Johannes Stark betrachten können – Schüler, die von Mannheim die wichtigsten Denkanstöße erfahren haben. Alfred von Martin, der selbst kurze Zeit in den Bann von Mannheims Wissenssoziologie geriet (s. u.), rechnet neben den auch von ihm genannten Hans Gerth noch Justus Hashagen und Otto Hermann zu den Mannheim-Schülern.[9] Mannheims Fähigkeiten im zwischenmenschlichen Umgang scheinen, trotz seines großen pädagogischen Ehrgeizes, eher schwach ausgebildet gewesen zu sein, ohne daß dies auf sein wissenschaftliches Arbeiten direkt erkennbare negative Auswirkungen hatte. Es mag jedoch diesen Schwächen zuzuschreiben sein, daß sein Verhältnis zu seinen Schülerinnen und Schülern stets einseitig blieb: Er kümmerte sich nicht um sie. Diese Arbeit überließ er seinem Assistenten Elias. Daß dies häufig zu Enttäuschungen führte, ist etwa aus den diplomatischen Formulierungen von Elias selbst herauszulesen. Deutlicher formuliert hat es Hans Speier, der sich zunächst als Student zu Mannheim hingezogen fühlte und danach Assistent und Mitarbeiter von Emil Lederer wurde.[10] In hohem Alter hat er sich erst von Mannheim gelöst, was in einem Brief über Mannheim zum Ausdruck kommt:

»Jetzt lese ich zum ersten Mal, daß Mannheim nach Lektüre meiner Besprechung[11] an Louis Wirth geschrieben hat: ›It keeps happening these days... that the next generation is glad to be lifted into the saddle by us, to live by our inspiration and then, for carreerist reasons, will know nothing more of it and deny a person at the next best opportunity.‹

Ich glaubte immer, M. sei ein besonders feiner Mensch gewesen. ›For carreerist reasons‹! Indeed, I jeopardized my relationship with Louis Wirth by my

review (and with Edward Shils, the companion-translator). Zu alledem entnehme ich einer soeben erschienenen Geschichte der NEW SCHOOL, daß Mannheim nicht nach den USA gekommen ist, weil er forderte, daß er ein eigenes Institut an der N.S. bekäme, was Alvin Johnson ablehnen mußte.
... Nicht Mannheim hat mich in den Sattel gehoben, sondern wenn überhaupt jemand: dann Lederer. Mannheim hat sich nicht einmal um meine Dissertation gekümmert.[12] Er hat mir nur Nachdrucke mit der Widmung geschickt: ›Meinem Lehrer, meinem Schüler.‹«[13]

Die scheinbare Leichtigkeit seines essayistischen Stils verführte zu Mißverständnissen. Wie wenig Mannheim verstanden wurde, auch von seinen eigenen Studenten, zeigen die vielen Reaktionen auf die relativistische Herausforderung, die auch Elias mißverstand, der doch selbst die Distanzierung zur zentralen Voraussetzung wissenschaftlichen Arbeitens machte. Elias war ein nüchterner Denker[14] und fühlte sich deshalb von Mannheim angezogen:

»Und so kam mir Mannheims zentrale These, daß alles Denken Ideologie sei, sehr entgegen. Er gab einem Gefühl, von dem ich ganz durchdrungen war, eine systematischere Form – dem Gefühl, daß alles, was ich las und in den Diskussionen hörte, voll war von Wunschträumen, Heilserwartungen und Stigmatisierungen. Daß wir ein Wissen von unserer Menschenwelt brauchen, das so realistisch wie möglich ist.«[15]

Was Elias an Mannheim kritisierte, war dessen philosophische Grundhaltung, die er als »Dualismus« kritisiert: In Mannheims Formulierung

»von der Seinsgebundenheit des Denkens (liegt) die dualistische Vorstellung von einem schlechthin denkfreien sozialen ›Sein‹ nahe, zu dem das Denken gleichsam als etwas Nachträgliches und Sekundäres hinzutritt. Und auch hier wird eine simple Billardkugel-Kausalität impliziert: Veränderungen des denkfreien Seins als Ursache sind verantwortlich für Veränderungen des Denkens als ihre Wirkung« (NzL:35).

Elias erkannte die schwache Konstruktion Mannheims bei der schematischen Verbindung zwischen dem Bewußtsein und dem gesellschaftlichen Standort. »Eine lange, mächtige respektierte Tradition ließ die Gedanken des einzelnen Menschen, seine oder ihre ›Ideen‹ als autonome, völlig auf sich gestellte und so gleichsam freischwebende Gebilde erscheinen« (NzL:35), schrieb er über Mannheim, ohne anzuerkennen, daß es gerade Mannheims Bemühen gewesen war, aus dieser Tradition auszubrechen. Elias selbst, der in dieser Hinsicht den Bildungs- und Geistbegriff der Generation vor ihm eindeutiger abstreifte als Mannheim, hat Bewußtsein und Denken stets als gleichermaßen konstitutiv für das »ganze Funktionieren des gesellschaftlichen Zusammenlebens der Menschen« aufgefaßt (NzL:34). Elias sah in Mannheims Relationismus eine »Denkfalle« nach der Art des Rätsels des Kreters: »Alle Kreter lügen«.[16] Denn der Relativismus, davon war Elias überzeugt, müsse zum »totalen Ruin aller Denkbemühungen der Menschen führen«. Der Rettungsanker, den Mannheim dagegen auswarf, sei die wissenssoziologische Vorstellung von der Möglichkeit der Gesamtschau durch die Relationierung der Teilperspektiven: »Könnte man nicht vielleicht sagen, die ›Wahrheit‹ sei die Gesamtheit dieser Teilperspektiven?« (NzL:35). Was Elias nicht anerkennen wollte, war die erkenntnistheoretische Qualität von Feststellungen über Tatsachen, die sich aus Mannheims Überlegungen ergab: Tatsachen wurden erst durch die Wahrnehmung geschaffen. Das blieb bei Mannheim kantianisches Erbe, mit dem sich Elias nicht anfreunden konnte. Elias hat die Geschichtsphilosophie hinter Mannheims Ideologiekritik nicht registriert. Zwar wußte Elias, daß Mannheims »Sympathien bei der gemäßigten Linken lagen« (NzL:36), doch scheint er diese politische Überzeugung Mannheims nur instrumentell betrachtet zu haben: Damit mußten sich die »Hoffnungen eines Privatdozenten auf einen der wenigen Lehrstühle der Soziologie in der ersten deutschen Republik« (NzL:36) doch wohl eher verringern. Von dem tiefen Glauben Mannheims an die Geschichte als dem Vollstrecker dieser Gesamtschau scheint er nichts wahrgenommen zu haben.

Elias sah Mannheim aus der Heidelberger Perspektive und hat sich mit ihm vermutlich mehr durch seine Umgebung auseinandergesetzt, durch seine Studentinnen und Studenten, die Kollegen und nicht zuletzt aus dem Blickwinkel Alfred Webers, als durch Lektüre der Texte. Das hat er selbst auch indirekt eingeräumt. Als Elias gefragt wurde, ob Mannheim eine Bezugsperson für ihn gewesen sei, antwortete er: »Das ist schwer zu sagen, denn ich hatte auch manches gegen ihn einzuwenden. Nein, ›intellektuelle Bezusperson‹ ist übertrieben. Wichtig waren für mich die vielen Diskussionen überall in der Stadt« (NzL:51). Das Verhältnis zwischen beiden hat sich wohl auch nie zu einer engeren geistigen Freundschaft entwickelt, war es doch von einer untergründigen Konkurrenz geprägt gewesen – Elias legte stets Wert darauf, mit Mannheim »befreundet« – also gleichgestellt –

gewesen zu sein, und betonte, daß er nicht sein Schüler war.[17] Diese Konkurrenz zwischen dem rangniedrigeren Elias und dem zu Lebzeiten ranghöher gebliebenen Mannheim (auch darauf wies Elias in diesem Zusammenhang stets hin), scheint einen direkten geistigen Austausch zwischen beiden unmöglich gemacht zu haben.[18] Das Konkurrenzverhalten Mannheims gegenüber Alfred Weber, von dem Elias anläßlich des Züricher Soziologentags berichtet, darf wohl zugleich als eine Projektion des Verhältnisses Elias – Mannheim gelesen werden. Elias war ebenso unwillig, einen höheren über sich anzuerkennen[19], wie Mannheim sich »unschuldig« stets als der »Beste« empfand.[20] Dennoch lassen sich sehr viele ähnliche Gedankenführungen und Themen feststellen, was angesichts des gleichen institutionellen Milieus vielleicht gar nicht so ungewöhnlich ist.[21] Trotz aller Indirektheit ihrer persönlichen Beziehungen scheinen sie im Laufe der Zeit, in der sie zusammenarbeiteten, ihre institutionellen Beziehungen, die sie zeitweilig eingegangen waren, als gegenseitigen Vorteil wahrgenommen zu haben: »Die Zusammenarbeit mit Mannheim«, hieß es jedenfalls von seiten Elias', »war und blieb eigentlich immer erfreulich, in Heidelberg wie später in Frankfurt« (NzL:37).

Erst in London wurde das Verhältnis offenbar von Schwierigkeiten überschattet: In einem Brief, den Julia und Karl Mannheim am 29. Oktober 1939 an ihn schicken, zeigen sie sich überrascht und erfreut über die Widmung des Buches *Über den Prozeß der Zivilisation*. Sie bedanken sich und sprechen davon, daß damit wohl eine »Episode der Mißverständnisse ein Ende nimmt, Mißverständnisse, die vielleicht irgendwie nötig waren, die aber, nachdem sie verarbeitet sind, so gegenstandslos zu sein scheinen, daß man sie sich kaum in Gedanken zu rekonstruieren vermag«[22].

Mannheim hatte einen zweiten Assistenten, den sehr viel jüngeren Hans Gerth, den Elias in seinen Erinnerungen nie erwähnte – wie auch umgekehrt Gerth Elias offenbar kaum genannt hat.[23] Im Gespräch mit Mathias Greffrath taucht Elias nicht auf (vgl. Greffrath 1979). Hans Gerth, der Max Webers *Politik als Beruf* gelesen hatte, war nach Heidelberg gekommen, um bei diesem Autor zu studieren. Er mußte erfahren, daß Max Weber bereits gestorben war. So kam er zunächst in das Seminar von Bergstraesser, wo er ein Referat über Lassalle hielt.

Gerth berichtete:

»Das Resultat war: Bergstraesser empfahl mir, doch zu Herrn Professor (sic!) Mannheim zu gehen, um in dessen Seminar zugelassen zu werden. Was ich tat. Ich lernte dann, mich Mannheim halb und halb anzuschließen und, wie Sie aus dieser Widmung sehen[24], habe ich ganz nützliche Arbeit geleistet und habe Fußnoten gesucht und gesammelt, Marx-Zitate rangeschleppt und mich so als kleiner Famulus bewährt. Wenn Mannheim von Studenten überlaufen war, schickte er sie zu mir und dann bestellte ich mir eine Tasse Kaffee im Café am Ludwigsplatz (heute Friedrich-Ebert-Platz, RB) und bestellte den Herrn auch dorthin. Es gab so eine Art Kaffeehaus-Intelligenzia. Mannheim saß in demselben Café, schrieb da, ich saß an einem anderen Tisch, und nach einer gewissen Zeit gab er mir ein paar Seiten, und dann schrieb ich meine Randbemerkungen zu ›Ideologie und Utopie‹. Das waren noch solche Situationen, in denen Menschliches und der Lehrbetrieb, Seminarleben usw. sehr eng zusammenhingen, wo das Studieren einen way of life abgab, wobei die intellektuellen Dinge, die einen beschäftigten, ein Essay sagen wir von Schumpeter, im Kaffeehaus diskutiert wurden oder auf einem kurzen Spaziergang« (Greffrath 1979:60f.).

Gerth, der einer sozialistischen Studentengruppe angehörte, meldete an Mannheim eine Kritik an, die vermutlich von einer Reihe seiner aktivistischen Kommilitonen geteilt wurde: Mannheims Wissenssoziologie war ihnen zu akademisch. Er kritisiert daher: »Ja, es war die desperate Hoffnung auf das nicht abreißende Gespräch, auf den Dialog, als ob im geschichtlichen Prozeß nichts anderes als reden passierte« (Greffrath, 1979:62). Mannheim habe das Gespräch als eine Macht angesehen: »Nur das Gespräch unterhalten, festhalten. Solange noch geredet wird, solange ist noch nicht alles verloren« (ebd.). Diesen Punkt in Mannheims Werk hält Gerth, der sich selbst als Mannheims kritischen Schüler bezeichnete, für den »schwächsten und kurzlebigsten«. Dagegen ist er von anderen Teilen überzeugt:

»Meiner Ansicht nach sind die Arbeiten von Mannheim, die rein analytisch vorgehen, um Denkmotive aufzuzeigen bei diesem oder jenem, Glanzstücke soziologischer Arbeit, einfallsreich und immer mit ganz neuen Perspektiven auf historische Figuren oder Situationen, und es lohnt sich auch heute noch, diese Arbeiten zu lesen« (Greffrath 1979:62f.).

Hans Gerth hat bei Karl Mannheim in Frankfurt seine Dissertation über Liberalismus geschrieben und ist dann in der amerikanischen Emigration eigene Wege gegangen (vgl. Gerth 1976).

Hans Speier, Mannheims Assistent[25] und erster Doktorand[26], schrieb ebenfalls eine Kritik von *Ideologie und Utopie*, die er am Thema der Intellektuellen aufzog. Mannheims Soziologie gehe davon aus, daß »Gesamtorientierung oder Zusammenschau zu höherer

Wahrheit verhelfe, als Wahrheit von den verschiedenen Klassenstandpunkten aus jeweils zu gewinnen sei«[27]. Die Synthese sei jedoch nicht viel mehr als ein derzeit modischer Begriff, »eine naheliegende Denkform einer bestimmten Gruppe der Intelligenz« (ebd.), aber für Speier keineswegs die »optimale Denkform«, denn sie laufe letztlich auf »Einstellung oder Verleugnung« des Klassenkampfes hinaus zu einem Zeitpunkt, »wo hier um Bestand, dort um Überwindung eines Wirtschaftssystems und damit einer Lebensordnung gekämpft wird« (Meja/Stehr 1982:545). Seine Kritik richtet sich gegen den Wahrheitsanspruch, den die Wissenssoziologie implizierte: Die Höhe der Synthese sage nichts über ihren Wahrheitsgehalt aus und »ein Beweis, der die synthetisch gewonnene Wahrheit als höhere Wahrheit sichert, (ist) schlechthin nicht zu führen« (Meja/Stehr 1982:544). In einem zweiten Punkt kritisiert er die mangelhafte soziale Verortung der Intelligenz: Das ganze Unternehmen der Wissenssoziologie kranke daran, daß Mannheim von einer Intelligenz ausgehe, die weder als (wirtschaftliche) Klasse noch als Funktionsträger (in einer bestimmten gesellschaftlichen Rolle) definierbar sei, also soziologisch aufgrund ihrer Heterogenität nicht erfaßbar sei. »Der Bildungsbegriff, den Mannheim verwendet, ist nicht der unserer Zeit. Er stammt aus der deutschen Klassik ... (und) ist im 19. Jahrhundert zerstört worden« (Meja/Stehr 1982:542). Statt der Intelligenz, die »Geistiges um des Geistigen willen« produziere ohne einen spezifischen praktischen Zweck (Meja/Stehr 1982:533), habe die Arbeitsteilung auch in den Geisteswissenschaften Einzug gehalten. Speier glaubte nicht an die kulturelle Funktion, die Mannheim der Intelligenz zusprach – die Funktion der Vermittlung zur Synthese: Die spezialisierten Berufe der Geistesarbeiter (er wies hiermit auf Alfred Weber hin), verstünden sich heute keinesfalls mehr problemlos untereinander: Bildung verbinde nicht, so Speier, sondern trenne (ebd.).

Hans Gerth beschrieb Mannheims Begriff von »Intelligenz« mit etwas mehr Verständnis, aber ebenfalls kritisch:

»Mannheim verstand unter ›freischwebender Intelligenz‹ gebildete Leute, die sich keiner Partei, keiner Weltanschauung, keiner politisch schlagkräftigen Front verbunden wissen und die sich gerade wegen dieser Detachiertheit möglicherweise Probleme mehr zu Herzen gehen lassen und mehr durchdenken als vielleicht derjenige, der sich irgendeinem Betriebe, ob das ein Parteibetrieb oder ein Geschäftsbetrieb ist, irgendeinem arbeitsteiligen zielgerichteten Unternehmen zugehörig weiß. Hier wird die Konstruktion gemacht oder die Theorie aufgestellt, daß es eine Detachiertheit gibt von diesem Alltagsbetrieb und dieser Eingebundenheit in Denkströme und in

Absichten kollektiver Art, die, wenn ich so sagen darf, vielleicht den Menschen dumm machen. Der Preis für die Sicherheit, in der sie sich in ihrem Betrieb, in ihrer Kampfgruppe, in ihrer Partei usw. zu Hause wissen, wird erkauft dadurch, daß sie sich Scheuklappen anlegen; sie stehen an einem ganz bestimmten Ort, fühlen sich wohl und verbunden, selbst wenn sie wütend sind auf die anderen, aber gerade deswegen sind sie nicht bereit, diese anderen mit ihrer Meinung, mit ihren Denkapparaten oder ihren Präferenzen wirklich nahe an sich herankommen zu lassen. Während es besinnliche Typen von detachierten, nicht so heiß engagierten Intellektuellen gibt, die nicht nur eine Position, sondern zwei, drei Positionen innerhalb der Öffentlichkeit sich zu Herzen nehmen können und sich Gedanken und Sorgen machen. – Das war ein Gedankenapparat, den Mannheim sich und anderen vorführen konnte zu einer Zeit, als zum ersten Mal die Nationalsozialistische Partei 30 Prozent der Gesamtwählerschaft hinter sich wußte« (Greffrath: 61f.).

Diese Schilderung zeigt noch in der Sprache die Schülerschaft Gerths, und sie gibt auch, ebenso wie jene Speiers, die politische Distanzierung wieder, die seine zumeist sozialistischen Studenten zu ihm hatten – für sie gehörte Mannheim mit seinen Denkoperationen zum akademischen Gespräch, das die Politik noch nicht als »Bewegung« begriffen hatte. Die Erinnerung spielt Gerth hier freilich einen Streich – zur Zeit des Erscheinens von *Ideologie und Utopie* war die NSDAP noch keineswegs bei 30 Prozent, sondern lag in der vorausgegangenen Reichstagswahl von 1928 bei 2,6 Prozent. Erst bei den Reichstagswahlen im September 1930 bekamen die Nazis vielbeachtete 18 Prozent der Stimmen und legten erst 1932 auf 37 Prozent zu. Hans Speier und Hans Gerth zeigen als engste Mitarbeiter von Mannheim eine fast gleiche Haltung. Auch Speier spricht eine Reihe von Punkten an, die schwach ausgebaut sind oder die er von seiner sozialistischen Sicht aus abwehrt. Dennoch fordert er aber die Marxisten auf, von Mannheim zu lernen, »um die positivistischen Verhärtungen (ihrer) Methode abzustoßen« (Meja/Stehr 1982:546). Mannheims Verdienst bestehe darin, »die besten Ergebnisse der bürgerlichen geisteswissenschaftlichen Forschung (Diltheys, Max Webers, Schelers, Troeltschs u. a.) für den Marxismus fruchtbar gemacht zu haben« (Meja/Stehr 1982:545). Mit dem Auftauchen der Angestelltenschicht reiche der herkömmliche Begriffsapparat (Unterbau, Überbau, Klasse, Klassenbewußtsein) nicht mehr aus. Mannheims Soziologie übertreffe »in vieler Hinsicht einen dogmatisch erstarrten Marxismus methodisch«.

Seine Hauptkritik an Mannheim, die er später auch noch einmal geäußert hat, ist die rein geistesgeschichtliche Orientierung von

Mannheims Methode: Wenn Speier die Konzepte der Intelligenz als Klasse (Renner, M. Adler, H. de Man) ablehnt (Meja/Stehr 1982:539), so weist er darauf hin, daß die fälschliche Zusammenfassung der Intelligenz zu einer sozialen Schicht vornehmlich auf den »Mangel einer differenzierten marxistischen Soziologie der gegenwärtigen Gesellschaft zurückzuführen sein dürfte« (Meja/Stehr 1982:539). Tatsächlich übt der Gedanke, Intelligenz als Klasse aufzufassen, eine unwiderstehliche Anziehungskraft aus, weil er die Rettung der alten Bildungskonzepte in einer transformierten Form beinhaltet.

Substantialistische Kritik: Ernst Robert Curtius

In der berühmten Auseinandersetzung zwischen Mannheim und Curtius zeigt sich einmal mehr eine neoplatonische Abwehr gegen funktionalistisches Denken. Mannheims letzte Appelle an die Aufrechterhaltung der Utopien hat Ernst Robert Curtius, als er Mannheim in einem beachteten Aufsatz in der *Schweizer Rundschau* kritisierte, offensichtlich nicht mehr zur Kenntnis genommen[28], denn anders gibt seine Kritik keinen Sinn. Statt der Diagnose zu folgen und sie inhaltlich zu widerlegen, beginnt Curtius, das Buch als Konstruktion Mannheims aus dessen »Lebensverlegenheit« heraus zu deuten, von der Mannheim eingangs als allgemeiner Folge der Krisensituation der Gegenwart sprach. Mannheim wird in einen Zusammenhang gestellt, der Curtius besser vertraut ist, in eine Reihe mit Nihilisten und Skeptikern (SuiG:729). Es ist ein rhetorisches Mittel, das Neue an Mannheims Buch zu relativieren und dadurch zu entwerten, aber zugleich ein Mittel des Selbstschutzes für Curtius: Wenn sein absolutes Wertsystem in Frage gestellt werden soll, dann kann es sich nur um Nihilismus handeln – tertium non datur. Curtius erkennt nicht den Sinn der relationistischen Methode, er kann sie nur begreifen als Ausdruck der »persönlichen Erschütterung« des Lebensgefühls »nach Weltkrieg und Revolution« (SuiG:729) und der »Choc-Neurose«, die »wir« durch diese Ereignisse erlitten haben.[29] Auch Mannheims Geschichtsphilosophie bleibt bei Curtius ungenannt und vielleicht auch unerkannt. Das Reden vom *Kairos* der Erkenntnis in einer Zeit, wo »alle Dinge plötzlich transparent werden«, das bei Mannheim in engstem Zusammenhang mit seiner Geschichtsphilosophie steht, ist für Curtius, der das Abgeklärte mehr liebt als das Brandneue und Aktuelle, nicht nachvollziehbar. So wehrt er ab: »Heißt es nicht die Situation von 1929 erheblich überschätzen, wenn man in ihr eine nur wiederkehrende Möglichkeit des Einblicks in Geschichte und Wesen des Geistes sieht?« (SuiG:730). Und er distanziert: »Der Augenblick macht kurzsichtig«, nur wer in Jahrhunderten denke, »kann hoffen, vom Wesen der menschlichen Dinge etwas zu verstehen« (ebd.). Das Aktualistische an Mannheim scheint ihn nervös zu machen, auch die dynamische Betrachtung, das Prozessualisieren der Betrachtungsebenen (SuiG:731), und der Kampf gegen »das statische Weltbild des Intellektualismus« stört ihn gewaltig, da »mit der Statik zugleich jede Hingabe an das Absolute« getroffen werden solle (ebd.).

Curtius befürchtet, daß diese »Moral des Dynamismus« aus dem weltanschaulichen Bekenntnis – wo sie hingehöre – zur wissenschaftlichen Erkenntnis avanciert werden soll: »Wenn sie als Resultat der modernsten ›Zentralwissenschaft‹ auf deutschen Hochschulen gelehrt wird und Gehör fordert, dann ist ein ernsthafter Einspruch erlaubt« (SuiG:732). Es ist klar, daß Curtius befürchtet, daß die Soziologie, wenn Karl Mannheims Diagnose sich als allgemeine Überzeugung ausbreiten sollte, einen neuen Rang an der Universität beanspruchen werde. Er ist, das darf man ihm glauben, kein prinzipieller Gegner der Soziologie – nicht zuletzt sein Verhältnis zu Alfred Weber und seine Achtung vor Max Weber würde dagegen sprechen. Doch die Ersetzung der Philosophie durch die Soziologie widerspricht seinem Sinn für die Ordnung der Universitäten. In der Antwort auf Curtius reklamiert Mannheim die akademische Freiheit für sich: Es könne nicht angehen, »daß man im akademischen Leben vor lauter Einschüchterung über das uns wirklich Angehende sich nur ausschweigen wird«. Curtius wolle offenbar eine akademische Sittenpolizei einrichten, die Kontrolle über die Lehrmethoden ausüben soll (ZP:9). Es gehe nicht an, dem Arzt, der die Diagnose stellt, die Krankheit zur Last zu legen.

Der Verlust des Utopischen, den Mannheim vorsichtig diagnostiziert, wird von Curtius nicht widerlegt, sondern als Mannheims persönliche Überzeugung mißverstanden: »Wir hoffen, daß sich die deutsche Jugend – die *deutsche* Jugend – von keiner wissenschaftlichen Autorität den Sinn für Größe und Idealismus verbieten läßt« und sich einer Bewußtseinshaltung zuwendet, »für die sich alle Ideen blamiert und alle Utopien zersetzt haben«. Warum unterstreicht er hier das Nationale bei seiner Hoffnung in die »deutsche« Jugend? Es bezieht sich offenbar auf das von Mannheim angesprochene »amerikanische Bewußtsein«, das nicht nur Curtius damals fürchtete.

Mannheim hatte ja geschrieben, daß er diese »Trockenheit« nur insofern bejahe, als dadurch aus der Utopie eine Wissenschaft würde – man hört Friedrich Engels' Sozialismusdefinition heraus. Voraussetzung jedoch sei, daß sich das Sein in Deckung mit den Forderungen der Utopie befände – woran er – trotz der Einbindung früher utopischer Parteiperspektiven in die parlamentarische Arbeit – nicht recht glauben will. Wir haben gezeigt, daß Mannheim etwas anderes schrieb, als Curtius ihm vorwirft. Aber was hatte Curtius so aufgeschreckt, daß er die letzten Seiten des Buches nicht mehr lesen konnte, sondern schon nach dem oberen Abschnitt von Seite 243 zur Feder und zu diesen groben rhetorischen Mitteln griff?

Aus einigen Sätzen läßt sich das tiefere Problem erschließen: Das Geistwesen des Menschen will Curtius auf keinen Fall verlieren, und dafür steht ihm die Philosophie. Curtius befürchtet durch die Relativierungen den Verlust der Autonomie des Geistes, die in der Philosophie aufbewahrt ist, und deshalb begreift er sie als »destruierende Analysen«. Die Soziologie (dieser Art) kann und soll Philosophie (die ja das Geistige aufbewahrt) nicht ersetzen (vgl. dazu Lepenies 1992). Nur die Philosophie bietet »Totalorientierung« (SuiG:734). Eine Autonomie des Geistes kenne Mannheim nicht (SuiG:734f.) und das geht Curtius gegen »Recht und Würde des Denkens«. Die Relativierung und Funktionalisierung des Denkens zum Organon des Lebens ist für ihn unerträglich.

In seiner Antwort versucht Mannheim noch einmal, Curtius seinen Standpunkt zu erklären: Es gehe um eine neue Denkmethode, die das »sich selbst in Frage stellen« beherrschen lernt und Absolutheitsansprüche aufgibt: Mannheim sieht diese Denkmethode in der Tradition von Descartes' methodischem Zweifel, sein Relativismus sei eine Methode des Suchens, »die an der Lösbarkeit unserer Seins- und Denkkrise ausgesprochenermaßen *nicht* zweifelt« (ZP:8). Diese Denkmethode könne doch auch Curtius nicht ganz so fremd sein, habe doch Rychner in derselben Nummer der Zeitschrift, in der Curtius' Kritik erschienen war, ein »Fragment über die neue Denkmethode« geboten, die einen »mit mir verwandten Standpunkt« vertrete. Rychner und Curtius waren gut befreundet, das wußte Mannheim – so expliziert er diese Verwandtschaft von seinem und Rychners Standpunkt. Rychner hatte geschrieben:

»Die Überwindung des dualistischen Denkens schließt nicht eine Geringwertung der bisher zu Dualitäten angeordneten Dinge und Sachverhalte in sich. Wenn ich mittels angestrengter Denkübungen zur Negation der Alternative Rohkost – Fleischtöpfe Ägyptens gelange, so taste ich weder die Würde eines Fruchtsalates noch die des Tournedos à la Rossini an, bloß ihre auf Weltanschauung begründete Gegenübersetzung.«[30]

Aus Rychners Aufsatz werde im übrigen auch klar, daß es sich »um einen sich neu formierenden Menschentypus« handle, »um eine ›Weltverhaltungsweise‹, die nicht mehr an ›unauflöslichen Gegensätzen‹ hängen bleibt«, nicht aber um Mannheims privates Wollen. Curtius hatte freilich recht, daß es Mannheim darum ging, den »ihnen jeweils selbstverständlichen Absolutheitsanspruch« anzutasten – aber darum ging es Rychner auch. Mannheim versucht es noch einmal mit dem Mittel, das auch Curtius benutzt hatte, der Aufnahme der »Wir«-Perspektive: »Wir müssen uns in der Tat noch in dieser Denkmethode üben, dann werden wir lernen, daß die Fähigkeit, wenn nötig auch sich selbst in Frage zu stellen, keine ›geistige Haltlosigkeit‹, ... kein Nihilismus ist« (ZP:9).

In seiner Aufsatzsammlung *Deutscher Geist in Gefahr* hat Curtius sein Bedrängtheitsgefühl zum Ausdruck gebracht angesichts der kommunistischen und nationalsozialistischen Massenbewegungen. Als er in diesem Buch 1932 seine Polemik gegen Mannheim wiederholt, sie aber mit einem Friedensangebot garniert (aus jeder echten Polemik gehe eine Irenik hervor), fügt er hinzu: Dem Destruktiven von Mannheims Theorie, das sich gegen das Überlieferte, Geglaubte und Geliebte richte, entspreche auf der praktischen Seite die Tat und die »Verherrlichung der Revolution«. Mannheim sei mit seiner Wissenssoziologie Protagonist eines »konfusen und unverantwortlichen Irrationalismus, der hoffentlich morgen eine Mode von gestern sein wird« (*DGiG*:101). Mannheim wird als »submarxistisch« bezeichnet – ein Vorwurf, den auch Alfred Weber erhob (s. u.). Curtius sucht seine Bataillone zusammen und beschimpft gleichzeitig seine Kollegen, wenn sie außer der »Zucht« (SuiG:735) zu geraten drohen.

Als er 1932 auch auf das Judentum zu sprechen kommt, stimmt er zunächst gegen den Antisemitismus mit Hielscher überein, daß eine Entgegensetzung von Deutschtum und Judentum für ihn nicht in Frage komme.[31] Gleichzeitig aber gibt er sein Bedauern zum Ausdruck, daß die Mehrheit der deutschen Juden nicht den Weg der Assimilation an die »aristokratische, deutsche Kulturgesinnung« gegangen sei, sondern den zweiten Weg, den der »Opposition gegen sie und ihre Werte« (*DGiG* 1932:85). Diese für Curtius durchaus peinliche Passage, läßt sich als Denkweise einer spezifisch kulturprotestantischen Bewegung erkennen, die Gangolf Hübinger unlängst wieder ins Licht gerückt hat: »Das assimilierte Judentum hat im Kulturprotestantismus den Hauptverbündeten in der Anstrengung nicht nur um formal-politische, sondern um wirkliche gesellschaftliche Gleichstellung gesehen. Um 1900 mehren sich aber die Irritationen. Sie mehren sich in dem Maße, wie die kulturprotestantischen Wortführer zwar den Antisemitismus bekämpfen, dafür aber einen Assimilierungsdruck ausüben und einer selbstbestimmten jüdischen Lebensweise die Berechtigung absprechen. Die jüdische Kultur habe in die ›volle geistige, politische und soziale Kulturgemeinschaft der Deutschen‹ aufzugehen – so der Vorsitzende des Vereins zur Abwehr des Antisemitismus, Georg Gothein in der Generalversammlung 1912« (Hübinger 1996:8f.). Curtius, der Sohn eines protestantischen Konsistorialrats, hatte einen Begriff von kultureller Einheit, der einen provinziellen Homogenitätsanspruch enthüllt. Curtius vermag nicht, sich aus dieser Homogenitätsvorstellung zu lösen. Sein substantialistisches Denken (der »deutsche Geist« ist das offenbarste Beispiel dafür), das Homogenität und geistige Wesenheit in der Welt (Dauer, Konstanz, »Echtheit«) sucht, hielt konservativ an Einheitlichkeit und sprachlichen Archaismen fest, trotz aller Zugeständnisse an soziologische Erkenntnisse, die sein Denken so widersprüchlich machen. Alles »Destruktive« betrachtete er als Helfershelfer der drohenden Bolschewisierung oder der nationalsozialistischen Revolution. Die deutsche Bildung als Bollwerk dürfe nicht von innen heraus geschwächt werden, denn aus ihr wollte er den Gegenangriff gegen diese drohenden politischen Massenbewegungen organisieren (*DGiG*:102). Das kriegerische Ethos in diesem Denken, das ihm selbst stark geklungen haben mag, erweist sich im Rückblick als seine Schwäche.[32]

Mannheims Plädoyer für eine funktionale Betrachtung der Ideen der Menschen, die er durch die Zuordnung ihrer politischen Vorstellungen zu ihrem professionellen und stratischen Ausgangspunkt gewinnt, greift Curtius' Substanzialismus an. Für Curtius ging es »heute in einer großen geistigen Gesamtbewegung« um die »Wesensbestimmung des Menschen«. Er verkenne nicht all die Beziehungen, die für den Menschen eine Bedeutung haben – neben Rasse, Volk, Nation oder Geschlecht gehören dazu auch die soziologischen Bestimmungen wie Städter, Bauer, Proletarier oder Intellektueller. Doch »wenn man sie alle abzieht, bleibt nicht nichts übrig, sondern eine einmalige Person. Und diese Person ist Geistwesen, d.h. sie hat teil an einem sich selbst garantierenden Reich der Ideen, der Werte, der Bedeutungen, des Sinnes« (*SuiG*:733). Dies bleibt sein Haupteinwand, daß Mannheim eine »Autonomie des Geistes« nicht anerkennt, sondern das Denken zum »Organon des Lebens und der Geschichte« (SuiG:735) macht. Daß Curtius im übrigen nicht unempfänglich für Mannheims Arbeit ist, zeigt sein ungeschmälertes Lob für Mannheims Partie über die Intelligenz, die er »eine ausgezeichnete Analyse« nennt, die hier »zum erstenmal in der deutschen Literatur« das »Problem der Intelligenz« behandelt. Er empfiehlt sie »nachdrücklich« den Intellektuellen aller Parteien – ist dies doch der Ort, wo Mannheim den Geist auch für Curtius wieder sichtbar macht, und hier kommt Mannheim Curtius und anderen Vertretern des deutschen Bildungsbürgertums sehr nahe: Wenn Curtius schrieb: »Die soziologische Analyse der Intellektuellenschicht muß sich vollenden durch eine Philosophie des Geistes. Der Geist aber kann sich nur erkennen durch eine Zusammenschau seiner Gestalten« (SuiG:736), so ist diese Vorstellung von jener nicht fern, die Mannheim mit der Rolle der Intellektuellen vorhat – sie allein könne die Ecken der Weltwollungen der Fraktionen der Republik zu einem Teppich verweben, der aus den Partikularansichten eine Gesamtschau macht – und daraus allein lasse sich eine intelligente Politik zubereiten.

Die Relativierung des Geistes war jedoch ein unüberwindbarer Gegensatz. Nicht nur Curtius, auch der Kollege Jaspers reagierte in gleicher Weise: Die Relativierung wird auch von ihm als Angriff auf die Grundfrage des Denkens aufgefaßt, als »Nihilismus« verstanden. »Alles ist nur relativ, nicht es selbst, außer den materiellen Interessen und den Trieben des Menschen. Solche Soziologie erkennt aber in der Tat nicht mehr, sondern drückt nur den Glauben an das Nichts aus, in dem sie für alles, was vorkommt, ihre Etikettierungen wiederholt«, schrieb er über Mannheim.[33]

War es flüchtige Lektüre? Oder war es wiederum – wie im Falle Alfred Webers, der den Gedanken der Bezogenheit des Denkens auf die Wahrnehmungsmöglichkeiten vom Standort des Denkers aus nicht nachvollziehen wollte – das Gefühl, reduziert zu werden, wenn man diesen Gedanken zuließe, das Gefühl der Beschneidung von Allmachtsglauben, das ihnen als Drohung vor Augen stand und sie zu Abwehrmaßnahmen greifen ließ? Was auch immer ausschlaggebend gewesen sein mochte, die Verständnislücke blieb bestehen. Weder Alfred Weber noch Ernst Robert Curtius oder Jaspers verloren jemals den Glauben an die Transzendentalität des Geistes. Curtius bot die Möglichkeit einer Verständigung sogar ausdrücklich als wünschbar an: »Mannheim selbst hat (in den letzten dreieinhalb Jahren) seinen Standpunkt verändert, ich den meinen«, schreibt er 1932.

»Meine Polemik hat darum auch außer ihrem wörtlichen und aktuellen einen anagogischen und prospektivischen Sinn, wie denn alle Polemik eine Irenik aus sich entlassen sollte. Ich halte es nicht für unmöglich, daß Mannheim und ich, die wir beide unter den lebendigen Gesetzen der Wissenssoziologie stehen und ihnen ungefragt folgen müssen, uns gegenseitig noch weiter annähern. Die Dinge sind hier durchaus im Flusse. Diesem Flusse wollen wir uns anvertrauen« (*DGiG*:92).

Aber er blieb – trotz mancher Milderung der Formulierung – im Kern bei seinen Vorwürfen (vgl. *DGiG*:88–102).

Die neue Qualität des funktionalen Ansatzes war ihnen nicht zugänglich: Wenn alles relativ ist, bricht der Nihilismus aus! So mußten sie es sehen. War es die vorgegebene Richtung des Lernens von oben nach unten, vom Ranghöheren zum Rangniederen, die das Verstehen verhinderte? Waren es Generationensprünge im Denken? Curtius war freilich nur sieben Jahre älter als Mannheim. Einiges spricht dennoch für diese Deutung, und Pierre Viénot schrieb:

»Ich weiß, daß E.R. Curtius leidenschaftlich gegen Mannheims Verkennung des Ewigkeitscharakters gewisser menschlicher Werte protestiert hat. Aber Curtius gehört mehr dem ewigen als dem modernen Deutschland an, und Mannheims Zeugnis ist zweifellos von unserem Gesichtspunkt aus charakteristischer als das seine« (Viénot 1991:82, Fn.).

Viénots Analysen gewinnen in diesem Punkt dadurch um so mehr Glaubwürdigkeit, als er mit Curtius befreundet war. Mannheim hatte eine zwiespältige Empfindung gegenüber dem, was er kommen sah, doch schottete er sich niemals gegen Erkenntnis ab. Zu den treffendsten Portraits dieses Mannes gehört vielleicht jenes von Viénot, der Mannheim in Heidelberg gekannt hatte:

»Mannheim ist ein Asket, der den bequemen Trug jeglicher Gläubigkeit ablehnt, wohl in der Hoffnung, durch seinen bitteren Verzicht irgendeinen neuen Glauben zu erzwingen, so wie die Christen durch Fasten die Gnade erzwingen« (Viénot 1991:82).

Es scheint daher vordergründig, wenn man die teilweise Ablehnung Karl Mannheims durch Studenten oder Kollegen (wie Jaspers) auf Mannheims jüdische Herkunft oder auch seine sozialdemokratische Einstellung zurückführen wollte. Dieselben Leute lehnten andere Kollegen jüdischer Herkunft oder aus der sozialdemokratischen Partei nicht ab (Lederer, Gundolf waren bei denselben Kollegen ausgesprochen beliebt). Vielmehr betraf Mannheims Relationismus sie in den Tiefen ihres Selbst- und Kulturverständnisses auf eine Weise, die sie nicht parieren konnten und die sie in ihrer Hilflosigkeit nur noch als Nihilismus begreifen konnten. Das Reich des Geistes, das Goethesche Menschenverständnis, war ihnen so selbstverständlich, so stark religiös verinnerlicht, daß sie zwar den Angriff, der im Mannheimschen Denken lag, sofort erkannten, aber nicht willens und nicht fähig waren, sich mit dieser neuen Denkweise auseinanderzusetzen. Sie konnten es sich freilich auch als ältere Generation leichter versagen, wurden sie doch durch eine allzu bestätigende Umwelt gestützt.

Der berühmte Auftritt Alfred Webers auf dem Soziologentag liegt auf dieser Linie – Alfred Weber wirft Karl Mannheim nicht Nihilismus, sondern verkappten Materialismus vor, um die Relativierung, die auch ihn treffen mußte, abzuwehren. Alfred Weber war nun freilich in der Lage, auch darüber mit ihm zu diskutieren.

Dialoge in den vereinigten Seminaren

Elias hat die Kontroverse zwischen Weber und Mannheim, die auf dem Züricher Soziologentag ausgetragen wurde, beschrieben:

»Obgleich ich selbst an Alfred Webers wie an Mannheims Seminaren teilnahm, merkte ich zunächst nichts von der im Untergrund schwelenden Rivalität zwischen den beiden Männern. Der Verkehrston der Menschen im Umkreis der Heidelberger Universität war damals noch gemäßigt. In ihren Äußerungen übereinander, soweit ich sie zu hören bekam, waren Weber und Mannheim äußerst vorsichtig. Um so erstaunlicher war es, als die Gegnerschaft der beiden Männer plötzlich offen zutage trat.« (NzL:38)

Daß Mannheim ein Hauptreferat auf dem Soziologentag übertragen bekam, war bereits ungewöhnlich – denn schließlich war Mannheim nur Privatdozent und die Soziologen achteten, wie alle anderen Gruppen auch, auf ihre Hierarchie, die Ordnung der Professoren und Geheimräte. Mannheims Vortrag

»war eine blendende Vorführung, ein Feuerwerk anregender Einsichten, dessen Gedankenfülle vielleicht besonders hervortrat beim Vergleich mit dem vorangehenden Referat, das das Problem der Konkurrenz mehr formalistisch und trockner behandelte. Auch die Diskussionsredner – unter ihnen Werner

Sombart, die Nationalökonomen Emil Lederer und Adolf Loewe und ich selbst – zollten Mannheim Beifall. Es gab eine einzige, ausgesprochen feindliche Stimme, die Alfred Webers« (NzL:38).

Mannheim besaß, so schrieb Elias, eine beinahe kindliche und jedenfalls entwaffnende Unschuld. In seinem Vortrag erwähnte Mannheim auch den Namen Alfred Webers,

»kein Zweifel, daß sie von Alfred Weber selbst als Destruierung seines eigenen weltanschaulichen und politischen Glaubensbekenntnisses empfunden wurden. ... Bewußt oder nicht, es war für alle erkennbar eine Kampfansage und Herausforderung an Alfred Weber; sie wirkte auf ihn wie ein rotes Tuch. ... Alfred Weber war ein höflicher und zivilisierter, aber, wie gesagt, ein leidenschaftlicher Mann. Er konnte seinen Ärger in diesem Falle nur schwer verbergen. Er verzichte, so sagte er, auf die nun schon gewohnheitsmäßige Vorrede, die *captatio benevolentiae*, obgleich, so fügte er höflich hinzu, der geistvolle Vortrag sie gewiß verdiene. Er stimme auch mit einigem von dem, was Mannheim Seinsgebundenheit genannt habe, überein. Aber – und damit wandte er sich direkt an Mannheim – es handelt sich ... in Wahrheit um das, was hinter den Kulissen ihrer Betrachtungsweise steckt, und ich glaube, man kann ihr nicht gerecht werden, ohne daß man – auf die Gefahr hin, daß man sich irrt – den Versuch macht, die Kulissen etwas beiseite zu schieben. ... Sie haben von sozialen Machtpositionen gesprochen, von Wollungen, die daraus hervorgehen, von einer öffentlichen Auslegung des Seins, die sich mit diesen Wollungen kombiniert ... –: Was ist das anderes als eine mit außerordentlicher Feinheit glänzend wieder vorgetragene materialistische Geschichtsauffassung?« (NzL:44f.)

Diese Kontroverse in Zürich fand ihre Fortsetzung in einem Seminar über Lukács *Geschichte und Klassenbewußtsein*, das sie im Februar 1929 gemeinsam veranstalteten. Es begann mit zwei Referaten, die quasi paritätisch gehalten wurden von Alfred Webers Schüler Fritz Bran[34] und Mannheims Schüler Hans Gerth. Das Protokoll der Seminare hält fest, daß die anschließende Diskussion nahezu ausschließlich von Weber und Mannheim bestritten wurde. Lediglich die Doctores Alfred Sohn-Rethel und Paul Eppstein meldeten sich zu Wort.[35] Somit bleibt unklar, ob Norbert Elias an diesem Seminar teilgenommen hat, der ja nicht nur Habilitand Alfred Webers und Mitarbeiter Mannheims war, sondern auf dem Züricher Soziologentag zugegen war und eine Art Vermittlung zwischen den beiden versucht hatte.

Alfred Webers Kritik an Karl Mannheim liegt auf einer Linie mit jener von Ernst Robert Curtius, der Gedanke einer autonomen Republik des Geistes war in der Tat bei beiden gefühlsmäßig stark besetzt. Diese gefühlsmäßige Bindung hatte aber eine weitere Grundlage, auf die Hans Speier in seinen »Bemerkungen zur Soziologie der Intelligenz« (vgl. Anm. 14) hinwies: »Wenn aber das liberale Denken Zusammenhängen, denen Geistiges unterworfen ist, nachforscht, so kann es kraft seiner Methode nur solche ›horizontaler‹ Art: geistesgeschichtliche, entdecken, nicht geistig-soziale. Die Anerkennung dieser ›vertikalen‹ Zusammenhänge würde ja die Grundfesten der liberalen Kulturtheorie, die Sphärentrennung, den Individualismus, den Primat des Geistes erschüttern. Den Vorrang aber, den der liberale Ideologe dem Geiste zuerkennt, hebt die Träger des Geistes aus der Masse der übrigen Menschen heraus.« Die Definition der Geistesarbeiter, in der der Ingenieur oder der Rechtsanwalt nur noch »letztlich« Geistesarbeiter sind, fängt, so Hans Speier, »wie ein Brennspiegel die Grundlinien einer aristokratischen Kulturtheorie«[36] auf. Dementsprechend kannte Alfred Webers Kultursoziologie den Klassenbezug nicht, den Mannheim in den Mittelpunkt seiner Strukturanalyse stellte. In der ersten Sitzung ihrer vereinigten Seminare fragt Weber, ob eine Verständigung zwischen den verschiedenen sozialen Standpunkten möglich sei, ob es nicht logische Argumente gebe, die unabhängig davon seien? »Gibt es überhaupt Erkenntnisgebiete, die von dieser Relativierung unabhängig sind?«[37] Lukács behauptet, für das Proletariat sei die Überwindung des Subjekt-Objekt-Dualismus gelungen – »für es falle Subjekt und Objekt, Bewußtsein und Handlung in Bezug auf Geschichte zusammen« (PI:2). Für ihn, Alfred Weber, sei die Überwindung nur im schöpferischen Handeln zu finden. Es gebe immer intellektuelles Denken, dies sei kein Spezifikum einer bestimmten Epoche, jedoch »nur als Mittelapparatur dem Dasein und den konkreten Aufgaben im Dasein gegenüber. Aber auf diese bloße Mittelfunktion im Dienste des Lebens ist das Intellektuelle eben einzuschränken, die Endsetzungen gehören ihm nicht.« In der gegenwärtigen Epoche seien die intellektuell erfaßbaren Dinge »zur obersten Instanz« geworden, das sei der intellektualistische Charakter unserer Zeit, die sich dadurch von anderen Geschichtsepochen abhebe, in denen »die Orientierungspole des Daseins metaintellektuell bestimmt gewesen« seien (ebd.).

Mannheim antwortet, daß er tatsächlich glaube, daß »die verschiedenen Klassenstandpunkte sich auch als letzte theoretisch und immanent nicht aufeinander reduzierbare Erkenntnispositionen gegenüber stehen«, daß es also keine allgemein gültige Erkenntnis gibt. Das resultiert für ihn aus der Seinsverbundenheit des Denkens: »Der Kampf der verschiedenen Denkstandorte sei ein Schicksal und müsse sich als solches vollziehen.« Aber nicht allein das Proletariat habe »eine Wahrheitschance, sondern jeder Denkstandort«, jedoch nur bis »an die Schwelle der Verdeckungen, die er in seinem Denken vollzieht« (PI:4).

Erst die Wissenssoziologie führe darüber hinaus, indem sie dies Faktum der Standortgebundenheit anerkenne und »jeder Erkenntnis die ihr zugehörige soziale Gleichung hinzufügt«. Durch diese Methode führe die bisherige »vermittlungslose Getrenntheit der Denkstandpunkte zu etwas Weiterem hinaus« (ebd.): Sie führe zur Überwindung des Stadiums des ideologischen Kampfes der füreinander blinden Inhaber alleiniger Wahrheiten. Mannheim betrachtet, wie man sieht, nicht nur Kultur und Sein der Dinge, sondern auch den praktischen Geist und den Kulturgeist als getrennt. Aus dieser Erkenntnis heraus ergibt sich für ihn das Problem, wie Dinge »sachlich, wirklich« dargestellt werden können, die von der einen Gruppe getan, von der anderen Gruppe beschrieben werden: Die Wissenssoziologie soll die Funktion der Umrechnungstabelle erfüllen, mit welcher der Blickwinkel des Hörers zunächst auf seinen eigenen Standort hin positioniert werden kann und dann die Perspektive auf das Geschehen hin gemessen werden kann – »entsprechend des Schlüssels seiner Seele und seines Interesses«[38]. Es ist die Fortbildung eines Gedankens, der sich in seiner ursprünglichen Form schon in den Heidelberger Briefen findet.

Die Züricher Debatte wird hier fortgeführt, Weber sucht zu klären, was er in Zürich mit dem Vorwurf des »Intellektualismus« gemeint hat (PI:3): Die ganzen Probleme des Denkens erschienen ihm inadäquat, denn es liege doch hinter all diesen Wollungen noch etwas »Anderes, Entscheidendes«: »Aber wie kämen diese Wollungen zustande? Worum es sich handle, seien letzte seelische Einstellungen, letzte seelische Positionen dem Dasein gegenüber« (PI:6). Diese »seelischen Letztheiten« sind Webers Forschungsobjekt. Es entspricht nicht nur seiner Höchstbewertung von »Kultur« im gehabten Sinne, sondern indem er sie über die intellektuellen Äußerungen der Menschen setzt, bleibt zugleich die Rangordnung zwischen den beiden Diskutanden gewahrt. Die erste Sitzung geht mit einem durchaus ambivalenten Vermittlungsversuch Mannheims zu Ende: »Wenn es auch so sei, so bekenne er sich dennoch zu diesem Intellektualismus, ... weil es ... eine Hauptaufgabe unserer Zeit sei, den Intellektualismus bis zu Ende durchzuführen. Gewiß hat demgegenüber auch die Morphologie ihr Recht, darin schon, daß sie das, was der Intellektualismus nicht erfasse, nicht verloren gehen läßt. Als Ergänzungsaspekte also seien Intellektualismus und Morphologie nebeneinander berechtigt« (PI:7). Mannheim macht die von Weber gerade beanspruchte Rangordnung wieder zunichte: Nicht Weber, sondern er, der Privatdozent Mannheim, bearbeite gerade die »Hauptaufgabe unserer Zeit«. Webers Morphologie dagegen habe Aufbewahrungsfunktion: Mannheim provozierte damit, vielleicht ohne es selbst zu registrieren.

Trotz der fortdauernden unterschwelligen Konkurrenz fand eine zweite Sitzung statt. Sie brachte die Protagonisten freilich nicht viel weiter, vielmehr verhärteten sich die Standpunkte. Wir können jedoch beobachten, wie Mannheim einen Gedanken entwickelt, der in dieser Form etwas Neues darstellt: die Vorstellung, daß es neben dem Rationalisierten stets noch das nicht Rationalisierte, den Bereich des Irrationalen geben müsse: Was geschieht mit dem Irrationalen im Rationalisierungsprozeß? Im »Konservatismus« hatte er den Weg des beiseite gedrängten altständischen Denkens verfolgt und entdeckt, daß es nicht einfach verschwindet, sondern nach den Reformen als romantisches Denken fortlebt und sich bis zur Lebensphilosophie entwickelte. Hier wird nun diese Idee methodisch bearbeitet, um in dieser Form später in seinem Buch *Mensch und Gesellschaft im Zeitalter des Umbaus* fortgeführt zu werden.

Dem Rationalen, das Max Weber im Prozeß der Entzauberung der Welt triumphieren sieht, stellt er das Irrationale an die Seite: »Das Rationale und das Irrationale sind nur korrelativ zu definieren« (PII:1). Daß er sich bei diesem »rational bestimmten Denken« auf das technische, zweckgerichtete Denken bezieht, belegt Max Webers Einfluß. Das Irrationale steht als »das Paradigma des Wachsens und des Wachstums« dagegen – wodurch der Begriff des »Irrationalen« mit »Leben« gleichgesetzt wird und »rational« mit Anorganisch-Technischem. Eine dritte Kategorie, etwa diejenige der sozialen Funktion für den Gesellschaftsbereich scheint noch nicht zur Verfügung zu stehen.

Der Bereich des Irrationalen werde kleiner, der des Rationalen vergrößere sich, so deutet er Max Webers Rationalisierungsprozeß: Er scheint dabei nicht bemerkt zu haben, wie sehr er selbst morphologisiert. Denn die Betrachtung von Denkstilen und ihren Relationen zueinander wie in einem Großgebilde ist nichts anderes als eine Art Morphologie des Geistes. Im Unterschied zu dieser Denkstilmorphologie ist Alfred Webers Morphologie allerdings auf die Vorstellung geschichtlicher Ganzheiten (Geschichtskörpern) in der Epochenbetrachtung bezogen. Mannheim rechnet sein eigenes Denken dennoch nicht zum Irrationalismus, da es ihm um die funktionalen Beziehungen zwischen den einzelnen Denkstilen und ihren Denkstandorten geht – nicht um die seelischen Nachvollzüge. Als er daher Alfred Webers Denken als morphologisches charakterisiert und es dem irrationalen Bereich zuschlägt, weil es nicht funktionalisiert, wie der Marxismus, sondern lediglich Substantielles funktional aufeinander beziehe, pariert Alfred Weber damit, daß es ihm nicht um die Rettung des Irrationalen gehe und daß seine Haltung in bestimmten seelischen Wollungen wurzele. Er sei an der Totalität interessiert, und »darin sei der Gesichtspunkt des ›Machbaren‹ inbegriffen« (PII:3).

Mannheim, höchst sensibel gegenüber allen Zeitströmungen, die er auf dem Zeitpfeil seiner Geschichtstheorie einordnet, entdeckt etwa in der Psychoanalyse eine analytische Untersuchungsmethode zur Erkennung der seelischen Funktionen – auch in diesem Bereich also vollziehe sich der Rationalisierungsprozeß – eine Entsubstantialisierung und Funktionalisierung wie zuvor etwa in der Kunst oder in der Natur. Die Unbefangenheit der Einfühlung müsse damit verschwinden. Auch bei der Geschichtssoziologie Alfred Webers handle es sich ja nicht mehr um das »naive Dasein des Irrationalen, sondern um eine Reflexion darauf«, denn »nicht im Leben, sondern nur im Denken kann und soll das Irrationale hier noch einmal gerettet werden« – Morphologie ist also nicht das irrationale Denken, sondern eine andere Art von Rationalität (PII:2). Alfred Weber kennt keinen Zeitpfeil, soweit es nicht den Zivilisierungsprozeß betrifft: »Auch sei keineswegs erst die Gegenwart reflexiv, sondern schon in der griechischen Kunst z.B. sei durchaus reflexiv gearbeitet worden, ebenso in der Renaissance. Die Entdeckung der Perspektive war für die ›experimentierenden Meister‹ durchaus Sache der Reflexion. Und dies trotz aller Gestalthaftigkeit.« Weber stellt fest, daß das Rationale bestimmte »Letztheiten« eben nicht ergreifen könne, und das »Eigentliche« sei doch wohl »nur noch uneigentlich auszudrücken«: Eine Erklärung, die offenbar macht, wie stark Weber in einer anderen Wahrnehmungsweise lebt, die z.T. sogar der Verbalisierung widersteht. Alfred Weber empfindet seinen Standpunkt damit als »viel weiter als Dr. Mannheim« (PII:3). Er, Alfred Weber, wolle aus der bürgerlichen Antithese von Denken und Sein herausgelangen und sehe in »Ideen« z.B. keine Art des Denkens mehr, sondern »Akte der seelischen Haltung, worin ein Subjekt ... sich mit dem Objekt schöpferisch vereinigt« (PII:3/4). An dieser Stelle der Debatte sucht Sohn-Rethel zu vermitteln, indem er einwendet, die seelischen Akte unterlägen doch auch dem geschichtlichen Wandel. Doch Weber läßt sich nicht beirren: »Wenn er von ›heilig‹, ›erhaben‹ usw. spreche«, so »fühle er sich mit diesen Werten als mit etwas Objektivem, Seinsimmanentem verbunden. ... Freilich könne er nur zu denen sprechen, bei denen das gleiche Gestaltwollen vorhanden sei.« Das ist der Sinn von »Seinsverbundenheit«, den er ohne weiteres anerkennen wolle (PII:5). Ist es Ironie, was dies letzte Statement erkennen läßt?

Das religiöse Erleben, das Weber hier zu beschreiben versucht, ist offensichtlich nicht oder nicht zureichend in Sprache auszudrücken, es ist als »subjektive Kultur« nur nachvollziehbar demjenigen, der »ein Ohr« oder »ein Aug« dafür hat. Im Grunde blieb es damals schon »privat« und war öffentlich kaum mitteilbar. Es ist heute aus der öffentlichen Debatte, soweit sie nicht religiös bestimmt ist, verschwunden und selbst in der Kunstbeschreibung, mit der Weber ja unter anderem die seelisch-geistige Atmosphäre ausfüllt, um die es in seiner Kultursoziologie geht, selten geworden.[39] Die Gefühlskultur hat sich in der relativ kurzen Zeit seither so stark verwandelt, daß Alfred Weber heute schwer zugänglich geworden ist.

Alfred Weber wollte mit seiner Geschichtssoziologie auf jene Bereiche hinweisen, die ihm wertvoller erschienen als Macht und Politik, denn in diesen Bereichen der Werte, die die verschiedenen Zeitalter dominieren, drücke sich sehr viel deutlicher aus, »welchen Dingen wir wirklich unterworfen sind, welche als irreversibel angesehen werden müssen und bis zu welchen Grenzen das geht« (PII:7).

Die beiden Sitzungen klären aber nicht allein Differenzen, sie führen am Ende auch zu einem unerwarteten Konsens: Beide können sich darauf einigen, daß sie den Kapitalismus nicht wollen! Daß beide dabei von einem völlig verschiedenen Standpunkt ausgingen, spielte keine Rolle mehr, als sie schließlich einen einigenden Punkt fanden. Weber, der sich stets als Bürger bezeichnete, sah im Kapitalismus eine barbarische Periode, Mannheim nur eine historische Durchgangsepoche. Überraschend ist freilich die Wende, die Weber der Sitzung am Schluß gibt: Mannheim hatte die Morphologie kontemplativ genannt, was Weber, der doch ein unruhiger Geist war, zum Gegenangriff anstachelte:

»Seine (also Webers, RB) Fragestellung sei geprägt von einem bestimmten Gestaltwollen für die Gegenwart, das aber übrigens durchaus nicht kontemplativ sei! (dies Dr. Mannheim gegenüber betont). Vor allem gehe er von der Frage aus, was aus dem Proletariat im Kapitalismus wird. Und nur aus dem Grunde einer solchen Aktivität des Gegenwartswollens unternehme er seine ganze Geschichtsanalyse. Wenn man dagegen von dem Glauben an die dialektische Selbstauflösung des Kapitalismus ausgehe, so sei das alles ja gar nicht nötig. Dann vielmehr sei das ganze Verhältnis zur Geschichte kontemplativ« (PII:7).

Weber dürfte damit die Studenten schlagartig wieder auf seine Seite gezogen haben. Denn wie zur Bestätigung, wie gut diese Attacke von ihnen verstanden wurde, ist mit Handschrift an den Rand des mir vorliegenden Exemplars notiert: »Mannheims Blöße!« (ebd.).

Epilog

Während des Zweiten Weltkrieges kam Alfred Weber noch einmal auf diese Kontroverse zurück. Er schrieb 1944 für das von Walter Goetz herausgegebene *Archiv für Kulturgeschichte*[40] einen Beitrag, der den (vielleicht) anspielungsreichen Titel trug: »Über Sinn und Grenzen der Soziologie«. Es beginnt mit einer Klage über einen Mangel an kultursoziologischem Blick bei so vielen Werken »geistesgeschichtlich hohen Ranges« (op.cit.:43), die wohl vor allem der Tatsache geschuldet seien, daß die Soziologen ihre eigenen Grenzen verkannt hätten. Er gibt noch einmal sein Plädoyer für eine »systematisch-strukturelle Gesamtanalyse« ab, die sich dieser Grenzen der Disziplin bewußt sein müsse (op.cit.:45) und erklärt seine eigene Methodologie. An zwei Stellen geht er auch auf Mannheim ein – sie lassen erkennen, wie sehr Alfred Weber von diesen Debatten mit Mannheim doch bewegt wurde: »Das hier nicht zu verfolgende Schicksal soziologischer Betrachtung vollzog sich dabei sehr lange in Ahnungslosigkeit über ihre Grenzen«, von Auguste Comte und Saint-Simon bis zu dem differenzierteren Gedanken der Unterscheidung von Überbau und Unterbau, »um schließlich so weit zu kommen, auch den Erkenntnisprozeß selbst derart gesellschaftlich zu relativieren, was auf eine soziologisch-sophistische Wissensauflösung hinauslief, immer stieg die soziologische Betrachtung über ihre Grenzen hinaus« (op.cit.:44).

Seine Betrachtungen enden schließlich mit einer Selbstvergewisserung und der Verurteilung der Denkmethode Mannheims – ohne daß Mannheim freilich beim Namen genannt wird: »Anders ausgedrückt: echtes soziologisches Arbeiten schafft ganz im Gegensatz zu dem relativierenden Ausgangspunkt der Soziologie wie eine vergrößernde und die Umrisse verschärfende Linse den Blick für das

Absolute. Denn auch das ergibt sich dann gegenüber allen Relativierungen der früheren positivistischen Art, daß die Geschichte in ihren höchsten Emanationen wohl sehr mannigfaltig ist, daß sie aber tiefer gesehen in dem Stoff verschiedener Bedingungen doch nur die allerdings unendliche Variation derselben immer in ihr wieder nach Ausdruck ringenden, hinter ihr stehenden absoluten Kräfte oder Mächte vollzieht. – Auf die ins Praktische gerichteten Folgerungen, die sich daraus gegenüber den Schiefheiten von jeglichem, vor allem auch ethischen Relativismus ergeben, sei hier nicht eingegangen« (op.cit.:51).

Es ist alles noch und wieder da, sogar in deutlicherer Form: die Soziologie, die in ihrer Totalitätssicht eine strukturierende Ordnungswissenschaft für die Geschichte und die aus ihr heraus erkläreliche Gegenwart darstellt und in der religiösen und kulturellen Dimension das Absolute hinter den Dingen, das in schöpferischen Akten in das Dasein einbrechen kann, und keinerlei Bedingtheit kennt. Das Merkwürdige daran scheint mir, daß Alfred Weber durch diese Trennung der Sphären an ein reines Weiterleben des Geistes glaubte, unabhängig von dem inzwischen in die tiefste »Rebarbarisierungsphase« eingetretenen Gesellschaftsprozeß. Das half ihm, die innere Emigration geistig zu überstehen und in diesem Beitrag Mannheim – ohne ihn zu nennen – hier wie zuvor zu kritisieren. Die Auseinandersetzung ging in dieser reduzierten Weise weiter.

Ernst Robert Curtius, dem Alfred Weber diesen Aufsatz zukommen ließ, bedankte sich dafür in einem Brief an Weber vom 26. Mai 1944: »Mit ihrer freundlichen Zusendung über Sinn und Grenzen der Soziologie haben Sie, ohne es zu ahnen, einen Wirbelsturm in meinem Innern erregt. Sie haben einen Stein in den stagnierenden Teich meines Denkens geworfen und der zieht nun immer weitere Kreise.«[41] Curtius geht nicht weiter auf diesen Wirbelsturm ein, doch glaubt er feststellen zu können, daß sich die Soziologie ganz im Sinne Alfred Webers – nämlich als eine Geisteswissenschaft – weiterentwickelt habe: »Sie haben vor vielen Jahren bei einer Heidelberger Festrede die Soziologie scherzhaft als Dame ohne Unterleib bezeichnet. Diese Dame hat sich in Ihren Händen inzwischen wundervoll entwickelt. Nicht nur ist sie eine Schlüsselwissenschaft für alle historischen Disziplinen geworden, sondern sie stößt durch alles irdisch Bedingte hindurch in den Raum der Transzendenz: Daß Ihre neue Wendung zum Absoluten einen Leser wie mich mit tiefer Beglückung erfüllt, brauche ich Ihnen nicht zu sagen« (ebd.).

Von der Philosophie zur Soziologie: Norbert Elias in Heidelberg

Die prägende Zeit der Jugendbewegung

Norbert Elias kam zum ersten Mal 1919 zu einem der damals üblichen auswärtigen Semester nach Heidelberg. Dort hörte er medizinische Vorlesungen bei Driesch und Kossel und studierte Philosophie bei Rickert und Jaspers. 1924 wechselte er zum zweiten Mal nach Heidelberg, in einer Phase, in der er, nach seinem Bruch mit Hönigswald, einen neuen Anschluß an die Universitätslaufbahn suchte.

Elias kam aus der Jugendbewegung. Schon vor dem Ersten Weltkrieg war er Mitglied der Breslauer Gruppe des jüdischen Wanderbunds »Blau-Weiß«[1], dem er bis 1925 hinein angehörte (Hackeschmidt 1997:157). Er zählte zum engsten Freundeskreis des Breslauer Gruppenführers Bandmann[2] und veröffentliche zwei Artikel im Organ dieses Wanderbundes. Der zweite dieser Beiträge läßt bereits deutlich wissenschaftliches Profil und Merkmale seines wissenschaftlichen Interesses erkennen.[3] Diesem kleinen Beitrag, »Sehen in der Natur«, ist deutlich anzumerken, daß er zu der Zeit geschrieben wurde, als er bei dem Neokantianer Höngswald in seiner Heimatstadt Philosophie studierte.[4] Dieser Aufsatz, getragen von starkem pädagogischem Impetus, enthält unter dem Generalthema der Landschaftswahrnehmung Ansätze zu naturwissenschaftlicher Beobachtung, zum Verhältnis von Individuum und Gemeinschaft, zur Erziehung und zur Geschichte. Deutlich wird hier der Anspruch der Synthese mehrerer Dimensionen: Die Betrachtung der Natur steht unter den Gesichtspunkten der Ganzheit der hinter der Oberflächenwahrnehmung aufzusuchenden Verbindung der Elemente miteinander. Die Verwendung des »Gestalt«-Begriffs deutet darauf hin, daß er Anregungen durch die Gestaltlehre aufgenommen hat, welche damals durch Christian von Ehrenfels bekannt geworden war.[5] Dieser Ganzheitsanspruch erstreckt sich auch auf die kulturelle Dimension, durch die jede Wahrnehmung geprägt ist. Lange bevor er sich mit der Soziologie auseinanderzusetzen begonnen hatte, findet sich hier bereits sein wissenssoziologischer Ansatz.

Renaissance

Die Renaissance war ein geschätztes und intensiv diskutiertes historisches Bild für die zionistische Bewegung, das vor allem im Breslauer Bund von »Blau-Weiß« größere Bedeutung erlangte. Eine Assoziation zur Renaissance ist die religiöse Dimension: Wenn die Renaissance eine christliche Wiedergeburt war, so war die zionistische Idee eine jüdische Wiedergeburtsidee. Allerdings scheint diese Dimension zugunsten einer säkularisierten Idee der Wiedergeburt des jüdischen Volkes als Nation in Palästina stark zurückgetreten zu sein, auch wenn beide Momente in der Palästinabewegung immer präsent waren. Elias spricht in einem Brief an Bandmann auch von Gott[6], jedoch ist Gott nur noch derjenige, »um dessentwillen man gut handelt«, und das Gute wird zum Thema, das in einen Zusammenhang mit der abendländischen Literatur tritt, mit Plato und Goethe.

Bei Elias stehen nicht die starken »Persönlichkeiten« im Vordergrund seines Interesses an der Renaissance, sondern ihr kultureller Wiedergeburtscharakter einerseits und ihr methodischer Impuls für die wissenschaftliche Empirie andererseits. Der Aufsatz hatte im übrigen eine programmatische Bedeutung für den Breslauer Bund und war keineswegs Elias »persönliche« Meinung: Dahinter stand das Konzept der Selbstbildungsoffensive der Breslauer Gruppe (Hackeschmidt 1997:148). Das Interesse an der Renaissance hatte also mehrere Dimensionen, von denen eine die Siedlungsidee in Palästina war.[7] Elias hat zwar nicht aktiv an dem 1924 begonnenen Blau-Weiß-Werkstattprojekt in Palästina teilgenommen, aber er war Führer noch in jener Zeit, als der Bund die ersten Werkstätten in Israel eröffnet hatte. Im Dezember 1925 wurde er »auf einer Tagung in Dresden nicht nur in die 34köpfige Bundesvertretung des Blau-Weiß gewählt«, sondern gehörte auch »dem sechsköpfigen Rat der Bundesleitung« an, »die den Anfang 1925 neu bestimmten Bundesleiter Hans Kaufmann bei der völligen Umstrukturierung des Bundes beraten sollte« (Hackeschmidt 1997:157).

Die Relativität der Wahrheit

Beim »Sehen in der Natur« nun geht es ihm um die genaue, mit wissenschaftlichen Erklärungen untermauerte Sichtung der Einzelheiten und gleichzeitig um die Art, wie sich diese Einzelheiten ins Verhältnis zum Ganzen (zur »Gestalt« des Ganzen) setzen. Die Geschichte der Landschaftswahrnehmung lasse erkennen, daß man Landschaft in der Kunst vor der Renaissance nicht kannte, denn weder im Mittelalter noch in der Antike habe man der Landschaft Aufmerksamkeit geschenkt – ja selbst das Wort dafür habe den Griechen gefehlt. Das »Sehen in der Natur« wird als Weg zur wissenschaftlichen »Wahrheit« beschrieben: Es genüge nämlich nicht,

»die Lücken des Wissens mit einigen wohlklingenden Fabeln auszufüllen, sondern das Ziel der Fragen ist die Wahrheit von diesen Beziehungen. Der Weg, die *methodos*, die Methode zur Wahrheit hin, nichts anderes aber heißt Wissenschaft« (Elias 1921:139).

Diese Wahrheit ist aber nichts »Seiendes«, wie für Platon (Elias 1921:135), sondern etwas, das sich in den Naturwissenschaften relativ schnell verändert. Die Antworten, die die Wissenschaft auf die Fragen nach den Beziehungen in der Natur – zwischen Baum und Klima, zwischen Boden und Wachstum, etc. – gibt, seien immer nur vorläufig, deshalb gebe es ein unendliches Wechselspiel zwischen Fragen und Antworten der Wissenschaften: Es handle sich um einen

»Prozeß, der von der Fraglichkeit eines Gegensatzes durch seine Beziehung zu einer Wissenschaftstheorie auf den Begriff, nämlich das Begreifen des Gegenstandes führt, um von diesem Begriffenen aus die Theorie fester zu gründen und zu erweitern und aus den also erweiterten neue Fraglichkeiten aufzurollen.«

Und wie sich bei Hegel der »Weltgeist« in der Geschichte entfaltet, so wird bei Elias die Wissenschaft als der »unendliche ... Prozeß, (in dem) sich die Wahrheit entfaltet«, (Elias 1921:140) begriffen. Daß der Wissensstand der Naturwissenschaften sich dauernd verändert, konnte er in seinem Medizinstudium verfolgen: Jedes Wissen gilt nur so lange, bis die neuen Forschungen sie überholt haben.[8] Zum andern aber ist Wissen und Wahrnehmung gesellschaftlich gebunden. Denn

»das Sehen in der Natur ist keineswegs eine so ganz und gar einfache Sache, da es in eins geht mit der Art, wie man sich selbst und wie man die Welt überhaupt sieht, da es, mit einem Wort gesagt, im engsten Bezug zu der gesamten Eigentümlichkeit einer Kultur steht« (Elias 1921:136).

Und das Sehen ist historisch geprägt. Davon sei auch die Geschichtswissenschaft betroffen, die sich häufig dieser Voraussetzung nicht bewußt sei, so daß »entweder der Forschende an unrechtem Ort sich selbst und seine Welt der früheren zu Grunde legt« oder den anderen

Fehler mache, »dort, wo sich ihm Fremdheiten und Ungewohntes in den Weg stellen, eilfertig die Brücken abbricht und erklärt, da sei kein Weg des Verständnisses mehr«. Das meint, die scheinbare Kontinuität in Traditionen und Institutionen stelle im Historiker ein falsches Gefühl der kulturellen Nähe her, das ihn die tatsächlichen Abstände übersehen lasse.

»Wer indessen mit feinerem Gehör begabt und durch wohlerwogene Grundsätze gefeit den mittleren Weg einschlägt, dessen Schilderung wird das Vergangene, eben indem er es uns in seiner vollen Eigenart, in seiner Fremdheit selbst, vors Auge bringt, zur Gegenwart erheben« (Elias 1921:136).

Elias hat diesen Gedanken der Notwendigkeit der Distanzierung als Voraussetzung für die wissenschaftliche Erkenntnis hier erstmals entwickelt. Wie bei so vielen Ideen, die Elias in seinem Leben behandelt hat, läßt sich auch hier nicht rekonstruieren, unter welchem Einfluß er dabei stand – zeitgenössische Diskussionen in der Geschichtswissenschaft ebenso wie in der Philosophie wären hier zu berücksichtigen.[9] Es ist jedoch frappierend, daß sich diese drei Relativierungen bei ihm im gleichen Zeitraum finden, in dem sie auch bei Mannheim auftauchen.[10] Die Distanzierung jedenfalls wird zu jener Methode der historischen Forschung, die Elias erst die Entdeckung des »Zivilisationsprozesses« ermöglichte.

Die Forderung nach einer Synthese, die diese Erkenntnisse wieder an ein »Ganzes« zurückbindet, richtet sich mehr an die Pädagogen als an die Wissenschaftler. Denn beim Fragen soll es nicht bleiben, aus den Antworten ergibt sich ein je neu zu formendes Bild – hier erst einmal der Natur, später dann der Gesellschaft. Auch die Geschichtsforschung soll nicht allein stehen, sondern stets den Zusammenhang mit der pädagogischen Aufgabe bewahren: Das Innere wird bereichert durch die Kenntnis der Geschichte und der Natur, das Ziel ist die Bildung des Menschen, der sich mit der Welt eins weiß. Elias blieb diesem Ideal, dem Ideal des weltoffenen, stets fragenden und den Erkenntnisprozeß in den Wissenschaften verfolgenden Menschen, sein Leben lang verhaftet.[11] Es ist ein Ganzheitsideal, wie es sich im Goetheschen Werk am besten darstellte: Kant und Goethe hätten den Weg gewiesen für diese erzieherischen Traditionen. Von Kant wolle er in diesem Beitrag nicht sprechen, das erfordere zu viele Voraussetzungen. Doch dürfe man »gerechterweise von jedem, der Träger und Übermittler von Kulturwerten sein will, von jedem Erziehenden also verlangen, daß er das Werk und den Sinn des Goetheschen Lebens erfaßt habe« (Elias 1921:142).

Das Bildungsideal des deutschen Bürgertums, das in der Verehrung für Goethe religiöse Züge zeigte, hatte auch Elias verinnerlicht. Es ist der Hintergrund für seine pädagogisch gedachte Forderung nach der Überwindung des »homo clausus«. So steht auch die Geschichte, die uns die Menschen anderer Zeitalter mit der Methode der radikalen Frage zunächst als Fremde gegenüberzustellen hat, im Dienste der Bildung, der Bereicherung und dementsprechend der Wiederannäherung an die Gegenwart des Sehenden und des Lernenden. Daß dabei der Lernende sich selbst erziehen muß, ist, übereinstimmend mit den reformpädagogischen Vorstellungen der Jugendbewegung, Ziel und Zweck der Erziehung: Die Verantwortung für das eigene Tun muß der Erzieher an den Lernenden übergeben und darin ist der Gipfel der Überwindung des flachen Bildungsbegriffs zu sehen. Die Bildung des Menschen kann nur auf dem Wege »der eigenen Einsicht Gestalt« gewinnen« (Elias 1921:144). Es sei die Aufgabe der Erzieher, diesen Riß zwischen dem Ich und der Welt, der die Individuen »umnebelt«, überwinden zu helfen, Erziehung müsse die Menschen sehen lehren – »saper vedere«, der Satz, den Leonardo benutzte –, Fragen stellen lehren und den Stoff verarbeiten, den er aufgrund der Antworten der Wissenschaft erlangen kann: »Und so heißt Natur sehen lernen nicht passivisch ergriffen sein, sondern aktiv ergreifen, kraft wissenschaftlicher Maßstäbe beurteilend anschauen.«

Hatte Goethe das Anschauen in der Natur zur zentralen Methode seiner naturwissenschaftlichen Studien erhoben, so hat bei Kant das »Sehen in der Natur« nur einen sekundären Stellenwert. Wenn es Kant um die Frage nach den Voraussetzungen des Sehens und den Bedingungen der Erkenntnis geht, so faßt Elias das Sehen-Lernen in der Natur als ein aktives Ergreifen auf, ein beurteilendes Anschauen »kraft wissenschaftlicher Maßstäbe« (Elias 1921:139). Trotz der Verwendung von Begriffen der transzendentalen Philosophie – Geltung, Idee – vollzieht Elias hier nirgends den Bruch von der Anschauung der Natur zur Frage der Gesetzmäßigkeit der Erkenntnis selbst. Einige entscheidende Weichenstellungen seiner wissenschaftlichen Entwicklung erkennen wir in diesem Artikel bereits, auch wenn er selbst ihn in späterer Zeit abwertend charakterisiert: »It was an odd article«, lautete sein Urteil, als er sich in hohem Alter an den Aufsatz erinnerte, »because it was full with Goethe and Kant« (Heilbron 1983/4:4).

Seine philosophische Dissertation über *Idee und Individuum. Eine kritische Untersuchung zum Begriff der Geschichte* reichte er ein Jahr nach diesem Artikel 1922 in Breslau bei Hönigswald ein.[12] Das äußere Bild weicht nicht ab von den üblichen akademischen Arbeiten jener Zeit: Bis auf die Einteilung in zwei Großabschnitte kommt sie ohne jegliche Gliederung aus, und außer einem längeren Zitat von Cassirer finden sich weder Fußnoten noch Anführungen anderer Autoren. Vom Text sind 54 Seiten erhalten geblieben.[13] Thematisch finden wir hier einen weiteren Versuch, das Individuum in seinem Bezug zur Idee und Norm der Gemeinschaft zwischen Geschichte und Zukunft zu verstehen. Die Norm der Gemeinschaft war es vor allem, um die es ihm dabei ging. Im letzten Abschnitt seiner Arbeit explizierte er das Thema »Gemeinschaft und Ethik«. Dabei sucht er das monadische Denken, die Geschichtsvergessenheit der Mehrzahl der Philosophen und, ganz im Sinne des Ganzheitspostulats, die Trennung der Universitätsdisziplinen zu überwinden: Das Ich sei zum einen Mittelpunkt einer Zeitgliederung zwischen Vergangenheit und Zukunft – in dieser Hinsicht einzigartig. Zum anderen aber:

»... ist durch die Reihe des Wissens selbst einmal die Einzigartigkeit des Ich (geklärt), zugleich aber eine Vielheit des ›Du‹ objektiv bestimmbarer Iche, die um ihrer Beziehung zur Idee willen Objekte der Geschichtsforschung müssen sein können, kurz eine Gemeinschaft von Ichen gefordert« (Diss:47).

Der Geschichtsforscher müsse sich »in jemanden hinein... versetzen«, und dies Verstehen sei auch die Methode des Psychologen. Ganz im Sinne der geforderten »Ganzheit« führe auch dies Verstehen auf die Idee eines Zeitalters zurück: Verstehen könne man etwas und jemanden – aber das eine sei nicht ohne das andere denkbar, daraus ergebe sich die Unmöglichkeit, die beiden Fächer zu trennen.

»Dem Prinzip, aus welchem die Eindeutigkeit des von mir Gedachten folgt, danke ich es, daß ich als der ›jemand‹, welcher in dem von mir Gedachten verstanden wird, als Glied einer Gemeinschaft eindeutig bestimmbar bin« (Diss:49).

Das Prinzip sei das der Verständigung und »also auch das Prinzip der Gemeinschaft« (Diss:50). Damit leitete er zur Ethik über[14], denn aus der Idee, mit der ein Zeitalter charakterisierbar sei, werde, soweit es die Gemeinschaft betrifft, eine Norm:

»So ist eine der Funktionsweisen der Idee die, Idee der Gemeinschaft zu sein oder, was das gleiche sagt: Idee des Guten, d.h. die Norm, nach der sich das Ich in seinem Verhalten zu anderen richten soll und dergemäß das ›Wollen‹ des Ich objektiver Bestimmung fähig ist.«

Es handelt sich plötzlich nicht mehr um die reine Deskription, vielmehr wird ein historischer Wertmaßstab sichtbar:

»Ein Ich muß vor der Frage gestanden haben: Wie soll ich handeln? Und die Handlung wird dann geschichtlich sein können, wenn die Norm, nach welchem der Handelnde sich richtete, Geltung hat für jedermann, d. h. für die Gemeinschaft.«

Der kategorische Imperativ, der das ethische Handeln nach einer allgemein-menschlichen Norm zum Ideal macht, wird hier nicht nur zeitlichen Bedingungen unterworfen, sondern auch der »Idee der Gemeinschaft«, die ein Handlungskonzept vorgibt.

Das Ich wird als eines bestimmt, das sich selbst in der Zeit reflektiert und seine Gegenwart innerhalb der Gemeinschaft als etwas versteht, das es gemäß seiner eigenen Richtungsbestimmung in der Zeit

»dieses ganz bestimmte System von Beziehungen zu anderen herbeiführte; denn es ist die charakteristische Funktion dieses Prinzips, dem Ich anzugeben, wie seine Beziehungen zu anderen Ichen sein sollen, d.h. in Zukunft sein werden, wenn sie Geltung für jedermann, für die Gemeinschaft beanspruchen wollen. Jedes Ich müsse also«,

gemäß dieses Anspruchs, nicht nur »seine eigene Zukunft herleiten können«, sondern auch, »wie die Gemeinschaft sein soll« (Diss: 51). Der Kantsche Imperativ ist hier in einen historischen Rahmen gestellt und anstelle des Gedankens der Menschheit tritt eine Gemeinschaft mit ihrer besonderen Zukunftsprojektion. Dieser Gedanke, zweifellos als Höhepunkt und Schluß der Arbeit gedacht, ist nicht erhalten geblieben: »Diese Frage restlos beantworten ..., hieße tiefer in die Struktur der Gemeinschaft...« (eindringen, muß man wohl ergänzen), ist der letzte Halbsatz des erhalten gebliebenen Manuskripts.

Das Cassirer-Zitat

Man ahnt in dieser Dissertation, daß es neben dem Denken der Antike noch eine weitere, unausgesprochene Substruktur des Textes gibt, der sich nur einmal dem aufmerksamen Leser offen zu erkennen gibt. Es ist die Philosophie von Ernst Cassirer.[15] Cassirer hatte in seinem 1910 erschienenen Buch *Substanzbegriff und Funktionsbegriff* einige Formulierungen benutzt, die an der Frage der Geltung zu rütteln schienen. Elias kannte das Buch und fühlte sich von diesen Gedanken angezogen.[16] Cassirer hatte den Unterschied zwischen objektiv und subjektiv als graduellen bezeichnet:

»Die kritisch formulierte Frage könne ... nicht sein, ›was‹ objektiv und ›was‹ subjektiv ist, sondern immer nur, *wann* eine bestimmte Relation nach Maßgabe jeweils in Betracht kommmender Kriterien eine gewisse Höhe gegenständlicher Geltung, eine gewisse Höhe des Anspruchs auf gegenständliche Geltung erreicht habe.«[17]

Damit historisierte und relativierte Cassirer die Geltung wissenschaftlicher Urteile. Hönigswald, der sich in seinem Werk immer wieder mit Cassirer auseinandergesetzt hat[18], stellt dagegen den Forscher, der seine Ergebnisse, »auch wenn er sie zu dialektischer Überwindung bestimmt weiß, als ›Wahrheiten‹« versteht. Und nur »weil sie für ihn notwendig, d. h. dem Sinn seiner Aufgabe nach, Repräsentanten *der* Wahrheit sind«, könne man sie »als *wissenschaftliche Ergebnisse* ... bezeichnen« (Hönigswald 1965:291). Für Hönigswald ist »subjektiv« und »objektiv« nicht graduell miteinander verbunden (wie »Variable und Konstante«), sondern es kann für ihn nur »Gültiges« oder Vorwissenschaftliches geben.

Elias' Arbeit weist ein einziges längeres Zitat auf, eine Stelle aus Cassirers Buch über Kant (Diss:12f.). Cassirer beschreibt dort den Weg des Denkens von Galilei über Kepler, von Huyghens zu Newton als den Weg zu einer »für unseren Verstand übersichtlichen und faßlichen Ordnung« und betont, daß diese Faßlichkeit sich nicht »an reinen Verstandesgesetzen allein« als notwendig erweisen lasse. Es handelt sich hierbei also zugleich um eine Auseinandersetzung um die Kant-Deutung zwischen den verschiedenen Kant-Schulen, denn Cassirer verstand sich selbst als Kantianer. In der von Elias zitierten Passage relativiert Cassirer die Bedeutung der Vernunftgesetze und den Begriff der Kausalität – in gewissen empirischen Fragen werde der Ansatz der Kausalität ungültig, weil die Zurechnung unmöglich werde. Cassirer reflektierte damit natürlich die zeitgenössischen Vorgänge in der Entwicklung der Naturwissenschaft, die, angestoßen durch die Einsteinsche Relativitätstheorie, völlig umorientiert wurden[19] und im Anschluß an diese Erschütterung der Absolutheit von Raum und Zeit durch die spätere neue Auffassung der Akausalität der Natur einen weiteren Relativierungsschub erhielten. Für Cassirer bedeutete das, daß auch die neueste Basis der Erkenntnis wiederum in einem geschichtlichen Kontinuum der Forschung und Entwicklung steht, welches die bisherigen Erkenntnisse entwertete. Den Kausalitätsgedanken zu relativieren erschien aber Hönigswald als Sakrileg. Hönigswald stand damit allerdings nicht außerhalb der Erkenntnisse der zeitgenössischen Physik – vielmehr setzte sich die Deutung Borns, Wieners[20] und Heisenbergs auch dort nicht sofort durch (vgl. Hönigswald 1933:189f.).

Cassirers Ausführungen, die eine Hinwendung zur Historisierung des Geltungsbegriffs zeigen, bekamen für Elias »einen besonderen Sinn«, erklärte sich doch für ihn daraus, »daß es das Problem der Urteilskraft, das Problem der Ganzheit ist, welches den Ansatzpunkt zur Überwindung jener Meinung bietet, die in den logischen Formen der Naturerkenntnis die Formen der Erkenntnis überhaupt zu sehen geneigt ist«. Und das heißt für ihn, daß

»gerade der aus der Analyse der Begriffe der Ganzheit folgende Gedanke einer funktionellen Verknüpfung von Geschichts- und Naturwissenschaft ... die Möglichkeit (gibt), unzweideutig die Grenzen, die der Naturerkenntnis gesetzt sind, die Grenzen der naturwissenschaftlichen Begriffsbildung zu bestimmen« (Diss:37f.).

Es war die »Struktur des geschichtlichen Werdegangs der Mechanik«, die ihn dabei interessierte – durch seine Sperrung hervorgehoben[21] – und die ihm die Aufhebung auch der Eigenständigkeit der Naturwissenschaften und die Integration in die Geschichte als selbstverständlich erscheinen ließ. Elias benutzte also diesen Hinweis auf Cassirer, um seine Unterordnung der Naturwissenschaft unter die Geschichte zu begründen. Auf die Kantsche Fragestellung (nach der Sicherheit der Erkenntnis) geht Elias nur in einigen zitatartigen Sätzen ein, in der Kants Position dargestellt wird (wobei die Formulierungen selbst wiederum durchaus mißverständlich, wenn nicht mißverstanden sind), um dann sofort seine eigenen Überlegungen fortzuführen, die eine transszendentale Frage gar nicht kennen: Sein eigener Ansatz bleibt an der Geschichte orientiert – ohne historistisch zu sein, betont er doch sowohl die Strukturiertheit (»Ordnung«) der wissenschaftlichen »Tatsachen«-Erfassung, als auch den Zusammenhang der Epochen miteinander.

Daß er das Cassirer-Zitat mit Wissen um die Kontroverse zwischen Hönigswald und Cassirer benutzte, ist angesichts der Diskussionen im »Blau-Weiß« anzunehmen. Doch die Botschaft, die er mit dem Cassirer-Zitat bekräftigte, kam bei Hönigswald nicht an. Ob er annahm, daß Hönigswald in dieser Frage tolerant sei? Der Ausgang ist bekannt: Hönigswald weigerte sich, die Arbeit anzuerkennen. Elias

beharrte lange, bis er sich dann doch davon überzeugen ließ, eine geänderte Kurzfassung zu schreiben, um den Doktortitel überhaupt zu bekommen. Sie beinhaltete die Konzession, daß die Geltung außerhalb des Historischen stehe.[22]
Es fragt sich jedoch, ob es hauptsächlich diese Frage war, die Hönigswald nicht billigen konnte. Elias hat immer wieder auf diesen Punkt hingewiesen und die Kurzfassung enthielt zumindest ein verschwommenes Zugeständnis, von dem er im Alter immer wieder berichtet hat. Wenn Elias im nachhinein darin eine Herausforderung an die Kantianer sah, so wird man das womöglich als Ablenkung vom eigentlichen Streitpunkt deuten müssen – nämlich jener Frage der Wertethik von Gemeinschaften. Was von Elias' Arbeit erhalten ist, läßt in erster Linie die Absolvierung der akademischen Pflicht[23] erkennen, aber sie war, so läßt der vorliegende Text vermuten, zugleich der Ort, an dem er seine damals aktuellen zionistischen Ideen niederlegen wollte. Die »Seiten 55–57 fehlen« ist auf dem Titelblatt des MS vermerkt. Wir erfahren also nicht, wie Elias zu jener Zeit über das Verhältnis von normativen Gemeinschaftsideen dachte. Daß er Hönigswald nicht überzeugen konnte, zeigt sich in dem Auszug[24]; aber möglicherweise ist es ein Zeichen von Hönigswalds Liberalität, daß er die Passagen der Langfassung, in denen Elias die Ahistorizität der »Geltung« angreift, stehenließ. Weglassen mußte er hier jedoch die drei letzten Seiten über die Wertfragen der Gemeinschaft: Das überschritt die Grenzen von Hönigswalds Liberalität offensichtlich.

Im mittleren Alter hat er die Arbeit, wie erwähnt, als »*immature*« bezeichnet, und tatsächlich ist vieles hier noch unausgearbeitet. Die drei entfernten Seiten dürften diesen Eindruck kaum widerlegt haben, soweit dies nach dem vorliegenden Corpus erkennbar ist.[25] Er selbst hat freilich durch diese Auseinandersetzung mit Hönigswald eine akademische Chance verspielt, weil sich ihm durch diese Auseinandersetzung die Karriere in der Breslauer Philsophischen Fakultät verschloß.

In der Zeit, die zwischen der Abgabe der Dissertation und dem Rigorosum liegt, arbeitete er etwa zwei Jahre als Vertreter.[26] Nachdem er dann durch die »Konzession«[27] an Höngswald seinen Titel doch noch erhalten hatte, ging Elias nach Heidelberg, wo ihn eine von scholastischer Strenge ungetrübte Atmosphäre empfing.

In seinem Aufsatz »Vom Sehen in der Natur« hatte Elias die Themen angesprochen, die ihn in seiner wissenschaftlichen Laufbahn beschäftigen sollten. Da wir nur wenig über seine frühe Zeit wußten, waren wir bislang auf Vermutungen über mögliche Verbindungen zwischen der philosophischen Doktorarbeit und dem Buch *Über den Prozeß der Zivilisation* aus der zweiten Hälfte der dreißiger Jahre angewiesen, eine Lücke, die gerade die Heidelberger Zeit betraf und die auch nicht durch unsere Kenntnis der zwei kleineren Beiträge auf dem Soziologentag 1928 geschlossen wurde. Die folgende Darstellung beruht nicht nur auf den bekannten Texten, sondern auch auf Seminarprotokollen und dem Entwurf zu jener Arbeit, mit dem sich Elias bei Alfred Weber zur Habilitation vorgestellt hat.

Zivilisation

In seinem ersten Heidelberger Gastsemester 1919 spielte die Soziologie für Elias keine Rolle. Er besuchte medizinische und philosophische Seminare, darunter ein Jaspers-Seminar, in welchem er auch ein Referat über »Thomas Mann und die Zivilisationsliteraten« hielt.[28] Mit Jaspers trat er hier in einen engeren Kontakt. Er erinnerte sich nicht nur an mehrere Referate, die er in dessen Seminar hielt, sondern auch an einen langen gemeinsamen Spaziergang auf dem Philosophenweg, bei dem ihm Jaspers »einiges über Max Weber (erzählte), den er verehrte« (Elias 1990:109). Durch die Erfahrungen des Ersten Weltkriegs bekam das Thema Zivilisation und Politik, wie es Mann in seiner antiwestlichen Schrift »Betrachtungen eines Unpolitischen« behandelt, für Elias eine besondere Bedeutung: Es wurde zu einem der Themen, die ihn lebenslang nicht losließen, zu einem *basso continuo* seiner Arbeiten.

Welche Bedeutung hatten die Mannschen »Betrachtungen« für Elias? Gab es Anknüpfungspunkte, an denen er mit Manns Aufklärungskritik übereinstimmte? In der Dissertation hatte er u.a. den Dogmatismus der Aufklärer kritisiert, die an die Stelle der Nation ein blasses Menschheitsideal gesetzt hatten (Diss:8) – eine Kritik, die man mit Sicherheit in einem Zusammenhang mit seinem damaligen Engagement für eine jüdische Nation in Palästina zu sehen hat. Oder standen ihm Thomas Manns Überlegungen zu dieser Zeit bereits so fern wie zu jenem Zeitpunkt, als er das Buch über den Zivilisationsprozeß schrieb? Das Referat ist verschollen. Doch daß Elias ein Exemplar seines Buches *Über den Prozeß der Zivilisation* 1939 an Thomas Mann schickte (Korte 1988:13), war sicher eine Reminiszenz an jene Auseinandersetzung mit dem Mannschen Buch.

Max Weber sollte im Wintersemester 1917/18 in Heidelberg wieder zu lesen beginnen[29], wurde jedoch 1918 statt dessen für ein Gastsemester in Wien beurlaubt. Ab dem Wintersemester 1918/19 lehrte er in München, so daß Elias ihn wohl nicht persönlich erlebt hat.[30] Mit 26 Jahren kam Norbert Elias 1924 zum zweiten Mal nach Heidelberg, »in der vagen Hoffnung, dort den Zugang zu einer Universitätslaufbahn zu finden« (NzL:19), die er schon seit langem vor Augen hatte (NzL:20). Warum gerade nach Heidelberg? Zwar standen ihm in der Weimarer Zeit als Jude – zumindest theoretisch – keine Zugangssperren für eine Professur im Wege, doch in der Praxis war jede Universitätslaufbahn primär von Empfehlungen und Protektion abhängig, persönliche Leistungen allein, die sich auch qualitativ nicht ohne weiteres objektivieren lassen, reichten nicht aus. Mit Hönigswald hatte er es sich verdorben, mit der Husserl-Schule, in der Heidegger eine starke Position hatte,[31] konnte er nichts anfangen.[32] Mit Heidelberg aber verband ihn nicht nur die Erinnerung an Jaspers. Hackeschmidt hat entdeckt, wie sehr sich die Breslauer Gruppe mit Heidelberg und Max Weber befaßt hatte. Bandmann, Elias-Freund und Führer der Breslauer Gruppe, hatte nach Elias auch ein Semester in Heidelberg verbracht, und schrieb an das Mitglied Benno Cohn in Breslau nach Hause: »Entschuldige, daß ich nur schlagwörtlich ein Buch empfehle, das mich sehr beschäftigt hat und beschäftigt. Kaufe Dir es; es kostet nur 3 Mark: Max Weber, Wissenschaft als Beruf, München 1919. Duncker und Humblot. Es ist ein Vortrag, der ganz außerordentlich ist und gerade die Dinge zur Wissenschaftsfrage bringt, die Hönigswald unterschlägt« (Hackeschmidt 1997:156).

Hackeschmidt zeigt anhand der Tagebuchaufzeichnungen Bandmanns, wie sehr die Gruppe sich mit diesem Text beschäftigt hat (z.B. Hackeschmidt 1997:206). So verwundert nicht, daß sich Elias nach seinem zweijährigem Ausflug in die Wirtschaft zu einem Studium in Heidelberg entschloß, das er »in bester Erinnerung« hatte (NzL:20).

Und er begann auch zunächst wieder mit der Philosophie. Wir wissen nicht, ob Elias sich zunächst um eine Stellung bei Jaspers bemühte oder ob er versuchte, mit Hilfe von Jaspers ein Stipendium zu bekommen. Studenten, die sich für eine Universitätslaufbahn qualifizieren wollten, mußten sich bei einem Lehrstuhlinhaber hochdienen, ein Prozeß, der sich ohne Anspruch auf eine bezahlte Stelle über Jahre hinziehen konnte.[33] Sein Versuch, Jaspers für sich zu gewinnen, scheiterte.[34] Der Kriegsteilnehmer und »Blau-Weiß«-Gruppenführer Elias erwies sich geradezu als unfähig, einen solchen Weg zu gehen – schon Edith Stein hatte ihren Briefpartner in Freiburg vor dem »Kritizistendünkel« gewarnt, der Elias auszeichne.[35] Elias selbst scheint sich über diesen Zug seines Wesens keine Illusionen gemacht zu haben, spricht er doch in dem Brief an Jaspers von der geringen »Schmiegsamkeit« seiner Person[36], und dies mag der Grund gewesen sein, daß er sich statt dessen um ein Stipendium bemühte. Allerdings war auch ein Stipendium an den »Einsatz« eines Universitätslehrers gebunden, einen Einsatz, den Jaspers zu leisten für Elias sich nicht in der Lage sah:

»Ich verstehe vollkommen, was Sie mir schreiben, daß zur Erlangung eines Stipendiums für mich ein Einsatz Ihrerseits nötig wäre, wie man ihn nur für einen Schüler zu leisten vermag, über dessen Person man etwas ganz Spezifisches sagen kann: man übernimmt eine gewisse Verantwortung für diese Person, die Sie nicht für mich tragen können.«[37]

Elias läßt nicht locker. Nun bittet er Jaspers, ihm wenigstens ein Gutachten für die Drucklegung seiner Arbeit zu gewähren.

»Nun habe ich zwar die Zeit meiner bisherigen Arbeit hindurch in der Hoffnung gelebt, nach der Vollendung des ersten Teils evtl. durch ein Stipendium meine Lage etwas bessern zu können; indessen werde ich mich damit abfinden können, daß ich persönlich keine Hilfe erwarten kann, und es kommt mir schließlich nicht darauf an, das beschränkte Leben, das ich zu führen gezwungen bin, um philosophisch arbeiten zu können, auch noch einige Jahre weiter zu führen, wenn nur wenigstens die Resultate dieser Arbeit ihre Bestimmung, als Buch gedruckt und gelesen zu werden, finden würden.«[38]

Nach der Beendigung seiner Vertreterlaufbahn hatte Elias in der *Berliner Illustrierten Zeitung* einen kleinen Beitrag veröffentlichen können. Das war jedoch der erste und letzte, und danach scheint er eher armselig gelebt zu haben, vermutlich wurde er wieder von seinen Eltern unterstützt. Aber es ist hier eindeutig davon die Rede, daß er »philosophisch« arbeitete, von der Soziologie ist noch nichts erkennbar. Jedenfalls meint er, über eine Publikation zumindest einen kleinen Schritt auf dem Wege zur Universitätslaufbahn vorankommen zu können. Er bittet Jaspers, ihm seine Arbeit zu diesem Zwecke einmal vorlegen zu dürfen. Es dürfte sich bei dieser Arbeit um die »Geschichte des menschlichen Bewußtseins« handeln, von der er im »Frankfurter Lebenslauf« berichtete.[39] Offenbar machte er sich große Hoffnungen, durch dieses Buch einen gewissen Grad an Bekanntheit zu erwerben, der ihm den Zugang zur Lehre eröffnen sollte:

»Infolgedessen habe ich mich darauf eingestellt, erst nach der Veröffentlichung meiner ersten Bücher dazu zu gelangen, nicht nur zu schreiben, sondern auch zu lehren«,

schreibt er an Jaspers.[40] Wir wissen weder, ob Jaspers diese Arbeit je vorgelegt wurde, noch, ob und welche Schritte Jaspers unternommen hat, um Elias behilflich zu sein. Der Brief datiert vom 18. März 1928. Jaspers' Antwort, die nicht erhalten ist, mag der Auslöser dafür gewesen sein, daß Elias sich nunmehr dem Fach zuwandte, von dem er durch Karl Mannheim immer wieder gehört haben mußte. In seinen Erinnerungen schrieb er:

»Als ich am Ende der großen Inflationszeit von 1923 als junger ›Doktor‹ zunächst nach Heidelberg ging, wo es mir als Student gut gefallen hatte, ging ich nicht mehr zu Jaspers, sondern zu Alfred Weber ins Seminar. Ich lernte den Privatdozenten der Soziologie, Doktor Karl Mannheim, kennen und besuchte ebenfalls sein Seminar. Er war wenige Jahre älter als ich, und wir wurden schnell gute Freunde. Er war ebenfalls ein Soziologe der ersten Generation ...« (NzL:11).

Ob Elias den zweiten philosophischen Anfang bei Jaspers in Heidelberg nicht mehr im Gedächtnis hatte – oder ob er davon nichts mehr wissen wollte? Gewisse Unstimmigkeiten sind in diesen Erinnerungen unübersehbar[41]: Elias ging erst 1924 nach Heidelberg, wie den Lebensläufen zu entnehmen ist, die er in den dreißiger Jahren verfaßt hat. Mannheim wurde erst 1926 Privatdozent, also zwei Jahre nachdem Elias wieder in Heidelberg ankam und »den Privatdozenten der Soziologie, Doktor Karl Mannheim, kennen« lernte, dessen Seminar er besuchte. Das Ereignis der Habilitation Mannheims hätte sich ihm einprägen müssen, wenn er sich tatsächlich sofort der Soziologie zugewandt hätte. In einem Lebenslauf, den er 1959 in Leicester verfaßt hat, schrieb er:

»From 1926–1930 I did post-graduate research under Alfred Weber at the Institut für Sozial- und Staatswissenschaften, Heidelberg, mainly in the Sociology of science. At the same time I began to collaborate with Karl Mannheim who, a few years older than I, was at that time lecturer in Sociology at Heidelberg.«[42]

Es ist also davon auszugehen, daß der früheste Zeitpunkt, zu dem er sich in Heidelberg der Soziologie zugewandt hat, 1926 war – nach

Mannheims Habilitation. Daß er sich aber spätestens im Jahre 1928 der Soziologie zuwandte, ist nachweisbar, denn sein Name taucht unter den Sprechern auf dem Züricher Soziologentag im September 1928 und im Wintersemester 1928/29 in Alfred Webers Seminar über die Renaissance auf. Aus einem Brief vom 5. Mai 1929 geht jedoch hervor, daß der Kontakt zu Jaspers noch nicht abgebrochen ist. Elias bittet Jaspers um einen Gesprächstermin: »Es liegt kein besonderer Anlaß vor als mein Wunsch nach einer Unterhaltung mit Ihnen«[43], schreibt er. Weitere Äußerungen sind nicht überliefert.

Der Wechsel zur Soziologie

Möglicherweise besuchte Elias bereits vor 1928 Seminare von Karl Mannheim – etwa jenes über die »Die politische und soziale Bedeutung der Philosophie im 19. Jahrhundert«[44], sicher wissen wir nicht davon. Daß er jedoch spätestens im Wintersemester 1928/29 die Disziplin wechselte – nicht freilich die Fakultät – und in die Heidelberger Soziologie geriet, ist belegbar. Dort bestanden weniger strenge Schüler-Lehrer-Verhältnisse als bei Hönigswald[45]. Denkbar ist, daß er bereits Kontakte zu Soziologen geknüpft hatte, denn zu Jaspers kamen fast alle Studenten der Sozialwissenschaften einmal in die Vorlesungen oder Seminare.[46] Im Vergleich zu Rickert und Hoffmann scheint Jaspers für die Zweitfachstudenten der offenere und zugänglichere gewesen zu sein. Sein Engagement in der Soziologie erklärt sich also aus dem Ende des philosophischen Weges, aber mit Sicherheit auch aus Interesse an dem neuen Fach Soziologie, auf das ihn Jaspers selbst hingewiesen haben mag – sei es aus Neugier, sei es, weil er durch seine Arbeit an Fragen geraten war, die er in der Soziologie behandelt sah.[47] In dem frühen Aufsatz hatte er das »Sehen lernen« und die genaue Beobachtung und ihre Kulturgeprägtheit betont, in der Dissertation hatte er die Gemeinschaft und ihr ethisches Ideal hervorgehoben gegen die unsoziologische und überhistorische Vorstellung des Kantischen Ansatzes und in der Heidelberger Soziologie mochte er Ansätze zur Kombination der verschiedenen Gebiete erkannt haben, wie sie etwa in der Alfred Weberschen Fragestellung sichtbar wurden.

Elias gehörte, wie wir noch zeigen werden, zum »inneren Kreis« des Heidelberger Instituts für Sozial- und Staatswissenschaften, auch wenn er keine offizielle Position bekleidete. Diese Zugehörigkeit machte sich auch in seiner Außenwirkung bemerkbar. Zu erwähnen ist dabei einmal seine Teilnahme an den Davoser Hochschulkursen[48] und vor allem am Züricher Soziologentag 1928, wo er in zwei Debatten das Wort ergriff[49]. In unserem Zusammenhang ist dabei insbesondere sein Diskussionsbeitrag zum Thema »Anfänge der Kunst« wichtig, in dem es um die damals in Mode kommende sogenannte »Kunst der Primitiven« ging. »Verstehen« – ein Thema, das ebenfalls in Zürich diskutiert worden war, so meinte Elias in seinem Beitrag, beruhe darauf, daß »ein Geist dasselbe in einem anderen wieder erkennt«. Um dies zu erklären, müsse man auch zu erklären versuchen, wie es möglich ist, »daß wir uns *nicht* verstehen«. Selbst die Debatten unter den anwesenden Soziologen hätten gezeigt, daß »wir, die wir doch alle desselben Geistes sind, die wir doch alle Menschen sind, uns zugleich in bestimmter Situation nicht verstehen können«[50]. Zwar glaubt Elias, daß Verstehen von Menschen fremder Kulturen niemals ausgeschlossen wäre, etwa »weil sie eine andere Natur hätten« als wir, denn er »glaub(t) ganz im Gegenteil, daß es den *einen* Menschen gibt« (ebd.). Doch die Schwierigkeit besteht, so ist seine Erklärung, in der allgemeinen Unkenntnis der Stufen des Bewußtseins, die die Entwicklung der Gesellschaften in unterschiedlichen Maßen vollzogen hätten. Sein Beispiel von dem französischen Heerführer in Nordafrika, der mit einheimischen Truppen Krieg führt und unversehens auf die Wirkung der Magie stößt, erinnert sehr an seine Überlegungen zur Renaissance als einem Entwicklungsschritt, in dem eine neue Stufe des allgemeinen Bewußtseins erreicht wurde. Auch in dieser Debatte stellte er wieder seine Grundfrage:

»Wie erlebt der Primitive selbst die Welt? Warum ist er gezwungen, die Welt so und nicht anders zu erleben, und warum sind wir gezwungen – wir können nicht anders –, die Welt so und nicht anders zu erleben, obwohl wir beide Menschen – wahrscheinlich – von derselben Natur sind? Woher kommt diese Zwangsläufigkeit, diese innere Notwendigkeit, aus der der Primitive einen Baum so und nicht anders – als Geist! – erleben muß und wir ihn nicht mehr als Geist erleben können?«

In seiner Antwort auf diese Frage spielt nun sein Forschungsinteresse hinein, die Entstehung der modernen Naturauffassung: »Wir, die heute Lebenden, haben den Übergang von der Auffassung der Welt als einer Geisterwelt zu der Auffassung der Welt als ›Natur‹ nicht selbst vollzogen, sondern wir sind gezwungen, diese Art, die Welt zu erleben, als eine Erbschaft, an die wir gebunden sind, in uns zu verwirklichen« (Verhandlungen:283f.). Es handelt sich nach Elias' Auffassung um Stufen, die sich in einer ganzen Gesellschaft – resp. einem »Kulturkreis« (etwa dem »abendländischen«, dem sein Prozeßbuch galt) – vollziehen und das Denken in Epochen einteilen. Die früheren Stufen dieser Entwicklung, die der Mensch biographisch nachvollzieht im Prozeß des Erwachsenwerdens, müssen durch den pädagogisch geleiteten Prozeß der Bildung überwunden werden. »In diesem Sinne«, schließt er seinen Beitrag ab,

»glaube ich sagen zu können, daß nicht bloß jede Periode des Menschlichen, wie man sagte, in gleichem Maße gottunmittelbar ist, sondern jede Periode des Menschlichen für uns, wenn man den Menschen überhaupt, wenn man sich selbst verstehen will, in gleichem Maße aktuell ist« (a.a.O.:284).

Hier wird deutlicher als sonst sein ausgeprägtes Entwicklungsschema erkennbar, das Bewußtseinsstufen im Entwicklungsprozeß festhält, die mit Denk- und Abstraktionsstufen verbunden sind. Deutlich wird auch, wie sehr Elias' Forschungen von Ausgangsfragen aus der Medizin beeinflußt sind – die Soziologie konnte Antworten geben auf die Fragen, welche die Medizin und die Biologie damals forciert stellten: Wie ist das Niveau der menschlichen Entwicklung, wie sind die geistigen Leistungen der Menschen zu erklären? Sind es biologische Voraussetzungen oder handelt es sich um soziale Prozesse der Bildung und geistigen Formung? Daß Elias der zweiten Lösung den Vorzug gab, bedeutete für ihn auch, daß er versuchte, Belege für diesen Bildungsprozeß zu erbringen.

Elias hielt sich sieben Jahre in der »kleinen lebendigen Stadt« Heidelberg (NzL:20) auf und noch nach Jahrzehnten wollte er wissen, wie es um die dortige Soziologie denn stünde.[51] Die biographische Ebene ist von ihm selbst[52] dargestellt worden. Ich will im folgenden zunächst seine institutionelle und sodann seine inhaltliche Verbundenheit mit dem InSoSta zeigen. Nachdem Jaspers ihn abgelehnt hatte, stellte er sich bei Alfred Weber vor, um bei ihm zu habilitieren. Alfred Weber wurde nun die institutionelle Bezugsperson für ihn und – in einer abgeschwächten Bedeutung des Wortes – auch sein Lehrer.

Alfred Weber stand nicht nur als Mentor der Jugendbewegung nahe, er vertrat auch ein Konzept der Soziologie, das, so von Martin, »letztlich in der Geschichte« aufging. Zwar hatte Elias bereits eine starke historische Orientierung mitgebracht, doch die Verbindung von Stoff und Struktur, wie sie Alfred Weber lehrte, hatte er bisher noch nicht kennengelernt. Das Fach Soziologie war erst in der Mitte der zwanziger Jahre auf breite öffentliche Resonanz gestoßen. Elias berichtete:

»During my first stay ... I had no connection with sociology whatsoever. When I returned in 1925, sociology was fashionable in Heidelberg which it had not been during my first stay.«[53]

Tatsächlich hatte das InSoSta eine hohe Frequenz im Vergleich zu anderen Seminaren: 1925 kam am InSoSta auf 169,8 Studenten ein Professor, während in der naturwissenschaftlichen Abteilung der Philosophischen Fakultät 25,5 Studenten und bei den Juristen 28,4 Studenten auf je einen Professor kamen.[54] Da sich die Heidelberger Soziologie gerade durch die Vielfalt der Forschungsmöglichkeiten auszeichnete, war auch das Lehrer-Schüler-Verhältnis ein sehr lockeres, was mit der Liberalität von Alfred Weber und seinen breit gestreuten thematischen Interessen zu tun hatte. Elias gehörte zweifellos alsbald zum »inneren Kreis« des Instituts, denn zum einen genoß er die Anerkennung der entscheidenden Persönlichkeiten dieses Kreises – Alfred Webers, der ihn als Habilitanden annahm, und Marianne Webers, die eine informelle, aber nichtsdestoweniger notwendige Anerkennung aussprach durch Einladung zu einem Vortrag und die positive Bewertung dieser Probe –, zum andern bekleidete er dort selbst bald eine halbinstitutionelle Position als »Assistent« des Privatdozenten Karl Mannheim[55]. Man darf aber auch annehmen, daß Elias, der zum intellektuellen Führungskreis von »Blau-Weiß« gehört hatte und als solcher auch öffentlich mehrfach aufgetreten war, in den Kreisen der Heidelberger Studentenschaft und Dozentenschaft wenn nicht schon bekannt, so doch gewiß rasch als Jugendführer erkannt wurde[56], dessen pädagogische Fähigkeiten von Mannheim auch sehr bald eingesetzt wurden. Bei den Studenten war er offenbar beliebt, wie Löwenthal bezeugte (s. u.). Nina Rubinstein erinnert sich merkwürdigerweise, Elias habe »nett«, aber »unsicher« gewirkt.[57] Wie aus dem Gespräch Kettlers mit ihr hervorgeht, gehörte Rubinstein zu den Studentinnen, die Karl Mannheim rückhaltlos bewunderten. Es ist nicht ersichtlich, ob Rubinsteins Urteil sich auf die Frankfurter oder die Heidelberger Zeit bezieht, aber es ist eher zu vermuten, daß ihr Bild von Elias für die Frankfurter Zeit gilt, als sie mit Elias direkt zu tun hatte, denn er betreute für Mannheim ihre Dissertation. Zweifellos wirft dieses Urteil vor allem ein Licht auf das Verhältnis von Rubinstein zu Mannheim und auf die Wirkung, die Karl Mannheim auf seine Studentinnen hatte und das auf ihr Verhältnis zu Elias abfärbte. Nachdem er in Heidelberg mit Mannheim befreundet gewesen war[58], dürfte es Anfang der dreißiger Jahre zwischen Elias und Mannheim zu Spannungen gekommen sein: Während Mannheim auf der einen Seite seinem Assistenten gerne die pädagogische Arbeit überließ, scheint Elias die Unterbewertung seiner Arbeit (und wohl auch seiner eigenen Denkweise) durchaus mißfallen zu haben. Es bestand für ihn damit weiterhin eine Spannung zwischen der pädagogischen Arbeit, die er liebte, und dem Verhältnis zu Mannheim, das durch dessen universitären Aufstieg von dem höheren Rang Mannheims bestimmt wurde. Dazu kam, daß Mannheim Hans Gerth als seinen zweiten Assistenten einstellte – auf Kosten des ersten, denn sie mußten sich die Stelle teilen.[59]

In Heidelberg jedoch war Mannheims Stellung noch die eines Privatdozenten und er war auf Elias angewiesen: »What a Privatdozent does is not a duty for the students so it was important for him to have links with the students and I provided one of these links because I had easier relations with the students than he did.«[60] Mannheim hatte noch keine Anweisungsbefugnis – die »Freundschaft« mit Karl Mannheim dürfte noch ungetrübt gewesen sein, denn aus ihr folgte ja erst dieser zweite Schritt, der Elias aus der Abhängigkeit der älteren Generation (also von Jaspers und Alfred Weber) durch Karl Mannheim zu einem eigenen Wirkungskreis brachte, zu der Tätigkeit als Leiter von Mannheims Seminaren. Diese hatte offenbar eine nicht unbedeutende Außenwirkung für die institutionelle Anerkennung. Richard Löwenthal, damals Student von Karl Mannheim, berichtete, daß sich um Elias, nicht um Karl Mannheim, ein kleiner Kreis gebildet hatte: »Der Kreis war ein informeller Freundeskreis, in dessen Mittelpunkt Elias stand... Mannheim war ein sehr schwieriger Mensch für Leute, die mit ihm arbeiteten. Elias dagegen ein sehr schwieriger Mensch nach oben hin.«[61] Vielleicht machte sich hier wieder die Schwierigkeit jener Jugendführer aus der Kriegsgeneration bemerkbar, die sich aufgrund ihrer Erlebnisse ihrer eigenen Urteile sicher fühlte und Machtverhältnisse, die auf universitären Leistungen beruhten, nicht auf »harten« Lebenserfahrungen, nur schwer ertragen konnten. Auf den erhalten gebliebenen Photos dieses Kreises gewinnt man den Eindruck einer Atmosphäre durchaus entspannter, heiterer Gelassenheit. Viele der Heidelberger Studentinnen und Studenten blieben mit Elias in Kontakt oder nahmen später erneut Kontakt mit ihm auf – ein Zeichen für pädagogische Ausstrahlungskraft, die Elias lebenslang besessen hat.[62]

Die Soziologengenerationen

Entgegen der üblichen Sichtweise, in der Max Weber, Werner Sombart, Ferdinand Tönnies, Ernst Troeltsch und Georg Simmel als die Gründerväter der Soziologie angesehen werden – und damit als erste Generation –, verstand sich auch Elias selbst als Soziologe der ersten Generation, denn er zählte sich, wie auch Mannheim, zur ersten Generation jener, die als Soziologen ausgebildet waren und später in der Universität als Soziologen lehrten. So stellt Elias tatsächlich jene jüngste Generation der Heidelberger Soziologen der Zwischenkriegszeit dar, die nach den vorherigen zu wirken begonnen hat. Wie war seine Position in dieser Figuration? Elias war vier Jahre jünger als Mannheim, betrachtete sich aber immer als zur gleichen Generation zugehörig, er war nur fünf Jahre älter als Eschmann, der 1930 bei Weber promovierte. Er gehörte von seiner Stellung im universitären Ranggefüge her nicht zum Lehrpersonal des InSoSta, aber durch die Übernahme der Leitung von Seminaren für Mannheim war er gegenüber den übrigen Doktoranden Alfred Webers herausgehoben. Elias berichtet, er habe an vierter Stelle der Habilitanden bei Alfred Weber rangiert.[63] Die Kandidaten, die vor ihm kamen, sind nicht bekannt. Da Bergstraesser 1928 die venia legendi erhielt, gehörte er wohl nicht dazu. Wir verfügen jedoch über eine Liste, auf der die Teilnehmer der »Soziologischen Übungen« erscheinen, und man kann immerhin drei weitere Doktores erkennen, die in dieser Zeit bei Alfred Weber Seminare besucht haben, darunter Frl. Dr. Lilly Abegg, Dr. Hunger und ein Dr. Kamm[64]. Bei den drei vor Elias rangierenden Habilitationskandidaten könnte es sich also um die Doktoren aus dieser Liste handeln.

Da sich Elias in den Bereich der Kultursoziologie begab, hatte er in dem Seminar für Kultursoziologie, das Weber seit dem Wintersemester 1928/29 zusätzlich zu den Soziologischen Übungen anbot, nur Alfred Weber »über sich«. Seine institutionelle Position war definiert als Habilitand Alfred Webers, und als Dozent (in Seminaren von Mannheim), so war er gleichzeitig Lehrer und Lernender am InSoSta.

Im Seminar bei Alfred Weber

Alfred Weber konzentrierte sich seit 1926 auf die Kultursoziologie.[65] Die Abfolge der Themen[66] seines kultursoziologischen Seminars läßt den Plan für sein Buch *Kulturgeschichte als Kultursoziologie* erkennen, auf das sich seine Aufmerksamkeit richtete. Elias kam so in den unmittelbaren Kreis um Alfred Weber, dem er bis Ostern 1930 angehörte.[67] Die Rekonstruktion der Soziologischen Übungen Alfred Webers, die Eva Pfitzenmaier 1993 an Hand dieses Materials durchgeführt hat, bildet vom Wintersemester 1926/27 bis 1932/33 eine chronologische Epochenreihe.[68] Allerdings hat sich Weber nicht durchweg an die Idealabfolge gehalten, denn die Seminare erstreckten sich teilweise über mehrere Semester, teilweise wurden sie parallel geführt.

Was für ein Kreis war es, der sich in Alfred Webers kultursoziologischen Seminaren bildete? Aus der Kenntnis der Protokolle kennen wir die Namen der Teilnehmer und können aus den wiedergegebenen Debatten Rückschlüsse auf die Atmosphäre dieser Seminare ziehen, die politisch nicht auf einen Nenner zu bringen ist. Elias ist seit dem Wintersemester 1928/29 als Teilnehmer bzw. Referent in den Protokollen als »Dr. Elias« erwähnt[69]. Diese Seminare hatten den Status eines Forschungscolloquiums, denn es nahmen Alfred Webers Schüler, aber auch gelegentlich Gäste wie Marianne Weber oder Alfred von Martin teil.

Sozialprofile der Weber-Schüler

Aus den in den Protokollen erwähnten Namen ergibt sich ein Eindruck vom Sozialprofil der Teilnehmer der kultursoziologischen Seminare Webers. Von Fritz Bran sind mehrere Referate (»Lukács«, »Begriff der Renaissance«) überliefert, die er bei Alfred Weber gehalten hat. Bran, Jahrgang 1904, war Sohn des Chemikers und Verlegers Friedrich Bran, »der als Mitinhaber des G. Braun Verlags Karlsruhe die in väterlicher Linie seit dem 18. Jahrhundert bestehende berufliche Familientradition im Verlagsgewerbe fortführte«[70]. In diesem Verlag brachte Alfred Weber 1927 seine »Ideen zur Staats- und Kultursoziologie« heraus als Band 1 einer Reihe, die er *Probleme der Staats- und Kultursoziologie* nannte und in der einige der bei ihm im letzten Drittel der zwanziger Jahre geschriebenen Dissertationen herauskamen. Bei Alfred Weber schrieb Bran auch seine Doktorarbeit über *Herder und die deutsche Kulturanschauung*[71]. Bran gehörte zu jenen durch Alfred Weber und Arnold Bergstraesser geförderten Studenten, die eine politische Rolle in den deutsch-französischen Beziehungen spielen sollten.[72] Die Universität Heidelberg hatte Stresemann 1928 zum Ehrendoktor ernannt – wohl kaum ohne die tätige Mitwirkung von Ernst Robert Curtius, Bergstraesser und Alfred Weber, die sich um die deutsch-französische Verständigung bemühten. Als Journalist war Bran 1928 bei »den Verhandlungen Briands und Stresemanns in Genf« und ging zu einem Studienaufenthalt 1930 nach Paris. Die Teilnahme am ersten deutsch-französischen Jugendtreffen, das von Otto Abetz und Jean Luchaire ausgerichtet war, und eine erste verantwortliche Stellung im Sohlberg-Kreis waren Karrierestufen, die Bran den Weg zum Schriftleiter der *Cahiers Franco-allemands/Deutsch-Französische Monatshefte*[73] und zum engen Mitarbeiter von Otto Abetz ebneten, dem deutschen Botschafter in Paris während des Dritten Reichs. Unteutsch kennzeichnet ihn als einen jener »an seinem Ziel, der deutsch-französischen Verständigung unbeirrbar festhaltenden Idealisten, der selbst noch als Teil des nationalsozialistischen Herrschaftssystems glaubt(e), dem Ideal der Völkerfreundschaft gerecht zu werden« (Unteutsch 1993:88).

Peter Diederichs war einer der Söhne des Jenaer Verlegers Eugen Diederichs, mit dem Alfred Weber vor dem Ersten Weltkrieg in freundschaftlicher Beziehung stand. Peter Diederichs nahm an Webers Seminaren teil und promovierte, vermutlich bei Arnold Bergstraesser[74], über *Kaiser Maximilian I. als politischer Publizist*. Er übernahm nach dem frühen Tod des Vaters zusammen mit seinem Bruder Niels den Verlag.

Eschmann, Sohn eines Berliner Kaufmanns, war zu jener Zeit Amanuensis von Alfred Weber[75]. Von ihm sind mehrere Referate im Alfred-Weber-Nachlaß erhalten geblieben. Ernst Wilhelm Eschmann gehörte seit 1929 zu der Redaktion der *Tat* (Diederichs Verlag) und war eng mit Peter Diederichs befreundet.[76]

Richard Löwenthal war zu jener Zeit aus Berlin nach Heidelberg gekommen, als er sich von der Kommunistischen Studentenvereinigung gelöst hatte und sozialdemokratisch geworden war. Er war in Heidelberg Wortführer einer sozialistischen Gruppe, die sich bei Alfred Weber immer wieder zu Wort meldete und auch in Mannheims und Lederers Seminaren saß. Löwenthal gehörte zur Widerstandsgruppe »Neu Beginnen« und emigrierte während des Dritten Reichs nach England. Nach dem Krieg wurde er Professor für Politik an der Freien Universität Berlin und gehörte zu den wenigen Weber-Schülern, die Hochschullehrer wurden.

Otto Jacobsen, Arbeitersohn, war zunächst Schriftsetzer und hatte auf dem zweiten Bildungsweg den »Arbeiter-Abiturientenkurs« Neukölln erfolgreich abgeschlossen. Er hatte zunächst in Berlin, dann in Heidelberg studiert.[77] Jacobsen gehörte zu dem Kreis sozialistischer Studenten um Richard Löwenthal. Er emigrierte wie Löwenthal nach England und kam nach dem Kriege erneut nach Heidelberg, wo er Redakteur bei der von dem kommunistischen Lizenzträger Agricola zusammen mit dem Liberalen Theodor Heuss herausgegebenen regionalen *Rhein-Neckar-Zeitung* wurde.

Im zweiten Seminar findet sich wieder der Name Eschmann, außerdem *Gollup*, ein Name, der im Zusammenhang mit der Mannheim-Schülerin Natalie Halperin (s. u.) später wieder in Frankfurt auftaucht: Natalie Halperin soll in ihrer Studienzeit eng mit dem aus Ostpreußen stammenden Wilhelm Gollu*b* (sic!) befreundet gewesen sein. Gollub hat 1936 in Frankfurt über Kunsttheorien bei Nietzsche promoviert. Später noch hat er sich in einer Arbeit über Kaiser Tiberius explizit auf Mannheim als »seinen Lehrer«[78] berufen. Boris Goldenberg, »ursprünglich Marxist«[79], gehörte zum Kreis der sozialistischen Studenten um Richard Löwenthal. Er entstammte einer St. Petersburger Rechtsanwaltsfamilie (seine Mutter war eine geborene Jaffé). Seit 1914 lebte er in Deutschland und machte sein Abitur in Berlin. Er promovierte 1930 bei Alfred Weber mit einer Arbeit über »Beiträge zur Soziologie der deutschen Vorkriegssozialdemokratie«. 1933 emigrierte er nach Kuba, wo er bis 1960 blieb.[80] In den siebziger Jahren war er Berater von Kanzler Willy Brandt auf dessen Reisen durch Südamerika.

Bei »Misnitzky« handelt es sich höchstwahrscheinlich um Mark Mitnitzky[81]. Mark Mitnitzky gehörte zum Kreis um Emil Lederer[82] und zugleich zu dem Kreis, der mit Löwenthal, Goldenberg und Jacobsen zusammen Elias' Seminare besuchte. Photos, die der Kommilitone Heinrich Taut besaß, geben einen Eindruck von diesem Seminar.[83]

Im Referatplan zum »Reformations«-Seminar schließlich taucht bei den Themen »Drei Lutherauffassungen« und »Literarische Stilwandlungen« der Name Lie*b*mann auf, hinter dem sich Heinrich Liepmann verbirgt, ebenfalls ein enger Schüler von Alfred Weber, von dem auch Referattexte erhalten sind. Über Liepmann, wie der Name richtig geschrieben wird, wissen wir, daß er Schüler von Jaspers und Alfred Weber war (vgl. Liepmann 1974). Er promovierte 1931 bei Alfred Weber und war danach Forschungsassistent am InSoSta im Rahmen des Rockefeller-Programms. 1933 emigrierte er nach England und wurde Lehrer.

Außerdem findet sich der Name von Reinhold Cassirer, der ebenfalls zum sozialistischen Studentenkreis von Löwenthal gehörte und von Weber 1931 promoviert wurde. Cassirer, als Sohn eines Fabrikbesitzers 1908 in Berlin geboren, studierte in Genf, Hamburg und London, wo er die Recherchen für seine Dissertation über die »Mond-Turner-Konferenzen« betrieb.[84] Weiter werden dort genannt »A.v. Machui« (der ebenfalls im Rockefeller-Programm mitarbeitete) mit »Die Bauernbewegung«, G. Böse mit »Nikolaus von Cues«, N. Halperin mit »Künstlerische Fragen« und G. Bernstein mit »Vorreformatorische Bewegungen«. Grete Bernstein, denn um die dürfte es sich handeln, war eine Berliner Jüdin, die in der »Nähe vom Heidelberger Schloß« wohnte und dem Kommilitonen Karl Ackermann noch durch ihre »rauschenden Parties« im Gedächtnis geblieben war.[85] Im Jahre 1932 gehörte Grete Bernstein zu den Gratulanten, die in dessen Festschrift zum 50. Geburtstag ihre Verehrung für Emil Lederer zum Ausdruck brachten.[86] Georg Böse war Assistent von Eckardts am Zeitungswissenschaftlichen Seminar und fiel 1933 der Gleichschaltung des »Instituts für Zeitungswesen« zusammen mit von Eckardt zum Opfer.[87] Bei N. Halperin schließlich dürfte es sich um Natalie Halperin handeln, die 1930 mit Mannheim und Elias nach Frankfurt wechselte und dort promovierte.[88] Ein Referat über Sebastian Frank hielt Walter Lederer im Wintersemester 1929/30. Lederer war Neffe des zweiten Institutsdirektors Emil Lederer, wanderte in die USA aus und wurde Ökonom. Er lebt heute in Washington.

Es handelt sich also um ein ausgesprochen heterogenes studentisches Publikum, das sowohl aus dem Adel[89] und dem Bildungsbürgertum (Verlegersöhne, Rechtsanwaltsfamilien) als auch aus dem Wirtschaftsbürgertum und aus dem Arbeitermilieu stammte. Eine große Anzahl jüdischer und sozialistischer Studenten war darunter, einige russischer Herkunft[90], zugleich aber auch eine Reihe von national-konservativen Studenten, die später im Dritten Reich sogar Stellungen auf mittlerer Ebene im Dienste der NS-Außenpolitik einnahmen wie Eschmann oder Bran.

Reformation und Kapitalismus

Vom Renaissance-Seminar selbst ist kein Protokoll mehr vorhanden. Um die Szenerie ein wenig auszuleuchten, greife ich daher auf eine Sitzung zurück, an der u. a. auch Elias teilgenommen hat. Die Protokolle verzeichnen nach den Referaten sehr häufig Debatten, die vor allem zwischen marxistischen Auffassungen und anderen eine gewisse Schärfe erreichten. In der Sitzung vom 16. Dezember 1929 hatte Goldenberg über Thomas Münzer referiert.[91] Nach seinem Vortrag, in dem er die Religiosität Münzers, das chiliastische und revolutionäre Moment in seinem Offenbarungsglauben gegen die »tiefste Langeweile des Schriftglaubens« betont hatte, ergreift Weber als erster das Wort. Er »weist auf den hier vorliegenden Übergang eines religiösen Gedankens in eine soziale Forderung hin. Goldenberg erläutert noch einmal verschiedene Auffassungen (genannt werden die Autoren Janssen, Holl, Engels und Kautski) und spricht schließlich über Ernst Blochs Münzer-Buch:

»Ernst Bloch, der nur mit Vorsicht als marxistisch bezeichnet werden darf, besitzt zwar eine besondere Adäquatheit zu dem Phänomen Münzer, gelangt aber doch nur zu unscharfen Feststellungen. Bloch sieht Münzer politisch extrem links stehen, theologisch aber extrem rechts und in großer Näher zur Mönchsaskese des Mittelalters.«

Goldenberg schließt mit einer Frage:

»Bloch wendet sich gegen die Auffassung, daß Thomas Münzer der Vertreter einer Partei war, die unmöglich zum Siege kommen konnte. Wenn man seine Situation mit der des Bolschewismus vergleicht, so entsteht die Frage, warum Münzer nicht Erfolg hatte, wenn jener zum Siege kam?«

War Münzer also ein Vorläufer des Marxismus, wie Goldenberg vermutet? Weber erscheint die Frage des Vorläufertums nicht so wichtig. Sehr viel mehr verspricht er sich von der Frage, »ob der Übergang zum Kapitalismus derjenige Vorgang war, der auch Münzers Wirken bestimmte?« Goldenberg glaubt, dies hänge von der Ebene der Betrachtung ab, der Autor Holl vertrete hier einen anderen Standpunkt als Engels. Weber möchte wissen, ob nun doch eine materialistische Erklärung vorgeschlagen würde. Löwenthal, der an dieser Stelle eingreift, entgegnet, »daß der Materialismus ja keine Motiverklärung geben wolle«. Als Eschmann darauf beharrt, daß hier »doch ein Motivationsproblem vorliege«, entspinnt sich eine kleine Diskussion darüber: Weber fragt, wie der historische Materialismus die religiöse Sphäre einordne. Goldenberg versucht, von der »Bewußtseinssphäre aus« eine Erklärung zu bieten. Wie diese Erklärung ausfiel, ist nicht vermerkt, aber an dieser Stelle griff Elias in die Diskussion ein, der »die Möglichkeit bestreitet, vom Bewußtsein aus zu fragen«: Das Religiöse, so meint er, »muß eher als konstitutiv betrachtet werden«.

Religion ist, so könnte man interpretieren, beim jungen Elias eine Sphäre, innerhalb derer sich Bewußtsein erst formiert, sie gehört zu den aus den Traditionen mitgebrachten, konstituierenden Prägungen des Menschen und ist nicht eine stets neue Kreation des Bewußtseins Erwachsener.

Löwenthal scheint dies bestätigen zu wollen: »Bei dem religiösen Problem handelt es sich um Zeitprinzipien, die nicht vom Bewußtsein aus zu erledigen sind.« Elias zieht nun den Schluß daraus: »Wenn Sie das zugeben, erscheint die Trennung von Sein und Bewußtsein als erledigt.« Elias pocht darauf, daß Denken und Sein integrativ begriffen werden müssen.

Goldenberg rückt noch einmal die relative Bedeutung der »Faktoren« Religion und wirtschaftliche Grundlage zurecht, die bei Marx zugunsten der Priorität der letzteren geklärt sei, ohne daß er je die Wichtigkeit des religiösen Faktors bestritten habe. Lukács habe doch darauf hingewiesen, daß der historische Materialismus nicht auf das Mittelalter angewendet werden könne. Weber stellt dagegen die Frage, ob Kunst und Religion, die Erscheinungen der geistig-seelischen Sphäre, überhaupt »in den Gegensatz von Sein und Bewußtsein hereingestellt werden« müßten, was Goldenberg bejaht. Daraus entsteht eine Diskussion zwischen Weber und Elias über die adäquate Terminologie: Weber weist auf die »Unzulänglichkeit des ewigen Rades von Sein und Bewußtsein hin«, Elias befürchtet, »daß das marxistische Schema nur durch ein anderes Schema ersetzt würde«.

Es ist nicht ganz leicht, dieser Diskussion zu folgen, zumal sie in der uns überkommenen Form nur Stichworte enthält, die auf die den Anwesenden bekannten Positionen der einzelnen gar nicht mehr eingehen. Uns fehlt also das Fleisch, das das dürre Skelett der Stichworte ausfüllt, die in den Protokollen festgehalten sind. Offensichtlich ist, daß der Marxismus eine prominente Rolle spielte, die Frage nach der Funktion der Religion in der Geschichte und die Frage der Priorität der Ursachen menschlichen Handelns. Weber wollte diese Sphären unabhängig voneinander behandeln, weil es ihm sinnlos schien, sie als Gegensätze zu betrachten – für ihn war die Konstellationsanalyse für eine jeweilige Epoche ausschlaggebend für deren seelisch-geistige Kulturschöpfungen, die ihn interessierten. Insofern bedeutete ihm diese Debatte um die Priorität weniger als den marxistischen Teilnehmern, die glaubten, den Kampf des historischen Materialismus gegen den »bürgerlichen« Idealismus führen zu müssen.

Marianne Weber war von der Unabhängigkeit des »seelischen Faktors« überzeugt und meinte: »Das Eigenschicksal der Seele durchbricht die historischen Reihen.« Alfred Weber stützte dieses Argument und erklärte, seine Fragestellung gehe noch weiter. Goldenberg aber fragte provokativ: »Was ist das, Seele?« und dekretierte, gewissermaßen als Sprecher eines marxistischen Denkkollektivs: »Für uns ist der Begriff Seele nicht vorhanden.« Als Weber auch das Lebensgefühl für eine historische Realität erklärte, begab sich Löwenthal, der Goldenberg beispringen wollte, in eine unhaltbare Position: »Seele und Lebensgefühl gehören zur unbewußten Lebenssphäre, aber nur im Bewußtsein vollzieht sich der historische Vorgang.« Weber ließ sich die Gelegenheit nicht entgehen: »Man muß das Bewußtsein also revolutionieren, um das Sein zu ändern. Der Marxismus entstammt also aus einem Wollen bestimmten Situationen gegenüber, das sich eine Scholastik schuf?« Das hatte Löwenthal natürlich nicht gemeint. Von Löwenthal ist daraufhin zunächst kein Beitrag mehr vermerkt. Auch Goldenberg nimmt seiner Frage die provokative Spitze, wenn er fast kleinlaut wissen will, »ob nicht trotzdem der Marxismus als geschichtsdeutende Methode verwendbar sei«. Nach Gollubs Frage über das Zustandekommen des gesellschaftlichen Denkens überhaupt und Goldenbergs Überlegung, ob vielleicht »die Produktion nicht schon ihrerseits bewußtseinsvoll« sei, gab Elias zu bedenken, daß er es »für untunlich« halte, »die Menschen in einzelne Sphären zu zertrennen«. Weber, der sich angesprochen fühlte, reagierte, »daß diese Trennung ja nur gedanklich sei und die jedesmalige Geschichtsstruktur die zu Grunde liegende Einheit bilde«. Eine Einheit, von der Marianne Weber mit fast poetischem Sinn sagte, daß man sie »sozusagen nur in einer Begriffspause wahrnehmen könne«.

In dieser Begriffspause haben sich offenbar auch die Marxisten wieder erholt. Denn als Elias »erneut die Frage nach der Substanz« stellte, erklärte zunächst Reinhold Cassirer die Frage für unzulässig, während Löwenthal auf die verschiedene Haltung hinwies: Elias suche nach dem Substrat der Geschichte, aber: »Wir fragen: Wie kann man eingreifen? Daraus ergibt sich die Sphärentrennung des Marxismus.«

Als Elias auf seine persönliche Erfahrung mit der Unzulänglichkeit bisheriger Kategorien hinwies, antwortete Weber, er lehne den Begriff der Substanz ab, da dies ein philosophischer Begriff sei. Es sei hier von Phänomenen zu reden. Elias fragte, ob man denn nicht gerade dabei sei, über Geschichtsphilosophie zu reden – also doch über Philosophie.

Weber stimmte zu, und die Debattanden Weber, Goldenberg und Elias einigten sich darauf, daß es um geschichtsphilosophische Fragen gehe.

An dieser Stelle wird das Seminar offenbar ein wenig unübersichtlich – wenn der Protokollant oder die Protokollantin alles korrekt wiedergegeben hat: Von Martins Einwand, daß er nicht glaube, daß das Mittelalter eine geistige Einheit gebildet habe, richtete sich wohl gegen Marianne und Alfred Weber. Marianne Weber meinte, daß man zur Geschichtsdeutung keine Geschichtsphilosophie brauche, und Liepmann bezweifelte, daß Bewußtsein und Sein als Begriffe der Geschichtsphilosophie ausreichen. Weber glaubte nun mit Liepmann, daß es rein empirische Fragestellungen nicht gebe und er schloß die protokollierte Debatte mit dem Satz: »Man könne nur fragen, wenn man weiß, was man will«.

Die Debatte betraf mehrere Ebenen soziologischer Fragestellungen, von denen die marxistische überwog. Während Marianne und Alfred Weber und von Martin nichts von der Unterschätzung der Frage des Lebensgefühls hielten, suchte Elias immer wieder auf die Problematik der Trennung dieser Sphären hinzuweisen, die von beiden anderen Parteien gemacht wurde. Er hielt das Religiöse für einen konstitutiven, von der materiellen Produktion unabtrennbaren Teil der menschlichen Gesellschaftsbildung.

Ein neues Bild der Renaissance: Das Habilitationsprojekt

Jakob Burckhardts *Kultur der Renaissance*, 1860 erschienen, hatte in kurzer Zeit 30 Auflagen erlebt und sich damit als überaus erfolgreich erwiesen. Eberhard Gothein hatte sich 1886 mit der *Renaissance in Süditalien* beschäftigt und wurde von Jakob Burckhardt selbst als sein Erbe und Nachfolger begrüßt, wie Edgar Salin in der Neuauflage bemerkt.[92] Alfred von Martin brachte 1916 mit der Biographie des Humanisten Culuccio Salutati ein »Kapitel aus der Genese der Renaissance« heraus.[93] Zu den Studien von Heidelberger Professoren gehören jene von Carl Neumann, Henry Thode und Ernst Troeltsch[94], ebenso die Studie des Heidelberger Studenten Ernst Kantorowitz[95] 1927 über Friedrich II., die George gewidmet war. Die Dante-Apologie der Georgeaner war eine Art Gegenbild zur Renaissance: In ihnen drückten sich Apotheose des Reichsgedankens und Ablehnung des republikanischen-städtischen Italien des Quattrocento aus. Die Renaissance als Umbruchszeit in den sich bildenden norditalienischen Stadtstaaten hatte wirtschaftliche, kulturelle, politische, philosophische, religiöse und künstlerische Dimensionen, die sie zum Thema besonders in der Weimarer Zeit anbot: Der historische Vergleich in Hinsicht auf den politischen und wirtschaftlichen Umbruch schien sich aufzudrängen, wobei sich die einen die Parallelen eher strukturell (z. B. marxistisch), die anderen eher in bezug auf Persönlichkeiten (George-Schule) vergegenwärtigten. Je nach Standort wurde etwa die Figur Macchiavells begriffen als amoralischer Zerstörer der mittelalterlichen christlich geprägten städtisch-demokratischen Ordnung (von Martin) oder als Begründer der sachlichen Politik und Politikwissenschaft (Hans Freyer). Insbesondere interessierte diese Epoche auch als »Ursprungsgehäuse des abendländischen Kapitalismus«[96] und nicht zuletzt wegen ihres Reichtums an religiösen und künstlerischen Talenten. Die *Deutsche Vierteljahrsschrift für Literaturwissenschaft und Geistesgeschichte* widmete ihr 3. Heft 1927 der Renaissance.[97]

So war das Thema des Renaissance-Seminars also nicht nur chronologisch innerhalb dieses Zyklus an der Reihe, es lag regelrecht in der Luft. Interessant ist nun, welche Besonderheiten herausgearbeitet wurden. Der Seminarplan hat sich erhalten:

»*Der Begriff der Renaissance (Bran)*
  Lit: Borinski, Burdach, Burckhardt, Joachimsen
Die Renaissance als humanistische Entwicklung (Diederichs)
  Lit: Voigt, Martin, Joachimsen, Zilsel
Stilentwicklung in der Kunst der Renaissance
  Lit: Escher, Grimm, Simmel
Politik und Geschichte: Typen, z. B. Florenz, Rom, Venedig
  (Eschmann) *Historiographie Lit. Fueter, Croce*
Oekonomisch – soziale Entwicklung. Die soziale Genesis der
  Renaissance (Jacobsen) Lit: Schneider, Gothein, Doren
Rückverbindungen, z. B. Dante, Cusanus
  Lit: Voßler, Cassirer, Huizinga
Die religiöse Gestaltung
  Lit: Thode, Pastor.
Renaissance und Gesamtorganisation Dr. Elias
Wissenschaft und Technik
  Lit: Olschki, Duhem, Hess, Boll, Dannemann
Wandlungen nach chronologischen Abschnitten
Die Renaissance im übrigen Europa. Wechselwirkungen. Die Reformation.«[98]

Alfred Weber wollte in diesem Colloquium eine empirische Geschichtssoziologie anhand der Kategorien Gesellschaftssphäre, Zivilisationsprozeß und Kulturbewegung erarbeiten. Die Gebiete Religion, Politik und Philosophie sollten anfänglich separat behandelt, sodann miteinander in eine Verbindung gebracht werden, »indem sie als physiognomischer Ausdruck einer bestimmten Kultur interpretiert werden«. Er beschreibt sein eigenes Verfahren insofern als dilettantisch, als er in der Regel nicht auf primäre Quellen zurückgreift, sondern Darstellungen aus zweiter Hand benutzt. Zur Renaissance speziell hat er ein Blatt ausgegeben, in dem er auf die nationale Färbung als Hauptcharakterzug dieser Epoche hinweist:

»Das Lebensgefühl der Renaissance empfängt sein besonderes Gepräge durch seine *nationale* Färbung. Nicht die Wiederbelebung des Studiums des klassischen Altertums an sich, sondern diese Wiederbelebung aus dem Geiste einer neuen nationalitalienischen, insbesondere römischen Haltung heraus ist das Wesentliche.«[99]

Elias hatte bei Alfred Weber ein Habilitationsvorhaben eingereicht, das sich mit dem Thema befaßte. Die Disposition dieses Habilitationsprojekts ist uns erhalten geblieben.[100]

Die Disposition

Im Teilnachlaß Alfred Webers in der Handschriftenabteilung der Heidelberger Universitätsbibliothek fand sich in einer Mappe mit dem Titel »Renaissance« eine Reihe von Referaten aus verschiedenen Jahrgängen[101] sowie eine achtseitige namenlose »Disposition« mit dem Titel »Die Entstehung der modernen Naturwissenschaften«. Die Frage, ob dieses Manuskript tatsächlich von Norbert Elias stammt, scheint inzwischen weitgehend geklärt.[102] Gute Gründe sprechen für Elias als Autor des gefundenen Manuskripts: Unter Alfred Webers handschriftlichem Vermerk im Referatplan »›Renaissance und Gesamtorganisation‹ Dr. Elias« steht, wie erwähnt, mit Schreibmaschine: »Wissenschaft und Technik. Literatur Olschki, Duhem, Hess, Boll, Dannemann«. Von dieser Literatur wird in der Disposition ausführlich Olschki verwendet (MS, S.7f.).

Die vorliegende Disposition ist wohl nicht als das Referat selbst anzusehen, aber aus thematischen Gründen ist sie wohl von Weber dort abgelegt worden.

Von Elias selber wissen wir, daß er sich mit diesem Thema bei Weber habilitieren wollte. In den »Notizen zum Lebenslauf« heißt es bei Elias: »Mein Themenvorschlag schien ihm (Alfred Weber, RB) zu gefallen: ›Die Bedeutung der Florentiner Gesellschaft und Kultur für die Entstehung der Wissenschaft‹. Doch der Plan, angeregt durch Olschkys *Geschichte der italienischen Literatur*, hatte mancherlei Schwierigkeiten ...« (NzL:25). Olschki ist in seiner Erinnerung zu Olschky geworden.[103] In dem zweiseitigen »Frankfurter Lebenslauf«[104] heißt es: »Ich arbeitete dann vor allem in den Seminaren von Alfred Weber und Karl Mannheim mit und begann eine Arbeit ›Zur Soziologie der entstehenden Naturwissenschaften‹, begab mich, um Material zu sammeln, nach Florenz.« Der Titel ist sehr ähnlich wie »Zur Entstehung der modernen Natur(wissenschaften)« und man kann sich vorstellen, daß Elias in der Erinnerung aus »Zur Entstehung der modernen Naturwissenschaften« eine Umstellung unterlaufen ist und der Begriff »Soziologie« sich nachträglich eingeschlichen hat. Im zweiten Lebenslauf, der im Frankfurter Universitätsarchiv liegt, heißt es:

»Ich schrieb dort zwei größere Arbeiten: 1. Eine soziologische Geschichte des menschlichen Bewußtseins; 2. Zur Soziologie der Entstehung der modernen Naturwissenschaft, diese zweite zunächst als Seminararbeit bei Herrn Geh. Rat Alfred Weber.«[105]

Damit ist auch das Verhältnis zwischen dem Referat aus dem Seminarplan und der Arbeitsdisposition erklärt. Die Wahrscheinlichkeit spricht dafür, daß es sich bei der aufgefundenen Disposition um diese Arbeit von Elias handelt. Dafür sprechen Ähnlichkeiten in der Formulierung des Titels und in der Thematik.[106] Auch die Tatsache, daß sich Elias im Alter erneut mit den Naturwissenschaften der Renaissance beschäftigt hat[107], spricht für seine Autorschaft genauso wie die textkritische Interpretation.

Das Original ist eine Durchschrift auf fast durchscheinendem Papier mit Überlänge und teilweise zerfledderten Rändern. Die Ränder wurden sorgfältig geglättet und ergaben den im Anhang wiedergegebenen Textcorpus, an dem die fehlenden Silben, Buchstaben oder Wortteile vom Verfasser ergänzt wurden (kursiv).

Das Thema Renaissance hatte, wie gezeigt, einen besonderen Bezug zu seinem Engagement in der Breslauer »Blau-Weiß«-Gruppe, die sich kurze Zeit vorher aufgelöst hatte. Daß Elias sich diesem Seminar anschloß, zeigt zum einen, daß der Renaissancegedanke bei ihm noch lebendig war, zum andern aber, daß er zu diesem Thema

Gedanken anstellte, die nicht mehr allein auf dieses Projekt zielten. Vielleicht knüpfte Elias auch an Max Webers Bemerkung über die künstlerischen Experimentatoren der Renaissance aus seinem Münchner Vortrag über »Wissenschaft als Beruf« an, über die im »Blau-Weiß«-Kreis debattiert worden war (Hackeschmidt 1997:156):

»Was bedeutete nun die Wissenschaft diesen Menschen an der Schwelle der Neuzeit? Den künstlerischen Experimentatoren von der Art Lionardos und den musikalischen Neuerern bedeutete sie den Weg zur wahren Kunst, und das hieß für sie zugleich: zur wahren Natur« (MWG I/17:90).

Doch Weber sah hinter diesem Kunstbestreben noch ein weiteres Motiv:

»Die Kunst sollte zum Rang einer Wissenschaft, und das hieß zugleich und vor allem: der Künstler zum Rang eines Doktors, sozial und dem Sinne seines Lebens nach, erhoben werden. Das ist der Ehrgeiz, der z.B. auch Lionardos Malbuch zugrunde liegt« (MWG I/17:90).

Aus der Disposition selbst geht hervor, daß Elias den gemeinsamen Ursprung von Wissenschaft und Kunst herausarbeiten wollte – so hat er hier vielleicht den genannten Gedanken von Max Weber aufgenommen (MWG I/17:90). Jedenfalls zeigt der Entwurf jenen für ihn typischen Ansatz, Erkenntnis aus dem lebendigen Nachvollzug zu gewinnen. Ihn interessiert, wie sich das Sehen und Erleben der Menschen, die hier zum Beginn der modernen Naturwissenschaft auftreten, durchsetzt. Es geht um den gesellschaftlichen Zusammenhang von Erkenntnis und Standort der Wissenschaftler – die Abstraktionen über die Rationalität der Geldwirtschaft, wie sie Simmel oder auch von Martin in seiner Soziologie der Renaissance anboten, blieben völlig außerhalb seiner Überlegungen. Er will die Situation und die Fragestellung, in der sich diese Naturwissenschaftler als Personen einer bestimmten Schicht befanden, verstehen, will sich ihre Fragen noch einmal stellen, indem er den Unterschied in der Weltsicht der mittelalterlichen Menschen und die Entstehung der neuen Weltsicht herausarbeiten will. Darin zeigt sich seine Prägung durch die Jugendbewegung: Erleben war der Modus, in dem diese Generation sich Dinge anverwandelte, das Subjektive der Sicht »von innen« gerichtet gegen ein schematisches Begreifen der Zusammenhänge von »außen«.

Elias geht vom Mittelalter aus, denn »die Anfangskonstellation der Neuzeit ist zugleich Ausgangskonstellation des Mittelalters« (Disp:1).

Er plant die Rekonstruktion der allgemein verbreiteten Haltung, indem er das Naturerleben des mittelalterlichen Menschen und die äußeren und inneren Bedingungen für die Veränderung des Körpererlebens darstellen will auf der Basis der Feststellung unserer Distanz zum historischen Menschen.

Die Darstellung soll den mittelalterlichen »Menschen« nahebringen, sein Denken und Fühlen – sein »Erleben«. Er führt dies vor anhand der wissenschaftlichen Erklärung, die Dietrich von Freiberg für den Regenbogen geliefert hat. Von Freibergs Erklärung erweist sich dabei sogleich als Rekonstruktion aus klassischen Büchern, sie ist keine echte Naturbeobachtung.

Als weiteren Beleg für die mittelalterliche Natureinstellung skizziert er den Naturbegriff des Thomas von Aquin: Thomas versteht die »lex naturalis«, das Naturgesetz, nicht mathematisch-abstrakt, sondern als Sittengesetz. Das Gesetz der Natur ist für Thomas
– Streben nach dem Guten,
– nach Lebensbewahrung (von der Verdauung bis zur Kindererzeugung und -erziehung),
– das Suchen nach Gottes Wahrheit unter Vermeidung der Unwissenheit und unter der Auflage, niemanden zu beleidigen.

Elias präpariert darauf den »Sinn, in dem die Körperwelt erlebt wird«, heraus. Sie wurde nicht als Natur[108] erlebt, sondern als Geisterreich (Hexen, Alchemie, Astrologie gaben den Dingen ihre Bedeutung).

Die Wahl dieser Beispiele aus der Priester- und Gelehrtenwelt rechtfertigt Elias damit, daß sie noch »maßgebender als heute für das Erlebnis aller Menschen war« (Disp:1). »Beachte die Fragestellung: Sinn, in dem die Körperwelt erlebt wird. Hinweis auf Alchemie, Astrologie, Hexen u.s.f. Wie wurde sie erlebt? *Nicht als Natur!*«

Diese mittelalterliche Welt eines um Gott zentrierten Geisterreichs (mit Engeln, Menschen, Pflanzen, Tieren) ist hierarchisch strukturiert. Die soziale Deutung liegt deshalb nahe und Elias notiert: »Hinweis auf Ständestaat« (Disp:2).

Alle Körperbewegungen erscheinen dem mittelalterlichen Menschen als »Ausfluß geistigen Willens«. Es gibt nichts Unwillkürliches in ihren Augen, die Zeit ist ebenso von Gott gegeben wie die Welt, die des Teufels ist – es ist eine in dieser Hinsicht »geschlossene Welt«[109] und impliziert »autoritäres Denken«. Denn der Sinn dieser Welt wird aus den Büchern durch Gott offenbart. Der Begriff »autoritär«, fügt Elias hinzu, finde sich bereits »in alten Schriften« (Disp:2). Mit Thomas von Aquins Verständnis zeichnet er den mittelalterlichen Menschen gewissermaßen aus seinen inneren Motivstrukturen heraus, der Wahrheitssuche durch Gott, verbunden mit ethischen Geboten, eine gleichzeitig weltliche-ethische und transzendental-religiöse Perspektive.

Wie wurde das autoritäre Weltbild erschüttert und wie trat das Neue an seine Stelle? In einer Vorerklärung wehrt Elias den Gedanken ab, daß das Neue durch eine neue Sorte Menschen (Menschen, die »von Natur anders als wir« gewesen seien, Disp:2) zu erklären sei. Was Elias damit meint, ergibt sich aus einem Blick auf jene in den zwanziger Jahren verbreiteten Deutungen über das isolierte Auftreten von Genies oder großen Männern, die Geschichte machen, einer Auffassung, die in unmittelbarer wissenschaftlicher Nachbarschaft, etwa bei Kantorowicz und Gundolf vertreten wurde. Im Plan des kultursoziologischen Seminars von Weber ist dieser Frage auch ein Referat gewidmet: Am 19. November 1928 sollte ein N.N. zum Thema »Zur Relevanz von Rasse- bzw. Anlagequalitäten für die Gestaltung kultureller Phänomene z.B. der italienischen Renaissance« sprechen. Das Referat ist nicht erhalten.

Elias glaubt nicht an das Genie, den »Willensmenschen« oder den »Tatmenschen«, sondern hält es für »unsinnig, zu glauben, seine Träger seien von Natur aus anders als wir, und (es) sei eine neue Natur gekommen, Menschen, die klüger oder genialer waren als die Scholastiker«. Elias geht vielmehr davon aus, daß die Menschen nicht anders, nicht »von anderer Natur« (Disp:2) waren als wir heute. Somit kann er die Veränderung nur noch sozialpsychologisch erklären. Elias verfolgt hier die Fragestellung Alfred Webers nach der geistig-seelischen Haltung und der Physiognomie einer Epoche. Der nachfolgende Satz »Genie und geistig-soziale Bewegung« ist unterstrichen – Elias wollte sich offenbar noch näher auf die Diskussion einlassen, die darüber geführt wurde. Über *Die Geniereligion* hatte Edgar Zilsel 1918 eine Monographie geschrieben, auf der sein Buch über *Die Entstehung des Geniebegriffs. Ein Beitrag zur Ideengeschichte der Antike und des Frühkapitalismus* aufbaute, das 1926 erschien.[110] Zilsel geht, wie Max Weber, davon aus, daß der »kritische wissenschaftliche Geist die mächtigste Sprengkraft (ist), die die Gesellschaft je hervorgebracht hat«, daß also das Abendland die weltgeschichtlich höchste Entwicklungsstufe erreicht hat. Seine Antwort auf die Frage nach den Gründen dieser konkurrenzlosen Leistung, sie »kann nicht vom zählenden und rechnenden Geist der kapitalistischen Ökonomie getrennt werden«[111], liegt auf derselben Linie wie jene von Martins. Da Zilsels Buch auf der Literaturliste des Seminars steht, kann man es als bekannt voraussetzen. Es ist daher zu vermuten, daß Elias mit dieser Bemerkung eine Auseinandersetzung mit den Geniebegriffen Alfred Webers und des Marxisten Zilsel plante. Während von Martin von einem »Sichdurchdringen zweier früher geschiedener gesellschaftlicher Schichten« als Voraussetzung für die Entstehung der exakten Naturwissenschaften spricht[112], geht Elias von einem Gegensatz zwischen Universitäts- und Laienwissen aus: Als soziologische Zentren der Bildung galten die Universitäten; dort dominierte das Latein als das sprachliche Medium der Weltdeutung und -beschreibung. Dies bedeutete zugleich eine Zugangssperre für Laien, auf ihrer Beherrschung beruhte das Weltdeutungsmonopol der Gelehrten und Kleriker. Die Erhaltung dieses Monopols wurde streng beachtet: Kopernikus' Schriften, die in Latein geschrieben waren, wurden geduldet. Galilei, der in *volgare* schrieb, mußte widerrufen. Damit erweist sich für Elias, daß die neue Weltsicht »im Kampf gegen die Unive(rsität)« entstand und gegen die lateinische Sprache.

»Wer waren die Träger des Kampfes gegen die Gelehrten?« (Disp:2) fragt Elias und gibt die Antwort: »Männer der Praxis« (Disp:3). Diese hatten neue Erfahrungen und Erlebnisse, die nicht aus Büchern stammten, sondern aus der Beobachtung. Bücher allein reichten nicht aus, um zu erkennen, »*daß es eine andere Formgewißheit zu finden geben könnte*« (Disp:3). Die »Idee zu beobachten, durch Beobachtung, durch Messen und Wägen Wahrheit finden zu können«, war »nichts Selbstverständliches«. Es war die Schicht der Künstler, Handwerker, Techniker, aus deren Lebenspraxis das Neue entstand, denn es waren gerade ihre Erfahrungen, auf die es ankam. Elias formuliert dazu den Kernsatz: »Soziale Bewegung und geistig-seelische Bewegung identisch«, der sich in seiner Formulierung von von Martins »unwillkürliche(r) Formung des Denken durch den sozialen Standort« abhebt und an die skizzierte Debatte in Webers Seminar erinnert. Elias weigert sich, von dem, was er einen »Überbau« nennt, auszugehen und die Haltung der Menschen aus der jeweiligen zeitgenössischen Philosophie, ihrer Logik oder aus religiösen Texten zu deduzieren. Vielmehr sucht er sich ein Bild von ihrer Praxis zu machen, in der bestimmte Haltungen sich mit sozialen Notwendigkeiten ergeben – soziale Zwänge, wie er es später nennen wird. Elias leugnet nicht eine Verbindung inhaltlicher Art zwischen Erkenntnis und sozialem Standort, einen Zusammenhang mit sozialen Kämpfen und Schichtenbewegungen und gesellschaftlichen Machtkämpfen, ja er hält sie sogar auch für grundlegend: »Das Neue konnte nicht in jeder beliebigen

sozialen Schicht entstehen. Bestimmte Erfahrungen waren notwendig« (Disp:3). Das bedeutet jedoch für ihn kein Klassenkampfschema, und er ist sehr zurückhaltend bei der Beschreibung dieser Schicht, die von Martin umstandslos als Bürgertum qualifizierte.
Um seine eigene Terminologie zu sichern, heißt es dann: »Nichts v(on). Überbau, nichts v. Unterbau, nichts v. Ideologie. Sehen wir uns die Tatsachen an« (Disp:3).

In diesem Prozeß der Entdeckungen von der Perspektive über mathematische und astronomische Neuerungen bis zu realen (»neuen«) Himmelskörpern spielte für ihn eine spezifische Klassenideologie keine Rolle, und nicht die Dauerspannung zwischen »Überbau-Unterbau«, wie Elias es nennt, ist Ausgangspunkt der Veränderung, sondern die Formierung einer neuen Schicht mit ihren technischen (und »wissenschaftlichen«) Zielen, die nicht aus der Infragestellung sozialer Macht entsteht, sich lediglich in ihrem Zusammenhang entfaltet (»context of discovery«). Es ist ein Konzept, das an Bildung und Praxis orientiert ist. Während jedoch bei Weber insbesondere die literarische Bildung gemeint ist, die über eigene Traditionszusammenhänge – fast unabhängig von ihren menschlichen Mittlern – verfügt, ist sie bei Elias auch als Bildung von persönlichem Verhalten gemeint: »Essen, Verdauen, Vermischung der Geschlechter und *Erziehung der Kinder*« (Disp:2) – der Hinweis auf diesen Anteil an der Haltung des mittelalterlichen Menschen, den er bei Thomas findet, gehört zu seinem umfassenderen Bildungsbegriff, der an antike Vorbilder erinnert, aber auch zugleich schon als Zeichen für das spätere fortwährend vertiefte Interesse an der gesellschaftlichen Persönlichkeitsformung gewertet werden kann.

In seinem Konzept der Bildung stellt er zudem deren Abhängigkeit von den politischen Machtverhältnissen und den technischen Verhältnissen in der Gesellschaft dar. Elias bringt damit durch seine Frage nach der konkreten Praxis alle drei Sphären in einen unlösbaren Zusammenhang: Zivilisationssphäre (Naturwissenschaft und Technik), Gesellschaftssphäre und Kulturbewegung.

Elias leitet die Daseinsbedingung der florentinischen Gesellschaft aus der Schwäche der Zentralgewalt und der Stärke der Lokalautonomie ab. Die Beschreibung der politischen Situation beginnt mit einem charakteristischen Tippfehler: »Abnahme der Stärke der (staa)tlichen Zentralgewalt im heil. röm. Reich besonders in Italien seit Rudolph von Habsburg...« (Disp:3). »Heinrich VII. ... vermag (Florenz) nicht zu erobern. Die Stadt siegt über den Kaiser 1313.« Der Tippfehler: »staa/tlich«. Die ersten fünf Buchstaben sind unkenntlich gemacht, aber das »t« ist noch erkennbar und so kann man das »staa« erschließen. Zunächst wie selbstverständlich auf das Blatt getippt, kamen Elias offenbar sogleich Bedenken bei der Benutzung des Begriffs Staat. Von einem Staat vor der Errichtung des Gewaltmonopols zu sprechen, wäre anachronistisch gewesen – Elias hat dies historisch erst im Entstehen begriffene Phänomen der abendländischen Gesellschaft dann in sein Buch über den *Prozeß der Zivilisation* zentral eingearbeitet. Offenbar ist er sich zu dieser Zeit über die Staatlichkeit und Staatsfunktion bewußt geworden. Noch steht diese »politisch-geschichtliche Konstellation«sanalyse etwas erratisch im Kontext dieser Disposition, doch der Ansatz, selbst der Gebrauch der später für ihn typischen Terminologie (zentrifugale – zentripetale Kräfte), ist hier gemacht.

»Nicht weniger schwach geistliche Zentralgewalt«, sichtbar an den zwei konkurrierenden Päpsten 1378. Das Schisma wird erst durch das Konstanzer Konzil wieder aufgehoben. So entfaltet sich in einem Vakuum der beiden mittelalterlichen Zentralmächte die Stadt über ihren ummauerten Raum hinaus in die »Landschaft« hinein.

Das reiche städtische Bürgertum setzt sich

»allmählich an Stelle eines Fürsten (Toskana, 1429 Eroberung Pisas). Repräsentant dieser Herrschaft wird reicher Bankier Johann v. Medici. Zunftbürger, Kaufleute u. Handwerker regieren eine gan*ze* Landschaft. Bankiersfamilie wird Fürstengeschlecht« (Disp:3).

Elias zieht den Rahmen dieser Darstellung durch ein Modell der Analyse der politischen Kräfte, eine Art Anfangskonstellation im Alfred Weberschen Sinne.[113] Elias betreibt also eine Konstellationsanalyse, ganz im Weberschen Stil: Die Bedingungen, unter denen diese wissenschaftliche Wende zu ihrer Entfaltung gelangen konnte, werden bestimmt – in Florenz in der Toskana gab es diese Bedingungen in einem kurzzeitigen geostrategischen und religiösen Machtvakuum. In der Tat eine spannende »geistige und gesellschaftliche Atmosphäre, in der sich die Entwicklung abspielt, von der hier die Rede ist« (Disp:3).

Im Hauptteil skizziert er die zwei opponierenden Kreise, die Akademie von Florenz und die »experimentierenden Meister«. Vieles übernimmt er direkt als Zitat aus Leonardo Olschkis dreibändigem Werk über die *Geschichte der neusprachlichen wissenschaftlichen Literatur*. Leonardo Olschki, ein heute fast vergessener Romanist, der 1906 in Heidelberg bei Karl Voßler promovierte[114] und sich 1913 habilitierte, war von 1924 bis 1933 dort ordentlicher Professor der Romanistik und seit 1930 als Nachfolger von Ernst Robert Curtius Direktor des Romanischen Seminars. 1933 wurde er während eines Auslandsaufenthalts von den nationalsozialistischen Behörden »zur Ruhe gesetzt«[115]. Er war also zur Zeit der Renaissance-Seminare Kollege von Alfred Weber in der Philosophischen Fakultät. Olschki hatte mit seiner Reihe zur *Geschichte der neusprachlichen wissenschaftlichen Literatur* 1919 begonnen, als der erste Band über *Die Literatur der Technik und der angewandten Wissenschaften* erschien. 1922 folgte der zweite und 1927 der dritte Band.[116] Im ersten Band wird die Entstehung der Naturwissenschaften am Beginn der Renaissance untersucht, die Formulierungen ihrer Beobachtungen, die eine neue Sprache der Wissenschaften gegen die Scholastik herausbilden, der Kreis der »experimentierenden Meister« um Brunelleschi. Ein langes Kapitel widmet sich Leonardo da Vinci und dessen Versuchen, Naturanschauung in Wissenschaft zu transformieren. Nach dem Aufbruch der »experimentierenden Meister«, die unabhängig und aus praktischen Zwecken heraus zur Mathematik und zu neuen Naturbeobachtungsmethoden und Meßwerkzeugen gelangen, verbinden sie sich mit der Gelehrtenwelt, wobei Vermittler wie der Humanist Alberti eine wichtige Rolle spielten. Es beginnt sich eine »zweite Kultur« (Snow) zu formieren[117], die sich keineswegs, wie der Wissenschaftssoziologe Wolfgang Krohn schrieb, wieder »entdifferenziert«[118], sondern nebeneinander bestehen bleibt, wenn auch die Grenzziehungen sich veränderten: Es ist der Beginn der Trennung von Literatur und (Natur-)Wissenschaft[119]. Die französische und englische Philosophie nehmen diese neuen Methoden auf, aber die Kluft zur Literatur wird immer breiter: »Wer wissenschaftliche Interessen hatte, geriet in die Kreisbahn der offiziellen Wissenschaft; wer literarische Neigungen fühlte, geriet in den ›hortulus conclusus‹ des Humanismus.« Der Abstand zu den Laien freilich verbreiterte sich auf beiden Seiten wieder: Beide schotten sich gegen die »reale Welt« ab: »Von ihren Höhen schmettern die Schulgelehrten wie die Humanisten das ›odi profanum vulgus‹« (beide Zitate: Olschki 1919:28f.).

Während Alfred Weber und auch Alfred von Martin sich mit der literarischen Tradition, mit Petrarca und Dante ausführlich befaßten, interessierte Elias der Zusammenhang von Kunst und Naturbeobachtung. Ausgangspunkt der Disposition ist der Alltag der Erfahrung, die aus praktischen Zwängen zu experimentellem Vorgehen genötigt ist: »Aufspeicherung in der Tradition, mehr oder weniger *zufällig gewonnene* Erfahrungen häuften sich an, wu(rden) vom *Meister an den Lehrling* weitergetragen. Jetzt etwas Neues: Gewinn v. Einsichten durch bewußtes Beobachten (, Erpro)ben und Nachdenken. Kurzum durch *Experimente*« (Disp:3).

Erfahrungen, über Generationen gewonnen, Beobachtungen im Dienst der menschlichen Zwecke – das war nicht neu. Neu war das Experiment, das durch bewußtes Beobachten und Nachdenken Einsicht in die Eigenarten und das Verhalten der Körper gewinnt. »Alles aber zunächst im Dienst der menschlichen Zwecke. Noch nicht in unserem Sinne Wissenschaft. Aber der er(ste Schritt, der) zur Revolution des mittelalterlichen Weltbildes (führt)« (Disp:3).

Aus den Bildern der Künstler erkennt er die neue Art der Körperdarstellung: Ursprünglich bei Gentile da Fabriano »die Figur ohne Masse, die Körper ohne Muskeln, Line (?RB) Arabesken« und dann bei Masaccio: »Körper und Handlung nicht mehr Symbol(e), die Erinnerung an etwas Transcendentes in dem Beschauer wach rufen sollen« (Disp:4) – das sei zu verstehen als Ausdruck einer anderen Religiosität, einer anderen Stellung zur Welt.

In einem weiteren Schritt verbindet er die Entdeckung der Perspektive mit dieser neuen Einstellung. Die neuen Aufgaben seien »identisch« mit der neuen Einstellung. Brunelleschi, Zentrum des Kreises der »experimentierenden Meister«, löste die Aufgabe der Darstellung der realistischen Proportionen der Dinge im zweidimensionalen Raum durch »Experimentieren, rechnen, beobachten, durch Zeichnungen, Hilfsapparate u.s.f.« Erst durch die besonderen Aufgaben »im Dienste der menschlichen Zwecke« reifte in diesem Kreis eine Bewußtseinslage (die »geistig-seelische Konstellation«), Forschen und Experimentieren »ohne andere Zwecke als das, was sie die ›Wahrheit‹ nannten«, zu betreiben.

Städtischer Wohlstand schuf die Voraussetzungen für die vielen profanen Aufgaben der experimentierenden Meister: »Neue gesellschaftliche Atmosphäre identisch mit neuer seelischer Atmosphäre« heißt es in der Disposition. »Identisch« ist ein von Elias hier zentral benutzter Begriff – offenbar verbirgt sich dahinter seine Betonung des Verständnisses der Einheit von Sein und Bewußtsein. Eine neue Schicht hat sich durch den städtischen Wohlstand den dominanten Einfluß geschaffen, ihre eigene Welteinstellung zur allgemeinen gesellschaftlich-seelischen Atmosphäre zu machen. In dieser neuen Atmosphäre, die jene von der Praxis bestimmten und außerhalb der sittlichen Ordnung stehenden Experimente ermöglichte (man denke an die Leichensektionen des Pollajuolo), vollzieht sich der Schritt, der zur modernen Naturwissenschaft führt. Elias ist vor allem am Problem der schiefen Ebene interessiert, das

»zum ersten Mal bei Galilei ... ein Problem zweckfreier Naturerkenntnis (wird). Und hier mag man ahnen, wie die neue menschliche Haltung und die neue Idee der Naturgesetzlichkeit ganz langsam in der Arbeit der Menschen an den zeit-räumlichen Materialien heranwächst« (Disp:5).

Die Arbeit, an der sich dieses Bewußtsein verstärkt, sind kirchliche ebenso wie profane Aufträge kriegstechnischer oder fortifikatorischer Natur, sowie der Bau von Kirchen, Kanälen, Gebäuden oder Brücken. An der Frage der Stabilität von Gebäuden und Domkuppeln erprobt und durchdenkt etwa Brunelleschi die Gesetzmäßigkeiten der Körper. Er formuliert »als erster die Regeln einer ›proportione armonica‹, nach welcher die Gebäude erbaut werden müssen. 1403/4« (Disp:5).

Nicht abstrakte Rationalität, sondern gesellschaftliche Funktion schlägt sich in der Haltung und im Organisieren von Denken und Wirklichkeit nieder. Aus diesen Überlegungen heraus ergibt sich für Elias die zentrale These: »Renaissance-kunst und Renaissance-wissenschaft sind Geburten ein und derselben menschlichen Haltung« (Disp:5). Beide sind nur möglich aufgrund der Überwindung von Schranken in der mittelalterlichen Haltung und im mittelalterlichen Denken. Elias sieht in den »experimentierenden Meistern«, wie sie genannt wurden[120], diese neue menschliche Haltung zur Natur und zu den bisherigen Autoritäten zum Ausdruck kommen. Noch bevor es den soziologischen Begriff der »Rolle« gibt[121], kommt hier der Begriff der »spezifischen Funktion« auf, den Elias immer wieder benutzt hat:

»Wie die Ritter aus der Haltung und den Formen, die ihnen ihre spezifische Funktion als ›Ritter‹ gab, zugleich eine spezifisch ›ritterliche‹ Bildung gestaltet hatten, wie von ihren spezifischen Funktionen aus die Priester und Gelehrten eine spezifische Bildung schufen, so begann in den experimentierenden Meistern zum ersten Male eine bürgerliche Gesellschaft, die Gesellschaft der Kaufleute und Handwerker von Florenz, frei von der Autorität anderer Schichten unmittelbar aus ihrer beruflichen Tätigkeit, aus ihren spezifischen Funktionen hervor eine ganz spezifische Bildung, spezifische Kunst, spezifische Erkenntnisformen, gefaßt in eine spezifische, neu zur Bildung aufsteigende Sprache zu entwickeln« (Disp:6).

Da wird, von übergeordneten Autoritäten unbeeinflußt, eine neue Beobachtungsweise geboren – und wird zur Wissenschaft und zur neuen Methode der Naturwissenschaft. Wenn von Martin den Zusammenhang zwischen Geldwirtschaft und neuer naturwissenschaftlicher Methode – ähnlich wie Simmel – in einer stark schematisierten Form betont, dann erscheint das geradezu steril im Vergleich zu diesem Ansatz, der der »Erfahrung« einen so hohen Stellenwert einräumt. So kommt Elias' Erklärung ganz ohne die Bemühungen aus, die Entstehung der Naturwissenschaft in eine Parallele zu setzen mit dem aufkommenden Bankenwesen[122]. Vielmehr bietet in seinen Augen das politische Kräftefeld der gerade autonom gewordenen Stadtbürger den Hintergrund für die neuen Fragestellungen (Fortifikation, Kultbauten) und die Antworten, die aus der Praxis der Handwerker-Künstler kommen, deren Motivation zu neuen wissenschaftlichen Erkenntnissen mit ihrer Arbeit gewachsen ist.

Hier fand – »vom ganzen der abendländischen Bildung aus gesehen – eine Revolution« statt. Da es aber, das ist Elias' Credo, keine »absolute Revolution« gibt, bestimmt sich die neue wissenschaftliche Haltung aus einer Verbindung beider Traditionen, einer

»Zusammenarbeit bestimmter Gelehrter… – Träger der alten lateinischen Bildungstradition mit den experimentierenden Meistern – Trägern der neuen. Aber das Gefäß, in das hier die lateinische Bildung einströmte, der Kreis der Künstler und Architekten *un*-terschied sich von allen bisherigen Kreisen, welche die lateinische *Bil*dung rezipiert und getragen. Der Sinn, in dem hier die Antike erlebt *und* gestaltet wurde, war ein anderer als der, in dem die Antike von dem Gelehrten ohne Beziehung zu der lebendigen Praxis gestaltet wurde, von den Humanisten und Scholastikern« (Disp:6).

Was war die neue Bedeutung der Antike für die Künstler-Ingenieure? »Antike zum ersten Mal nicht mehr Autorität, sondern große Lehrmeisterin, die von der eigenen Erfahrung au*ch* überprüft und fortgebildet werden konnte« (Disp:7).

Wie wurde die Entdeckung der Perspektive möglich? Ein Element der neuen Haltung war die Abstraktion, die notwendig war, um das Bild so zu gestalten, daß es für einen entfernten Beschauer »perspektivisch richtig in die Tiefe zu führen schien«. Die Konstruktion, die dazu führte, Apparate und Spiegel, fand Brunelleschi. »Idee der berechenbaren Bildharmonie (proportione armonica) und die Idee der berechenbaren Naturgesetzlichkeit sind im Geburtsakt untrennbar« (Disp:6).

Für Elias ist die »neue Einstellung« der Meister »identisch mit neuen Aufgaben«, Ausdruck »einer anderen Religiosität, einer anderen Stellung in der Welt«. Er resümiert: Die bisherige religiöse Dimension steht immer mehr zurück gegenüber der »Versenkung hinter die Gesetzmäßigkeit und Harmonie des mit Sinnen Wahrnehmbaren« (Disp: 6). Die Darstellung selbst bekommt eine Eigenständigkeit und einen neuen Wert gegenüber der früheren Funktion als bloßer Hinweis auf das Überirdische. Mathematisch berechnete Natur und Kunst ergeben die »Theatralik als Element der Renaissance« (Disp:6). Es bildete sich eine neue Einheit von Naturgefühl und Naturerkenntnis, Gefühl und ratio, Seele und Geist heraus (Disp:6).

Die alten Bildungsformen, die aus der Antike »ohne Beziehung zur lebendigen Praxis gestaltet« (Disp:7) wurden, werden relativiert durch die experimentierenden Meister, für die die Antike nur noch Lehrmeisterin ist, deren Worte nicht autoritativ verstanden wurden, sondern überprüft und fortgebildet wurden. Wie diese Konstellation aussah, formuliert er als Paradoxon: Die Lateinisch sprechenden Gelehrten hatten keinen Zugang zur Körperwelt, die Künstler, Handwerker, Techniker, »welche die antik*en Lehr*meinungen in ihrem ursprünglichen Sinne begreifen könnten, verstehen kein Latein« (Disp:7). Das aber bedeutet, daß die moderne Naturwissenschaft nicht aus der Universität stammt[123], sondern aus handwerklicher Kunst.

Elias nimmt sich eine genaue Betrachtung der Herkunft der Meister vor: Konnten sie lesen und schreiben? Welche praktische Ausbildung hatten sie, waren Lateinkenntnisse vorhanden oder nicht? Das sind seine Fragen an diese Biographien. Untersucht werden sollte auch ihre jeweilige Zusammenarbeit mit Gelehrten (Brunelleschi mit Toscanelli, Alberti, der selbst den Umschlag vom Gelehrten zum Praktiker vollzieht und sowohl Latein als auch *volgare* schrieb).

Leonardo sollte in dieser Arbeit offenbar besonders herausgehoben werden. Olschki hatte ihm unsystematische Arbeits- und Denkweise vorgeworfen und ihn deshalb noch als Vorläufer für Galilei bezeichnet, mit dem erst die moderne Naturwissenschaft begönne. »Unrecht Olschkis«, schreibt Elias, womit offenbar die unverzichtbare Stellung Leonardos im »Ringen um die neuen Bewußtseinsformen, um die Beherrschung der natürlichen Welt« gemeint ist (Disp:7). Der Begriff der »Beherrschung der natürlichen Welt« kann in diesem Zusammenhang auch ohne weiteres als Anlehnung an Max Webers Überlegungen zur Funktion der Wissenschaft gelesen werden. Dann würde man auch weitergehend die Gegenposition zu Olschki bei Weber entdecken, der, wie erwähnt, in Leonardos Malbuch dessen Anspruch auf wissenschaftlichen Rang erkennen zu können meinte. Allerdings gehen Elias Argumente eher in eine andere Richtung, indem Elias mit Olschki betont, daß es gerade die Abgrenzung zur Scholastik – das heißt aber auch zur Universität – war, die die Leistung dieser Meister ermöglichte, nicht aber der Ehrgeiz, Doktor zu werden. Während Olschki gewissermaßen das »Noch-nicht« bei Leonardo sieht, hat für Elias Leonardos Werk eine zentrale Bedeutung, weil es konsolidiert habe, was die experimentierenden Meister an neuer Unabhängigkeit und an neuer »seelisch-geistiger Haltung« gegenüber der Scholastik gewonnen hatten. Leonardo galt Elias besondere Aufmerksamkeit schon in »Sehen in der Natur«. Leonardo steht für ihn an der Schwelle zwischen zwei Zeitaltern: Er rang noch »um die Kathegorie der *mechanischen* Verursachung. Noch keine endgültige Scheidung von den mittelalterlichen Kathegorieen (bildet, RB) das Problem seines Lebens, die Schwierigkeiten seines Verständnisses« (Disp:7). Es liegt nahe, hier eine Teilidentifikation mit Leonardo zu vermuten, die auf Elias' eigener Erfahrung beruhte – rang nicht Elias auch mit der Kategorie der Kausalität? Bestätigt sich diese Vermutung nicht in der Passage, die fast wie eine kleine Rekapitulation seiner Dissertation wirkt?

»Notwendigkeit der Stufe(,) die uns Leonardo darbietet: Vergleich (mit) der Entwicklung der Geschichtswissenschaft. Erst Sammlung e(iner) Fülle von Materialien. Alles ist neu. Beherrschung der gesammelten Materialien durch ein Ordnungsprinzip erst eine weitere Stufe. Der Mensch rückt langsam aus dem Mittelpunkt des ›Naturbegriffs‹, beginnt das zu werden, was er für die A(u)fklärung ist: Ein Körper unter anderen, untertan der einen umfassenden Gesetzlichkeit« (Disp:7).

Was auch immer Elias' besondere Sympathie für Leonardo bewirkt haben mag, in diesen Sätzen der Disposition, die historische Entwicklungsmomente als Notwendigkeit darlegen (erst Sammlung einer Fülle von Materialien, Beherrschung der gesammelten Materialien erst eine weitere Stufe), kommt doch skizzenhaft zum Ausdruck, daß Elias an Leonardo ein bestimmtes Stadium im Prozeß der Entfaltung der Naturwissenschaften zeigen wollte, das Stadium, in dem Erfahrung und Beobachtung die Beherrschung der Natur vorbereitet.

Auffallend bei Leonardos Zeichnungen ist in der Tat die Diversität der Gegenstände und die Gleichwertigkeit, mit der er die Objekte nebeneinanderstellt: Ob es ein Stein ist oder eine Muskelfaser des menschlichen Arms, alles zeichnet er mit genau derselben Akribie. Dies ist als Ausdruck für die neue Welthaltung zu deuten, die keine Werthierarchie mehr besitzt. Alexandre Koyré hat es einmal als »die

Zerstörung des Kosmos und die Geometrisierung des Raums« bezeichnet, durch den die

»Vorstellung von der Welt als eines endlichen und wohlgeordneten Ganzen, in welchem die räumliche Struktur eine Hierarchie der Vollkommenheit und der Werte verkörperte, (welche ersetzt wurde) durch die eines grenzenlosen oder sogar unendlichen Universums, welches nicht länger durch natürliche Unterordnung vereint ... wird« (Koyré 1969/1980²:8).

Koyré beschrieb die Entstehung der modernen Naturwissenschaften als den Weg von einer Welt, in der jedes Ding seinen Platz hatte, dem sein Wert zugeschrieben wurde (»geschlossene Welt«) zu einer Welt, in der der Raum unendlich und gleich ist (euklidische Geometrie gegen aristotelische) und zur Ablösung der Fakten von den Werten führte. Elias sucht das Mittelalter in ähnlicher Weise am Beispiel der thomistischen lex naturalis darzustellen und zeigt dann, daß bei Leonardo die Dinge, die er malt, nicht mehr in der Hierarchie der Werte stehen, gemalt sind nach der Natur – es ist ein Maler der »Sachlichkeit«, wenn man diesen begrifflichen Anachronismus einmal zulassen will. In Leonardo kulminiert dann die Identität von strenger Naturbeobachtung und Kunst (vgl. Disp:7). Elias kommt hier auf das Thema seines ersten Beitrags zurück: »Nur das Sehen kann die Geheimnisse der Natur enträtseln« (Disp:8). Und um Leonardos Position in diesem Prozeß zu bestimmen: »daher kann man oft durch Zeichnungen ausdrücken, was man in Worten weniger gut ausdrücken kann« (Disp:8). Eine passende Sprache, die dazu erst noch ausgebildet werden mußte, stellte sodann eine weitere Stufe dar.

Leonardos Zeichnungen »sind voll von Beschreibungen, Analysen, Berechnungen«, es fesseln ihn »... immer die phantastischen Dinge, das Geheimnis (O.)«[124]. Genau darin nun liegt für Olschki Leonardos Beschränkung. Olschki geht auf das Scheitern Leonardos als »Wissenschaftler« ein und interpretiert ausführlich dessen Zeichnungen und schwierige Texte. Olschki hatte die Formulierung der Ghibertischen Forderungen an den Künstler notiert:

»Man braucht kein Arzt wie Hippokrates und Avicenna oder Galen zu sein, aber wohl muß man ihre Werke kennen und Anatomie gesehen haben, jeden Knochen, der im menschlichen Körper ist, genau kennen, sowie alle Muskeln, alle Sehnen und Bänder, die in der männlichen Statue vorkommen. Andere medizinische Dinge sind nicht notwendig« (Olschki 1919:264).

Leonardo aber zeichnet auf einem Blatt das Herz, auf einem anderen beschäftigt er sich mit dem Blutfluß, um dann festzuhalten, daß der Blutkreislauf den gleichen Rhythmus habe wie das Meer[125]: Kausalverknüpfungen sind ihm hier offenbar nicht gelungen. Er folgte, wie Olschki schreibt, »diesem Rate (Ghibertis) nicht« (Olschki 1919:264). Für Olschki war Leonardo das Opfer seiner Erziehung: Mit vierzehn Jahren in die Werkstätte des Verrocchio gekommen, lernte er dort die genaue Beobachtung und Zeichnung der Natur. In dieser Zeit »– d. h. zwischen 1466 und 1476 – war das Studium der Perspektive am regsten« (Olschki 1919:268), in der benachbarten Werkstatt des Pollajuolo waren die berühmten Leichensektionen durchgeführt worden, alle Elemente einer mathematisch und technisch ausgezeichneten Erziehung wurden ihm zuteil: Seine Zähigkeit und sein Fleiß waren »so groß, daß schon Vasari von seiner natürlichen Begabung kein Wort sagt«[126]. Olschki hält also von Leonardos Talent wenig. Warum, fragt er, kam Leonardo über diese Position nie hinaus? »Das Material, das den unmittelbaren Vorgängern Galileis einige Jahrzehnte später vorlag, war nicht viel größer und vor allem nicht wesentlich verschiedener von dem, das Leonardo benutzte.« Olschki beschreibt Leonardos Werdegang:. Leonardo kam an die platonische Akademie seiner Vaterstadt Florenz, die seit den Tagen Gemistos Plethons ihren Charakter sehr verändert hatte. Nach Plethons Tode war niemand mehr in der Lage, griechische Texte der Philosophie adäquat zu verstehen und zu deuten. Der Einfluß der Accademia unter Marsilio Ficino aber »brachte besonders solchen Menschen Unheil, denen ein ausgeprägter Wirklichkeitssinn zusammen mit einer starken künstlerischen Regsamkeit innewohnte. Indem er sie von der Wirklichkeit ablenkte und ihre Sensibilität durch das Visionäre der spekulativen Mystik steigerte, erzog er sie zu widerspruchsvollen oder selbstquälerischen Zwitternaturen.« Das traf, so Olschki, Lorenzo de Medici selbst, aber auch Michelangelo und Leonardo, und darunter eben litt Leonardos Fähigkeit zur wissenschaftlichen Formulierung: »Ihr literarisches, künstlerisches und wissenschaftliches Lebenswerk trägt die Spuren des Geistes, welcher ihre urwüchsige Natur vergewaltigte und auf Abwege geraten ließ« (Olschki 1919:258f.).

Man muß sich vergegenwärtigen, daß in Heidelberg gegen Ende der zwanziger Jahre die Zeit des Übergangs vom Mittelalter zur Renaissance einen dicht besetzten Forschungskomplex bildete – neben Olschki etwa Hajo Holborn[127], der nicht nur Geschichte, sondern auch Zeitungswissenschaften studierte, Alfred von Martin, der an Alfred Webers Seminaren teilnahm, und auch Ernst Bloch war wohl noch gelegentlich Gast in Marianne Webers Salon, er hatte eine besondere Neigung für Ficino – freilich nicht wegen dessen wissenschaftlicher, sondern wegen dessen politischer Entwürfe. Auch Paul Oskar Kristeller arbeitete damals in Heidelberg über Marsilius Ficino. Zwar läßt sich Ernst Robert Curtius hier noch nicht einreihen, denn sein großes Buch über *Europäische Literatur und Lateinisches Mittelalter* entstand erst in der Zeit nach 1933, doch erwähnt werden muß auch, daß an der Heidelberger Akademie der Wissenschaften zu jener Zeit die Cusanus-Forschungen begonnen wurden, die unter der Leitung des Philosophen Ernst Hoffmann zu dem Projekt der Cusanus-Ausgabe geführt haben, das von Hoffmann und seinem damaligen Assistenten Klibansky betreut wurde. Klibansky stand, wie bereits erwähnt, dem Hause Weber sehr nahe. Da sich also schon an dieser einen Universität etwa in der Haltung zu Ficino sehr unterschiedliche Standpunkte erkennen lassen – im Gegensatz zu Olschki schätzte Kristeller Ficino als Humanisten sehr[128] – mußten sich die Möglichkeiten differenzierter Urteilsbildungen außerordentlich erweitern. Indem Ficino von dem einen aus politischen Gründen, dem anderen aus literarischen Neigungen geschätzt wurde, von dem dritten jedoch aus systematisch-wissenschaftlichen Gründen völlig verworfen wurde, zeigen sich unterschiedliche Färbungen, unterschiedliche Prioritäten, die die sachlichen Analysen durchwirkten und nicht immer den historischen Personen im Rahmen ihrer gesellschaftlichen Möglichkeiten zu ihrem eigenen Recht verhalfen. Vielleicht kannte Elias den Philosophen Ernst Hoffman, der in Marianne Webers Salon verkehrte? Vielleicht hatte er Kontakt zu seinem Assistenten Klibansky? Olschki ist lediglich als Teilnehmer eines Kreises vermerkt, der nach einem Bonmot von Otto von Gradenwitz als »incalcata« bezeichnet wurde – »unverkalkte Akademie«. Neben Olschki und Rothacker gehörten dazu Percy Ernst Schramm, der Georgeaner, Victor von Weizsäcker, der Indologe Heinrich Zimmer, der Historiker Gerhard Ritter, Hans Gruhle und Hajo Holborn (vgl. Jansen 1992:41). Man braucht nicht das Netzwerk der persönlichen Bindungen zu kennen, das Elias damals mit diesem oder jenem Kreise von Wissenschaftlern verbunden haben mag. Allein die Konstellation der verschiedenen Wissenschaftler in den verschiedenen Disziplinen mit ihren je besonderen Urteilen dürfte, auf Leonardo übertragen, von Elias als Herausforderung betrachtet worden sein.

Eine weitere, ältere Wurzel von Elias' Leonardo-Bewertung könnte bei Hönigswald liegen, der in seinem Buch über die *Philosophie von der Renaissance bis Kant*[129] Leonardo eine »zielsichere Wucht seiner methodischen Haltung« bescheinigt hatte und ihn als einen Überwinder der subjektiven Notwendigkeit beschrieb, der auf die »gesetzliche Bestimmtheit« abgezielt habe. Die Verwendung der Mathematik auf die Naturbeschreibung stellte für Hönigswald die Leistung Leonardos bei der Überwindung phantastischer Deutungen dar. Hönigswalds Deutung steht damit in direktem Gegensatz zu derjenigen Olschkis, dessen Buch 1919 erschienen war, das Hönigswald also gekannt haben müßte. Ob Elias Hönigswalds Leonardo-Deutung derjenigen Olschkis gegenüberstellte? Hönigswalds Bestimmung der Position Leonardos in der Geschichte der Philosophie (denn er macht ihn zum Philosophen) scheint es zu bestätigen: Bei Leonardo »nimmt der Begriff der Erfahrung feste Formen an. ... Sie wird ihm zum Widerpart kritiklosen Autoritätsglaubens« (Hönigswald 1923:20f.), schrieb Hönigswald. Und: »Leonardo bereitet vor, was später Galilei, in noch deutlicherer Hinwendung zu posiviten Problemen der physikalischen Forschung, nach fruchtbarer Entfaltung drängt; und er setzt fort, was Marsilius Ficinus (1433–1499), platonische Motive lebensvoll erneuernd, begonnen hatte.« (ebd.) Bei Hönigswald, wie man sieht, weder eine Mißachtung Leonardos noch eine Spur von Ficino-Kritik! Elias Einschätzung von Ficino ist nicht erkennbar, doch scheint er Olschki in der Beurteilung der Wirkung Ficinos auf Leonardo nicht zu folgen. Elias hat sich zwar nicht die Ansicht Hönigswalds zu eigen gemacht, daß Leonardo die Probleme der Methode »mit seltener Schärfe und Ursprünglichkeit formuliert hat«. Denn er sieht auch Leonardos Grenzen: Leonardo tat nie »den Schritt von der Erfahrung zur reinen Abstraktion in Gesetzesform ... er bleibt immer bei einzelnen Beobachtungen, kommt niemals zu systematischer Zusammenfassung« (Disp:8). Doch das Entscheidende, was Hönigswald Leonardo zugute hält, kommt Elias Deutung recht nahe:

»Wohl spricht aus mancher seiner Wendungen der Künstler, der gewohnt ist, in die Tat umzusetzen, was er im Geiste entworfen hatte; – das Bedeutsame aber bleibt, daß er dem Begriff des ›Entwerfens‹ zugleich einen tiefen theoretischen Sinn zu geben verstand. Er bezeichnet ihm ein Verhältnis zwischen Erkenntnis und Gegenstand, wie es vor allem die Mathematik verkörpert.« (Hönigswald 1923:20)

Denn, anders als Olschki, meint er, daß Leonardo durchaus »von der malerischen und technischen Praxis zur zwecklosen Beobachtung« gekommen sei, und sei es »aus ›Neugierde‹ nach dem Geheimnis« (Disp:8). Das »Geheimnis« ist der Rest von magischem und phantastischem Denken, der Leonardo noch an das Mittelalter bindet, wie Olschki meint.

Elias notiert dazu: »Auseinandersetzung mit dieser Meinung Olschkis« (Disp:8). Elias befriedigt Olschkis Antwort nicht, die die schlechte Erziehung an der Accademia für die unsystematische Denkweise Leonardos verantwortlich zu machen suchte und auf diese Weise das Problem an die Person Leonardos bindet. Die Antwort auf die Frage, warum Leonardo nicht schon den methodischen Grad der Naturforschung eines Galilei erreicht hatte, sieht Elias in dem allgemeinen Gesetz der stufenweisen Bewußtseinsveränderung: Es gibt für Elias bestimmte Stufen im historischen Prozeß, in denen Wissensmaterial auf neue Weise geordnet wird, ohne daß bereits ein systematischer Erkenntniszusammenhang daraus gewonnen wird – dieser wäre erst einer weiteren Stufe in der Entfaltung des historischen Prozesses vorbehalten. Leonardos Werk kommt also im Rahmen einer Abfolge von Bewußtseinsstufen ein eigener Stellenwert zu, der einen Baustein in der Entwicklung der Wissenschaftsentwicklung bildet, ebenso wichtig wie alle anderen, die diese Entwicklung vorantrieben. Diese Stufe konnte nicht einfach übersprungen werden. Erst durch seine Zeichnungen, seine Kunst des »saper vedere« konnte die zweite Stufe der Ordnung des Stoffes und ihre Zusammenschau erreicht werden.

Wie stark bei Elias dieses Stufenmodell verankert war, zeigt die Wiederaufnahme des Themas in *Involvement and detachment*. In der Einleitung schrieb er:

»In the sequential order of art development, the innovatory advances of the fifteenth and sixteenth centuries were an indispensable precondition of the further advances of the seventeenth century. Masaccio, van Eyck and their contemporaries discovered that one could represent in two dimensions people and objects as one really saw them in a three-dimensional space« (Elias 1987:S. lviii).

Dies war eine Entwicklungsstufe, hier ausgedeutet als eine Stufe der Selbstdistanzierung, dem die zweite folgte, die er als Stufe der realistischeren Malweise zeigt:

»In the seventeenth century... Rembrandt and also, in some of his paintings, Velazquez – recognized that the perspectivist painters of the fifteenth and sixteenth centuries did not really paint people as they saw them ... The painters of the seventeenth century were able to go one step further in their detachment ... For Rembrandt and his contemporaries the accuracy of a portrait including that of a self-portrait, was no longer a problem. They may have used mirrors like Masaccio as a means of self-distancing, of seeing themselves as it were from outside in the same way that others did« (Elias 1987:lix).

Die Überwindung der Schwierigkeiten, ein Gesicht zu malen, das doch voller Bewegung und Mimik ist, gelang auch erst spät:

»Leonardo in his famous picture of Gioconda, was one of the few sixteenth century painters who succeeded in putting on canvas intimations of a face's mystery. So, in the seventeenth century did Rembrandt ...« (Elias 1987:lx).

Den Gedanken prozessualer, stufenförmiger Entwicklung von Wahrnehmungsweisen fanden wir bei Elias bereits seit den zwanziger Jahren. Auf diese Thematik bezog sich, das läßt sich mit einiger Wahrscheinlichkeit sagen, auch die »Geschichte des menschlichen Bewußtseins«, die er bei Jaspers vorgelegt hatte (s. o.). In diesem späten Vorwort zu *Involvement and detachment* greift Elias wieder auf die Renaissancemaler Masaccio und Leonardo zurück und betont die wachsende Distanzierungsfähigkeit der Menschen, um die es in dieser späten Schrift geht, am Beispiel der Veränderung der geistig-seelischen Physiognomie der Epoche der Renaissance. Es verwundert dabei auch nicht, daß gerade Leonardo in diesem Zusammenhang sogar noch einmal ein wenig über seine Zeitgenossen hinausgehoben wird.[130] Wir hatten in der Arbeit »Sehen lernen in der Natur« eine erste Formulierung der Notwendigkeit der Selbstdistanzierung gefunden, die sich auf die Geschichtswissenschaft bezog.[131] Es wird hier nochmals deutlich daß Elias, der in der Disposition »Zur Entstehung der modernen Naturwissenschaften« zeigen wollte, daß Kunst und (Natur-)Wissenschaften aus der epochentypischen Denkstufe zu erklären sind[132], auch den Prozeß der Selbstdistanzierung als stufige Folge epochaler Entwicklungen der seelisch-geistigen Haltungen betrachtet. Dabei orientierte er sich in der Anlage an Olschki (vulgärsprachliche Handwerker generieren im Kampf gegen die lateinischen Gelehrten die neue Wissenschaft). Wie Olschki vertrat er die These, daß sich in der Geschichte etwas entwickelt, ja, daß es so etwas wie einen naturwissenschaftlichen Fortschritt gibt (den »unendlichen Prozeß der Wahrheit«), aber er würdigt die einzelnen Schritte in ihrer Bedeutung, Olschki hingegen allein das Ziel. Elias interessiert sich für das konkrete Erlebnis: Was passierte bei der Überwindung der Schranken, die gesetzt waren als kosmische Ordnung, was bei der Loslösung von Autoritäten? Gab es einen Gewinn neuer Perspektiven (hier auch im buchstäblichen Sinne) und was war dieser Gewinn im Vergleich mit dem Verlust an Weltordnung?

Alfred Webers Renaissancebild

Alfred Webers Kulturgeschichte als Kultursoziologie ist die Frucht der kultursoziologischen Arbeit, die er seit 1926 in Angriff genommen hatte[133] und die er in den Seminaren diskutierte. So finden wir bei Alfred Weber 1935 auch den Reflex auf das Renaissance-Seminar, auf das er durch die Erwähnung von Olschki und wohl auch im Hinblick auf die ihm vorliegende Disposition von Elias' Habilitation eingeht. Hier ist dieselbe Reihenfolge der Namen: »Brunelleschi, Ghiberti, Masaccio, Donatello« zu finden, mit der Bezeichnung »experimentierende Meister«. Weber vertritt auch die Ansicht, daß Giotto zum Mittelalter gehört (gegen die Ansicht von Martins), und Webers Blick fällt auch auf die naturwissenschaftlichen Neuerungen:

»Es ist das Resultat dieser soziologischen Lage, in der die Florentiner Bevölkerung in eifervollem Handeln unermüdlich die besten Baumeister ihres Domes, den besten Erzgießer für die Türen des Baptisteriums, jeden Größten und Besten sucht, der ihre Zeit verewigte. Was entsteht, ist ganz und gar nicht eine Wiederholung des Altertums. Der mit Vitruv konstruktiv zustande gebrachte Florentiner Dom ist kein Pantheon. Er ist der Vater aller künftigen Renaissance-, ja auch Barockkuppelbauten des Abendlandes. Die Fresken von Masaccio, in denen die das Bild von einem Blickpunkt aus konstruktiv nach mathematischen Gesetzen aufbauende und zusammenfassende Sehperspektive wenn nicht vollendet, so doch vorbereitet wird, sind nicht die Erben der pompejanischen Wandgemälde. Sie sind ... Dokumente einer (Sehart), die gänzlich unantik ist« (KuK:276).

Weber sieht die Künstler-Ingenieure arbeiten mit »bewußter mathematischer Raumbeherrschung, deren Grundlagen sie bei den Alten lernen«, wodurch sie »mit dem älteren Strom der Altertumsergreifung zusammen«kamen. Dabei waren sie aber

»in ganz anderem Sinne als die Alten realistische Wirklichkeitseroberer. Richtige Handwerker, jedoch ausgestattet mit optischen und mechanisch-mathematischen, der Antike entnommenen Kenntnissen. Wie Brunelleschi für ihre Stadt zugleich als fortifikatorische, artilleristische und sonstige Konstrukteure tätig, begegnen sie sich gleich am Anfang in Leon Battista Alberti mit dem beinah einzigen Humanisten, der voll dem praktischen Dasein zugewandt ist, der alle für sie nötigen theoretischen Grundlagen besser kennt als sie selbst. Die Folge ist die Vermählung von antikem Wissen und abendländischem Handwerk, aus der in Gestalt der theoretischen und gleichzeitig experimentellen Mechanik, Optik, Statik, Geometrie, parallel der reichen Renaissancekunst, eine der Wurzeln der mathematisierenden und experimentierenden modernen Wissenschaft erwächst, auf die Dauer vielleicht das revolutionärste Geschenk des italienischen Quattrocento« (KuK:276/277).

Auch Weber sah im »Quattrocento« den Wendepunkt zur modernen Wissenschaft, weil sich hier durch die experimentierenden Meister eine neue Sehart und neue Raumbeherrschung entfaltet. Das Neue, welches die Renaissance im Zuge der Kulturgeschichte bringt, wird durch die Vermittlung der Humanisten in den Zusammenhang mit der Antike gestellt. Und wenn Alfred Weber von den vier abendländischen »Spannungen« spricht, dann gehört dazu auch ein Punkt, den Olschki besonders hervorgehoben hatte und der auch Elias interessierte: »Die sprachliche Trennung geistiger Räume – Latein gegen Volkssprache.«[134]

Diese »Revolution« hat auch Alfred Weber als ein »Geschenk« des Quattrocento gesehen, das auf uns überliefert sei. Die großen Unterschiede in der Einstellung lassen sich hieraus aber ebenso deutlich machen: Die »Vogelperspektive«[135] Alfred Webers betrachtet kaum noch konkrete menschliche Situationen mit ihren konkreten Fragen und sozialen und erkenntnistheoretischen Dispositionen – Kultur in seinem Verständnis wird zwar von konkreten Menschen gemacht, aber auf diese konkreten Menschen kommt es ihm nicht an, sondern nur auf ihre kulturellen Hervorbringungen. Es genügt ihm zu betonen, daß es die »besten Baumeister« oder die »besten Erzgießer« waren. Nicht Masaccio, Brunelleschi und der Kreis der experimentierenden Meister bringen etwas Neues hervor, sondern – in der Summe – »das Quattrocento«. Damit kehrt Weber gewissermaßen wieder zu den Büchern zurück. Was für Elias eine Frage der im Leben stehenden Menschen war, die sich aufgrund bestimmter Notwendigkeiten in ihrem Leben mit konkreten praktischen Fragen auseinandersetzen mußten[136], das verschwindet aus Webers Perspektive wieder im Strom der Geschichte. Es ist keine andere Theorie, es ist eine andere Darstellungsweise und ein anderes Interesse – das Interesse an der »Kulturbewegung«, das Weber damit verbindet.

Historische Bilanzierung

Im letzten Abschnitt resümiert Elias: »Was war das Neue, das da heranwuchs? Aus der Idee des Geisterreichs steigen als autonome Sphären des Seienden die Idee der Schönheit und die Idee der Natur, eigengesetzliche Seiten der Welt heraus.« Was er zeigen wollte, die Entstehung von Kunst und Naturwissenschaft aus der gleichen geistig-seelischen Einstellung, findet sein Fazit in einer Betrachtung von »autonomen Sphären« und der Renaissance-Idee von Schönheit: Es sind Formulierungen, hinter denen man unschwer Alfred Webers Diktion wiedererkennt – eine eigentümliche Mischung.

In der Disposition finden sich zwei Stellen, die man allenfalls in Schlußpassagen eines fertigen Werks erwarten möchte: Ein Räsonnement über das Glück: »Neues Glücksgefühl der Menschen, neue Methode des Kunstschaffens, neue Haltung des Künstlers zu seinem Werk, neue Haltung des Menschen zu dem Kosmos des mit Sinnen Wahrnehmbaren«, und wie zur Illustration dahinter den berühmten Ausspruch des Uccello: »Wie süß ist doch die Perspektive!«[137]

Und der Schluß der Disposition lautet: »Und so wuchs in der Menschheit, wie immer nach einer geistigen Revolution ein neues Glück und ein neues Leid heran. Das neue Glück, das das Bewußtsein der eigenen Erkenntniskraft dem Menschen gab, und das neue Leid, das Leiden an seiner eigenen Bewußtheit, an der Kühle der eigenen Erkenntniskraft oder Rationalität« (Disp:8).

Was sind das für Reflexionen im Rahmen einer wissenschaftlichen Arbeit? Hatte in der Zusammenfassung das Reich der Schönheit und der Gedanke von historischem Glück oder Unglück wieder sein Recht? Es ist eine Art Bilanz, wie wir sie auch am Schluß des Buches über den Prozeß der Zivilisation finden werden (PdZ II:453f.), Soll und Haben eines geschichtlichen Ereignisses werden bilanziert, Kosten und Unkosten, die dieses Ereignis der Menschhheit gebracht hat oder haben soll.

Jakob Burckhardt hat in einem berühmten Abschnitt seiner *Weltgeschichtlichen Betrachtungen* nach Glück und Unglück in der Weltgeschichte gefragt: War es ein Glück, daß Rom Karthago besiegte? War es ein Glück, daß Europas Christenheit die islamischen Eroberer abgewehrt hat? War es ein Glück, daß Napoleon am Ende besiegt wurde? Ein Urteil über Glück oder Unglück, stellte er dann fest, beruht in der Regel auf der optischen Täuschung der Nachgeborenen:

»Es ist eine Art von literarischem Konsensus, allmählich gehäuft aus Wünschen und Räsonnements der Aufklärung und aus den wahren oder vermeinten Resultaten einer Anzahl vielgelesener Historiker. ... Sie gehören mit zu dem umständlichen Gepäck der öffentlichen Meinung und tragen zum Teil sehr deutlich den Stempel der betreffenden Zeitlichkeit« (Burckhard o.J.:306).

Mit einem Urteil über epochales Glück oder Unglück also kann sich Burckhardt nicht anfreunden. Am Schluß seiner Betrachtung angelangt, stellt er fest, daß er von der ursprünglichen Frage nach Glück und Unglück in der Geschichte auf »das Fortleben des Menschengeistes« geraten ist:

»Dieses, wie es in der Geschichte und durch sie bewußt wird, muß allmählich die Blicke des Denkenden dergestalt fesseln, und die allseitige Ergründung und Verfolgung desselben muß seine Anstrengung derart in Anspruch nehmen, daß die Begriffe Glück und Unglück daneben mehr und mehr ihre Bedeutung verlieren. ›Reif sein ist alles‹. Statt des Glückes wird das Ziel der Fähigen *nolentium volentium* die Erkenntnis« (Burckhardt o.J.:324).

Indem die »Wünsche der Völker und Einzelnen wechseln und sich gegenseitig widersprechen und aufheben« werde für den Historiker, der sich nicht mit einer historischen Partei identifiziert, die Sicht aus der Distanz kennzeichnend, und es werde ihm nur noch eine Sehnsucht bleiben:

»dem Geist der Menschheit erkennend nachzugehen, der über all diesen Erscheinungen schwebend und doch mit allen verflochten, sich eine Wohnung baut. Wer hievon eine Ahnung hätte, würde des Glückes und Unglückes völlig vergessen und in lauter Sehnsucht nach dieser Erkenntnis dahinleben« (Burckhardt o.J.:325).

Wenn Elias hier von »Erkenntnis« spricht, ist jedoch nicht die historische Erkenntnis gemeint, die dem gewährt würde, der einem Außerirdischen gleich auf die Geschichte wie auf ein wunderbares irdisches Schauspiel blickte. Elias meint die zivilisatorisch-technische Erkenntnis, deren Ursprung er untersucht und deren Auswirkungen er mit dem Schlußsatz den *Stempel seiner Zeitlichkeit* aufdrückt: Darin drückt sich jene Ambivalenz zwischen Fortschrittsglauben und Wissenschaftsglauben auf der einen Seite und die Furcht vor ihren Folgen aus. Leid und Glück zugleich schreibt er deshalb dieser Erkenntnis zu, die die »Kühle der Rationalität« mit sich gebracht habe. Elias teilt den bei Olschki vorhandenen ungebrochenen naturwissenschaftlichen Optimismus nicht, doch Erkenntnis ist auch für Elias an sich schon Glück.[138] Doch stellt er auch sogleich die Problematik heraus, ihre »Kühle«, die sie mit sich bringt: Erkenntnisgewinne haben auch ihren Preis.

Der Einfluß der Heidelberger Soziologie auf Norbert Elias

Wenn Koyré die Veränderung des Weltbildes mit der neuen Bedeutung von Praxis gegenüber der Theorie, von Subjektivismus gegenüber dem Objektivismus gleichsetzt, so will er zeigen, was für ihn das eigentlich Wichtige an diesem Prozeß ist: die »zwei fundamentalen Vorgänge« an dieser Revolution, nämlich die »Zerstörung des Kosmos und die Geometrisierung des Raums«. Daran knüpfte eine starke Tradition in der Wissenssoziologie. Elias dagegen betont zunächst den Übergang vom autoritären Weltbild zum naturwissenschaftlichen Weltbild, das in der menschlichen Praxis geboren wird – ein Vorgang, den Cassirer beispielhaft für den Übergang von substantialistischem zu funktionalem Denken beschreibt. An der Renaissance interessiert ihn gerade diese, von Ernst Cassirer in den Mittelpunkt gestellte Sachlichkeit: die aus dem Käfig der Bewertungen entlassene Urteilsfähigkeit der Künstler/Handwerker/Techniker, die die Eigengesetzlichkeit der Körperwelt in ihrer Darstellung betonen – nicht für eine religiöse Überwelt, sondern für »menschliche Zwecke«. Elias wollte hier soziologisch-nachvollziehend den Übergang vom vertikalen zum horizontalen Weltbild der Neuzeit beschreiben.

In den Seminardebatten tauchte auch die Frage der Integrität des gesellschaftlichen Ensembles auf, in dem Bewußtsein und Sein untrennbar verbunden sind. Deutlich wurde immer wieder der Gegensatz zu Alfred Weber, der die Sphärentrennung zwar theoretisch ablehnt, sich praktisch jedoch nahezu ausschließlich nur noch der Kultursphäre widmete. Elias hatte den Anspruch einer ganzheitlichen Betrachtung bereits vertreten, als er nach Heidelberg kam. An der Disposition läßt sich nun zum einen die Überwindung seiner rein philosophischen Betrachtung durch einen soziologischen Ansatz feststellen, der einen eigenen wissenssoziologischen Zugriff darstellt. Dieser Zugriff leitet sich nicht von Mannheim ab, wie wir gezeigt haben, ist ihm aber ohne Frage grundsätzlich verwandt. Mannheim blieb jedoch auf der Sekundärebene von Sprache und Denken, deshalb bildeten sein ideales Publikum stets die Intellektuellen. Mannheims Lösung von der Philosophie hat niemals jenen Grad erreicht, den Elias erreichte. Trotz der prominenten Stellung der Kunst in der Disposition ist Elias' Interesse nicht kunstsoziologisch – von der Warburg-Schule läßt sich keine Spur entdecken[139] –, sondern seine Fragestellung lautete: Aus welchem sozialen Prozeß entsteht die moderne Naturwissenschaft? Und seine Herangehensweise ist diejenige der Alfred Weberschen Kultursoziologie: Welche Konstellation, welche geistig-seelische Atmosphäre des Zeitalters, welche Haltung hat die Entstehung der modernen Naturwissenschaften ermöglicht? Diese Herangehensweise ist bei Elias neu, sie war zuvor nicht vorhanden – deshalb ist es berechtigt zu sagen, daß Elias hier zur Soziologie fand. Als letztes schließlich deutet sich eine staatswissenschaftliche (politologische) Denkweise an, die ebenfalls als neues Element erstmals bei ihm auftritt, wenn auch noch relativ unentwickelt. Damit erschlossen sich ihm in Heidelberg diejenigen Momente, die ihn zu dem Soziologen machen, als der er uns bekannt geworden ist. Hier formierte sich das Gepräge seiner soziologischen Theorie.

Ursachen des Abbruchs der Arbeit

Als Johan Heilbron Norbert Elias fragte, warum er sein Habilitationsobjekt nicht zu Ende führte, war die Antwort eher ausweichend: »I take up a subject, sometimes I finish it, sometimes I do not finish it and go over to another subject. (That is how I work, how I have always worked.)« In diesem Falle gab er das Projekt auf – die »Entstehung der modernen Wissenschaften« war nicht das Entscheidende, um was es ihm in dieser Arbeit ging, sondern die Möglichkeit, einen Punkt zu untersuchen, an dem sich eine neue »Bewußtseinsstufe« in der Entwicklung der Gesellschaft zeigt. Das Projekt scheiterte letztlich aufgrund äußerer Umstände: »In that case I had no opportunity anymore to travel to Florence and I also wanted to do something I could finish in a reasonable time« (Heilbron, Interview 1983/1984:24). Es waren also vor allem praktische Gründe, die das Unternehmen unvollendet ließen. Die Arbeit über Florenz war finanziell nicht mehr gesichert. In seinem zweiten Frankfurter Lebenslauf schrieb er, daß er in Florenz gewesen war, »um Material zu sammeln«[140], daß jedoch weitere Forschungen vor Ort nicht finanziert wurden: »Da aber trotz der Befürwortung durch Alfred Weber und Karl Mannheim die ›Notgemeinschaft der deutschen Wissenschaft‹ zur Unterstützung der Arbeit keine Mittel aufbringen konnte, musste ich die begonnenen Studien vorerst abbrechen.«[141] Als ihm dann Mannheim vorschlug, mit ihm nach Frankfurt zu kommen, nahm er das Angebot an.[142] Neben der Absage der »Notgemeinschaft der deutschen Wissenschaften« waren es zwei Gründe, die für den Wechsel von Heidelberg nach Frankfurt ausschlaggebend wurden. Bei Mannheim stand er als Habilitand an erster Stelle und konnte damit früher fertig werden. Darauf läuft auch das Argument hinaus, das er Heilbron gegenüber vorbrachte: »I wanted to do something I could finish in a reasonable time«. Außerdem wurde er in Frankfurt Mannheims Assistent – seine erste bezahlte Stelle im Universitätsbetrieb, ein lange ersehnter Wunsch war in Erfüllung gegangen. Es konnte also unter diesen Umständen kein Zögern für ihn geben, im Zuge seiner Karriereplanung mit Mannheim nach Frankfurt zu gehen.

Ausblick auf die Zivilisationstheorie

Mannheim erwartete von Elias eine Habilitation über den französischen Liberalismus. Aber bald wandten sich seine Interessen nach und nach zurück zur höfischen Gesellschaft des 17. Jahrhunderts.[143] Was blieb von seinem Entwurf? In *Die höfische Gesellschaft*[144] ebenso wie in *Über den Prozeß der Zivilisation* kann man einige Gedanken aus der Disposition wiedererkennen. Aber es waren weder die Werkstätten der oberitalienischen Maler und Architekten noch die Akademien und Salons an den Höfen der Toskana, mit der er sich nun auseinandersetzte. Und es war nicht das florentinische Zeremoniell der Mediceer, das er untersuchte, sondern das französische am Hofe Ludwigs XIV. Es war eine andere Entwicklungsstufe der abendländischen Gesellschaft, die er nun beobachtete. Wir besitzen die Originalfassung der Frankfurter Habilitationsschrift nicht. Aber die Differenz zwischen der uns vorliegenden Fassung von *Die höfische Gesellschaft* und der Disposition ist offensichtlich. Sein Blick richtete sich nun auf eine andere Formation, auf die Konstellationsanalyse der höfischen Figuration und ihre Verhaltensprägung. Hier ist bereits die Theorie der Funktion des Gewaltmonopols bei der Bildung der Verhaltensformen ausgeprägt.

Als entscheidend neues Element seiner Theorie kommt in dem im englischen Exil geschriebenen Buch *Über den Prozeß der Zivilisation* die Psychoanalyse zum Tragen. Angeregt durch die Gestaltpsychologie und in Zusammenarbeit mit dem Psychoanalytiker Sigmund H. Fuchs entwickelt Elias die Psychoanalyse zu einem Instrument der Soziologie.[145] Als Frucht all seiner langjährigen Studien arbeitete er im Prozeßbuch die Zivilisationstheorie heraus. Elias hatte sich nun die historischen Kenntnisse, eine Theorie der Psyche und eine staatswissenschaftliche Theorie der gesellschaftlichen Bildung des Gewaltmonopols angeeignet. Sein Interesse verschob sich somit von der Heidelberger Disposition aus nicht nur geographisch hin zum »Mittelpunkt Frankreichs« (Olschki, 1930), sondern inhaltlich von der Neugier der pragmatischen bürgerlichen Wissenschaftler Norditaliens zur Frage der Entwicklung der Triebkontrolle im Zuge der Entmachtung der aristokratischen Elite Frankreichs. Als Voraussetzung für die Zivilisierung des Individuums galt schon nach Burckhardts Bestimmung der Staat. Doch erst die Entdeckung der historischen Entwicklung der Tischmanieren verhalf Elias zu dem Material, an dem er den Zusammenhang von sozialen und Persönlichkeitsveränderungen empirisch darstellen konnte. Elias konnte damit zugleich zeigen, daß es andere Formen der abendländischen Rationalität gibt als jene, die Max Weber gezeigt hatte (Elias 1969:168). In mancher Hinsicht wirkt es vielleicht sogar wie eine Umkehrung, wenn seine Forschung sich von der autoritätsbefreiten Sicht, die zu neuen Erkenntnissen führte, zur Zivilisierung als generellem Prozeß der Dämpfung der Triebe wendete. Der wissenschaftsgeschichtliche Aspekt trat in den Hintergrund, die Veränderung des seelischen Haushalts durch die höfischen Zwänge trat hervor. In veränderter Form taucht hier das Interesse an der Entwicklung von Bewußtseinsstufen erneut auf und mündet in die Formulierung eines Zivilisationsprozesses ein. Die politischen Umstände der nationalsozialistischen Diktatur zum einen und das in Elias erwachte Interesse an der Psychoanalyse zum anderen erklären diesen Perspektivenwechsel.

Wolf Lepenies hat bedauert, daß Elias auf den Zusammenhang von Zivilisierung und neuzeitlicher Wissenschaftsentwicklung im *Prozeß der Zivilisation* nicht eingegangen ist. Nach Lepenies sei diese Entwicklung »im 17. Jahrhundert in den (französischen, RB) wissenschaftlichen Gesellschaften und Akademien institutionalisiert« worden (Lepenies 1976:204). Elias hatte tatsächlich über diese Frage gearbeitet, wie die Disposition zeigt. Doch lag für Elias der Beginn der Entzauberung der Natur zeitlich früher, nämlich im Italien der Renaissance. Die Entwicklung der italienischen Akademien in Rom und in einer Reihe von oberitalienischen Städten wurde durch den

Druck der katholischen Kirche in der Gegenreformation unterbrochen. Insofern läßt sich ein Zusammenhang zwischen politischen Außenkonstellationen und wissenschaftlicher Entwicklung leicht feststellen. Der tiefergehende Zusammenhang von wissenschaftlicher Neugier und Zivilisationsprozessen dagegen, den Lepenies meinte, konnte in die Überlegungen in der Disposition noch nicht einfließen, weil er noch nicht über ein psychoanalytisches Instrumentarium verfügte.

Anregungen zu dem Thema der höfischen Gesellschaft mochte er aus dem Buch von Alfred von Martin bekommen haben. Denn darin finden sich Ansätze, die bei Elias als zentrale Leitgedanken auftreten: Die »methodische Gelenktheit und Gebändigtheit aller Affekte und Leidenschaften durch die Ratio«, die Selbstbeherrschung der Humanisten und, als Voraussetzung, andere beherrschen zu können, die Geschmacksbildung durch die Frauen in der höfischen Kultur, ja, von Martin spricht auch von der »Verhöfischung der Gesellschaft«: Die »Verstadtlichung des Adels« ist die Vorbedingung der Entstehung des Hofes, der zugleich die »Aristokratisierung der Großbourgeoisie« (von Martin 1932:97) mit sich bringt. Allerdings finden sich derartige Überlegungen ebenso bei Werner Sombart oder bei Jakob Burckhardt.

Elias' Theorie des Zivilisationsprozesses versteht sich zwar als »Ergänzung« zur Theorie des Rationalisierungsprozesses, doch gewinnt sie damit ein ureigenstes Feld, das sich weder als konkurrierend zu Max Webers Theorie versteht noch auf die drei geschichtlichen Prozesse festlegen läßt, die Alfred Weber unterscheidet: Elias' Zivilisationsprozeß ist nicht kompatibel mit Alfred Webers Zivilisationsprozeß. Indem Elias Wissenschaft und Kunst in einen Zusammenhang stellt, verknüpft sein früher Versuch die bei Weber getrennten Sphären von Zivilisation (technisch-wissenschaftlicher Prozeß) und Kultur (geistig-seelische Bewegung). Im Buch über den Zivilisationsprozeß spielt die Wissenschaft keine Rolle mehr. Erst in den späten Schriften (die sich freilich aus Manuskripten zusammensetzen, die in verschiedenen Zeiten geschrieben wurden) wird der Wissenschaftsprozeß, Engagement und Distanzierung als Methode, wiederaufgenommen.

Politik am Institut – Institutspolitik

Paneuropäische Ideen

Die Trennung von Wissenschaft und Politik im Hörsaal gelang auch am InSoSta nicht immer. Gerade deshalb wurde großer Wert darauf gelegt, in der »Studien- und Förderungsgesellschaft« und bei den »Soziologischen Diskussionsabenden« den Studierenden die Möglichkeit zu bieten, eigene Ansichten zu entwickeln. Viele Wissenschaftler des InSoSta waren aber zugleich politisch aktiv, in der Regel in der DDP oder in der Sozialdemokratie.[1] Alfred Webers kurze Episode als designierter Vorsitzender der Deutschen Demokratischen Partei endete mit einem Skandal. Weber mußte zurücktreten, weil er Stinnes vorgeworfen hatte, mit der Siegermacht Frankreich zusammengearbeitet zu haben. Der Skandal bestand darin, daß Alfred Weber seinen Vorwurf nur auf Gerüchte gestützt hatte, aber keine Beweise in der Hand hatte (vgl. Demm 1990:272). Für Alfred Weber aber, dessen Politikverständnis Demm als Honoratiorenpolitik bezeichnete und der sich hier als »Ehrenmann« und nicht als Parteipolitiker verstand, mußte dies den endgültigen Rückzug aus der aktiven Politik bedeuten. In den volkswirtschaftlichen Seminaren und Vorlesungen konnte und wollte er aber Politik nicht aussparen. 1926 ließ sich Alfred Weber von der Verpflichtung zur Volkswirtschaftslehre befreien und suchte sich auf historische Kultursoziologie zu konzentrieren, ohne jedoch ganz von der publizistischen Einwirkung auf die Politik lassen zu können.

Die kulturellen Aktivitäten im europäischen Kulturbund oder im »Deutsch-französischen Studienkomitee« waren dem Problem gewidmet[2], das er in *Die Krise des modernen Staatsgedankens* (1925) als Hauptaufgabe zur Überwindung der seit Versailles festgefahrenen Position empfand: dem Versuch der Schaffung einer »geistigen Atmosphäre«, in der Verständigung in Europa wieder möglich wird.[3] Deshalb unterstützte er die Mitarbeit Bergstraessers und insbesondere des ehemaligen Studenten Max Clauss bei der *Europäischen Revue*, der kulturpolitischen Zeitschrift der Paneuropabewegung, die von Karl Anton Prinz Rohan seit 1925 herausgegeben wurde. Clauss verdankte seine Anstellung als Redakteur der *Europäischen Revue* einer Empfehlung von Alfred Weber (vgl. Müller, Guido 1997:381), der mit Rohan eine freundschaftliche Beziehung pflegte. Neben Bergstraesser, der zeitweise mit Hans von Eckardt zusammen verantwortlich für den Teil »Europas Wirtschaft« in der *Europäischen Revue* war, wurde die Zeitschrift auch von Alfred Weber selbst bis 1932 als Publikationsorgan genutzt. Außerdem schrieben dort auch Carl Brinkmann und die Studenten Ernst Wilhelm Eschmann und Joachim Moras. Guido Müller hält die *Europäische Revue* denn auch für »die ›Instituts-Zeitschrift‹ des konservativen, politikwissenschaftlichen InSoSta-Flügels« (Müller, Guido 1997:382), sieht er doch sehr viele Gedanken des Europa-Verständnisses der Heidelberger Sozialwissenschaften in der Zeitschrift widergespiegelt. In der Tat lassen sich hier in großem Umfang persönliche und intellektuelle Beziehungen feststellen. Obwohl sich eine Zeitschrift wie die *Europäische Revue* keineswegs als »einheitlich« qualifizieren läßt[4], so finden wir doch in der Debatte über die europäische Zukunft bei den meisten Verfassern politische Übereinstimmung über die Notwendigkeit, daß Deutschland einen Status als gleichberechtigte europäische Macht wiedererlangen müsse. Die Reintegration in den Kreis der souveränen Mächte sollte allerdings auf »geistigem Wege« erfolgen. So wurde vom »Europäischen Kulturbund«, dessen Mitglieder großenteils zugleich Mitarbeiter der *Europäischen Revue* waren, europäische Kulturgespräche geführt, um die Normalisierung der Wissenschaftsbeziehungen Deutschlands, das aus den internationalen Vereinigungen ausgeschlossen war, zu erreichen, um den Austausch von Studenten und Wissenschaftlern[5] zu ermöglichen und um ein, sehr vage formuliertes, »neues Europa« im Rahmen eines europäischen Staates zu schaffen. Über Max Clauss' politisch überraschende Wende zum Nationalsozialismus sind wir sehr genau unterrichtet.[6] Sie folgte einer entrüsteten Abwehr des »hoffnungslosen Kosmopoliten« (Müller 1997:394) Clauss und zeigt, welchen Druck in jener Zeit gerade Journalisten und Zeitschriftenredakteure ausgesetzt waren.[7]

Zweifellos wurden in der Zeitschrift auch monarchistische und restaurative Gedanken vertreten. Entscheidender für das Verhältnis zum Nationalsozialismus ist jedoch, daß in der *Europäischen Revue* nicht nur ausgesprochen nationalkritische Artikel erschienen – von ihrer Anlage her sollte sie auch für französische Leser geeignet sein –, sondern weder militaristisches Gedankengut noch Rassismus gepflegt wurde.[8] So erschien etwa 1932 noch ein ganzes Heft »Zur Judenfrage«, in welchem neben Rohan u. a. der Rabbiner Leo Baeck, der Jesuit Erich Przywara, der jüdische Schriftsteller Jakob Wassermann und der bedeutende jüdische Gelehrte Hans Kohn Stellung nahmen.

Politische Verwicklungen

Die Heidelberger Universität erlebte in der Weimarer Zeit mehrere »Fälle«, durch die sie ins Licht der nationalen Öffentlichkeit geriet: 1920 entzog sie dem Privatdozenten Arnold Ruge aufgrund seiner völkisch-antisemitischen Propaganda die Lehrberechtigung.[9] 1922 nahm der sozialistische Student der Staatswissenschaften Carlo Mierendorff mit einer kleinen Gruppe Studenten und Gewerkschafter den antisemitischen Physikprofessor Lenard »vorübergehend in Schutzhaft«[10], als er sich weigerte, aus Anlaß der Beerdigung des ermordeten Außenministers Walther Rathenau sein Institut zu beflaggen. Lenard, Nobelpreisträger (1905), wurde vorübergehend ins Heidelberger Gefängnis gebracht.[11] Mierendorff erhielt dafür in einem Gerichtsprozeß 4 Monate Gefängnis, die er jedoch »wahrscheinlich nicht antreten mußte« (Albrecht 1987:59). Auf seine Promotionsurkunde allerdings mußte er dreizehn Monate warten.[12] 1930 gab es eine nationalistische Kampagne gegen die Berufung des pazifistischen Theologen Dehn, die mit dessen Weggang nach Halle endete. Zwei weitere »Fälle«, Gumbel und Bergstraesser, sollen im folgenden etwas ausführlicher beschrieben werden, da sie direkt das InSoSta betrafen.

Diese »Fälle«, die über das Heidelberger politische Milieu hinaus Bedeutung erlangten, entstanden aus dem Spannungsverhältnis zwischen national-militärischem und zivil-bürgerlichem Denken. Dabei bewegten sich der »Fall Gumbel« und der »Fall Bergstraesser« in einem entgegengesetzten Verhältnis zueinander und standen doch bis in die Nachkriegszeit hinein miteinander in Verbindung. Beide »Fälle« sind inzwischen gut dokumentiert worden.[13] Ähnliches gilt für den *Tat*-Kreis, dessen Redakteure sich am InSoSta befanden.[14]

Beide Fälle zeigen die Entladung von latenten Spannungen zwischen den natiozentrischen kriegerischen und den internationalistischen und pazifistischen Einstellungen, die in der Weimarer Republik nie verschwunden waren.

Der »Fall« Gumbel

Emil Julius Gumbel, radikaler Pazifist, wurde wegen als despektierlich empfundener Äußerungen über die soldatische Ehre (»... ich will nicht sagen, auf dem Feld der Unehre gefallen«) mehrfach gemaßregelt. Von 1924 bis 1932 zog sich eine Reihe von Konflikten hin, die im letzten Verfahren mit dem Entzug der venia legendi endete. Sein Auftreten mußte die Wertewelt seiner Umgebung provozieren: »In der Schärfe seiner Schlußfolgerungen und Formulierungen kannte er keine Rücksicht und keinen Kompromiß.«[15] Gumbel gehörte denn auch zu den gefährdetsten Figuren in der Anfangszeit der Republik, als die Gegenrevolution ihn auf die Liste der zu Ermordenden setzte. Einem auf ihn im März 1919 angesetzten Rollkommando der »berüchtigten Garde-Kavallerie-Schützendivision, die u. a. für die Ermordung von Rosa Luxemburg und Karl Liebknecht« verantwortlich war, entkam er nur zufällig, weil er sich als Delegierter beim Völkerbund in Genf aufhielt (Jansen 1991:13). Auch auf der ersten Ausbürgerungsliste der Hitler-Regierung vom 23. August 1933 ist sein Name zu finden. Jansen schreibt:

»Nach seiner Ausbürgerung ›würdigten‹ die Nationalsozialisten Gumbel in den berüchtigten und weitverbreiteten Propagandaschriften ›Die Juden in Deutschland‹ und ›Juden sehen Dich an‹. Er wurde dort neben Rosa Luxemburg, Karl Liebknecht, Willi Münzenberg, Leo Trotzki, aber auch den katholischen Politikern Mattias Erzberger und Konrad Adenauer als einer von dreizehn ›Blutjuden‹ porträtiert« (Jansen 1991:9).

Gumbel war also eine über Heidelberg hinaus bekannte Persönlichkeit. Er hatte weitverzweigte Beziehungen insbesondere durch seine Aktivitäten im »Bund Neues Vaterland«, der später in die »Liga für Menschenrechte« aufging. Er war polyglott und kam durch seine politische Arbeit nach Frankreich, England und Rußland. Politisch stand er der Sozialdemokratie am nächsten (aus der er nach deren Zustimmung zum Bau eines Panzerkreuzers 1928 austrat und in die er 1930 zur Stärkung der antinationalsozialistischen Bewegung wieder eintrat, vgl. Jansen 1991:37). Seine distanzierte Haltung zur Sowjetunion ergab sich aus seiner Kompromißlosigkeit:

»›Was gebraucht wird, ist ein Weg, um die unten im Volk selbst schlummernden Kräfte zu wecken und sie direkt, ohne Umweg über die Vertreter, die sich langsam den Vertretenden entfremden, in den Dienst des Neubaus zu setzen. Das ist der Wille, das ist der Weg, den die Arbeiterräte versuchen sollten.‹ Im Agrarland Rußland würden dafür jedoch die Voraussetzungen fehlen. Auch der Rückgriff auf die Armee zur Sicherung der Sowjetmacht war für Gumbel und Russell kontraproduktiv.«[16]

Gumbel scheint kein *agent provocateur* gewesen zu sein, der die Trägheit des Denkens gezielt herausfordern wollte. Vielmehr wird er von Jansen als Rationalist charakterisiert, »radikaldemokratisch, libertär und zutiefst antidogmatisch«, dessen Wissenschaft die Statistik war und dem offenbar das Verständnis dafür fehlte, daß Gesellschaften nicht aus Erfahrungen nach binärer Logik lernen, sondern allenfalls in komplexen Pendelprozessen, in denen nicht allein rationalistische Faktoren eine Rolle spielen, sondern auch Milieus, Gefühlsfaktoren, ideologische und Interessenfaktoren, die den Erfahrungen andere Bewertungen geben. Gumbel hatte eine »lebenslange Distanz zu den Apparaten der großen Arbeiterparteien«. Dementsprechend scheint er auch kein Gespür für die Eigendynamik von Institutionen und Parteien besessen zu haben, er glaubte an die reine Wirkung von »Rationalität und Wissenschaftlichkeit« und übersah damit das Beharrungsvermögen und die Ehrvorstellungen in seiner Umwelt, der noch nicht auf individuelle Verantwortung eingestellten Mehrheit der Bevölkerung der Weimarer Republik. Typisch ist sein Fazit aus der Erfahrung mit der Publikation seiner Schriften über die Rechtslastigkeit der Justiz:

»Ich hatte die Behauptung aufgestellt, daß die deutsche Justiz über 300 Morde ungestraft läßt und hatte erwartet, daß dies nur zwei Wirkungen haben könnte. Entweder die Justiz glaubt, daß ich die Wahrheit sage, dann werden die Mörder bestraft. Oder sie glaubt, daß ich lüge, dann werde ich als Verleumder bestraft« (Jansen 1991:16).

Die Republik hatte auch im Justizwesen eine geringe Legitimationsdecke. Gumbels Logik, nach der die Geltung von Gesetzen die Justiz zwinge, nach ihr zu handeln, übersah die Tatsache, daß diese Justiz von Menschen verkörpert wurde, die im Kaiserreich groß geworden waren und deren Werte und Vorurteile in sich trugen, die sie größtenteils 1919 nicht einfach auswechselten. Die Zwickmühle, in der die Mehrzahl der Vertreter der Justizverwaltung saß, bestand aus dem öffentlichen Anspruch auf Einhaltung der Regeln der Republikgesetze einerseits und einer hergebrachten Neigung zum Kampf gegen die Revolutionäre. Sie löste dieses Problem, indem sie den hergebrachten Neigungen Vorrang gab und dadurch die von Gumbel aufgezeigten Mißverhältnisse hervorbrachte. Gumbels Anklage gegen diese Mißverhältnisse erledigte sie auf eine nicht untypische Art – durch Nichthandeln. Damit hatte Gumbel nicht gerechnet:

»Tatsächlich ist etwas Drittes, völlig Unvorhergesehenes eingetreten: Von behördlicher Seite ist kein einziger Versuch gemacht worden, meine Behauptungen zu bestreiten. Im Gegenteil, die höchste zuständige Stelle, der Reichsjustizminister (Radbruch, RB), hat meine Behauptungen mehrmals ausdrücklich bestätigt. Trotzdem ist nicht ein einziger Mörder bestraft worden.«[17]

In der Korporation der Heidelberger Universität war Gumbel einer von einer Reihe von »akademischen Außenseitern«, die – vor allem am InSoSta – zu Beginn der Republik, als die Vertreter des Kaiserreichs noch stark verunsichert waren, akzeptiert wurden. Diese Außenseiterstellung bezog sich auf ihr politisches Bekenntis zum Sozialismus oder zum Pazifismus. Da das Spektrum politischer Einstellungen an der Hochschule generell weiter nach rechts verschoben war, zählte das volkswirtschaftliche Seminar bereits durch die große Zahl der linksliberalen Anhänger der DDP und vor allem durch seine aktiven sozialdemokratischen Mitglieder zu einer »extremen Hochburg des Linksliberalismus und des Sozialismus« (Jansen 1997:38). An der an sich als liberal geltenden Universität Heidelberg war somit das InSoSta eine Bastion für politische Außenseiter, was zunächst Eberhard Gothein und nach dessen Tod seinen beiden Direktoren Lederer und Alfred Weber zu verdanken war.

Gumbel zählte nicht nur zu diesen prägnanten Außenseitern, die habilitiert wurden, er war zudem einer der wenigen, die am InSoSta blieben. Die Linkssozialisten Muckle und Neurath und der Nationalkonservative Levy wurden bereits 1919 aus dem Lehrkörper wegen mangelnder Präsenz am Institut ausgeschlossen. Arthur Salz, der nach dem Scheitern der Münchner Räterepublik des Hochverrats angeklagt und »aufgrund der Fürsprache der Brüder Weber« (Jansen 1997:40) freigesprochen wurde, konnte, nach seiner freiwilligen Rückgabe der venia legendi 1919, zu Beginn des Jahres 1924 die Wiederherstellung der venia legendi erreichen und erneut seine außerordentliche Professur bekleiden. Entscheidend dürfte die Frage der Kollegialität gewesen sein, die ihre eigenen Regeln hatte, aufgrund derer politisches Wirken akzeptiert wurde oder nicht. Sozialisten wie Sultan oder Salz wurden unabhängig von ihrer politisch radikalen Position nicht nur geduldet, sondern auch kollegial geachtet. Gumbel dagegen scheint auch als Kollege schwierig gewesen zu sein und keine Freunde am InSoSta gehabt zu haben.[18] Im Zusammenhang damit erst wurde er auch persönlich zu einem Außenseiter am »Institut der Außenseiter«.

Gumbel habilitierte sich 1923 (Jansen 1991:18). Er kaufte sich in Heidelberg ein Haus, das er, wie er selbst schrieb, mit Devisen aus ausländischen Publikationen bezahlen konnte.[19] Über seine Tätigkeit als Lehrbeauftragter, die er zwischen 1925 und 1926 für Studienreisen nach Moskau unterbrach, wo er die mathematischen Manuskripte von Karl Marx für die Herausgabe der Werke vorbereiten half (vgl. Vogt 1991:20ff.), ist nichts Ungewöhnliches bekanntgeworden. Gumbels politische Schriften waren es, die die Gemüter erhitzten. Sie lieferten nicht nur nach Meinung des ehemaligen Staatssekretärs August Müller (SPD) »den Franzosen Argumente in der Entwaffnungsfrage« (Jansen 1991:19), sondern kursierten in Frankreich und in den besetzten Gebieten, wo sie ganz offiziell durch die Unterstützung der französischen Besatzungsorgane Verbreitung fanden. Darauf wird in einer zeittypischen Schrift über die *Französische Kulturarbeit am Rhein*[20] hingewiesen, in der behauptet wird, daß die Schriften des »Bundes Neues Vaterland« von Frankreich bezahlt wurden:

»Ich rechne hierzu nicht die mehr oder weniger von französischem Geld veranlaßte, in der Schweiz zu Kriegsanfang entstandene Literatur deutscher Refraktäre, sondern die in den Revolutionswirren geborenen Flugschriften des Bundes ›Neues Vaterland‹, von denen von den Franzosen besonders verbreitet wurden: Nr. 1 der Mahnruf des Hauptmanns Beerfelde, Michel, wach auf! ferner Nr. 5 E. J. Gumpel (*sic!*), Vier Jahre Lüge, und Nr. 11: Heinrich Ströbel, Durch zur Wahrheit. Dieser Weg erwies sich als sehr praktisch für die Franzosen, sie finanzierten die zersetzenden Faktoren im Innern von Deutschland...« (Hartmann 1921:46)

Wenn auch August Müller sich insofern täuschte, als die Aufstellungen Gumbels bezüglich der Entwaffnung alle auf bereits veröffentlichten Berichten beruhten (Jansen 1991:19), so dürfte doch diese Nutzung seiner Schriften durch die französische Propaganda Gumbels Ansehen im Kollegenkreis in ein gewisses Zwielicht gerückt haben.

»(A)ndererseits mußte es an dem damals von Innendeutschland fast abgeschnittenen Rhein stark verwirrend wirken, wenn auf einzelnen dieser Flugschriften als Verbreitungszahl stand 130.Tausend. Die beiden Geschäftemacher, der französische Werbedienst und der ›Bund Neues Vaterland‹ hüteten sich wohlweislich, dem arglosen Publikum zu verraten, daß ganze Waggons solcher Flugschriften von französischem Gelde für die Rheinpropaganda aufgekauft worden waren« (Hartmann 1921:46).

Die hohen Auflagen seiner Bücher sind offenbar durch diese französische Hilfestellung möglich geworden. Man muß nun davon ausgehen, daß Gumbel daran selbst vermutlich nichts Falsches erkennen konnte, da ihm alles recht gewesen sein dürfte, was »der Wahrheit« diente. Gumbel hatte keine Berührungsangst gegenüber französischen Stellen und organisierte mit »französischen Pazifisten (darunter Ministerpräsident Edouard Herriot)« Versöhnungstreffen im besetzten Mainz und ging im gleichen Jahr, als das erste Disziplinarverfahren gegen ihn angestrengt wurde, nach Frankreich zu Vorträgen über die deutsch-französische Verständigung (Jansen 1991:21). So stand hinter den Vorwürfen und Anwürfen gegen Gumbel offensichtlich die Verletzung des Kollektivguts der nationalen Ehre: In den angespannten Beziehungen zur Siegermacht Frankreich in der Vor-Locarno-Zeit waren die Grenzen des nationalen »Innen« und »Außen« noch nicht überwunden, durch die der Vorwurf des Landesverrats genährt wurde. Abgesehen von seinen Provokationen also, mit denen er – ohne sich vermutlich Gedanken über die Folgen zu machen – auf politische Mißstände hinwies, war dies wohl der Grund, warum die Korporation Gumbel nicht weiter stützen wollte und konnte: Im Verhältnis zu Frankreich war der Krieg nie wirklich beendet – dementsprechend wurde ein solches Verhalten im »Kalten Krieg« mit Landesverrat gleichgesetzt. Gumbel mißachtete diese Grenzen und setzte einen eigenen, völlig konträren Maßstab der Kollektivehre mit der Unterscheidung zwischen Pazifisten und Militaristen. Gumbels Feindkollektiv war ein anderes als jenes der Mehrzahl der Heidelberger Professorenschaft[21]. Man warf Gumbel seine Enthüllungen über die Schwarze Reichswehr und die Justizmorde vor. Ob man vermutete, daß Gumbel Geld von französischen Stellen bekam[22], oder ob man es einfach als antinational empfand, daß Gumbel Bücher schrieb, die von der französischen Propaganda unverändert in hoher Auflage in den besetzten Rheingebieten vertrieben werden konnten, bleibt dabei unerheblich. Es zeigt sich am »Fall Gumbel«, wie wenig kollektiv gewonnene Maßstäbe und Erfahrungswerte, nach denen Handlungen beurteilt werden, durch rationale Argumentation erreichbar sind. Der Akt der Gründung der Republik erfolgte nicht aufgrund der Veränderung der inneren Kräfteverhältnisse in Deutschland – als Erlangung der vom Bürgertum lange erstrebten Macht –, sondern entstammte eher einer Notlage, nach dem unerwarteten Ende des Krieges. Die Grundsätze dieser Republik, die einen anderen individualisierteren kulturellen Habitus – insbesondere im Verhältnis zum Staat – postulierten, waren dementsprechend gefühlsmäßig noch kaum verankert, das nationale Ehrkollektiv dagegen verschwand nicht aus dem Denken und der Gefühlswelt. Die Begründung der Verurteilung Gumbels im Disziplinarverfahren von 1932, in der ihm die venia legendi aberkannt wurde, weist auch auf diesen Zusammenhang hin: Er habe sich »des Vertrauens als akademischer Lehrer nicht würdig gezeigt« (Jansen 1991:39).

Vielleicht steckt aber hinter dem Verfahren von 1932, in dem sich Bergstraesser und der Historiker Willy Andreas als »Scharfmacher« besonders hervorgetan haben[23] und in dem auch Jaspers offenbar seine Gelassenheit verlor, noch etwas anderes als der Kampf der Korporation um Fragen der Grenze der politischen Dezenz, als den man ihn bislang betrachtet. Jansen registriert eine gewisse Gereiztheit der Kollegen gegen Gumbel: Selbst Anschütz, Kommentator der Weimarer Verfassung, »interpretierte Gumbels Angebot, sich im Ausland eine Stelle zu suchen, übelwollend als ›versuchte Beeinflussung‹« und drohte dem »Weimarer Kreis« mit seinem Austritt, falls der sich für Gumbel einsetzen sollte. Jaspers, »der 1925 in einem Sondervotum seinen Dissens zur Fakultätsmehrheit deutlich gemacht hatte«, distanzierte sich nun von Gumbel ebenso wie Gustav Radbruch, der ein alter Freund Gumbels gewesen war. Alfred Weber erklärte: »Der Fall Gumbel sei eine Frage der Beurteilung der Persönlichkeit... Stimme die Anschuldigung, dann habe er sich geirrt, Gumbel milde und schonend in letzter Zeit zu behandeln« (Jansen 1991:38). Nirgends scheint eine Anschuldigung explizit formuliert worden zu sein, auf die sich Weber hier beziehen könnte. Was konnte etwa der liberale Dekan Ernst Hoffmann[24] mit den Worten gemeint haben, »Gumbel sei ein völlständig unmöglicher Mensch, weiß nicht, was er sagt und will es nicht sehen«, und »Gumbel will Geschäfte machen«? Womit auch immer Gumbel diese Gereiztheit verursacht haben mag[25], die zugespitzte politische Lage Deutschlands geht hier parallel zum Ausschließungsritual einer Korporation, die sich nicht von einem Wissenschaftler, sondern von einem zu einer öffentlichen Person gewordenen Mitglied trennte – einem Mitglied, das nicht nur die Grenzen der das Kollektiv unausgesprochen mitkonstituierenden nationalen Ehre mißachtete und sich auch nicht nur nicht bemühte, diesen Dissens zu verbergen, sondern ihn zum Gegenstand öffentlicher Debatten machte, einem Mitglied, dem es außerdem – aus welchem Grund auch immer – verwehrt zu sein schien, mit dem Kollegium auf einer persönlichen Ebene in engeren Kontakt zu treten. In dem Verfahren unter der Leitung des Dekans Curtius 1924 war noch genau zwischen der Person und dem Wissenschaftler unterschieden worden[26]:

»Ich war glücklich, in dem Gutachten der Fakultät ihre Einheit herbeigeführt zu haben, dadurch, daß Gumbel zwar wegen seiner Äußerung auf das Schärfste moralisch verurteilt wurde, daß aber die Fakultät es ablehnte, den Antrag auf Entfernung vom Lehramt zu stellen.«[27]

Der Wissenschaftler sollte am Institut bleiben, der politische »Mensch« jedoch ermahnt werden, sich an die im Kollegium üblichen Konventionen zu halten. Die Gewichtung hatte sich 1932 verkehrt: Der Wissenschaftler Gumbel stand nicht mehr zur Debatte, sondern nur noch die »Persönlichkeit« Gumbels, die sich als unwürdig gezeigt habe, der Korporation weiterhin anzugehören. Denn wenn auch der Anlaß eine politische Provokation der nationalsozialistischen Studenten war, so zeigt die Reaktion doch eindeutig den Versuch, den korporativen Zusammenhang dadurch zu wahren, daß gerade das politische Element von der Universität ferngehalten wurde.[28]

Bergstraesser blieb genauso wie Alfred Weber bei seinem Votum. Sie behielten ihre Überzeugung von der Ehre des nationalen Kollektivs bei, das sich im Weltkrieg so tief bei ihnen eingeprägt hatte, und stellten es nicht in Frage, obwohl nach den nun geltenden liberalen Grundsätzen die Freiheit zur politischen Äußerung unabhängig von einem universitären Kollektiv zu regeln gewesen wäre. Die nationale Ehre blieb ihnen ein unteilbares Gut. Bergstraesser hat in einer Selbstdarstellung, die er im Anschluß an einen gegen ihn gerichteten Artikel im *Aufbau* verfaßt hatte (s. u.) und der etwa von 1942/43 stammt, seine Einstellung in dem Untersuchungsverfahren folgendermaßen begründet:

»I myself still agree to the principle underlying this decision, namely that an academic teacher while upholding his own convictions should not deface values dear to others. It is perfectly possible to work for peace and to support pacifism without debasing the memory of the sacrifice, which the simple soldier brought with his life.« [29]

Um seinen Sinn für die Regel der Gleichbehandlung zu zeigen, wies Bergstraesser hier in einer Art Vorwärtsverteidigung auch darauf hin, daß er es war, der in diesem Verfahren zugleich die Verurteilung der Studenten verlangt hatte, die die akademische Freiheit durch Störung der Vorlesungen verletzt hatten (ebd.). Freilich war es nicht Bergstraesser allein, der eine gleichzeitige Anklage gegen die Studenten verlangte, sondern auch Dekan Ernst Hoffmann, Karl Jaspers und andere.[30]

Im Nachlaß von Alfred Weber[31] fand sich eine »Erklärung« des 88jährigen zum Fall Gumbel, die Gadamer, der damalige Dekan der philosophischen Fakultät, angeregt hatte. Alfred Weber nimmt darin Stellung zum Wiedergutmachungsverfahren für Gumbel[32]:

»Ich erlaube mir, als eine(r) der Nächstbeteiligten am früheren Heidelberger ›Fall Gumbel‹ nachstehend informierend folgendes zu erklären, das dem aktenmäßigen Detail des Disziplinarverfahrens gegen Gumbel in den betreffenden Akten ergänzend zur Seite stehen möchte: Gumbel wurde von mir seinerzeit der Fakultät für eine Privatdozentur mit Lehrauftrag für Statistik vorgeschlagen auf Grund des Gutachtens von Prof. von Bortkiewicz... Als sich herausstellte, daß Gumbel der Verfasser der Broschüre ›Vier Jahre Mord‹ (über die Feme-Morde) war, ließ ich mir vor der weiteren Betreibung seiner Habilitation ihn zu mir kommen. Er gab mir dabei die Zusicherung, daß er in der national sehr angespannten Atmosphäre, die damals herrschte, unbeschadet seiner Überzeugungen, die akademische Gemeinschaft achten und sie nicht durch provokatorische Ausfälle sprengen werde. Er hat nach vollzogener Habilitation genau das Gegenteil getan, indem er alsbald in propagandistischen öffentlichen Versammlungen mit extremen Reden auftrat. Wobei es u. a. vorkommen konnte, daß er von den vor Verdun Gefallenen sagte, ›er wolle nicht sagen, sie seien auf dem Felde der Unehre gefallen, aber ...‹ Dies und Ähnliches reizte die Studentenschaft so, daß es zu heftigen Skandalen und Protesten kam. Gumbel hatte in der Tat gegen die akademische Gemeinschaft und ihre Gefühle gehandelt, oder jedenfalls ohne Rücksicht auf sie.«

Weber war durch Gumbels Aktionen tief verletzt, da er sich als Betreiber des Habilitationsverfahrens vor der Korporation Universität für ihn persönlich verantwortlich fühlte. Dieses Gefühl des Vertrauensbruchs durch Gumbel blieb bestehen, auch als Gumbel versuchte, eine neue politische Rolle zu spielen. Dementsprechend nahm Weber auch eine intransigente Haltung in bezug auf die Frage eines Wiedergutmachungsverfahrens ein: »Vom besonderen Standpunkt der Heidelberger Universität aus aber ist zu sagen, es wäre eine bewußte geistige Selbstschädigung, wenn sie jemanden, der schon einmal ihre geistige Gemeinschaft *(sic)* aufs schwerste verletzt hat, jetzt unter dem Titel Wiedergutmachung in ihren Lehrkörper sich aufzwingen ließe. Gegen einen Zwang dieser Art wäre, wie mir scheint, jedes Mittel am Platz.«[33] Daß auch diese Stellungnahme Alfred Webers nicht nur wörtlich zu verstehen war, wird noch zu zeigen sein.

Der *Tat*-Kreis

Die *Tat*, Monatsschrift aus dem Hause Diederichs (Jena), bekam 1929 eine neue Redaktion, zu der Hans Zehrer, Friedrich Zimmermann (Ferdinand Fried) und die Heidelberger Assistenten Ernst Wilhelm Eschmann und Giselher Wirsing gehörten. Sie strebten nach wirtschaftlicher Autarkie für Deutschland, dachten national, antiwestlich und korporatistisch. Eschmann und Wirsing gehörten zur zweiten Generation der Jugendbewegung, die am Ersten Weltkrieg nicht mehr aktiv teilgenommen haben. Eschmann war bei Alfred Weber mit einer Arbeit über den italienischen Faschismus promoviert worden, die als »sachliche Beschreibung« aufgefaßt wurde.[34] Der Kaufmannssohn aus Berlin hatte während seines Studiums in Königsberg als städtischer Jugendpfleger gearbeitet, bis er zum Hauptgeschäftsführer des Bundes der Wandervögel und Pfadfinder gewählt wurde. Ein Stipendium der Studienstiftung des Deutschen Volkes ermöglichte ihm die volle Wiederaufnahme des Studiums. Er ging Anfang 1927 nach Heidelberg und begann seine Arbeit über die »Sozialpolitik des Faschismus«. Im Herbst machte er eine Studienreise nach Rom, um Material für diese Arbeit zusammenzutragen.[35] Von 1927 bis 1932 war er Hilfsassistent bei Alfred Weber (vgl. Eschmann 1986:202) Der italienische Faschismus stellte für ihn, wie auch für andere prominente Soziologen der zwanziger Jahre (Robert Michels), das Modell einer nationalen, nichtrassistischen Vergemeinschaftung jenseits des Klassenkampfs dar.

Laqueur hat diese Richtung beschrieben:

»Ihnen schwebte ein starkes Mitteleuropa vor (mit wirtschaftlicher und politischer Expansion Deutschlands nach Südosten). Ihre Kommentare befaßten sich vorwiegend mit der deutschen Innenpolitik – Kommentare voller Sarkasmus und unverhohlener Befriedigung über die Verschlechterung der Lage, denn sie erwarteten, ja erhofften eine allgemeine Katastrophe. Ihrer Ansicht nach war die Weimarer Republik dem Untergang geweiht, und sie hatten nicht die Absicht, ihr beizustehen. Ihr Antiliberalismus unterschied sich kaum von dem anderer Kreise, und es versteht sich, daß sie für ein autoritäres Regime, für Wirtschaftsautarkie und für einen Staatssozialismus waren« (Laqueur 1962:203)[36].

Eschmann schrieb in der *Tat*: »Deshalb sind wir Sozialisten, aber keine proletarischen Sozialisten, für uns sind Sozialismus und Nation identisch« (Laqueur 1962:203).

Das wirkt heute überraschend, weil die Begriffe eine völlig andere Bedeutung bekommen haben. Daß die Begriffe »national« und »sozialistisch« von einer unübersehbaren Zahl von Gruppen und Bewegungen benutzt wurden, ist zumeist vergessen. Wenn Eschmann hier vielleicht, wie viele Nationalkonservative aus dem Bürgertum, das proletarische Element an der sozialistischen Bewegung abschreckt, so gehört doch zu seiner politischen Position auch die Ablehnung des völkischen Rassismus der NSDAP. Dies erweist sich als wichtiges Kriterium der Differenzierung (vgl. Jansen 1992:67). Wenn Laqueur schreibt: »Im Deutschland von 1930 war in der Tat jedermann Sozialist und Befürworter der Planwirtschaft, genauso wie jeder gegen den Versailler Vertrag war« (Laqueur 1962:168), so spiegelt dies die Reaktion auf die politische und wirtschaftliche Krise wider, die als Alternative nur die Wendung zu einer militaristisch organisierten nationalen Ordnung erwartete. Der *Tat*-Redakteur Eschmann scheint sich 1930 an der Gründung der Deutschen Staatspartei beteiligt zu haben.

»Als Erich Koch-Weser im Jahre 1930 die Deutsche Demokratische Partei mit der ›Volksnationalen Reichsvereinigung‹ des Jungdeutschen Ordens Arthur Mahrauns unter dem Namen ›Deutsche Staatspartei‹ zusammenschließt, in der Hoffnung, den Niedergang der Liberalen aufhalten zu können, nehmen Weber und sein damaliger Assistent Eschmann an der Versammlung der neuen Partei in Heidelberg teil. Weber ist ziemlich skeptisch, denn die Honoratioren, die da zusammenkommen, flößen ihm nicht viel Vertrauen ein« (Demm 1990:289).

Zwei Jahre später trat Weber wieder aus.

Abgesehen von solch zeitweiligem Engagement, war das politische Denken dieser jungen Konservativen der zweiten Generation der Jugendbewegung jedoch nicht durch konstruktive Parteinahme für ein bestimmtes politisches Vorbild, sondern mehr noch durch die Ablehnung liberaler Werte gekennzeichnet. Der mehr gefühlte als gedachte Zusammenhalt wurde durch das Feindbild Kapitalismus geboten, denn sie hielten sich für »antikapitalistisch«, und unter Kapitalismus verstanden sie eine Art faßbares und erkennbares Gebilde. Es ist eine politische Romantik, die sich durch die Idee einer besonderen »deutschen Staatsgeistigkeit« auszeichnet. Die *Tat* ließ sich nicht einer bestimmten Partei zuordnen. Ihre Programmpunkte waren auf Restauration der nationalen Bedeutung Deutschlands in Europa ausgerichtet. Ihre Parolen lauteten »Kampf« gegen »Kapitalismus«, »Liberalismus« und das »System« von Weimar, und ihre Ideale sahen die Redakteure in einem dritten Weg zum Ständestaat, nach italienischem Vorbild, was einen starken Staat – (bis hin zur »demokratischen Diktatur«) und eine zumindest vorübergehende Autarkie mit staatlicher Wirtschaftslenkung erforderte.

Theodor Heuss, Brentano-Schüler, Naumann-Mitarbeiter und DDP-Gründungsmitglied wie Alfred Weber, erinnert sich daran, daß diese Romantik »schon beim Kriegsbeginn« einsetzte,

»vielleicht, als der (Soziologie-)Professor Plenge in Münster, der sonst wohl vergessen ist, den Geist von 1914 mit den Ideen von 1789 konfrontierte. Aber solche Thematik beherrschte, in vielerlei Variationen, eine werdende Zeitschriften- und Bücher-Publizistik, ›Das Gewissen‹, die ›Deutsche Rundschau‹, dann die ›Tat‹, das Schreiben Edgar Jungs – sie alle wurden unfreiwillige Wegbereiter Hitlers, den sie später haßten; Edgar Jung hat mir einmal klargemacht, daß er nicht nur gebildeter, sondern auch ein stärkerer Redner sei als der Mann, der den ihm sozusagen zustehenden Platz weggenommen habe – die Mehrzahl dieser Männer ist direkt oder indirekt Opfer der hitlerischen Rachsucht geworden« (Heuss 1963:255).

Theodor Heuss machte hier freilich keinen Unterschied zwischen den verschiedenen Phasen, in denen etwa *Das Gewissen* oder der *Ring* sich entscheidend veränderten (s. u.).

»Die Spinne«

In seinem Buch über *Die geistige Situation der Zeit* (Jaspers 1931) bezieht der Heidelberger Philosoph Karl Jaspers Stellung gegen die kapitalistische Gesellschaft, die sich ihm – ähnlich wie Alfred Weber – als eine Herrschaft der »Riesenapparate« präsentierte. Es ist eine scharfe Kritik an der zivilen Gesellschaft und ihrer funktionalen Sachlichkeit, zugleich aber auch ein Lob hierarchischer gegliederter Gemeinschaft und charismatischen Führertums. In der Januarausgabe der *Tat* 1932 wurde von dieser Jaspersschen Kritik an der »Gesellschaft« ausführlich Gebrauch gemacht:

»›Man muß mit allen Menschen so umgehen‹, schreibt Jaspers, so scharf, daß wir uns seine Sätze nicht ganz zu eigen machen wollen, ›daß man für jeden

Fall möglichst viele Beziehungen hat, um die gerade nötigen benutzen zu können. An die Stelle der Kameradschaft selbstseiender Menschen tritt das Afterbild der Freundschaft derer, die sich stillschweigend im Gemeinen finden unter der Form eines konzilianten Umgangs.‹«

Jaspers stellt hier die »Kameradschaft selbstseiender Menschen« gegen das »Afterbild der Freundschaft«, wie es im Rahmen von Geselligkeit und gesellschaftlichen Verkehrsformen (Wunderlich 1932:840)[37] der liberalen Gesellschaft aufkommt. Interessant sind Jaspers' Beschreibungen des Kommunikationsgestus, überschrieben mit »Methoden des Vorankommens im Apparat«. Diese

»bestimmen daher die Auslese. Weil nur etwas erreicht, wer sich hindrängt, grade dies Faktische aber niemand in konkreter Situation eingestehen darf, ist als vornehm die Gebärde des Wartens und Sichrufenlassens erfordert: es kommt auf die Verfahren an, wie man sich scheinbar zurückhaltend in Position bringt. Man läßt unmerklich, zunächst in zufälligen geselligen Berührungen, ein Gerede entstehen. Hypothetische Gedanken werden wie gleichgültig geäußert. Man leitet ein: ich denke nicht daran ..., es ist nicht zu erwarten, daß ..., um auszusprechen, was man möchte. Gelingt es nicht, so hat man nichts gesagt. Gelingt es, so kann man bald von einem Vorschlag, einem Angebot berichten und sich dazu stellen, als ob man widerwillig in die Lage gekommen wäre. Man umgibt sich mit der Gewohnheit, vielerlei und widersprechend zu reden. Man muß mit allen Menschen so umgehen, daß man für jeden Fall möglichst viel Beziehungen hat, um die grade nötigen benutzen zu können.«

Für Jaspers, der für seine Schroffheit und Direktheit, die er für Wahrheitsliebe hielt, berühmt war, war dieser Kommunikationsgestus unerträglich. Abfälliger konnte er kaum über Umgangsformen sprechen, die für ihn Produkt eines Systems waren, das »den Menschen« aus »seinem Platz in der Schöpfung« losreißt, wo er seine Aufgabe zu erfüllen hätte. Dem »Apparat« gilt

»das Gewesene ... nicht mehr, nur das grade Gegenwärtige. Das Vergessen ist der Grundzug dieses Daseins, dessen Perspektiven in Vergangenheit und Zukunft fast zur bloßen Gegenwart zusammenschrumpfen. Es wird ein Hinfließen des Lebens ohne Erinnerung und ohne Voraussicht, außer der Kraft des zweckhaften Blicks in der Leistungsform am Apparat. Es schwindet die Liebe zu den Dingen und Menschen ... Wenn das Maß des Menschen die durchschnittliche Leistungsfähigkeit ist, so ist der Einzelne als Einzelner gleichgültig. Niemand ist unersetzlich ... Vorbestimmt zu diesem Leben sind

Menschen, die gar nicht sie selbst sein wollen; sie haben den Vorrang. Die Welt scheint in die Hände der Mittelmäßigkeit geraten zu müssen, der Menschen ohne Schicksal, ohne Rang und ohne eigentliche Menschlichkeit« (Jaspers 1933[5]:40f.).

Der »Apparat«, als den Jaspers die Gesellschaft der Weimarer Republik beschreibt, ist eine Bedrohung für das, was er als das Wesentliche am Dasein begreift: »Es ist, als hätte der versachlichte, von seiner Wurzel gerissene Mensch das Wesentliche verloren« (Jaspers 1933[5]:41). Das Leben in diesem »Apparat« mit seinen Auslesemechanismen scheidet die rücksichtslosen Egoisten und die Masse der Bleibenden voneinander. Die neue Elite dieser Gesellschaft unterscheidet sich von der bisherigen markant:

»Wo kaum noch einer hineingeboren und darum zum Herrschen erzogen wird, sondern jeder sich im Apparat eine gehobene Stellung erst erwerben muß, da ist dieser Gewinn einer Machtposition gebunden an Verhaltungsweisen, Instinkte, Wertschätzungen, welche das eigentliche Selbstsein als Bedingung verantwortlichen Führens gefährden ...; durchweg haben die Gewinner Eigenschaften, welche es nicht ertragen, daß Menschen sie selbst sind« (Jaspers 1933[5]:42).

Wenn Jaspers in der bürgerlichen Leistungsgesellschaft einen bedrohlichen Apparat sieht, so macht der Autor des *Tat*-Beitrags, der sich Wilhelm Wunderlich nennt, aus dem »Apparat« – der ja auch ein Weberscher Ausdruck ist –, das »System«, einen politischen Begriff also, mit dem die Weimarer Republik von ihren Gegnern belegt wurde. Er bleibt jedoch nicht, wie Jaspers, bei der resignativen philosophischen Kulturkritik stehen, sondern kehrt die historische Tendenz, die mit der bürgerlichen Gesellschaft verbunden ist, journalistisch wieder um: Er entfunktionalisiert seinerseits mit dem Mittel der Personalisierung: ein Verfahren, das sich dem Zwang zur Erkenntnis, daß Demokratisierung ein struktureller Prozeß ist, verweigert und an einem Denken festhält, das gesellschaftliches Handeln der ganz persönlichen Verantwortung von Personen und Persönlichkeiten zuschreibt. Wunderlich greift die »Spinne« im Netz der Macht an, den Egoisten, der die »Elite der Mittelmäßigkeit«[38] repräsentiert und denunziert deren Mittelsmänner mit Namensnennung. Er nennt die Berliner Geselligkeiten, in denen »die Spinne« verkehrt, ihre Verbindungen zu Verwaltung und Ministerialressorts. Während der Autor selbst sich als ein Mitglied der »eigentlichen Elite« begreift (*Die Tat*,

Januar 1932:836), die, ausgerüstet allein mit einer Zeitschrift, ohne Unterstützung durch Geld, Macht, Organisationen, »totgeschwiegen, dann bagatellisiert, verleumdet und schließlich von allen Seiten mit allen Mitteln bekämpft (wurde), von der NSDAP bis zur KPD«, dem System »seit zwei Jahren den Spiegel« vorgehalten habe und sich nunmehr langsam »durchgesetzt hat« (*Die Tat*, Januar 1931:834,5), porträtiert er »die Exponenten dieser Mechanisierung« als eine »Front der Gegner«, bestehend aus den »Syndizi des Kapitals, d(en) jungen Männer(n) der Parteien, d(en) Funktionäre(n) der Massen«, die dem »Nachwuchs keinen Raum mehr gewährt« (ebd.): Denn wenn dieser Nachwuchs sich nicht anpasse, dann »speit (das System) ihn aus und läßt ihn einfach verhungern« (ebd.). Der Beitrag ist ein typisches Produkt dieser Monatsschrift, die durch ihre aggressive Strategie zu einer führenden Oppositionszeitschrift der Weimarer Republik in ihren letzten Zügen wurde. Sie thematisierte mit einem Journalismus, der, wie in diesem Beitrag, jenseits der Regeln, die in der klassischen bürgerlichen Öffentlichkeit galten, durch Personalisierung angriff, die Kritik an der Demokratie, die allgemein als gescheitertes Modell eines entpersönlichten Regelsystems begriffen wurde, aus dem »der Mensch« herausfiel. Was warf Wilhelm Wunderlich diesen Syndici des Kapitals vor? Daß sie keine Verantwortung tragen:

»Diese Syndizi und Funktionäre sind gewissermaßen Chauffeure, die einem anonymen Mann den Wagen führen. Der anonyme Mann spürte, solange er noch lebte, einen Teil der Verantwortung. Er mahnte zu vorsichtigem Fahren, er ließ vor einer Menschenmenge halten, er war vielleicht sogar hilfsbereit. Der Chauffeur hat diese Eigenschaften nicht. Er fährt rücksichtslos um die Ecken, er spritzt den Passanten den Kot ins Gesicht und er hupt ungeduldig und herrisch, wenn ihm eine Menschenmenge den Weg versperrt. Was kann ihm passieren? Der Besitzer des Wagens muß ja doch in jedem Falle die Zeche bezahlen« (*Die Tat*, Januar 1932:836).

Aus der Verbundenheit mit diesem »anonymen Mann« heraus meint Wilhelm Wunderlich, die Probleme der Zeit auf seine Weise lösen zu dürfen: Die »Unpersönlichkeit derer, die heute herrschen, die Verantwortungslosigkeit derer, die heute die Geschäfte erledigen«, machen den »geistigen« Kampf für die *Tat*-Leute so »heimtückisch und hinterhältig«, ein Zustand, der »nur noch durch die direkte Attacke zu durchbrechen ist« (*Die Tat*, Januar 1932:837).
  Im Stil eines Detektivromans wird das Netzwerk der »Spinne« rekonstruiert: »Der Krieg war zu Ende. Der politische Sozialismus sah sich an der Macht. Da sammelte sich ein kleiner Kreis von Männern,

die der Partei zugehörten oder ihr nahestanden ... Abseits vom Lärm der Straße der Parteikämpfe, unsichtbar für die Öffentlichkeit.« Man ist gespannt auf diesen Dunstkreis von Verschwörern, die nicht in ehrlichen Parteikämpfen sich schlugen, sondern im stillen zu arbeiten begannen:

»Da war der Pressereferent im neugeschaffenen Reichswirtschaftsministerium Staudinger, sein Parteigenosse Schaeffer, der Nationalökonom Heimann, von der gleichen Fakultät Löwe, beide Sozialisten. Noch einer kam hinzu und brachte das radikale Element mit, Dr. Alexander Rüstow, Outsider etwas, der in Verbindung mit der kommunistischen Bewegung stand. Heinrich Bachem hielt über das Ganze seine schützende Hand, der geheime und vortragende Rat des alten, kaiserlichen Reichswirtschaftministeriums« (*Die Tat*, Januar 1932:837).

Die rhetorische Technik ist Aufbau von Spannung mit entsprechenden Reizvokabeln: »beide Sozialisten«, oder »Outsider etwas, der in Verbindung mit der kommunistischen Bewegung stand« – Gipfel der Verschwörung. Bei ihnen liefen die »Fäden der Sozialisierungspläne zusammen«. Als Sozialisten fühlten sich die *Tat*-Redakteure auch, aber was sollte man von *solchen* Sozialisten erwarten? Nicht viel:

»Weit ist man nicht gekommen ... Gleich zu Anfang ließ man die beste Chance, Wirtschaftspolitik allergrößten Stiles zu betreiben, ungenutzt verstreichen und in dem theoretischen Geplänkel eines volkswirtschaftlichen Seminars versanden. In einem Schicksalsaugenblick kamen diese sogenannten Sozialisten über liberale Relativismen nicht hinweg.«

In der Tat scheiterten die Pläne der beiden von der Weimarer Regierung eingesetzten Sozialisierungskommissionen weitgehend – jedoch eher am Widerstand der Industriekreise als an der »Unfähigkeit« der einzelnen Komissionsmitglieder.

»Die Arbeit verflüchtigte sich. Von Sozialisierung war keine Rede mehr. Heimann und Löwe fanden den Weg zum Lehrstuhl. Schaeffer und Staudinger widmeten sich der Beamtenlaufbahn. Sie decken heute als maßgebliche Dirigenten die Schwerfälligkeit einer bürokratischen Ressortpolitik verantwortlich ... Alexander Rüstow aber, Vertreter eines extremen Linksradikalismus in diesem Kreis, an Kühlheit des Verstandes, konzentriertem Willen und verhaltener Geduldskraft seinen Freunden überlegen, ging den Weg, den ihm seine Veranlagung vorschreiben mußte. Nach einem kurzen Gastspiel im Reichswirtschaftsministerium landete er bei dem ›Verein deutscher Maschinenbauanstalten‹. Hier bot die Ratio allein Raum. Hier war die kalte Luft nackter Interessen.«

Von hier aus habe »die Spinne« ihr Netz ausgebreitet. Das Zentrum dieses Spinnennetzes, die Tiergartenstraße 35, sei die Zentrale einer Politik geworden, deren Ziel die Ausweitung des Handels und der Exportmöglichkeiten war – das Konzept einer liberalen Marktwirtschaft, das sich nicht nur um die Belange des eigenen Verbandes, sondern »um die Handhabung der gesamten deutschen Wirtschaftpolitik« kümmerte. Wunderlich hat nun den »Feind« im Spinnennetz fixiert. Dieser Feind, der den »Exportillusionismus« einer kleinen Interessengruppe vertritt, kümmere sich nicht um die Landwirtschaft, »die langsam dabei kaputt gehen würde«, nicht um die Schwerindustrie, die Interessen der Bankkundschaft, sondern allein um die deutsche Handelsbilanz: »aus dem radikalen kommunistischen Schwärmer ist ein gut situierter Industriesyndikus geworden, der in der Gläubigkeit an die Patentlösung des wirtschaftlichen Liberalismus sich von niemand übertreffen läßt« (*Die Tat*, Januar 1932:838).

Politische Romantik – Sympathien der Tat-*Redaktion*

Die Tat warb ihrerseits für das Modell der nationalen Autarkie, für Zölle, Subventionen zum Schutz der deutschen Landwirtschaft und der Eisen- und Stahlindustrie, für Devisenbewirtschaftung und Bankenkontrolle – also gegen jede Form der liberalen Geldverkehrswirtschaft. Rüstow, der sich als einer der wenigen verstand, die die Auseinandersetzung nicht nur mit ideologischen, sondern stets mit argumentativen Mitteln bestritten, wurde als stärkster Gegner ausgemacht in einem politischen Netzwerk, das in diesem Beitrag »entlarvt« werden sollte.

Wie der wahre Sozialismus aussehen müsse, das wird dem Leser nicht argumentativ, sondern mit dem Sentiment, das der kühlen »Spinne« so sehr fehle, vermittelt. Die Erinnerung an eine Gemeinsamkeit, die der Autor mit der »Spinne« konstruiert, erklärt noch am ehesten die Verve, ja, die Bösartigkeit, die den Beitrag kennzeichnet:

»Eine kurze Episode: es war das Jahr 1923. Alles, was an aktivem, nationalem Oppositionswillen existierte, nicht nur im parlamentarischen, sondern in sehr realem physischem Sinne, hatte sich in der Motzstraße zusammengefunden. Es war die Zeit des Ruhrwiderstandes, der Inflation, mit dem Höhepunkt des Hitlerputsches am 8. November 1923. Da saßen in der Motzstraße am Morgen des 8. Novembers die jungen Leute und warteten mit brennendem Herzen darauf, daß die Münchner Erhebung zum Ausgangspunkt für das gesamte nationale Deutschland werden sollte. In schneller Folge spielte sich dann der Zusammenbruch ab. Die Nachrichten aus München überstürzten sich. Die Aktion war zusammengebrochen. Es ist schwer, die tiefe, hoffnungslose Niedergeschlagenheit zu schildern, die die jungen Menschen damals überfiel. Sie saßen abseits beisammen und suchten vergeblich nach einem Ausweg. Nur einer stand bei ihnen, hatte Verständnis für ihre Niedergeschlagenheit und Zerrissenheit, überlegte mit ihnen, packte kräftig zu und entwarf sein Zukunftsbild in leuchtenden Farben: Moeller. Er, der bald darauf an der Entwicklung Deutschlands irre wurde und seinem Leben selbst ein Ende setzte. So war Moeller van den Bruck.«

Die leuchtende Zukunft des »richtigen« Sozialismus« sah Wunderlich im »Dritten Reich« Moellers van den Bruck. Daß es sich bei Wunderlich nicht unbedingt um einen Parteigänger der NSDAP handelte, wurde bereits dadurch angedeutet, daß die NSDAP als eine Partei beschrieben wurde, die in das »System« integriert sei – ein »System«, in das die *Tat*-Redaktion sich nicht eingebunden fühlte und das sie »von außen« zu bekämpfen glaubte.

Der Zusammenhang zwischen Moeller van den Bruck und der »Spinne« lag in der Tat in der Motzstraße: Dort wurde der »Verein der Künstler und Gelehrten« gegründet, deren »geistiger Mittelpunkt« Moeller van den Bruck und deren »Manager« Heinrich von Gleichen war, »der Gutsbesitzer aus Tannroda an der Ilm und Enkel Friedrich von Schillers«. Diese beiden Figuren werden bereits als gegensätzliche Typen eingeführt – hier der »geistige Mittelpunkt«, dort der »geschäftige Manager«. Und sie bilden den Ausgangspunkt, so stellt Wunderlich es dar, für eine Differenzierung, die zum einen zur Anhängerschaft Moellers führt, der sich die *Tat*-Redaktion zurechnet, zum andern zu den Mitgliedern des »Juni-Klubs«, der sich unter von Gleichens organisatorischer Führung zum »Jungkonservativen Klub« umwandelte, dessen inneren Kreis der »Ring« bildete mit seinem Organ *Das Gewissen*. Mitglied dieser beiden Klubs war Rüstow, der auch zum inneren Kreis, zum »Ring« gehörte.

Es werden sodann Moeller und von Gleichen als Gegenpole aufgebaut, Moeller, der sich »mit großartiger Wucht, in einem blendenden Stil und mit untadeligem, unbestechlichem Charakter« zum »Vorkämpfer der berechtigten sozialen Forderungen des Volkes machte« in dieser Zeit, in der sich der deutsche Nationalismus erst formte. Moeller »gewann damit die Front und die Jugend für sich« (*Die Tat*, Januar 1932:841). War also Moeller »der Mann der großen Idee«, so war Gleichen dagegen »der Mann der kleinen politischen Taktik und des gesellschaftlichen Umgangs« (Wunderlich 1932:842). Die Kräfte, die den »Ring« unterstützt hatten, »der Gönner Kornfrank, der

Kleinindustrielle F. K. v. Bruck ... und ... der Geheimrat Hugenberg«, zogen sich zurück. Von Gleichen zog nun die sogenannten »Herrengesellschaften« auf, »deren repräsentativste die deutsche Herrengesellschaft in Berlin ist«. Rüstow war Mitglied dieser Herrengesellschaft.

Statt einer »Willensgemeinschaft«, wie es der »Ring« war – oder, nach Moeller, sein sollte –, entstand nun »ein verschwommenes, unorganisches, durch nichts innerlich verbundenes Gebilde« (Wunderlich 1932:843). Statt der »brennenden Herzen« der »jungen Leute«, statt Bekenntnishaftigkeit und gegenseitiger kameradschaftlicher Bestätigung nun Klubs und Geselligkeiten mit der bei Jaspers beschriebenen Kommunikationsweise, die dem Ideal der Tat-Redakteure zutiefst zuwider war.

Der Stil dieses Artikels, der die Vertreter eines Liberalismus durch Bloßstellung zur Verantwortung vor das Publikum ziehen sollte, stand im Widerspruch zur Anonymität des Verfassers dieses Beitrags: »Wilhelm Wunderlich« war ein Pseudonym. Die Tat-Redakteure hatten z. T. Pseudonyme, unter denen sie regelmäßig publizierten – E.W. Eschmann etwa nannte sich Leopold Dinggräve, Friedrich Zimmermann nannte sich Ferdinand Fried –, doch Wilhelm Wunderlich trat nie wieder auf. Die Verantwortung, die er pathetisch von der »Spinne« für ihre »Taten« verlangte, war er selbst nicht bereit für seinen Beitrag zu übernehmen. Die detaillierte Recherche, verpackt in rhetorisch geschickter Polemik, sollte den gehobenen Anspruch der Tat markieren. Doch durch den Entlarvungsgestus, der vor allem mit hämischer Darstellung arbeitete, um die Funktionsträger der Republik als gefährliche Verschwörer darzustellen, und durch die Anonymität des Autors machte sich die Tat in ihren Attacken mit der politischen Massenpresse jener Zeit gemein.

Der Autor konnte Jaspers, den er im ganzen Artikel mehrfach und ausgiebig zitiert, zum Kronzeugen seines Kampfes gegen diese unorganisierte Geselligkeit nehmen, die durch die geschickte Lenkung eines zynischen Apparatschiks eine Art von Einfluß auf die Regierung auszuüben versteht, der nicht faßbar ist wie Einflüsse von klassischen Vereinigungen. Auf Jaspers mochte er sich in der Frage der Verantwortlichkeit von Funktionsträgern für ihre »Taten« berufen, in einem Punkt jedoch nicht: Jaspers wäre es wohl nie eingefallen, die Anonymität des Beitrags gutzuheißen.

Die »Spinne« im Kartell der Liberalen, Alexander Rüstow, war nach seiner Jugendbewegungsphase (zum Ärger seiner Freunde) zu einem Liberalen aus Überzeugung geworden war – eine in Deutschland damals seltene politische Überzeugung. Seine Position als Syndicus des deutschen Maschinenbauverbandes brachte es mit sich, daß er verschiedenen Klubs und losen Verbindungen angehörte.[39] Rüstow hatte aus einer sehr aktiven Phase der Jugendbewegung eine Reihe von Freundschaften aufrechterhalten. Tillich und Rüstow kannten sich aus »dem jugendbewegten Kreis um Käthe Kollwitz und deren Schwester Lisbeth Stern«[40]. Mit Eduard Heimann (»Peter«), Arnold Wolfers, Adolf Löwe, Gerhard Colm, seinem Bruder Hans Joachim Rüstow und Hans Staudinger gehörte Tillich zu seinem Freundeskreis, der durch eine sehr lebhafte Korrespondenz miteinander verbunden blieb, die z. T. in Form von Rundbriefen an alle sechs Briefpartner stattfand. Diese Rundbriefe, die nach seiner Emigration in die Türkei etwas seltener werden und die Rüstows legendären Dokumentationseifer belegen[41], bilden zugleich eine Art von historischem Archiv der Kreise, die im Berlin jener Jahre den zivilen Kräften nahestanden. In unserem Zusammenhang geht es um die Verbindung der Heidelberger Sozialwissenschaftler mit den Zentren wirtschaftlicher oder militärischer Macht in Berlin.[42]

Der »Fall« Bergstraesser

Wer war Wilhelm Wunderlich?
»Lieber Peter, was sagst Du zu Arnold Bergstraessers Tat?
Wir anderen sollten desto mehr zusammenhalten und die sachlichen Spannungen zwischen uns noch mehr als bisher fruchtbar werden lassen. Herzlich Dein Alexander«
Dieser Brief vom 7. Januar 1932 an seinen Freund Eduard Heimann[43] war Rüstows Reaktion auf den Aufsatz in der *Tat*. Hinter »Wilhelm Wunderlich« vermutete Rüstow Bergstraesser, denn nur Bergstraesser könne die Quelle für all die Informationen gewesen sein, die in diesen Beitrag eingeflossen waren. Wir haben aufgrund der unzulänglichen Quellenlage bislang noch kein vollständiges Bild der politischen Aktivitäten Bergstraessers. Diese Korrespondenz liefert die Perspektive eines Kreises, der einen zugleich nahen und distanzierten Blick auf Bergstraesser hatte.

Beziehungen zwischen Rüstow, Heimann und Bergstraesser bestanden durch die Jugendbewegung, denn sie waren aktive Mitglieder der Deutschen Akademischen Freischar (vgl. Kindt, Werner 1974:1337)[44]. Rüstow und Heimann kannten sich auch aus den Seminaren von Franz Oppenheimer, aus dessen Schülern sich ein Freundeskreis gebildet hatte, zu dem neben den Brüdern Rüstow auch die Ökonomen Gerhard Colm und Adolf Löwe gehörten. Der Freundeskreis unterhielt eine lebenslange rege Korrespondenz miteinander. Zur Institutionalisierung von Alternativen, die das »Haus« der Burschenschaftler und Korporierten funktional ersetzen sollten, wurden in den zwanziger Jahren mehrere Fördereinrichtungen von der »Deutschen Studentenschaft« für die Freistudenten geschaffen. Neben Hermann Mitgau waren auch Bergstraesser und Eduard Heimann sehr aktiv an der Schaffung der »Wirtschaftshilfe der deutschen Studentenschaft« beteiligt.[45] Von daher erklärt sich eine gewisse Vertrautheit, die hier besonders zwischen Heimann und Bergstraesser deutlich wird.

Als Rüstow »aus Berlin hör(t)e«, daß Bergstraesser »die Urheberschaft des Artikels gegen mich« leugnete, war sein Verdacht noch längst nicht ausgeräumt:

»Daß er ihn nicht selbst geschrieben hatte, war von vornherein klar, weil sonst das Niveau nicht so kläglich geworden wäre. Daß der Artikel aber ein Stück des Kampfes sei, den er mit seiner Gefolgschaft seit einem Jahr gegen mich führt – diese Vermutung lag leider nur allzu nahe, ferner bei seinen engen Beziehungen zum Tat-Kreis (die sich allerdings in neuester Zeit gelockert haben sollen) und insbesondere zu dem hinter dem Decknamen Wilhelm Wunderlich sich verbergenden Verfasser des Artikels und Redaktionssekretärs der Tat, Dr. Giselher Wirsing (Assistent von Brinkmann in Heidelberg), den Bergstraesser z. B. als Opponent eines Vortrages von mir express aus Heidelberg als seinen Knappen mitgebracht hatte.«[46]

Rüstow, der zunächst die intellektuelle Qualität des Beitrags anzweifelte, war unsicher in bezug auf Bergstraessers Haltung. Bergstraesser war bis Ende der zwanziger Jahre Anhänger der DDP. Er soll gebeten worden sein, für die Nachfolgepartei DStP zum Reichstag zu kandidieren, wurde jedoch vom Kultusministerium davon abgehalten.[47] Er hatte zu Beginn der dreißiger Jahre zu einem bislang noch nicht exakt datierbaren Zeitpunkt sein Interesse an einer politischen Laufbahn entdeckt.[48] Jedoch scheint Bergstraesser seine Umgebung weitgehend im unklaren gelassen zu haben, an welcher politischen Gruppierung er sich orientierte. Heimann nimmt in seiner Antwort Bergstraesser auf eine seltsame Art in Schutz. An Rüstow schreibt er am 27. Januar 1932:

»Ich verstehe und teile Deinen Ärger über den Tataufsatz und bin ganz Deiner Meinung, daß wir gegen diese Gesellschaft von sensationslüsternen Ignoranten und Kulissenguckern zusammenhalten müssen ... Aber im gleichen Zusammenhang habe ich eine sehr ernste Sache mit Dir zu besprechen und schicke auch Löwe eine Abschrift. Du äußerst Deine Entrüstung über ›Arnold Bergstraessers Tat‹. Es trifft sich, daß ich vor drei Wochen ziemlich am gleichen Tage, wo Du aus Vorarlberg schriebst, in Berlin ein ausgiebiges Gespräch mit Bergstraesser hatte, das erste ganz menschliche und rückhaltlose seit Jahren. Er führte bittere und nach meinem Eindruck berechtigte Klage über Dich. Du verfolgtest ihn mit Deinem unversöhnlichen Haß, aus der ganzen Vehemenz Deines Charakters. Unmittelbarer Anlaß scheine zu sein, daß Ihr Euch in gewissen, mir nicht näher bekannten Verhandlungen über die politische Zusammenfassung der bürgerlichen Mitte nicht hättet einigen können. Ich appelliere an Dein kritisches Bewußtsein von Deinem eigenen Wesen, wenn ich daran erinnere, daß es nicht immer leicht ist, sich mit Dir zu einigen, außer man unterwürfe sich Dir.«

Heimann ist hier noch ganz im Bann des Gesprächs mit Bergstraesser, der sich über Rüstow beklagt hat. Bergstraessers Haltung aber wird nicht eindeutiger: »Du habest ihm in der gleichen Zeit mehrere Zumutungen gestellt und seine mit Bewußtsein patzigen Antworten immer wieder mit ernsthafter Deutung als Beweise seines schlechten Charakters zur Stimmungsmache gegen ihn benutzt.« Worum ging es bei diesen »Zumutungen«? »Du habest ihn in Königsberg z. B. nach seinem politischen Standpunkt befragt und dabei durchblicken lassen, daß von einer befriedigenden Antwort seine Berufung auf das Ordinariat auf der Handelshochschule abhänge. Meines Erachtens spricht es für Bergstraesser, daß er in dieser Konstellation Deine Frage als ungehörig ablehnte und Dir dadurch allerdings die Möglichkeit der Mißdeutung gab.« Heimann hat sich offensichtlich auf einen Kandidaten eingelassen, der schwer zu verteidigen war. Das folgende Argument, das er für Bergstraesser in die Waagschale wirft, ist kaum mehr zu vermitteln:

»Ferner war in Königsberg davon die Rede, welcher Partei bei der in Gang befindlichen Umgruppierung der Parteien man sich anschließen solle. B. äußerte bei dieser Gelegenheit, die Antwort hinge ganz davon ab, was die einzelnen Parteien einem an sachlicher Einflußmöglichkeit böten. Du hast das als Karrieremacherei ausgelegt, und auch mir liegt die Antwort nicht. Aber ich habe mich davon überzeugt, daß es nicht angängig ist, sie moralisch anzuprangern. Wenn man meine weltanschauliche Grundlage nicht teilt, sondern der Politik begrenzt aktuelle Ziele setzt, und zwar speziell in der verworrenen außenpolitischen Situation, so kann es durchaus richtig sein, die eine oder andere der kleinen Gruppen abgesehen von der weltanschaulichen Grundlage zum Werkzeug der eigenen politischen Gesichtspunkte zu machen.«[49]

Die Frage danach, wo Bergstraesser »eigentlich« stehe, ist nicht nur von Rüstow gestellt worden – die hier von Heimann überlieferte Antwort Bergstraessers zeigt Bergstraessers funktionalistische Auffassung[50] von Parteien, die an die Querstellung der Jugendbewegung zu den Parteien erinnert.[51] Bergstraesser sieht die Politik hier als einen Markt der Parteien, die sich um die besten Politiker Konkurrenz machen. Diese Haltung war offenbar im politischen Machtzentrum Berlin kaum mehr verständlich, wo die politisch Handelnden über Jahre hinweg ihre politischen Netze mit ihren Chancen und Einflußbereichen aufgebaut hatten und offenbar nicht auf jemand warteten, der sich gewissermaßen einkaufen lassen wollte.

Bergstraesser wurde häufig der Sympathien zum Nationalsozialismus bezichtigt.[52] Nicht nur Wissenschaftsgeschichtler halten bzw. hielten Bergstraesser für einen zeitweiligen NS-Sympathisanten (s. u.). Der Vorwurf wurde schon im Jahre 1932 laut. In Heimanns Brief heißt es:

»Drittens der im ›Ring‹ erschienene Brief an einen französischen Freund über den Nationalsozialismus ist ihm als Anbiederung ausgelegt worden. Ich fühle mich keineswegs berufen, diesen Brief zu verteidigen. Aber erstens kann es gerade außenpolitisch wieder richtig sein, den Nationalsozialismus als politische Tatsache zu benutzen. Zweitens bemühen ja auch z. B. Tillich und ich (Du hast wohl meinen Dezemberaufsatz in den ›Blättern‹ gelesen) uns angestrengt darum, den positiven Existenzgrund des Nationalsozialismus hinter aller Verzerrung zu entdecken.«

Ein Bemühen, das hinter dem Mythos des Nationalsozialismus einen Grund zu erkennen versucht, der über seine pure »Faszination« für die »Massen« hinausging.

»Leider hat auch Löwe sich hinreißen lassen, B. ganz offen der Spekulation auf den Nationalsozialismus zu bezichtigen. (Ich wußte das nicht, aber B. erzählte es mir mit ehrlicher Empörung.) Zugleich mit jenem Aufsatz im konservativen Ring gab B. übrigens ein Gastspiel ausgerechnet in unsren Neuen Blättern, so daß bei einigermaßen loyaler Beurteilung schon hierdurch der Verdacht der Spekulation gegen links widerlegt wird.«

Bergstraesser scheint taktisch bemüht gewesen zu sein, überall gewisse Positionen zu besetzen, ohne sich festlegen zu lassen. Ob im

Hintergrund etwa bestimmte Devisen der Deutschen Freischar oder der Georgeaner seine Haltungen bestimmten, muß ungeklärt bleiben. Instrumentalisierung von Beziehungen in verschiedenen politischen Lagern erweckt jedoch in allen tangierten Milieus Mißtrauen.

Heimann, dessen Gespräch zeitgleich mit der Abfassung von Rüstows erstem Schreiben stattfand, könnte die Ausgabe der *Tat* mit dem Wunderlich-Beitrag vor dem Gespräch mit Bergstraesser gelesen haben. Denn er fragte Bergstraesser auch nach dessen Verhältnis zur Redaktion der *Tat*. Bergstraesser reagiert abwehrend, was darauf hindeutet, daß er von Wilhelm Wunderlichs Beitrag wußte:

»(Bergstraesser) sagte, daß er dozentisch und literarisch in unaufhaltsamem Kampf mit den primitiven Sensationen der Tat liege, daß man ihn doch wirklich nicht be- oder gar verurteilen könne, wenn man sich um seine zahllosen wirklichen Äußerungen nicht kümmere, daß es unerhört sei, ihn für die Anwesenheit von Eschmann und Wirsing in Heidelberg verantwortlich zu machen, die ihm außerordentlich unangenehm sei, wenngleich er Eschmanns Italienbuch sehr schätze (ich auch), und daß er doch wohl zu gebildet sei, um mit der Tat identifiziert werden zu dürfen.«

Bergstraesser hat Heimann offenbar sehr beeindruckt:

»Das ganze Gespräch als solches war die beste Bestätigung seiner Behauptungen, weil er zu dem Gespräch natürlich keinen Anlaß gehabt hätte, wenn er wirklich auf den Faschismus spekulierte. So gut wie ich sind daher wohl Du und Löwe verpflichtet, von diesen Richtigstellungen Kenntnis zu nehmen und den von uns gestifteten Schaden wieder gut zu machen, so weit als möglich... Mein menschlicher Eindruck von dem Gespräch war der, daß ein ehrlich entrüsteter Mensch ein Netz von Verdächtigungen, in das er durch persönliche Gegnerschaft hineingeraten war, zu zerreißen versuchte« (ebd.).

Rüstow, der Rationalist, der im Mannheimschen Sinne liberal-bürgerliche Denker, hatte kein Verständnis für taktische Spiele, die Bergstraessers Leidenschaft waren. In seiner Antwort geht er noch einmal auf alle aufgeworfenen Fragen ein:

»Ich war von einer mir nahestehenden Persönlichkeit, die auf die Besetzung der Lehrstühle an der Handelshochschule Einfluß hat, gebeten worden, festzustellen, welches zurzeit die parteipolitische Einstellung von Bergstraesser sei. Der Betreffende nahm an, daß sich diese Frage, die gegenüber einem aktiven Politiker doch wohl nicht indiskret ist, durch Angabe einer bestimmten Partei würde beantworten lassen... Ich übernahm den Auftrag, weil ich hoffte, Bergstraesser dadurch nützen zu können.«

Die Mißverständnisse zwischen Bergstraesser und Rüstow scheinen sich erst durch dieses Gespräch angebahnt zu haben. Bergstraesser habe Rüstows Frage »nicht im mindesten ›als ungehörig abgelehnt‹, was ja auch völlig deplaziert gewesen wäre, sondern sie dahin beantwortet, ›die Antwort hinge ganz davon ab, was die einzelnen Parteien einem an Einflußmöglichkeiten böten«‹. Rüstow schreibt, er habe diese Antwort ohne moralische Anprangerung seinem Auftraggeber berichtet. Daß ihm diese Antwort befremdlich erschien, darauf weist Heimann wiederum hin, der Rüstow daran erinnert, wie er sich gefreut habe, daß Bergstraesser sich damit selbst nur schaden konnte.[53] Der Gegensatz mag also durchaus auch auf einer persönlichen Ebene begründet gewesen sein.[54]

Gleichzeitig mit der Heidelberger außerordentlichen Professur 1932 (der Gothein-Gedächtnis-Professur) erhielt Bergstraesser einen Lehrauftrag an der Hochschule für Politik Berlin. Welche Verbindungen er dort hatte und zu welchen Kreisen er Zugang hatte, ist bisher noch nicht bekannt.[55] Bergstraesser, 34 Jahre alt, war für die »große Politik« ein Neuling, er hatte sich bisher nur um studentische und Wissenschaftspolitik gekümmert.

Rüstows Assistent zu jener Zeit, Theodor Eschenburg, berichtete über sein Verhältnis zu Bergstraesser[56], mit dem er erstmals 1927 in Kontakt kam. Die Gegnerschaft zwischen Rüstow und Eschenburg einerseits und Bergstraesser andererseits sei bei einem Treffen entstanden, das von dem Geschäftsführer des deutschen Kunstseidesyndikats, Raemisch[57], angeregt worden war, der Bergstraesser gut kannte. Eschenburg, acht Jahre jünger als Bergstraesser, schilderte dies Essen, das im Hause von Pulvermann 1931 oder 1932 stattfand.[58] Pulvermann, ein Jude, der nach dem Studium Generaldirektor des Mitteldeutschen Kohlereviers geworden war[59], hatte zu einer studentischen Gruppe gehört: »Mit Peter van Aubel, dem katholischen Studentenführer, Walter Bauer und Bergstraesser zusammen hatte Pulvermann eine führende Rolle auf den deutschen Studententagen gespielt.« Sie hatten sich auf dem ersten Studententag, um das Jahr 1921, kennengelernt und waren sich einig im Kampf gegen Antisemitismus, in ihrem Antikorporatismus, Antikonservatismus und Antinationalismus. Eschenburg schilderte: »Raemisch hatte eine Einladung gegeben zu einem Vortrag im Hause Pulvermann. Bergstraesser hielt einen Vortrag mit dem Inhalt: die Demokratie ist zu Ende, und hat sich nicht bewährt. Deshalb muß ein autoritäres System geschaffen werden. Darüber nun war Rüstow wütend.«

Eschenburg war Geschäftsführer der »Vereinigung für freie Wirtschaft«, einer Interessengruppe für den Freihandel, die programmatisch gegen Autarkie und staatliche Wirtschaftslenkung eingestellt war. Daraus ergab sich auch die Konfrontation mit der *Tat*, die das Gegenprogramm verfolgte. Eschenburg kannte Zehrer seit 1926.[60] Als Zehrer die Chefredaktion der *Tat* übernahm, »kippten« die Beziehungen Eschenburgs zu ihm: »Ein Punkt der ›Vereinigung für freie Wirtschaft‹ war der Kampf gegen die ›Tat‹ und gegen den Nationalsozialismus.«[61]

Seit der Neubesetzung der Redaktion im Jahr 1929 erlebte die *Tat* einen enormen Aufstieg, sie wurde vor allem von jungen Leuten gelesen und häufig in den Zeitungen zitiert. »Im Sommer 1932 verdichteten sich Zehrers Kontakte mit Reichswehrminister Schleicher, der den Tatkreis bei der Übernahme der Berliner Täglichen Rundschau unterstützte« (Frei 1988:376).

Eschenburg berichtete: »Daß Bergstraesser enge Beziehungen zu Schleicher hatte, haben wir erst mit der Zeit rausgekriegt.« Eschenburg traf ihn auf der Potsdamer Brücke: »›Gehen Sie wieder zu Schleicher?‹ ›Warum nicht?‹ (war Bergstraessers Antwort). Er ging aus und ein bei Schleicher.«[62]

Dieser Bericht Eschenburgs deutet auf einen entscheidenden Punkt hin: Die *Tat*-Redaktion stand mit ihrer Sympathie auf seiten Schleichers – und damit gegen die Hitler-Fraktion in der NSDAP. Die Kunst des Historikers gleicht in solchen Fällen der des Detektivs – er muß alle Kombinationen für möglich halten, doch keine für wahr nehmen, bevor er nicht handfeste Beweise besitzt. So spricht Eschenburgs Bericht und Heimanns Brief hier für Bergstraessers Neigung zu einer autoritären Lösung der Krise und für seine Freude an Machtspielen, aber gegen Rüstows und Löwes Verdacht der Hitler-Sympathien. Allerdings ist damit noch nicht geklärt, ob Bergstraesser mit Wilhelm Wunderlich identisch sein konnte. Der Disput zwischen Rüstow und Heimann setzt sich weiter fort, sie geraten fast in Streit, was hier nicht weiter zu verfolgen ist.[63] Bedeutsam scheinen mir jedoch zwei weitere Hinweise – Heimann weist auf die Studentenurteile hin, die ganz deutlich von Bergstraessers »Antipathie gegen die *Tat* im vorigen Frühjahr und Sommer sprechen (...) Schließlich dient Dir als Indizium, daß Du für die Informationen über Deine Vergangenheit keine andere Quelle weißt als ihn. Ich halte das in mehrfacher Hinsicht für falsch. Erstens ist Brinkmann ebenso wie Bergstraesser über Deine Vergangenheit unterrichtet. Zweitens noch sehr viele andere Menschen, weil sie ja offen am Tage liegt und dabei gar nichts zu verheimlichen ist. Das

Lächerliche an dem Aufsatz ist doch seine absolute Inhaltslosigkeit.« Und Heimann fügt hinzu, daß er sogar selbst die Quelle sein könnte, weil er »irgend jemandem« von Rüstow »als einem interessanten Menschen erzählt« haben könnte[64], »und das nun in das Spinnenweb eingewoben worden ist«.

In dieser Korrespondenz findet sich auch eine interessante Beschreibung des Unterrichts von Bergstraesser, wie ihn seine Studenten beschrieben haben: »Von Studenten, die im vorigen Semester in Heidelberg waren, also während des Aufstiegs der *Tat*, und die an Bergstraessers Kolleg und Übungen über die Geschichte des deutschen Nationalbewußtseins teil genommen haben, erhielt ich ein sehr lebendiges Bild. Bei den Übungen waren Anhänger aller Gruppen einschließlich der Extreme vereint. Und es sei bewundernswürdig gewesen, wie Bergstraesser sich um volle Gerechtigkeit gegenüber jedem Standpunkt bemüht und jedem Nationalsozialisten oder Kommunisten genau gesagt habe, inwieweit ihm eine Äußerung richtig oder verkehrt erscheine. Sein eigener Standpunkt sei der eines glühend nationalen und dabei besonnenen Menschen gewesen. Auf die entscheidende Frage nach seinem Verhältnis zu Eschmann und Wirsing wurde mir geantwortet, daß er sich natürlich große Zurückhaltung auferlegte, daß er seine Abneigung aber doch nicht ganz habe verbergen können.«[65] Hier wird nun doch ein liberaler Zug Bergstraessers ins Feld geführt, der für die reformerischen Teile der Jugendbewegung charakteristisch war: jener, der die Diskussionswürdigkeit aller im Kollektiv vertretenen Standpunkte zum Grundsatz hat.

Alfred Weber und die Berliner Machtspiele

Ein 1931 veröffentlichter Werbetext für *Die Tat* trägt die Unterschrift Alfred Webers:

»Der die Zeitschrift tragende Kreis hat diese zweifellos zu der vielleicht lebendigsten und zum mindesten atmosphärisch in den aktuellen Fragen am meisten das Gefühl eines kommenden Neuen vermittelnden Serie von Publikationen gemacht.« [66]

Brachte Alfred Weber zumindest zeitweise gewisse Sympathien für den *Tat*-Kreis auf? Eschmann, bis 1932 Famulus von Weber, stellt es in seiner Erinnerung anders dar:

»(W)eil meine publizistisch vertretene wirtschaftspolitische Haltung als Mitglied des sogenannten Tatkreises ihm mißfiel, regte der damalige Reichsbankpräsident Hjalmar Schacht ... bei Alfred Weber meine Entlassung an; vergeblich. Als ich ihm danken wollte, bestritt er den Vorgang mit einer, man kann es nicht anders sagen, spitzbübischen Treuherzigkeit. Man wußte aber Bescheid. Seine Haltung war umso charakteristischer für ihn, als er die Politik des Tatkreises ablehnte« (Eschmann 1986:202).

Sehr wahrscheinlich hatte er mit dem Satz in dem Werbetext nicht viel mehr als ein allgemeines Empfinden über die Notwendigkeit der Überwindung einer Kulturkrise ausdrücken wollen, die er mit Eschmann zu teilen glaubte. Denn seine Sympathie für die *Tat* hatte eine klare Grenze. In einem Brief vom 6. August 1932 an den Chefredakteur Hans Zehrer ist diese Grenze angesprochen. Zehrer hatte ihm einen Vorabdruck seines Beitrags »Revolution oder Restauration« geschickt. Weber bedankt sich und lobt die geistvolle Konstruktion und die reine Gesinnung. Aber selbst auf die Gefahr hin, daß ihre Beziehung, die er »gerne unversehrt lassen möchte«, darunter leidet, schilt er Zehrer regelrecht aus:

»Sie reden von neuer deutscher Wirklichkeit,« schreibt er, »die heraufsteigt, bei der Sie Nationalsozialismus und Gewerkschaften auf einen Nenner zu bringen suchen. Ausgehend von einer angeblichen Annäherung der Gewerkschaften an den Nationalsozialismus und umgekehrt. Woraus dann der deutsche Sozialismus entspringe. Aber sehen Sie denn absolut nicht, was wirklich vor sich geht und welche neue Wirklichkeit auf dem Wege ist, uns zu verschlingen? Sind Sie auf einem anderen Stern, daß Sie nicht den systematischen Versuch des schrittweisen Ergreifens der Macht = bloßer Gewalt durch einen Nationalsozialismus bemerken, für den wahrhaftig Sozialismus eine bloße Spiegelfechterei ist, grade gut genug für die Dümmsten unter den dummen Deutschen, um als Mantel für die gewaltsame Herrschaftsergreifung zu dienen. Bemerken Sie nichts von dieser infamen Agent Provocateur Politik, die *dann* ›Haltet den Dieb‹ ruft u. von ›rotem Mordterror‹ redet, wenn man die Ärmsten der Armen, die heute Kommunisten sind, glücklich so gereizt hat, daß sie wirklich zu Gewalttaten schreiten? Sehen Sie nicht, wie man, wenn das noch nicht reicht, selber zu Bluttaten greift, nur um die nötige Siedehitze für den immer stärker werdenden Bürgerkleinkrieg zu schaffen – alles, damit man die Parole ausgeben kann: die S.A. bewaffnen oder sie als ›Hilfspolizei‹ anstellen lassen. Famos! Ohne Marsch auf Rom hätte man dann die entscheidende Stufe zum italienischen ›System‹ erreicht. Und wofür würde dies System in Deutschland dienen? Wissen Sie nicht, wer die Halkenkreuzfahnen (pro Tag 5 M) an allen Häusern bezahlt hat und wer die in den SA und SS eingereihten Arbeitslosen besoldet?

Ich geniere mich wahrhaftig, es Ihnen zu sagen: Schutztruppe des ›Restkapitalismus‹, der die Gewerkschaften *zertreten* will, *das* ist der reale Kern des Nationalsozialismus!
Aber Ihre Zeitschrift bemerkt nichts davon, nicht mit einem Auge. Wenn das, was uns zugedacht ist, geglückt sein sollte – während Sie sich unterdessen immer damit beschäftigt haben werden, den ›Liberalismus‹ zu töten, dann werden Sie es vielleicht sehen. Aber schade, dann dürfen sie ebenso wenig wie andere Leute noch schreiben und drucken lassen, was sie wollen. Sie und wir alle – soweit wir es uns gefallen lassen – werden dann mit schönen oder häßlichen Maulkörben versehen sein.« [67]

Von Heidelberg aus sah die Szenerie anders aus als von Berlin her. Zehrer hat sich, wie von Plehwe schreibt, nicht an die NSDAP gehängt, sondern wurde, mit einer kleinen Abschwächung[68], ein Bewunderer Kurt von Schleichers. Die Idee der sogenannten »Querfront« zur Überwindung der Arbeitslosigkeit lag insofern auch dem Programm der *Tat* nahe. Weil Schleicher bei der SPD vergeblich um Hilfe suchte, schaute er sich auf dem linken Flügel der NSDAP nach Bündnisgenossen um. Einer der Verbindungsleute war der Berliner Zahnarzt Elbrechter, ein ehemaliger Offizier, in dessen Praxis sich auch Gregor Strasser behandeln ließ (vgl. Plehwe 1983:234). Elbrechter gehörte auch dem Tatkreis an:

»Schleicher erhielt aus den Begegnungen mit Strasser ... den Eindruck, daß er ernstlich nach Lösungen suchte ... So festigte sich der Gedanke, daß hier der Ansatz zu einer Spaltung der Partei in Form einer Absplitterung des Strasser-Flügels gegeben sein könnte. Es war aber für Schleicher, seine Mitarbeiter und den ihm jetzt besonders emsig zur Seite stehenden Zehrer nicht leicht, den Umfang der Anhängerschaft zu ermessen, auf die Strasser sich stützen konnte« (Plehwe 1983, 234).

Schleicher bemühte sich insbesondere um die parteiungebundenen Kräfte, deren Unterstützung er zur Abwehr Hitlers von der Macht suchte.

»Wenn es heißt, daß die politische Zerrüttung der Weimarer Epoche, die Ausmanövrierung von Parteien, Parlament und Gewerkschaften dazu geführt haben, daß die Reichswehr in die Funktion einer politischen Entscheidungsinstanz hineinwuchs, so kann dies speziell für die Situation und Schleichers Taktik im November und Dezember 1932 gelten. Nach Zehrers Leitartikeln in der ›Tat‹ wurde hier ein Bündnis zwischen Arbeiterbewegung und Militär anvisiert« (Plehwe 1983:236).

Zehrer war es auch, der das Treffen Papens mit Hitler in seiner *Täglichen Rundschau*[69] veröffentlichte, jener Zeitung, die in »eingeweihten Kreisen« als »offiziöses Organ dieses Ministeriums« galt (Plehwe 1983:214): »Schleichers Bewunderer Hans Zehrer hinterbrachte ihm die Nachricht, daß eine geheime Zusammenkunft des Herrn von Papen mit Adolf Hitler kurz bevorstehe. Schleicher lehnte es zunächst ab, daran zu glauben. Wenn auch die Freundschaft zwischen Papen und ihm jetzt einige deutliche Risse erhalten hatte, so wollte er ihm doch ein derartiges Verhalten nicht zutrauen«. Papen und Hitler trafen sich bei dem Kölner Bankier Schröder, der schon lange für Hitler Werbung betrieben hatte. In dem Gespräch ging es eindeutig um die Ausschaltung von Schleichers und ein Bündnis von Papen mit Hitler, es war, wie von Plehwe schreibt, »die Geburtsstunde des Dritten Reichs«[70]. »Woher nun Zehrer und sein Tatkreis ihre Informationen bezogen haben, ist unklar ... Jedenfalls schickte Zehrer zwei Mitarbeiter rechtzeitig nach Köln, denen es gelang, Hitler und Papen beim Betreten des Hauses von Schröder zu fotografieren. Am Abend des nächsten Tages, des 5. Januar, wurden Schleicher diese Fotos vorgelegt. Die Neuigkeit von der stattgehabten Unterredung erschien zudem bereits an diesem Tage in der Presse, besonders sensationell aufgemacht in Zehrers ›Täglicher Rundschau‹ ... In der Ausgabe vom 6. Januar folgten dann erstaunlich zutreffende Vermutungen über den Inhalt der Unterredung von Köln.« (Plehwe 1983 263f.).

Diese Darstellung deutet darauf hin, daß Zehrer und der Tat-Kreis eine klare Distanz zu Hitler aufrecht erhielten. Zehrer zog sich auch nach Hitlers Machtübernahme aus der Chefredaktion zurück. Bergstraessers Rolle in diesen Machtkämpfen bleibt vorläufig unklar. Die Aussage Eschenburgs, daß Bergstraesser bei Schleicher »aus und ein ging«, besagt zunächst noch nichts über seinen Status, etwa daß Bergstraesser Berater Schleichers war, denn Schleicher hatte viele Berater, die ihm nicht alle gleich nahe standen. Der Historiker Guido Müller hat nun eine Aussage entdeckt, die Bergstraessers politische Beziehungen etwas beleuchten:

»Frank Rümelin, der Pariser Vertreter des ›Mayrisch-Komitees‹ und Freund des Schleicher-Vertrauten Major Eugen Ott, der Leiter der Innenpolitischen Abteilung im Reichswehrministerium war, hatte am 28. November 1931 in Heidelberg eine vertrauliche Unterredung mit dem Komiteemitglied Bergstraesser. Nach seinem Bericht an Clauss verkehrte Bergstraesser damals als ›wirtschaftspolitischer Kopf‹ aus dem Schleicher-Umkreis in der NSDAP-Parteizentrale im Münchner ›Braunen Haus‹. Bergstraesser setzte sich für den Plan ein, Schleicher zunächst zum Reichsinnenminister in der Regierung

Brüning zu machen. Anschließend solle Schleicher ›durch die Hitler-Bewegung hochgetragen und als Kanzler-Diktator anstelle Brünings mit den Nazis als Basis in der Wilhelmstraße einziehen.‹«[71]

Sollte Bergstraesser, als politisch noch relativ Unbekannter, zum Vermittler zwischen Schleicher und dem Strasser-Flügel bestimmt worden sein, so erklärte sich damit das Gerücht über Bergstraessers NS-Sympathien: Bergstraesser hätte sich demnach auf ein höchst gefährliches Spiel eingelassen. Max Clauss, der bis 1932 enge Beziehungen zu ihm hatte, scheint der Verbindungsmann zwischen Zehrer und Bergstraesser gewesen zu sein. Die Autorschaft des Artikels wäre so zwar nicht geklärt, aber die Möglichkeit eröffnet sich, daß Bergstraesser schon vor dem Abdruck von diesem Artikel über die »Spinne« gewußt hat.

Das Bild Bergstraessers in der Wissenschaftsgeschichte

In das Dickicht der politischen Intrigenspiele am Ende der Weimarer Republik versuchte sich auch Bergstraesser einzumischen. Die historische Rekonstruktion weist auf die verwirrenden Kräftefelder in den Machtkämpfen zwischen den Cliquen und die Schwierigkeit, die Funktion Bergstraessers zu orten. Die Beschreibung der Beziehungen der Heidelberger Sozialwissenschaftler zur Politik in Berlin gleicht einem unvollendeten Mosaik. Trotz aller gesammelten Hinweise ergibt sich kein vollständiges Bild.

Bergstraesser war von 1932 bis 1936 Inhaber der Gothein-Gedächtnis-Professur, eine Position, die ihm durch die Spende von Carl Esser, eines Freundes aus der Jugendbewegung, ermöglicht worden war. Wenn der Spender in seinem Schreiben an Alfred Weber hervorhebt, daß er mit der Wiedererrichtung der Gothein-Gedächtnis-Professur dazu beitragen wollte, »daß das Institut seine Arbeit auch unter den schweren Umständen der Gegenwart weiter zu führen imstande ist«[72], so bleibt offen, welche Umstände gemeint sind. Sollten wirtschaftliche Schwierigkeiten gemeint sein, die die Weiterarbeit des InSoSta gefährdet haben könnten? Nach dem Weggang Lederers gab es Bestrebungen des Badischen Ministeriums für Kultus und Unterricht, »einen Lehrstuhl einzusparen«, da es »unter dem Druck der Brüningschen Sparpolitik stand« (Brintzinger 1996:179). Doch ging es bei diesem Lehrstuhl um ein Vollordinariat für Nationalökonomie – Bergstraesser aber konnte einen nationalökonomischen Lehrstuhl gar nicht vertreten und die Spende, die an den Vorschlag Bergstraesser gekoppelt war, galt einer Professur für Auslandskunde. In jedem Fall wäre kein Grund dafür ersichtlich, den Spender anonym zu halten.[73] Vom Rang her hätte der Inhaber des zweiten Ordinariats Max Webers Nachfolge antreten müssen, doch war das Berufungsverfahren um die Lehrstuhlnachfolge Lederers noch nicht entschieden (Brintzinger 1997:55). Möglich ist daher ebenso, daß es um eine politische Stärkung der Position Bergstraessers gegenüber Brinkmann ging, denn es bedeutete ein Übergehen Brinkmanns, wenn Bergstraesser als Geschäftsführer des InSoSta eingesetzt wurde, wie es am Tage nach dem Antritt der Gothein-Gedächtnis-Professur, am 2. März 1932, geschah. Brinkmann wurde diese Position dann nach dem Machtantritt der Nationalsozialisten übertragen, als Bergstraesser auf Druck des Rektors von dieser Funktion am 8. November 1933 wieder entbunden wurde.[74]

Neben verschiedenen politischen Äußerungen Bergstraessers wurde die Tatsache, daß sich bei ihm nach dem 30. Januar 1933 einige NS-Funktionäre promovieren ließen, dahingehend gewertet, daß damit die »wissenschaftlichen durch politische Maßstäbe der Leistungsbeurteilung« ersetzt worden seien (Eisfeld 1991:126). Das Argument war, daß »... in den Fällen des ›Dr. nazi causa‹ mindestens ebenso verantwortlich wie die Promovenden die Professoren waren, die als Referenten die Arbeiten der Fakultät gegenüber positiv beurteilten...« (Eisfeld 1991:27). Klingemann bezeichnete Bergstraesser sogar als »bevorzugte(n) Doktorvater für altgediente NS-Studentenfunktionäre und hoffnungsvolle Nachwuchskräfte«[75].

Bergstraessers Schriften aus den Jahren 1933 und 1934 geben den Vermutungen der Unterstützung Bergstraessers für den NS-Staat zweifellos Nahrung.[76] Bergstraesser scheint in der Errichtung der Diktatur 1933 auch zunächst die Lösung der Weimarer Krise gesehen zu haben. Der öffentlich sichtbare Gleichklang mit dem neuen NS-System muß aber nicht als Aufgabe seiner bisherigen Bestrebungen gewertet werden. Meine Vermutung ist, daß er weiterhin an der Option für von Schleicher festhielt und die Chancen, die NSDAP zu spalten, auch zu diesem Zeitpunkt noch nicht aufgegeben hatte. Seine Kontakte zum linken Flügel der NSDAP – welcher Art auch immer sie waren – wurden gekappt durch den Mord an Kurt von Schleicher am 30. Juni 1934. Texte aus der Zeit nach dem Schleicher-Mord können als Distanzierung oder Abkehr vom Nationalsozialismus gelesen werden: »Bergstraesser vertrat eine völkische Literaturauffassung, die kaum entfernt von nationalsozialistischen Deutungsmustern lag«, schreibt Michael Philipp[77]. Philipp hält zugleich fest, daß Bergstraesser stets ohne rassenideologische Elemente auskam, »im Gegensatz etwa zu der 1939 von Kurt Hildebrandt vorgelegten Hölderlin-Interpretation«. Damit unterscheidet sich Bergstraesser also von einigen George-Schülern. Bergstraesser, der George nie gesehen hat, stand doch in mancher Hinsicht im Banne seines Denkens, insbesondere wohl durch seinen Aufenthalt in Kiel bei Friedrich Wolters im Sommersemester 1929, der seine nationalen Neigungen bestärkt haben dürfte.[78] In einem größeren Konvolut von Briefen an Wolters, in dem es sich hauptsächlich um die Frage der Neubesetzung des germanistischen Lehrstuhls in Heidelberg nach Gundolfs Tod handelt, stehen Anreden an Wolters wie: »mein lieber Herr und Vater«, (19. November 1929), auch »Mein geliebter Herr« (15. Dezember 1929). Daneben jedoch auch etwa »Lieber Wolters«, so daß deutlich ist, wie stark hier Posen der Georgeaner durchgespielt werden.[79] Bergstraesser schreibt Wolters seine Beobachtungen: »Der Weggang von Curtius hat nur ein paar literarische Feinschmecker abgezogen. Auffallend ist die Fülle der Juden, v. a. östlicher Herkunft und im Sozialwissenschaftlichen Institut, die Stärke der NS und die Angst der Bürger und Reformdemokraten vor dem Faschismus.«[80] Am 19. November 1929 schreibt er: »Sonst scheint die Studentenschaft ebenso trübe und bieder wie an der Förde, von den zahlreichen Juden abgesehen, die aber freiwillig zum Ghetto tendierten, während die Rechtsstehenden eine unangenehme bildungsfeindliche Glätte zurechtmachen.«[81]

Philipps Fazit ist: »Es gibt keinen Hinweis darauf, daß Bergstraesser diese, nationalsozialistischer Literaturauffassung durchaus entsprechenden Ansichten nicht ernsthaft vertreten hätte. Dennoch enthielten seine Ausführungen zahlreiche subversive Anspielungen auf die Gegenwart des Nationalsozialismus.«[82] Auch Horst Schmitt, der Bergstraessers »tiefes Mißtrauen gegen pluralistische Interessenartikulation in den letzten Jahren der Republik« notiert, sieht in den Aufsätzen, die er gegen Ende seiner Heidelberger Laufbahn publizierte, eine »›esoterische Distanzierung‹ von der NS-Herrschaft« (Bergstraesser 1936 und Bergstraesser [1936] 1967): Bergstraesser

»ließ nun in seiner Goethe-Interpretation jenen intimen Zusammenhang von ›Enttäuschung und Zweideutigkeit‹ erkennen, der nicht nur ihm eigen war. Wenn er schließlich betonte, daß ›Sparta‹ ›nicht das ganze Hellas‹ gewesen sei, wenn er den ›Friede(n)‹ als ›Voraussetzung rechter Ordnung‹ und den ›Dichter‹ als ›Wisser‹ von der ›Lust der Macht und der Zerstörung‹ definierte, dann wird darin seine Abkehrung vom Regime deutlich, dem er selbst ›Raum‹ gegeben hatte« (vgl. Schmitt 1997:188f., s. a. Schmitt 1995:73).

Bergstraesser, dessen Entwicklung Eisfeld selbst durchaus einfühlsam beschrieb[83], promovierte nicht nur NS-Funktionäre, sondern ebenso jüdische Studentinnen und Studenten und traf sich 1934 in Paris mit einem jüdischen Emigranten zur Besprechung seiner Dissertation[84]. Seine Position scheint sich nach seiner Rede in London im Chatham House auf Einladung des »Royal Institute for International Affairs« verschlechtert zu haben. Das verblüfft auf den ersten Blick, haben doch die Wissenschaftshistoriker bisher gerade diese Rede häufig als Indiz für Bergstraessers NS-Sympathien gewertet.[85]

Die Londoner Rede

Auf Einladung des »Royal Institute for International Affairs« hielt Bergstraesser einige Monate nach der Ernennung Hitlers zum Reichskanzler im Chatham House in London eine Rede über die neue Wirtschaftspolitik der deutschen Regierung. Diese Rede war für einige deutsche Emigranten in den USA Anlaß, ihn der Sympathien für die Nationalsozialisten zu beschuldigen. Aus dem gedruckten Text[86] läßt sich dieser Vorwurf nicht ableiten. Daß Bergstraesser versuchte, Verständnis für die neue deutsche Politik der staatlichen Wirtschaftslenkung zu wecken, geht aus diesem Text deutlich hervor. Dennoch ist der größte Teil der Rede in der Form der objektivierenden Darstellung verfaßt, wenn auch die Balance zwischen der objektivistischen Darstellung und der Identifikation an einigen Stellen zu verschwimmen scheint.[87] Seine Überzeugung, daß die freie Marktgesellschaft zum Niedergang Deutschlands geführt hatte, teilte er mit vielen anderen (S. 32). Die Nationalsozialisten wollen eine wahre Einheit zwischen Staat und Gesellschaft herstellen, das sei der tiefere Sinn der Zurückweisung des Liberalismus. Die Mittel, die sie dazu in der Hand halten, sind die diktatorische Macht Hitlers und seiner kleinen Führungsgruppe von Freunden, die »exzellent disziplinierten Sturmtruppen und die wachsende Mitgliederzahl der Partei, die beständig dem Ansporn der Sturmtruppen ausgesetzt sind« (28). Die Partei stelle eine neue Möglichkeit politischer Aktivitäten dar, indem sie »aktive Arbeit mit politischer Kontrolle verbindet« (29). Nur wer die Empfindsamkeit der Nationalsozialisten in Rechnung stellt, was die im Ausland über Deutschland geäußerte Meinung betrifft, erkennt an solchen Sätzen, daß Bergstraessers Objektivierung (Hitler als diktatorischer Führer mit einer Clique von Freunden um sich) eine Distanzierung bedeutet. »Die alte nationalsozialistische Partei mit ihrer exzellenten Organisation war offen für die Aufnahme von Mitgliedern und bis zum Juli 1933 zählte sie mehr als zwei Millionen jüngere und ältere Mitglieder, einschließlich vieler Leute, die zuvor zu anderen Parteien der Rechten gehört hatten« (29). »Die Partei hat die Aufgabe, die Menschen zu disziplinieren und Beziehungen einer neuen Art zwischen den Menschen und dem Staat zu schaffen« (ebd.). Neben der Bewunderung (»das exzellent disziplinierte Organ der Sturmtruppen«) scheint immer der Gewaltcharakter der Partei und der Herrschaft durch. Es ist keine Kritik zu lesen, er selbst glaubte zu diesem Zeitpunkt, daß eine autoritäre staatliche Führung die Krise der Demokratie in Deutschland überwinden könne. Deshalb kann er diese Politik bis zu einem gewissen Grade vertreten. Dementsprechend spricht er in der ersten Person Plural: »We believe in the state.«[88] Doch Akteur in seiner Rede ist ansonsten »die Partei«[89]. Es gibt also eine von außen kaum wahrnehmbare Distanz, setzt sie doch das Wissen um die fortgesetzten Kämpfe um die politische Macht in Deutschland voraus: Die Rede wurde am 19. Oktober 1933 gehalten, also nicht lange nach der Machtübernahme durch die NSDAP, als die Führungskämpfe noch nicht ausgestanden waren, die SA-Führung noch ihre Ansprüche erhob, Gregor Strasser und von Schleicher noch lebten. Nicht die Partei, deren Mitglied er nicht ist, hat Wir-Funktion in dieser Rede, sondern nur der »Staat« und die autoritäre Ordnung. Signalfunktion hat diese Differenzierung nur für Zuhörer, die sich bei seinen Sätzen im Hintergrund die Frage stellen, warum Bergstraesser nicht Parteimitglied ist. Und diese Frage stellten sich die zweifellos auch anwesenden Zuhörer der politischen Polizei. Die übrigen Zuhörer stellen sehr kritische Fragen nach dem Eigentumsverständnis und nach dem Antisemitismus im »nachrevolutionären Deutschland«. Auch hier findet man in der Rede keine offene Distanzierung, doch eine Darstellung, die mehr seine Hoffnung oder seine Blindheit ausdrückt als die Wirklichkeit:

»Die antisemitischen Prinzipien der Politik während der ersten Monate der Revolution wurden im Interesse der Arbeiter und der wirtschaftlichen Verhältnisse der großen Unternehmungen abgeschafft.«[90]

Die Rede konnte nur prekär ausfallen, da sie im Ausland mißverstanden werden mußte und im Inland auch von seiten der hitlertreuen politischen Polizei verstanden wurde. Sein Buch *Nation und Wirtschaft*, an dem er zwischen 1932 und Anfang 1933 arbeitete[91], hat denselben gefährlichen Duktus. Gumbel warf Bergstraesser im Exil denn auch vor, das aus diesem Buch sein Haß auf die Demokratie hervorgehe.[92] Seine Kritiker hatten es nicht schwer, solche Schlüsse zu ziehen, aber auch seine Gegner zogen ihre Schlüsse: Bei seiner Rückkehr entzog man ihm den Paß. Solche Vertreter sollten im Ausland nicht mehr über die nationalsozialistische Bewegung sprechen.

Er selbst notierte im amerikanischen Exil, daß er das Buch *Nation und Wirtschaft* zum größten Teil 1932 geschrieben habe, daß es im Frühjahr 1933 erschien und 1934 aus dem Buchhandel verschwunden sei. Es

»stammt, wie einige andere Sachen eben aus der Zeit, als ich noch versuchte, das Beste herauszuholen, freilich recht vergeblich, wie ich wohl weiß. Aber wenn die Splitter-Richter des *Aufbau* mir dafür den Kopf abschlagen wollen – alright: Ich habe eben bis zum Juniputsch gehofft und geglaubt, man sollte und müsse die verbliebenen Möglichkeiten bis zum letzten ausnutzen. Als dann Jung tot und Morsbach verhaftet waren, war es freilich aus. Holborn besprach die Idee als ›akademisch‹.«[93]

Sein Verhältnis zu Morsbach und Jung läßt sich aus einem Brief an Frommel 1947 erkennen: Eine Verbindung von Konservativen und Sozialismus schien ihm nach Brüning vernünftig. Damals

»arbeitete ich mit Planck[94], Yorck, Morsbach und Köpfen der Bendlerstraße an den Versuchen mit, das ... nach Potempa sich abzeichnende Unheil noch zu wenden ... (Es waren) Versuche zu einer Kristallisierung der Opposition innerhalb der neugeschaffenen Lage beizutragen, die schließlich zur Bekanntschaft mit Jung in den entscheidenden Stadien seiner eigenen Versuche führte. Nach seiner Ermordung am 30. Juni war der völlige Rückzug in das engste geistige Leben das einzig noch Mögliche.«[95]

Bergstraesser, der von den Mitarbeitern der Rockefeller-Stiftung als »liberal« und nationalistisch wahrgenommen wurde, glaubte, wie sich erkennen läßt, an die Macht von Personen, den Einfluß von Persönlichkeiten auf die Lenkung der Geschichte. Seine Überzeugung, daß man nur die richtigen Leute zu einer Führungselite bräuchte, um die Krise zu überwinden, ist hier klar zum Ausdruck gebracht. Der Staat, ausgestattet mit diktatorischen Vollmachten, war in seinen Augen das Instrument, mit dessen Hilfe eine selbsternannte Elite die Krise Deutschlands überwinden konnte. Er glaubte, daß damit nach dem Ende des liberalen Zeitalters eine nationale »Gemeinschafts«-Utopie der Jugendbewegung Wirklichkeit werden könnte. Daß Hitler nicht in seinem Sinne Teil einer solchen Elite sein konnte, das war ihm »nach Potempa« klar.

Bergstraessers Ausschaltung

Systematisch wurde Bergstraesser innerhalb der Universität insbesondere von den nationalsozialistischen Studenten angegriffen. Deren Anführer, Gustav Adolf Scheel, schien sich persönlich an Bergstraesser zu reiben und organisierte eine Reihe von Vorlesungsboykotts[96]. Die ersten Versuche, ihn offiziell abzusetzen, begannen mit der Übertragung der Leitung des InSoSta an Brinkmann im November 1933. Bergstraesser wußte, daß er zunehmend von nationalsozialistischer Seite angefeindet wurde. Eine seiner Studentinnen berichtete von einer Fahrt, die sie mit Bergstraesser im November 1934 zusammen von Paris aus nach Heidelberg machte:

»Während Bergstraesser in Paris lebendig und heiter gewesen war, wurde er nun düster und unruhig, als bedrücke ihn etwas... Ich fragte ihn endlich, ob ich seine Gedanken recht empfände und er bejahte: ›Ist es Deutschland?‹ ›Ja.‹ Und nach einer Weile: ›Aber nichts sagen darüber, dort, ja?‹ Ich verstand das nicht ganz damals, wollte aber nicht weiter fragen und nickte zustimmend.«[97]

Die Autorin berichtet von einem Versuch, Bergstraesser durch einen *agent provocateur* zu entlarven:

»So kam eines Tages ein Student zu Bergstraesser und sagte, daß er eine Doktorarbeit bei ihm machen wolle über die N.S. im Spiegel der Auslandspresse. Dafür aber müsse er natürlich illegale Literatur vom Ausland haben und Bergstraesser solle ihm einen Zettel in diesem Sinne schreiben. Bergstraesser war zu dieser Zeit sehr gefährdet und merkte, was dies zu bedeuten hatte, zumal er den Studenten fast nicht kannte. Er lehnte ab... Bergstraesser hörte nichts mehr davon, bis eines schönen Tages ein Beamter vom Zoll bei ihm vorsprach und die Devisen erbat zur Bezahlung einer Kiste mit Zeitungen von Basel. Bergstraesser sagte sofort, er habe nichts bestellt; ging aber der Sache nach und fand, daß irgendein N.S.Mann im Zeitungsinstitut einen sehr zweideutigen Brief nach Basel geschrieben hatte, der Herr Student Soundso, der ein Doktorat bei B. über N.S. im Spiegel der Auslandspresse beantragt habe, habe sich das Material darüber zu verschaffen und es solle deshalb an die Adresse B. gehen. Hätte B. nicht schon Argwohn geschöpft und hätte gutgläubig die Empfangsbestätigung unterschrieben, so wäre er gefangen gewesen.«[98]

Barbara Schütz-Sevin berichtet auch von einem jungen NS-Chargen, der ein Verhältnis mit ihr anstrebte:

»Er fragte mich nach meinem Studium und meinen Professoren und als er hörte, daß Bergstraesser mein Hauptprofessor sei, bei dem ich meinen Doktor machen würde, war er tief betroffen. Ich dürfte das nicht tun. Von allen Anti-N.S. sei Bergstraesser der allergefährlichste. Mit den anderen könnten sie vielleicht fertig werden. B. aber würde die Jugend vergiften.«

Und Schütz-Sevin schreibt weiter: »Von ihrem Standpunkt aus haben die N.S. natürlich recht. B. hat eine große Anziehung und einen großen Einfluß auf die Jugend.«[99]

Als Schütz-Sevin daraufhin mit dem NS-Chargen die Beziehung abbrach, wurde sie kurze Zeit später von einem Komitee der Studienstiftung, bei dem sie sich beworben hatte, vorgeladen. Sie wurde aufgefordert, das Angebot der Familie Bergstraesser, bei ihr zu wohnen, da sie kein Zimmer hatte, anzunehmen und dem Komitee über alles zu berichten, was im Hause Bergstraesser vor sich gehe:

»Von Bergstraesser wollen wir jeden Brief wissen, der in das Haus kommt, und der durch Boten aus dem Haus geschickt wird. Die Post überwachen wir selber, aber es gibt noch andere Wege, wie wir alle wissen. Noch wichtiger aber ist, daß Sie über jede Person berichten, die in das Haus kommt, wie oft, wann, u.s.w. Was gesprochen wird, soweit sie es irgend erfahren können, und das wird Ihnen, bei dem Vertrauen, das Sie in dem Hause genießen, nicht schwer sein. Sie wissen wahrscheinlich so gut wie wir, daß Bergstraesser ein ungeheures Netz von Beziehungen unterhält, vor allem mit Ausländern. Mit diesen letzteren fällt das Überwachen besonders schwer. Es ist Ihre Aufgabe, diese Lücke zu füllen.«

Schütz-Sevin empfand dies als offene Kriegserklärung, sagte »Nein« und erhielt die Antwort: »Sie werden die Folgen zu tragen haben.« Sie mußte von Heidelberg nach München wechseln, um diesem Druck zu entgehen.[100]

Bergstraesser war nicht nur den nationalsozialistischen Studenten, sondern auch den Kollegen und Parteigenossen der NSDAP in Heidelberg »verdächtig«. Denn da auch Brinkmann noch bis 1934 jüdische Studenten promovierte, muß ein besonders gegen Bergstraesser gerichtetes Interesse in Parteikreisen vorhanden gewesen sein.[101] Seine Entfernung von der Universität erfolgte denn auch nicht aufgrund formaler Bestimmungen über die rassische Zugehörigkeit der Hochschullehrer, wie es bisher in der Literatur dargestellt wird[102], sondern aufgrund eines gezielt bestellten Gutachtens.

Als Rektor Groh im Januar 1935 eine Anfrage an den Dekan der Wirtschaftswissenschaftlichen Fakultät richtet, ob die Gothein-Gedächtnis-Professur für Auslandskunde noch notwendig sei[103], reagiert die Fakultät aufgrund eines Votums von Brinkmann einstimmig mit einer Befürwortung der Erhaltung des Lehrstuhls. Eine Bitte Bergstraessers an den Dekan, einer Einladung des Deutschen Clubs in Oxford zu einer Rede Folge leisten zu dürfen, wird abschlägig beschieden:

»Wie mir mitgeteilt worden ist, ist eine Sperre des Passes auf Weisung des Herrn Politischen Polizeikommandeurs in Berlin erfolgt; die einzelnen Gründe dieser Maßnahme sind mir bisher nicht bekannt geworden, es ist mir jedoch unmöglich, in dieses schwebende Verfahren einzugreifen. Ich muß daher Herrn Professor Bergstraesser anheim geben, die ihm für gut erscheinenden Schritte zur Durchführung der Untersuchung von sich aus zu betreiben.«[104]

Am 8. Mai 1935 erhält er die Bestätigung, daß das Verbot seiner Mitwirkung an Doktorprüfungen aufgrund seiner (von ihm, Bergstraesser, anfangs bestrittenen) nichtarischen Abstammung zu Recht ergangen sei.

Am 23. Mai 1935 wirft ihm der Rektor Groh ein »Täuschungsmanover« vor[105] und teilt ihm vertraulich mit, daß der Kultusminister »auf die baldige Entfernung des Professors Bergstraesser hinzuwirken beabsichtige und um beschleunigte Stellungnahme ersucht« (ebd.). Diese gewünschte Beschleunigung erfährt das Verfahren zwar nicht, eine »vorsorgliche Kündigung erfolgt erst am 27. Dezember 1935. Doch wird auch im Kreis der Universität Kritik an Bergstraesser geäußert, die nicht rein wissenschaftlich ist. Am 3. September gestattet sich der Historiker Günter Franz, dem Rektor die *Saarwirtschaftszeitung* vom 12. Juli 1935 zu überreichen. In dieser Ausgabe wurde eine Arbeit von Adolf Kleebauer[106] als Plagiat bezeichnet, die als Dissertation in der Staats- und Wirtschaftswissenschaftlichen Fakultät »auf Grund eines Gutachtens von Prof. Bergstraesser angenommen wurde«. Franz fordert den Rektor auf, daß »in diesem Falle durchgegriffen werde« und Kleebauer der Doktortitel nachträglich aberkannt werde. Außerdem weist er auf die Praxis der Gutachten Bergstraessers hin, die »nicht nur in diesem Fall, sondern vielfach die einfachsten Anforderungen, die an eine wissenschaftliche Arbeit zu stellen sind, außer acht lassen«. So sei in einer Arbeit über die

Hanse »kein einziges skandinavisches Werk benutzt worden«, was aus »wissenschaftlichen, aber auch politischen Gründen« nicht angehen könne. Bergstraesser habe diese Arbeit zwar zurückgezogen, weil seine Änderungsvorschläge nicht eingearbeitet worden seien und somit ohne seine Zustimmung gedruckt worden ist, aber die Arbeit sei in der Anlage so verfehlt, daß sie auch durch Änderungen nicht mehr gerettet werden könne. Eine Arbeit über Carlyle benutze kein einziges englisches Werk und nur ein deutsches, das vor 40 Jahren erschienen sei. Eine dritte Arbeit von Jantke stehe zwar zweifellos auf einem höheren Niveau als die anderen, behandle jedoch ein Thema auf 40 Seiten, das wegen seiner Größe nicht von einer Dissertation erfolgreich zu behandeln sei.[107] Franz bitte um die »Abstellung« dieser Art von Doktorfabrikation, da sein Fach von diesen Arbeiten berührt werde und das Ansehen der Historischen Fakultät ernstlich gefährdet würde. Auf eine entsprechende Aufforderung des Rektors hin erstattet Franz ein zweieinhalbseitiges Gutachten mit Anlage (Liste der Dissertationen) über Bergstraesser am 19. September 1935.[108]

»Ew. Magnifizenz haben mich aufgefordert, einen Bericht über die Promotionstätigkeit des nichtbeamteten außerordentlichen Professors der Staatswissenschaften Bergstraesser zu erstatten, nachdem ich als Direktor des Historischen Seminars Ew. Magnifizenz auf einige Mißstände hingewiesen hatte, die mir bei einer Reihe Arbeiten aufgefallen waren, die Prof. Bergstraesser begutachtet hatte.« So beginnt das Gutachten, in dem nicht nur die Breite der Themen kritisiert wurde, die Bergstraesser behandeln ließ (»eine verantwortliche Beurteilung von einem einzelnen Gelehrten (ist) schlechterdings nicht mehr möglich«), die Benotung, die zu gut sei (»die Arbeit von Jantke ist sogar mit 2-1 bewertet worden)«, sondern insbesondere die Tatsache, daß »nationalsozialistische Themen« von Bergstraesser behandelt wurden, das ließe doch »die von einem Nichtarier zu erwartende Zurückhaltung außer acht«. Zwar fänden sich unter den von Prof. Bergstraesser angenommenen Arbeiten auch »gute und sogar ausgezeichnete« Arbeiten, aber es stehe eben keine »einheitliche Grundhaltung dahinter ..., wenn gleichzeitig in der Arbeit von Johann ›die literarische Epoche der deutschen Buchverlage‹ in aufdringlichster Form ein Hymnus auf den jüdischen Verleger S. Fischer und seinen jüdischen Mitarbeiter Moritz Heimann gesungen wird. Fischer habe ›eine wahrhafte Republik des Geistes‹ begründet«, und zu dieser Republik zähle der Promovend insbesondere die bei Fischer verlegte *Neue Rundschau*, die er folgendermaßen beschreibe: »Kein Name von europäischem Klang, keiner der Namen, die in Deutschland für immer (!) Gewicht haben werden, fehlt. Zu diesen ewigen Namen gehören u. a. Thomas Mann und Hofmannsthal.«[109] Der Eingangsstempel des Gutachtens hat das Datum 20. September 1935. Kurz darauf wurde Bergstraesser vom Rektor vorläufiges Lehrverbot erteilt. Bergstraesser, der alles unternahm, wieder zugelassen zu werden, dürfte nicht gewußt haben, was sich hinter dieser Maßnahme verbirgt, da er vom Rektor keine Begründung erhielt. Das Gutachten selbst hat er wohl nie zu Gesicht bekommen. Er wurde beurlaubt und hatte seit dem vorläufigen Lehrverbot keinen Zutritt mehr zur Universität. Aber die Behörden benötigen noch einige Zeit, bis sie ihm am 10. August 1936 endgültig die Lehrbefugnis entziehen[110] und damit »die Voraussetzung für die Versehung der Gothein-Gedächtnis-Professur« entfällt.[111] Seine Dienstbezüge wurden ihm »guttatweise« bis zum 30. September 1936 belassen.

Hatte er den ersten Teil der Intrige durch den studentischen *agent provocateur* noch abwehren können, so glückten nun mit diesem Gutachten die Versuche, den als gefährlich eingestuften Mann loszuwerden.[112]

Exil in Amerika: Die »Flagge der Geistfeindschaft«

Ludwig Marcuse hatte 1935 geschrieben: »Im März ließ er (Alfred Weber, H.S.) noch ... die Hakenkreuzfahne auf seinem Institut herunterholen; sein Assistent Bergstraesser sorgte dann dafür, daß die Flagge der Geistfeindschaft wieder hochging.«[113] Der Emigrant Kurt R. Großmann behauptete in der Emigrantenzeitschrift *Aufbau* 1942 (Ausgabe vom 23. Januar):

»Arnold Bergstraesser hat während der Machtergreifung die Hakenkreuzfahne auf dem Sozialwissenschaftlichen Institut in Heidelberg hissen lassen. In dem Konflikt mit seinem einstigen Lehrer Alfred Weber, der daraufhin entstand, unterlag Alfred Weber. Bergstraesser stieg höher und höher. Alle jene, die ihm einstmals geholfen hatten, drückte er an die Wand, andere, die mit ihm um die Palme gerungen hatten, setzte er ab, wie den späteren Professor Marschak, der heute in Oxford lehrt.«[114]

Diese Vorwürfe Großmanns gegen Bergstraesser, der sich zu dieser Zeit ebenfalls im amerikanischen Exil befand, sollten sich »bald als Überspitzungen von Gerüchten herausstellen« (Krohn 1986:256). Marschak etwa antwortete auf eine entsprechende Anfrage: »I am unable to confirm the charge in the form used by Mr. Großmann in his letter to the editor of AUFBAU of January 23, 1942. I don't think, Bergstraesser's actions were moved by personal grudge. Nor can he be made responsible for my dismissal from the teaching position I held at the University of Heidelberg.«[115] War es bei Marcuse (der Bergstraesser hier fälschlich als »Assistenten« Webers beschrieb) noch als symbolische Beschreibung zu begreifen, daß Bergstraesser »die Flagge der Geistfeindschaft« wieder hochgehen ließ, so bei Großmann nicht mehr. Klingemann glaubt denn auch, »daß es Bergstraesser selbst war, der einige Nazi-Studenten zum Hissen der Hakenkreuzfahne ermutigt hatte« (Klingemann, Carsten 1990:84), beruft sich dabei jedoch wiederum auf Krohn.

Verhinderte Rückkehr nach Heidelberg

Alfred Weber hat nach dem Kriege verhindert, daß Bergstraesser nach Heidelberg zurückkehren konnte. Die Verschlechterung des Verhältnisses zu Alfred Weber wird häufig mit dieser »Fahnenaktion« in Verbindung gebracht. Zweifellos wäre eine solche Aktion Bergstraessers für Alfred Weber Grund für einen sofortigen Bruch gewesen. Doch läßt sich dies nicht belegen, und Bergstraessers eigene Darstellung des Falles – *et audiatur* – läßt diesem Vorwurf auch wenig Raum. Bergstraesser selbst nahm zu diesem Vorwurf im *Aufbau* folgendermaßen Stellung:

»I was in Berlin, when after the elections on March 6th the Nazis hoisted illegally the swastika on almost all public buildings in Germany. I arrived in Heidelberg the next morning and was told, that the editor of the democratic paper had tried to reach me. I called at once and he told me that Professor Alfred Weber had insisted on publication of an open letter of protest and that they had wanted me to talk him out of this idea, but that it was too late now, because the paper was already printed. In the afternoon the janitor of the institute told me on the phone, that Nazi-stormtroops had hoisted the swastika on the institute. When I arrived 20 minutes later, he told me, that professor Weber, the president of the institute, had ordered him, to take the flag down, because the Nazis had anyway when they hoisted the flag threatened to throw Mr Weber in the river and they might have done it, if he had been present. But he arrived only shortly before me and I was now sitting in his office.

I had learned, that the Rector of the University had protested against the illegal hoisting on the buildings under his supervision, but that he had refrained from resisting the violence exercised. I tried to persuade Professor Weber, if necessary to follow this precedent for the sake of his safety. My point was the stronger since according to the emergency decrees of febr. 28, 1933 – the very instruments of the Nazi coup d'état – the stormtroops acted as auxiliary police attached to the police departments. My dispute with Weber however gave the occasion to the rumor that I had hoisted the flag. The dispute was finally settled by the Nazis returning with a reinforced detachment which hoisted the swastika again and left a guard for it.«[116]

Aus einem Briefwechsel in den Akten der Nachkriegszeit geht deutlich Webers reservierte Haltung gegenüber Bergstraesser hervor. Jedoch läßt die Aktenlage keinerlei eindeutige Erklärung für das Zerwürfnis zu. Weber ist in dem Briefwechsel nicht offen, und seine förmliche Freundlichkeit gegenüber Bergstraesser deutet nicht auf politische Gründe, sondern auf eine persönliche Animosität hin, über die er nicht sprechen kann.

Bergstraesser schrieb an Salin am 5. Januar 1947: »... ohne mein Wissen ist Alfred Weber mit dieser Sache (der Wiederherstellung von Bergstraessers Universitätsstatus, RB) befaßt worden. Scheinbar hat er (Alfred Weber, RB) damals einen ähnlichen Ausbruch gehabt ... Ein hiesiger Freund, auf dessen in Heidelberg geführte Gespräche diese ganze Sache zurückging, hielt es schon damals, etwa Mitte Dezember, für fraglich, ob unter solchen Umständen meine Mitarbeit an Ihrer Festschrift[117] richtig sei. Ich meinerseits sah keine Veranlassung, meinen Entschluß zu ändern, weil meine Stellungnahme im Falle der Universität nicht das geringste mit meinem Verhältnis zu Alfred Weber zu tun hatte. Auf dieses Verhältnis scheint Weber das Gespräch mit dem Heidelberger Kollegen bezogen zu haben und offenbar hat er schon damals das Vorgehen als eine Einmischung in persönliche Dinge empfunden, die zwischen ihm und mir zu erledigen sind.«[118] In einem Brief an Salin gibt Bergstraesser einen Fingerzeig auf die möglichen Differenzen zwischen ihm und Alfred Weber: »Sowohl aus unseren Gesprächen vor meiner Abreise aus Deutschland wie aus Briefen, die ich vor und nach dem Kriege von ihm erhielt, ... (habe ich) ... niemals einen Augenblick annehmen können, daß die mit verleumderischer Absicht von böswilliger Seite gebildete Legende über mein Verhältnis zu ihm irgendwie auf ihn selbst zurückgehen könnte. Meinungsverschiedenheiten über geschichtliche Fragen ... über die Stellung Nietzsches oder Georges haben m. E. weder unserem persönlichen noch unserem wissenschaftlichen Verhältnis Abtrag getan« (an Salin, 17. November 1947, BA Kobl. NL 1260, Akte 85). Damit deutet Bergstraesser seine eigene Hinwendung zu George Anfang der dreißiger Jahre an. »Er war von Alfred Weber ausgegangen, hatte sich dann aber ganz an Wolters und George angeschlossen«, schilderte der Georgeaner Kurt Hildebrandt Bergstraesser[119]. Doch ob dies von Alfred Weber als Abwendung empfunden wurde, ist nicht klar.

Salin schreibt an Bergstraesser am 6. Januar 1947: »Ich bin im Jahre 1933 nicht in Heidelberg gewesen, aber ich weiß, daß in Ihrer Haltung manches lag, was ihn tief und bleibend gekränkt hat.« Und Näheres dazu am 23. November 1947: »Auf die Vorgänge von 1933 hätte ich meinerseits mit keinem Wort hingewiesen, wenn mir nicht ihr nachhaltiger Eindruck in Heidelberg verschiedentlich entgegengetreten wäre.« Was für Vorgänge meinte Salin? »Ich habe nach Einzelheiten gefragt und habe also nur gelegentlich vernommen, daß Sie einmal durch Ihre Frau Alfred Weber den Rücktritt nahelegen ließen – das scheint der entscheidende Punkt zu sein. Aber gerade mit Ihrer Beteiligung an der Festschrift ist der Ring zu früher geschlossen und wird, davon bin ich überzeugt, das Dazwischenliegende endgültig verschwinden.«

Bergstraesser antwortet: »Der von Ihnen erwähnte Vorfall ist weder mir noch meiner Frau erinnerlich und wurde auch weder von AW noch von Frau Jaffé mir gegenüber bei einer der zahlreichen Gelegenheiten erwähnt, die sich nach dem Frühjahr 1933 noch ergaben. Ich will zu dem Rattenkönig (der Entschuldigungen) ... nichts weiter beitragen. Wer aber am Anfang März 1933 AW diesen Rat gab, hat aus der besten Gesinnung heraus gehandelt: Nach den Erfahrungen des Juli 1932 konnte kein Zweifel darüber bestehen, daß die gegen sein Leben gerichteten Drohungen des SA-Mobs ernst zu nehmen waren, die auf die mutige Herausforderung hin erfolgten, die sein Eingesandt in das Heidelberger Tageblatt enthielt. Wer ihn auf diese Lebensgefahr aufmerksam gemacht hat, hat pflichtgemäß gehandelt« (an Salin, 14. Dezember 1947). Konnte Bergstraesser sich wirklich nicht erinnern? Oder hatte Salin hier etwas falsch verstanden oder gedeutet? Sind die Drohungen des SA-Mobs nicht übertrieben und damit erfunden? Wie auch immer man dies einschätzt, es zeigt sich auch im einfachen Falle des Vergessens eine deutliche Entfernung von Alfred Weber, die in dieser Zeit stattgefunden haben muß. Und es wird klar, daß Bergstraesser nicht bemerkte, an welche empfindliche Stelle er bei Alfred Weber geraten war mit einem solchen Ratschlag (den er ja nicht bestreitet, sondern an den er sich nur nicht erinnert oder erinnern will) – sei er aus Bergstraessers Sicht auch noch so »vernünftig« gedacht gewesen. Weber sah sich, wenn diese Eruierungen von Salin, der Alfred Weber nahegestanden hatte, tatsächlich den entscheidenden Punkt getroffen haben, von Bergstraesser abgeschoben und dadurch entwürdigt. Das würde auch erklären, warum Alfred Weber, der seine Mitmenschen nach ihren Manieren und ihrem Taktgefühl zu bewerten pflegte, darüber nicht zu reden in der Lage war: So behandelt zu werden von einem Mann, mit dem er so eng zusammengearbeitet hatte, mußte ihn schwer enttäuschen – ein solches Verhalten war für ihn offensichtlich nicht zu verschmerzen.

Die Vorgänge um die Leitung des Instituts vor und nach 1933, wie sie im Kapitel über das Rockefeller-Programm beschrieben wurden, lassen dieser Deutung durchaus Raum: Weber hat zwar nie die Aktivitäten Bergstraessers in Frage gestellt. Und es sieht alles danach aus, als ob er seit seinem Ruf nach Hamburg sich von der Zivilisations- und der Gesellschaftssphäre immer weiter weg orientierte und sich nur noch der Kultursoziologie widmen wollte.[120] Er dürfte also geradezu darauf gewartet haben, daß Bergstraesser zum Professor ernannt wird (am 27. Februar 1932), um die Geschäftsführung des InSoSta zu übernehmen. Er behielt die Leitung des Rockefeller-Programms bis zum Schluß bei, doch scheint er sich durch Bergstraessers Auftreten möglicherweise abgeschoben gefühlt zu haben, auch wenn der Brief, den Weber 1938 an Bergstraesser in die USA schreibt, keine offen feindseligen Töne beinhaltet, sondern kollegial, ja fast freundschaftlich klingt.

Die definitive Absage an Bergstraesser, seinen Beitrag betreffend, erhielt er am 27. Dezember 1947 von Salin: »Frau Jaffé hat mich gebeten, Ihnen sehr diplomatisch zu schreiben. Ich finde aber, die einzige Diplomatie kann in freundschaftlicher Offenheit liegen. Ich weiß nicht mehr, in welchem Zusammenhang eigentlich Ihr Name fiel. Dabei ist es dann zu einem ganz ungewohnten Ausbruch gekommen.«

Der Dekan Ranke hatte bei Ulmer einen Vorstoß zugunsten von Bergstraesser unternommen, konnte allerdings noch keine entsprechenden finanziellen Mittel auftreiben. Ulmer schreibt an Caspari, der bei Bergstraesser eine Art Sekretär gewesen zu sein scheint, er sei bei seinem Vorstoß in der Sache Bergstraesser »bei dem Rektor sofort auf volles Verständnis gestoßen..., während Alfred Weber seinen Vorstoß ausgesprochen unfreundlich aufgenommen hat«[121].

Weber selbst gibt in seinem Brief nichts preis. Vielmehr beginnt der Brief mit einer Würdigung von Bergstraessers Leistungen für das Institut und der Versicherung, daß er »nie die sachliche und persönliche Dankesschuld vergessen werde, die aus dem Aufbau unseres Instituts und den jahrelangen über das Technische weit hinausgehenden

Leistungen von Ihnen für dasselbe wie eine gar nicht abwägbare Größe folgt«. Ja, eine unerwartete Erklärung folgt dieser Versicherung noch:»Noch weniger abwägbar ist natürlich der Wert unseres freundschaftlichen Zusammenarbeitens dabei und die Tatsache, daß dies mir allein möglich gemacht hat, die mir an sich nicht liegende Leitung des Instituts überhaupt durchzuführen.« Aber es klingt schon hier wie ein Hymnus auf etwas unwiederbringlich Vergangenes, und der Nachsatz:»Es fällt mir schwer, das alles zu formulieren und in Worte zu bringen, da es ja die Zusammenfassung eines Stücks fruchtbarsten Lebens bedeuten würde, das uns gemeinsam war«, spricht die Abgeschlossenheit dieser Zeit an: Nur an diese Seite ihrer Zusammenarbeit, die er als ein Stück fruchtbarsten Lebens sieht, will er erinnern, nicht an die andere Seite. Sie wird in dem Brief nicht berührt.

Die eigentliche Frage wird daher auf eine fast bürokratische Weise behandelt:»Sie haben sich vielleicht gewundert, daß in unseren bisherigen Wiederanknüpfungen nicht von der Frage der Rückberufung nach Heidelberg oder wenigstens von einem, wie man es jetzt hier nennt, symbolischen Wiedergutmachungsakt dessen die Rede war, was Ihnen als so schweres Unrecht hier angetan worden ist. In bezug auf das erstere konnte ich hoffen, daß Sie sich den Grund selber sagen dürften. Nachdem die pekuniäre Fundierung Ihrer Professur eine Fiktion ist (die Gothein-Gedächtnis-Professur existierte zwar noch, warf jedoch nur noch minimale Zinsen ab, RB), haben wir einfach nichts, was wir Ihnen anbieten können, in dem Sinne, daß wir auch nur die Frage aufwerfen könnten, ob Sie dafür eine Professur in Chicago aufgeben würden« (an Bergstraesser, 22. Dezember 1947). Eine Andeutung enthält jedoch der zweite Teil.

Was die symbolische Wiedergutmachung anbetrifft:»Wir sind in diesen Wiedergutmachungsakten leider formal gebunden. Und (um) in einem Falle, in dem direkt nach der genannnten Richtung an Ansprüche grenzende Anregungen gegeben wurden, der aber ein Fall ist, den wir im Interesse der Universität absolut ausschließen müssen, da er untragbare Spannungen in sie hineintragen würde, habe ich die Praxis vertreten müssen, die auch eingehalten worden ist, vorerst gegenüber im Ausland befindlichen Persönlichkeiten, überhaupt bis auf weiteres auf diesen Akt zu verzichten. Welcher Fall gemeint ist, werden Sie nach Ihren persönlichen Erfahrungen, die Sie auch drüben gemacht haben, sich leicht denken können... Ich hoffe, Sie werden danach nicht die Empfindung einer Kränkung haben können. Jetzt heißt natürlich nur, solange absehen, bis das gedachte Hin-

dernis irgendwie aus dem Wege geräumt ist und ich hoffe sehr, daß wir nicht allzu lange warten müssen, bis das geschehen ist.« Gemeint ist offensichtlich der »Fall Gumbel«. Sieht Weber Bergstraesser in gleichem Licht wie Gumbel? Befürchtete er auch von Bergstraesser »Spannungen« an der Universität? Als Fehling[122] Alfred Weber um ein Urteil bittet, ob ein Lehrstuhl mit Bergstraesser oder mit Andreas Predöhl besetzt werden solle (er wolle Webers Urteil einholen, weil er Bergstraesser »persönlich sehr nahe stehe«), antwortet Alfred Weber: »Hier in Heidelberg haben wir außer aus diesem (finanziellen, RB) Grunde bisher auch deswegen nicht an ihn gedacht, weil, wie ich offen aussprechen will, es denkbar wäre, daß hier gewisse, übrigens sachlich belanglose Reminiszenzen in bezug auf seine zeitweise vielleicht einmal vorhanden gewesene Einstellung von gewissen radikalen Seiten lebendig gemacht werden könnten.«[123]
Weber blieb sich in der Argumentation mit der allzu schwachen Finanzausstattung treu. Zwar wird zugleich auch eine politische Dimension des Mißverstehens zwischen Bergstraesser und Weber angerührt, sie wird jedoch nicht zum Hauptgegenstand möglicher Ablehnungsgründe. Es ist dies typisch für Webers Stil: Bergstraessers »zeitweise vielleicht einmal vorhanden gewesene Einstellung« könne »von radikaler Seite« ausgenutzt werden, um politische Unruhe an die Universität zu bringen. Weber möchte Bergstraesser nicht mehr an das Institut zurückholen, weil er – immerhin nun knapp achtzig Jahre alt – Unruhe und neuen Aktionismus befürchtet.[124] Zweifellos aber ging von Bergstraesser noch eine andere Gefahr aus, wie Salins Hinweise erkennen lassen: Bergstraesser war ein potentieller Nachfolger, der ihn erneut unsanft hätte an den Rand bugsieren können.

Schluß

Wandlungen der Heidelberger Sozialwissenschaften

Die Geschichte der Heidelberger Sozialwissenschaften der Zwischenkriegszeit ist von Brüchen gekennzeichnet: Max Weber verließ Heidelberg 1918, Gothein starb 1923, Salin ging 1927 nach Basel, Karl Mannheim wurde 1929 nach Frankfurt, Emil Lederer 1931 nach Berlin berufen. Die größten Einbußen an Mitarbeitern erlitt das InSoSta 1933 durch die Rassengesetze der nationalsozialistischen Regierung, Alfred Weber ließ sich 1933 emeritieren und Bergstraesser, seit 1934/1935 mit Lehrverbot belegt, wurde 1936 entlassen. Das Institut war innerhalb der wirtschaftswissenschaftlichen Fakultät am Ende nur noch eine Ein-Mann-Einrichtung Brinkmanns (Brintzinger 1997:69). Mit jedem dieser Brüche gingen dem InSoSta nicht nur Gelehrte verloren, mit ihnen wanderten auch Forschungsansätze und Fragestellungen ab. In vielen Fällen blieb auch über das Ende des InSoSta hinaus ein persönlicher Zusammenhalt bestehen, der den Studenten zugute kam: Als Heinrich Taut, der ein Schüler Alfred Webers war, nach dessen Emeritierung in Deutschland 1934 von niemandem mehr angenommen wurde, ging er zu Edgar Salin nach Basel, bei dem er promovierte. Wenn auch wohl in den meisten Fällen die lokale Bindung bei den Studentinnen und Studenten größer war als die Bindung an einen Lehrer, so verließen doch zumindest im Gefolge Mannheims und Lederers auch Mitarbeiter, Studentinnen und Studenten Heidelberg. Gelegentlich wurde ein Forschungsansatz in einer Qualifikationsarbeit am Institut weitergeführt, obwohl der Lehrer, mit dem dieser Ansatz verbunden war, das InSoSta bereits verlassen hatte – am Fall der Doktorarbeit Fritz Fischers konnte dies gezeigt werden. Daß das *Archiv für Sozialwissenschaft und Sozialpolitik* nicht mit Lederer nach Berlin umzog, war allein der Tatsache zu verdanken, daß Else Jaffé, die Besitzerin, in Heidelberg blieb. Lederer führte es von Berlin aus weiter. Als 1933 die Nazis Lederer aus Berlin vertrieben, verlor das *Archiv* die Möglichkeit, in Deutschland weiter zu existieren – es ließ sich nicht in das neue System überführen. Lederer verwirklichte am neuen Institut, das ihn aufnahm und an dem er eine Zeitlang Dean war, eine Zeitschrift (*Social Research*), die nicht nur den gleichen Zuschnitt hatte wie das *Archiv*, sondern auch eine »Kontinuität im Mitarbeiterkreis«[1].

Alfred Weber, als Nachfolger Carl Rathgens seit 1908 in Heidelberg Inhaber einer der beiden Lehrstühle für Nationalökonomie, hatte seit dieser Zeit den größten Zulauf zu seinen Vorlesungen und hat die Sozialwissenschaften wie kein anderer seiner Kollegen geprägt. Seine Präsenz an der Heidelberger Universität war nur unterbrochen durch den Ersten Weltkrieg und die Zeit von 1933 bis 1945. Er sah einige Generationen von Studentinnen und Studenten der Sozialwissenschaften vor, zwischen und nach den Kriegen kommen und gehen und gehörte zu den großen Lehrern bis zu seiner zweiten Emeritierung 1955. Alfred Weber wäre somit prädestiniert gewesen, eine »Heidelberger Schule« zu gründen. Daß er selbst sich diese Frage gestellt hat, davon berichtete sein Schüler Walter Witzenmann[2].

Einer Schulbildung durch Alfred Weber standen zunächst zwei Hindernisse entgegen: Er hatte sich in manchen Punkten von Max Weber abgesetzt, dessen Name in der Weimarer Zeit mit Heidelberg als Wissenschaftsstandort der Soziologie verbunden war. Die Max-Weber-Tradition konnte und wollte er nicht auslöschen, so gab es in der Weimarer Zeit zwei Weber-Traditionen.

Das zweite Hindernis war, daß eine Hauptbedingung für eine Schulgründung nicht gegeben war: Schulen entstehen aus entsprechenden Persönlichkeitskonstellationen. Wenn ein Schüler Alfred Weber wirklich nahestand, dann war es Edgar Salin. Salin jedoch teilte seine Loyalität auf zwischen Alfred Weber und Stefan George. Daß der ihm als Institutsleiter kurzzeitig nachfolgende Bergstraesser nicht sein Schüler wurde, sondern wegen seiner praktischen politischen Ambitionen sich von Alfred Webers kultursoziologischen Fragen entfernte, hat eine weitere Chance der Schulbildung verbaut. In der Zeit nach dem Zweiten Weltkrieg schließlich hätte es eine letzte Chance zu einer Schulbildung geben können, zumal Alfred Weber sich zunächst gegenüber der Max-Weber-Tradition behauptet hatte. Doch die Habilitation zweier Kandidaten Alfred Webers scheiterte am Widerstand der Fakultätsmehrheit.

Schon Eschmann hatte in einem Beitrag über die »Heidelberger Soziologie« von dem Irrtum gesprochen, hinter dieser Bezeichnung verberge sich eine Schule: »Das Eigentümliche der Heidelberger Soziologie ist aber im Gegenteil, daß sie zunächst nichts als eine Kampfstellung dreier sehr verschiedener, ja entgegengesetzter Soziologien bedeutete, welche einige Jahrzehnte lang in Heidelberg zusammentrafen« (Eschmann 1936:7). Eschmann spricht deshalb auch von den »Richtungen«, die vertreten waren durch »die Namen Max Weber, Alfred Weber, Emil Lederer und Karl Mannheim« (Eschmann 1936:7). Lederer und Mannheim gelten ihm als eine Richtung, indem sie einen »modernisierten ökonomischen Materialismus« vertraten, der »alle Kulturerscheinungen der Menschheit, die sozialen, künstlerischen, religiösen, auf die jeweiligen Produktions- und Konsumtionsverhältnisse zurückzuführen bestrebt ist«. Diese Lehre »verband sich mit einer bestimmten Richtung der Nationalökonomie, die sich in der sogenannten Grenznutzenschule am deutlichsten ausprägte und die darauf ausging, die Tatsachen des Wirtschaftslebens möglichst in mathematische Symbole zu fassen und so eine Wissenschaft zu bilden, die vom Leben eigentlich abstrahierte« (Eschmann 1936:7). Eschmanns fälschliche Identifikation von Grenznutzenschule und Marxismus zeigt deutlicher die Frontstellung gegenüber allen Relativierungen und Mathematisierungen als eine profunde Befassung mit den Theorien dieser »Richtung«, die er nur als gegnerische zu den beiden übrigen wahrnimmt.

Max Weber schätzt er, weil sein wissenschaftstheoretischer Streit um Methoden und Wertfreiheit »zunächst einen antimarxistischen Sinn« (Eschmann 1936:7) hatte. »Eigentlich sollte das Verlangen nach Wertfreiheit den beständig negativ wertenden Marxismus ins Unrecht setzen. Das Ergebnis aber war anders. Man konnte eine so radikal zerstörende Tendenz wie den Marxismus nicht durch Verherrlichung der Tendenzlosigkeit bekämpfen« (Eschmann 1936:7). Für Eschmann mußte Max Weber auch deshalb scheitern, weil er einen »Glauben an die Zwangsläufigkeit« der Geschichte vertrat. Damit aber habe er spontane Schöpfungen und Willensakte im Geschichtsverlauf für unmöglich erklärt und sich, so darf man Eschmann ergänzen, vom Geschehen der Zeit abgekoppelt, denn Eschmann verstand die nationalsozialistische Revolution als einen Willensakt, einen Eingriff in die Zwangsläufigkeit der Geschichte.

Die dritte Richtung jedoch schien seinem Verständnis am nächsten zu kommen, lobt er doch Alfred Weber wegen seiner Kultursoziologie, die »scharf antimarxistisch« sei und sich gegen die Möglichkeit der ursächlichen »Erklärung« kultureller Erscheinungen zu Recht verwahre. Weber habe gegen Marxismus und Spenglersche Kulturphilosophie die »Totalität des Weltbildes« wiederhergestellt und die Soziologie wieder dorthin zurückgebracht, »von wo sie mit Comte oder Hegel ausgegangen war: zur Geschichtsphilosophie« (Eschmann 1936:7).

Eschmanns Ablehnung des Begriffs einer »Heidelberger Schule« ist ohne weiteres zuzustimmen, auch wenn man seine politischen Wertungen nicht teilt. In seiner Sicht auf die Heidelberger Soziologie geht Eschmann hauptsächlich von politischen Unterscheidungsmerkmalen (marxistisch/antimarxistisch) aus. Nicht nur bei den Marxisten, auch bei der Einschätzung Max Webers steht der politische Gebrauchswert seiner Theorie im Vordergrund: Wer, wie Max Weber, nicht an die Möglichkeit von Veränderungen durch Willensakte in der Geschichte glaubte, dem habe die Geschichte selbst gezeigt, wie unrecht er hatte. Wenn hier Alfred Weber zum Helden der Heidelberger Soziologie wird, so drückt sich darin zweifellos Eschmanns Anhänglichkeit an Alfred Weber aus, die auch durch dessen schroffe Ablehnung des Nationalsozialismus nicht beeinträchtigt wurde.[3] Soweit sie nicht von vornherein als Parteimeinung auftreten, scheint es mir nicht weiterführend, sozialwissenschaftliche Theorien nach parteipolitischen Gesichtspunkten zu verorten (Klingemann 1990, Jansen 1992, Brintzinger 1996) – in der Regel erfährt man am Ende nur, was man am Anfang schon wußte. Nur die Suche nach soziologisch-methodischen Differenzen, aber auch nach verdeckten Interessen kann hier für Überraschungen sorgen. Wenn man daher Eschmanns Beitrag im Lichte der unmittelbaren Interessenkonstellation sieht, dann fällt auf, daß etwa Brinkmann nicht erwähnt wird. Brinkmann aber verstand sich, wie gezeigt wurde, als Max-Weber-Nachfolger. Wenn Eschmann hier also Alfred Weber gegen Max Weber ausspielt, so legt das Erscheinungsdatum des Artikels, der 20. August 1936, nahe, daß sich dahinter ein taktisches Mittel in jenem Konkurrenzkampf zwischen Bergstraesser und den gegen ihn sich richtenden Kräften, bzw. Brinkmann und Bergstraesser, verbirgt, von dem oben die Rede war. Eschmann hat sich damit vermutlich noch einmal für seinen Freischarkameraden Bergstraesser stark machen wollen. Doch der Ausgang des Kampfes war bereits sieben Tage vor dem Erscheinen des Beitrags zuungunsten von Bergstraesser entschieden worden.

Warum hat Alfred Weber nicht einfach das »Werk« Max Webers vollendet (Schluchter 1994:29)? Es wurde dargestellt, wie nahe sich die beiden in wesentlichen Fragen waren. Der Hauptgegensatz, so sieht das auch die Max-Weber-Forschung, ist die Frage der Werturteilsfreiheit (vgl. Schluchter 1995). Interessante Überlegungen dazu hat der Politologe Arnold Brecht geliefert.

Arnold Brecht sah im offenen Wertbezug Alfred Webers eine »Revolte« gegen einen Wissenschaftsbegriff, der auf bestimmte Methoden verengt war und nichtempirische Fragen vernachlässigte. Brecht nimmt diesen Protest ernst und stellt fest, »was hier vorliegt, ist mehr eine Schwäche in der persönlichen Haltung der Sozialwissenschaftler als eine solche in den Lehren der wissenschaftlichen Methode« (Brecht 1961:329). Brecht kritisiert sodann die »wissenschaftlichen Relativisten mit Einschluß von Max Weber«, die geglaubt haben oder den Eindruck erweckt haben, daß alles, was nicht beweisbar ist, nicht existiere oder nicht relevant sei. Zwar lasse sich diese Enthaltsamkeit erklären, befanden sie sich doch »in einem harten Kampf gegen die übliche unkritische Verschmelzung empirisch-logischer Forschung mit bloßen Spekulationen«, doch habe sie »zur Vernachlässigung eines sehr wichtigen menschlichen Anliegens geführt« (Brecht 1961:329): Was wäre der Sinn einer Arbeitsteilung, die nur Nichtwissenschaftlern die Befassung mit außerwissenschaftlichen Fragen erlaubte? Brecht hält es sogar für »höchst wünschenswert, daß auch große Gelehrte sich gelegentlich mit diesem Gegenstand befassen ...« (Brecht 1961:330). Die Grenze zieht Brecht dort, wo Wissen nicht intersubjektiv transmittierbar ist: Das intuitive Wissen, auf das sich Alfred Weber etwa bei seiner Bedeutung für die kulturellen Faktoren beruft, sieht er durch die Möglichkeit des »Konsensus« abgesichert, der zeige, daß »wir also unterirdisch miteinander alle verbunden sind«. Brecht fragt nun nicht nach der Transmittierbarkeit eines solchen Wissens, sondern ob Alfred Weber diesen Konsensus für allgemein gültig und verbindlich hält. Alfred Weber hat jedoch stets darauf hingewiesen, daß ein solcher Konsens nicht von allen Menschen anerkannt wird, sondern nur diejenigen verbindet, »die sich in gleichartiger Wertgebundenheit fühlen« (Weber 1931, zit. bei Brecht 1961:334).

Brecht kommt schließlich zu der interessanten Einschätzung der Vereinbarkeit der Standpunkte der beiden Weber-Brüder: Auch wenn

»Alfred seine Aufmerksamkeit auf andere geschichtliche Probleme richtete als Max und sich weigerte, in der Behandlung kultureller Werte neutral zu sein, wie Max es (manchmal) zu sein versuchte, so steht Alfreds Arbeit doch nicht im grundlegenden Widerspruch zur Theorie des wissenschaftlichen Wertrelativismus, der nicht nur für neutrale Relativisten, sondern auch für solche Platz hat, die zugestandenermaßen Partei ergreifen. Kein Satz dieser Lehre verbietet uns, unseren Glauben an bestimmte kulturelle Werte zu verkünden und die Rolle zu untersuchen, die ihre Anerkennung in der Geschichte gespielt hat« (Brecht 1961:334f.).

Wenn von Wissenschaftlern nichttransmissives Wissen vertreten wird, so werde deshalb lediglich der Einwand zu Recht erhoben,

»daß verschiedene Menschen behaupten, verschiedenes intuitives Wissen zu haben« (Brecht 1961:331), weshalb also zunächst eine wissenschaftliche Entscheidung über die Richtigkeit nicht getroffen werden kann. Doch kann ein solches Wissen nicht deshalb abgelehnt werden, denn es kann seinerseits eine wichtige Funktion als heuristisches Instrument erfüllen. So hat die intuitive Methode auch einen vorwissenschaftlichen Wert, indem sie wissenschaftliche Forschung vorbereiten kann »oder in kritischen Situationen während ihres Fortgangs« (Brecht 1961:330f.).

Brecht sieht den Unterschied zwischen Alfred und Max Weber daher lediglich darin, daß »Alfred ein ›latenter‹ und ›parteiergreifender‹ wissenschaftlicher Relativist war, Max dagegen ein ›offener‹ und ›neutraler‹« (Brecht 1961:335). Wenn nicht alles täuscht, ist es diese Differenz zwischen den Brüdern, auf der die bisweilen auffällige Abwehrhaltung von seiten der Forschung gegenüber Alfred Weber beruht. Das würde schließlich auch eine tiefergreifende Erklärung für die eingangs gestellte Frage liefern, warum das InSoSta bislang noch kaum wissenschaftsgeschichtlich erforscht worden ist – bei allem menschlichen Respekt erschienen den Wissenschaftlern Alfred Webers Stellungnahmen letztlich cum grano salis dilettantisch, also unwissenschaftlich (vgl. Schluchter 1995:127). Alfred Weber hatte schon sehr früh die Fragestellung verändert, unter der die Heidelberger Soziologie angetreten war – die Frage nach der »Kultur des Kapitalismus«. Für ihn lag die Betonung auf »Kultur«, die er in einem nahezu unversöhnlichen Gegensatz zum Kapitalismus sah. Damit setzte er einen völlig anderen Akzent, der sich in der Auseinandersetzung um die Wertfreiheit zwischen ihm und seinem Bruder Max niederschlug. Bei seiner Aufteilung der historischen Dimensionen in drei Sphären ging der Zusammenhang der Kultur mit den übrigen Sphären verloren. Gerade bei Alfred Weber also, der doch selbst auf die Einheit der Sozialwissenschaften so großen Wert legte, zeigt sich schon die spätere Trennung der Fächer Soziologie, Nationalökonomie und Politologie.

Die Wertewelt der zwanziger Jahre wirkt auf uns nach dem Zeitenbruch von 1933 bis 1945 fremd, die Rede vom »Geist« und der »Idee« einer Sache ist unverständlich und unzugänglich geworden. Nur noch in politischen Sonntagsreden finden wir die »Idee der Universität« oder den »Geist der Wissenschaft« beschworen. Schon den Schülern von Alfred Weber aus der zweiten Nachkriegsperiode fiel es schwer, Webers Schriften zu lesen: Wollten sie ihren verehrten Lehrer verstehen, mußten sie sich die Grundlagen der pantheistischen

Goethereligion des klassischen Bürgertums erst mühevoll neu erschließen.[4] Alfred Weber stellte für sie nicht zuletzt eine moralische Instanz dar, an der sie neue Orientierung nach der Ideologisierung durch das »Dritte Reich« fanden – eine pädagogische Funktion, die Alfred Weber nun zum zweiten Mal übernahm.

Vertreibung und Zerstörung der Lebensgrundlagen der kulturellen Elite 1933, propagandistische Feldzüge gegen Intellektualismus und Kritik im Nationalsozialismus hatten den Entfaltungsraum für das Sonderbewußtsein einer Bildungsschicht zurückgeschnitten und nahezu vernichtet. Doch der Bruch mit dieser Wertewelt konnte nicht rückgängig gemacht werden, Bildung und Kultur waren nicht mehr als eigenständige Werte oberhalb der Welt der Zivilisation und Gesellschaft zu erhalten, als die nach 1945 einsetzende Verwestlichung das Ranggefüge der gesellschaftlichen Werte erneut veränderte. Die Heidelberger Zeitschrift *Die Wandlung*, herausgegeben von Alfred Weber, Karl Jaspers und Dolf Sternberger, spiegelt diesen Prozeß paradigmatisch wider. Nicht zufällig fand deshalb auch hier die Auseinandersetzung um den Untergang der »Goethereligion« statt, die sich nach der Rede von Jaspers bei der Entgegennahme des Goethe-Preises der Stadt Frankfurt zwischen ihm und Ernst Robert Curtius entspann.[5]

Der Aufschwung der Soziologie in den zwanziger Jahren hatte insbesondere den Grund, daß die Ökonomie die sozialen Fragen, die mit der Klassen- und Machtumwälzung nach 1918 eingetreten waren, innerhalb ihres Programms nicht erfassen konnte. Die Schwäche der Wirtschaftswissenschaften sollte zur Stärke der Soziologie werden, so sahen es die Kultusminister, Lehrstuhlförderer und Institutsgründer. Wenn von Alfred Weber die Soziologie als »Mutterwissenschaft« bezeichnet wurde, so umkreiste er damit eine neue Gruppe von Fragestellungen, welche die Nationalökonomie aus ihrem universitären Themenkatalog ausgeschieden oder noch nicht integriert hatte. Gleichzeitig aber blieb für ihn der Kern die Ökonomie, deren Separierung er durch Schaffung eines gemeinsamen Feldes für jene Forschungsinteressen vermeiden wollte. Für diese Interessen sah er nun Chancen, denn die Soziologie bedeutete zunächst nur ein Gefäß für alle offengelassenen Fragestellungen. Lepenies hat gezeigt, daß die Funktion der Übernahme von bisher nicht in einer Disziplin enthaltenen Fragestellungen zum komplexen Prozeß von Auslagerung und Differenzierung der Disziplinen gehört. Dem steht als Gegenbewegung die Funktion der Speicherung gegenüber, die ausgeschiedene Stoffe und Fragestellungen in anderen »Gefäßen« aufbewahrt, ohne daß die arbeitenden Wissenschaften jeweils besondere Kenntnis von ihnen zu nehmen pflegen (Lepenies 1978). Nichts gibt dies deutlicher wieder als die Fremdheit, die Alfred Webers Kultursoziologie heute hervorruft. Wenn die Goethereligion aus dem Versuch des Bildungsbürgertums geboren wurde, den endgültigen Bruch zwischen Naturwissenschaften und Geisteswissenschaften zu verhindern, so ist Alfred Webers Kultursoziologie aus demselben Gedanken entstanden, den Nietzsche zum Programm erhoben hatte, »die Wissenschaft unter der Optik des Künstlers zu sehen, die Kunst aber unter der des Lebens«. Für Nietzsche«, so kommentiert Lepenies, »war die Kunst eben nicht nur ein ›lustiges Nebenbei‹, sondern geradezu ein Rettungsanker für die Wissenschaften, die immer mehr erforschten und immer weniger erklärten und die Menschen mit ihren wahren Problemen allein ließen« (Lepenies 1978:129). Alfred Weber versuchte die Trennung von Poesie und Wissenschaft von seiten der Wissenschaft aus zu vermeiden oder, sollte Elfriede Üner recht haben, sogar rückgängig zu machen, soweit diese Trennung, durch die Elemente wie Stil und Rhetorik aus der Wissenschaft mehr oder weniger schnell verschwanden, bereits vollzogen war.[6] Diese Grenzziehung hat letztlich dazu geführt, daß der Literatur und den Künsten nur mehr »kompensatorische Funktion« zuerkannt wird: Die Künste »sollten zur Wissenschaft sich verhalten wie die Freizeit zur Arbeit« (Lepenies 1978:130). Mit diesem Prozeß war auch der Verlust des gesellschaftlichen Ranges des zuvor sozial relativ hochstehenden Bildungsbürgertums verbunden: Die Kultur hatte ihren gesellschaftlichen Rang abtreten müssen an die »nützlichen« Wissenschaften, die damit auch in der Korporation der Universität den Vorrang vor den »unnützen« Fächern erhielten. Dieser Vorgang der Depossedierung des Bildungsbürgertums im Zuge der Verwestlichung war ein Schub in Richtung ebenjener Geldverkehrswirtschaft, die Simmel in der *Philosophie des Geldes* analysiert hatte.

Funktionalistische Entzauberungen

Max Weber sah den Fortschritt der abendländischen Geschichte in einem unaufhaltsamen Prozeß der Entwicklung der Wissenschaften, der die fortschreitende Beherrschung der Natur mit sich brachte. Dieser »Rationalisierungsprozeß« führe dazu, daß Wissenschaft die Religion verdrängt bzw. ersetzt, weil der Glaube an die Wissenschaft und ihre Weltbeherrschung die religiösen Deutungen ablöst und die Entzauberung der Welt mit sich bringt (Weber, Max MWG I/17:86f.; Schluchter 1980:45). Damit verband sich für Max Weber auch die Trennung des Wissenschaftlers vom Deuter: der Wissenschaftler hat nur noch eine Aufgabe, die Suche nach der »Wahrheit« (MWG I/17:98), und seine Lehre soll sich der Werturteile enthalten. Von dieser Forderung aus zieht sich in der Soziologie eine Linie von Max Weber zu Karl Mannheim und Norbert Elias hin: Sowohl Weber als auch Mannheim und Elias geht es um die Versachlichung der wissenschaftlichen Arbeit. Was Max Weber vor allem negativ als Enthaltung von Werturteilen forderte und mit einem von der Pflicht und der Redlichkeit erzwungenen Askesepostulat verband, wurde bei Mannheim zur Forderung nach der Distanz des Intellektuellen gegenüber den Partikularansichten der Interessengruppen. Max Weber hatte als politische Lehre vorgeschlagen, die verschiedenen Formen der Demokratie anderen »nicht demokratischen Formen der politischen Ordnung« gegenüberzustellen, dabei aber neutral zu bleiben, um den Hörer in die Lage zu versetzen, »den Punkt zu finden, von dem aus er von seinen letzten Idealen aus Stellung dazu nehmen kann« (MWG I/17:96). Der Bezug auf Weber ist nicht explizit, doch das Argument hat dieselbe Richtung, wenn Mannheim für eine positive Lehre von den verschiedenen Perspektiven plädiert. Angesichts der politischen Willensübertragung durch »Züchtung eines vorgegebenen Willens« an den Parteihochschulen fragt er sich: »Soll es und kann es aber nicht eine Form politischer Willenserweckung geben, die sich an jenen relativ freien Willen wendet, der das Fundament moderner Intelligenz ist und immer mehr werden soll?« (*I&U*:157). Diese Möglichkeit sollte durch ein Forum für verschiedene politische Willensträger gewährleistet werden, dessen pragmatische Installierung durch Alfred Weber in Heidelberg beschrieben wurde. Mannheims Programm einer Politik als Wissenschaft wurde zur Ausarbeitung einer Gesamtsicht aus der begrenzten Zahl von Perspektiven. Die Darstellung der politischen Gegensätze sollte, ganz im Sinne Max Webers, die Relativierung der Perspektiven und die Versachlichung der Diskussion mit sich bringen.[7]

Hinter dieser Strategie der Versachlichung in der Politikwissenschaft stand eine funktionale Theorie. Mannheim hatte früh auch schon zur Aufgabe der Kultursoziologie erklärt, »das Werk, die Kulturobjektivation auf ihre Funktionalität hin zu erfassen« (EdK:76). Die Erkenntnis der Relativität religiöser, historischer und gesellschaftlicher Denkweisen machte es für ihn unmöglich, absolute

Werte zu vertreten.⁸ Er verfolgt den von Max Weber diagnostizierten Prozeß der Rationalisierung, den er als eine unumkehrbare Tendenz sieht: Das zeige sich etwa in der Wissenschaft, denn »das Tempo (werde) von seiten des funktionalistischen Rationalisierungsprozesses angegeben, und der andere Pol in diesem Prozeß (folge) gleichsam nur reaktiv« (PII:2). Das marxistische Denken jedenfalls »funktionalisiere (in der Weise), daß es das Sein in bloße Funktionen auflöse und also nichts Substanzhaftes mehr von ihm stehen lasse«. Funktionales Denken, das auch der Marxismus bereits kennt, löst für Mannheim das substanzhafte Denken ab in einem unaufhaltsamen Prozeß der Säkularisierung und Entzauberung durch die Wissenschaften. Und in seiner Kritik an Alfred Weber hielt er fest, das für Alfred Weber typische Denken, das Morphologische, funktionalisiere zwar auch, aber es halte mit dieser Funktionalisierung an bestimmten Stellen ein: Es »stoppt« und läßt »sich dann die Dinge seinsmäßig begegnen«, es »schmecke« die Dinge sozusagen (PII:2). Dieser Haltepunkt war für Alfred Weber das Kulturerlebnis, das für ihn eine Begegnung mit der Transzendenz bedeutete.

Mannheim bedauert diesen Versachlichungsprozeß nun aus anderen Gründen als Alfred Weber. Von den zwei Arten der Seinstranszendenz, die Mannheim unterschieden hatte, sei der Untergang des Ideologischen »nur für bestimmte Schichten eine Krise«, für die Gesamtheit jedoch bedeute die durch die Ideologieenthüllung entstehende Sachlichkeit eine »Selbstklärung«. Anders bei der zweiten Art der Seinstranszendenz: Von ihrer Destruktion würden nicht nur bestimmte Schichten betroffen, sondern ein solcher Vorgang würde »die Gestalt der ganzen Menschwerdung transformieren. Das Verschwinden der Utopie bringt eine statische Sachlichkeit zustande, in der der Mensch selbst zur Sache wird« (*I&U*:249). Der Mensch würde »den Willen zur Geschichte und damit den Blick in die Geschichte verlieren« (*I&U*:250). Daß Mannheim diese Sätze Alfred Weber zum 60. Geburtstag widmete, zeigt, daß er sich trotz seiner funktionalistischen Grenzüberschreitung mit Alfred Weber in der Frage der Bedeutung der Geschichte und der Kultursphäre in tiefer geistiger Verbundenheit fühlte. Die Verwestlichung ist für Mannheim mit Demokratisierung und dem Triumph des »amerikanischen Bewußtseins« gepaart, das sich auch bereits in Europa im Verlust von »spirituellen Elementen« in der Kunst und im Verschwinden des Humanitären« zugunsten von animalischen Triebstrukturen im Sport ankündige (*I&U*:242). Mannheim fürchtet die Reduktion des Politischen auf die Ökonomie und den Verlust der Geschichte als Folge der Versachlichung. Was für Alfred Weber das Kulturerlebnis, das war für Mannheim der Gott der Geschichte: Die Amerikanisierung bedrohte beides. Mannheim hatte mit seiner funktionalistischen Betrachtung selbst den Weg der Versachlichung weitergeführt und das Dilemma erkannt, konnte jedoch die Aporien des Entfremdungstheorems nicht überwinden, in welche die These des Prozesses der Rationalisierung geführt hatte. Angesichts der zunehmenden Verbreitung monetärer Beziehungen zwischen den Menschen gab Simmels Kulturtheorie die bildungsbürgerliche Empfindung von einer »Tragödie der Kultur«[9] wieder, nach welcher sich eine

»tiefe Fremdheit oder Feindschaft... zwischen dem Lebens- und Schaffensprozeß der Seele auf der einen Seite, seinen Inhalten und Erzeugnissen auf der anderen Seite« erhob (Cassirer, 1994[6]:106f.).

Ernst Cassirer begriff hingegen diesen Vorgang als Umschlag vom substantialistischen zum funktionalen Denken als eine Form der Verweltlichung, durch die sich das vertikal ausgerichtete Denken zum horizontalen, auf zwischenmenschliche Dimensionen orientierten Denken wandelte. Cassirer kritisierte denn auch Simmel:

»Simmel scheint hier die Sprache des Skeptikers zu sprechen; aber er spricht in Wahrheit die Sprache des Mystikers. Denn es ist die geheime Sehnsucht aller Mystik, sich rein und ausschließlich in das Wesen des Ich zu versenken, in ihm das Wesen Gottes zu finden« (Cassirer 1994[6]:107).

Wie Marx die »Natur« des Menschen kreierte, um die Marktgesellschaft von einer anthropologischen Voraussetzung her kritisieren zu können, so unterstellte Simmel die Voraussetzungslosigkeit des »Ich«, das den einen Pol der Spannung zwischen Seele und Werk ausmacht, die durch den Vorgang der Entäußerung in Fremdheit umschlägt. Doch weist Cassirer darauf hin, daß »die Scheidung zwischen ›Ich‹ und ›Du‹, und ebenso die Scheidung zwischen ›Ich‹ und ›Welt‹, den Zielpunkt, nicht den Ausgangspunkt des geistigen Lebens bildet« (Cassirer 1994[6]:107). Der Mystiker irrt, wenn er glaubt, Ich und Welt werden durch Kultur getrennt – das Ich schafft Kultur in seiner Auseinandersetzung mit der Welt:

»Wir dürfen nicht fragen, wie das Ich über seine eigene Sphäre ›hinausgelangen‹ und in eine andere, ihm fremde Sphäre übergreifen kann. Alle diese metaphorischen Ausdrücke müssen wir vermeiden. ... Ein Subjekt wird dem anderen nicht dadurch kenntlich oder verständlich, daß es in dasselbe übergeht, sondern daß es sich zu ihm in eine aktive Beziehung setzt. Daß dies der Sinn aller geistigen Mitteilung ist, hat sich uns früher gezeigt: das *Sich*-Mitteilen verlangt eine Gemeinschaft in bestimmten *Prozessen*, nicht in der bloßen Gleichheit von Produkten.«[10]

Kultur ist also ein aktiver permanenter Prozeß der gegenseitigen Wahrnehmung und Mitteilung und der Veränderung. Cassirers Erkenntnistheorie gehört damit zu jenen Philosophien, die in bezug auf den Umschlag von substantialistischem zu funktionalistischem Denken nicht die Romantisierung des Entfremdungstheorems teilen. Die Kritik von Cassirer bleibt hier auf dem Boden der Philosophie, indem er nur die Sphäre der zwischenmenschlichen Kommunikation berücksichtigt. Simmel dagegen hatte die Philosophie bereits verlassen mit seiner Reflexion auf die materiellen Tauschverhältnisse.[11] Doch Simmel verfängt sich in der Falle des Entfremdungstheorems, indem er das Individuum, das er selbst als Gestalter und Träger des sozialen Handelns anerkannt hat, schließlich nur noch als Opfer sieht und von der »Ohnmacht des Individuums vor den sozialen Formen, vor der Gesellschaft« spricht (Dahme 1993:64). Norbert Elias war sich beider Gefahren bewußt und vermied es, durch die begriffliche Verdinglichung dem substantialistischen Denken Vorschub zu leisten. Er sprach von einer »Gesellschaft der Individuen«, um eine gedankliche Trennung von »Individuum« einerseits und »Gesellschaft« andererseits, die die Grundlage des Entfremdungstheorems bildet, zu vermeiden. So lief die Kritik, die Elias an der Entfremdungstheorie übte, parallel zu jener von Cassirer, doch setzte er jenseits der Philosophie auf der materiell-empirischen Ebene an.[12] Die theoretische Abhandlung *Gesellschaft der Individuen* enthält seine reifen theoretischen Gedanken, die »als Teil der zusammenfassenden Theorie« des zweiten Bandes von *Über den Prozeß der Zivilisation* veröffentlicht werden sollte.[13] Darin bezog er sich nicht auf eine aktuelle akademische Theorie, sondern auf die große Auseinandersetzung zwischen

»denen, die sagen, die Gesellschaft in ihren verschiedenen Erscheinungsformen, Arbeitsteilung, Staatsorganisation oder was immer es sein mag, sie stelle nur ein ›Mittel‹ dar, deren ›Zweck‹ das Wohlergehen der einzelnen Menschen sei, und jenen anderen, die sagen, das Wohlergehen der einzelnen Menschen sei das weniger ›Wichtige‹, und das ›Wichtigere‹, der eigentliche ›Zweck‹ des einzelnen Lebens sei die Aufrechterhaltung des Gesellschaftsverbandes, zu dem das Individuum als eines seiner Teile gehöre« (Elias 1987:23).

Um die Begriffe, mit denen diese beiden Anschauungen operierten – westlicher Liberalismus einerseits und die rassistisch oder klassenmäßig organisierten Weltbilder der in der Krise befindlichen Nationalgesellschaften andererseits –, verfestige sich eine »Aura der Wertungen«, die jeden Gedanken,

»der von fern oder nah auf diese Auseinandersetzungen anspielt, ... unfehlbar als ein Für oder Wider in jener stehenden Antithese (versteht), die entweder das Individuum als den ›Zweck‹ und die Gesellschaft als ›Mittel‹ oder umgekehrt als das ›Wesentlichere‹, als den ›obersten Zweck‹ die Gesellschaft und den Einzelnen nur als ein ›Mittel‹, als etwas ›weniger Wichtiges‹ erscheinen läßt« (Elias 1987:25).

Er löst diese affektgeladene Dichotomie in stoischer Manier auf:

»In einer tieferen Schicht betrachtet sind die Individuen und die Gesellschaft, die sie miteinander bilden, gleich zwecklos. ... Zwecke ... setzen sich die Menschen von Fall zu Fall, und es gibt keine anderen Zwecke, als die sie sich setzen« (Elias 1987:26).

Von dieser Entkrampfung der Gegensätze ausgehend, erinnert er auf plastische Art daran, daß der Mensch nicht isoliert, sondern durch die Kultur gestaltet wird:

»Jeder der Menschen, die da auf den Straßen fremd und scheinbar beziehungslos aneinander vorübergehen, ist, mit einem Wort, durch die Fülle von unsichtbaren Ketten an andere Menschen gebunden, sei es durch Arbeits- oder Besitzketten, sei es auch durch Trieb- oder Affektketten. Funktionen der verschiedensten Art machen oder machten ihn auf andere und andere auf ihn angewiesen. Er lebt und er lebte von klein auf in einem Netzwerk von Abhängigkeiten, das er nicht einfach durch das Drehen eines Zauberrings, sondern nur soweit dessen Aufbau selbst es erlaubt zu ändern oder zu durchbrechen vermag« (Elias 1987:31).

Diese Tatsache, daß »(d)er Einzele Teil eines größeren Ganzen (ist), das er mit vielen anderen zusammen bildet«, sei jedoch deshalb nicht banal, weil »so viele Menschen ständig an diesem einfachen Sachverhalt vorbei« denken (Elias 1987:28).

Norbert Elias bot damit ein Modell, das den Weg der Versachlichung in der Soziologie weiterführte: Gleich Cassirer brach er die Illusion des homo clausus[14] auf und erinnerte darüber hinaus daran, daß der Mensch nicht neben der Kultur existiert, sondern Bewußtsein, Handeln und gesellschaftliche Bindungen integrale Bestimmungen sind, die nicht ohne Verluste für das Verständnis aufgelöst werden dürfen. Es handelt sich also auch nicht allein um ein Phänomen auf der Ebene der Wahrnehmung, sondern die gegenseitige Bedingtheit des Denkens ist bereits auf der materiellen Ebene der Lebenszusammenhänge begründet: Der einzelne wächst in der Gesellschaft auf und wird durch sie konstituiert, so wie die Gesellschaft durch den Menschen konstituiert wird.[15]

An Elias' Gesellschaftsbegriff fielen bei seiner Wiederentdeckung insbesondere »die Prozessualität (und) die Relationalität aller gesellschaftlichen Zusammenhänge« (Rehberg 1979:107) auf. Durch die Reaktualisierung von Georg Simmel und Karl Mannheim wurden andere Quellen relationalen Denkens wiederentdeckt, doch erweist sich neben dem Element der Prozessualisierung, das weder bei Mannheim noch bei Simmel sehr stark ist, insbesondere die Eliassche Entromantisierungsleistung als neu. Elias löst die Auffassungen von Gesellschaft und Individuum aus den Substantialisierungen heraus: Gesellschaft ist nichts anderes als der »Zusammenhang der Funktionen, die die Menschen füreinander haben« (Elias 1987:34), und um diesen Zusammenhang zu verstehen, sei ein »Bruch mit dem Denken in einzelnen isolierbaren Substanzen und der Übergang zu einem Denken in Beziehungen und Funktionen erforderlich« (Elias 1987:38). Vom strukturfunktionalen Modelldenken seines Heidelberger Kommilitonen Talcott Parsons unterscheidet er sich durch die prozessuale und empirisch-historische Herangehensweise.[16] Mit seinem Gesellschaftsverständnis waren deren jeweilige Verkürzungen zu vermeiden, die entweder den Abhängigkeitscharakter der Menschen unterschätzen oder ihre Gebundenheit an die gesellschaftlichen Zwänge als naturhafte oder quasi naturhafte Zwänge überbetonen. Trotzdem spielt bei ihm, ebenso wie bei Max Weber, der Machtaspekt eine zentrale Rolle, der jedoch tiefgreifender durchformuliert wurde durch die Vermittlung der Zusammenhänge von »Bewußtseinstransformierung, Trieborganisation und gesellschaftlichen Institutionalisierungsprozessen« (Rehberg 1979:117). So ist denn jede Beziehung funktional auch von Interessen bzw. von Macht und Gegenmacht geprägt, darin besteht das Spannungsgefüge, das in jedem Beziehungsgeflecht zu finden ist.

Die Frage der Einheit der Sozialwissenschaften

In seiner Untersuchung über *Sozialwissenschaften und Staat* hat Peter Wagner zu Recht darauf hingewiesen, daß die Dominanz der verschiedenen Methoden in den Sozialwissenschaften mit den gesellschaftlichen Verhältnissen in Deutschland und den westlichen Ländern zusammenhängt (Wagner 1990:85). Nach einem schlüssigen Modell freilich, wie dieser Zusammenhang aussieht, sucht man vergeblich.[17] Wenn er etwa sagt, bei Schmoller wurde »... ein Wissenschaftsverständnis vertreten, ... von dem die moderne Sozialwissenschaft bald Abschied nehmen sollte« (Wagner 1990:90), so klingt dies auf den ersten Blick wie ein Begräbnis der Schmollerschen Theorie. Doch die Last seines Arguments beruht einzig auf dem Schlüsselwort »modern«[18].

Was versteckt er hinter diesem Terminus?[19] Burkart Lutz hat schon früh auf die Problematik des Modernisierungsbegriffs hingewiesen und gezeigt, daß die Denkfigur der Modernisierung zum Paradigma einer deutschen Nachkriegsgeneration wurde, die sich in den vermeintlichen westlichen Wertekosmos zu reintegrieren versuchte. Das hatte innerhalb der Wissenschaften eine besondere Wahrnehmungsweise zur Folge, die Diskontinuitäten und Heterogenität ausblendete und von dem Ausgangspunkt einer unterstellten allgemeinen Entwicklung her die Überwindung des Stigmas des Sonderwegs erkennbar zu machen trachtete.

»Wenn die Entwicklung notwendigerweise einem bestimmten und kontinuierlichen Gang folgt, reicht in den meisten Fällen ein einfacher Blick auf den weiter fortgeschrittenen Nachbarn aus, um – nach dem Motto: ›Die USA von heute sind, was unser eigenes Land morgen sein wird‹ – schnell Klarheit darüber zu gewinnen, worauf man sich in Zukunft einstellen muß« (Lutz 1984:40f.).

Auch in der deutschen Wissenschaftsgeschichtsschreibung läßt sich das unhinterfragte Motiv eines Anschlußwillens ausmachen, wenn die historische Schule als Beispiel für die als überwunden behandelte Einheit der Sozialwissenschaften gilt. Dem distanzierten Blick wird daher nicht ohne weiteres einleuchten, daß die Differenzierung der sozialwissenschaftlichen Fächer mit einem wissenschaftlichen Fortschritt zu tun haben. Auch Moden sind stets mit Machtrelationen verbunden und so scheint mir der Begriff »modern« als Etikettierung die tatsächliche Problematik nur zu verdecken, schmälert er doch

Erkenntnischancen in bezug auf das sich permanent wandelnde tatsächliche Verhältnis zwischen Ökonomie und Politik. Gesellschaftliche Entwicklungen in nationaler wie in transnationaler Richtung sind mit einer starren disziplinären Arbeitsteilung zwischen Soziologie, Nationalökonomie und Politikwissenschaften kaum zu erfassen. Die Mathematisierung in der Ökonomie, die von Walras ausging, hängt zweifellos mit dem Grad der Durchsetzung der Geldverkehrsgesellschaft und der Monetisierung der menschlichen Beziehungen zusammen. Die Frage der Wissenschaftsgeschichte muß sich jedoch an der Funktion einer Wissenschaft ausrichten, nicht an einem substantialisierten Fortschrittsmodell. War die historische Schule der deutschen Nationalökonomie angemessen für die neomerkantilistische Phase der deutschen Wirtschaftsentwicklung im Kaiserreich? Wurde die historische Schule nicht geradezu als »Evokation des Kaiserreichs empfunden« (Häuser 1994:55)? Wenn die Wissenschaft ein Instrument für die Praxis von Staat und Privatwirtschaft ist, wird man eine andere Antwort finden, als wenn man die Wissenschaft als Begriff der Wirklichkeit auffaßt. Max und Alfred Weber neigten zu letzterer Auffassung, und ihre Frage nach der »Kultur des Kapitalismus« setzte daher die Einheit der Sozialwissenschaften voraus. Der japanische Ökonom Taguchi Ukichi, der sich auf die klassische englische Lehre berief, meinte: »Die ökonomischen Wahrheiten hängen nicht von Zeiten oder nationalen Besonderheiten ab. Ein Gesetz, das in einem Land gültig ist, kann auch in einem anderen angewandt werden. Eins plus zwei sind immer und überall drei!« Schwentker notiert dazu: »Das klang in seiner Schlichtheit zwar gut und überzeugend; doch in der Praxis – angesichts der sogenannten ungleichen Handelsverträge, die Japan mit den westlichen Handelsnationen abzuschließen gezwungen war – ging diese Rechnung nicht auf« (Schwentker 1993:175). So wandten sich die japanischen Ökonomen in den achtziger Jahren des neunzehnten Jahrhunderts von der englischen Lehre ab und richteten ihre Aufmerksamkeit auf die deutsche Debatte, wo Friedrich List gerade die Besonderheiten der verschiedenen nationalen Entwicklungsstadien betont hatte und für die jungen deutschen Industrien (»infant industries«) einen Zollschutz verlangte. »Die japanische Übersetzung seines Buches ›Das nationale System der politischen Ökonomie‹ ... Ende der achtziger Jahre kündigte in Japan den Umschwung von der englischen Freihandelslehre hin zur deutschen Schule der Nationalökonomie an« (Schwentker 1993:175). Problemformulierungen in Zeiten des wirtschaftlichen Aufstiegs sehen anders aus als Problemformulierungen in einer relational hochstehenden Wirtschaft. Es mag ein Zufall sein, daß Keynes in den dreißiger Jahren den Staat wiederentdeckte, aber es ist gewiß kein Zufall, daß er nicht nur in der englischen Ökonomie gerade in jener Zeit so große Resonanz fand, als die Marktwirtschaft zusammengebrochen war. Die historische und geographische Relativierung deutet hier auf Zusammenhänge zwischen Theorie und Gesellschaft hin, die eine enge Verknüpfung mit den Entwicklungspfaden der nationalen politischen, kulturellen und Währungs-Räume erkennen lassen. Die Einheit der Sozialwissenschaften, wie sie die historische Schule vertreten hatte, bestand in Heidelberg in den zwanziger Jahren nicht in einem koordinierten Forschungsprogramm oder einer einheitlichen Methode, sondern in der institutionellen Einheit des InSoSta. Dieser Ausgangspunkt bot jene Methodenliberalität, die sich als eine Chance für die Ökonomen erwies, die Beschränkungen der isolierend-mechanistischen Betrachtungsweise, welche »das Ökonomische aus den vielfältigen Human- und Sozialbeziehungen (herauslöst)« (Häuser 1994:48), zu vermeiden und statt dessen die Einheit und Universalität des Blicks zu bewahren, ohne die »Theoriefeindlichkeit« zum Dogma zu erheben. Will man den Erfolg, den eine Reihe der Heidelberger Ökonomen im amerikanischen Exil hatten, in ein Verhältnis zum Studium in Heidelberg bringen, so scheint sich hier gerade die Tatsache als besonders bedeutsam zu erweisen, daß in den USA durch die Weltwirtschaftskrise das Ende des Liberalismus gekommen war, der in Deutschland noch gar nicht begonnen hatte: Die deutschen Ökonomen brachten daher hervorragende Voraussetzungen für die neue amerikanische Politik des New Deal mit.

Gegenläufige Bewegungen: Differenzierung und Integration

Die scharfe Trennung zwischen den drei Fächern erscheint heute als Selbstverständlichkeit. Nicht nur zwischen den reputationsmächtigeren Ökonomen einerseits und den Soziologen und Politologen andererseits sind die Barrieren gewachsen, die Ökonomen haben innerhalb ihres eigenen Fachs bereits große Mühen des gegenseitigen Verstehens. In einem berühmten Aufsatz mit dem Titel »Life among the Econ« hat Axel Leijonhufvud die Distinktionsmittel seiner Ökonomenkollegen illustriert und in der verfremdeten Form des ethnologischen Blicks die intradisziplinäre Verselbständigung analysiert.[20] Die Ausfächerung der Disziplinen in Subdisziplinen hat vielmehr neue interne Rangordnungen hervorgebracht, die rational nicht erklärbar sind – mit Leijonhufvud gesprochen: Den höchsten Rang haben die mathematischen Ökonomen, weil sie die schönsten Modelle machen. Mit den Soziologen und Politologen redet nur die unterste Kaste der Entwicklungsökonomen. Für Leijonhufvud ist es im übrigen kein Zweifel, daß die »Modls« zwar immer komplexer werden, aber ihr Nutzen eher proportional abgenommen hat. Sie erfüllen also keineswegs mehr die Funktion, die ihnen ursprünglich zugedacht war, Schlüssel für konkrete Probleme und Aufgabenlösungen zu liefern. Vielmehr haben sie eine Eigendynamik erlangt, die sie zu einer Art von Religion mache, sähen doch bestimmte Interpreten der »Econologie« Ähnlichkeiten zwischen den Math-Econs und der Bruderschaft der Pythagoreer:

»Whether the Math-Econ know it or not, they point out, they do obey the ancient Pythagorean principle that ›philosophy must be persued in such a way that its inner secrets are reserved for learned men, trained in Math‹« (Leijonhufvud 1981:356).

Der ethnologische Bericht Leijonhufvuds gibt die Rangordnung nicht nur innerhalb der Ökonomie, sondern auch zwischen Ökonomie und den anderen Sozialwissenschaften wieder. Modell und Modellrechnungen werden zum Distinktionsmittel innerhalb der wissenschaftlichen Gemeinschaft, aus der Soziologen und Politologen verbannt worden sind. Die Soziologie wird von der Hauptgruppe der nationalökonomischen Profession schon gar nicht mehr zur Kenntnis genommen, was verstärkte Adaptionsbemühungen in Teilen der Soziologie hervorbrachte. Gleichzeitig läßt sich jedoch eine Gegenbewegung in der Nationalökonomie feststellen: Die bisher marginalen Bereiche, die mit den empirischen Fragen sozialer Prozesse zu tun hatten (Entwicklungsökonomie, Wohlfahrtsökonomie, Institutionenökonomie, evolutionistische Ökonomie, Wirtschaftsstilforschung) machen inzwischen häufiger mit ihren Arbeiten auf sich aufmerksam.[21] Es sind jene Bereiche in der Volkswirtschaftslehre, die zu einer behutsamen Revision der Fächergrenzen tendieren, wie sie durch die Abzweigung der Soziologie aus der Ökonomie entstanden sind. Seit 1981, als dieser »Bericht« Leijonhufvuds erschien, sind daher in der gesellschaftlichen Bewertung der Sozialwissenschaften zwei gegenläufige Bewegungen zu erkennen – eine der Soziologisierung und Politisierung der Ökonomie und eine der Ökonomisierung von Politikwissenschaft und Soziologie.

Anhang

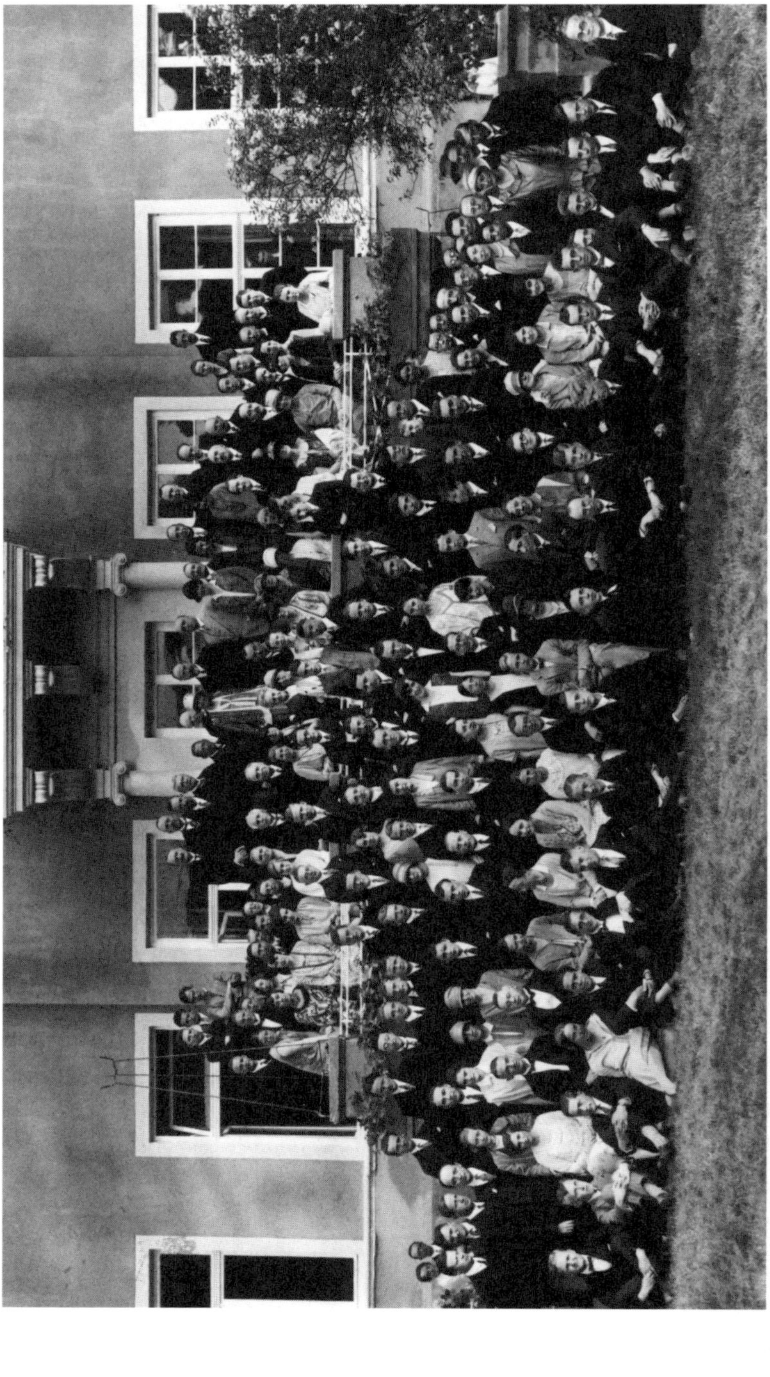

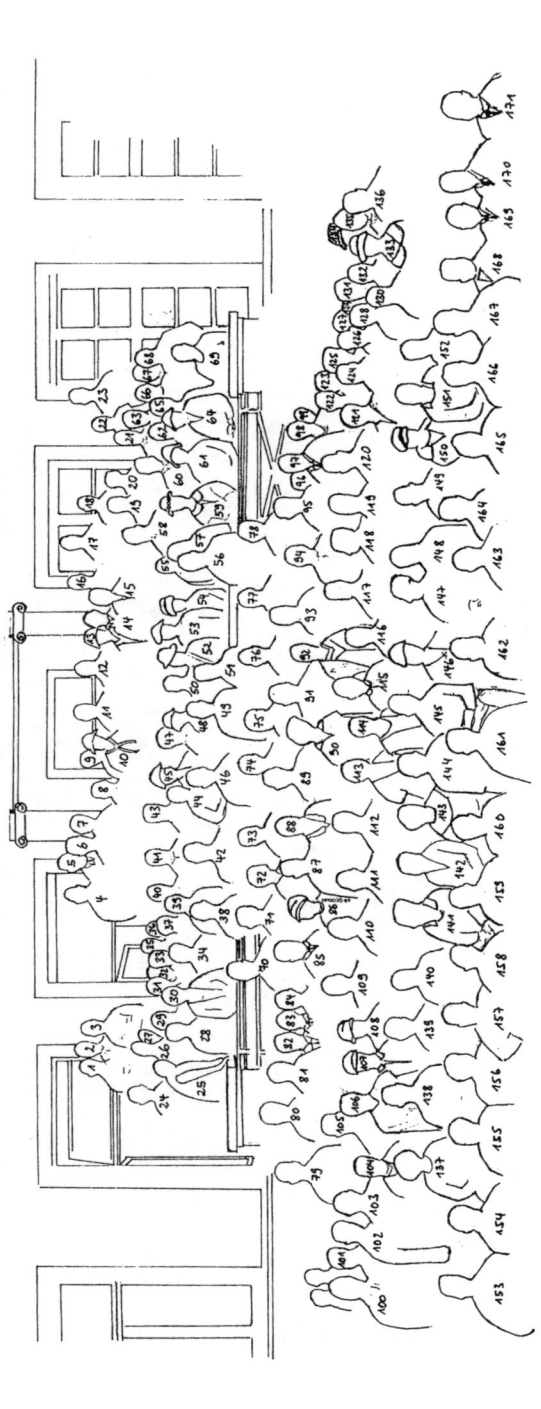

Gruppenfoto des InSoSta bei der Einweihungsfeier des Hauses Weimar am 15. Mai 1927

Unter den Professoren, Dozenten, Studentinnen und Studenten konnten identifiziert werden:

- 4 Karl August Heinsheimer
- 6 Walter Waffenschmidt
- 9 Gustav Radbruch
- 10 Else Jaffé
- 11 Alfred Weber
- 12 Friedrich Bergius
- 14 Willy Hellpach
- 20 Hans von Baeyer
- 25 Márta Kreilisheim
- 41 Johannes Hoops
- 43 Jacob G. Shurman
- 52 Marianne Weber
- 58 Emil Lederer
- 63 Arnold Bergstraesser
- 103 Karl Mannheim
- 104 Julia Mannheim
- 78 Erich Fromm (?)
- 81 Norbert Elias (?)

Folgende Seiten: Disposition der Habilitation von Norbert Elias

Zur Entstehung der modernen Naturwissenschaften

Disposition

Einleitung: Anfangskonstellation der Neuzeit ist zugleich Ausgangskonstellation des Mittelalters. Naturwissenschaft ist nur ein Ausdruck einer neuen seelisch-geistigen Haltung der abendländischen Menschen.

Um die Entstehung dieser neuen Haltung nicht nur von aussen zu beschreiben, sondern von innen her verständlich zu machen, ist folgendes nötig:

1) V e r t i e f u n g i n d i e A r t , w i e d e r n i c h t - a u f g e k l ä r t e , d e r m i t t e l a l - t e r l i c h e M e n s c h , d a s , w a s w i r "N a t u r " n e n n e n , e r l e b t e .

2) Vertiefung in die äusseren u n d i n n e r e n B e w e g u n g e n , i n d e n e n d i e s e m i t t e l a l t e r l i c h e A r t u n d W e i s e , d i e K ö r p e r w e l t z u e r l e b e n , s i c h a l l m ä h l i c h v e r w a n d e l t e .

3) A u f h e b u n g d e r S e l b s t v e r s t ä n d - l i c h k e i t , w e l c h e f ü r u n s d a s E r - l e b n i s d e r K ö r p e r w e l t a l s "N a t u r" b e s i t z t , u n d H e r v o r h e b u n g d e s s e n w a s d a r a n d a s N e u e , E i n m a l i g e , P h y s i o g n o m i s c h B e d e u t s a m e i s t .

1) In welchem Sinne erlebte der mittelalterliche Mensch den Kosmos des mit Sinnen wahrnehmbaren?
A. Material
2 Beispiele. Beide aus der Welt der Priester und Gelehrten. Im Mittelalter massgebener als heute für das Erlebnis a l l e r Menschen.
a) Dietrich v. Freiberg (Theodoricus Teutonicus) Anfang d 14 Jdths. Erklärung des Regenbogens. Wahrscheinliche Quellen ausser Aristoteles: Al Farisi u.a. Araber. Charakteristisch: Abschreiben falscher Zahlen aus den Quellen, und deren unbekümmerte Benutzung. Schluss eigener Beobachtungen lagen kaum vor. Beispiel für seine Methode: Frage nach den

Prinzipien, aus denen bei dem Auffallen der Sonne auf Wolke vier Farben entstehen. Antwort: 2 mehr formale und 2 mehr materiale Principien, etwas Durchsichtiges v. grösserer u. etwas Durchsichtiges v. geringerer Helligkeit, etwas fest Begrenztes u. etwas weniger fest *((oder))* garnicht fest Begrenztes. Wie (Aristoteles!) aus der Mischung v Warmem, Kaltem Feuchtem, Trockenem Wasser, Feuer, Luft u. Erde entstehen *(so)* aus der Mischung jener 4 Prinzipien d, 4 Farben. P r i n z i p als U r s a c h e   der   E n t s t e h u n g der   F a r b e n (wie ..) Nicht Beobachten, sondern aus Büchern die N a m e n der substantiae formales zu erfahren, aus denen etwas entsteht, ist Ziel der Forscher. Geistigkeit der substantiae. Die Art der Kommunikation mit Gott als eines geistigen Wesens mit geistigen Wesen. Offenbarung, nicht rationale Erkenntnis der Wahrheit. Bücher!
b) Das Wort "natura" im Mund des heiligen Thomas.
Nicht mechanisch-gesetzmässiges Sein, dass aller Intelligenz allem Geistigen als etwas anderes gegenübersteht, sondern grade dies

2.

Prinzip der Erzeugung alles Lebendigen oder Geistigen (nasci) Im Mittelpunkt dessen, was das mittelalterliche "natura" ausdrückt, steht nicht der Stein oder das Gestirn -, sondern der Mensch und Gott.
Beleg: Der thomistische Begriff der "lex naturalis"
    Nicht abstrakte mathematisch ausdrückbare Gesetzlichkeit sondern 1) Das Streben nach dem Guten, nach Vollkommenheit (gilt auch für die Steine!)
    2) Alles wodurch sich der Mensch das Leben bewahrt.
(Essen, Verdauen, Vermischung der Geschlechter und E r z i e - h u n g   d e r K i n d e r)
    3) Ebenso wie die Hinneigung zum Guten gemäss der Natur der Vernunft auch Hinneigung v. Gott die Wahrheit zu erfahren, die Unwissenheit zu meiden, andere nicht zu beleidigen)
Wörtlich aus Thomas!
Diese Ausführlichkeit wichtig, weil man das Alte verstehen muß, um das Neue zu verstehen.

B e a c h t e d i e   F r a g e s t e l l u n g: Sinn, in dem die Körperwelt erlebt wird. Hinweis auf Alchemie, Astrologie, Hexen u.s.f.
Wie wurde sie erlebt? N i c h t   a l s   N a t u r !
    c) Gesammtvision der Gestalt, welche /1/ die Welt für das Bewußtsein des Mittelalterlichen Menschen hatte.

1) Geisterreich zentriert um Gott und den Menschen, Hierarchie (Engel, Mensch, Pflanze, Tier, Hinweis auf Ständ((e))staat)
2) Jede Bewegung Ausfluss geistigen Willens
3) Kommunikation zwischen den Wesen nach Art der Geister
4) Offenbarung, Erkenntnis aus Büchern begnadeter Menschen
R e a l i t ä t   d e s   W o r t e s (als Ursache, Zauberei, Beschwörung

---

1 i.O. "welcher"

5) Autoritäres Denken. (Ein Wort, ein Begriff den man in alten Schriften findet (Durchsichtiges v. hellerer Klarheit, erklärt)

2) <u>Im Laufe welcher Bewegungen und Kämpfe wurde die Herrschaft des autoritären Weltbildes erschüttert, gebrochen und ein neues langsam an seine Stelle gerückt?</u>

<u>Einleitung:</u>

Mittelalterliche Seele und Geist klare und feste Physiognomie. Unsinnig zu glauben, seine Träger seien v. Natur anders als wir, und sei eine neue Natur gekommen, Menschen die klüger oder genialer waren als die Scholastiker. <u>Genie und geistig-soziale Bewegung.</u>

a) Soziologisches Zentrum der herrschenden mittelalterlichen Bildung
<u>Die Universitäten.</u>
<u>Monopol der Welterkenntnis.</u> Sünden konnten vergeben werden, Ketzereien die an dem überlieferten Weltbild rüttelten wurden mit Feuer u. /2/ Schwert bestraft. Notwendigkeit dieser Bindung. Irrtum der aufklärerischen Verurteilung dieser Haltung.
Mittel, dem Laien das Urteil über die Welterkenntnis zu entziehen:
<u>D i e   l a t e i n i s c h e   S p r a c h e .</u>
<u>Kopernicus</u> in lateinischer Sprache geduldet, <u>Galilei</u> in der Vulgärsprache zum Widerruf /3/ gezwungen. <u>Gelehrten-republik.</u>
Schicksal Galileis, Verurteilung, weil er aus dem Kreis der Gelehrten hinaustrat, an ein großes Laienpublikum gewandt zeigt mit s((...))scher Kraft die <u>Konstellation, in der die neue Weise /4/ des Natursehens</u> entstand: <u>I m
K a m p f   g e g e n   d i e   U n i v e r s i t ä t   u n d
g e g e n   d i e   l a t e i n i s c h e   S p r a c h e   e n t
) f a l t e t   s i c h   d a s   N e u e .</u> Wer war der Träger dieses Kampfes gegen die Gelehrten?

3.

2) <u>Die Ungelehrten</u>, die Menschen, welche nicht durch die Schule des Latein gegangen waren, die Laien, <u>Männer der Praxis.</u>
<u>A u s   B ü c h e r n   a l l e i n   k o n n t e   m a n
n i c h t   l e r n e n ,   d a s s   e s   e i n e   a n d e r e
F o r m   G e w i ß h e i t   z u   f i n d e n   g e b e n
k ö n n e ,   a l s   d i e   B ü c h e r .</u> Idee zu Beobachten, durch Beobachtung, durch Messen und Wägen, Wahrheit finden zu können, nichts Selbstverständliches. ((Man)) /5/ Begreife,

---

2 i.O."u-"
3 i.O. "Wiederruf"
4 i.O. "Weisse"
5 i.O. "Nab", wobei das N mit einem kleinen m übertippt wurde. Da n und b direkt nebeneinander angeordnet sind auf der Tastatur, erscheint mir "Man" als das von Elias an dieser

dieses Selbstverständliche als etwas Problematisches
Gewordenes.
Das Neue konnte nicht in jeder beliebiegen sozialen Schicht
entstehen. Bestimmte Erlebnisse und Erfahrungen waren
notwendig.
Soziale Bewegung und geistig-seelische Bewegung identisch

Handwerker, Künstler Techniker. Nichts v. Überbau /6/, nichts
v. Unterbau, nichts v. Ideologie. Sehen wir uns die Tatsachen
an.

3) **Materialien zur Soziologie der entstehenden
Naturwissenschaft.**

a) Politisch-geschichtliche Konstellation.

Abnahme der Stärke der ((staat))lichen Zentralgewalt im
heil.röm. Reich besonders in Italien seit Rudolph v. Habsburg.
Heinrich VII schlichtet zwar noch Parteikämpfe in Mailand, wird
in Genua u. Pisa freudig aufgenommen. Florenz vermag er nicht
zu erobern. D i e S t a d t s i e g t ü b e r d e n K a i -
s e r. 1313.

Nicht weniger schwach geistliche Zentralgewalt. 1309 Clemens V
nach Avignon. seit 1378 zwei Päpste. Erst das Konstanzer Konzil
1414 - 18 stellt Einheit wieder her.

Schwäche der zentripetalen Gewalten Voraussetzung für
Machtentfaltung der zentrifugalen, der Fürsten und Städte.

Von Fürsten hier nicht zu reden, auch nicht v. Lübeck oder
Nürnberg. Immerhin 1377 Sieg der schwäbischen Städte über d.
Grafen v. Württemberg

Florenz.

Reiches, ökonomisch mächtiges, politisch und gesellschaftlich
selbständiges und selbstbewusstes Bürgertum. Bürgerschaft setzt
sich durch Regiment über die Landschaft allmählich an Stelle
eines Fürsten (Toskana, 1429 Eroberung Pisas) Repräsentant
dieser Herrschaft wird reicher Bankier Johann v. Medici.
Zunftbürger, Kaufleute u. Handwerker regieren eine ganze
Landschaft, Bankiersfamilie wird Fürstengeschlecht.
Das ist die geistige und gesellschaftliche Atmosphäre, in der
sich die Entwicklung abspielt von der hier die Rede ist.

Zwei Kreise   1) Experimentierende Meister
              2) Platonische Akademie
                 Repräsentanten der Renaissance
       b) **Der Kreis der experimentierenden Meister**
Einleitung:
Ganz gewiß nicht die ersten, welche Beobachtungen über die
Eigenschaften und das Verhalten der Körper in den Dienst der

Stelle gemeinte Wort hier sinnvoll, auch wenn das folgende Wort
mit einem großen Buchstaben beginnt
6 U O., offensichtlich wurde das e vergessen. Ein großes Ü ist
im ganzen Text nicht enthalten, scheint es auf den damaligen
Schreibmaschinen nicht gegeben zu haben

menschlichen Zwecke stellten. Unterschied: Aufspeicherung in der Traditon, mehr oder weniger z u f ä l l i g g e w o n n e n e Erfahrungen häuften sich an, wurden vom M e i s t e r a n d e n L e h r l i n g weitergegeben. Jetzt etwas Neues: Gewinn v. Einsichten durch bewusstes Beobachten, Erleben und Nachdenken. Kurzum durch E x p e - r i m e n t e.

Alles aber zunächst im Dienst der menschlichen Zwecke!
Noch nicht in unserem Sinne Wissenschaft, aber der erste ((Schritt)) zur Revolution des mittelalterlichen Weltbildes.

4.

1) Gegenüberstellung v. Giotto und Masaccio
   a) Giotto frommer Zögling der mittelalterlich-kirchlichen Tradition, in deren Gestaltung entfalten sich seine schöpferischen Kräfte. Keine S c h e i d u n g z w i s c h e n M e n s c h u n d N a t u r . Welt-Gottesreich, in dessen Zentrum der Mensch steht.

Noch sehr unwichtig ist ihm I l l u s i o n , dass das Dargestellte sich jetzt und hier vor dem Beschauer abspielt. Entscheidend ist geistige Beziehung des Beschauers zu dem Dargestellten. Schönheit und Grösse seiner Bilder aus der Inbrunst mit der er einen geistigen Gehalt darstellt. Formale Schönheit mehr Entfaltung eines traditionellen Erbgutes als Schöpfung einer bewußten Reflexion über Farben und Linien und ihre Harmonie, ihre Proportionen.

Fortleben der gothisch-scholastischen Tradition, die Giotto gross gestaltet hat, als leer gewordene Schulung auch ein Jahrhundert später in der Zeit der experimentierenden Meister. Gentile da Fabriano. Die Figur ohne Masse, die Körper ohne Muskeln, Linear- arabesken.

   b) Masaccio, aus dem Kreise der experimentierenden Meister um Brunelleschi
Neue Einstellung zu dem Bilde ist zugleich Ausdruck einer anderen Religiosität einer anderen Stellung zur Welt. Tendenz zur Unabhängig((keit)) von dem Herkommen. Selbst durchdenken, was überliefert ist. Haltung, die in Deutschland zu Luther führt (Rezeption vor allem in Wirtschaftszentren((,)) Städten), in Florenz zu Savonarola.

Körper und Handlung nicht mehr Symbol, die Erinnerung an etwas Transcendentes in dem Beschauer wach rufen sollen. Masaccio will die Begebenheiten so darstellen, a l s o b s i e s i c h h i e r u n d j e t z t v o r d e m B e s c h a u e r a b s p i e l t e n . Neue realistische, ungelehrte, unscholastische Einstellung zu den Dingen des Glaubens und der Welt.

Neue Einstellung identisch mit neuen Aufgaben.
In dem Kreise um Brunelleschi, zu dem Masaccio gehörte formulierte man die neue Aufgabe so: Es gelte die Dinge so zu malen, als ob man durch ein Fenster auf das Dargestellte

blicke. Diese Aufgabe allein mit traditioneller Maltechnik, mit
überlieferten Handgriffen und Erfahrungen nicht zu lösen. Man
mußte experimentieren.

Neue Aufgabe: Wie muß man die tatsächlichen Proportionen der
Dinge verändern, damit sie auf der zweidimensionalen Bildebene
so erscheinen, a l s o b sie im dreidimensionalen Raume
stünden?

Echte Konstruktionsaufgabe: Aufgabe im Bereiche der
darstellenden Geometrie. Das Ringen um sie im Werke Masaccios.

Der die Aufgabe löste, löste durch Experimentieren, rechnen,
beobachten, durch Zeichnungen, Hilfsapparate u.s.f., war das
Zentrum des Kreises der experimentierenden Meister,
Brunelleschi.

c.) Filippo Brunelleschi 1377 - 1446.

Handwerker ohne lateinische Bildung. Architekt und Ingenieur.
Nicht missverstehen, wenn man sich soviel mit Künstlern und
Technikern beschäftigt. Aus den Forschungen und Experimenten im
Dienste der menschlichen Zwecke wuchs allmählich jene
Bewusstseinslage, jene geistig-seelische Konstellation, jene
Denkformen heraus, welche den Menschen Forschen und
Experimentieren ohne anderen "Zweck(("))" als, das was sie nun
"die Wahrheit" nannten heraus.

5.

Neue Zeit, neue Gesellschaftliche Atmosphäre stellte neue
Aufgaben.
Die Tendenz zur realen Wiedergabe der Dinge auf den Bildern
nicht die einzige neue Aufgabe. Viel stärkere in Anspruchnahme
der Künstler durch profane Aufgaben als früher, Zusammenhang
mit der Konsolidierung des städtischen Wohlstandes. Neue
gesellschaftliche Atmosphäre identisch mit neuer seelischen
Atmosphäre -
Brunelleschis Werke: (Auswahl)
    Errichten von Festungen in Pisa und Vico Pisano
    von Kastellen im Elsatal
    Regulierung des Arno
    Bau v. Po-dämmen
    Entwurf der Hafenbefestigungen v. Rimini
    Ausführung der Florentiner Domkuppel (39m)
    Paläste
Anforderungen der Zivil- und Militärtechnik. Neue statische,
hydraulische und ballistische Probleme, nicht zu lösen
a l l e i n d u r c h t e c h n i s c h e R o u t i n e ,
s o n d e r n d u r c h V e r s u c h e u n d t h e o r e -
t i s c h e U e b e r l e g u n g e n.

Konstruktion von neuen Maschinen, kombinierte Hebel und schiefe
Ebenen für Kuppelbau in Florenz.

A c h t u n g : Das Problem der schiefen Ebene, beschäftigt

zunächst als Problem im Dienste der menschlichen Zwecke die Geister. Allmählich erst, zum ersten Mal bei G a l i l e i wird es ein Problem zweckfreier Naturerkenntnis. Und hier mag man ahnen, wie die neue menschliche Haltung, und die neue Idee der Naturgesetzlichkeit ganz langsam in der Arbeit der Menschen an den zeit-räumlichen Materialien heranwächst.

Wachstum der Idee einer berechenbaren, jeder Willkür enthobenen Gesetzlichkeit und zwar in untrennbarer Einheit zugleich als Gesetzlichkeit der Natur und als Gesetzlichkeit der Kunstwerke. In der Renaissance zunächst keine Unterscheidung dieser beiden Regelhaftigkeiten. So muß man Brunelleschi verstehen.

Denn ebenso, wie er die Gesetzmäßigkeit der Dinge beim Brücken- und Festungsbau erprobt und durchdenkt m i t   e i n e r g e n i a l e n   I n t u i t i o n s k r a f t , so erprobt und durchdenkt er die Gesetzmäßigkeit, die Harmonie, der Proportionen der Gebäude.
So formuliert er als erster die Regeln einer Proportione armonica, nach welcher die Gebäude erbaut werden müssen. 1403/4

Renaissance-kunst und Renaissance-wissenschaft sind Geburten ein und derselben neuen menschlichen Haltung.

Beispiel: Die Perspektive
(schon oben erwähnt bei Masaccio)

Frage, (wie oben formuliert) Wie muß man beim Malen die tatsächlichen Proportionen der Dinge verändern, damit sie auf der zweidimensionalen Bildebene so erscheinen, als ob sie im dreidimensionalen Raum stünden?

Apparate, die Brunelleschi konstruierte, um das Problem lösen zu können. (Spiegel) Die Konstruktion der Tiefenlinien der Bilder auf einen Punkt hin verhältnismässig das leichteste. Weit schwieriger - und dabei besonders charakteristisch für die Fragen, welche die Zeit bewegten - war das Problem zu lösen, wie im Bilde die Grössen der Distance gemäß abnehmen. In der vorangehenden Zeit und auch noch bei Zeitgenossen B's eine Art der Darstellung, bei der die Distancen vom Beschauer aus gesehen zu kurz erscheinen, zu rasch in die Höhe führen. Eigentümliche Abstraktion, die die neue Aufgabe verlangte: Der Maler mußte das Bild so konstruieren, dass es nicht unmittelbar für ihn selbst, sondern für den Beschauer, der in einer bestimmten Entfernung vor der Bildfläche stand, perspektivisch richtig in die Tiefe zu führen schien. Dazu notwendig bestimmte geometrische Konstruktion.

Brunelleschi fand diese Konstruktion.

6.

Die Idee der berechenbaren Bildharmonie und die Idee der berechenbaren Naturgesetzlichkeit sind im Geburtsakt untrennbar.

Neues Glücksgefühl der Menschen, neue Methode des

Kunstschaffens, neue Haltung des Künstlers zu seinem Werk, neue
Haltung des Menschen zu dem Kosmos des mit Sinnen
wahrnehmbaren.

Die Versenkung in den religiösen Gehalt des Dargestellten tritt
zurück hinter der Versenkung hinter die Gesetzmässigkeit und
Harmonie des mit Sinnen Wahrnehmbaren.

Ucello (ebenfalls aus dem Kreise der exp. Meister):

"W i e s ü s s i s t d o c h d i e P e r s -
p e k t i v e "
Wir werden vielleicht noch sehen, wie die Träger diese((s))
neuen Lebensgefühls mit den Trägern des alten auf die
Offenbarung und die heiligen Autoritäten gegründeten
schließlich in Kampf gerieten.

Zusammenfassung.
D

1) Das Bild als Illusion (Zusammenfallen von realistischer
und illusionistischer Malerei. Erinnerung an Theatralik als
Element der Renaissance).
2) Das Bild als schöne, d.h. gesetzmässige Form
(Autonomie des Schönen. Zurücktreten des Dargestellten
hinter der Darstellung)

Experiment und
3) die mathematische Berechnung als Mittel zur Auffindung
der Gesetzlichkeiten in Natur und Kunst.
(Keine Trennung v. Naturerkenntnis und Naturgefühl,
Gefühl und ratio, Seele u- Geist noch eins)

4) Diese Form sich in dem Chaos der materiellen Dinge
durch Experiment und durch Berechnung zu orientieren = Idee der
Naturwissenschaft.

Frage: Woher konnten diese "Ungebildeten" Mathematik?

d) Zusammenhang der experimentierenden Meister mit der
lateinischen Tradition

Das eigentliche kultursoziologische Renaissance-problem

Einleitung:
Im Kreise der experimentierenden Meister war eine neue
menschliche Haltung zum ersten Mal zum klaren Ausdruck
gekommen, wurde v. ihnen zum ersten Male g e s t a l t e t .
Wie die Ritter aus der Haltung und den Formen, die ihnen ihre
spezifische Funktion als "Ritter" gab, zugleich eine spezifisch
"ritterliche" Bildung gestaltet hatten, wie von ihren
spezifischen Funktionen aus die Priester und Gelehrten eine
spezifische Bildung schufen, so begann in den
experimentierenden Meistern zum ersten Male eine bürgerliche
Gesellschaft, die Gesellschaft der Kaufleute und Handwerker von
Florenz frei von der Autorität anderer Schichten unmittelbar
aus ihrer beruflichen Tätigkeit, aus ihren spezifischen

Funktionen hervor eine ganz spezifische Bildung, spezifische Kunst, spezifische Erkenntnisformen, gefasst in eine spezifische, neu zur Bildung aufsteigende Sprache zu entwickeln. Das war - vom ganzen der abendländischen Bildung aus gesehen - eine Revolution . Aber es gibt keine absolute Revolution. In irgendeiner Form geht das alte Kulturgut in die neue Bildungsform ein, mitbestimmend für ihre Physiognomie.

Spezifisches Phänomen der Renaissance: Zusammenarbeit bestimmter Gelehrter, Träger der alten (٦,)) der lateinischen Bildungstradition ((,)) mit den experimentierenden Meistern ((,)) Trägern der neuen. Aber das Gefäss, in das hier die lateinische Bildung einströmte, der Kreis der Künstler und Architekten unterschied sich von allen bisherigen Kreisen, welche die lateinische Bildung rezipiert und getragen. Der Sinn, in dem hier die Antike erlebt und

7.

gestaltet wurde, war ein anderer als der, in dem die Antike von den Gelehrten ohne Beziehung zu der lebendigen Praxis gestaltet wurde, von den Humanisten und Scholastikern. Antike zum ersten Mal nicht mehr Autorität, sondern große Lehrmeisterin, die von der eigenen Erfahrung aus überprüft und fortgebildet werden konnte.

1) Soziale Herkunft und Bildung des Kreises um Brunelleschi
   Philippo Brunelleschi, Luca della Robbia, Masaccio, Alberti, Donatello , Ghiberti u.a.
Zeit: Brunelleschi 1377 - 1446
    Alberti geb 1407
    Ghiberti 1380 - 1455

Herkunft: Einzelheiten unsicher, Jedenfalls aus wenig begüterter Unterschicht oder Mittelstand, außer A.
Erziehung Allerelementarster Unterricht im Lesen Schreiben, Rechnen noch als Kinder Ausbildung bei Holzschnitzer oder Goldschmied. Versuche in allen Gattungen der Kunst bis "Zufall" die eigene Veranlagung und die Routine das Feld ihrer Tätigkeit begrenzten (O). Ohne lateinische Kenntnisse. Ohne Mathematik. Die in vulgärer Sprache abgefassten Rechenbücher des 15ten und 16ten Jahrhunderts berücksichtigten lediglich die allerelementarsten Bedürfnisse der Praxis.

Paradoxon: Die Gelehrten, welche Latein verstanden((,)) haben keinen unmittelbaren Zugang zu der Körperwelt, und das, was die antiken Autoren über die Körperwelt sagen ist für sie also ebenso autoritäre Lehrmeinung, wie die Lehren der kirchlichen Autoritäten.
Die Künstler. Handwerker, Techniker aber, welche die antiken Lehrmeinungen in ihrem ursprünglichen Sinne begreifen könnten, verstehen kein Latein.

Befruchtung der handwerklichen und technischen Arbeit durch die Antike durch die freundschaftliche Zusammenarbeit v. Gelehrten und Künstlern.

1) Brunelleschi und Toscanelli. (geb 1396 also 22 Jahre jünger als B.)
2) Alberti, Leon Battista (Lebensgang, Einzigartigkeit v. Florenz, Umschlag v. Gelehren zum Praktiker)
Gegenüberstellung mit Humanismus (Ficinus)
e) Leonardo da Vinci
Einleitung: Fünfzig Jahre später. Neue Konstellation in Florenz. Ausbreitung der Brunelleschischen Tradition über den Appenin. In Florenz wieder bis zu einem gewissen Grade Gelehrsamkeit und lebendige Praxis getrennt

1) Lebensgang (Unsicherheit)
2) Das Ringen um die neuen Bewußtseinsformen, um die Beherrschung der natürlichen Welt. Unrecht Olschkis. Schon Ghiberti Zitat: Mit allen Mitteln Versuchen die Natur nachzuahmen. Jetzt bei Leonardo Beobachtung (bewußte!) über die ganze Breite des Natürlichen. Die Einsamkeit der grossen Menschen (Hinweis auf Bruno, Galilei, Kopernicus) Ringen um die Kathegorie der mechanischen Verursachung. Noch keine endgültige Scheidung von den mittelalterlichen Kathegorieen. Dies das Problem seines Lebens, die Schwierigkeit seines Verständnisses.
Leitmotiv: Beobachtung, Verachtung aller Gelehrsamkeit jenseits der Beobachtung.
3) Notwendigkeit der Stufe die uns Leonardo darbietet: Vergleich mit der Entwicklung der Geschichtswissenschaft. Erst Sammlung einer Fülle von Materialien. Alles ist neu. Beherrschung der gesammelten Materialien durch ein Ordnungsprinzip erst eine weitere Stufe. Der Mensch rückt langsam aus dem Mittelpunkt des "Naturbegriffs" ((und)) beginnt das zu werden, was er für die Aufklärung /7/ ist: Ein Körper unter anderen, untertan der einen umfassenden Gesetzlichkeit
Beispiele. Beobachtung der Mechanik der körperlichen Bewegungen an Mensch und Tier, anatomische, physiologische Untersuchungen der ((?))

8.

Nur das Sehen kann die Geheimnisse der Natur enträtseln. Daher kann man oft durch Zeichnungen ausdrücken((,)) was man in Worten weniger gut ausdrücken kann.
Die Aufzeichnungen Leonardos über alle Naturphänomene, zu deren Beobachtung er nicht allein als Maler v. Landschaften, sondern auch als Techniker, beim Projektieren und Ausführen v. Kanälen, Flussregulierungen, Strassen, Dämmen, Brücken, Schleusen Festungswerken kam, sind voll von Beschreibungen, Analysen, Berechnungen, Zeichnungen.
Es fesseln ihn außer der Fauna, Flora, außer Gewässern, Steinen u. Grotten immer die phantastischen Dinge, das Geheimnis. (O).

Auch er von der malerischen und technischen Praxis zur zwecklosen Beobachtung aus "Neugierde" nach dem Geheimnis. (O.)

Charakteristische Pläne: Enzyklopädie der Technik für Theorie und Praxis
Grammatik der Vulgärsprache.

---

7 i.O. "Aifklärung"

Aber er bleibt immer bei einzelnen Beobachtungen kommt niemals zu systematischer Zusammenfassung. Er war nahe daran. zu erkennen, dass das Moment der Resultate zweier Kräfte /8/ der Summe der Momente der Komponenten gleich ist u- ähnlich in vielen anderen Fällen (D.) aber er tat niemals den Schritt von der Erfahrung zur reinen Abstraktion in Gesetzesform.

Olschki: Im allgemeinen, wenn man an die Biographen Leonardos die Frage richtet, warum die vierzigjährige Tätigkeit seines Geistes hier (in Bezug auf Gesetze) nur unklare und schüchterne Antworten erreicht hat, erhalten wir die Antwort, dass die Zeit für die Entdeckungen physikalischer Grundgesetze noch nicht reif waren. Aber wir wollen uns mit solchen billigen fatalistischen Aussprüchen nicht zufrieden geben. Das Material, das den unmitelbaren Vorgängern Galileis wenige Jahrzehnte später vorlag, war nicht viel grösser und vor allem nicht wesentlich verschieden von dem das Leonardo benutzte.

Auseinandersetzung mit dieser Meinung Olschkis.

Zusammenfassung

Was war das Neue das da heranwuchs?
Aus der Idee des Geisterreichs steigen als autonome Sphären des Seienden die Idee der Schönheit und die Idee der Natur, eigengesetzliche Seiten der Welt heraus. An stelle der Idee von der Urheberschaft eines geistigen Wesens in allem Seienden trat die Idee der mechanischen, gesetzmässigen Berechenbaren Verursachung. An die Stelle der Gewissheitsfindung auf Grund einer Offenbarung /9/ , deren Gefäss die autoritären Bücher, trat die Gewissheitsfindung auf Grund eigener unautoritärer Beobachtungen und Ueberlegungen.
Und so wuchs in der Menschheit, wie immer nach einer geistigen Revolution((,)) ein neues Glück und ein neues Leid heran. Das neue Glück, das das Bewusstsein der eigenen Erkenntniskraft dem Menschen gab, und das neue Leid, das Leiden an seiner eigenen Bewusstheit, an der Kühle der eigenen Erkenntniskraft oder Rationalität.

---

8 i.O. "Kärfte"
9 o.O. "Offenarbung"

Hinweise zur Transkription:

Das MS wurde von einer Kopie des Originals abgetippt und anschließend am Original noch einmal überprüft. Verfaltete Seitenränder konnten z.T. ausgestrichen werden und ergaben an mehreren Stellen eine Vervollständigung des Textes.

Alle Schreibweisen des Originals wurden beibehalten, auch wenn sie nicht Elias, sondern den Schreibmaschinen seiner Zeit zu verdanken sind:

ss statt ß, Ue statt Ü; oder wenn sie eine damals vorkommende Schreibweise darstellen: Dopplung des m in "Gesammt".

Die Fußnoten wurden zwischen zwei / / gestellt. Der Schrägstrich taucht im Originaltext nur einmal auf: S. 7 "1403/4".

Durchgestrichene Buchstaben, Worte oder Wortteile wurden nicht wiedergegeben.

Konjekturen, soweit nicht in den Fußnoten erläutert:

Kursive Bestandteile des Textes stellen sinngemäße Ergänzungen innerhalb von ganzen Worten dar, wo im Original das Papier abgebrochen oder abgerissen war.

Ergänzungen, die sich aus dem Sinn eines Satzbestandes zwanglos ergaben, wurden in doppelten Klammern eingefügt. Da an wenigen Stellen eine derartige Ergänzung nicht zwanglos möglich war, wurde ein ? eingefügt.

Offensichtliche Tippfehler, wie Zusammenschreiben von nicht zusammen gehörigen Satzteilen, wurden korrigiert.

Es tauchen in dem Text nicht kenntlich gemachte Zitate auf. "(D)" meint Pierre Duhem, einen Mathematikhistoriker, der auch auf der Literaturliste des Renaissanceseminars von Alfred Weber (ohne weitere Titelangaben) stand: Es handelte sich um die Literatur, die zu dem Thema "Wissenschaft und Technik" gelesen werden sollte und die neben Duhem auch Olschki, Hess, Boll und Dannemann enthielt. Hinter diesem Referatthema stand handschriftlich deutlich lesbar der Name N Elias.
Bei Olschki ist Duhem mehrmals erwähnt u.a.
a) in "Bildung und Wissenschaft im Zeitalter der Renaissance in Italien", 2. Bd. der "Geschichte der neusprachlichen wissenschaftlichen Literatur", Olschki Vlg., Leipzig/Florenz/Rom/Genf, 1922, Fn 2, S. 41. Dort heißt es: "Die Beziehungen zu Leon. da Vinci ausführlich bei Duhem, Origines de la Statistique, Bd. I, 194ff., Bd. II, S. 380f.; auss. ders. Etudes sur L.d.V. Troisiéme Série, 1913, S. 186 ff."
b) sowie im selben Werk S. 49: "In den letzten Jahrzehnten haben Historiker der mathematischen Wissenschaften wie Vailati, Wohlwill, Caverni, Duhem gegen Lagrange polemisiert, der in der historischen Einleitung zu seiner

'Mechanique analitiquen die Vorläufer Galileis kaum als solche anerkannte, um dann das Werk Galileis in einer nsplendid isolationn erscheinen zu lassen".

Elias paraphrasiert gelegentlich aus Olschkis Texten: So sind Aufzählungen, wie auf S.5 "Brunelleschis Werke" in derselben Reihenfolge zitiert wie bei Olschki ("Die Literatur der Technik und der angewandeten Wissenschafen vom Mittelalter bis zur Renaissance", Bd. I der "Geschichte der neusprtachlichen wissenschaftlichen Literatur", Leo Olschki Vlg., Leipzig/Florenz/Rom/Genf, 1922, S. 43), sowie S. 7 die Reihenfolge der Mitglieder des "Kreises um Brunelleschi" (vgl.Olschki, op. cit. 1922:33), die Aufzählung S. 8, Abs. 2: "Die Aufzeichnungen Leonardos..." mit Hinweis auf Olschki. Enthalten in Olschki, op. cit., 1922:286/7; ebf, S. 8 "Aber er bleibt..." (s.o.), bei Olschki: "er (Leonardo, RB) war auf dem Wege, zu bestimmen, daß das Moment der Resultate zweier Kräfte der Summe der Momente der Komponenten gleich ist u.a.m."..., hier bei Olschki Hinweis auf Duhem, "Les origines de la Statistique, B. I S. 193. Bei Elias ebf. Duhem -Hinweis: "(D)".

Als Bezüge auf Olschki gekennzeichnet "(O)" oder "(O.)" sind folgende Stellen: S. 7 zur "Erziehung" ausgewählter Mitglieder des Kreises: "Allerelementarster Unterricht ...". Das Originalzitat lautet: "Alle waren sie Kinder des Volkes. Sie erhielten den elementarsten Unterricht im Lesen, Schreiben und Rechnen und begannen ihre künstlerische Ausbildung noch im Kindesalter bei einem Goldschmiede oder Holzschnitzer, um sich dann in allen Gattungen der Kunst zu versuchen, bis der Zufall, die eigene Veranlagung und die Routine das Feld ihrer Tätigkeit begrenzten", (Olschki, op. cit., 1922:33,f.). Bedeutsam ist, daß Elias Olschkis Erklärungsweise "Zufall" in Anführungszeichen setzte.
Ebf. S. 7 wird wiederum auf Olschki verwiesen (Punkt "e) Leonardo da Vinci", Einleitung, 2): "Das Ringen um die neuen Bewusstseinsformen, um die Beherrschung der natürlichen Welt. Unrecht Olschkis." Das darauffolgende Zitat Ghibertis: "Mit allen Mitteln Versuchen die Natur nachzuahmen", findet sich bei Olschki so: "Als Ghiberti an seinem Meisterwerk arbeitete, hatte er sich wie jeder andere Künstler seiner Zeit vorgenommen, nmit allen Mitteln zu versuchen, die Natur soweit als möglich nachzuahmenn" (op. cit. 1922:263). Zur Frage, worauf sich "Unrecht Olschkis" bezieht, wurde im Elias- Kapitel ausführlich Stellung genommen.

Ein direktes Olschki-Zitate findet sich ebf. auf S. 8: "Olschki: ... ". Das Zitat endet mit "Auseinandersetzung mit dieser Meinung Olschkis".
Bei Olschki heißt es: "Im allgemeinen aber, wenn man an die Biographen Leonardos die Frage richtet, warum die vierzigjährige Tätigkeit seines Geistes hier nur unklare und schüchterne Annäherungen erreicht hat, erhalten wir die Antwort, daß die Zeiten für die Entdeckungen physikalischer Grundgesetze noch nicht reif waren. Aber wir wollen uns nicht mit derartigen billigen fatalistischen Aussprüchen zufrieden geben[1]. Das Material, das den unmittelbaren

363

Vorgängern Galileis wenige Jahrzehnte später vorlag, war nicht viel größer und vor allem nicht wesentlich verschieden von dem, das Leonardo benutzte". (Olschki, op. cit. 1922:294). Die Fußnote dazu lautet: "Die Geschichte der Physik lehrt, daß die Ergebnisse der Forschung eines Einzelnen von den Zeitgenossen nicht gebührend anerkannt oder verstanden und verwertet wurden; deswegen waren aber die Entdeckungen nicht weniger vollständig. Huyghensn Lichtwellentheorie, die der große Physiker Mitte des 17. Jahrhunderts bis ins kleinste ausgearbeitet hatte, ist erst im 19. Jahrhundert verstanden und verwertet worden. So erging es den Entdeckungen eines Pascal, eines Mariotte und anderer Forscher. Die späte Wirkung ihrer Lehren hängt von den Umständen und von den Interessen und Bedürfnissen der Menschen ab".

Literaturverzeichnis

Abkürzungen

AfSS	Archiv für Sozialwissenschaft und Sozialpolitik
DGiG	Ernst Robert Curtius, *Deutscher Geist in Gefahr*
DHI	Deutsches Historisches Institut, London
Disp	Elias, Disposition
Diss	Elias, *Diss. Idee und Individuum*
DND	Hermann Herrigel, *Das Neue Denken*
EdK	Mannheim, Karl, »Über die Eigenart kultursoziologischer Erkenntnis«
GPS	*Gesammelte Politische Schriften Max Webers*
HWBS	*Handwörterbuch der Soziologie* (1931)
ISK	»Ideen zur Staats- und Kultursoziologie«, Weber 1927
I&U	Karl Mannheim, *Ideologie und Utopie* (1929)
Kons	Karl Mannheim, »Konservatismus«
KuK	»Kulturgeschichte als Kultursoziologie«
KZfSS	*Kölner Zeitschrift für Soziologie und Sozialpsychologie*
MWG	Max-Weber-Gesamtausgabe
NzL	Norbert Elias, »Notizen zum Lebenslauf«
PdZ I/II	Norbert Elias, *Über den Prozeß der Zivilisation*, Bd. I, II
PI, PII	Protokolle der vereinigten Seminare von Mannheim und Alfred Weber
SuiG	Ernst Robert Curtius, »Soziologie und ihre Grenzen«
TCS	*Theory, Culture and Society*
WuG	*Wirtschaft und Gesellschaft*
ZP	Karl Mannheim, »Zur Problematik der Soziologie in Deutschland«

Abetz, Otto, *Das offene Problem. Ein Rückblick auf zwei Jahrzehnte deutscher Frankreichpolitik*, eingel. von Ernst Achenbach, Greven Verlag, Köln 1951

Albrecht, Richard, *Der militante Sozialdemokrat. Carlo Mierendorff 1897–1943. Eine Biografie*, Dietz Verlag, Bonn 1987

Alemann, Heine von, »Leopold von Wiese und das Forschungsinstitut für Sozialwissenschaften in Köln 1919 bis 1934«, in *KZfSS*, 28. Jg.,1976

Allert, Tilman, »Max und Marianne Weber. Die Gefährtenehe«, in Treiber/Sauerland, *Heidelberg im Schnittpunkt intellektueller Kreise. Zur Topographie der ›geistigen Geselligkeit‹ eines ›Weltdorfes‹: 1850–1950*, Westdeutscher Verlag, Opladen 1995: 210–241

Antrick, Otto, *Die Akademie der Arbeit in der Universität Frankfurt a.M. Idee, Werden und Gestalt*, Roether Verlag, Darmstadt 1966

Bahr, Hermann, »Zur Kritik der Moderne« (1894), in *Jugend in Wien. Literatur um 1900. Katalog der gleichnamigen Ausstellung 1974*, Lit. Archiv, Marbach 1987:120

Baron, Hans, »Justus Mösers Individualitätsprinzip in seiner geistesgeschichtlichen Bedeutung«, in *Historische Zeitschrift*, Oldenbourg Verlag, München/Berlin, 1924:31–57

Baum, Marie, »Der alte und der neue Marianne Weber Kreis«, Einführung zu *Der Marianne-Weber-Kreis. Festgabe für Georg Poensgen zu seinem 60. Geburtstag am 7. Dezember 1958*, Kerle Verlag, Heidelberg 1958:9–12

Baxa, Jakob, *Adam Müller, Ausgewählte Abhandlungen. Mit einem Bildnis, einem Lebensabriß und bisher unveröffentlichten Briefen und Berichten*, Jena 1921

ders., *Adam Müller – Ein Lebensbild aus den Befreiungskriegen und aus der deutschen Restauration*, Jena 1930

Benjamin, Walter, »Zur Politisierung der Intelligenz. Zu S. Kracauer: Die Angestellten«, in *Die Gesellschaft*, Heft 7, 1930:473–477. Jetzt auch in Benjamin, Walter, *Gesammelte Schriften*, Bd. III, Suhrkamp Verlag, Frankfurt/M. 1972:219–225. Dort unter dem Titel, den Benjamin der Rezension selbst gab: »Ein Außenseiter macht sich bemerkbar«.

ders., »Briefe 1931–1934«, in *GW*, Bd. IV, hg. von Christoph Gödde und Henri Lonitz, Suhrkamp Verlag, Frankfurt/M. 1998

Bérard, Armand, »Heidelberger Eindrücke eines französischen Studenten. Geschrieben Herbst 1926«, in Goverts/Höber 1930:155–169

Bergstraesser, Arnold, »Frankreich. Staat und Wirtschaft Frankreichs«, Bd. 2 von Curtius, Ernst Robert/Bergstraesser, Arnold, *Frankreich*, DVA Stuttgart/Berlin/Leipzig 1930

ders., »Zur handelspolitischen Lage der Gegenwart«, Vorwort in Walter Greiff, *Der Methodenwandel der europäischen Handelspolitik während des Krisenjahres 1931*, 2. Heft des I. Teils der *Arbeiten zur europäischen Problematik*, hg. von Alfred Weber, aus der Reihe »Zum wirtschaftlichen Schicksal Europas«, Junker und Dünnhaupt Verlag, Berlin 1932

ders., *Nation und Wirtschaft*, Hanseatische Verlagsanstalt, Hamburg 1933

ders., »Das Vaterland in der Dichtung Hölderlins«, in *Vom Schicksal des deutschen Geistes*, 1. Folge: »Die Begegnung mit der Antike. Reden um Mitternacht«, hg. von Wolfgang Frommel, Verlag Die Runde, Berlin 1934:87–99 (zuerst als eine der »Mitternachtssendungen des Südwestdeutschen Rundfunks Frankfurt am Main«)

ders., »The Economic Policy of the German Government«, in *International Affairs*, Jg. 13, No. 1, (Jan.) 1934:26–46

ders., »Mensch und Staat im Wirken Goethes – Pandora«, in *Corona*, Jg. 1936:99–123

ders. (»Alfred Weber«), in »Ansprachen gehalten anläßlich der Aufstellung der Alfred-Weber-Büste am 16. Februar 1962 im Alfred-Weber-Institut für Sozial- und Staatswissenschaften der Universität Heidelberg«, MS nach Tonbandaufzeichnungen der Reden AWI, 1983

ders., *Staat und Dichtung*, hg. von Erika Bergstraesser, Rombach Verlag, Freiburg 1967
Bergstraesser, Erika, »Vorwort« zu Bergstraesser, Arnold, *Staat und Dichtung*, Rombach Verlag, Freiburg 1967:7–9
Blackbourn, David/Evans, Richard J., *The German Bourgeoisie. Essays on the social history of the German middle class from the late eighteenth to the early twentieth Century*, Routledge, London/New York 1991
Blomert, Reinhard, »Abwehr und Integration. Die Bedeutung des psychoanalytischen Wissens bei Max Weber, Karl Mannheim und Norbert Elias«, in *Gesellschaftliche Prozesse und individuelle Praxis. Bochumer Vorlesungen zu Norbert Elias' Zivilisationstheorie*, hg. von Hermann Korte, Suhrkamp Verlag, Frankfurt/M. (stw 894) 1990:15–41
ders., *Psyche und Zivilisation. Zur theoretischen Konstruktion bei Norbert Elias*, Lit Verlag, Münster 1989[1], 1991[2]
ders., »Rezension zu »Jahrbuch für Soziologiegeschichte 1990«, Verlag Leske & Budrich, Opladen 1990, in *KZfSS*, Heft 3, 1991:601f.
ders., »Foulkes und Elias. Biographische Notizen über ihre Beziehung«, in *gruppenanalyse. Zeitschrift für gruppenanalytische Psychotherapie, Beratung und Supervision*, Heft 2/92, Heidelberg 1992(1):1–26
ders., »Edgar Salin 1892–1974«, in *Ruperto Carola*, Heidelberg, Juli 1992(2), Nr. 85, 44. Jg.:155–157
ders., »Die Wandlung«, Text eines Referats von der Tagung *Kontinuität und Diskontinuität nach 1945*, hg. von der Dolf-Sternberger-Gesellschaft e.V., Heidelberg o.J. (1994)
ders., »Wandlungen im Wissenschaftsverständnis in der Weimarer Republik. Die Kultursoziologie von Alfred Weber und Karl Mannheim«, in Hans G. Nutzinger (Hg.), *Zwischen Nationalökonomie und Universalgeschichte. Alfred Webers Entwurf einer umfassenden Sozialwissenschaft in heutiger Sicht*, Metropolis Verlag, Marburg 1995:161–195
ders., »Soziologisches Sehen – Denkstationen des jungen Elias: Breslau, Heidelberg, Frankfurt«, in *Berliner Journal für Soziologie*, Heft 2, 1997:169–182 (1997,1)
ders., Rezension zu Kettler/Meja, *Karl Mannheim and the Crisis of Liberalism. The Secret of These New Times*, Transaction Publ. New Brunswick/London 1995, in *KZfSS*, Heft 3/1997, S. 598–600 (1997,1)
ders., Rezension zu Emil Lederer, *Der Massenstaat. Gefahren der klassenlosen Gesellschaft*, übers. von Angela Kornberger, hg. u. eingel. von Claus-Dieter Krohn, Bibliothek sozialwissenschaftlicher Emigranten, Bd. 2, Graz/Wien 1995, in *KZfSS*, Heft 4/1997:825–827 (1997,2)
ders., »Der falsche Hang zur Eindeutigkeit«, in *Soziologie. Mitteilungsblatt der Deutschen Gesellschaft für Soziologie*, Heft 1. 98, Verlag Leske & Budrich, Opladen 1998:16–19 (1998a)
ders., »Konservatismus, Katholizismus und Reichsgedanke: Wie groß ist die historische Distanz?«, Forschungsbericht in *Zeitschrift für Germanistik*, Neue Folge 1, Peter Lang Verlag, Bern 1998:121–126 (1998b)
ders., »Alfred Weber und Karl Mannheim – eine Heidelberger Schule der

Kulturwissenschaften?«, in *Geistes- und Sozialwissenschaften in den 20er Jahren – Heidelberger Impulse*, Reihe »Heidelberger Universitätsreden«, Bd. 14:129–153, C. F. Müller Verlag/Hüthig Fachverlage, Heidelberg 1999
Blomert, Reinhard/Eßlinger, Hans Ulrich/Giovannini, Norbert (Hg.), *Heidelberger Sozial- und Staatswissenschaften. Das Institut für Sozial- und Staatswissenschaften zwischen 1918 und 1958*, Metropolis Verlag, Marburg 1997
Boberach, Heinz, »Planck, Erwin«, in Benz/Graml, *Biographisches Lexikon zur Weimarer Republik*, C. H. Beck Verlag, München 1988:253f.
Bock, Hans Manfred/Meyer-Kalkus, Reinhart, et al., *Entre Locarno et Vichy. Les relations culturelles franco-allemandes dans les années 1930*, CNRS Editions, Paris 1993
Bonn, Moritz Julius, *So macht man Geschichte. Bilanz eines Lebens*, Paul List Verlag, München 1953
Borch, Herbert von, »Alfred Webers Kultursoziologie«, in *Merkur* 4:252–272
Brauer/Mendelssohn-Bartholdy/Meyer (Hg.), *Forschungsinstitute. Ihre Geschichte, Organisation und Ziele*, 2 Bde., Paul Hartung Verlag, Hamburg 1930
Brecht, Arnold, *Föderalismus, Regionalismus und die Teilung Preußens*, Dümmlers Verlag, Bonn 1949:119
ders., *Politische Theorie. Die Grundlagen politischen Denkens im 20. Jahrhundert*, rev. u. erg. dt. Ausgabe, übers. von I. Kutscher und dem Verf. (am. Ausg. Princeton 1959), J. C. B. Mohr (Paul Siebeck), Tübingen 1961
Brinkmann, Carl, »Soziologie und Staatswissenschaft«, in *Hauptprobleme der Soziologie. Erinnerungsgabe für Max Weber*, hg. von Palyi, Melchior, München 1923
ders., »Die Umformung der kapitalistischen Gesellschaft in geschichtlicher Darstellung«, in *Grundriß der Sozialökonomik* IX: I. Teil 1926:1–21
ders., »Die Aristokratie im kapitalistischen Zeitalter«, in *Grundriß der Sozialökonomik* IX: I. Teil 1926:22–34
ders., »Institut für Sozial- und Staatswissenschaften«, in *Unsere Universität*, Sonderbeilage der *Volksgemeinschaft* vom 18. Januar 1939
Brintzinger, Klaus-Rainer, *Die Nationalökonomie an den Universitäten Freiburg, Heidelberg und Tübingen 1918–1945*, Peter Lang Verlag, Frankfurt/M. u. a. 1996
Brod, Max, *Streitbares Leben*, München 1960
Brunner, Otto, *Land und Herrschaft. Grundfragen der territorialen Verfassungsgeschichte Österreichs im Mittelalter*, Wissenschaftliche Buchgesellschaft, Darmstadt 1984
Buckmiller, Michael, »Die ›Marxistische Arbeitswoche‹ 1923 und die Gründung des ›Instituts für Sozialforschung‹«, in *Grand Hotel Abgrund. Eine Photobiographie der Frankfurter Schule*, hg. von W. von Reijen/G. Schmid Noerr, Junius Verlag, 1988:141–173
Burckhardt, Jacob, »Über Glück und Unglück in der Weltgeschichte«, in *Weltgeschichtliche Betrachtungen VI*, hg. von R. Stadelmann, Neske, Pfullingen o.J.:301–325
Busch, A., *Die Geschichte des Privatdozenten*, Stuttgart 1959

Cassirer, Ernst, *Das Erkenntnisproblem in der Philosophie und Wissenschaft der neueren Zeit*, Bd. 1 (1906[1]), Nachdruck der 3. Aufl. 1922, Wissenschaftliche Buchgesellschaft, Darmstadt 1995
ders., *Kants Leben und Lehre*, Wissenschaftliche Buchgesellschaft, Darmstadt 1994, ursprünglich als Ergänzungsband der Werke Immanuel Kants, Bd. XI, beim Bruno Cassirer Verlag, Berlin 1918[1] (1921[2])
ders., »Philosophische Probleme der Relativitätstheorie«, in *Neue Rundschau*, S. Fischer Verlag, Berlin, 12. Heft, Dez. 1920:1337–1358
ders., *Zur Einsteinschen Relativitätstheorie. Erkenntnistheoretische Betrachtungen*, B. Cassirer Verlag, Berlin 1921
ders., »Die ›Tragödie der Kultur‹«, fünfte Studie aus *Zur Logik der Kulturwissenschaften. Fünf Studien*, Wissenschaftliche Buchgesellschaft, Darmstadt (1961) 1994[6]:103–127
Coyneer, Sandra J., »Class Consciousness and Consumption: The New Middle Class During The Weimar Republic«, in *Journal of Social History*, vol. 10, no. 3, Carnegie-Mellon University Press, Pittsburgh, March 1977:310–331
Croner, Fritz, »Ein Leben in unserer Zeit«, Frankfurt/M. 1968
Curtius, Ernst Robert, »Soziologie und ihre Grenzen«, in *Neue Schweizer Rundschau*, Heft 10, 1929:727–736 *(SuiG)*
ders., *Deutscher Geist in Gefahr*, DVA, Stuttgart/Berlin 1932 *(DGiG)*
ders., *European Literature and the Latin Middle Ages*, übers. von Willard R. Trask, Princeton University Press, Bollingen Series xxxvi, Nachw. von Peter Godman, Princeton (1953) 1990[7]
ders., »The Medieval Bases of Western Thought«, Vorlesung zum Goethe Bicentennial in Aspen/Colorado 1949, in Curtius, Ernst Robert (1949) 1990[7]:587–598
Curtius, Ludwig, *Deutsche und Antike Welt. Lebenserinnerungen*, DVA, Stuttgart 1950

Daheim, Hans-Jürgen, Rezension zu »Fritz Croners Soziologie der Angestellten«, in *KZfSS*, Bd. 15, 1963:558–561
Dahme, Heinz-Jürgen, »Soziologische Elemente in Georg Simmels Philosophie des Geldes«, in Kintzelé, Jeff/Schneider, Peter 1993:47–87
Dallmann, Günter (Lot Anker), »Heldenverehrung in Heidelberg. Die Hintergründe der neuen Gumbel-Hetze«, in *Deutsche Republik*, Jg. VI, Heft 40 (2.7.32)
ders., »Gumbel«, in *Deutsche Republik*, Jg. VI, Heft 51 (17.9.32)
Demm, Eberhard, »Zivilcourage im Jahre 1933. Alfred Weber und die Fahnenaktion der NSDAP«, in *Heidelberger Jahrbücher 26*, 1982:69–80
ders., »Alfred Weber und sein Bruder Max«, in *KZfSS 35*, 1983:1–28
ders., »Alfred Weber. Sozial- und Staatswissenschaften in Heidelberg«, in Bosch, M./Nieß, W. (Hg.), *Der Widerstand im deutschen Südwesten 1933–1945*, Kohlhammer Verlag, Stuttgart 1984:255–260
ders., *Alfred Weber als Politiker und Gelehrter. Die Referate des Ersten Alfred-We-

ber-Kongresses in Heidelberg (28.–29. Oktober 1984), Steiner Verlag, Wiesbaden/Stuttgart 1986

ders., »Max und Alfred Weber in the Verein für Sozialpolitik«, in »Max Weber and his contemporaries«, hrsg. von Wolfgang J. Mommsen und Jürgen Osterhammel, Deutsches Historisches Institut, London 1987:88–98

ders., *Ein Liberaler in Kaiserreich und Republik. Der politische Weg Alfred Webers bis 1920*, Boldt Verlag, Boppard 1990

ders., »Alfred Weber als Wissenschaftsorganisator«, in *Heidelberger Sozial- und Staatswissenschaften. Das Institut für Sozial- und Staatswissenschaften zwischen 1918 und 1958*, hg. von Blomert/Eßlinger/Giovannini (1997)

Döring, H., *Der Weimarer Kreis. Studien zum politischen Bewußtsein verfassungstreuer Hochschullehrer in der Weimarer Republik*, Meisenheim 1975

Dreyfuss, Carl, *Beruf und Ideologie der Angestellten*, Duncker & Humblot Verlag, München/Leipzig 1933

Eckardt, Hans von, *Grundzüge der Politik*, Jedermanns Bücherei. Natur aller Länder/Religion und Kultur aller Völker/Wissen und Technik aller Zeiten. Abt. Rechts- und Staatswissenschaft, hg. von Friedrich Glum, Hirt Verlag, Breslau 1927

ders., *Rußland*, in der Reihe »Provinzen der Weltwirtschaft und Weltpolitik«, Bibliographisches Institut Leipzig, mit 16 Karten und 233 Abbildungen und Diagrammen

Eichengreen, Barry, *Golden Fetters. The Gold Standard and the Great Depression 1919–1939*, Oxford University Press, New York/Oxford 1995

Eisfeld, Rainer, *Ausgebürgert und doch angebräunt. Deutsche Politikwissenschaft 1920–1945*, Nomos Verlag, Baden-Baden 1991

Eley, Geoff, »Liberalism, Europe, and the bourgeoisie 1860–1914«, in Blackbourn/Evans 1991:293–317

Elias, Norbert, »Fahrtenbericht«, in Breslauer Heft der *Blau-Weiß-Blätter. Führerzeitung*, hg. von der Bundesleitung der jüdischen Wanderbünde Blau-Weiß, Jg. 1, Nr. 11, Februar 1914:6, abgedruckt in *Figurations. Newsletter of the Norbert Elias Foundation*, N.E.-Stichting, Amsterdam, Nr. 3, Juni 1995:4–5 mit einem Kommentar von J. Hackeschmidt

ders., »Vom Sehen in der Natur«, in Breslauer Heft der *Blau-Weiß-Blätter. Führerzeitung*, hg. von der Bundesleitung der jüdischen Wanderbünde Blau-Weiß, Ausgabe Mai-Juli 1921, Jg. II, Heft 8–10:133–144

ders., *Idee und Individuum. Eine kritische Untersuchung zum Begriff der Geschichte*, Dissertation Breslau 1922 (Diss)

ders., *Idee und Individuum. Ein Beitrag zur Philosophie der Geschichte*. Auszug aus einer Schrift zur Erlangung der Doktorwürde der Hohen Philosophischen Fakultät der Schlesischen Friedrich-Wilhelms-Universität zu Breslau, Breslau 1924

ders. (fälschlich: »Dr. Michael Elias«), »Anekdoten«, in *Berliner Illustrierte Zeitung*, Nr. 29, 1924

ders., *Über den Prozeß der Zivilisation. Soziogenetische und psychogenetische Unter-*

suchungen, 1. Bd. »Wandlungen des Verhaltens in den weltlichen Oberschichten des Abendlandes«, 2. Bd. »Wandlungen der Gesellschaft. Entwurf zu einer Theorie der Zivilisation«, Haus zum Falken Verlag, Basel 1936 (1. Bd.) und 1939 (2. Bd.) *(PdZ I/II)*
ders., »Blick auf das Leben eines Ritters. Aus dem Buch ›Über den Prozeß der Zivilisation‹«, mit fünf Abbildungen aus dem »mittelalterlichen Hausbuch« und einer Vorbemerkung des Verfassers, in *»Neue Auslese« aus dem Schrifttum der Gegenwart*, hg. vom Alliierten Informationsdienst, München/Wien, Februar 1947:66–78
ders., *Die höfische Gesellschaft. Untersuchungen zur Soziologie des Königtums und der höfischen Aristokratie mit einer Einleitung: Soziologie und Geschichtswissenschaft*, Luchterhand, Darmstadt 1969[1]
ders., *Über den Prozeß der Zivilisation. Soziogenetische und psychogenetische Untersuchungen*, 1. Bd. »Wandlungen des Verhaltens in den weltlichen Oberschichten des Abendlandes«, 2. Bd. »Wandlungen der Gesellschaft. Entwurf zu einer Theorie der Zivilisation«. Zweite, um eine Einleitung vermehrte Auflage, Francke Verlag, Bern/München 1969
ders., *Über den Prozeß der Zivilisation. Soziogenetische und psychogenetische Untersuchungen*, 1. Bd. »Wandlungen des Verhaltens in den weltlichen Oberschichten des Abendlandes«, 2. Bd. »Wandlungen der Gesellschaft. Entwurf zu einer Theorie der Zivilisation«, neu herausgegeben und überarbeitet von Heike Hammer, Suhrkamp Verlag, Frankfurt/M. 1997
ders., »Notizen zum Lebenslauf« *(NzL)*, in *Macht und Zivilisation. Materialien zu Norbert Elias' Zivilisationstheorie 2«*, hg. von Gleichmann, Peter R./Goudsblom, Johann/Korte, Hermann, Frankfurt/M. 1984:9–82
ders., *Über die Zeit*, hg. von Michael Schröter, Suhrkamp Verlag, Frankfurt/M. 1984
ders., *Die Gesellschaft der Individuen*, neu ediert, hg. von M. Schröter, Suhrkamp Verlag, Frankfurt/M. 1987
ders., »Introduction« zu *Involvement and detachment*, nach der deutschen Ausgabe von Michael Schröter übersetzt von Edmund Jephcott, Blackwell, Oxford 1987 (Einleitung nur in der engl. Ausg.)
ders., *Studien über die Deutschen. Machtkämpfe und Habitusentwicklung im 19. und 20. Jahrhundert«*, hg. von M. Schröter, Suhrkamp Verlag, Frankfurt/M. 1989
ders., *über sich selbst*, SuhrkampVerlag, Frankfurt/M. 1990
Erdheim, Mario, *Die Gesellschaft und das Unbewußte*, Suhrkamp Verlag, Frankfurt/M. 1986
Eschmann, Ernst Wilhelm, »Die Heidelberger Soziologie«, in *Die Tat*, 20. August 1936, Nr. 16
ders., »Persönliche Erinnerungen an Alfred Weber«, in Demm, Eberhard (Hg.), *Alfred Weber als Politiker und Gelehrter. Die Referate des Ersten Alfred-Weber-Kongresses in Heidelberg (28.–29.Oktober 1984)*, Steiner Verlag, Wiesbaden/Stuttgart 1986:199–204
Esser, Carl, *Der wirtschaftliche Aufbau der Zeitung und seine geistigen Vorausset-*

zungen. *Ein Vortrag im Deutschen Institut für Zeitungskunde an der Universität Berlin*, Stuttgarter Zeitungs-Verlag, Stuttgart 1930

Eßlinger, Hans Ulrich, *Technischer Fortschritt und Arbeitslosigkeit – Emil Lederers Beitrag zur Freisetzungs- und Kompensationsdebatte der 30er Jahre in Deutschland und den USA*, Diplom-Arbeit am Institut für Volkswirtschaftslehre, Lehrstuhl für Wirtschaftstheorie der Universität Hohenheim 1990, Manuskript

ders., »Emil Lederer: Ein Plädoyer für die politische Verwertung der wissenschaftlichen Erkenntnis«, in Treiber/Sauerland, *Heidelberg im Schnittpunkt intellektueller Kreise. Zur Topographie der »geistigen Geselligkeit« eines »Weltdorfes«: 1850–1950*, Westdeutscher Verlag, Opladen 1995:422–444

ders., »Interdisziplinarität. Zu Emil Lederers Wissenschaftsverständnis am InSoSta«, in *Heidelberger Sozial- und Staatswissenschaften. Das Institut für Sozial- und Staatswissenschaften zwischen 1918 und 1958*, hg. von Blomert/Eßlinger/Giovannini, Metropolis Verlag, Marburg 1997:117–158

Evans, Arthur R., »Leonardo Olschki, 1885–1961«, in *Romance philology*, University of California Press, vol. XXXI, no. 4, May 1978:17–54

Factor, Regis A., *Guide to the Archiv für Sozialwissenschaft und Sozialpolitik Group 1904–1933. A History and Comprehensive Bibliography*, Greenwood Pree, New York/Westport/Conn., London 1988

Falter, Jürgen, *Hitlers Wähler*, C. H. Beck Verlag, München 1991

Feldman, Gerald D., »Die Inflation und die politische Kultur der Weimarer Republik«, in Hettling/Nolte 1996:269–281

Fischer, Fritz Wilhelm, *Die Angestellten, ihre Bewegung und ihre Ideologien*, Dissertation, Heidelberg 1931

Frei, Norbert, »Zehrer, Hans«, in *Biographisches Lexikon zur Weimarer Republik*, hg. von Benz/Graml, C. H. Beck Verlag, München 1988:375f.

Freyer, Hans, *Revolution von rechts*, Diederichs Verlag, Jena 1931

ders., »Die Romantiker«, in *Gründer der Soziologie*, Bd. IV der Reihe »Sozialwissenschaftliche Bausteine«, hg. von F. K. Mann, Gustav Fischer Verlag, Jena 1932:79–95

Freytag, Carl, »Kann man leben von seinem Genie? Alfred Sohn-Rethel in Heidelberg«, in Blomert/Eßlinger/Giovannini 1997:329–347

Gablentz, Ottoheinz von der, und Carl Mennicke (Hg.), unter Mitarbeit von Alfred Fritz, Walter Grau, Hans Harmsen und Peter Suhrkamp, *Deutsche Berufskunde. Ein Querschnitt durch die Berufe und Arbeitskreise der Gegenwart*, Bibliographisches Institut AG, Leipzig 1930

Gábor, Eva, »Mannheim in Hungary and in Weimar Germany«, in *Newsletter* der »International society for the sociology of knowledge«, St. John's Newfoundland, Kanada, IX, 1,2, Aug. 1983:7–14

Geiger, Theodor, *Die soziale Schichtung des deutschen Volkes. Soziographischer Versuch auf statistischer Grundlage*, F. Enke Verlag, Stuttgart 1932

Gerschenkron, Alexander, *Economic Backwardness in Historical Perspective*, Cambridge, Mass. 1962

Gerth, Hans, »Wie im Märchenbuch: ganz allein... Gespräch mit Hans Gerth«, in *Die Zerstörung einer Zukunft. Gespräche mit emigrierten Sozialwissenschaftlern*, aufgezeichnet von Mathias Greffrath, Rowohlt Verlag, Hamburg 1979:59–95

ders., *Bürgerliche Intelligenz um 1800. Zur Soziologie des deutschen Frühliberalismus*, mit Vorwort und erg. Bibliographie hg. von Ulrich Herrmann, Reihe »Kritische Studien zur Geschichtswissenschaft«, Bd. 19, Vandenhoeck & Ruprecht, Göttingen 1976

Giovannini, Norbert, *Zwischen Republik und Faschismus. Heidelberger Studentinnen und Studenten 1918–1945*, Deutscher Studien Verlag, Weinheim 1990

Gleichmann, Peter/Goudsblom, Johan/Korte, Hermann (Hg.), *Human Figurations. Essays for – Aufsätze für Norbert Elias*, Sonderband der *Amsterdams Sociologisch Tijdschrift* zum 80. Geburtstag von Norbert Elias 1977

dies., *Macht und Zivilisation. Materialien zu Norbert Elias' Zivilisationstheorie 2*, Suhrkamp Verlag, Frankfurt/M. 1984

Gleichmann, Peter Reinhart, »Das Deutschland-Bild von Norbert Elias und Elias-Bilder der Deutschen. Engagiert-distanzierte Bemerkungen zu einem europäischen Soziologen«, in *Geschichte und Gegenwart. Vierteljahreshefte für Zeitgeschichte, Gesellschaftsanalyse und politische Bildung*, Styria Verlag, Graz, H.2/96, Juni 1996:104–120

Göbel, Andreas/van Laak, Dirk/Villinger, Ingeborg, *Metamorphosen des Politischen. Grundfragen politischer Einheitsbildung seit den 20er Jahren*, Akademie Verlag, Berlin 1995

Goldenberg, Boris, *Lateinamerika und die kubanische Revolution*, Kiepenheuer & Witsch, Köln/Berlin 1963 (engl. Ausg. bei Allen & Unwin, London)

Gothein, Marie Luise, *Eberhard Gothein. Ein Lebensbild, seinen Briefen nacherzählt*, Stuttgart 1931

Goverts, Henry/Höber, Elfriede, *Der Student im Ausland. Heidelberger Berichte zum Universitätsleben der Gegenwart*, J. Hörning Verlag, Heidelberg 1930

Greffrath, Mathias, *Die Zerstörung einer Zukunft. Gespräche mit emigrierten Sozialwissenschaftlern*, aufgezeichnet von Mathias Greffrath, Rowohlt Verlag, Hamburg 1979

Greven, Michael Th., »Karl Mannheim und das Problem der Demokratie im ›Massenzeitalter‹«, in *Die Demokratie überdenken. Festschrift für Wilfried Röhrich*, hg. von Carsten Schlüter-Knauer, Duncker & Humblot Verlag, Berlin 1997:15–37.

Gründer, Karlfried, »Cassirer und Heidegger in Davos 1929«, in *Über Ernst Cassirers Philosophie der symbolischen Formen*, hg. von Braun/Holzhey/Orth, Suhrkamp (stw) Frankfurt/M. 1988:290–302

Grünewald, Eckhart, *Ernst Kantorowicz und Stefan George*, Steiner, Wiesbaden 1982

Grundriß der Sozialökonomik, IX. Abteilung »Das soziale System des Kapitalismus«, I. Teil »Die gesellschaftliche Schichtung im Kapitalismus«, mit Beiträgen von G. Albrecht, G. Briefs, C. Brinkmann, E. Lederer, J. Mar-

schak, R. Michels, G. Neuhaus, L. Pesl, J.C.B. Mohr (Paul Siebeck) Verlag, Tübingen 1926 (zit. als *Grundriß der Sozialökonomik*, IX:I.Teil 1926)
Gumbel, Emil Julius, *Vier Jahre politischer Mord und Denkschrift*, zuerst 1922, Nachdruck mit einem Vorwort hg. von Hans Thill, Wunderhorn Verlag, 1980
ders., *Verschwörer. Zur Geschichte und Soziologie der deutschen nationalistischen Geheimbünde 1918–1924*, zuerst 1924, Nachdruck mit einem Vorwort hg. von Karin Buselmeier, Wunderhorn Verlag, Heidelberg 1979
Hachmeister, Lutz, *Der Gegnerforscher. Die Karriere des SS-Führers Franz Alfred Six*, C. H. Beck Verlag, München 1998
Hackeschmidt, Jörg, Vorbemerkung zu Elias 1914 in *Figurations. Newsletter of the Norbert Elias Foundation*, N. E.-Stichting, Amsterdam, Nr. 3, Juni 1995:4–5
ders., *Jugendkultur und Zionismus. Die Suche nach »nationaler Identität« in krisenhafter Zeit: junge jüdische Intellektuelle in Deutschland 1900–1925*, Dissertation Humboldt Universität, Berlin (Phil. Fak., FB GW) 1996
ders., *Von Kurt Blumenfeld zu Norbert Elias. Die Erfindung einer jüdischen Nation*, Europäische Verlagsanstalt, Hamburg 1997
Häuser, Karl, »Das Ende der Historischen Schule und die Ambiguität der deutschen Nationalökonomie in den zwanziger Jahren«, in *Geisteswissenschaften zwischen Kaiserreich und Republik. Zur Entwicklung von Nationalökonomie, Rechtswissenschaft und Sozialwissenschaften im 20. Jahrhundert*, hg. von Knut-Wolfgang Nörr/Bertram Schefold/Friedrich Tenbruck, Franz Steiner Verlag, Stuttgart 1994:47–74
Hagemann, Harald/Kalmbach, Peter (Hg.), *Technischer Fortschritt und Arbeitslosigkeit*, Campus Verlag, Frankfurt/M./New York 1983
Hagemann, Harald/Krohn, Claus-Dieter (Hg.), *Die Emigration deutschsprachiger Wirtschaftswissenschaftler nach 1933. Biographische Gesamtübersicht*, unter Mitarbeit von Hans-Ulrich Eßlinger, Diskussionsbeiträge aus dem Institut für Volkswirtschaftslehre (520), Universität Hohenheim, 1992[2]
Hamilton, Richard, »Die soziale Basis des Nationalsozialismus«, in *Angestellte im europäischen Vergleich*, Sonderheft 7 »Geschichte und Gesellschaft«, Vandenhoek & Ruprecht Verlag, Göttingen 1981:354–375
Handwörterbuch der Soziologie, hg. von Alfred Vierkandt, Enke Verlag, Stuttgart 1931 *(HbdS)*
Hartfiel, Günther, »Irrungen und Wirrungen um die Angestellten. Zu Veröffentlichungen von Fritz Croner«, in *KZfSS*, Bd. 15, 1963:108–125
Hannover, Heinrich/Hannover-Drück, Elisabeth, *Politische Justiz 1918–1933*, Frankfurt/M. 1966
Harms, Bernhard (Hg.), *Strukturwandlungen der Deutschen Volkswirtschaft*, 2 Bde., Hobbing Verlag, Berlin 1929
ders. (Hg.), *Kapital und Kapitalismus. Vorlesungen gehalten in der deutschen Vereinigung für Staatswissenschaftliche Fortbildung*, Hobbing Verlag, Berlin 1931, 2 Bde.
Hart, Liddell B. H., *Die Strategie einer Diktatur. Aufstieg und Fall deutscher Ge-

neräle, deutsche Ausg. von *The other side of the hill*, übers. von K. Dittmar, Herdeg & Co, Zürich 1948

Hartmann, Peter, *Französische Kulturarbeit am Rhein*, F. K. Köhler Verlag, Leipzig 1921

Haselbach, Dieter, *Autoritärer Liberalismus und Soziale Marktwirtschaft. Gesellschaft und Politik im Ordoliberalismus*, Nomos Verlag, Baden-Baden 1991

Haupt, Heinz-Gerhard, »Zum Fortbestand des Ancien Régime im Europa des 19. Jahrhunderts: Zünfte und Zunftideale«, in Hettling/Nolte 1996:221–230

Hecht, Lilly, »A. Cournot und L. Walras, ein formaler und materialer Vergleich wirtschaftstheoretischer Ableitungen«, in *Heidelberger Studien aus dem Institut für Sozial- und Staatswissenschaften*, hg. von Arthur Salz in Verbindung mit Alfred Weber, Emil Lederer und Carl Brinkmann, Weiss'sche Universitätsbuchhandlung, Heidelberg 1930

Heeren, John, »Karl Mannheim and the Intellectual Elite«, in *Brit. Journal of Sociology 22*, March 1971

Heimann, Eduard, *Soziale Theorie des Kapitalismus*, J. C. B. Mohr (Paul Siebeck) Verlag, Tübingen 1929

Hennings, Klaus Hinrich, »Die Institutionalisierung der Nationalökonomie an deutschen Universitäten«, (dt. Fassg. übers. von N. Waszek) in *Die Institutionalisierung der Nationalökonomie an deutschen Universitäten. Zur Erinnerung an Klaus Hinrich Hennings (1937–1986)*, hg. von Norbert Waszek, Scripta Mercaturae Verlag, St. Katharinen, 1988:42–54

Hennis, Wilhelm, »Die volle Nüchternheit des Urteils. Max Weber zwischen Carl Menger und Gustav von Schmoller. Zum hochschulpolitischen Hintergrund des Wertfreiheitspostulats«, in *Max Webers Wissenschaftslehre. Interpretation und Kritik*, hg. von Gerhard Wagner und Heinz Zipprian, Suhrkamp Verlag, Frankfurt/M. 1994:105–145

ders., »Zu Siegfried Landshuts wissenschaftlichem Werk«, in *Zeitschrift für Politik*, XVII, 1970

Hentschel, Volker, »Die Wirtschaftswissenschaften als akademische Disziplin an der Universität Heidelberg 1822–1924«, in Waszek, 1988:192–232

Hermand, Jost/Trommler, Frank, *Die Kultur der Weimarer Republik*, Nymphenburger Verlag, München 1978

Herrigel, Hermann, *Das neue Denken*, Verlag Lambert Schneider, Berlin 1928 *(DND)*

Hettling, Manfred/Nolte, Paul (Hg.), *Nation und Gesellschaft in Deutschland. Historische Essays. Hans-Ulrich Wehler zum 65. Geburtstag*, C. H. Beck Verlag, München 1996

Heuss, Theodor, *Erinnerungen. 1905–1933*, Rainer Wunderlich Verlag Hermann Leins, Tübingen 1963

Hirsch, Julius, *Das amerikanische Wirtschaftswunder*, S. Fischer Verlag, Berlin 1926

Hirschman, Albert O., *Leidenschaften und Interessen. Politische Begründungen des Kapitalismus vor seinem Sieg*, übers. von Offe, Sabine, Suhrkamp Verlag, Frankfurt/M. 1984

Höber, Johannes, »Englische Eindrücke. Geschrieben Winter 1927/28«, in Goverts/Höber 1930:81–91

Hoeges, Dirk, *Kontroverse am Abgrund: Ernst Robert Curtius und Karl Mannheim. Intellektuelle und »freischwebende Intelligenz« in der Weimarer Republik*, Fischer Taschenbuch Verlag, Frankfurt/M. 1994

Hönigswald, Richard, »Substanzbegriff und Funktionsbegriff. Kritische Betrachtungen zu Ernst Cassirers gleichnamigem Werk«, in *Deutsche Literaturzeitung* Nr. 45, XXXIII. Jg., 9. Nov. 1912:2821–2843 und Nr. 46, 16. Nov. 1912:2885–2902

ders., »Philosophie von der Renaissance bis Kant«, Bd. 6 der *Geschichte der Philosophie*, Walter de Gruyter Verlag, Berlin 1923

ders., *Die Grundlagen der Denkpsychologie*, Teubner, Stuttgart 1965 (Nachdruck der 2. Aufl. 1925)

Hönigswald, Richard, »Geschichte der Erkenntnistheorie«, in *Geschichte der Philosophie in Längsschnitten*, Bd. 6, hg. von Willy Moog, Junker und Dünnhaupt Verlag, Berlin 1933

Honigsheim, Paul, »Der Max-Weber-Kreis in Heidelberg«, in *Kölner Vierteljahreshefte für Soziologie* 5, 1926:270–287

Hoffmann, Konrad, »Vom Leben im späten Mittelalter. Aby Warburg und Norbert Elias zum ›Hausbuchmeister‹«, in *Städel-Jahrbuch*, Frankfurt/M. NF 12, 1989:47–58

Holtfrerich, Carl-Ludwig, *Die deutsche Inflation 1914–1923. Ursachen und Folgen in internationaler Perspektive*, Verlag Walter de Gruyter, Berlin/New York 1980

Honegger, Claudia, »Die ersten Soziologinnen in Frankfurt«, in *Die (mindestens) zwei Sozialwissenschaften Frankfurt und ihre Geschichte*, hg. von Steinert, Heinz, StS Sonderband Nr. 3 des FB Gesellschaftswissenschaften der J. W. Goethe-Universität Frankfurt, 1990:88–99,

Hübinger, Gangolf, *Kulturprotestantismus und Politik*, Mohr (Siebeck) Verlag, Tübingen 1994

ders., *Die Grenzen kulturprotestantischer Vergesellschaftung um 1900*, unveröffentlichtes Manuskript 1996

Hübinger, Gangolf/Mommsen, Wolfgang J. (Hg.), *Intellektuelle im Deutschen Kaiserreich*, Fischer Verlag, 1993

Huizinga, Johan, *Das Problem der Renaissance*, übers. von Werner Kaegi, Wagenbach Verlag, Berlin 1991

Jaffé, Else, »Biographische Daten Alfred Webers (1868–1919)«, in Demm, Eberhard, *Alfred Weber als Politiker und Gelehrter*, Stuttgart 1986:178–198

Jansen, Christian, »Republik werde hart. Der Kampf des Pazifisten Emil Julius Gumbel gegen Militarismus und Nationalismus«, in *Pazifismus 1918–1933*, Reader einer Veranstaltungsreihe an der Universität Bamberg vom 19.–21. November 1987:51–60

ders., *Emil Julius Gumbel. Portrait eines Zivilisten*, Wunderhorn Verlag, Heidelberg 1991

ders., *Professoren und Politik. Politisches Denken und Handeln der Heidelberger Hochschullehrer 1914–1935*, Vandenhoeck & Ruprecht Verlag, Göttingen 1992
ders., »Die Hochschule zwischen angefeindeter Demokratie und nationalsozialistischer Politisierung. Neuere Publikationen zur Wissenschafts- und Universitätsgeschichte in Deutschland zwischen 1918 und 1945«, in *Neue politische Literatur*, Peter Lang Verlag, Frankfurt/M., Sonderdruck 2, 1993:179–220
ders., »Das Institut der Außenseiter. Inneruniversitäre Spannungen und Öffentlichkeit«, in Blomert/Eßlinger/Giovannini 1997:25–54
Jaspers, Karl, *Max Weber. Deutsches Wesen im politischen Denken, im Forschen und Philosophieren*, Stalling Verlag, Oldenburg 1932
ders., *Die geistige Situation der Zeit*, Verlag de Gruyter, Berlin/Leipzig 1933[5] (zuerst 1931)

Kahler, Erich von, *Der Beruf der Wissenschaft*, Georg Bondi Verlag, Berlin 1920
Karádi, Éva, »Ernst Bloch und Georg Lukács im Max-Weber-Kreis«, in Schwentker, D./Mommsen Wolfgang J. (Hg.), *Max Weber und seine Zeitgenossen*, hg. von Schwentker/Mommsen, Vandenhoeck & Ruprecht Verlag, Göttingen 1988:682–702
Karádi, Éva/Vezér, Erzsébet (Hg.), *Georg Lukács, Karl Mannheim und der Sonntagskreis*, übers. von Albrecht Friedrich, Sendler Verlag, Frankfurt/M. 1985
Kaufhold, Karl Heinrich, »Zur Entwicklung des Wirtschaftsstildenkens in Deutschland«, in Klump, Rainer 1996:21–37
Keil, Georg, *Vormarsch der Arbeitslagerbewegung. Geschichte und Erfahrung der Arbeitslagerbewegung für Arbeiter, Bauern, Studenten 1925–1932*, hg. vom Deutschen Studentenwerk unter Mitarbeit von Hans Dehmel, Richard Gothe und Hans Raupach, Verlag de Gruyter, Berlin/Leipzig 1932
Kelsen, Hans, *Vom Wesen und Wert der Demokratie*, Archiv, Bd. XLVII, 1920–1921:50–85
Kepeszczuk, Josef, *Alfred Weber. Schriften und Aufsätze 1897–1955. Bibliographie*, hg. vom Alfred-Weber-Institut für Sozial- und Staatswissenschaften an der Universität Heidelberg, eingel. von Götz Roth, zus.gest. von Bibliothekar Josef Kepeszczuk, R. Piper & Co. Verlag, München 1956
Kettler, David, *Marxismus und Kultur. Mannheim und Lukács in den ungarischen Revolutionen 1918/19*, Reihe »Soziologische Essay« im Luchterhand Verlag, Neuwied/Berlin 1967
Kettler, David/Meja, Volker/Stehr, Nico, »Karl Mannheims frühe kultursoziologische Arbeiten«, in Mannheim, Karl, *Strukturen des Denkens*, hg. von Kettler/Meja/Stehr, Suhrkamp Verlag, Frankfurt/M. 1980:9–31
dies., *Karl Mannheim*, Horwood et al., Chichester u. a. 1984
dies., *Politisches Wissen. Studien zu Karl Mannheim*, übers. von Reinhard Blomert, Suhrkamp Verlag, Frankfurt/M. 1989
Kettler, David/Meja, Volker, »Their own peculiar way: Karl Mannheim and the rise of women«, in *International Sociology*, 8, 1 (March) 1993:5–55
dies., *Karl Mannheim and the crisis of Liberalism. The secret of these new times*, Transaction publishers, New Brunswick/London 1995

Kilminster, Richard, »Norbert Elias und Karl Mannheim – Nähe und Distanz«, übers. von Reinhard Blomert, in Rehberg, Karl-Siegbert, *Norbert Elias und die Menschenwissenschaften. Studien zur Entstehung und Wirkungsgeschichte seines Werkes*, Suhrkamp Verlag, Frankfurt/M. 1996:352–392
Kindt, Werner (Hg.), *Die deutsche Jugendbewegung 1920 bis 1933. Die bündische Zeit. Quellenschriften*, hg. i. A. des »Gemeinschaftswerkes Archiv und Dokumentation der Jugendbewegung«, Bd. III der Reihe »Dokumentation der Jugendbewegung«, Diederichs Verlag, Köln 1974
Kintzelé, Jeff/Schneider, Peter, *Georg Simmels Philosophie des Geldes*, Athenäum Programm bei Anton Hain Verlag, Frankfurt/M. 1993
Kirchheimer, Otto/Leites, Nathan, »Bemerkungen zu Carl Schmitts ›Legalität und Legitimität‹«, in *Archiv*, Bd. LXVIII, 1933:457–487
Klibansky, Raymond, »Erlebte Geschichte, erzählt«, Protokoll einer Veranstaltung mit Raymond Klibansky am 15. Mai 1994 in Heidelberg, unveröffentlichtes Manuskript, Heidelberg 1994
Klingemann, Carsten, »Das Institut für Sozial- und Staatswissenschaften an der Universität Heidelberg zum Ende der Weimarer Republik und während des Nationalsozialismus«, in *Jahrbuch für Soziologiegeschichte 1990*, Verlag Leske & Budrich, Opladen 1990:79–120
ders., *Soziologie im Dritten Reich*, Nomos Verlag, Baden-Baden 1996
Klump, Rainer (Hg.), *Wirtschaftskultur, Wirtschaftsstile und Wirtschaftsordnung. Methoden und Ergebnisse der Wirtschaftskulturforschung*, Metropolis Verlag, Marburg 1996
Kocka, Jürgen, »Zur Problematik der deutschen Angestellten 1914–1933«, in *Industrielles System und politische Entwicklung in der Weimarer Republik*, hg. von Mommsen/Petzina/Weisbrod, Bd. 2, Athenäum/Droste Verlag, Kronberg/Düsseldorf 1977:792–811
ders., *Klassengesellschaft im Krieg. Deutsche Sozialgeschichte 1914–1918*, Fischer Verlag, Frankfurt/M. 1988
ders., *Bürgertum im 19. Jahrhundert. Deutschland im europäischen Vergleich. Eine Auswahl*, 3 Bde., Vandenhoek & Ruprecht Verlag, Göttingen 1995
Köhler, Erich, »Leonardo Olschki, † 7.12.1961«, in Ruperto Carola, Bd. 31. 32, 1962
Koenen Andreas, »Visionen vom Reich. Das politisch-theologische Erbe der Konservativen Revolution«, in *Metamorphosen des Politischen. Grundfragen politischer Einheitsbildung seit den 20er Jahren*, hg. von Göbel/van Laak/Villinger, Akademie Verlag, Berlin 1995:53–74 (1995a)
ders., *Der Fall Carl Schmitt. Sein Aufstieg zum* »Kronjuristen« *des Dritten Reichs*, Wissenschaftliche Buchgesellschaft, Darmstadt 1995 (1995b)
König, Heinz et. al. (Hg.), *Die Universität Mannheim in Vergangenheit und Gegenwart*, Selbstverlag der Universität Mannheim, Mannheim 1982^2
Körner, Heiko, »Carl Brinkmann. Eine wissenschaftsbiographische Skizze«, in Blomert/Eßlinger/Giovannini (Hg.), 1997:159–165
Korte, Hermann, *Über Norbert Elias. Das Werden eines Menschenwissenschaftlers*, Suhrkamp Verlag, Frankfurt/M. 1988

ders., »Zum Tode von Norbert Elias: Norbert Elias in Breslau – ein biographisches Fragment«, in *Zeitschrift für Soziologie*, Jg. 20, Heft 1, 1991:3–11
Koselleck, Reinhart (Hg.), »Studien zum Beginn der modernen Welt«, Bd. 20 von *Industrielle Welt. Schriftenreihe des Arbeitskreises für moderne Sozialgeschichte*, hg. von Werner Conze, Klett-Cotta Verlag, Stuttgart 1977
ders., *Preußen zwischen Reform und Revolution. Allgemeines Landrecht, Verwaltung und soziale Bewegung von 1791 bis 1848*, dtv, München 1989
Koyré, Alexandre, *Von der geschlossenen Welt zum unendlichen Universum*, Suhrkamp Verlag, Frankfurt/M. (1969) 1980[2]
Kracauer, Siegfried, *Die Angestellten. Aus dem neuesten Deutschland*, zuerst Frankfurter Zeitung 1929, als Buch Societätsdruckerei, Frankfurt/M. 1930; auch Suhrkamp Verlag, Frankfurt/M. 1971
ders., Rezension zu »Ideologie und Utopie«, in *Literaturblatt*, der Beilage zur *Frankfurter Zeitung* am 28. April 1929
Krättli, Anton, *A. H. Müller*, in der Reihe »Klassiker der Kritik«, hg. von Emil Staiger, Artemis Verlag, Zürich 1968:5–35
Kristeller, Paul Oskar, *Studien zur Geschichte der Rhetorik und zum Begriff des Menschen in der Renaissance*, Gratia Verlag, Göttingen 1981
Krohn, Claus-Dieter, »Der Fall Bergstraesser in Amerika«, in *Exilforschung. Ein internationales Jahrbuch*, Edition Text und Kritik München, Bd. 4, 1984:254–275
Krohn, Wolfgang (Hg.), »Die sozialen Ursprünge der neuzeitlichen Wissenschaft«, in Zilsel, Edgar 1976
Krüger, Peter, *Die Außenpolitik der Republik von Weimar*, Wissenschaftliche Buchgesellschaft, Darmstadt (1985[1]) 1992
Kruse, Volker, *Soziologie und »Gegenwartskrise«. Die Zeitdiagnosen Franz Oppenheimers und Alfred Webers. Ein Beitrag zur historischen Soziologie der Weimarer Republik*, Deutscher Universitäts Verlag, Wiesbaden 1990
Kuczynski, Jürgen, *Memoiren. Die Erziehung des J. K. zum Kommunisten und Wissenschaftler*, Pahl-Rugenstein Verlag, Köln 1983
Kuczinsky, René (Hg.), *Deutschland und Frankreich*, o.O. 1924
Kuzmics, Helmut/Mörth, Ingo (Hg.), *Der unendliche Prozeß der Zivilisation. Zur Kultursoziologie der Moderne nach Norbert Elias*, Campus Verlag, Frankfurt/M. 1991

Laitenberger, Volkhard, *Akademischer Austausch und auswärtige Kulturpolitik 1923–1945*, Musterschmidt Verlag, Göttingen/Frankfurt/M./Zürich 1976
Lange-Kirchheim, Astrid, »Alfred Weber und Franz Kafka«, in Demm (Hg.), 1986:113–149
Langewiesche, Dieter, »Kulturelle Nationsbildung im Deutschland des 19. Jahrhunderts«, in Hettling/Nolte 1996:46–64
Laqueur, Walter, *Die deutsche Jugendbewegung. Eine historische Studie*, Köln 1962
Lauterer, Heide-Marie, »Außenseiterin am Institut der Außenseiter – Die Lehrbeauftragte Marie Baum«, in Blomert/Eßlinger/Giovannini (Hg.), 1997:245–256

Lederer, Emil, *Kapitalismus, Klassenstruktur und Probleme der Demokratie in Deutschland 1910–1940*. Ausgewählte Aufsätze mit einem Beitrag von Hans Speier und einer Bibliographie von Bernd Uhlmannsiek, hg. von Jürgen Kocka, Vandenhoeck & Ruprecht Verlag, Göttingen 1979
ders., »Die Privatangestellten in der modernen Wirtschaftsentwicklung«, Tübingen 1912, in Lederer 1979:46–99
ders., »Umschichtung der Einkommen und des Bedarfs«, in Harms, B. (Hg.), Bd. 1, 1929:33–56
ders., »Privatbeamtenbewegung«, in *AfSS*, Bd. 31:215–254
ders., »Die Bewegung der öffentlichen Beamten«, in *AfSS*, Bd. 31:660–709
ders., »Mittelstandsbewegung«, in *AfSS* Bd. 31:970–1026
ders., »Die Gesellschaft der Unselbständigen. Zum sozialpsychologischen Habitus der Gegenwart«, in *AfSS* Bd. 46, 1918/19:114–139, wieder abgedruckt in Lederer 1979:14–32
ders., »Die Umschichtung des Proletariats und die kapitalistischen Zwischenschichten vor der Krise (1929)«, zuerst in *Die neue Rundschau*, 1929, wieder abgedruckt in Lederer 1979:172–185
ders., *Technischer Fortschritt und Arbeitslosigkeit*, Tübingen 1931, Genf 1938, Neuauflage mit einem Nachwort von Robert A. Dickler, EVA Verlag, Frankfurt/M. 1981
ders., *State of the masses. The threat of the classless society*, W.W. Norton & Comp., New York 1940 (inzwischen als Übersetzung erschienen: *Der Massenstaat. Gefahren der klassenlosen Gesellschaft*, übers. von Angela Kornberger, hg. und eingel. von Claus-Dieter Krohn, Reihe »Bibliothek sozialwissenschaftlicher Emigranten«, Bd. 2, Nausner & Nausner Verlag, Graz 1995)
Lederer, Emil/Jakob Marschak, »Die gesellschaftliche Schichtung im Kapitalismus«, in *Grundriß der Sozialökonomik*, IX. Abt., 1. Bd.: *Das soziale System des Kapitalismus* (Mohr) Siebeck, Tübingen 1926
Leijonhufvud, Axel, »Life amon the Econ«, in ders., *Information and Coordination. Essays in Macroeconomic theory*, Oxford University Press, Oxford/New York 1981:347–359
Leites, Edmund, »Meine deutschen Besucher – über Nathan Leites«, in Blomert/Eßlinger/Giovannini (Hg.) 1997:411–428
Leites, Nathan/Kirchheimer, Otto, »Bemerkungen zu Carl Schmitts ›Legalität und Legitimität‹«, in *Archiv*, Bd. LXVIII, 1933:457–487
Lepenies, Annette (Hg.), *Alt und jung. Das Abenteuer der Generationen*, publ. vom Deutschen Hygiene-Museum Dresden, Stroemfeld Verlag, Basel 1997
Lepenies, Wolf, *Das Ende der Naturgeschichte*, Carl Hanser Verlag, München 1976
ders., »Der Wissenschaftler als Autor. Über konservierende Funktion der Literatur«, in *Akzente. Zeitschrift für Literatur*, Heft 2, April 1978:129–147
ders., *Die drei Kulturen. Soziologie zwischen Literatur und Wissenschaft*, Carl Hanser Verlag, München 1985
Lepsius, M. Rainer, »Soziologische Theoreme über die Sozialstruktur der ›Moderne‹ und die ›Modernisierung‹«, in *Studien zum Beginn der modernen*

Welt, hg. von Reinhart Koselleck, Bd. 20 von *Industrielle Welt. Schriftenreihe des Arbeitskreises für moderne Sozialgeschichte*, hg. von Werner Conze, Klett-Cotta Verlag, Stuttgart 1977:10–29

Lethen, Helmut, *Neue Sachlichkeit 1924–1932. Studien zur Literatur des ›Weißen Sozialismus‹*, Metzler Verlag, Stuttgart 1970

ders., *Verhaltenslehren der Kälte. Lebensversuche zwischen den Kriegen*, Suhrkamp Verlag, Frankfurt/M. 1994

Lichnowsky, Leonore Gräfin, »Alfred Webers Standortlehre in ihrer politischen Bedeutung«, in Demm (Hg.), 1986:11–21

dies., »Ein Studium bei Alfred Weber«, in *Konstanten für Wirtschaft und Gesellschaft*, Bd. 2, Festschrift für Walter Witzenmann, hg. von J. Rothfuß/H.-E. Koch/G. Duffner, Labhard Verlag, Konstanz 1993:176–181

Lichtblau, Klaus, *Kulturkrise und Soziologie um die Jahrhundertwende. Zur Genealogie der Kultursoziologie in Deutschland*, Suhrkamp Verlag, Frankfurt/M. 1996

Liepmann, Heinrich, »Erinnerungen an Karl Jaspers aus den Jahren 1925–1936«, in *Erinnerungen an Karl Jaspers*, hg. von Klaus Piper und Hans Saner, Piper Verlag, München/Zürich 1974:47–52

Lietzmann, Hans J., »Kriegerethos und Verfassungslehre. Karl Mannheims und Carl Schmitts Platz in Norbert Elias' ›satisfaktionsfähiger Gesellschaft‹«, in Rehberg, Karl-Siegbert (Hg.), 1996:393–423

Lieven, Dominic, *Abschied von Macht und Würden. Der europäische Adel 1815–1914*, übers. von Walter Brumm, S. Fischer Verlag, Frankfurt/M. 1995

Loader, Colin, *The intellectual Development of Karl Mannheim*, Cambridge University Press 1985

Löwith, Karl, »Jakob Burckhardt«, in *Der Monat*, 4. Jg., Heft 48, Sept. 1952:606–613, Berlin-Dahlem

ders., *Heidegger – Denker in dürftiger Zeit. Zur Stellung der Philosophie im 20. Jahrhundert*, Sämtl. Schriften Bd. 8, Metzlersche Verlagsbuchhandlung, Stuttgart 1984

ders., *Mein Leben in Deutschland vor und nach 1933. Ein Bericht*, mit einem Vorwort von R. Koselleck und einer Nachbemerkung von Ada Löwith, Metzlersche Verlagsbuchhandlung, Stuttgart 1986

ders., *Weltgeschichte und Heilsgeschehen. Die theologischen Voraussetzungen der Geschichtsphilosophie*, Kohlhammer Verlag, Stuttgart/Berlin/Köln (1953[1]) 1990

Lütkens, Charlotte, *Die deutsche Jugendbewegung. Ein soziologischer Versuch*, Frankfurter Societätsdruckerei, Abt. Buchverlag, Frankfurt/M. 1925

dies., »Demokratie und öffentliche Meinung in den Vereinigten Staaten«, in *Soziologische Studien*, 1930:190–206

Lukács, Georg, *Georg Lukács. Sein Leben in Bildern, Selbstzeugnissen und Dokumenten*, hg. von Éva Fekete und Éva Karádi, Metzler Verlag, Stuttgart 1981

ders., *Georg Lukács. Briefwechsel 1902–1917*«, hg. von Éva Karádi und Éva Fekete, Corvina Kiadó Verlag, Budapest 1982

ders., *Zur Kritik der faschistischen Ideologie*, Aufbau Verlag, Berlin/Weimar 1989

Mahrholz, Werner, »Die deutschen Universitäten«, in *Deutschland. Vergangenheit und Gegenwart. Bilder zur deutschen Politik und Kulturgeschichte*, hg. von Karl Federn und Joachim Kühn, Deutscher National Verlag, 1925:428–438
Mann, Golo, *Erinnerungen und Gedanken: Eine Jugend in Deutschland*, Fischer Verlag, Frankfurt/M. 1986
Mann, Thomas, »Bekenntnisse eines Unpolitischen«, in *Aufsätze, Reden, Essays*, Bd. 2, 1914–1918, Aufbau Verlag, Berlin 1983:164–756
Mannheim, Karl, »Über die Eigenart kultursoziologischer Erkenntnis«, in Mannheim, Karl, *Strukturen des Denkens*, hg. von Kettler/Meja/Stehr, Suhrkamp Verlag, Frankfurt/M. 1980:33–154 *(EdK)*
ders., »Beiträge zu einer Theorie der Weltanschauungs-Interpretation«, im *Jahrbuch für Kunstgeschichte* I, 4, 1921:226–274
ders., »Zum Problem einer Klassifikation der Wissenschaften«, in *AfSS*, Bd. L, 1, 1921:230–237
ders., »Historismus«, in *AfSS*, Bd. 52, 1924:1–60. Nachdruck in *Wissenssoziologie*, hg. von Kurt Wolff, Darmstadt 1964:264–307
ders., *Konservatismus. Ein Beitrag zur Soziologie des Wissens*, hg. von Kettler/Meja/Stehr, Suhrkamp Verlag, Frankfurt/M., 1984 *(Kons)*
ders., »Das Problem einer Soziologie des Wissens«, in *AfSS*, Bd. LIII, H. 3, 1925:577–652, wieder abgedruckt in *Wissenssoziologie*, hg. von Kurt Wolff, Darmstadt 1964:308–387 (Mannheim 1925/1964)
ders., »Das Problem der Generationen«, in *Kölner Vierteljahreshefte für Soziologie*, VII. Jg., Heft 2, 1927:157–185, Heft 3, 1927:309–330
ders., »Zur Problematik der Soziologie in Deutschland«, in *Neue Schweizer Rundschau*, November 1929, Heft 11/29:820–829 oder 830. Sonderdruck InSoSta mit Seitenzahlen von 3–12 *(ZP)*
ders., *Ideologie und Utopie*, Bd. III der *Schriften zur Philosophie und Soziologie*, begr. von Max Scheler, hg. von Dr. phil. Karl Mannheim, Privatdozent an der Universität Heidelberg, Friedrich Cohen Verlag, Bonn 1929 *(I&U)*
ders., *Ideologie und Utopie*, hg. und z.T. neu ins Deutsche übersetzt von Heinz Maus, Klostermann Verlag, Frankfurt/M. (1952) 1985[7]
ders., »Über die Eingliederung der Erforschung des Zeitungswesens in die Universitätswissenschaft«, in *Zeitungsverlag und Zeitschriftenverlag*, Bd. 30, Nr. 22, Bad Godesberg 1929:20–21
ders., »Die Gegenwartsaufgaben der Soziologie. Ihre Lehrgestalt«, Vortrag gehalten auf der Tagung reichsdeutscher Hochschuldozenten der Soziologie in Frankfurt/M., Verlag J. C. B. Mohr (Paul Siebeck), Tübingen 1932
ders., »The sociology of intellectuals«, (1932) 1933, in *Theory, Culture and Society* 10, 3 (August) 1993:68–80, hg. und übers. von Dick Pels
Marschak, Jakob, »Der korporative und der hierarchische Gedanke im Faschismus«, in *AfSS*, Bd. LII, 1924:695–728
Markmann, Heinz, »Das InSoSta nach dem Zweiten Weltkriege«, in Blomert/Eßlinger/Giovannini (Hg.), 1997:83–96
Marramao, Giacomo, *Die Säkularisierung der westlichen Welt*, übers. von Günter Memmert, Insel Verlag, Leipzig/Frankfurt/M. 1996

Martin, Alfred von, *Coluccuio Salutati und das humanistische Lebensideal*, Teubner Verlag, Leipzig/Berlin, Neuauflage Gerstenberg Verlag, Hildesheim 1973
ders., »Kultursoziologie der Renaissance«, im *Handwörterbuch der Soziologie*, hg. von Alfred Vierkandt, Enke Verlag, Stuttgart 1931:495–510
ders., *Soziologie der Renaissance*, Enke Verlag, Stuttgart 1932
Marx, Hugo, *Werdegang. Werdegang eines jüdischen Staatsanwalts und Richters in Baden (1892–1933). Ein soziologisch-politisches Zeitbild*, mit einem Geleitwort von Dr. Wolfgang Haußmann, Justizminister, Neckar-Verlag, Villingen 1952[1], 1965
Maso, Banjo, »Elias and the Neo-Kantians: Intellectual Backgrounds of The Civilizing Process«, in *Theory, Culture and Society*, vol. 12, no. 3, August 1995:43–79
Mayer, Arno J., *Adelsmacht und Bürgertum. Die Krise der europäischen Gesellschaft 1848–1914*, übers. von K. H. Siber, Beck Verlag, München 1984
Meier-Rust, Kathrin, *Alexander Rüstow. Geschichtsdeutung und liberales Engagement*, Bd. 20 der Reihe *Sprache und Geschichte*, hg. von Reinhart Koselleck und Karlheinz Stierle, Klett-Cotta Verlag, Stuttgart 1993
Meinecke, Friedrich, *Weltbürgertum und Nationalstaat*, 1908
Meisel, James, *Counterrevolution. How revolutions die*, Atherton Press, New York 1966
Meja, Volker/Stehr, Nico, *Der Streit um die Wissenssoziologie*, 1. Bd.: *Die Entwicklung der deutschen Wissenssoziologie*, 2. Bd.: *Rezeption und Kritik der Wissenssoziologie*, Suhrkamp Verlag, Frankfurt/M. 1982
Mendelssohn-Bartholdy, Albrecht, »Das Institut für auswärtige Politik, Hamburg«, in *Forschungsinstitute. Ihre Geschichte, Organisation und Ziele*, hg. von Brauer/Mendelssohn-Bartholdy/Meyer, Paul Hartung Verlag, Hamburg 1930, I. Bd.:332–346
Merz-Benz, Peter, »Richard Hönigswald und Norbert Elias – Von der Geschichtsphilosophie zur Soziologie«, in *Richard Hönigswald und sein Kreis. Studien und Materialien zum Neukantianismus*, Bd. 4, hg. von Aleksandrovics/Orth, Würzburg, MS (1996)
Meyenburg, Friedrich, »Rationalisierung der technischen Betriebsorganisation«, in *Strukturwandlungen der deutschen Volkswirtschaft*, Bd. 1, hg. von Bernhard Harms, Hobbing Verlag, Berlin 1929:227b–247
Meyer-Leviné, Rosa, *Leviné. Leben und Tod eines Revolutionärs*, Fischer Verlag 1974
Minder, Robert, *Kultur und Literatur in Deutschland und Frankreich*, Suhrkamp Verlag, Frankfurt/M. 1962/1977
Mitgau, J. Hermann, *Erlebnisse und Erfahrungen Heidelberger Werkstudenten. Eine Sammlung von Berichten*, Schriftenreihe der Akademischen Mitteilungen Heidelberg, hg. von Lautenschläger, Friedr./Mitgau, Hermann, J. Hörning Verlag, Heidelberg 1925
ders., »Als deutscher Student in England – Tagebuchaufzeichnungen von J. H. Mitgau – geschrieben Sommer 1923«, in *Der Student im Ausland. Hei-*

delberger Berichte zum Universitätsleben der Gegenwart, hg. von Henry Goverts und Elfriede Höber, Heidelberg 1930:47–58, hier 55f.

Möser, Justus, *Anwalt des Vaterlands*, Ausgewählte Werke, Gustav Kiepenheuer Verlag, Leipzig 1978

Mohler, Armin, *Die konservative Revolution in Deutschland. 1918–1932. Ein Handbuch*, Wissenschaftliche Buchgesellschaft, Darmstadt 1989³

Mommsen, Hans, *Die verspielte Freiheit. Der Weg der Republik von Weimar in den Untergang 1918 bis 1933*, Propyläen Verlag Ullstein, Frankfurt/M./Berlin 1990

ders., »Regierung ohne Parteien. Konservative Pläne zum Verfassungsumbau am Ende der Weimarer Republik«, Sonderdruck aus *Die deutsche Staatskrise 1930–1933*, hg. von Heinrich August Winkler, Oldenbourg Verlag, München o.J.:1–18

Mommsen, Hans/Petzina, Dietmar/Weisbrod, Bernd (Hg.), *Industrielles System und politische Entwicklung in der Weimarer Republik*, 2 Bde., Athenäum/Droste Verlag, Kronberg/Düsseldorf 1977²

Mommsen, Wolfgang J., *Max Weber und die deutsche Politik 1890–1920*, J.C.B. Mohr (Paul Siebeck) Verlag, Tübingen (1959) 1974²

ders., »Max Weber«, in *Intellektuelle im Deutschen Kaiserreich*, hg. von Hübinger, Gangolf und Mommsen, Wolfgang J., Fischer Verlag, Frankfurt/M. 1993:33–61

ders. (Hg.), *Kultur und Krieg. Die Rolle der Intellektuellen, Künstler und Schriftsteller im Ersten Weltkrieg*, Schriften des Historischen Kollegs, Kolloquien 34, Oldenbourg Verlag, 1996

ders., »Kultur und Krieg. Die Rolle der Intellektuellen, Künstler und Schriftsteller im Ersten Weltkrieg«, Vortrag im Wissenschaftskolleg 14. Mai 1998 (mimeo)

Mosse, Werner, »Adel und Bürgertum im Europa des 19. Jahrhunderts. Eine vergleichende Betrachtung«, in Kocka 1995, Bd. 3:9–47

Müller, Adam, *Versuche einer neuen Theorie des Geldes mit besonderer Rücksicht auf Großbritannien*, Brockhaus, Leipzig und Altenburg 1816

ders., *Vorlesungen über die deutsche Wissenschaft und Literatur*, hg. und eingel. von Arthur Salz, Drei Masken Verlag, München 1920

ders., *Zwölf Reden über die Beredsamkeit*, Drei Masken Verlag, München 1920

ders., *Die Elemente der Staatskunst*, 36 Vorlesungen, Sander, Berlin 1808–1809, neu herausgegeben von Jakob Baxa in der von Othmar Spann betreuten Sammlung *Die Herdflamme*, Wien 1922

Müller, Guido, »Der Publizist Max Clauss. Die Heidelberger Sozialwissenschaften und der ›Europäische Kulturbund‹ (1924/5–1933)«, in Blomert/Eßlinger/Giovannini (Hg.), 1997:369–409

Müller-Seidel, Walter, *Die Deportation des Menschen. Kafkas Erzählung »In der Strafkolonie« im europäischen Kontext*, Fischer Verlag, Frankfurt/M. 1989

Mußgnug, Dorothee, *Die vertriebenen Heidelberger Dozenten. Zur Geschichte der Ruprecht-Karls-Universität nach 1933*, Carl Winter Universitätsverlag, Heidelberg 1988

Neuhaus, Georg, »Die berufliche und soziale Gliederung der Bevölkerung im Zeitalter des Kapitalismus«, in *Grundriß der Sozialökonomik*, IX: I. Teil 1926:360–459

Nitschke, August/Ritter, Gerhard A./Peukert, Detlef J. K./vom Bruch, Rüdiger (Hg.), *Jahrhundertwende. Der Aufbruch in die Moderne 1880–1930*, 2. Bde., Rowohlt Verlag, Reinbek bei Hamburg 1990

Noack, Paul, *Carl Schmitt. Eine Biographie*, Ullstein Verlag, Berlin 1996[2]

Novalis, Schriften, hg. von J. Minor, Bd. II (»Fragmente«), E. Diederichs, Jena 1907

Nutzinger, Hans G., *Alfred Weber als Vertreter der »inneren Emigration«*, Diskussionsschriften der Universität Heidelberg, Wirtschaftswissenschaftliche Fakultät, Nr. 173, Heidelberg 1992

ders. (Hg.), *Zwischen Nationalökonomie und Universalgeschichte. Alfred Webers Entwurf einer umfassenden Sozialwissenschaft in heutiger Sicht*, Metropolis Verlag, Marburg 1995

Olschki, Leonard, *Geschichte der neusprachlichen wissenschaftlichen Literatur*, Bd. 1: »Die Literatur der Technik und der angewandten Wissenschaften. Vom Mittelalter zur Renaissance«, Carl Winter's Universitätsbuchhandlung 1919; Bd. 2: »Bildung und Wissenschaft im Zeitalter der Renaissance in Italien« erschien 1922 bei Leo S. Olschki, Leipzig, Firenze, Roma, Genève; Bd. 3: »Galilei und seine Zeit«, erschien bei Max Niemeyer, Halle (Saale) 1927. Als Reprint beim Kraus Verlag, Vaduz 1965

Olschki, Leonardo, »Der geometrische Geist in Literatur und Kunst«, *Deutsche Vierteljahrsschrift für Literatur und Geistesgeschichte*, 8. Jg., 1930:516–538

Pels, Dick, »Missionary Sociology between Left and Right: A Critical Introduction to Mannheim«, in *Theory, Culture and Society (TCS)*, vol. 10, 1993:45–68

Peukert, Detlef J. K., *Die Weimarer Republik. Krisenjahre der klassischen Moderne*, Suhrkamp Verlag (Neue Historische Bibliothek es 1282), Frankfurt/M. 1987

Philipp, Michael, *Vom Schicksal des Deutschen Geistes. Wolfgang Frommels Rundfunkarbeit an den Sendern Frankfurt und Berlin 1933–1935 und ihre oppositionelle Tendenz*, Dissertation, Hamburg, 1992

Pieper, Joseph, *Noch wußte es niemand. Autobiographische Aufzeichnungen 1904–1945*, Kösel Verlag, München 1976

Piper, Klaus/Saner, Hans (Hg.), *Erinnerungen an Karl Jaspers*, Piper Verlag, München/Zürich 1974

Plehwe, Friedrich Karl von, *Reichskanzler Kurt von Schleicher, Weimars letzte Chance gegen Hitler*, Bechtle Verlag, Esslingen 1983

Plessner, Helmuth, *Die verspätete Nation*, Kohlhammer Verlag, Stuttgart 1959, ursprünglich 1935 als *Das Schicksal deutschen Geistes im Ausgang seiner bürgerlichen Epoche*, Niehans Verlag, Zürich

Pöpping, Dagmar, »Giselher Wirsings ›Zwischeneuropa‹ – Ein deutsches Föderationsmodell zwischen Ost und West«, in Blomert/Eßlinger/Giovannini (Hg.) 1997:349–368

Polanyi, Karl, *The Great Transformation. Politische und ökonomische Ursprünge von Gesellschaften und Wirtschaftssystemen*, Europa Verlag, o.O. (Wien), o.J. (1977)
Prinz, Michael, »Die Arbeitswelt in der Weimarer Republik zwischen Weltkrieg und Wirtschaftskrise«, in *Jahrhundertwende. Der Aufbruch in die Moderne 1880–1930*, hg. von Nitschke, August/Ritter, Gerhard A./Peukert, Detlef J.K./vom Bruch, Rüdiger, 2. Bd., Rowohlt Verlag, Reinbek bei Hamburg, 1990:7–33

Rammstedt, Otthein, »Geld und Gesellschaft in der ›Philosophie des Geldes‹«, in Binswanger, Hans Christoph/v. Flotow, Paschen, *Geld und Wachstum. Zur Philosophie und Praxis des Geldes*, edition Weitbrecht Stuttgart/Wien, 1994:15–31
Regler, Gustav, *Das Ohr des Malchus. Eine Lebensgeschichte*, Kiepenheuer & Witsch Verlag, Köln (1958[1]) 1992
Rehberg, Karl-Siegbert (Hg.), *Norbert Elias und die Menschenwissenschaften. Studien zur Entstehung und Wirkungsgeschichte seines Werkes*, Suhrkamp Verlag, Frankfurt/M. 1996
Reimann, Horst, »Publizistik und Soziologie – Anfänge in Heidelberg. Zur Begründung des Instituts für Zeitungswesen an der Ruperto Carola vor 60 Jahren«, in *Publizistik. Vierteljahreshefte für Kommunikationsforschung*, Heft 3–4, 31. Jg., 1986:328–345
ders., »Das Heidelberger Institut für Soziologie und Ethnologie (1960–1970)«, in *Die Vielfalt der Kultur. Ethnologische Aspekte von Verwandtschaft, Kunst und Weltauffassung. Ernst Wilhelm Müller zum 65. Geburtstag*, hg. von Karl-Heinz Kohl, Heinzarnold Muszinski, Ivo Strecker, Dietrich Reimer Verlag, Berlin 1990:572–588
ders., »Alfred Weber und die heutige Kultursoziologie«, in Nutzinger 1995:113–135
Reynaud, Paul, »Zu einem deutsch-französischen modus vivendi durch Lösung der Reparationsfrage«, in Kuczynski, R.R. *Deutschland und Frankreich. Ihre Wirtschaft und Politik 1923/24*, R.L. Prager Verlag, Berlin 1924:208– 211; abgedr. in Pragers Bibliographie, 1924, Nr. 1:9ff.
Riese, Reinhard, *Die Hochschule auf dem Wege zum wissenschaftlichen Großbetrieb. Die Universität Heidelberg und das badische Hochschulwesen 1860–1914*, E. Klett Verlag, Stuttgart 1977
Ringer, Fritz, *Die Gelehrten. Der Niedergang der deutschen Mandarine 1890–1933*, übers. von Klaus Laermann, dtv/Klett-Cotta Verlag, München 1987
Rössiger, Max, *Der Angestellte von 1930. Gegenwartsbetrachtungen von Max Rössiger*, Sieben-Stäbe-Verlag, Berlin 1930
Roth, Günther, *Politische Herrschaft und persönliche Freiheit. Heidelberger Max-Weber-Vorlesungen 1983*, Suhrkamp Verlag (stw 680), Frankfurt/M. 1987
Rüstow, Alexander, »Zur Geschichte, Soziologie und Ethik der Jugendbewegung« in der Zeitschrift *Freideutsche Jugend*, Bd. 6, Heft 5/6, Hamburg 1920:191–196

ders., *Schutzzoll oder Freihandel? Das Für und Wider der Schutzzollpolitik*, Frankfurter Societätsdruckerei, Frankfurt/M. 1925

Salin, Edgar (Hg.), *Synopsis. Festgabe für Alfred Weber*, Lambert Schneider Verlag, Heidelberg, o.J. (1948)

ders., *Geschichte der Volkswirtschaftslehre*, Hand- und Lehrbücher aus dem Gebiet der Sozialwissenschaften, hg. von Edgar Salin und Arthur Spiethoff, Francke Verlag, Bern 1951 (zuerst 1923)

ders., »Standortverschiebungen der deutschen Wirtschaft«, in Harms (Hg.) 1929, Bd. 1:75–107

ders., »Um Stefan George. Erinnerung und Zeugnis«, Helmut Küpper vormals Georg Bondi Verlag, München/Düsseldorf (1948[1]) 1954[2]

ders., »Alfred Weber«, in *Lynkeus*, Gestalten und Probleme aus Wirtschaft und Politik, Mohr (Siebeck) Verlag, Tübingen 1963

Scaff, Lawrence A., »Max Webers Begriff der Kultur«, in Wagner/Zipprian 1994:678–699

Schadewaldt, Wolfgang, *Die Anfänge der Philosophie bei den Griechen*, Bd. 1, Suhrkamp Verlag, Frankfurt/M. 1995[7]

Schaeffer, Hans, »Die Problematik der kapitalistischen Gegenwart«, in *Kapital und Kapitalismus. Vorlesungen gehalten in der deutschen Vereinigung für Staatswissenschaftliche Fortbildung*, hg. von Bernhard Harms, Berlin 1931 (2 Bde), Bd. I:38–52

Schefold, Bertram, »Nationalökonomie als Geisteswissenschaft – Edgar Salins Konzept einer Anschaulichen Theorie«, in *List-Forum für Wirtschafts- und Finanzpolitik*, Baden-Baden, Bd. 18, Heft 4, 1992:303–324

ders., »Nationalökonomie als Geisteswissenschaft – Edgar Salins Konzept einer Anschaulichen Theorie«, Festvortrag zur hundertsten Wiederkehr des Geburtstags von Edgar Salin am 10. Februar 1992, erweiterte Fassung, FB Wirtschaftswissenschaft der J. W. Goethe-Universität, Frankfurt/M.

ders., *Wirtschaftsstile. Studien zum Verhältnis von Ökonomie und Kultur*, 2 Bde., Frankfurt/M. 1994

Schluchter, Wolfgang, »Max und Alfred Weber – zwei ungleiche Brüder«, in *Ruperto Carola. Forschungsmagazin der Universität Heidelberg*, Heft 3, 1994:29–35

ders., »Max und Alfred Weber. Zwei Wege von der Nationalökonomie zur Kultursoziologie«, in Nutzinger 1995:199–221

Schmid, Carlo, *Erinnerungen*, Bern/Stuttgart 1979

Schmitt, Carl (Carl Schmitt-Dorotic), *Politische Romantik*, Duncker & Humblot Verlag, Berlin 1919[1], 1925[2], 1968[3]

ders., *Politische Theologie*, Duncker und Humblot Verlag, Berlin 1919[1]/1925

ders., *Die geistesgeschichtliche Lage des heutigen Parlamentarismus*, Duncker & Humblot Verlag, Berlin 1923/1991[7]

ders., *Der Begriff des Politischen*, urspr. im *AfSS*, Bd. LVIII, 1927:1–33, zuletzt Duncker & Humblot Verlag, Berlin 1991

ders., *Politische Theologie I. Vier Kapitel zur Lehre von der Souveränität*, Duncker & Humblot Verlag, Berlin (1922¹) 1993⁶
ders., *Ex captivitate salus. Erfahrungen der Zeit 45/47*, Greven Verlag, Köln 1950 (edition peiran, Plettenburg, Austria)
Schmitt, Horst, *Politikwissenschaft und freiheitliche Demokratie. Eine Studie zum »politischen Forschungsprogramm« der »Freiburger Schule« 1954–1970*, Nomos Verlag, Universitätsschriften Politik, Bd. 57, Baden-Baden 1995
ders., »Ein typischer Heidelberger, im Guten wie im Gefährlichen. Arnold Bergstraesser und die *Ruperto Carola* 1923–1936«, in Blomert/Eßlinger/Giovannini 1997:167–196
»Schmittiana – III«, hg. von Piet Tommissen, in *Eclectica*, 20. Jg., Nr. 84–85, hg. von der Economische Hogeschool Sint-Aloysius, Brüssel 1991
Schmoller, Gustav, *Die soziale Frage*, München 1918
Schroeder-Gudehus, Brigitte, »Internationale Wissenschaftsbeziehungen und auswärtige Kulturpolitik 1919–1933. Vom Boykott und Gegen-Boykott zu ihrer Wiederaufnahme«, in Vierhaus/vom Brocke, 1990:858–885
Schröter, Michael, »Norbert Elias«, in *Integration und Shoa – Jüdischer Geist und politische Humanität im 20. Jahrhundert*, hg. von Hans Erler, Ernst Ludwig Ehrlich, Ludger Heid, Campus Verlag, Frankfurt/M. (ca. 1997)
ders., »Triebkräfte des Denkens bei Norbert Elias«, in *Psyche. Zeitschrift für Psychoanalyse und ihre Anwendungen*, Bd. 7, 47. Jg., Juli 1993:684–725
Schumpeter, Joseph A., *Das Wesen des Geldes*, hg. aus d. Nachlaß von F. K. Mann, Vandenhoeck & Ruprecht Verlag, Göttingen 1970
Schwentker, Detlef/Mommsen Wolfgang J. (Hg.), *Max Weber und seine Zeitgenossen*, Vandenhoeck & Ruprecht Verlag, Göttingen 1988
Schwentker, Wolfgang, »Fremde Gelehrte. Japanische Nationalökonomen und Sozialreformer im Kaiserreich«, in Hübinger/Mommsen 1993:172–197
Simmel, Georg, *Philosophie des Geldes*, Duncker & Humblot Verlag, Berlin 1899 (1977⁷)
ders., *Philosophische Kultur*, Leipzig 1911
ders., »Vom Wesen der Kultur«, in Simmel, Georg GA Bd. 8, Suhrkamp Verlag, Frankfurt/M. 1993:363–373
Simonyi, K., *Kulturgeschichte der Physik*, Thun 1990
Somary, Felix, *Wandlungen der Weltwirtschaft seit dem Kriege*, J. C. B. Mohr (Paul Siebeck) Verlag, Tübingen 1929
Soziologische Studien zur Politik, Wirtschaft und Kultur der Gegenwart. Alfred Weber gewidmet, Alfred Protte Verlag, Potsdam 1928
Speier, Hans, *Die Angestellten vor dem Nationalsozialismus. Ein Beitrag zum Verständnis der deutschen Sozialstruktur 1918–1933*, Bd. 26 der Reihe »Kritische Studien zur Geschichtswissenschaft«, hg. von Helmut Berding, Jürgen Kocka, Hans-Ulrich Wehler, Vandenhoeck & Ruprecht Verlag, Göttingen 1977
ders., »Autobiographische Notizen eines Soziologen«, in *Exilforschung. Ein internationales Jahrbuch*, ed. Text & Kritik, München, Bd., 6 1988
ders., *The truth in hell and other essays on politics and culture 1935–1987*, Oxford University Press 1989

ders., »Soziologie oder Ideologie?« Bemerkungen zur Soziologie der Intelligenz«, in *Die Gesellschaft*, 7,1; 1930:357–372, wieder abgedruckt in Meja/Stehr, *Der Streit um die Wissenssoziologie*, 2. Bd., 1982:532–550
ders., Bespr. von »Ideology and Utopia«, in *American Journal of Sociology* 1937
Srubar, Ilja (Hg.), *Exil, Wissenschaft, Identität. Die Emigration deutscher Sozialwissenschaftler 1933–1945*, Suhrkamp Verlag (stw 702), Frankfurt/M. 1988
Stammer, Otto (Hg.), *Verhandlungen des deutschen Soziologentages 1964*, (Mohr) Siebeck Verlag, Tübingen 1965
Stark, Werner, *Die Geschichte der Volkswirtschaftslehre in ihrer Beziehung zur sozialen Entwicklung*, übers. von Erich Abt, D. Reidel/Dordrecht-Holland 1960
Staudinger, Hans, *Individuum und Gemeinschaft in der Kulturorganisation des Vereins*, in der Reihe »Schriften zur Soziologie der Kultur«, Bd. 1, hg. von Alfred Weber, Eugen Diederichs Verlag, Jena 1913
ders., *Wirtschaftspolitik im Weimarer Staat. Lebenserinnerungen eines politischen Beamten im Reich und in Preußen 1889 bis 1934*, hg. und eingel. von Hagen Schulze, Beiheft 10 des Archivs für Sozialgeschichte, Bonn 1982
Stein, Edith, *Selbstbildnis in Briefen. Erster Teil 1916–1934*, Werke, Bd. VIII, Freiburg 1976
Stern, Günther, »Über die sog. ›Seinsverbundenheit‹ des Bewußtseins«, in *AfSS*, Bd. 64, 1930:492–509
Sternberger, Dolf, »Max Weber und die Demokratie«, deutsch zuerst in *Macht und Ohnmacht des Politischen. Festschrift zum 65. Geburtstag von Michael Freund*, Köln 1967, jetzt in »*Ich wünschte ein Bürger zu sein«. Neun Versuche über den Staat*, Suhrkamp Verlag, Frankfurt/M. 1995:93–113
Stölting, Erhard, »Akademische Soziologie in der Weimarer Republik«, Berlin 1986
Stolleis, Michael, *Geschichte des öffentlichen Rechts in Deutschland. Zweiter Band 1800–1914*, C. H. Beck Verlag, München 1992
Stolper, Gustav, *Deutsche Wirtschaft 1870–1940. Kaiserreich. Republik. Drittes Reich*, F. Mittelbach Verlag, Stuttgart 1950
Synopsis. Festgabe für Alfred Weber, hg. von Edgar Salin, Verlag Lambert Schneider, Heidelberg o.J. (1948)

Thalmann, Rita, »Du cercle de Sohlberg au Comité France-Allemagne: une évolution ambigue de la coopération franco-allemande«, in Bock/Meyer-Kalkus et al. 1993:67–86
Tilly, Richard, »Unternehmermoral und -verhalten im 19. Jahrhundert. Indizien deutscher Bürgerlichkeit«, in Kocka 1995, Bd. 2:35–64
Tommissen, Piet, *Schmittiana I*, VCH Verlag, Weinheim 1990
ders., »Statt einer Rezension. Bio-bibliographische Glossen zu einem Tagungsband«, in ders., *Schmittiana II*, VCH Verlag, Weinheim 1990:112–139
Tönnies, Ferdinand, »Die Sozialwissenschaftlichen Institute«, in *Forschungsinstitute. Ihre Geschichte, Organisation und Ziele*, hg. von Brauer/Mendelssohn-Bartholdy/Meyer, I. Bd., Paul Hartung Verlag, Hamburg 1930

Toulmin, Stephen, *Kosmopolis. Die unerkannten Aufgaben der Moderne*, Suhrkamp Verlag, Frankfurt/M. 1991
Treiber/Sauerland, *Heidelberg im Schnittpunkt intellektueller Kreise. Zur Topographie der »geistigen Geselligkeit« eines »Weltdorfes«: 1850–1950*, Westdeutscher Verlag, Opladen 1995
Troeltsch, Ernst, *Der Historismus und seine Probleme*, 1. Buch »Das logische Problem der Geschichtsphilosophie«, (J. C. B. Mohr) Paul Siebeck Verlag, Tübingen 1922
ders., »Naturrecht und Humanität in der Weltpolitik«, Vortrag in der deutschen Hochschule für Politik 1922, in *Deutscher Geist und Westeuropa. Gesammelte kulturpolitische Aufsätze und Reden*, hg. von Hans Baron, Tübingen 1926:3–27

Üner, Elfriede, *Soziologie als »geistige Bewegung«. Hans Freyers System der Soziologie und die »Leipziger Schule«*, VCH Verlagsgesellschaft Acta Humaniora, Weinheim 1992
Unteutsch, Barbara, »Dr. Friedrich Bran – Mittler in Abetz' Schatten«, in *Entre Locarno et Vichy. Les relations culturelles franco-allemandes dans les années 1930*, hg. von Hans Manfred Bock, Reinhart Meyer-Kalkus, Paris 1993:87–105

Vagts, Alfred, »M.M. Warburg & Co. Ein Bankhaus in der deutschen Weltpolitik, 1905–1933«, in Vagts, Alfred, *Bilanzen und Balancen. Aufsätze zur internationalen Finanz und internationalen Politik*, hg. von H.-U. Wehler, Syndikat Verlag, Frankfurt/M. 1979:36–94
Valéry, Paul, *Werke*, Bd. 7 der »Frankfurter Ausgabe«, mit Anm. von J. Schmidt-Radefeldt, Insel Verlag, Frankfurt/M./Leipzig 1995
Viénot, Pierre, *Ungewisses Deutschland. Zur Krise seiner bürgerlichen Kultur*, übers. von Eva Mertens, Societäts-Verlag, Frankfurt/M. 1931
Vierhaus, Rudolf/vom Brocke, Bernhard (Hg.), *Forschung im Spannungsfeld von Politik und Gesellschaft. Geschichte und Struktur der Kaiser-Wilhelm-/Max-Planck-Gesellschaft*, DVA, Stuttgart 1990
Vogt, Annette, *Emil Julius Gumbel. Auf der Suche nach Wahrheit*, Ausgewählte Schriften, hg. und mit einem Essay versehen von Annette Vogt, Dietz Verlag, Berlin 1991
Vogt, Martin, »Parteien in der Weimarer Republik«, in Bracher/Funke/Jacobsen (1987[1]) 1988[2]:134–157
von Ungern-Sternberg, Jürgen, »Wie gibt man dem Sinnlosen einen Sinn? Zum Gebrauch der Begriffe ›deutsche Kultur‹ und ›Militarismus‹ im Herbst 1914«, in Mommsen, Wolfgang J. 1996:77–96
von Wiese, Benno, *Ich erzähle mein Leben. Erinnerungen*, Insel Verlag, Frankfurt/M. 1982
von Wiese, Benno und Kaiserswaldau, Leopold, *Kadettenjahre*, (1924[1]) Langewiesche Verlag, München 1981

Wagner, Peter, *Sozialwissenschaften und Staat. Frankreich, Italien, Deutschland 1870–1980*, Campus Verlag, Frankfurt/M. 1990

Weber, Alfred, *Hausindustrielle Gesetzgebung und Sweating-System in der Konfektionsindustrie*, Duncker & Humblot Verlag, Leipzig 1897, Berlin Phil. Dissertation vom 20. März 1897

ders., »Das allgemeine gleiche Wahlrecht und die Deutschen«, in *Der Weg. Wochenschrift für Politik und Kultur* I, Heft 3, Wien & Leipzig vom 14. Oktober 1905:1f.

ders., *Über den Standort der Industrien. Erster Teil. Reine Theorie des Standorts*, mit einem mathematischen Anhang von Georg Pick, Mohr (Siebeck) Verlag, Tübingen 1909

ders., »Der Beamte«, in *Die neue Rundschau*, S. Fischer Verlag, Berlin, Oktober 1910:1321–1339, nachgedruckt in *Ideen zur Staats- und Kultursoziologie*, Verlag G. Braun, Karlsruhe 1927:81–101

ders., *Religion und Kultur*, Eugen Diederichs Verlag, Jena 1912

ders., »Neuorientierung in der Sozialpolitik?«, in *AfSS*, Bd. XXXVI, 1913:1–13

ders., »Geleitwort« zu Hans Staudinger, *Individuum und Gemeinschaft in der Kulturorganisation des Vereins*, in der Reihe *Schriften zur Soziologie der Kultur*, Bd. 1, hg. von Alfred Weber, Eugen Diederichs Verlag, Jena 1913:I–VI

ders., »Der soziologische Kulturbegriff«, Begrüßungsvortrag auf dem II. Deutschen Soziologentag 20. Oktober 1912, in *Verhandlungen des Zweiten deutschen Soziologentages vom 20.–22. Oktober 1912 in Berlin*, 1. Serie, II, Mohr (Siebeck) Tübingen 1913:1–20; abgedruckt in ders., *Ideen zur Staats- und Kultursoziologie*, Verlag G. Braun, Karlsruhe 1927:31–47

ders., *Die Not der geistigen Arbeiter*, Duncker & Humblot Verlag, München/Leipzig 1923

ders., »Kultursoziologie und Sinndeutung der Geschichte«, in *Der Neue Merkur* 7, Bd.1, Stuttgart/Berlin 1923/24:169–176, ebenfalls abgedruckt in *Der Leuchter* 5, Darmstadt 1924:331–342 unter dem Titel: »Die Überwindung des Relativismus« und in ders., *Ideen zur Staats- und Kultursoziologie*, Verlag G. Braun Karlsruhe 1927:48–54

ders., *Die Krise des modernen Staatsgedankens*, DVA, Stuttgart 1925

ders., *Ideen zur Staats- und Kultursoziologie*, Verlag G. Braun, Karlsruhe 1927 (ISK)

ders., »Kultursoziologie«, Artikel im *Handwörterbuch der Soziologie* (HWBS) 1931:284–294

ders., *Kulturgeschichte als Kultursoziologie*, Sijthoff's uitgeversmie Verlag, Leiden 1935 *(KuK)*

ders., »Über Sinn und Grenzen der Soziologie«, in *Archiv für Kulturgeschichte*, XXXII. Bd., 1.–3. Heft, Verlag Hermann Böhlaus Nachf., Weimar 1944:43–51

ders., *Abschied von der bisherigen Geschichte. Überwindung des Nihilismus?*, Claaßen & Goverts Verlag, Hamburg 1946

Weber, Marianne, »Die Jugendbewegung und die modernen pädagogischen Methoden«, in *Die Frau. Monatsschrift für das gesamte Frauenleben unserer Zeit. Organ des Bundes deutscher Frauenvereine*, hg. von Helene Lange und Gertrud Bäumer, 33. Jg., Heft 8, Berlin, Mai 1926:449–458
dies., *Lebenserinnerungen*, Bremen 1948
dies., *Max Weber. Ein Lebensbild*, Mohr (Siebeck) Verlag, Tübingen 1926, sowie dass., hg. von Günther Roth, Piper Verlag, München 1989
dies., »Academic conviviality«, in *Minerva. A Review of Science, Learning and Policy*, vol. XV, no. 2, Sommer 1977:214–246. Ursprünglich als Beitrag zu einer Festschrift für Radbruch, so der Herausgeber dieser Fassung (ein »E. S.«).
Weber, Max, *Wirtschaft und Gesellschaft*, Kiepenheuer & Witsch Verlag, Köln 1964 *(WuG)*
ders., »Der Sinn der ›Wertfreiheit‹ der soziologischen und ökonomischen Wissenschaften«, urspr. 1917, in *Gesammelte Aufsätze zur Wissenschaftslehre*, Mohr (Siebeck) Verlag, Tübingen 1982:489–540
ders., »Wissenschaft als Beruf«, *Max Weber Gesamtausgabe (MWG)*, I. Abt. Band 17:71–111
ders., *Gesammelte Politische Schriften*, hg. von Johannes Winckelmann, J. C. B. Mohr (Siebeck) Verlag, Tübingen 1988 *(GPS)*
ders., *Soziologie – Universalgeschichtliche Analysen – Politik*, Kröner Verlag, Stuttgart 1973
Wehler, Hans-Ulrich, *Deutsche Gesellschaftsgeschichte. Von der »Deutschen Doppelrevolution« bis zum Beginn des Ersten Weltkriegs. III. Bd. 1849–1914*, C. H. Beck Verlag, München 1995
Welter, Erich, *Kapitalflucht. Motive, Umfang und Bedeutung der Kapitalabwanderung aus Deutschland*, Sonderabdruck aus der *Frankfurter Zeitung*, (Frankfurt) (1930)
Wengst, Udo, »Staatsaufbau und Verwaltungsstruktur«, in Bracher/Funke/Jacobsen (Hg.), (1987[1]) 1988[2]:63–77
Wiggershaus, Rolf, *Die Frankfurter Schule. Geschichte. Theoretische Entwicklung. Politische Bedeutung*, Carl Hanser Verlag, München 1987
Winkel, Harald, *Einführung in die Wirtschaftswissenschaften*, UTB, Ferdinand Schöningh Verlag, Paderborn/München/Wien/Zürich 1980
Wobbe, Theresa, »Von Marianne Weber zu Edith Stein: Historische Koordinaten des Zugangs zur Wissenschaft«, in *Denkachsen. Zur theoretischen und institutionellen Rede vom Geschlecht*, hg. von Wobbe/Lindemann, Suhrkamp Verlag, Frankfurt/M. 1994:15–68
Woldring, Henk E. S., *Karl Mannheim. The development of his thought*, van Gorcum Verlag, Assen/Maastricht NL 1986
Wolgast, Eike, *Die Universität Heidelberg 1386–1986*, Springer Verlag, Berlin u. a. 1986
ders., *Emil Julius Gumbel – Republikaner und Pazifist*, Diskussionsschriften der Wirtschaftswissenschaftlichen Fakultät der Universität Heidelberg, Nr. 171, Heidelberg 1992

Wunder, Bernd, *Geschichte der Bürokratie in Deutschland*, Suhrkamp Verlag, Frankfurt/M. 1986
Wunderlich, Wilhelm (Pseudonym), »Die Spinne«, in *Die Tat*, Heft 10, Januar 1932:833–844
Ziffus, Sigrid, »Karl Mannheim und der Moot-Kreis. Ein wenig beachteter Aspekt seines Wirkens im englischen Exil«, in Srubar 1988:206–223
Zilsel, Edgar, *Die sozialen Ursprünge neuzeitlicher Wissenschaft*, Aufsätze, hg. und übers. von Wolfgang Krohn, Suhrkamp Verlag, Frankfurt/M. 1976

Nachschlagewerke, Kataloge, amtl. Veröffentlichungen

Deutsche Wirtschaftskunde. Ein Abriß der deutschen Reichsstatistik (zit. als *Deutsche Wirtschaftskunde*), hg. und bearb. vom Statistischen Reichsamt, Reimar Hobbing Verlag, Berlin 1930
Der Akademische Austauschdienst 1924/26, hg. von der Geschäftsstelle Berlin des AAD (Picht, Werner), Berlin 1926
Drüll, Dagmar, *Heidelberger Gelehrtenlexikon 1803–1932*, Springer Verlag, Berlin/Heidelberg/New York/Tokyo 1986
Jugend in Wien. Literatur um 1900, Katalog der gleichnamigen Ausstellung 1974, Lit. Archiv, Marbach 1987
Nachlaß Carl Schmitt. Verzeichnis des Bestandes im Nordrhein-Westfälischen Landesarchiv, bearb. und hg. von van Laak, Dirk/Villinger, Ingeborg, Respublica Verlag, Siegburg 1993

Ungedruckte Quellen

Bibliographie der Schriften Arnold Bergstraessers, vorläufig zusammengestellt von S. Hennrich, hg. vom Arnold-Bergstraesser-Institut für Kulturwissenschaftliche Forschung, Freiburg, Juli 1984
Dechamps, Bruno, *The Fundaments of Alfred Weber's Sociology of Culture*, Dissertation im Dept. of Political Philosophy and the Social Sciences der Fordham University, New York 1949, Manuskript
(Diederichs, Peter), *Autoren und Weggefährten gratulieren Peter Diederichs. Zum 75. Geburtstag von Peter Diederichs*, o.O. (München) 1979
Habermas, Jürgen, »Die befreiende Kraft der symbolischen Formgebung. Ernst Cassirers humanistisches Erbe«, Vortrag Marbach 20. September 1995. Das Manuskript wurde mir freundlicherweise vom Autor zur Verfügung gestellt.
Hackeschmidt, Jörg, *Jugendkultur und Zionismus. Die Suche nach »nationaler Identität« in krisenhafter Zeit: junge jüdische Intellektuelle in Deutschland 1900–1925*, Dissertation Berlin (Humboldt) 1996, Manuskript. Eine veränderte Fassung erschien als *Von Kurt Blumenfeld zu Norbert Elias, Die Erfindung einer jüdischen Nation*, EVA, Hamburg 1997

Heilbron, Johan, »Interview with Norbert Elias«, 1983/1984, Amsterdam, unveröffentlichtes Manuskript
Laube, Reinhard, »Mannheims ›Kategorie der Bürgerlichkeit‹: Bürgerlichkeit und Antibürgerlichkeit im Spiegel der Suche nach der ›wirklichen Wirklichkeit‹«, unveröffentlichtes Manuskript 1998
Meja, Volker, »Informal conversation over lunch with Norbert Elias in Amsterdam on December 12th, 1986«, unveröffentlichtes Manuskript
Protokoll I = Protokoll der vereinigten Seminare von Prof. A. Weber und Dr. Karl Mannheim, den 21. Februar 1929 *(PI)*
Protokoll II = Protokoll der 2. Sitzung der vereinigten Seminare von Prof. Weber und Dr. Mannheim, den 27. Februar 1929 *(PII)*
Schremmer, Eckart, *Zur Geschichte und Gegenwart der Wirtschaftswissenschaftlichen Fakultät und ihrer Institute an der Universität Heidelberg. Ein kurzer Überblick*, hg. von der Wirtschaftswissenschaftlichen Fakultät der Universität Heidelberg, Juli 1985
Schütz-Sevin, Barbara, »Nacht über Heidelberg«, Manuskript 583 im Institut für Zeitgeschichte, München

Materialien aus folgenden Archiven

Bibliothek des *AWI* (dort u.a. eine Alfred-Weber-Kollektion)
Universitätsarchiv der Universität Heidelberg
Handschriftenabteilung *(HSA)* der Universitätsbibliothek Heidelberg, Teilnachlaß Alfred Webers
Generallandesarchiv Karlsruhe *(GLA)*
Bundesarchiv Koblenz
Institut für Zeitgeschichte
Deutsches Literaturarchiv *(DLA)*, Marbach
Archiv des Verlags J.C.B. Mohr (Paul Siebeck), Tübingen
Rockefeller-Archiv, Rockefeller Archive Center North Tarrytown, New York
Schumpeter-Archiv, Harvard University Cambridge, Mass.
National Archives, Albany, N.Y. State (Special Collection)
Hauptstaatsarchiv *(HSA)* Düsseldorf, Carl Schmitt NL
Universitätsarchiv der Johann-Wolfgang-Goethe-Universität Frankfurt/M.
Horkheimer-Archiv der Stadt- und Universitätsbibliothek Frankfurt/M.
University of Keele/England (Bibliothek, Teil-NL Karl Mannheim)
Leo-Baeck-Institut, New York

Anmerkungen

Vorwort

1 Nach der Telegrammabkürzung des Instituts, InSoSta, wurde es auch benannt. In der Nachkriegszeit scheint sich das »n« abgeschliffen zu haben, einige der Alfred-Weber-Schüler kannten das Institut unter dem Namen ISoSta.

2 Das Buch wurde von 1956 bis 1967 von drei verschiedenen Verlagen auf den Markt gebracht, gebundene Ausgaben erschienen im Gentner Verlag selbst und im Jahr 1967 beim Verlag Gehlen, Bad Homburg, wobei die Ausgabe des Gehlen-Verlags in mindestens zwei Auflagen erschien. Die Wissenschaftliche Buchgesellschaft hatte 1959 die Rechte für ihre »Billige Wissenschaftliche Reihe« und zugleich für den Abdruck in Zeitungen oder Zeitschriften erworben. Der Verlag schrieb damals in seiner Ankündigung: »Obschon 1935 erstmals erschienen, ist dieses Werk von unverminderter Bedeutung für die Diagnose unserer Zeit. Mannheim gibt in dieser Studie eine soziologische Deutung der Spannungen und Krisen, die seit dem Ersten Weltkrieg den einzelnen und die Gesellschaft bedrohen«; aus dem Katalog der Wissenschaftlichen Buchgesellschaft 1959:165. Für ihre freundliche Informationsbereitschaft danke ich Friederike Ludolph von der Wissenschaftlichen Buchgesellschaft Darmstadt.

3 1966 übernahm die Wissenschaftliche Buchgesellschaft vom Luchterhand Verlag die Rechte an der Ausgabe dieses Auswahlbandes von Kurt Wolff mit dem Titel *Wissenssoziologie*, die zuletzt 1983 in deren Katalog erschien.

4 Wir kennen nur das Limit der Auflagenhöhe für die Lizenzausgabe der Wissenschaftlichen Buchgesellschaft, das bei 8000 Exemplaren lag – eine heute für ein wissenschaftliches Buch kaum je erreichte Zahl.

5 *Neue Auslese* aus dem Schrifttum der Gegenwart, Februar 1947.

6 Zu Elias vgl. Rehberg 1996:20.

7 Gespräch mit dem Verf. am 25. April 1996.

8 Diese Lücke konnte durch die bekanntgewordenen Beiträge zum Züricher Soziologentag nicht geschlossen werden.

9 Die Arbeiten von Peter Merz-Benz, die Elias von seiner Grundeinstellung her aus der kritischen Analyse seiner philosophischen Dissertation bei Hönigswald erklären, sind damit durchaus kompatibel.

10 Eine apokryphe Äußerung Max Webers, die Lichtblau kolportiert, bestätigt dies in aller Deutlichkeit: »Die Redlichkeit eines heutigen Gelehrten, und vor allem eines heutigen Philosophen, kann man daran messen, wie er sich zu Nietzsche und Marx stellt. Wer nicht zugibt, daß er gewichtige Teile seiner eigenen Arbeit nicht leisten könnte ohne die Arbeit, die diese beiden getan haben, beschwindelt sich selbst und andere. Die Welt, in der wir selber geistig existieren, ist weitgehend eine von Marx und Nietzsche geprägte Welt« – d.h. eine antikapitalistische und zugleich religiös entfremdete Welt, Lichtblau 1996:127, zit. nach Baumgarten.

11 Cassirer übertrug dieses Denken später auch auf die Kulturwissenschaften.
12 In dem Band *Heidelberger Sozial- und Staatswissenschaften. Das InSoSta zwischen 1918 und 1958*, der vom Verf., Hans-Ulrich Eßlinger und Norbert Giovannini herausgegeben wurde, sind eine Reihe von Wissenschaftlern des InSoSta behandelt, die in diesen Studien nicht oder nur marginal Erwähnung fanden.

Institutspolitische Konzeptionen

1 UnivArch Köln, Zug 9/329, zit. nach Buckmiller, Anm. 2:159.
2 Vgl. Heine von Alemann, »Leopold v. Wiese und das Forschungsinstitut für Sozialwissenschaften in Köln 1919 bis 1934«, in *Kölner Zeitschrift für Soziologie und Sozialpsychologie*, 28. Jg., 1976:649–673, sowie Buckmiller, Michael, »Die ›Marxistische Arbeitswoche‹ 1923 und die Gründung des ›Instituts für Sozialforschung‹«, in *Grand Hotel Abgrund. Eine Photobiographie der Frankfurter Schuler*, hg. von W. v. Reijen/G. Schmid Noerr, Junius Verlag 1988:141–173, hier:158f. Buckmiller schreibt fälschlich, das Institut sei in die Universität »eingegliedert« worden. Es blieb jedoch bis 1934 unabhängig, vgl. v. Alemann:653.
3 Christian Jansen, »Die Hochschule zwischen angefeindeter Demokratie und nationalsozialistischer Politisierung. Neuere Publikationen zur Wissenschafts- und Universitätsgeschichte in Deutschland zwischen 1918 und 1945«, in *Neue politische Literatur*, Peter Lang Verlag, Ffm., Sonderdruck 2, 1993:179–220, hier:194.
4 H. v. Alemann 1976:659. Er fügt hinzu: »Das sind wohl nicht die Worte eines Schulenbildners«. Über v. Wieses *Allgemeine Soziologie*, die schon bald ins Amerikanische übersetzt worden war, schrieb Sorokin: »a dictionarian and book-keeper-type classification of platitudes«, und auch Edward Shils hielt die Ideen v. Wieses für »geistig steril«, v. Alemann, 656. Sein Sohn hatte einen ähnlichen Eindruck und studierte daher, wie er in seinen Erinnerungen schrieb, in Heidelberg Soziologie, vgl. Benno v. Wiese, *Ich erzähle mein Leben. Erinnerungen*, Insel Verlag Ffm. 1982:60.
5 Werner Mahrholz nennt sie »reine Großstadtuniversitäten«, da sie städtische Gründungen waren im Gegensatz zu den Großstadtuniversitäten, die in die Landespolitik eingebunden waren wie München, Breslau, Leipzig, Berlin, Königsberg. Vgl. »Die deutschen Universitäten«, in *Deutschland. Vergangenheit und Gegenwart. Bilder zur deutschen Politik und Kulturgeschichte*, hg. von Karl Federn und Joachim Kühn, Deutscher National Verlag 1925:428–438, hier: 431.
6 Vgl. Antrick 1966. Die Akademie der Arbeit begann 1921 mit den ersten Vorlesungen, vgl. ebd.:79.
7 So Buckmiller, a.a.O. Über Plenges Arbeitsweise hat sein Assistent Joseph Pieper in seinen Erinnerungen berichtet: »Das Institut, mit den Mitteln des Preußischen Kultusministeriums in einem modernen Behördenbau am Rande der Altstadt eingerichtet, eine wohlausgestattete Flucht von etwa

zwanzig hellen Räumen«, gehörte zur Philosophischen Fakultät. Es litt an der »genialischen Undiszipliniertheit ihres Leiters«, der es zwar immer wieder verstand, Fördergelder locker zu machen, jedoch nicht, kontinuierliche Seminare zu halten.« Es konnte etwa passieren, daß dem Dutzend Studenten, die zu einer Übung, sagen wir, über ›Marx und Hegel‹, erschienen waren, in der ersten Sitzung eröffnet wurde, das Thema sei, entsprechend dem gegenwärtigen Forschungsinteresse des Instituts, abgeändert worden, und man werde sich nunmehr mit Matthias Grünewald befassen«, Joseph Pieper 1976:84. Von einer systematischen wissenschaftlichen Arbeit konnte offenbar keine Rede sein und Pieper bezeichnet es daher als ein »genaugenommen überhaupt nicht existierende(s) Forschungsinstitut«, ebd.:86.

8 Vgl. Bericht von Albrecht Mendelssohn-Bartholdy über das »Institut für Auswärtige Politik, Hamburg«, in Brauer/Mendelssohn-Bartholdy/Meyer 1930, I. Bd.:332–346, hier 332ff. sowie 333, Fn. 1.

9 Sohn des Ägyptologen Richard Lepsius. Lepsius, Pfarrer in Potsdam, geriet aufgrund seines Engagements für die Armenier in die Politik. Sein Einsatz gegen die türkischen Massaker an der armenischen Bevölkerung war der kaiserlichen Reichsregierung während des Krieges nicht genehm, da die Türkei Kriegspartner war. Als es im Versailler Vertrag dann darum ging, den Deutschen eine Unterstützung der Türken bei diesem Massaker zuzuschreiben, wurde Johannes Lepsius handkehrum zu einer persona gratissima, da er nachweisen konnte, daß die Schuld allein die osmanische Regierung hatte.

10 Hrsg. von Mendelssohn-Bartholdy, Johannes Lepsius und Friedrich Thimme.

11 Für diese Informationen danke ich Frau Dorothea Hauser.

12 entfällt.

13 Theodor Brauer wurde das erste Mal 1923 als Gastprofessor vorgeschlagen. Alfred Weber winkte ab: Wir »helfen uns noch selbst«, vgl. Akten des Badischen Kultusministeriums zur Univ. HD im GLA Karlsruhe. Brauer will sich aber zur Verfügung halten. 1932 sollte Brauer ein zweites Mal auf Drängen des Kultusministers Baumgart (Zentrum) einen Heidelberger Lehrstuhl bekommen. Baumgart jedoch zog sein Ersuchen, Brauer auf die Nachfolgeliste für Emil Lederer zu setzen, angesichts des offensichtlichen Widerstands der Fakultät zurück, vgl. Protokoll v. Dekan an Min.Rat vom 20. September 1932. Nachfolger wurde Brinkmann, der schon ursprünglich von der Fakultät unico loco vorgeschlagen worden war. S.a. Brintzinger 1997.

14 Aus dem Schriftwechsel zu Emil Dovifat, der im Nachlaß Alfred Webers, HSA Unibibl. HD enthalten ist, wird deutlich, mit welcher Geschicklichkeit Alfred Weber argumentierte, wenn er etwas verhindern wollte – der Schwarze Peter lag am Ende stets bei den anderen. Es ist zu hoffen, daß die geplante Edition der Briefe von Alfred Weber auch auf diese Seite seines Wirkens eingeht.

15 Mendelssohns Einfluß war so dominierend, daß die vom Institut für Auswärtige Politik herausgegebene Zeitschrift *Europäische Gespräche* bald nur noch als »Mendelssohn-Gespräche« bezeichnet wurde.

16 In seiner Geschichte der »Frankfurter Schule« glaubte Rolf Wiggershaus 1986 noch, diese komplexe Institutslandschaft auf die »beiden wichtigsten damaligen gesellschaftswissenschaftlichen Institute« einengen zu können, womit er das Kölner Forschungsinstitut für Soziologie von Eckert meinte und das Frankfurter Institut für Sozialforschung, vgl. Wiggershaus, Rolf, *Die Frankfurter Schule. Geschichte. Theoretische Entwicklung. Politische Bedeutung*, Carl Hanser Verlag 1987:39 (1986[1]). Aufgrund der jüngeren wissenschaftsgeschichtlichen Erforschung dieser verschiedenen Institute zeigt sich jedoch die Unhaltbarkeit einer solchen Einschätzung, sowohl was den Reichtum an Instituten angeht als auch den damaligen Rang dieser beiden Institute betreffend, der wohl aufgrund der Bedeutung, die die beiden Institute nach dem Zweiten Weltkrieg erlangten, falsch eingeschätzt wird.

17 Horkheimer hielt nichts von kollektiven Lernprozessen des Proletariats, sondern meinte, die sozialistische Gesellschaft werde »verwirklicht... nicht von einer der Geschichte immanenten Logik, sondern von den an der Theorie geschulten, zum Besseren entschlossenen Menschen«. Diesem Ziel sollte das Institut für Sozialforschung dienen, vgl. Wiggershaus 1987:63. Horkheimers Hinwendung zur kommunistischen Weltanschauung beruhte auf einem Bruch mit seinem Herkunftsmilieu. Der Grund für diesen Bruch war aber bei ihm nicht eine aus der Erfahrung der Zeit gewonnene allgemeine historische Überzeugung oder eine ökonomische Zusammenbruchstheorie, sondern eine subjektive Wendung angesichts des »elenden Lebens der Arbeiter und Arbeiterinnen« machte ihn zum Sozialphilosophen, vgl. Wiggershaus 1987:57. Zur Frage, ob das Frankfurter Institut eine »Schule« bildete, vgl. u.a. ebd.:10.

18 Brinkmann ist in seiner Auflistung jedoch nicht enthalten.

19 Sie wurden am InSoSta abgehalten, während die Vorlesungen in der Universität stattfanden.

20 Nicht identisch mit dem späteren NS-Studentenführer Scheel.

21 Nach außen ist ein anderer Schlüssel nicht erkennbar, jedoch ist zu vermuten, daß die Verteilung mit Fragen der etatmäßigen Verbuchung und des Personalverteilungsschlüssels zu tun hatte.

22 Diese Konzeption einer »Akademie der Sozialwissenschaften« durch Max Weber findet sich in einer Denkschrift von 1909, von der Tönnies berichtet hat, vgl. Tönnies, Ferdinand, in Brauer/Mendelssohn-Bartoldy 1930.

23 Vgl. Univ. Arch. Hd., B-6680/1, IV, 3d Nr.22b. Die Quellenlage ist nicht sehr übersichtlich. Auch Hentschel schreibt: »Im Mai 1924 wurde das Seminar in ›Institut für Sozial- und Staatswissenschaften‹ umbenannt. Über die Erwägungen, die zu der Neubenennung führten und über mögliche praktische Begleit- und Folgeerscheinungen ist den Akten leider nichts zu entnehmen«, Hentschel 1988:224. Es geht aber eindeutig aus dem Schriftwechsel hervor, daß es zu keinem besonderen Gründungsakt kam. Wirklich gefeiert wurde erst, als das InSoSta 1927 in seine Räume in der Portheim-Stiftung im Palais Weimar einziehen konnte.

24 In »Ansprachen gehalten anläßlich der Aufstellung der Alfred-Weber-

Büste am 16. Februar 1962 im Alfred-Weber-Institut für Sozial- und Staatswissenschaften der Universität Heidelberg«, MS nach Tonbandaufzeichnungen der Reden AWI, 1983. Herrn Köstlin danke ich für die Überlassung dieses Textes.

25 In diesen Briefen werden immer wieder kleine Umtauschaktionen von Vermögenswerten oder Industrie- bzw. Bankpapieren beschrieben, die er gerade tätigt. So etwa am 8. Mai 1920: »Heute habe ich Max gesehen, schreibe später darüber. Scheck gebürgt, Schreiben der Int. Finanzkommission in Brüssel, als ob er dort hin sollte. Stellte sich aber als Irrtum heraus.« Oder »Ich habe einen Deckungskauf von Franken in Beträgen der Nachzahlungspflicht also für 3750 Franken für Dich vorgenommen zum Kurse von 117,8 ... Das bedeutet, daß Du unter allen Umständen vor weiteren Kursverlusten geschützt bist. Verstehst Du, die 3750 Frcs. sind Dein oder vielmehr Edgars Eigentum auf der Südd. Diskontobank ... Du bist also gegen weiteren Kurssturz gedeckt ...«, 21. Januar 1920. Er erkundigt sich bei seinen örtlichen Bankbeamten nach bestimmten Transaktionsformen, gibt ihm seinerseits auch Tips, tauscht in Schweizer Franken oder in Dollar um, weil er die Schwäche der deutschen Währung erkennt, und scheint dabei eine gute Hand gehabt zu haben.

26 die 1927 eine öffentliche Einrichtung mit e.V. wurde

27 Vgl. Demm, Eberhard, »Alfred Weber als Wissenschaftsorganisator«, in *Heidelberger Sozial- und Staatswissenschaften. Das InSoSta zwischen 1918 und 1958*, hg. v. Blomert/Eßlinger/Giovannini, Metropolis Verlag, Marburg 1996.

28 In einem Fünfjahresvertrag sicherte die Josephine v. Portheim-Stiftung dem InSoSta jährlich eine Summe von 1000,– Mark für Bücheranschaffungen. Dieser Stiftungsvertrag lief 1934 aus. Vgl. Brief Prof. Häberle an Institut für Zeitungswesen v. 27. März 1934, Akten des ZI im Univ. Arch. Hd. vgl. Anm. 25 des folgenden Abschnitts.

29 Vgl. Reimann, Horst, »Publizistik und Soziologie – Anfänge in Heidelberg. Zur Begründung des Instituts für Zeitungswesen an der *Ruperto Carola* vor 60 Jahren«, in *Publizistik. Vierteljahreshefte für Kommunikationsforschung*, 1986, Heft 3–4, 31. Jg.:328–345, hier 332. S.a. GLA Karlsruhe, Akten der Univ. Hd, Abt. Stiftungen.

30 Mit »immerhin insgesamt 100 000 RM«, vgl. Demm 1997, zit. nach MS.

31 Siebeck in Tübingen druckte sie 1929.

32 Er sollte einen Dauerlehrauftrag für Soziologie bekommen (für Allgemeine Soziologie, Staatswissenschaften, Religionssoziologie, Rechtssoziologie), der ursprünglich noch im Wintersemester 1917/18 beginnen sollte. Lt. Auskunft des Univ. Arch. Heidelberg hat Weber diesen Lehrauftrag jedoch »offenbar« nicht wahrgenommen, (E. Wolgast an Autor am 20. Februar 1996). Ab dem Sommersemester 1918 wurde er beurlaubt für seinen Lehrauftrag in Wien. Akten Univ. Heidelberg im GLA Ka, 235 / 30027.

33 Dazu Wolfgang Schluchter 1994 und 1995. Vgl. dazu auch Demm, Eberhard 1983 sowie ders. 1987.

34 BA Koblenz, NL A. Weber.
35 Am 29. Juni 1920 notiert Alfred in einem Brief an Else, es sei gut, daß er nicht nach München komme, denn dort hätte er sich stets im Schatten von Max gefühlt. Schade sei es nur für seine Beziehung zu Else und Edgar, BA Koblenz, NL A.Weber, Transkript Hd.
36 Marianne Webers informeller personalpolitischer Einfluß kommt etwa in ihrer konservativen Haltung gegenüber der Stellung von Frauen im Berufsleben zum Ausdruck, mit der sie die Habilitationen von Marie Bernays und Marie Baum mehr oder weniger direkt verhinderte, vgl. dazu Heide-Marie Lauterer 1997.
37 So berichtete u. a. Elias, s.u.
38 Daß Weber auch in dieser Zeit noch eine Karriere beeinflussen konnte, bezeugen die Laufbahnen einer Reihe seiner Schüler. Vgl. dazu auch Markmann 1997:79–92.
39 Vgl. z.B. Weber, Marianne (1948) 1977:221.
40 Marianne Weber bezeichnete ihn einmal als »acute scholar«, als scharfsinnigen Gelehrten, über dessen Vortrag zu Max Webers Konzept des Idealtypus »the latter's spirit hovered«, Max Webers Geist schwebte, vgl. dies. (1948) 1977:220.
41 Ich verzichte an dieser Stelle darauf, dies detailliert zu belegen. Statt dessen mag die höchste Anzahl der Erwähnungen und Bezugnahmen im Handwörterbuch der Soziologie als Beleg für die Omnipräsenz des Autors gelten, das 1929 unter der Beteiligung aller damals namhaften Soziologen zustande kam. Dort war Max Weber 40mal angeführt, Tönnies 33mal, Sombart 30mal, Vierkandt 29mal, Marx 27mal, Simmel 23mal, Steinmetz 23mal, Oppenheimer 22mal, Wiese, L.v. 22mal, Scheler 19mal, Geiger 19mal, Spencer, H. 17mal, Michels 15mal, Wundt, W. 15mal, Hegel 14mal, Plenge 14mal, Troeltsch 13mal, Engels 12mal, Kant 10mal, Schäffle 10mal, Mannheim 9mal, Spann 9mal, Spengler 9mal, Thomasius 9mal, Koppers, W. 8mal, Sulzbach 8mal, Stoltenberg 7mal, Levy-Bruhl 7mal, Nietzsche 7mal, von Martin 6mal, Stammler 6mal, Stein, L.v. 6mal, Lederer 6mal, Lukács 5mal, Lamprecht 5mal, Naumann 5mal, Ratzel 5mal, Plessner 3mal, Kracauer 3mal, Stalin 3mal, v. Schelting 2mal, Stein, Edith 2mal, Taine 4mal, Thomas Mann 2mal, aber Marschak nur 1mal, Horkheimer 1mal, v. Eckardt 1mal, René König 1mal.
42 Eine ausführliche Würdigung der Bedeutung Lederers für die ökonomische Theorie von Hans-Ulrich Eßlinger in Blomert/Eßlinger/Giovannini, op. cit., sowie zuvor Eßlinger, Hans Ulrich, »Emil Lederer: Ein Plädoyer für die politische Verwertung der wissenschaftlichen Erkenntnis«, in Treiber/ Sauerland, 1995:422–444.
43 Lederer wurde durch einen Vertrag zwischen Edgar Jaffés Witwe Else, dem Verleger Siebeck und ihm am 31. Oktober 1921 zum inhaltlich entscheidenden Herausgeber. Das *Archiv* blieb im Besitz von Else Jaffé, die Organisation, Redaktion und Herausgeber im Einvernehmen mit der Verlagsbuchhandlung J.C.B. Mohr (Paul Siebeck) regelte. Herausgeber und

Autoren bekamen damals noch Honorare, und als nach dem Ende der Inflation ein neuer Vertrag abgeschlossen wurde, der vom 1. Januar 1924 an Geltung hatte, bezog Else Jaffé aus dem *Archiv* ein jährlich garantiertes Mindesteinkommen von 3000 Goldmark. Vgl. Verlagsarchiv J.C.B. Mohr (Paul Siebeck), Tübingen, Akten Lederer und Jaffé. Dem Verleger, Herrn Georg Siebeck, sei an dieser Stelle für die Einsichtserlaubnis gedankt. Vgl. zum *Archiv* auch Regis A. Factors, *Guide to the Archiv für Sozialwissenschaft und Sozialpolitik Group 1904–1933. A History and Comprehensive Bibliography*, Greenwood Pree, N.Y./Westport/Conn., London 1988. Factors Unternehmen ist höchst anspruchsvoll und kann – trotz kleiner sachlicher Fehler – im Ganzen als gelungen betrachtet werden. Ohne Factors Einschätzungen im einzelnen zu teilen, stütze ich mich daher in der folgenden knappen Skizze auf diese Studie.

44 Von den insgesamt 8 Aufsätzen, die Alfred Weber im Archiv veröffentlichte, widmeten sich fünf sozialpolitischen und ökonomischen Fragen und drei der Kultursoziologie. Nach 1926 hat er nicht mehr im Archiv veröffentlicht. Sein letzter Aufsatz hatte den Titel »Kultursoziologische Skizzen: Das alte Ägypten und Babylonien«, Bd. 55, 1926:1–59.

45 Am 22. Februar 1907: »Also nun kommt doch Hamburg in Betracht, trotz deiner roten Richtung«, aus einem Konvolut von Briefen der Mutter an AW, die Else Jaffé zitiert, in NL 197 A.Weber, Sig 8, BA Koblenz.

46 Alfred Weber, »Neuorientierung in der Sozialpolitik?«, *Archiv*, 36, 1913:7–11.

47 Hans Kelsen, »Vom Wesen und Wert der Demokratie«, *Archiv*, 47, 1920–1921:50–85.

48 ders., »Zu Siegfried Landshuts wissenschaftlichem Werk«, in *Zeitschrift für Politik*, 17, 1970:4. Hennis bezieht sich auf Landshut, S., »Über einige Grundbegriffe der Politik«, *Archiv*, 54, 1925:36–86.

49 Kirchheimer, Otto/Leites, Nathan, »Bemerkungen zu Carl Schmitts ›Legalität und Legitimität‹«, in *Archiv*, 68, 1933:457–487.

50 Jakob Marschak, »Der korporative und der hierarchische Gedanke im Faschismus«, *Archiv*, 52, 1924:695–728.

51 Victor Schwoerer, der in den Schriftsätzen immer wieder auftaucht, war Ministerialrat im badischen Kultusministerium und für die beiden badischen Universitäten zuständig. Schwoerer hatte jene starke Position, die den Staatssekretären in Demokratien häufig eignet, da sie als Fachbeamte ihres Ressorts in der Regel am Platz bleiben, wenn nach Wahlen der Minister wechselt. Alfred Weber beschreibt Schwoerer: Er ist »eben doch nur Bürokrat, wenn auch nett und anständig, dem es um Ordnung und Gleichmäßigkeit geht«, BA Koblenz, NL A. Weber, Transkription Hd, Brief an Else Jaffé v. 22. November 1920.

52 »War doch selbst der zeitweilige sozialdemokratische Kultusminister Remmele ohne rechte Beziehung zur Universität, die ihrerseits im Kultusministerium nur den Universitätsreferenten Dr. Schwoerer als gleichrangig betrachtete«, Hugo Marx in »Werdegang«, op. cit.: 152/153. Hugo Marx beschreibt auch die wohl typischen Schwierigkeiten der sozialdemokratischen

Politiker, die in der Weimarer Republik erstmals in hohe Ämter kamen: »Hätte er nicht in der Person des Ministerialrats Schwoerer den für diese Aufgabe selten qualifizierten und beim Personal der Universitäten hoch angesehenen Universitätsreferenten gehabt, der seinem Chef loyal diente, dann hätte sich Remmeles innere Unsicherheit gegenüber den Lehrkörpern der Hochschulen nicht negativer ausgewirkt, als es tatsächlich der Fall war«, Marx 1965:199.
53 darunter 1929 jenen auf die Nachfolge von Oppenheimer nach Frankfurt. Diesen Lehrstuhl bekam dann Karl Mannheim.
54 Die Stelle blieb ein Jahr lang unbesetzt. Die Fakultät wollte Brinkmann unico loco als Nachfolger haben: »Es herrscht unter uns restlose Einigkeit, daß Herr Brinkmann den vollen Anspruch hat, der Regierung als Nachfolger Lederers vorgeschlagen zu werden« (Dekan Hoffmann an Min.rat am 30. November 1930). Der Kultusminister versuchte, weitere Namen ins Spiel zu bringen und verlangte eine Kandidatenliste. Unter Beibehaltung des Hauptvorschlags Brinkmann kam eine Eventualfall-Liste zustande mit Popitz, Mayer, Salz und Vleugels. Da des Ministers Favorit Brauer nicht auf der Liste stand, zog er sein Ersuchen zurück und ernannte schließlich Brinkmann am 18. Oktober 1932 zum Nachfolger von Lederer. Vgl. Akten der Phil. Fak. im GLA Karlsruhe 235/30027.
55 »Ansprachen gehalten anläßlich der Aufstellung der Alfred-Weber-Büste am 16. Februar 1962 im Alfred-Weber-Institut für Sozial- und Staatswissenschaften der Universität Heidelberg«, MS Bergstraesser, geschrieben nach der Tonbandaufzeichnung, AWI Hd 1983:14.
56 So Ruth Ludwig in einem Gespräch mit dem Autor.
57 »Schade, daß ich so wenig für die Öffentlichkeit geschaffen und so skeptisch gegen den Corpsgeist der Kollegen bin«, schrieb er am 15. Oktober 1932 an Carl Schmitt (HSA Düss., Briefwechsel Brinkmann – Carl Schmitt, RW 2048).
58 Soweit keine anderen Quellen angegeben, beruht die folgende Darstellung der Person auf Auskünften, die ich freundlicherweise von Prof. Joseph Kaiser, Freiburg, erhielt.
59 Nicht ganz unwichtig ist vielleicht auch die Tatsache, daß Brinkmanns zweite Frau, Hanna Wernicke, eine geborene von Rechenberg war, vgl. Brinkmann an Carl Schmitt, 29. Oktober 1953, und Carl Schmitt an Brinkmann: HSA Düss., K 94.
60 Was Brinkmann letztlich Carl Schmitt, oder umgekehrt Carl Schmitt Brinkmann, verdankte, ist nicht klar. Brinkmann scheint relativ isoliert gewesen zu sein, und Schmitt vermittelte ihm das Gefühl eines ähnlich denkenden Gesprächspartners. In jedem Fall scheint er Schmitts größere Nähe zur Macht geschätzt zu haben. An Carl Schmitt schrieb er am 15. Oktober 1932, er könne es kaum mehr aushalten, »nur so aus der Ferne (und in eigene Arbeiten vergraben) zuzuschauen, wie Sie in Leipzig den guten Kampf kämpfen« (HSA Düss., Briefwechsel Brinkmann – Carl Schmitt, RW 2048). Möglicherweise hat Carl Schmitt zu der Berufung Brinkmanns an die Berliner

Wirtschaftswissenschaftliche Fakultät 1942 beigetragen, wo er ein »Institut für Raumforschung« leitete, vgl. Klingemann 1990. Ob Schmitt das Koreferat, um das Brinkmann ihn für die Tagung des Vereins für Sozialpolitik 1930 in Königsberg gebetan hatte, tatsächlich hielt, konnte ich nicht eruieren.

Carl Schmitt seinerseits war insbesondere nach dem Zweiten Weltkrieg, der von beiden als »Niederlage« empfunden wurde, Brinkmann für eine Besprechung seines 1950 erschienenen Buches »Der Nomos der Erde« dankbar: »Es trifft mich in meiner jetzigen Einsamkeit wie ein tröstlicher Zuruf... Wer bleibt mir denn von allen Berliner Bekannten und Freunden? Nachdem ich Popitz, Ahlmann, Jessen verloren habe und schließlich auch Duschka weggegangen ist?« Und im gleichen Brief: »Ich habe Ihre Publikationen der letzten Jahre sorgfältig gelesen, besonders die Schrift über die Revolution, und möchte über vieles mit Ihnen sprechen.« Er kündigt einen Besuch in Tübingen an, der dann aber erst zwei Jahre später, kurz vor Brinkmanns Tod, verwirklicht werden sollte.

61 Er gehörte einer studentischen Verbindung an, wie dem Personalbogen zu entnehmen ist (Universitätsarchiv Heidelberg, Pa Brinkmann) und war nicht NSDAP-Mitglied. Zu Brinkmanns »Konversion« vgl. oben, Schmitts Konversion erfolgte am 1. April 1933, vgl. Koenen 1995:236.

62 »Kinder, was könnten wir noch in unserem Alter dort zusammen für eine Fakultät machen, wenn sich die Wogen des Dilettantismus einmal noch mehr verlaufen sollten!« schreibt er an Carl Schmitt am 3. Januar 1940 aus Heidelberg, als sich offenbar für ihn Aussichten auf eine Stelle in Berlin eröffnen.

63 Brinkmann 1939. Beachtenswert in diesem Beitrag eine gewisse Distanz Brinkmanns zum NS-System: Er spricht nicht von »Blut und Boden«, sondern von »Bauer und Boden«, er beruft sich nicht auf nationalsozialistische Agrarprogramme, was nahegelegen hätte, sondern auf die Vorgänger auf seinem Lehrstuhl, Karl Heinrich Rau und Max Weber. Zu Brinkmann und der Geschichte des Instituts im Nationalsozialismus vgl. Klingemann 1990.

64 In einem bislang nicht veröffentlichten Brief an Max Weber aus dem Jahre 1920, in dem Lukács in einem Halbsatz auf Mannheim hinweist. Mdl. Auskunft von Éva Karádi.

65 Siehe *Georg Lukács. Briefwechsel 1902–1917*, hg. von Éva Karádi und Éva Fekéte, Corvina Kiadó Verlag, Budapest 1982:386.

66 Insbesondere in dem knappen Portrait, das Mannheim von Max Weber in den »Heidelberger Briefen« gibt, wäre eine solche Erwähnung zu erwarten gewesen, vgl. Karádi/Vezér 1985:78.

67 Auf diese Dissertation weist Mannheim in *Ideologie und Utopie* hin, vgl. Mannheim, Karl 1929:198, Fn. 1 *(I&U)*.

68 Radványi wurde nach Abschluß seiner Studien unter dem Namen Johann Lorenz Schmidt Herausgeber des Periodicums der MASCH (Marxistische Arbeiter Schulung). 1933 emigrierte er zuerst nach Paris und später nach Mexiko. 1952 kehrte er nach Deutschland zurück und wurde Professor an der Humboldt-Universität. Vgl. Gábor 1983:13, Fn. 21, sowie Karádi/Vezér, 1985:314, 315.

69 Vgl. dazu u.a. Paul Honigsheim, »Der Max-Weber-Kreis in Heidelberg«, in *Kölner Vierteljahreshefte für Soziologie* 5, 1926, sowie Éva Karádi 1988.
70 Vgl. »Erlebte Geschichte, erzählt«, Protokoll einer Veranstaltung mit Raymond Klibansky am 15. Mai 1994 in Heidelberg, hier S. 18. Das unveröfftl. MS dieser Veranstaltung wurde mir freundlicherweise von M. Hoff zur Verfg. gestellt.
71 Die Verbindung ergab sich vermutlich wiederum über Lukács: Lederer war mit Emmy Seidler verheiratet, der Schwester von Lukács erster Freundin Irma Seidler. Lukács kannte die Lederers noch aus Pest und wurde von ihnen in Heidelberg »liebevoll aufgenommen« und mit »zahlreichen namhaften Persönlichkeiten des Heidelberger Geisteslebens« bekannt gemacht, vgl. *Georg Lukács. Sein Leben in Bildern, Selbstzeugnissen und Dokumenten*, hg. von Éva Fekéte und Éva Karádi, Metzlersche Verlagsbuchhandlung, Stgt., 1981:57.
72 Lebenslauf, PHA Karl Mannheim, Archiv der J.W. v. Goethe-Univ. Ffm.
73 Quästurakten Weber. Daß er nur in diesem Semester immatrikuliert ist, hängt vermutlich mit dieser deutschen Promotion zusammen – Promovierte brauchten sich nicht mehr zu immatrikulieren.
74 Übungen, 14tg., Mo 6–8, Vorlesungsverz. Ruperto Carola.
75 So führt er in *Ideologie und Utopie* das »zinslose Darlehen« an, das im Nachbarschaftsverband »richtig und adäquat« sei. »(I)m aufkommenden Kapitalismus« soll es plötzlich ideologisch zum Kampfmittel der Kirche geworden sein. Diese habe das Zinsverbot freilich nach dem endgültigen »Sieg des Kapitalismus«, als es als Ideologie durchschaubar geworden sei, fallengelassen; vgl. *I&U*:52. Sein Interesse ist die Ideologiebetrachtung, die ökonomische Ebene wird, wie sich hier zeigt, nur scheinbar berührt. Mannheim bemüht sich nicht, wie es Elias kurz darauf unternimmt, um historische Details, sondern bleibt auf der Ebene des abgeleiteten Wissens, wodurch vieles in seiner Argumentation unterdeterminiert bleibt.
76 Woldring 1986:21. Woldring bezieht sich auf den erwähnten Beitrag von Eva Gábor im *Newsletter*, Gábor 1983:9,13. Eva Gábor gibt hierzu keine Quelle an. Mit »the Radványi-Seghers couple« meint Gábor Anna Seghers und den erwähnten László Radványi, die beide in Heidelberg studierten und 1925 heirateten. Näheres bei Gábor 1983:13, Fn. 21. Jürgen Kuczynski, den Gábor als Teilnehmer erwähnt, gibt freilich in seinen Memoiren an, daß er erst 1923 nach Heidelberg kam, vgl. ders., *Memoiren. Die Erziehung des J. K. zum Kommunisten und Wissenschaftler*, Pahl-Rugenstein Verlag, Köln 1983:60.
77 Lebenslauf Karl Mannheim (o.D., ca. 1929), PHA Karl Mannheim, Univ. Archiv der J.W. v. Goethe Univ. Ffm.
78 Die Ursache für diese schmerzliche Lücke ist bislang nicht geklärt.
79 Siehe dazu: Georg Lukács, *Zur Kritik der faschistischen Ideologie*, Aufbau Verlag, Bln./Weimar 1989:160f.
80 Volkhard Laitenberger, *Akademischer Austausch und auswärtige Kulturpolitik 1923–1945*, Musterschmidt Verlag, Göt./Ffm./Zür. 1976:16.
81 *Der Akademische Austauschdienst 1924/26*, hg. von der Geschäftsstelle Berlin des AAD, Bln. 1926. Autor war Werner Picht, Schüler von Alfred We-

ber und Nachfolger von Bergstraesser nach der Verlegung des AAD nach Berlin, s. S. 13.

82 *Der Akademische Austauschdienst 1924/26*, 1926:11.

83 Vgl. dazu u.a. Schroeder-Gudehus, Brigitte, »Internationale Wissenschaftsbeziehungen und auswärtige Kulturpolitik 1919–1933. Vom Boykott und Gegen-Boykott zu ihrer Wiederaufnahme«, in *Forschung im Spannungsfeld von Politik und Gesellschaft. Geschichte und Struktur der Kaiser-Wilhelm/Max-Planck-Gesellschaft*, hg. von Vierhaus/vom Brocke, DVA, Stgt. 1990:858–885.

84 Dieser Aufruf enthielt eine militante Kriegserklärung auf der Ebene der Wissenschaft und hatte einen Stillstand der Austauschbeziehungen zur Folge, vgl. Schroeder-Gudehus 1990.

85 Giovannini schreibt über ihn: »Mitgau wurde Initiator, ja Verkörperung der studentischen Selbsthilfebewegung in Heidelberg. Auf sein Betreiben hin entstanden in den nächsten Jahren die Mensa, ein Wohnheim, ein akademischer Krankenverein, Darlehenskasse, Arbeitsvermittlung, eine Leihbibliothek für Lehrbücher, Wäscherei, Flick- und Schreibstube und vieles andere mehr. Mit jugendbewegten Gleichgesinnten gründete er die Freie Hochschulgruppe, die ein Gegengewicht darstellen wollte zu den nationalistischen Organisationen«, Giovannini, Norbert, *Zwischen Republik und Faschismus. Heidelberger Studentinnen und Studenten 1918–1945*, Deutscher Studien Verlag, Weinh. 1990:24.

86 »Als deutscher Student in England – Tagebuchaufzeichnungen von J. H. Mitgau – geschrieben Sommer 1923«, in *Der Student im Ausland. Heidelberger Berichte zum Universitätsleben der Gegenwart*, hg. von Henry Goverts und Elfriede Höber, 47–58, hier 55f.

87 »Heidelberger Eindrücke eines französischen Studenten«, »geschrieben Herbst 1926«, in Goverts/Höber, op.cit.:155–169, hier 156f. Bérard führt dies auf den verschiedenen Nationalcharakter der beiden Völker zurück, denn der französische Student pflege »sich auf die Grenzen seines Landes zu beschränken«. Erst der Krieg habe »in großem Maße die fremde Literatur in Frankreich eingebürgert«. Bérard spricht den französischen Nationalismus an. Und er deutet die deutsche Neugier, die ihm in Heidelberg begegnet, entsprechend: »Dagegen hat der deutsche Student und der Deutsche schlechthin ein unbegrenztes Interesse für das Fremde.«

88 Johannes Höber »Englische Eindrücke«, »geschrieben Winter 1927/28«, in Goverts/Höber 1930:81–91, hier: 83. In diesem Bändchen befindet sich auch ein Bericht von Talcott Parsons und Pierre Viénot, der der »erste Franzose (war), der nach Beendigung des Krieges nach Heidelberg kam«, Goverts/Höber 1930:153.

89 Vgl. »Entwurf zur Stiftungsurkunde des Anglo-Amerikanischen Institutes an der Universität Heidelberg«, o. O., o. D., Univ. Arch. Hd, B 6680/1.

90 Vgl. »Geschichte und Verwendung der Eberhard-Gothein-Gedächtnis-Professur für Staatswissenschaften und Auslandskunde«, PA 260 Bergstraesser Univ. Arch. HD, als Anlage 1 zum Brief Bergstraessers an den Dekan der Staats- u. Wiwi Fak. d. Univ. Hd vom 31. Januar 1935.

91 HD UnArch, PA Bergstraesser, 3275.

92 Dieses Memorandum wurde im NL A. Weber in der HSA der Univ. Hd gefunden.
93 KuMi an den Engeren Senat der Univ. Hd. am 4. Januar 1932, UnArch HD, PA Bergstraesser, 3275.
94 in seiner »Geschichte und Verwendung der Gothein-Gedächtnis-Professur...« (1935) Vgl. Anm 90.
95 Er war u. a. Vorsitzender des Vereins Württembergischer Zeitungsverleger und Vorstandsmitglied im Arbeitgeberverband für das deutsche Zeitungsgewerbe. Leider konnte ich im Verlag der *Stuttgarter Zeitung* (Nachfolgerin des *Stuttgarter Neuen Tageblatts*) bislang keine nähere Auskunft über die Beziehung zwischen Bergstraesser und Esser erhalten. Vermutlich hatten jedoch auch hier die Verbindungen Alfred Webers und sein Name den Hauptanteil am Zustandekommen der Stiftung. Freilich war Bergstraesser in Stuttgart auf das humanistische Eberhard-Ludwigs-Gymnasium gegangen und selbst Sohn eines Verlegers und Landtagsabgeordneten, vgl. Schmitt, Horst, *Politikwissenschaften und freiheitliche Demokratie. Eine Studie zum politischen Forschungsprogramm der Freiburger Schule 1954–1970*, Nomos Verlag, Bad.-Bad. 1995:41.
96 Im *Deutschen Wirtschaftsführer*, hg. von G. Wenzel 1929, heißt es über Carl Esser: »* 4.9.74 Düss.... Früher rege polit. Tätigk., angeregt durch Friedr. Naumann« (S. 570).
97 Esser an Weber, 23. Juli 1931, Teil NL Alfred Weber, HSA Heidelberg.
98 Esser an Weber, 23. Juli 1931, Teil NL Alfred Weber, HSA Heidelberg.

Das Institut für Zeitungswesen

1 und Mitglied des Geschäftsführenden Ausschusses des Verbands der Süddeutschen Zeitungsverleger.
2 Knittel an KuMI am 5. Juli 1923, GLA Karlsr., Abt. 235, Nr 2633.
3 Knittel an KuMI am 5. Juli 1923, GLA Karlsr., Abt. 235, Nr 2633.
4 Riese, Reinhard, *Die Hochschule auf dem Wege zum wissenschaftlichen Großbetrieb. Die Universität Heidelberg und das badische Hochschulwesen 1860–1914*, Klett Verlag, Stgt. 1977:375. Dort als Anhang II: Der »Fall Koch«.
5 diesmal nicht auf Knittels Schreibmaschine getippt, sondern gedruckt.
6 KuMi an Eng. Sen. 16. Dezember 1925, Akten der Phil. Fak., Univ. Arch. Hd.
7 Bericht Lederer an Eng. Sen. 31. Dezember 1925.
8 Hellpach an den Großen Senat am 23. Juli 1926, Univ. Arch. Hd B-6683/1.
9 Vgl. GLA Karlsruhe, Univ. Hd 235/Stiftungen. Eine weitere Beziehung zwischen Mosse und der Heidelberger Universität: Eine Tochter Mosses war mit dem Heidelberger Romanisten Leonard Olschki verheiratet.
10 Vgl. Liste der bestellten Mitglieder des Verwaltungsrates, KuMi an Eng. Sen. am 21. März 1927, Univ. Arch. HD, H-IV, 102/148.

11 Phil. Fak. Akten, Univ. Arch. Hd, SS 1926:40/41.
12 Univ. Arch. HD, H-IV,- 102/148, Ludwig Curtius als Dekan an Kultusminister. Curtius' Bericht ist handschriftlich.
13 Vgl. Demm, Eberhard, »Alfred Weber als Wissenschaftsorganisator«, in Blomert et.al. 1997:93–112.
14 Bescheid des KuMi am 12. August 1926 über die Errichtung eines Instituts für Zeitungswesen ab WS 26/27, Univ. Arch. Hd, H-IV, 102/148.
15 Denkschrift der Zeitungsverleger an KuMi, 20. Juli 1925.
16 KuMi an Phil. Fak. am 3. November 1926.
17 Richter an Weber, 24. November und 8. Dezember 1926, GLA Ka 235/3277, zit. nach Demm, E. »Alfred Weber als Wissenschaftsorganisator«, in Blomert et al., Marburg 1997.
18 Weber an Simon.
19 Und dem Schriftwechsel beiliegt, vgl. Anm. 91.
20 Diese Argumente zielten auf den Katholizismus Dovifats.
21 Wiedenfeld an Weber am 17. Dezember 1926. Dieser Brief ebenso wie der an Simon und der Lebenslauf Dovifats liegen im Teil NL A. Weber in der Handschriftenabteilung (HSA) der Univ. Bibl. Hd.
22 An Dovifat, 23. Januar 1926, Teil Nl. A. Weber, HSA Univ. Hd.
23 Schachts Ansprache bei der Eröffnung des Instituts ist im Alfred Weber NL erhalten geblieben.
24 Auf einen Beitrag Karl Mannheims zur Zeitungswissenschaft haben mich dankenswerterweise Volker Meja und Reinhard Laube hingewiesen, vgl. Mannheim 1929.
25 »Institut für Zeitungswissenschaft an der Universität Heidelberg. Bericht über die organisatorische und wissenschaftliche Entwicklung des Instituts, der Lehre und des Studiums. Erstattet in der Sitzung des Verwaltungsrates am 20. Juni 1938 vom Institutsleiter Dr. Hans Hermann Adler«, Univ. Arch. HD, noch nicht eingeordnete Akten des früheren Instituts für Publizistik der Universität Heidelberg. Mein Dank gebührt an dieser Stelle Silvia Henninger von der Bibliothek des Soziologischen Instituts, die mich auf die Existenz dieser Akten aufmerksam machte.
26 Akten des IfZ, Univ. Arch. Hd.
27 darunter F. A. Six, dessen Habilitation 1938 von Brinkmann und Schuster begutachtet wurde. Adler nennt Six in seinen Briefen »Lieber Kamerad Six«, z.B. Brief an Six v. 12. Mai 1936, Akten des IfZ, Univ. Arch. Hd. Zu Six vgl. jetzt Hachmeister 1998, insbes. Kap. III.

Nationalökonomie und Klassenanalyse

1 Hentschel notiert: »Man wüßte gern, warum er ›theoretisch‹ in Anführungszeichen setzen ließ«, ders. 1988:205.
2 Auf der Liste stand erneut Sombart, wieder an erster Stelle, sodann Heinrich Herkner vor Alfred Weber.

3 Ob hier auch ein antisemitisches Ressentiment eine entscheidende Rolle spielte, erscheint fragwürdig angesichts der Tatsache, daß Gotheins Berufung unverzüglich vonstatten ging.
4 WS 20/21: 257 Hörer, SS 21: 353, WS 21/22: 246 H., SS 22: 222 H., WS 22/23: 325 H., SS 23: 403 H., WS 23/24: 331 H., SS 24: 332 H., WS 24/25: 203 H., SS 25: 204 H., nach seinem Urlaubssemester WS 25/26 wurden die Hörer weniger zwischen 109 H. im WS 26/27 und 197 H. im SS 28. Im SS 23 las er »Zur Krise des modernen Staatsgedankens« als dritte Vorlesung vor 276 Hörern. Seine Soziologischen Übungen hatten bis WS 24/25 jeweils zwischen 30 und 50 Hörer. In den Soziologischen Übungen nahmen danach die Hörerzahlen ab und gingen bis auf 11 Hörer im SS 28 zurück. Im WS 27/28 las Weber »Kultursoziologie« vor 61 Hörern, im WS 28/29 »Kultursoziologie I« vor ebf. 61 Hörern und »Kultursoziologie II« im SS 29 vor 66 H. Im SS 30 hielt er erneut eine Vorlesung »Kultursoziologie I. Teil« vor 66. H., im WS 30/31 hieß die Vorlesung »Kultursoziologie«, die er vor 45 H. hielt. Im SS 31 hielt er »Soz. Übungen ohne Vorlesung« zur »Genesis des modernen Staates« vor 29 Hörern, im SS 31/32 »Grundzüge der Kultursoziologie« als Vorlesung vor 69 H.; vgl. Quästurakten Rep 27/1412, UAH.
5 UAH H IV 102/146, Nr. 128, zit. bei Hentschel 1988:223.
6 UAH H IV 102/146, Nr. 128, zit. bei Hentschel 1988:223.
7 Ich schließe mich damit der sehr plausiblen Argumentation von Hans-Georg Nutzinger an, dessen Neuherausgabe der Standortlehre im Rahmen der Alfred-Weber-Gesamtausgabe (Bd. 6) mir jedoch noch nicht vorliegt. Hans-Georg Nutzinger sei für seine Hinweise gedankt.
8 im Verlag der Weiss'schen Universitätsbuchhandlung.
9 Vgl. die Würdigung im Vorwort.
10 Krohn, Eintrag »Leites, Nathan Constantin«, in *Handwörterbuch der wirtschaftswissenschaftlichen Emigration*, Saur Verlag München (im Erscheinen).
11 der 1923 mit einer Arbeit über »die Wirtschaftspolitik der Kommunistischen Partei Deutschlands« abschloß, vgl. Eßlinger 1997:146.
12 Quästurakten Lederer, Univ. Arch. Hd.
13 Feiler promovierte in Heidelberg 1923 mit einer Arbeit über »Die deutschen Finanzen vom Kriegsausbruch bis zum Londoner Diktat«, vgl. Eßlinger 1997:145.
14 Marianne Weber nahm die Tradition der »akademischen Geselligkeit«, die sogenannten »Geistertees«, ab 1924 wieder auf und führte sie 30 Jahre lang bis zu ihrem Tod 1954 fort, vgl. Marie Baum 1958:5. Der Herausgeber von »Academic conviviality« gibt das Datum der Wiederaufnahme fälschlich mit 1922 an, vgl. Marianne Weber 1977:214. Im Text von Marianne Weber selbst dagegen ist das offenbar richtige Datum mit 1924 angegeben, vgl. ebd.:215.
15 Die Handschriften befinden sich heute im National Archive in Albany, N.Y./USA.
16 Diese Vorlesungen wurden 1929 veröffentlicht; vgl. Somary 1929:88f.
17 Somary, Felix, »Notizbuch: Zur Krise«, in Festschrift für Emil Lederer 1932, MS, National Archives Univ. of Albany, Albany, N.Y.

18 Lederer »studierte Ökonomie und Recht in Wien und Berlin, wo er an den Seminaren Mengers, Böhm-Bawerks und Schmollers teilgenommen hatte«, so Hans-Ulrich Eßlinger, 1990:II.
19 Vgl. Wunder 1986:7f. Wunder schreibt weiter: List wurde daraufhin wegen Beamtenbeleidigung zu einer Haftstrafe und dem Verlust der bürgerlichen Ehrenrechte verurteilt, wonach ihm nur die Auswanderung nach Amerika übrigblieb.
20 Max Weber, *Soziologie – Universalgeschichtliche Analysen – Politik*, Kröner, Stgt. 1973:152.
21 Wiewohl u.a. Max Weber und in seiner Nachfolge der Historiker Otto Hintze hierin eine Sonderentwicklung haben sehen wollen – in der Umgangssprache spiegelt sich dieser Gedanke noch heute, wenn man als Mittel der Steigerung von »Bürokratie« noch das Epitheton »preußische« hinzufügt – handelt es sich in Wahrheit um einen kontinentaleuropäischen Prozeß, vgl. Wunder 1986:9/10. Dieser steht einer gänzlich abweichenden Entwicklung in den Vereinigten Staaten von Amerika gegenüber.
22 nach Mommsen, Wolfgang J. 1974:87f.; das »Gehäuse der Hörigkeit« mehrmals bei Weber (passim).
23 Demm, Eberhard 1990:192ff. Im Kapitel »Der Drang nach Osten« schildert Demm Alfred Webers Engagement für polnische und litauische Staatlichkeit unter deutschem Einfluß.
24 Was sich an den Studien des Rockefeller-Programms über Ungarn oder den Donauraum ablesen läßt.
25 Kocka, Jürgen, »Zur Problematik der deutschen Angestellten 1914 – 1933«, in *Industrielles System und politische Entwicklung in der Weimarer Republik*, Mommsen/Petzina/Weisbrod (Hg.), Athenäum/Droste Verlag, Kronberg/Düsseldorf 1977:792–811, hier 805.
26 Zu seiner Rezeption durch Kafka vgl. vgl. Astrid Lange-Kirchheim, »Alfred Weber und Franz Kafka«, in *Alfred Weber – Politiker und Gelehrter*, Steiner Verlag, Wiesbaden 1986:113–149, hg. von E. Demm, sowie zuletzt Walter Müller-Seidel, *Die Deportation des Menschen. Kafkas Erzählung »In der Strafkolonie« im europäischen Kontext*, Fischer Verlag, Ffm. 1989, hier: 31. Für alle seine persönlichen Anregungen möchte ich Herrn Müller-Seidel an dieser Stelle besonders danken.
27 davon 860 000 in der öffentlichen, 1 120 000 in der privaten Sphäre, ISK:85.
28 Carl Dreyfuss spricht 1932 von »etwa 4 Millionen (Angestellten), das sind 11–12 Prozent aller Erwerbstätigen«, *Beruf und Ideologie der Angestellten*, Duncker & Humblot Verlag, Mü./Lpz.1933:3. Da die Reichswirtschaftsstatistik von 1925 die Beamten dazurechnet – die in Ländern, Staaten und Kommunen sowie bei Reichsbahn und Reichspost insgesamt ca. 1 480 000 ausmachten –, sind die Berechnungen nicht weit auseinander. Vgl. *Deutsche Wirtschaftskunde. Ein Abriß der deutschen Reichsstatistik*, bearb. im Statistischen Reichsamt, Hobbing Verlag, Bln. 1930:52ff.
29 Bis nach dem Zweiten Weltkrieg war die Landwirtschaft in Europa der

größte Beschäftigungssektor, vgl. Kälble, Hartmut, »Ein sozialhistorischer Blick auf die europäische Integration«, erscheint in Hradil/Immerfall, *Die westeuropäischen Gesellschaften im Vergleich*, S. 153–195, hier S. 66, MS freundlicherweise vom Verf. zur Verfg. gestellt.

30 Der Begriff wird von Hermann Bahr erklärt: »Also: das ›junge Österreich‹ (das war der Begriff, den Bahr selbst favorisierte, RB) ist nicht nach dem Berliner Muster, und es ist nicht nach der Pariser Schablone; es ist nicht revolutionär, und es ist nicht naturalistisch – ja, was ist es denn eigentlich sonst? ... Die Jünglinge wissen es nicht zu sagen. Sie haben keine Formel ... Sie wiederholen immer nur, daß sie modern sein wollen. Dieses Wort lieben sie sehr, wie eine mystische Kraft, die Wunder wirkt und heilen kann. Es ist ihre Antwort auf jede Frage. Sie vertrauen ihm gläubig, und Einer aus ihrer Gruppe war es, der die gefürchtete, verlästerte, aber unwiderstehliche Losung: ›Die Moderne‹ prägte, die dann durch ganz Deutschland gelaufen ist. In allen Dingen um jeden Preis modern zu sein – anders wissen sie ihre Triebe, ihre Wünsche, ihre Hoffnungen nicht zu sagen« (ders., *Zur Kritik der Moderne*, 1894:73 und 77–79, zit. nach: *Jugend in Wien. Literatur um 1900*. Katalog der gleichnamigen Ausstellung 1974, Marbach Lit. Archiv, 1987:120). Das Paradox des »Moderne«-Begriffs liegt in der Vergänglichkeit seines Inhalts: Modern setzt ein zeitlich Neues gegen ein zeitlich Älteres ab. Alle inhaltlichen Verbindungen damit sind dementsprechend zeitgebundene Wertungen, hinter denen sich ein Fortschrittsglaube verbirgt. Die Verschiedenheit der Inhalte, die mit ihm in der Soziologie verbunden werden, hat Lepsius aufgezeigt, vgl. M. Rainer Lepsius, »Soziologische Theoreme über die Sozialstruktur der ›Moderne‹ und die ›Modernisierung‹«, in *Studien zum Beginn der modernen Welt*, hg. von Reinhart Koselleck, erschienen als Bd. 20 von *Industrielle Welt. Schriftenreihe des Arbeitskreises für moderne Sozialgeschichte*, hg. von Werner Conze, Klett-Cotta Verlag, Stgt. 1977:10–29. Hundert Jahre nach der Wiener »Moderne« deutet die Vielzahl der Konzeptualisierungen des Begriffs darauf hin, daß er nichts an Eindeutigkeit gewonnen hat.

31 vgl. zum folgenden insbesondere Walter Müller-Seidel 1989.

32 entfällt.

33 Als Beispiel für die kulturelle Bedeutung dieser Möglichkeit zur Trennung von Sphären verweist er auf Ibsen, der in einem Briefe geschrieben habe, »daß die Juden deswegen heute das kulturell überlegene Volk sind, weil der Apparat des heutigen Lebens sie – mögen sie in den Geschäften stehen – im ganzen doch zurückstößt, sie nicht in sich hineinläßt, und sie dadurch zu einem individuellen, komplizierten, mit Mannigfaltigkeit der Situationen und Entschlüsse und demnach auch mit innerem Reichtum ausgestatteten Durchschnittsdasein zwingt«, ISK:92. Die Vorteile der Marginalität siedelt Weber, der gerade seine jüdischen Studenten besonders schätzte, hier sehr hoch an.

34 bei Alfred Weber zitiert, »Theodor Mommsen« in ISK: 66–73, hier 71.

35 Burckhardts Hoffnung für die Zukunft Europas richtete sich »einzig auf ›asketische Menschen‹, auf strenge Charaktere, die, anstatt voran- und weiterkommen zu wollen, den Mut zur Entsagung und zum Verzicht haben.

Angesichts der fortschreitenden Industrialisierung und Vermassung war er fest überzeugt, daß das ›Neue, Große und Befreiende‹ nur ›im Gegensatz zu Macht, Reichtum und Geschäften‹ hervortreten könne«. Burckhardt zog sich zurück, um dieser Wirklichkeit zu entfliehen: »Ihr wißt noch nicht, welche Tyrannei über den Geist ausgeübt werden wird, unter dem Vorwand, daß die Bildung eine geheime Verbündete des Kapitals sei, das man vernichten müsse«, schrieb er 1846 an Schauenburg. Vgl. Karl Löwith, »Jacob Burkhardt«, zuerst in *Der Monat*, 4. Jg., Sept. 1952, Heft 48, 606-613, Berlin-Dahlem.

Angestellte: Die Debatte über den »neuen Mittelstand«

1 Vgl. dazu den Überblick bei Kälble, Hartmut, »Ein sozialhistorischer Blick auf die europäische Integration«, erscheint in Hradil/Immerfall, *Die westeuropäischen Gesellschaften im Vergleich*, S. 153-195, hier S. 160, 170, MS o.J.; freundlicherweise vom Verf. zur Verfg. gestellt.

2 Lederer, Emil, »Die Gesellschaft der Unselbständigen. Zum sozialpsychologischen Habitus der Gegenwart«, in *AfSS*, Bd. 46, 1918/19:114-139, wieder abgedruckt in *Kapitalismus, Klassenstruktur und Probleme der Demokratie in Deutschland 1910-1940*, hg. von Jürgen Kocka, Vandenhoeck und Ruprecht, Gött. 1979:14-32, hier:14f.

3 Bezüge zu Max Weber, etwa in der Formulierung des »traditionellen Handelns«, später in der Kritik des Begriffs der »Rationalisierung« – s.u. – können hier nicht übersehen werden.

4 »Die Bewegung der öffentlichen Beamten«, in *AfSS*, Bd. 31:660-709; »Mittelstandsbewegung«, ebda:970-1026; »Privatbeamtenbewegung«, ebd.: 215-254.

5 Zit. nach Lederer, Emil, *Kapitalismus, Klassenstruktur und Probleme der Demokratie in Deutschland 1910-1940*, hg. von Jürgen Kocka, Vandenhoeck & Ruprecht, Gött. 1979.

6 Lederer, Emil 1979:51-82, hier:52.

7 Lederer, Emil, »Die Umschichtung des Proletariats und die kapitalistischen Zwischenschichten vor der Krise (1929)«, zuerst in *Die neue Rundschau*, 1929. Wieder abgedruckt in Lederer, Emil 1979:172-185, hier 175.

8 Lederer 1979:177.

9 »Apparat« und »Unentrinnbarkeit« etc.; »unerbittliche Intellektualisierung« und »Rationalisierung« klingen zugleich wie Formulierungen Max Webers.

10 Rössiger, Max, *Der Angestellte von 1930. Gegenwartsbetrachtungen von Max Rössiger*, Sieben-Stäbe-Verlag, Bln. 1930:70f.

11 Geiger, Theodor, *Die soziale Schichtung des deutschen Volkes. Soziographischer Versuch auf statistischer Grundlage*, Enke Verlag, Stgt. 1932.

12 Schmoller, *Die soziale Frage*, München 1918, 12, zit. bei Geiger, 1932:3.

13 zu welchem er auch Ärzte und Rechtsanwälte, also eigentlich typische Mitglieder des »alten Mittelstandes« hinzurechnet, vgl. Geiger 1932:99,100.

14 Sie »(lassen) mit Recht offen ..., ob das eine dauernde, schichttypische

Ausgleichsfunktion bedeutet, oder ob damit nur gesagt sein soll, diese Bevölkerungselemente seien *noch* nicht von der Durchsetzung des Klassenprinzips erfaßt«, Geiger 1932:102.

15 Zu Geigers Überlegungen zur Nähe von Angestelltenmentalität und Nationalsozialismus s. u.

16 »Hinter die Exotik des Alltags kommen auch die radikalen Intellektuellen nicht leicht. Ihr Leben (ist) unbekannter als das der primitiven Völkerstämme, deren Sitten die Angestellten in den Filmen bewundern«, Kracauer, Siegfried, »Die Angestellten. Aus dem neuesten Deutschland«, zuerst *Frankfurter Zeitung* 1929, als Buch Ffm., 1930; hier Ffm. 1971:11.

17 entfällt.

18 In »Ein Kracauer auf Entdeckungsreisen«, *Deutsche Handelswacht* 2/3, 1930, zit. nach Fischer, Fritz Wilhelm, *Die Angestellten, ihre Bewegung und ihre Ideologien*, Diss. Hd 1931.

19 »Was an sogenannten Unterhaltungsfilmen auf den Markt geworfen wird, spottet jeder Beschreibung. Sogar der Rhein kann einem durch die jetzt wie Pilze aus der Erde schießenden ›Rheinlandfilme‹, mit ihrer wein- und rührseligen Verlogenheit, zeitweilig verleidet werden. Gegen diesen Kitsch kämpft der gewerkschaftliche Bildungsgedanke mit aller Kraft, weil hier wirkliche Volksbildungsmittel wie das Kino zu Verblödungszwecken mißbraucht werden«, Rössiger 1930:65.

20 Vgl. Jansen, Christian, *Professoren und Politik. Politisches Denken und Handeln der Heidelberger Hochschullehrer 1914–1935*, Vandenhoeck & Ruprecht Verlag, Gött. 1992:57,396.

21 Max Weber, *Wirtschaft und Gesellschaft. Grundriß der verstehenden Soziologie*, hg. von J. Winckelmann, J.C.B.Mohr (Paul Siebeck) Verlag, Tü. 1980:178f. (künftig *WuG*).

22 Erwähnt wird hierzu, daß ihre »Unterschriften ... zusammen mit der des ADGB unter den Forderungen der drei sozialistischen Parteien und der Gewerkschaften stehen«, in denen anläßlich des Rathenaumordes »zur Arbeitsruhe und Rathenaudemonstration am 27. Juni 1922« aufgefordert wurde, ebenso forderten sie auf zum »Schutze der Republik beim Hitlerputsch 1923 und zum Eintritt in das Reichsbanner, 1924«, Fischer 1931:98.

23 teilt Fischer mit, Fischer 1931:110.

24 Eduard Heimann entwickelte diese Forderung.

25 In »Soziale Theorie des Kapitalismus«, (Mohr) Siebeck Verlag, Tü. 1929:197.

26 Fischer 1931:143. Die DHV rühmte sich, »die größte Gewerkschaftssparkasse Europas, ja wahrscheinlich sogar der Welt« zu haben, Fischer 1931:144.

27 Dreyfuss 1933:4. Er bezieht sich auf den Band *Deutsche Berufskunde. Ein Querschnitt durch die Berufe und Arbeitskreise der Gegenwart*, hg. von Ottoheinz v. d. Gablentz und Carl Mennicke, unter Mitarbeit von Alfred Fritz, Walter Grau, Hans Harmsen und Peter Suhrkamp, Bibliographisches Institut AG, Leipz. 1930.

28 »Neuorientierung in der Sozialpolitik«, in *AfSS*, Bd. 36, 1913:1–13.
29 Ausgangspunkt von Marx war die Feststellung, der Proletarier habe nichts zu verlieren als seine Ketten.
30 Dem Verkaufspersonal wurden bestimmte, schon von der Formulierung her lächerlich klingende Regeln auferlegt: »Alle Angestellten müssen sich jederzeit wie gebildete Damen und Herren benehmen«, oder: »Duze dich nicht mit deinen Kollegen und Kolleginnen im Geschäft und namentlich nicht in Gegenwart der Kundschaft« – Speier notiert, daß »der anordnenden Betriebsleitung entgangen (war), daß sie die sozialen Voraussetzungen ihrer Ermahnung aufdeckte (und ihren Erfolg gefährdete), indem sie selber ihre Angestellten in der Ermahnung duzte«. Speier, Hans, *Die Angestellten vor dem Nationalsozialismus. Ein Beitrag zum Verständnis der deutschen Sozialstruktur 1918–1933*, Vandenhoeck & Ruprecht Verlag, Gött. 1977:36f.
31 Sein weiterer Werdegang ist nicht bekannt. Fritz Fischer wird hier auch zur Lederer-Schule gerechnet, und seine Arbeit wurde oben als kenntnis- und materialreiche Heranführung an das Thema ausgewertet. Allerdings ist er als Teilnehmer in der »Angestelltendebatte« m. W. nicht hervorgetreten.
32 Zuletzt lehrte er an der Universität Kalifornien. Er starb 1977 in Fullerton, Kalifornien, vgl. Eintrag in Hagemann/Krohn 1992:236.
33 Als Doktorvater trat daher formal der Ökonom Sally (Salomon Paul) Altmann ein. In Altmanns Gutachten heißt es u.a.: »Die Arbeit, die Inhalt und Form des Lassalleschen Denkens über Geschichte behandelt und der Soziologie des Wissens zuerkennt, ... ist an den ausgezeichneten Untersuchungen Karl Mannheims orientiert, und vielleicht liegt der stärkste Einwand gegen sie darin, daß der Verfasser auf eine eigene methodologische Grundlegung verzichtet und mit einem ihm sonst nicht eigentümlichen Autoritätsglauben Denkstile dieses Soziologen insofern als allgemeingültig voraussetzt ...« (Gutachten Altmann für Speier, 24. Mai 1928, Dissertationen der Phil. Fak. S. 375, Univ. Arch. HD, H IV 757/23).
34 Vgl. dazu »Autobiographical notes«, Introduction zu Speier, Hans, *The truth in hell and other essays on politics and culture 1935–1987*, Oxford Univ. Press 1989:3–32, hier 6–15; sowie Korresp. Speier-Siebeck im Archiv des Verlags (Mohr) Siebeck, Tübingen.
35 *State of the masses. The threat of the classless society*, New York 1940.
36 Riemer, Svend, »Sozialer Aufstieg und Klassenschichtung«, in *AfSS*, Bd. LXVII, 1932:106.
37 Theodor Geigers Votum war für die Veröffentlichung, Walthers Einspruch verhinderte das Erscheinen. In dem Band sind zwei Briefe von Theodor Geiger abgedruckt, aus dem die Konstellation hervorgeht. Speier schreibt über Walther lakonisch: »Professor Walther, ein Nazi«, Speier 1977:9. Aus dem abgedruckten Brief Geigers geht auch hervor, daß Walther NSDAP-Mitglied war.
38 Diese Edition verdanken wir vor allem Jürgen Kocka, der auch maßgeblich an der Edition des Aufsatz-Bandes von Emil Lederer beteiligt war, zu welchem Hans Speier ein Portrait Lederers beisteuerte, Speier in Lederer 1979:253–272.

39 Vgl. Speier 1977:10, »Vorwort«, »... Jürgen Kocka, der mir nicht nur eine gewissenhafte Kritik der ersten Fassung meines Buches zugänglich machte, sondern auch mit Hinweisen auf einige Forschungsergebnisse der letzten vierzig Jahre die Überarbeitung des ursprünglichen Textes sehr erleichtert hat«.

40 »Wir haben heute nicht mehr die Freiheit der Wahl, wie die Leute am Anfang des 19. Jahrhunderts und auch nicht mehr die der 60er Jahre«, schrieb Alfred Weber 1913. »Wir stehen nicht mehr vor der tabula rasa der wirtschaftlichen Formationen wie jene Zeiten, sondern in ganz bestimmten in ihrem Wesen scharf umrissenen nahezu unverrückbaren Gestaltungen«, in »Neuorientierung in der Sozialpolitik«, *AfSS,* Bd. 36, 1913:10.

41 Speier zitiert aus einer Jubiläumsschrift des VwA, Speier 1977:39.

42 H. M. Trautwein, »Croner, Fritz Simon«, Eintrag im *Handbuch der deutschsprachigen wirtschaftswissenschaftlichen Emigration nach 1933,* Saur Verlag, Mü., erscheint ca. 1999. Ms. vom Autor freundlicherweise zur Verfügung gestellt. Angaben nach Trautwein.

43 Zuerst in Stockholm unter dem Titel *Tjänstemannkaren i det Moderna Samhället* 1951 erschienen, 1954 in Wien beim Humboldt-Verlag.

44 Croner untersuchte eine Reihe von schwedischen Handels- und Industriebetrieben, das Modell ist jedoch prinzipiell auch auf Banken und Versicherungen zu übertragen.

45 Croner zitiert aus einer Firmenchronik: »Für Wilhelm (Josephson) waren diese Jahre sehr arbeitsreich, er war nicht nur Einkäufer und Kalkulator, er war auch Verkäufer für seinen großen Kundenkreis in Stockholm, der ins Lager hinaufkam und verlangte, von Josephson selbst bedient zu werden«, Croner 1954:43f.

46 Croner 1954:50. Croner weist auf das Verständnis dieser Position als einer »Ausbildungs- und Wartezeit« (Croner 1954:50) hin, da sie sich als Anwärter auf die Chefposition fühlen konnten. Man benötigt jedoch m. E. eine solche Erklärung für die Motivation nicht, da schon Machtteilhabe ein Identitätsgewinn ist – auch ohne Aussicht darauf, selbst Chef zu werden.

47 Geiger, Theodor, *Die soziale Schichtung des deutschen Volkes*, 1932, Neudruck Enke Verlag, Stgt. 1967, Wiss. Buchges., Da. 1972:120ff.

48 Vgl. z.B. noch Kocka, Jürgen, der Lederer und Geiger zustimmend und mit Hinblick auf eine Wahluntersuchung von Pratt, 1948, zitiert, in »Zur Problematik der deutschen Angestellten 1914–1933«, in *Industrielles System und politische Entwicklung in der Weimarer Republik,* hg. von Mommsen/Petzina/Weisbrod, Bd. 2, Athenäum/Droste Verlag, Düss., 1977²:792–811, insbes. 795ff.

49 Hamilton, Richard, »Die soziale Basis des Nationalsozialismus«, in *Angestellte im europäischen Vergleich*, Sonderheft 7 *Geschichte und Gesellschaft*, Vandenhoeck & Ruprecht Verlag, Gött. 1981:354–375.

50 Falter, Jürgen, *Hitlers Wähler*, Beck Verlag, Mü. 1991:232.

51 Hänisch, Dirk, *Sozialstrukturelle Bestimmungsgründe des Wahlverhaltens in der Weimarer Republik,* Duisburg 1983:180, zit. nach Falter 1991:232.

Carl Brinkmanns Theorie der Refeudalisierung

1 Selbst Carl Schmitt mußte diese Texte mehrmals lesen, um ihren mehrdimensionalen Gehalt wahrzunehmen. In einem Dankschreiben über Brinkmanns Beitrag zu einer Festschrift für Schmitt bewundert er insbesondere den Stil: »Ich lese den Aufsatz jetzt zum dritten Male und finde eine immer neue Beziehungsfülle. Vielleicht muß man Sie, Ihren Habitus, Ihren Stil, aber auch Ihre Intonation und Ihren Tonfall so gut und so lange kennen wie ich, um alles zu hören, was Sie auf eine so höfliche, ja weltmännische Weise vortragen, ohne den Hörer in die Seite zu stoßen oder auf die Schulter zu klopfen. Das Entzücken über diesen Stil gehört – über all die große und vielschichtige Belehrung hinaus – zu der Freude an der Lektüre dieses Beitrags wie auch der Aufsätze ..., die Sie mir kürzlich sandten« (24. Juli 53, HSA Düss., K 93).

Das Rockefeller-Programm 1929–1935

1 Das Thema der Antrittsvorlesung: »Politischer Katholizismus in Frankreich«.

2 Der Antrag enthält eine Selbstdarstellung des Instituts.

3 »B. is an old intimate friend of Fehling«, Memorandum JvS vom 13. Mai 1931, RF Coll. B. 21, F. 195, S. 3.

4 RF Coll. B. 54, F. 580, Bearsdley Rumls Bescheid der Stiftung an Alfred Weber.

5 Vgl. Memorandum JvS, 13. Mai 1931, RF Coll., B.21, F.195.

6 BA Koblenz, NL 197, Nr. 51.

7 Laut Auskunft von Eberhard Demm beherrschte Alfred Weber Englisch, wie die englischen Bücher beweisen, die er las.

8 Die im folgenden wiedergegebenen Zitate wurden vom Verf. übersetzt.

9 13. Mai 1931, Memo Jvs Besuch in Heidelberg, B. 21, F. 195.

10 Arnold Bergstraesser war seit dem 28. August 1925 mit Erika Bergstraesser, geb. Sellschoppe, verheiratet, der Tochter eines Schweriner Rittergutsbesitzers.

11 Kondolenzschreiben finden sich u.a. von Else Jaffé, von Marianne Weber, vom preußischen Kultusminister C.H. Becker, vom früheren Kommilitonen Henry Goverts (Hbg.), von C. J. Friedrich, von den Mitgliedern des Mayrisch-Komitees Prinz Rohan, Max Clauss, Lilly Schnitzler, E. & M. Rychner (»Lieber Freund«), Andrée Mayrisch, von Studenten und Assistentinnen wie Fritz Brahn, Käthe Bauer-Mengelberg, Reinhold Cassirer, Peter Diederichs, Hedwig Toennissen, Gabriele Troeltsch, den Frauen von Kollegen, G. v. Eckardt, Annemarie Holborn, Gertrud Jaspers, Emmy Lederer-Seidler, Marie-Luise Gothein. Auch von den Mitgliedern der Deutschen Freischar erhielt er Beileidsschreiben: P. u. L. van Aubel, Wilhelm Fehling, Eduard Heimann. Die Art der Beziehungen anderer Kondolenten zu ihm ließen sich nicht zuordnen: Paul Epstein (Leiter der VHS Mannheim, in

Theresienstadt umgebracht), Werner und Corinna Sombart, A. Nostitz, der Germanist Rudolf Fahrner, der Industrielle Sämisch.

12 Gumbel ist auch zu dieser Zeit in Heidelberg, vgl. Biographie in Jansen, »E.J. Gumbel. Portrait eines Zivilisten«, Hd 1991:386.

13 Hanna Brinkmann schrieb an Herrn Bergstraesser (»Lieber Herr B.«) aus Berlin.

14 Julia Mannheim-Lang an Erika Bergstraesser 20. November 1928, BA Koblenz, NL 1260, Bd. 41.

15 Daß Bergstraessers Verhältnis zu marxistischen Sozialisten nicht grundsätzlich getrübt gewesen zu sein scheint, geht nicht nur aus seinem guten Verhältnis zu Heimann, sondern auch etwa aus einem Brief hervor, den er 1940 im Exil von Karl (sic) Mierendorff erhielt, der ihn zu einer Filmproduktion nach Hollywood einlud. NL 1260 BA Koblenz ABd. 71.

16 AA am 23. Januar 1929 an KuMi: »Der derzeitige Leiter... besitzt den Professorentitel. Es wäre eine Erleichterung, wenn B. dieselbe Bezeichnung führen könnte«. PA Bergstraesser UAH.

17 Eng. Sen a, Unt.min. Ka., 25. März 1929, PA Bergstraesser, Univ. Arch. Hd, PA 3276. Über die Gründe Bergstraessers für die Ablehnung ist nichts bekannt.

18 Fehling an »Lieber Bergstraesser«, am 14. Februar 1929, BA Koblenz NL 1106, Aktenband 3.

19 Fehling schreibt auch: »Es tut mir leid, Ihnen von diesen Schwierigkeiten schreiben zu müssen... Ich wäre Ihnen dankbar, wenn Sie den Brief zerreißen würden.« Was Bergstraesser offensichtlich vergaß.

20 Zu dieser Entscheidung waren keine weiteren Hinweise aufzufinden.

21 Vgl. PA Bergstraesser PA 3276, UAH.

22 Vgl. Protokoll einer Sitzung der Notgemeinschaft vom 13. Februar 1932 über die »Inangriffnahme von Gemeinschaftsforschungen auf zwischenstaatlichem Gebiet«, im NL Alfred Weber, HSA Univ. Hd. Die Ernennung erfolgt »unterm 27. Febr 1932«, Schreiben vom KuMi vom 3. März 1932.

23 Im Oktober 1931 hält er Vorträge auf der Burg Leuchtenburg auf einer Führertagung der Freischar, in der Bergstraesser Mitglied des Bundeskapitels ist. Vgl. Kindt, Werner, *Die Bündische Zeit*, op. cit.:1185.

24 Laitenberger, 1976:205f. Laitenberger kennzeichnet Morsbach als den »am weitesten rechts Stehenden« im Freundeskreis des preußischen Kultusministers Becker. Morsbach, Cellospieler, nahm an Hausmusikabenden bei Beckers teil. Als überzeugter praktizierender Katholik pflegte er zeitweise besonders enge Verbindungen zum Zentrum und verehrte Brüning...«, op.cit.:43.

25 Organisiert von Stephan Duggan vom American Advisory Council; vgl. PA Bergstraesser Univ. Arch. PA 3276.

26 Arnold Wolfers an John van Sickle, den Vizedirektor der Rockefeller Foundation am 9. April 1936, Rockefeller Archiv, Rockefeller Archive Center North Tarrytown, N.Y. Die Akten zur Förderung des Heidelberger Pro-

gramms sind unter RF (collection), 1.1 (Record Group), 7.17 (series, subseries: S) gelagert. Im folgenden werden daher nur noch RF Coll., Box und Folder angegeben. Hier: RF Coll., B. 21, F. 195.

27 Arnold Bergstraesser, »Zur handelspolitischen Lage der Gegenwart«, Vorwort in Walter Greiff, »Der Methodenwandel der europäischen Handelspolitik während des Krisenjahres 1931«, 2. Heft des I.Teils der *Arbeiten zur europäischen Problematik*, hg. v. Alfred Weber, aus der Reihe »Zum wirtschaftlichen Schicksal Europas«, Junker und Dünnhaupt Verlag, Bln. 1932:10.

28 darunter Nathan Leites, vgl. u.a. Edmund Leites, »Meine deutschen Besucher – über Nathan Leites«, Beitrag in *Heidelberger Sozial- und Staatswissenschaften.Das InSoSta zwischen 1918 und 1958*, hg. von Blomert/Eßlinger/Giovannini, Metropolis, Marbg. 1997.

29 Memorandum JVS. Das handschriftlich eingetragene Datum des Memorandums, 21. November 1935, ist offensichtlich unzutreffend, da die Bilanz bis 1936 reicht, RF Coll B. 21, F. 195.

30 Was auf eine Vorsichtsmaßnahme gegenüber den Nazis, aber auch die Wichtigkeit eines unbeobachteten persönlichen Gesprächs über die politische Lage hindeutet, die das ganze Programm in Frage stellen könnte.

31 Memorandum JvS vom 23. Februar 1933, RF Coll. B. 54, F. 580.

32 RF Coll., B. 54, F. 580.

33 *Kulturgeschichte als Kultursoziologie*, A. W. Sijthoff, Leiden 1935.

34 Auf ein interessantes Detail sei hier hingewiesen: Bergstraesser hatte einen nichtarischen Großvater, wie sich aus den Personalakten einwandfrei ergibt: In der Anlage zum Fragebogen Bergstraessers (o.D.), den der Engere Senat am 3. Juli 1933 an das Kultusministerium schickt, ist ein handschriftlicher Bogen Bergstraessers, auf dem er erklärt, warum er die Rubrik mit der Frage nach der Abstammung nicht ausfüllt: »da Beziehungen zu der Familie meines Großvaters mütterlicherseits nicht bestehen und ich erst im August die erforderlichen Feststellungen machen kann. Die israelitische Abstammung dieses Großvaters steht jedoch fest, es ist daher die Frage zu 4c beantwortet.« Warum trotzdem in den Berichten der Schüler und in der Literatur von »Großmutter« zu lesen ist, darüber läßt sich nur spekulieren. Der Bericht van Sickles wäre ein Hinweis darauf, daß Bergstraesser sogar selbst diese falsche Darstellung gefördert, nicht behindert haben könnte.

35 JvS, Memorandum vom 7. Juli 1933 RF Coll., B. 54, F. 580.

36 JvS an Rufus 28. Oktober 1933, RF Coll., B. 54, F. 580.

37 JvS an TBK 17. November 1934, B. 21, F. 195.

38 Vgl. NL Carl Schmitt, HSA Düss., Briefwechsel Brinkmann. Der in Düsseldorf erhalten gebliebene Teil dieser Korrespondenz beginnt mit einer Postkarte Brinkmanns an Schmitt vom November 1925.

39 Carl Schmitt NL, HSA Düsseldorf, RW 265–2039.

40 28. Oktober 1933, JvS an Rufus, RF Coll., B. 54, F. 580.

41 BA Koblenz, NL Bergstraesser 1106, Aktenband 54.

42 Bergstraesser an Fehling, 20. Mai 1933, BA Koblenz, NL 1106, Aktenband 54.

43 Seit seiner Ernennung zum außerordentlichen Professor, genauer seit dem 2. März 1932, war Bergstraesser offiziell Leiter des InSoSta. Am 25. Oktober 1933 schreibt der Rektor der Heidelberger Universität an den Badischen Kultusminister, Bergstraesser solle durch Brinkmann abgelöst werden, was umgehend geschieht. S. a. GLA Karlsruhe.

44 Van Sickle gehe »ebenfalls« nach London auf eine Tagung des Royal Institute for International Affairs, wo Bergstraesser ihn treffen könne. Ob Bergstraesser ihn dort getroffen hat, ist nicht feststellbar.

45 24000 Mark, davon 19000 Mark für Stipendien und Publikationszuschüsse. 5000 Mark für die Bibliothek und technische Kosten der Forschung, John van Sickle, 10. Januar 1934, RF Coll. B. 21, F. 195.

46 RF Coll. B. 54, F. 580. Memorandum John van Sickle vom 2. November 1933.

47 RF Coll. B. 54, F. 580. Memorandum John van Sickle vom 2. November 1933.

48 RF Coll. B. 54, F. 580. Memorandum John van Sickle vom 2. November 1933.

49 Unwillkürlich denkt man hier natürlich an das zeitweilig ernsthaft diskutierte Projekt der Umsiedlung der deutschen Juden nach Madagaskar. Ob es einen Zusammenhang mit jenen Plänen gibt, ist nicht bekannt.

50 John van Sickle schlägt in bezug auf Bergstraessers Afrika-Projekt vor, von einer Berücksichtigung dieses Vorschlags abzusehen, bis sich eine Gelegenheit ergäbe, es mit der Afrika-Inspektion von Sir Malcolm Hailey abzugleichen, die von der Carnegie-Stiftung unterstützt wird

51 Im Jahre 1952 erfolgte am InSoSta – das seit 1949 den Namen »Alfred-Weber-Institut für Sozial- und Staatswissenschaften« führt, die Gründung einer Studiengruppe für Ostasienforschung, aus dem das heutige »SAI«, das Südostasien-Institut, hervorging.

52 Vgl. auch Schütz-Sevin.

53 Stacy Mays Einwände sind der Akte beigefügt. Sie dürften den Ausschlag für die Ablehnung gegeben haben: Prekäre Fälle werden, so sei seine Erfahrung, durch Auslandsaufenthalte nicht verbessert. Im übrigen habe sich auch gezeigt, daß die, die die Gelegenheit bekommen, auf die Lage von einem kritischeren Standpunkt außerhalb ihres Landes zu beobachten, sich sehr schwer tun, wieder zurückzugehen« 7. Dezember 1934, Anlage zu TBKs Brief vom 17. November 1934, und John van Sickle Brief vom 28. November 1934. RF Coll. B. 21, F. 195.

54 »Pfund, Yen und Dollar in der Weltwirtschaftskrise«.

55 Memorandum vom 4.März 1937, RF Coll., B. 21, F. 195.

56 Brinkmann, zit. nach Memorandum vom 4. März 1937.

57 Brinkmann an Kittredge, 13. Mai 1935, RF Coll B. 21, F. 195. Er schrieb, er habe von diesen Vorwürfen gehört. Fraglich ist, woher Brinkmann davon wußte.

58 Dieser Leiter war Gustav Adolf Scheel. Prinzing war Leiter der Fachschaft Staatswissenschaftler der Heidelberger Hochschulgruppe des NSDStB

und Pressereferent der Kreisführung Süddeutschland der Deutschen Studentenschaft. Er genoß »bis in die leitenden Stellen der Reichs- und Parteiverwaltung das größte Vertrauen«, wie Brinkmann an den Dekan am 18. November 1935 schrieb; zu Prinzing, der mit Six befreundet war, vgl. Klingemann 1996:141 sowie Hachmeister 1998:passim.

59 »Mit beträchtlicher Willkür schaltete er (G. A. Scheel, RB) sich in alle universitären Angelegenheiten ein. Seine Führungsmannschaft (darunter Six, RB) war offenkundig geprägt von den erfolgreichen Kampagnen der Kampfjahre.... (Sie) trafen (dabei) auf ein durchgängig wohlgesinntes Uni-Establishment«, Giovannini 1990:190f.

60 In dieser Erklärung, die von Kittredge unterschrieben ist, wird darauf hingewiesen, daß die GeStaPo Bergstraessers Paß unmittelbar nach seiner Vorlesung über gesellschaftliche und intellektuelle Bewegungen in Deutschland, die er in England im Herbst 1933 hielt, eingezogen hatte. Seither wurde er besonders überwacht. Siehe NL 1106, BA Koblenz The Rockefeller Foundation »To whom it may concern«, 16. Dezember 1941.

61 BA Koblenz, NL 1260, AB 73. Wer dieser alte Bekannte ist, bleibt unklar. Walter Bauer, ein Heilbronner Fabrikant, war seit der Studentenzeit mit Bergstraesser befreundet und gehörte zu einer Gruppe von Studentenführern, zu der auch P. van Aubel gehörte. Wer P. ist, der »in Schwierigkeiten« stecke, ist ebenfalls nicht geklärt.

Staatswissenschaften: Nationalpolitische Aufgabe oder Politik als Wissenschaft?

1 Daß er an dieser Stelle auch auf Adam Müller eingeht, sei nur am Rande bemerkt. Adam Müller ist für ihn mit seinem organischen Staatsbild »für irgendeine Rationalität und deren Forderungen wesensunerreichbar«, Weber 1925:42.

2 Der »Rüstungswettlauf« zwischen Deutschland und Frankreich sei nur Teil einer allgemeinen Krankheit gewesen, Weber 1925:75.

3 Tatsächlich benutzt er diesen, eigentlich westlichen Begriff, wenn auch nur vereinzelt, so ISK:105, während er hauptsächlich an dem Begriff des »geistigen Führers« festhält.

4 ISK:107, geschrieben zuerst 1918.

5 ISK:121. Es sei hier nur nebenbei darauf hingewiesen, daß Alfred Weber schon 1918 vom »geistigen Raum der Nation« spricht, ein Terminus, den Hofmannsthal in seiner berühmten Rede über »Das Schrifttum als geistiger Raum der Nation« 1927 verwenden sollte.

6 Der Text wurde als Referat Anfang 1918 gehalten und erschien in schriftlicher Fassung im Oktober 1918. Eine Veröffentlichung während des Krieges hielt Weber für »nicht angebracht«, ISK:102, vgl. Fn. 1.

7 einen nationalen Minderwertigkeitskomplex, wenn man es in der Sprache der Psychologie ausdrücken wollte.

8 v. Eckardt wurde von Alfred Weber lange »als eine Art von Sohn« betrachtet, vgl. Demm 1990:65.
9 1930 schrieb er ein Buch über Rußland, vgl. v. Eckardt 1930.
10 Diese Zusammenhänge wurden von einem Ausschuß der Verfassungsgebenden Nationalversammlung aufgedeckt, der sich mit der Frage der Verantwortung für den Krieg befaßte, vgl. Bonn 1953:232f.
11 Darunter der Deutsch-Französischen Gesellschaft, dem Deutsch-Französischen Studienkomitee, in dem er eine Sekretärsrolle ausübte und dem aus einer Vereinigung von Jugendbünden hervorgegangenen »Sohlberg-Kreis« um Otto Abetz, vgl. Abetz 1951:26ff. und insbes. Thalmann 1993.
12 Auch die bundesdeutsche Demokratie beruft sich auf nichtabgestimmte Grundsätze (z.B. GG Art. 19,2, Art. 102).
13 und noch 1985 Wilhelm Hennis dazu verleiteten, es »als eine ›der glänzendsten Länderstudien, die es g(ebe),‹« zu bezeichnen, vgl. Schmitt, Horst 1995:226, Fn. 37.
14 Die explizite Beschäftigung mit Literatur scheint erst im Jahr 1934 einzusetzen, vgl. Bergstraesser 1934 sowie ders. 1967 und Bibliographie 1984.
15 an zwei Stellen findet sich Entsprechendes, vgl. Bergstraesser 1930:194, 196.
16 Bergstraesser 1930:195. Die Diktion vom »Zivilisten« und vom »Offizier« erinnert an Carl Schmitt, der diesen Gegensatz 1927 im *AfSS* verwendet hatte, vgl. Schmitt, Carl 1991.
17 Bergstraesser weist denn auch etwas kryptisch darauf hin, daß diese Sympathiekundgebung der Bevölkerung eigentlich gar nicht der französischen Armee galt, »als solche nicht geschaffen, sondern nur gesteigert durch die Freigebigkeit der französischen Behörden« erklärbar werde, Bergstraesser 1930:178f.
18 Laut Auskunft von Reinhard Laube war Mannheim auch im Gespräch für eine Göttinger Professur, Laube 1998.
19 In Heidelberg etwa hatte man die Neckarstaustufe und die Kanalisation der Altstadt in Angriff genommen.
20 Die Originalausgabe hatte lediglich drei Kapitel, »Ideologie und Utopie. (Als Einleitung)«, »Ist Politik als Wissenschaft möglich? (Das Problem der Theorie und Praxis)«, und das letzte Kapitel, »Das utopische Bewußtsein«, das Alfred Weber zum sechzigsten Geburtstag gewidmet war. Die derzeit auf dem Buchmarkt erhältliche deutsche Ausgabe ist u.a. um ein Einleitungskapitel und den Artikel »Wissenssoziologie« aus dem *Handwörterbuch der Soziologie* von 1930 erweitert.
21 Aus dem Artikel »Baden. Mannheimer Politische Gesellschaft« im *General-Anzeiger* Nr. 507 vom 10. November 1920, Stadtarchiv Mannheim Z65 S2/814.
22 Ruth Ludwig, geb. Neuberg, Brief an Verf. vom 26. November1993.
23 Mannheim an Kracauer, 26. Juni 1928, Dt. Lit. Arch. Marbach, Kracauer-NL.
24 In der zweiten Nachkriegszeit, als diese Einrichtung durch Alfred We-

ber mit großem Erfolg wiederbelebt wurde, fanden die »Soziologischen Diskussionsabende« abwechselnd im Hotel Schrieder oder im »Schwarzen Schiff« statt, zwei Heidelberger Hotels, die heute nicht mehr unter diesen Namen betrieben werden.

Die Adam-Müller-Debatte

1 Hg. von Jürgen Wilke bei Reclam, Stgt. (o.J.).
2 Goethe, »Tag- und Jahreshefte«, 1806, zit. bei Krättli, Anton, A.H. Müller, in der Reihe »Klassiker der Kritik«, hg. von Emil Staiger, Artemis Verlag, Zürich 1968:8.
3 Die freilich zu jener Zeit anders zu bewerten ist als nach dem Beginn der Geldverkehrsgesellschaft.
4 *Die Elemente der Staatskunst*, 36 Vorlesungen, Berlin, Sander 1808-1809, neu hg. von Jakob Baxa in Wien 1922, in der von Othmar Spann betreuten Sammlung *Die Herdflamme*. Weitere Ausgaben: 1931 Auszüge in einem Band »Vom Geiste der Gemeinschaft«, hg. von F. Bülow, Kröner, Lpz., 1936 Hendel Verlag, Mersburg, und 1968 bei Haude und Spener, Berlin.
5 *Versuche einer neuen Theorie des Geldes mit besonderer Rücksicht auf Großbritannien*, Brockhaus, Lpz. und Altenburg 1816. Auch dieses Werk, das während der Kontinentalsperre geschrieben wurde, erschien in der Reihe *Herdflamme* 1922, »mit erklärenden Anmerkungen versehen von Helene Lieser«, allerdings im Gustav Fischer Verlag, Jena. Es bildete außerdem den zweiten Teil des Bandes *Vom Geiste der Gemeinschaft* in Friedrich Bülows Müller-Ausgabe bei Kröner 1931.
6 Carl Schmitt, der Friedrich von Gentz sehr schätzte, schrieb in der »Politischen Romantik«: »Seine Freundschaft mit Adam Müller ist ein besonderer, psychologischer Fall; die Übernahme romantischer Nebensächlichkeiten beweist bei einem sensiblen Menschen wie Gentz ebensowenig wie bei Goethe; entscheidend ist die rationale Klarheit seines Denkens ...« etc. (*Politische Theologie*, Duncker und Humblot, Bln. 1919^1/1925:32). Schmitt will Gentz offensichtlich von der ihm unsympathischen Freundschaft mit Müller reinwaschen und erklärt das Verhältnis zu einem »psychologischen« Fall. Etwas Gutes kann er damit nicht gemeint haben.
7 in seinem Buch *Weltbürgertum und Nationalstaat*, 1908, vgl. Troeltsch, Ernst, *Der Historismus und seine Probleme*, 1. Buch »Das logische Problem der Geschichtsphilosophie«, (J. C. B. Mohr) Paul Siebeck Verlag, Tüb. 1922:298, Fn. 141.
8 bis zur zweiten Auflage 1925 unter seinem damaligen Namen Schmitt-Dorotic erschienen.
9 Spanns Interesse an Müller entzündete sich an dessen Idee von der ständestaatlichen Gemeinschaft: »Von schärfster Aktualität sind auch seine Ausführungen über das Problem des Nationalstaates und der Spott, mit dem er alle Völkerbundsbestrebungen als farblose Utopien entlarvt. Die Zeitum-

stände der Entstehung des Werkes (1808) waren ja ähnlich wie heute« (Anzeige der Neuauflage der *Elemente der Staatskunst* als erstem Bande der Sammlung *Herdflamme*, Müller 1922). Auf Spann werde ich jedoch im folgenden nicht eingehen, da es die Betrachtung des österreichischen Gesichtswinkels erforderlich machen würde.

10 Ernst Robert Curtius, der 1924 nach Heidelberg kam, befaßte sich nicht mit Adam Müller, wie Hoeges schreibt (vgl. Hoeges, Dirk, *Kontroverse am Abgrund: Ernst Robert Curtius und Karl Mannheim. Intellektuelle und »freischwebende Intelligenz«* in der Weimarer Republik, Fischer Tabu Verlag, Ffm. 1994:99). Er korrespondiert allerdings mit Carl Schmitt über die »Politische Romantik« und zeigt dort, daß auch er von Carl Schmitts Romantikverständnis nicht begeistert ist: »Im Grunde steht hinter Ihrer ganzen historischen Arbeit und Wertung ein Metaphysisches ... Sie bekämpfen einen Ihnen gegensätzlichen geistigen Typus. Sie mobilisieren das Rechtliche, Politische, Moralische gegen das Poetische. Aber die Romantiker würden antworten, daß das Poetische eine Urpotenz von unangreifbarer Dignität ist. Im Grunde ist der Streit nicht zu schlichten.« Das ist keine Zustimmung, sondern eine verklausulierte Ablehnung, die an Troeltschs Urteil über Schmitt erinnert. Das Verhältnis Curtius – Schmitt endete nach dem Buch Schmitts über die Diktatur 1922. Curtius kann sich nicht für den scharfen Begriff des Politischen bei Schmitt begeistern. Er sieht sich mit Thomas Mann in größerer Übereinstimmung, wenn er schreibt: »Denn für mich – und darin bin ich echt deutsch – ist das Politische kein oberster Wert, und seine Verabsolutierung ... finde ich zwar grandios, aber auch antipathisch.« Zit. nach Noack 1996[2]:57f.

11 »Justus Mösers Individualitätsprinzip in seiner geistesgeschichtlichen Bedeutung«, Hans Baron in der *Historischen Zeitschrift*, Oldenbourg Verlag, Mü./Bln. 1924:31–57, hier 31.

12 Mannheim, Karl, *Konservatismus. Ein Beitrag zur Soziologie des Wissens*, hg. von Kettler/Meja/Stehr, Suhrkamp, Ffm. 1984. Die folgenden Zitate, wenn nicht anders angegeben, aus dieser Ausgabe als »Kons«. Die Herausgeber haben in dieser Ausgabe die ausführlichste Fassung von Mannheims Habilitationsschrift wieder zugänglich gemacht, welche lediglich in verkürzter Form im *Archiv*, Bd. 57, 1927, veröffentlicht worden war.

13 *AfSS*, Bd. 52, 1924:1–60. Im folgenden zitiert nach dem Wiederabdruck in *Wissenssoziologie*, hg. von Kurt Wolff, Da. 1964:264–307.

14 Schmitt-Dorotic 1919[1]/1925:22f. Löwith hat in seinem Aufsatz über Schmitt immer wieder darauf hingewiesen, daß Schmitts Entscheidungstheorie nie etwas darüber aussage, was entschieden werden soll – er nennt Schmitt aus diesem Grunde einen »okkasionellen Dezisionisten«, vgl. »Der okkasionelle Dezisionismus von Carl Schmitt«, in Löwith, Karl, *Heidegger – Denker in dürftiger Zeit. Zur Stellung der Philosophie im 20. Jahrhundert*, Sämtl. Schriften, Bd. 8, Metzlersche Verlagsbuchhdlg., Stgt. 1984:36 (S. 32–71). Daß es sich dabei weder um eine tatsächliche Wertenthaltung noch einen Wertnihilismus handelt, wie Löwith meint, das geht aus allen Hinweisen auf den

Katholizismus hervor, die Schmitts Werk hintergründig durchziehen. Sollte Löwith das übersehen haben? Oder handelte es sich um eine Herausforderung an Schmitt, zu seinem Katholizismus offen Stellung zu beziehen?

15 ihn freilich für einen »Neukantianer« haltend, Troeltsch 1922:286, Fn. 135.

16 Das Buch »verfolgt nicht den Zweck, dem romantischen ›ewigen Gespräch‹ neue, vielleicht ›gegensätzische‹ Anregung und Nahrung zu liefern, sondern möchte auf eine ernst gemeinte Frage eine sachliche Antwort geben« (Schmitt-Dorotic $1919^1/1925$:28): *ernst* also muß es schon sein.

17 »Wir lieben beide keine Konvertiten. Schmitt hat das noch viel schärfer betont als ich«, Oberheid an Salin, 31. Oktober 1964, *Schmittiana III*, 1991:165.

18 Vorwort des Herausgebers Salz zu Müller, Adam, *Vorlesungen über die deutsche Wissenschaft und Literatur*, Drei Masken Verlag, Mü. 1920:V.

19 Alfred Weber wies einmal darauf hin, daß der Staat in manchen Epochen »ein seelisch-kulturelles Gebilde« war, zitiert Mannheim im Historismus-Aufsatz (Mannheim 1964:295). Alfred Webers Staatsbegriff hat, wie man hier erkennt, mehr mit dem Georges zu tun als mit jenem von Max Weber.

20 Es liegt nahe, darin den Grund dafür zu vermuten, warum er die Werkausgabe, wie sie der Verlag angekündigt hatte, nicht fortsetzte.

21 »Lasen auch nur verhältnismäßig wenige Spengler und Klages, Heidegger und Carl Schmitt, so bestimmte doch die Aura ihrer Ideen die Atmosphäre damals der ›incertitudes allemandes‹«, Plessner, Helmuth, »Einführung 1959« zu *Die verspätete Nation*, Kohlhammer, Stgt. 1959:17, ursprünglich 1935 als *Das Schicksal deutschen Geistes im Ausgang seiner bürgerlichen Epoche*, Niehans Verlag, Zürich. Plessner spielt mit den »incertitudes allemandes« auf den Titel des Buches von Pierre Viénot an, das 1931 erschien und sogleich ins Deutsche übersetzt worden war. Interessant ist hier auch die Ansicht Ernst von Salomons, der »von den deutschen Freikorpskämpfern behauptet, sie seien zur Tat geschritten, ›frei von jeder Ideologie‹, und zwar ›zu einer Zeit, da es allerorten von Ideen wimmelte, da sie ausgeboten wurden wie saures Bier und billig waren wie Brombeeren‹«, in »Die Gestalt des deutschen Freikorpskämpfers«, 11–14 im *Buch vom deutschen Freikorpskämpfer*, Limpert, Bln. 1938, hier 11, zit. nach »Unbekannte Briefe von Hugo Fischer an Carl Schmitt«, in Piet Tommissen, *Schmittiana 1*, VCH Verlag, Weinheim 1990:88; dort auch der Begriff »Ideenunruhen«.

22 Max Weber, »Einleitung in die Wirtschaftsethik der Weltreligionen«, in *Soziologie. Universalgeschichtliche Analysen. Politik*, Kröner, Stgt. 1973:398–440, hier 434.

23 Für die Zeit nach dem Ersten Weltkrieg nennt Mohler als ersten Fundort eine Stelle bei Thomas Mann in einem Aufsatz »Russische Anthologie« von 1921, vgl. Mohler 1989^3:9.

24 Wenn Mannheim hinzufügt, es sei eine häufig beobachtbare Erscheinung, »daß revolutionäres Denken extrem rationalistisch ist«, so kann man sich denken, daß er auch sozialistisches revolutionäres Denken meinte – starr und revolutionär wurden hier gleichgesetzt: »Das revolutionierende Denken

schöpft seine umstürzlerische Kraft aus dem Verwirklichenwollen eines rational scharf umrissenen Richtigkeitsbildes der sozialen und politischen Ordnung« (*Kons*:167f.). Freilich ist diese zweite Dimension hier nicht belegbar.

25 entfällt.

26 Damit meint Mannheim das binäre Denkmuster des rationalistischen Positivismus, eine durchaus unpathetische formale Entscheidungsfindung, die sich von der existentiellen Freund-Feind-Formel des Dezisionismus kategoriell unterscheidet.

27 So auch bekanntlich Rosa Luxemburg, deren Äußerungen eine gewisse bürgerliche Sekurität der deutschen Sozialdemokratie widerspiegeln, die dem östlichen antiliberalen Marxismus bis zuletzt fremd blieben. Ob und mit welcher Absicht Mannheim hier auf Rosa Luxemburg anspielt, ist nicht deutlich erkennbar.

28 Der Marxismus, der zum Erben der romantischen Bewegung werden sollte, hat später sehr genau gesehen, wie aus diesem Kampf gegen die ständischen Privilegien der Kampf um eigene Vorrangstellungen wurde, ohne daß das liberale Denken auf seinen abstrakten Freiheitsbegriff verzichtet hätte: Die Freiheit des Proletariers, sich zu verkaufen.

29 Der Rekurs auf die »deutsche Freiheit« gegen das »Westlertum« bei Thomas Mann (Mann 1983) bestätigt auch Mannheims Beobachtung, daß der Konservatismus erst durch seine Gegner zur Verbalisierung gezwungen wird: Für Thomas Mann ist Politik Anathema. Erst durch den Krieg (und durch die politischen Aktivitäten seines frankophilen Bruders) wird er zur Stellungnahme herausgefordert: »Man ist nicht ein ›demokratischer‹ oder etwa ein ›konservativer‹ Politiker. Man ist Politiker, oder man ist es nicht. Und ist man es, so ist man Demokrat«, Mann 1983:184.

30 vgl. Rohden, Einführung zu de Maistres »Betrachtungen über Frankreich«, *Kons*:254, Anm.169.

31 unter Bezugnahme auf die Meineckesche Schilderung vgl. *Kons*:220.

32 »Es hat also jede Sache ihren Gesichtspunkt, worin sie allein schön ist«, zitiert Mannheim, *Kons*:163, in »Von dem moralischen Gesichtspunkt«, Möser, Justus, *Anwalt des Vaterlands*, Ausg. Werke, Gustav Kiepenheuer, Lpz. 1978:102f., hier 102. Weiter heißt es im Text: »und sobald Sie diesen verändern, sobald Sie mit dem anatomischen Messer in das Eingeweide schneiden: so verfliegt mit dem veränderten Gesichtspunkt die vorige Schönheit.«

33 Mannheim holte sich Anregungen zu diesem Thema aus der westlichen Soziologie, wie er schrieb: »Das Generationsproblem beschäftigt neuerdings insbesondere die französische Soziologie, da Frankreich um die Zeit der Dreyfus-Affäre eine seelische Umstellung erlebte, deren Struktur von der Nähe beobachtbar war« (*Kons*:215).

34 Tommissen 1990:122. Im Nachlaß Carl Schmitt jedenfalls finden sich keine Briefe von oder an Mannheim, vgl. D. van Laak/I. Villinger (Hg.) 1993. Tommissen gibt nicht an, woher er diese Briefstelle bezieht, sondern schreibt nur: Auskunft über weitere Kontakte zwischen C. S. und Mannheim wären nützlich«, Tommissen 1990:154, Anm. 37.

35 Schmitt, Carl (1950[1]), 1987. In Erinnerung an diese Gespräche mit Mannheim suchte er im Winter 1945/46 mit Mannheim Kontakt aufzunehmen durch die »Antwortenden Bemerkungen zu einem Rundfunk-Vortrag von Karl Mannnheim« in diesem Bändchen, die Mannheim jedoch nicht erreichten, wie es in der Fußnote ebd. heißt. Welcher Art diese Gespräche waren und wo sie stattgefunden hatten, darüber ist nichts bekannt. Möglicherweise fanden sie im Rahmen der bei Noack erwähnten DHS statt.
36 »Am 10.9.1926 schrieb Brinkmann an Carl Schmitt (›Sehr verehrter Herr Kollege‹), daß er auf seinen Besuch hoffe«, vgl. NL Carl Schmitt, HSA Düsseldorf, RW – 265 2038. Leider habe ich über diesen Vortrag nichts Näheres herausfinden können, vermute jedoch, daß er im Rahmen der Abende der Studien- und Förderungsgesellschaft des InSoSta stattgefunden hat.

Kultursoziologie

1 Zu den Gewaltaktionen der NS-Studenten vgl. Giovannini 1990; zur Fahnenaktion der Nationalsozialisten vgl. Nutzinger 1992, Demm 1982, 1984.
2 Vgl. Gundolf, Friedrich, »Wesen und Beziehung«, in *Jahrbuch für die Geistige Bewegung*, Bd. 2, 1911:10–35, hier zitiert nach Laube, Reinhard MS,1998:2, mit frdl. Erlaubnis des Autors.
3 Vgl. z. B. den Artikel »Kultursoziologie«, Weber 1931.
4 »Es ist jedenfalls nicht ein Vorurteil des abendländischen Aktivismus, sondern geniun aus dem Wesen der Dinge entnommen, wenn wir Lebendiges gleich Geschichte und Geschehen setzen; daran denkend, daß Platon nicht ohne Grund das aus sich Selbst Bewegte als Seele bezeichnet, und daß die Lebenssubstanz, in welche die Seele, die Gesamtseele der Völker nicht minder wie die des Einzelnen eingebettet ist, wie gesagt sich in unaufhörlicher Wandlung befindet«, ISK:2.
5 »Fragmente zur unmittelbaren Transzendenz«, Weber 1946:258. Diese Fragmente wirken mit ihrer »Präambel« fast wie ein Testament, das er noch vor Kriegsende, im Februar 1945, verfaßt hatte. Der Untertitel des Buches »Überwindung des Nihilismus« deutet ebenfalls darauf hin.
6 Diesen Ausdruck verdanke ich Prof. Joseph H. Kaiser, Freiburg.
7 Deshalb gibt es auch keinen Sinn, wenn Elfriede Üner Alfred Weber einen »ideengeschichtlichen Rückschritt« vorwirft, der hinter die »damals bereits allgemein akzeptierte realsoziologische Erkenntnis« zurückgehe, vgl. Üner 1992:150. Im übrigen ist auch der Begriff des »ideengeschichtlichen Rückschritts« kein Begriff, der »realsoziologisch« Bestand haben könnte.
8 In einer Fußnote dazu heißt es: »das hat Spengler richtig erkannt und ausgedrückt«, in Weber 1923/24 in ISK:51.
9 Geschrieben 1946, folgt hier ein Hinweis auf die Verblendung der Deutschen, die es als edel betrachtet hätten, Menschen hinterhältig zu »erledigen«, Weber 1946:271f.

10 Demm hat auf mehrere Quellen im Weberschen Denken hingewiesen, vgl. Demm 1990:142 et passim.

11 Unter dem Einfluß Spenglers nahm Weber den Kapitalismus und den Staat aus dem Zivilisationsprozeß heraus und faßte sie in seiner dritten Kategorie, dem Gesellschaftsprozeß, zusammen, vgl. Demm 1990:142.

12 Auch Max Weber teilte den Spenglerschen Pessimismus nicht, die bei vielen Zeitgenossen zur Abwendung von der Problemlage der Zeit und zur Suche nach anderen Idealwelten führte. Seine anfängliche Kritik an der »Option des Aussteigens« (Mommsen, Wolfgang J. 1993:58) scheint er jedoch mit einer andeutungsweise erkennbaren Persönlichkeitswandlung gegen Ende des Ersten Weltkriegs durch die Begegnung mit Else Jaffé und nähere Bekanntschaft mit alternativen Lebensformen in Monte Verita gemildert zu haben, vgl. Mommsen, W.J. 1993:57.

13 Vgl. Vorwort der Herausgeber in Karl Mannheim 1980:7.

14 Sulz hatte zu dieser Zeit 2500 Einwohner und es gibt keine Anhaltspunkte für die Existenz einer ungarischen Gemeinde, die ein anderer Grund für seinen Besuch hätten sein können. Brief der Stadt Sulz (Hauptamt) an Verf. vom 3. April 1996.

15 Wenn auch die Herausgeber schreiben: »es ist ein schmerzlicher Gedanke, daß diese Verzögerung (der Veröffentlichung, RB) zusammenhängt mit einer Scheu vor Offenheit, welche zuerst durch Karriere und erzwungene Emigration, dann durch posthumes Stereotypisieren von Ansprüchen an Anerkennung hervorgerufen wurde« (Mannheim 1980, Vorwort »Karl Mannheims frühe kultursoziologische Arbeiten«, 9–31, hier 9), so läßt sich daraus zwar ein Grund erkennen, warum Kecskemeti, der das MS besaß, es nicht veröffentlichte, aber nicht, warum Mannheim es nicht schon 1922 publizierte. Immerhin waren von Mannheim bereits einige Texte auch auf deutsch gedruckt worden, zuletzt »Beiträge zu einer Theorie der Weltanschauungs-Interpretation«, im *Jahrbuch für Kunstgeschichte* I, 4:226–274, und ein Aufsatz in Lederers *Archiv für Sozialwissenschaft und Sozialpolitik*, 1921. Sie geben denn auch auf, »fruchtlose Nachforschungen über Mannheims eigene Gründe« weiter zu betreiben, vgl. dies. 1980:9.

16 Die zuvor von ihm erschienenen Rezensionen und seine Doktorarbeit betrafen rein philosophische oder literarische Fragen, vgl. die Bibliographie bei Woldring 1986.

17 »Über die Eigenart kultursoziologischer Erkenntnis«, in *Strukturen des Denkens*, Mannheim 1980:48. Im folgenden zitiert als EdK mit der Seitenzahl.

18 Zum Begriff der »Säkularisierung« vgl. neuerdings Giacomo Marramao, *Die Säkularisierung der westlichen Welt*, übers. von Günter Memmert, Insel Verlag, Lpz./Ffm. 1996:19ff., der darauf hinweist, daß damit ursprünglich das Zurücktreten von Priestern in den Laienstand gemeint war. Mannheim versteht darunter im Sinne von Hegel die Entsakralisierung des Alltags in der europäischen Welt und damit eben auch die »Verweltlichung« der Kultur.

19 So hat es Elias später in *Über den Prozeß der Zivilisation* beschrieben.

20 Hier wird der offenbar gemeinte Max Weber nicht explizit genannt.

21 Es heißt dort, »daß der überwiegend große Teil der Erlebniszusammenhänge des Individuums (auch bei scheinbarer Isolierung) sich in Bahnen bewegt, die für eine Gruppe oder für ein Zeitalter überhaupt charakteristisch sind« (EdK:80).

22 Vgl. Alfred Weber, »Der soziologische Kulturbegriff«, Begrüßungsvortrag auf dem II. Dt. Soziologentag 20. Oktober 1912, in *Verhandlungen...*, 1. Serie, II; abgedruckt in ISK:31–47, hier 31f.

Die Relativismusdebatte

1 Mannheim bot im Wintersemester 1927/28 Übungen zur »Soziologie Max Webers« an. Das Seminar wurde von 28 Studenten besucht, darunter 4 Frauen, vgl. Quästurakten K. Mannheim Univ. Arch. HD.

2 Man beachte diesen an Alfred Weber orientierten Begriff, der anstelle des »Gesellschafts«-Begriffs tritt.

3 Hannah Arendt war im Mannheim-Seminar über »Die soziale Bedeutung der Philosophie im 19. Jahrhundert« im Sommersemester 27 und besuchte die Soziologischen Übungen im Sommersemester 28, vgl. Quästurakten Univ.Archiv Hd., Akte Mannheim.

4 Hannah Arendt, »Philosophie und Soziologie«, zuerst in *Die Gesellschaft*, Bd.7, 1930, zit. nach Meja/Stehr 1982:515.

5 Günther Stern, »Über die sog. ›Seinsverbundenheit‹ des Bewußtseins«, in *AfSS*, Bd. 64, 1930:492–509, wieder abgedruckt in Meja/Stehr 1982:497–514, dort mit einem Nachwort von Günther Anders versehen. Stern, der mit Hannah Arendt verheiratet war, nannte sich später Günther Anders.

6 Vgl. Honegger 1990; Kettler/Meja 1993.

7 Bei Mannheim entdeckt man immer wieder ganz kleine grammatikalische Ungereimtheiten, die einen stutzig machen: Mannheim ist im Deutschen niemals ganz perfekt geworden und brauchte jemanden wie Hans Gerth, der seine Texte noch einmal redigierte. Vgl. z. B. die Briefe im Dt. Lit. Arch. Marbach, NL Elias oder NL Kracauer.

8 Speiers Dissertation über Lassalle wurde nominell von Altmann angenommen, da Mannheim in Heidelberg als Privatdozent noch nicht promotionsberechtigt war. Ein weiteres Gutachten gab Jaspers ab. Das hatte möglicherweise mit dem Thema von Speiers Dissertation zu tun: Jaspers war der Schwager von Gustav Mayer, des Mannes, der den Nachlaß von Lassalle geordnet und die Biographie verfaßt hatte. Mayer wurde mit einer weiteren Biographie über Friedrich Engels berühmt.

9 Gerth hatte nach Mannheims Vertreibung 1933 verzweifelt nach einem Ersatz für den emigrierten Doktorvater gesucht und auch bei Alfred von Martin in Göttingen vorgesprochen. Er wurde dort jedoch beschieden, daß von Martin beurlaubt sei und wohl nicht mehr zurückkehren werde, vgl. Gerth 1979:67.

10 Vgl. dazu Hans Speier, »Autobiographische Notizen eines Soziologen«, in *Exilforschung. Ein internationales Jahrbuch*, Bd. 6, 1988.
11 Hans Speier, Bespr. von »Ideology and Utopia«, im *Amer. Journal of Sociology*, 1937.
12 entfällt.
13 Von dem Brief liegt mir nur die letzte Seite als Kopie vor, die ich durch Ruth Ludwig erhielt. Es handelt sich also wohl um einen Brief an Ruth Ludwig, die bis zuletzt eine gute Freundin von Hans Speier war, den sie in Heidelberg kennengelernt hatte.
14 Er selbst schreibt dies der Schulung durch Hönigswald zu: »Ich verdanke ihm ganz besonders, wenn auch nicht ihm allein, ein Gewissen, das mit Unsauberkeiten des Denkens, Affektiertheiten, Posen, falsche Fassaden, kurzum wenig von dem durchgehen läßt, was nicht zur Sache gehört«, Elias 1990:121.
15 Norbert Elias, *Über sich selbst*, Suhrkamp, Ffm. 1990:49.
16 Vgl. Elias, NzL:34; es sei hier interessehalber darauf hingewiesen, daß Alexander Rüstow seine Dissertation über dieses philosophische Problem verfaßt hat.
17 Gespräch mit Elias 11. März 1984.
18 Da wir über sie so gut wie nichts wissen, läßt sich über die emotionale Ebene ihrer Beziehungen nichts Erhellendes aussagen.
19 Löwenthal, Richard: »Mannheim war ein sehr schwieriger Mensch für Leute, die mit ihm arbeiteten. Elias dagegen ein sehr schwieriger Mensch nach oben hin«; Gespräch mit dem Verfasser am 4. Juni 1986.
20 »Sein Ehrgeiz ... vertrug sich durchaus mit einer gewissen persönlichen Unschuld der Einsicht ... Er wußte, daß er besser als der nächste Mann war, daß er den Preis, um den es ging, verdiente. Das verstand sich von selbst. Er meinte nichts Böses, wenn er andere aus dem Felde schlug ... Und er war in der Tat zumeist besser«, Elias, NzL:32.
21 Vgl. dazu u.a. Kilminster 1996:352–392.
22 Brief Mannheim an Elias, Elias NL, Marbach Dt.Lit.Archiv.
23 Nobuko Gerth, seine zweite Frau, die er im amerikanischen Exil geheiratet hatte, hatte den Namen noch nie gehört, als ich ihn erstmals nannte.
24 Nach Auskunft von Nobuko Gerth lautete diese Widmung »Nicht unterkriegen lassen«.
25 So bezeichnete ihn Hans Gerth in Greffrath 1979:80.
26 entfällt.
27 Hans Speier, »Soziologie oder Ideologie? Bemerkungen zur Soziologie der Intelligenz«, in *Die Gesellschaft*, 7,1; 1930,:357–372, wieder abgedruckt in Meja/Stehr 1982:532–550, hier: 544.
28 Ernst Robert Curtius, »Soziologie und ihre Grenzen«, in *Neue Schweizer Rundschau*, 10/29:727–736, hier:728, künftig zitiert als SuiG; die Antwort von Karl Mannheim, »Zur Problematik der Soziologie in Deutschland« (künftig: ZP), erschien in derselben Zeitschrift im folgenden Monat, Heft 11/29:820–829 oder 830. Mir liegt die Kopie eines mit dem Curtius-Beitrag

zusammengebundenen Sonderdrucks aus dem Heidelberger InSoSta vor, mit Seitenzahlen von 3–12.

29 »Sie«, die Soziologie, als deren Vertrer Mannheim hier genommen wird – eine Ehre, die dieser sogleich zurückwies, vgl. Mannheim ZP:6 –, »will nur allgemeine Erkenntnis vermitteln, aber in Wirklichkeit bietet sie uns persönliches Bekenntnis«, SuiG:729.

30 Rychner in »Fragment über die neue Denkmethode«, NSR 10/29:724, zit. nach Mannheim ZP.

31 *Deutscher Geist in Gefahr*, DVA, Stgt./Bln. 1932:84, künftig als *DGiG* zitiert.

32 Dirk Hoeges hat in seinem Buch über diese *Kontroverse am Abgrund* (Hoeges 1994) die Auseinandersetzung stark dramatisiert. In der Struktur seiner Argumentation ist Hoeges Ansatz demjenigen von Curtius merkwürdig gleich, denn auch er fragt sich, warum die nichtfaschistischen Intellektuellen sich gegenseitig so heftig und ununterbrochen angriffen, statt sich miteinander zu verbünden gegen das drohende Unheil des »Dritten Reiches«.

33 *Die geistige Situation der Zeit*, Bln./Lpz. 1932:136 (zuerst 1931, 12. Auflage 1971).

34 Das Referat von Fritz Bran über Lukács ist erhalten geblieben (im Heidelberger Teilnachlaß Alfred Webers).

35 Paul Eppstein, vormaliger Assistent von Altmann, war Leiter der Volkshochschule Mannheim. Eppstein wurde von den Nazis in ein KZ gebracht und von einem SS-Mann in Theresienstadt erschossen, als er ihm widersprach; Auskunft von Ruth Ludwig. Zu Sohn-Rethel vgl. Freytag 1997.

36 Speier, Hans, »Soziologie oder Ideologie?«, in Meja/Stehr 1982:538, Anm. 14. Speier bezieht sich hier auf Alfred Webers Schrift *Die Not der geistigen Arbeiter* von 1923, Mü./Lpz, Duncker & Humblot.

37 »Protokoll der Sitzung der vereinigten Seminare von Prof. A. Weber und DR. Mannheim, den 21. Febr. 29«, S.2; künftig P I.

38 »Heidelberger Briefe«, in Karádi/Vezér 1985:74.

39 Beschreibungen heutiger Kunst wollen zwar auch nicht objektiv sein, aber sie greifen nicht auf das subjektive Gefühl des Betrachters zurück, sondern nur mehr auf das subjektive Gefühl der Künstlerin oder des Künstlers bei der Schöpfung seines Werkes.

40 XXXII. Bd., 1.–3. Heft, Verlag Hermann Böhlau Nachf., Weimar: 43–51.

41 Brief Curtius an Alfred Weber, NL Alfred Weber, HD, HSA.

Von der Philosophie zur Soziologie: Norbert Elias in Heidelberg

1 Von einer Riesengebirgsfahrt berichtete Elias in den *Blau-Weiß-Blättern*, die, nach Hackeschmidt, vermutlich im Spätherbnst 1913 stattgefunden hat, vgl. Elias 1914, Hackeschmidt 1997:126.

2 Hackeschmidt 1997:8 und 124ff. Elias hat über sein Engagement in der

Jugendbewegung nicht oder kaum je gesprochen. Hackeschmidt, der diesen Teil von Elias' Biographie nun ausgeleuchtet hat, spricht geradezu von einem »Versteckspiel«, vgl. ders. 1997:157.

3 »Vom Sehen in der Natur«, Breslauer Heft der *Blau-Weiß-Blätter. Führerzeitung*, hg. von der Bundesleitung der jüdischen Wanderbünde Blau-Weiß, Ausgabe Mai–Juli 1921, Jg. II, Heft 8–10:133–144. Für die Überlassung einer Kopie dieses Artikels danke ich H. Korte.

4 Elias' »Fahrtenbericht«, »Die dreitägige Riesengebirgsfahrt«, Elias 1914, hatte als Beschreibung einer gemeinsamen Wanderung noch den Charakter eines Schülererlebnisaufsatzes; vgl. dazu die Bemerkungen von Jörg Hackeschmidt, der diesen Artikel publiziert hat, Hackeschmidt 1995.

5 Bis in die dreißiger Jahre hinein finden sich in seinen Schriften diese Denkfiguren der Gestaltpsychologie. Sie gehen später in seine in der gruppenanalytischen Arbeit gewonnene Terminologie mit ein, vgl. Blomert (1989[1])1991:56.

6 Am 20. Juni 1921, abgedruckt bei Hackeschmidt 1997:335.

7 Die Frage des zionistischen Engagements von Elias ist umstritten. Während Hackeschmidt keine besondere, abweichende Stellungnahme von Elias gegenüber den Vorstellungen der Breslauer Gruppe, ihren »eigenständigen Weg nach Palästina zu gehen« (Hackeschmidt 269, passim) notiert, berichtet Michael Schröter, Elias habe stets vehement ein zionistisches Engagement verneint, vgl. Schröter Ffm. o.J., ca. 1997. Vgl. dazu auch Korte 1991, insbes. S.5,8.

8 »The influence of the medical studies was very great because I had a very clear concept of what scientific research is and I thought that one could investigate society, not with the same method but with the same detachment«, sagte er etwa in dem Gespräch mit Johan Heilbron 1983/84:26.

9 Der Wissenschaftshistoriker ist dabei in der mißlichen Lage, Zuschreibungen rekonstruieren zu müssen, die scheinbar den Anteil an Originalität einschränken. Doch weder gelingen diese Rekonstruktionen je vollständig – hier erweist sich stets, was Elias ebenso wie Mannheim immer wieder betonten, daß Gedanken kollektive Gebilde sind –, noch ist darin eine wirkliche Einschränkung der Originalität zu sehen, denn jeder Denker formuliert anders und baut die Bestandteile des kollektiven Gedankengutes anders um – darin liegt seine »Originalität«, seine Eigenart.

10 Mannheims Manuskript wird von den Herausgebern auf das Jahr 1922 datiert, mithin kurze Zeit nach dem Erscheinen von Elias' Artikel, vgl. Mannheim 1980. S. a. Blomert 1997[1]:174f.

11 Richard Kilminster hat darauf hingewiesen, daß Elias an den Forschungen der Naturwissenschaften stets Interesse bewahrt hat, vgl. ders., 1996.

12 Vgl. dazu auch Merz-Benz 1996 sowie *Theory, Culture and Society*, vol.12, no.3, August 1995.

13 In der mir vorliegenden Fassung aus der Preußischen Staatsbibliothek Berlin.

14 Historisch betrachtet wird man es freilich anders ausdrücken müssen:

Hier zeigt sich, daß Ethik und Philosophie ganz im Kantischen Sinne noch nicht getrennt werden.

15 Welche Rolle es bei dieser geistigen Affinität, die Elias zu Cassirer zeigen sollte, spielte, daß Cassirer auch aus Breslau stammte und mit Elias weitläufig verwandt war (»Eine Cousine der Familie Elias, geb. Lasker ... war mit einem Bruder von Ernst Cassirer verheiratet«, vgl. Schröter 1993:702, Fn. 25.), ließ sich bislang nicht feststellen.

16 Im Gespräch mit J. Heilbron sagte er: »«With Cassirer things were different, that was no metaphysics. There were some links. He was also from Breslau and although I never met him, I knew quite closely one of his son, who was also a philosopher. I had some affinity with his work. I had read »Substanzbegriff und Funktionsbegriff« and some historical studies. But I was fundamentally centered on Hönigswald«; Heilbron 1983/4:10.

17 in Hönigswald, *Die Grundlagen der Denkpsychologie*, Teubner, Stgt. 1965 (Nachdruck der 2. Aufl 1925):286

18 So in seiner fundamentalen Kritik an dem Buch, das Cassirer noch als Privatdozent herausgegeben hatte: »Substanzbegriff und Funktionsbegriff. Kritische Betrachtungen zu Ernst Cassirers gleichnamigem Werk«, in *Deutsche Literaturzeitung*, Nr. 45, XXXIII Jg., 9. November 1912:2821–2843 und Nr. 46, 16. November 1912:2885–2902.

19 vgl. Cassirer 1920. Eine ausführlichere Fassung, die von Einstein selbst im MS durchgesehen worden war: Cassirer 1921.

20 In seiner *Kulturgeschichte der Physik* (Thun, 1990) berichtet K. Simonyi von dem 1926 publizierten Artikel von Max Born und Norbert Wiener, »der die Debatte über Determinismus und Indeterminismus, Kausalität und Akausalität der Naturvorgänge auslöste, ... ein in höherem Grade revolutionäres Umdenken als ... die Relativitätstheorie erfordert hatte«, ebd., 449.

21 Diese Sperrung ist bei Cassirer nicht, wie ein Vergleich mit der Originalausgabe zeigt. Vgl. auch Ernst Cassirer, *Kants Leben und Lehre*, Wiss. Buchges., Darmstadt 1994:311; Die Copyright-Angabe dieses Neudrucks der »Wissenschaftlichen Buchgesellschaft« besagt, daß es sich um einen Nachdruck der Werkausgabe der Yale-University-Press handelt. Es fehlt der Hinweis darauf, daß dieses Buch ursprünglich als Ergänzungsband der Werke Immanuel Kants, Bd. XI beim Bruno Cassirer Verlag, Berlin 1918[1] (1921[2]), erschien.

22 Vgl. Auszug zu *Idee und Individuum*, der 1924 erschien. Der Kompromiß lautete, daß »die Idee der Geltung als Prinzip des dialektischen Prozesses ... dessen Bewegung enthoben (ist). ... Kraft dieser Einheit des ordnenden Prinzips der Geltung, auf das bezogen der geschichtliche Prozeß als Ordnung erscheint, ist es also grundsätzlich möglich, von einer Geschichtswissenschaft und von einer geschichtlichen Wahrheit zu sprechen«, in *Idee und Individuum. Ein Beitrag zur Philosophie der Geschichte. Auszug aus einer Schrift zur Erlangung der Doktorwürde der Hohen Philosophischen Fakultät der Schlesischen Friedrich-Wilhelms-Universität zu Breslau.*

23 In einem Gespräch, das ich mit ihm u. a. über seine Doktorarbeit

führte, stimmte er meiner Einschätzung der Arbeit als »sehr akademisch« lebhaft zu (Elias/Blomert/Knödler-Bunte 1984:5).

24 Elias hatte geschrieben, daß »jede einzelne Idee als Folge aus Gründen hervorgeht und ›somit auch selbst der Gesetzlichkeit des dialektischen Prozesses unterworfen sein kann‹. Nun fügte er hinzu, »daß ›die Idee der Geltung als Prinzip des dialektischen Prozesses dessen Bewegung enthoben ist‹«, Elias 1990:134, Fn.

25 Vgl. z.B. NzL 19; vgl. auch Merz-Benz 1996. Ich danke Herrn Peter Merz-Benz für die Überlassung des MS.

26 Vgl. »Frankfurter Lebenslauf«, PA Norbert Elias, Bl. 9.

27 Dieser Auszug, der das Datum der Promotion trägt, 30. Januar 1924, war für Elias das Eingeständnis der Machtschwäche, denn er glaubte nicht daran, was dort stand.

28 Elias/Blomert/Knödler-Bunte 1984:2; in den Gesprächen mit Heilbron berichtete er von mehreren Referaten, vgl. Heilbron op.cit.:9.

29 Er hat jedoch, lt. Auskunft des Heidelberger Universitätsarchivs, diesen Lehrauftrag nicht wahrgenommen.

30 Jedenfalls hat er niemals darüber berichtet.

31 Nach dem Heidelbergaufenthalt hatte Elias im SS 1920 auch in Freiburg am Husserl-Privatissimum teilgenommen, also wohl nicht dem von Edith Stein so genannten »Kinderzirkel«, vgl. Stein »Selbstbildnis in Briefen. Erster Teil 1916–1934«, *Werke*, Bd. VIII, Freiburg, 1976:46f. Elias selbst sprach vom Goetheseminar, in das er durch die Empfehlung von Stein gekommen war, er nannte es das »Arkanum«, Gespräch Blomert/Knödler-Bunte 1984:2/3; vgl. auch Korte 1988:73.

32 In einem Film, der in den siebziger Jahren im WDR gesendet wurde, machte er sich einmal über die Heideggersche Basalontologie lustig – für Elias verbargen sich hinter Heideggers Philosophie nur Banalitäten. Von Hönigswald berichtete Elias, der habe nur Verachtung für diese Art von Philosophie gehabt, vgl. Heilbron op.cit.:9 (»slight contempt for all of them«) und NzL:20: Heidegger war für Hönigswald »indiskutabel, und er konnte nur schwer seine Verachtung für solche Unsauberkeiten des Denkens verbergen«.

33 Der in der Laufbahn nachfolgende Status des Privatdozenten war wenigstens mit Hörgeldern ausgestattet.

34 Vgl. Briefe, Jaspers an Elias/ Elias an Jaspers, Jaspers-NL Marbach, Literaturarchiv Marbach.

35 Stein 1976. Brief an Fritz Kaufmann: »Ich glaube, es täte ihm recht gut, wenn er in den Kinderzirkel käme. Denn, wie Sie offenbar bereits bemerkt haben, hat er den üblichen Kritizistendünkel. Ich glaube aber, wenn man ihm den aberzogen hätte, käme ganz was Brauchbares zum Vorschein, und es täte mir leid, wenn er in Freiburg nicht auf seine Kosten käme, denn er ist mit dem guten Willlen, was zu lernen, hingegangen«, Stein 1976:47; Stein hoffte, daß Elias, wenn er »seinen Kritizismus einklammer(t), ... etwas von Phänomenologie kapieren« werde. Ob mit »Kritizismus« eine Neigung von Elias zu Kritik und eigenwilliger Besserwisserei in jener Zeit gemeint war oder ob

dies auf den Begriff anspielt, mit dem man die Marburger Schule der Neokantianer – also auch Cassirer – bezeichnete? Das bleibt in der Schwebe. Klar ist aber, daß Edith Stein es für richtig hielt, Elias noch ein wenig umzuerziehen, damit noch ein rechter Phänomenologe aus ihm werde. Elias kannte Stein aus Breslau. Edith Stein hatte dort 1920 begonnen, eine Art privater Akademie zu führen, an der Elias teilnahm, vgl. Wobbe, Theresa, »Von Marianne Weber zu Edith Stein: Historische Koordinaten des Zugangs zur Wissenschaft«, in *Denkachsen. Zur theoretischen und institutionellen Rede vom Geschlecht*, hg. von Wobbe/Lindemann, Suhrkamp, Ffm. 1994:15–68, hier 32f. Noch in hohem Alter sprach Elias voller Hochachtung von Edith Stein, als er mir bei meinem ersten Besuch bei ihm von ihrem Schicksal berichtete (Elias/Blomert/Knödler-Bunte 1984).

36 Elias an Jaspers, 18. März 1928, NL Jaspers Lit. Arch. Marbach, 75.10967.
37 Elias an Jaspers, 18. März 1928, NL Jaspers Lit. Arch. Marbach, 75.10967.
38 Elias an Jaspers, 18. März 1928, NL Jaspers Lit. Arch. Marbach, 75.10967.
39 Vgl. »Frankfurter Lebenslauf«, Archiv der J.W. v. Goethe-Univ. Ffm., PA Norbert Elias, Bd. I, Bl. 9.
40 Elias an Jaspers, 18. März 1928, NL Jaspers Lit. Arch. Marbach, 75.10967.
41 Memoiren, Erinnerungen und Autobiographien neigen gelegentlich zur Stilisierung. Ob es sich dabei jeweils um eine Schwäche handelt, wie häufig behauptet wird, oder um eine Perspektivenökonomie, die notwendige, also starke, überlebenstechnische Gründe hat, wäre im Einzelfall zu fragen. Es gehört aber zur Redlichkeit des Historikers, daß er zunächst bei seiner Interpretation davon ausgeht, daß der Berichtende die Lebens- und Sachlage so und nicht anders gesehen hat, unabhängig von der Aufgabe der historischen Relativierung für den Interpreten.
42 »Curriculum vitae«, Marbach Lit. Arch., Elias NL.
43 Elias an Jaspers, 5. Mai 1929, NL Jaspers Lit. Arch. Marbach 75.10967.
44 Mannheim bot im Sommersemester 1926 »Soziologische Übungen« an, die nur 4 Hörer fanden. Im Wintersemester 1926/27 bot er »Geschichte des politischen Denkens in Deutschland: I. Konservatismus«, zu dem sich 31 Hörer einfanden, darunter Georg Schwarzenberger, Fritz Fischer und Benno v. Wiese. Im Sommersemester 1927 hielt er dieses Seminar über die Philosophie im 19. Jahrhundert. Unter den 25 Hörern war auch Hannah Arendt. »Die Soziologie Max Webers«, Wintersemester 27/28, fand 27 Hörer, darunter Hans Gerth, Svend Riemer und Georg Böse. Ob Elias Hörer gewesen ist, was fast wahrscheinlich ist, läßt sich aus den Quellen nicht nachprüfen, da er als Promovierter nicht in den Quästurakten auftaucht.
45 »he was stern authoritarian«, sagte Elias über Hönigswald, in Heilbron, 1983/4:10.
46 Unter den Hörern findet sich auch der Name Talcott Parsons, der im Wintersemester 25/26 bei Jaspers »Kants Kritik der reinen Vernunft« hörte, im Sommersemester 26 die »Geschichte der neueren Philosophie« und im Sommersemester 27 unter 157 Hörern in Jaspers' Vorlesung über »Grundriß der philosophischen Weltanschauung« saß. Vgl. Quästurakten Jaspers UAH.

47 »Für den Status der Soziologie in Deutschland und natürlich ganz besonders in Heidelberg war das Auftreten eines exemplarischen Soziologen (id est Max Weber, RB) mit einer weiten Ausstrahlung über das eigene Fach hinaus von höchster Bedeutung«, NzL:22.

48 Für Hinweise auf die Davoser Hochschulkurse, die von 1928 bis 1932 stattfanden, bin ich insbesondere Frau Sill dankbar, die mit Elias über diese Kurse intensive Gespräche geführt und eine wertvolle Sammlung von Berichten darüber zusammengestellt hat.

49 »Verhandlungen des 6. deutschen Soziologentags« Tüb. 110f. Vgl. Meja/Stehr 1982.

50 »Verhandlungen des 6. deutschen Soziologentags« Tüb. 1928 S. 281–284, hier 282.

51 Im Gespräch Elias/Blomert/Knödler-Bunte 1984 erkundigte er sich sehr lebhaft danach, was denn nun in Heidelberg für Soziologie betrieben werde.

52 NzL, zahlreiche Interviews, vgl. auch Korte 1988.

53 Heilbron, Interview 1983/4:11.

54 GLA Karlsruhe, 235/3140.

55 Löwenthal bezeichnete mir gegenüber im Gespräch Elias als »Mannheims Assistenten«, und als solcher wurde er auch von Hans Speier wahrgenommen, vgl. Korte 1988:96. Es gab damals die Rolle eines Amanuensis, einer Art Tutor, die manchmal gar nicht, manchmal aus der Privatschatulle eines Privatdozenten oder Professors bezahlt wurden oder auch aus Sachmitteln. Sie tauchten daher auch nicht in den Personalverzeichnissen auf.

56 Elias scheint das Abzeichen von Blau-Weiß getragen zu haben, vgl. Stein 1976:47.

57 in einem Gespräch, das David Kettler und Hanna Papanek mit ihr geführt hat. Elias hatte Rubinsteins Dissertation, die sie bei Karl Mannheim in Frankfurt schrieb, betreut. David Kettler danke ich für die Erlaubnis zu Einsichtnahme und Zitat aus dem MS. »Nina Rubinsteins Exilforschung«, unveröffl. MS, 1988:12.

58 »Ich freundete mich schnell mit Mannheim an und da ich älter war als seine Studenten und um wenige Jahre jünger als er, schlüpfte ich unversehens in die Rolle seines inoffiziellen Assistenten«, schrieb er in den NzL:23.

59 »In Frankfurt Mannheim one day told Elias that he needed a second assistent, and asked Elias if he minded sharing his salary. Upon inquiring if this had not made Elias very upset, Elias tried hard not to sound negative in any way, simply stating that Mannheim's request may now appear ›exploitative‹, but that Mannheim had made it in ›all innocence‹. ›That's the way Mannheim was, when he needed something: he somehow tried to get it.‹ Elias ended up sharing his salary.« Aus: »Informal conversation over lunch with Norbert Elias in Amsterdam on December 12th, 1986« von Volker Meja (unveröfftl.). Ich danke Volker Meja für die Überlassung dieses MS.

60 Aus Heilbron, Interview 1983/4:22.

61 Aus meinem Gespräch mit Richard Löwenthal 1986:4.

62 Im Elias NL sind diese brieflichen Zeugnisse erhalten. Es schrieben ihm u. a. Ralph Bonwit 1933 aus Dunsden Green (GB), Alexander von Schelting 1939 aus New York, Schwarzenberger 1940 aus einem Camp für enemy aliens, Wolfgang Hanstein 1947 aus Berlin, Marli Kreilsheimer 1963 aus Budapest, Svend Riemer 1963 aus LA, Richard Löwenthal 1958 aus Berlin.

63 NzL:23; so auch in Elias/Blomert/Knödler-Bunte 1984.

64 Die Liste ist ohne Jahresangabe, doch aufgrund der angegebenen Teilnehmer dürfen wir davon ausgehen, daß sie aus der Zeit vor 1931 stammt. Dr. Sultan, der auf der Liste steht, wurde 1931 bei Brinkmann habilitiert. Königsgarten, der auch erwähnt wird, war mit Sicherheit 1928 am InSoSta – von ihm stammte der Text eines Sketches zum 60. Geburtstag Alfred Webers. Über Königsgarten wissen wir auch aus den Erinnerungen Benno von Wieses, daß er 1933 ins englische Exil ging. Böse und Hunger waren bis 1933 am Institut, Hunger als Assistent am Institut für Zeitungswesen. Lilly Abegg war ebenfalls dort Assistentin bis 1934. Sie wurde dann Korrespondentin der *Frankfurter Zeitung* in China. Lediglich von Dr. Kamm ist nichts Näheres bekannt. Eschmann figuriert hier noch nicht als Dr., Elias ist hier nicht genannt.

65 Nach seinen Bleibeverhandlungen 1926 brauchte er nur noch 5–6 Wochenstunden insgesamt zu leisten, die Verteilung auf nationalökonomische oder soziologische Vorlesungen blieb ihm überlassen. Vom Sommersemester 1931 an wird er von volkswirtschaftlichen Vorlesungen ganz entbunden, behält jedoch die Institutsverwaltung, vgl. GLA Karlsruhe, Akten der Phil. Fak. der Univ. Heidelberg (Bestand 235).

66 Vgl. die Protokolle im Teil-NL A. Weber, HSA der Univ. Bibl. Hd. Mein Dank gilt hier Herrn Dr. Götz Roth für den Hinweis auf die Existenz dieses Teilnachlasses.

67 Diesen Zeitpunkt gibt er im Lebenslauf für seine Übersiedlung nach Frankfurt selbst an.

68 Diese Rekonstruktion beruht auf der Auswertung des Teilnachlasses, in denen sich Teilnehmerlisten, Referatpläne und Referate für diese Seminare befanden. Sie wurde für die Heidelberger Max-Weber-Edition angefertigt. Unveröfftl. MS, Max-Weber-Edition Univ. Heidelberg (künftig: Rekonstruktion).

69 in drei Protokollen als Diskutant und in einer »Zusammenfassung des im soziologischen Seminar im Sommersemester 1929 erarbeiteten Materials« als Referent über »künstlerische Stilwandlungen des Mittelalters«.

70 Unteutsch 1993:87–105; hier 88.

71 Bran, Fritz *Herder und die deutsche Kulturanschauung*, Diss. 1929, erschienen bei Junker u. Dünnhaupt Verlag, Bln. 1932, jenem Verlag, bei dem die Reihe zum wirtschaftlichen Schicksal Europas erschien. Vgl. Unteutsch 1993:89, Fn. 3.

72 entfällt.

73 die vom ersten Heft an bis 1943 bei G. Braun in Karlsruhe gedruckt wurden, vgl. Unteutsch 1993:89.

74 Bergstraesser scheint sich mit Alfred Weber die Arbeit der Beurteilung

und Überprüfung der eingereichten Arbeiten oft geteilt zu haben. Das Verschwinden der Parsonsschen Doktorarbeit über Max Weber etwa geht auf Bergstraessers Interesse zurück: Er las diese Arbeit im Zug auf einer seiner vielen Reisen und hat sie dort entweder liegengelassen oder sie ist dort anders verloren gegangen. (Vgl. auch Erklärung von Parsons vom 26. Juni 1927, Promotionsakten Phil. Fak. 1926/27 Univ. Arch. HD). Bergstraesser war jedoch nicht Prüfer, Salin hat Parsons in Theoretischer Nationalökonomie, Weber in Soziologie, Jaspers in Philosophie und Willy Andreas in Neuerer Geschichte geprüft. Sollte Peter Diederichs seine Arbeit also offiziell bei Alfred Weber eingereicht haben, so mag auch hier durchaus Bergstraesser als inoffizieller, eigentlicher Lehrer zu Recht genannt werden. In dem Band *Autoren und Weggefährten gratulieren Peter Diederichs*. Zum 75. Geburtstag von Peter Diederichs, o.O. (München) 1979 wird von Ulf D. zwar Bergstraesser, aber nicht Alfred Weber als Lehrer genannt, was jedoch lediglich als Indiz gewertet werden kann. In einem Brief von Eugen Diederichs an seinen Sohn Peter heißt es: »Für die Doktorarbeit, sollte ich meinen, käme es dann auf den Lehrer an, wenn Du die akademische Karriere machen willst und dann als Schüler eines Professors gewisse Aussichten zum Privatdozenten hast; sonst handelt es sich doch bei Dir (nur) um den Doktor und ich sollte meinen, da wäre es ganz gleichgültig, bei wem Du ihn machst, die Hauptsache ist, daß Du entschieden bist, innerhalb welcher Fakultät«, abgedruckt in dem genannten Band, S. 84. Ich danke Claudia Schmölders für die Überlassung dieses seltenen Privatdrucks.

75 Demm 1990:289 schreibt »Assistent«.

76 Vgl. den bereits genannten Gratulationsband (Peter Diederichs 1979).

77 Prom.Akten der Phil.Fak. HD sowie Auskunft von Richard Löwenthal (†) und Karl Ackermann (Mannheim).

78 Vgl. Honegger, Claudia, »Die ersten Soziologinnen in Frankfurt«, in *Die (mindestens) zwei Sozialwissenschaften Frankfurt und ihre Geschichte*, hg. von Steinert, Heinz, Sonderband Nr. 3 des FB Gesellschaftswissenschaften der J.W. v. Goethe-Universität Ffm.:88–99; 1990:7.

79 So Löwenthal im Gespräch mit dem Verfasser 1986.

80 Später schrieb er ein Buch über Lateinamerika: Goldenberg, Boris, *Lateinamerika und die kubanische Revolution*, Kiepenheuer & Witsch, Köln/Berlin 1963 (engl. Ausg. bei Allen & Unwin, Ld.). Im Vorwort gibt Goldenberg Einblick in seinen Denkweg. Er sieht sich als »Fremder« im Sinne von Simmel, der nicht, wie der Besucher, wieder geht, sondern bleibt: »Der Vorteil, ein ›Fremder‹ in Kuba gewesen zu sein, verbindet sich mit meiner marxistischen Vergangenheit und meiner Enttäuschung über den Leninismus«, 1963:11. Im Text taucht Max Weber mehrmals mit dem »Charisma«-Herrschaftstheorem auf, das er gegen Carl J. Friedrich verteidigt (1963:306 u. a.).

81 wenn man die Möglichkeit, daß es außer Mitnitzky noch einen Studenten der Sozialwissenschaften namens »Misnitzky« um dieselbe Zeit gegeben haben soll, ausschließt. Gelegentlich wird der Name auch auf andere Art

verballhornt, doch ist die Person Mitnitzky in diesen Kreisen durch die Zeugnisse von Löwenthal und Heinrich Taut gesichert, und in den Immatrikulationsbüchern taucht nur der Name »Mitnitzky« auf. Der Schreibfehler deutet darauf hin, daß das Protokoll in der vorliegenden Form nicht von einem Mitstudenten geschrieben ist, aber auch nicht diktiert wurde.

82 Mitnitzky schrieb einige Beiträge im *Archiv für Sozialwissenschaft und Sozialpolitik* zu ökonomischen Fragen.

83 vgl. Gleichmann/Goudsblom/Korte (Hg.»Human Figurations«), 1977 und Korte 1988; Reinhold Cassirer berichtete mir 1989, daß Mitnitzky, mit dem er befreundet war, in die USA auswanderte, seinen Namen geändert habe und im Bankwesen tätig geworden sei. Brief Cassirer an Verf.

84 Prom. Akten der Phil.Fak. HD 1931. Reinhold Cassirer lebt heute als Galerist in Johannesburg, Südafrika, und ist mit der Schriftstellerin Nadine Gordimer verheiratet.

85 So Karl Ackermann in einem Gespräch. Sie habe »später einen Ullstein-Sohn geheiratet«.

86 Festschrift für Emil Lederer (unveröfftl.), NL Lederer in National Archives Albany (NY).

87 Nach dem Krieg hat er in Südwestdeutschland einen Wirtschaftsinformationsdienst und eine Wirtschaftszeitung geleitet. In den 50er Jahren verlieren sich seine Spuren.

88 Von N. Halperin schreibt Claudia Honegger in dem erwähnten Aufsatz über die Frankfurter Soziologinnen, Honegger 1990:144; dort ist Halperins Heidelberger Studium nicht erwähnt. Halperin taucht im gleichen Semester auch im Immatrikulationsverzeichnis des Zeitungswissenschaftlichen Instituts auf, wo sie sich in einer Reihe mit Reinhold Cassirer, Wilhelm Gollub und Nina Rubinstein eingetragen hat.

89 Neben von Machui war Christiane von Hofmannsthal im Sommer 1928 Teilnehmerin, und später gehörte auch Gräfin Lichnowsky zu seinem Schülerkreis.

90 Das erinnert an eine berühmte Stelle bei Honigsheim in seinem Aufsatz über den Max-Weber-Kreis, daß Max Weber am liebsten russische, jüdische und sozialistische Gäste bei sich hatte, vgl. Honigsheim, Paul, »Der Max-Weber-Kreis in Heidelberg«, in *Kölner Vierteljahreshefte für Soziologie*, 1926:270–285.

91 Die Protokolle sind enthalten in dem noch nicht aufgearbeiteten Teilnachlaß von Alfred Weber in der HSA der Univ. Bibl. Heidelberg. Für die Erlaubnis zur Einsicht und zum Zitieren habe ich Bettina Henrichs zu danken.

92 die Salin 1924 nach Gotheins Tode herausgegeben hat.

93 *Coluccuio Salutati und das humanistische Lebensideal*, Teubner, Lpz./Bln.; Neuauflage Gerstenberg, Hildesheim 1973.

94 Dazu Huizinga, Johan: »Die Geschichte des Renaissancebegriffs ist fast ausschließlich von deutschen Gelehrten untersucht worden«, es folgt eine Liste von Abhandlungen zum Thema. *Das Problem der Renaissance*, übers. von Werner Kaegi, Wagenbach-Verlag, Berlin 199:13, 41 und 65, Anm. 1.

95 Kantorowitz studierte in den zwanziger Jahren ebf. in Heidelberg, u. a. am InSoSta, vgl. dazu Grünewald, Eckart, *Ernst Kantorowicz und Stefan George*, Wiesb. 1982.

96 Alfred Weber, *Kulturgeschichte als Kultursoziologie*, Sijthoff's, Leiden 1935:276 (künftig: *KuK*).

97 Mit Beiträgen von Walter Rehm, einem Nachruf des Heidelberger Historikers und Sozialwissenschaftlers Hajo Holborn auf Karl Holl, einem Beitrag von Hedwig Hintze über »Staat und Gesellschaft der französischen Renaissance unter Franz I.« und auch einem Aufsatz von A. von Martin.

98 Auf diesem Exemplar sind die Namen von Referenten handschriftlich eingetragen: »Eschmann«, »Jacobsen«, »Diederichs«. Bei »Dr. Elias« ist auch der Titel seines Referats handschriftlich eingetragen. Auf einem zweiten Exemplar des Referatplans, das vom maschinenschriftlichen Urtext her gleich ist, sind andere Notizen in Alfred Webers Handschrift hinzugefügt. Dort steht neben dem maschinenschriftlichen Titel »Wissenschaft und Technik« der Name N Elias unterstrichen handschriftlich und unterhalb dieses Titel ebf. »Renaissance u (Gesamtorganisation des . . .)« handgeschrieben, letzteres kaum bzw. gar nicht zu entziffern. Neben Nachträgen zur Literaturliste hat Alfred Weber lediglich noch den Namen von Eschmann eingetragen für das Referat »Politik und Geschichte«, bei dem Eschmann auch auf dem erstgenannten Expl. vorgesehen ist. Elias hat also im Seminar über ein Thema referiert, das »Renaissance und Gesamtorganisation« hieß und »Wissenschaft und Technik« umfaßte.

99 Zitate aus den Papieren des Renaissance-Seminars; Ordner im NL Alfred Weber, HSA Univ. Hd.

100 Warum Alfred Weber gerade diese Disposition aufbewahrte, wird sich wohl nicht mehr klären lassen. Sollte es sich nicht allein um einen Zufall handeln, so muß man darin sein besonderes Interesse wenn nicht nur für das Thema, so möglicherweise auch für den Kandidaten erkennen: Dann hätte Elias einen besonderen Eindruck auf Alfred Weber gemacht.

101 u. a. von Peter Diederichs, Fritz Bran, Vasconcellos, Reinhold Cassirer, Arnulf Reidel.

102 Ich danke an dieser Stelle ganz besonders dem Herausgeber der deutschen Edition der Werke von Norbert Elias, Herrn Michael Schröter, für seine Hinweise, die wesentlich zur Identifikation beigetragen haben.

103 In der Neuedition dieser »Notizen zum Lebenslauf« (NzL), die Michael Schröter dem Band *Über sich selbst*, Ffm 1990, beifügte, ist die Schreibweise zu Olschki korrigiert worden, vgl. Elias 1990:128.

104 PA Norbert Elias, Bd. I, Archiv der J.W. v. Goethe-Universität Ffm., Bl. 9.

105 PA Norbert Elias, Bd. I, Archiv der J.W. v. Goethe-Universität Ffm., Bl. 2.

106 Vgl. außerdem Interview Heilbron 1983/4.

107 Das bestätigten übereinstimmend Michael Schröter und Johann

Goudsblom. In seinem Spätwerk taucht Galilei mehrfach auf, ebenso Masaccio oder Uccello, vgl. ders. *Über die Zeit*, hg. von Michael Schröter, Suhrkamp Verlag, Ffm. 1984:88, passim.

108 Als Hinweis auf das andersartige Naturverständnis sei hier auf Otto Brunners Arbeit hingewiesen: »Man vergegenwärtige sich, daß der Antike wie der mittelalterliche, vor allem der christliche Begriff der ›Natura‹ die gesellschaftliche Ordnung und das Recht in sich begreift und den neuzeitlichen Gegensatz von Sein und Sollen nicht kennt. Was die Neuzeit naturhaft nennt, mußte dem Mittelalter als teuflisch erscheinen. Natur, natürliche Ordnung ist ihm ja gerade die rechtlich geordnete Gesellschaft«, Brunner 1984^5:28.

109 Vgl. Koyré 1980^2·

110 bei Mohr (Siebeck) in Tübingen erschienen.

111 Vgl. »Die sozialen Ursprünge der neuzeitlichen Wissenschaft« in der Aufsatzsammlung gleichen Titels, hg. von Wolfgang Krohn, Ffm. 1976:49–65, hier 51f.

112 von Martin, »Kultursoziologie der Renaissance«, in Handwörterbuch der Soziologie 1931:495-510, hier 502, 2.Sp.

113 während von Martin sich auf die Qualitäten der neu sich formierenden städtischen Bürgerschicht einläßt.

114 Vgl. Köhler 1962:72; das Promotionsdatum wird von Dorothee Mußgnug abweichend mit 1908 angegeben, vgl. dies. 1988:26; zu Olschki vgl. Evans 1978.

115 Vgl. Mußgnug 1988:54; Olschki, von Geburt Italiener, erhielt jedoch – aufgrund der Fürsprache des Botschafters U. v. Hassel – sein Ruhegehalt in Italien ausgezahlt. Er arbeitete in Rom und hielt Kollegien. Als in Italien die Rassegesetze eingeführt wurden, »untersagte man ihm, Vorlesungen abzuhalten –, er war der letzte aus der ›deutschen Kolonie‹, der Italien verließ. Mit einem italienischen Quotenvisum erreichte er im April 1939 die Vereinigten Staaten.« Dort erhielt er nach einigen Wirren 1948 ein Lektorat in Berkeley. Vgl. Mußgnug 1988:142.

116 *Die Literatur der Technik und der angewandten Wissenschaften. Vom Mittelalter zur Renaissance* erschien bei Carl Winter's Universitätsbuchhandlung. Der zweite Band erschien im Verlag seines Vaters Leo S. Olschki mit dem Titel *Bildung und Wissenschaft im Zeitalter der Renaissance in Italien*, der dritte in wieder einem anderen Verlag, Max Niemeyer, Halle (Saale). Titel: *Galilei und seine Zeit*.

117 Vgl. ders., »Zur soziologischen Interpretation neuzeitlicher Wissenschaft«, in Edgar Zilsel, *Die sozialen Ursprünge neuzeitlicher Wissenschaft*, Aufsätze, hg. und übers. von Wolfgang Krohn, Suhrkamp Verlag, Ffm. 1976:29. Angesichts des Zusammenfließens der Handwerker-Künstler-Traditionen mit einem Teil der humanistischen Tradition, worauf sich die Behauptung der »Entdifferenzierung« stützt, wird die vollzogene Trennung von der literarischen Tradition (der Rhetorik) übersehen. Damit aber wird sie klammheimlich aus der Wissenschaft ausgeschlossen und der deutsche Begriff »Wis-

senschaft« fälschlich mit dem anglo-amerikanischen von »science« im Sinne der Naturwissenschaft gleichgesetzt.

118 Um das Ausmaß der Kluft zwischen den »zwei Kulturen« deutlich zu machen, braucht man nur einmal einen Blick auf diese unglückseligen Begriffsbildungen werfen: Etymologisch entstand »Differenz« aus »differentia« (von dif-ferre, wörtlich auseinander tragen, in unserem Sinne: unterscheiden). Das Gegenteil wäre aber nicht »de-differre«, was der Wortbildung von »entdifferenzieren« entspräche, sondern »conferre« (daher: »Konferenz«). Ebenso verkrampft »ausdifferenzieren«: Ist damit ein Endpunkt gemeint, ist es also »aus« mit der Differenzierung? Oder handelt es sich einfach um ein redundant-sinnverdoppelndes Suffix? Derartige, z. T. widersinnige Wortbildungen weisen auf eine Loslösung der Wortetymologie vom Wortsinn hin, die an postmoderne Beliebigkeit grenzen.

119 Vgl. dazu auch die erstmals wieder im klassischen Sinne wissenssoziologisch angelegte Arbeit von Stephen Toulmin, der damit aus dem Käfig (natur-)wissenschaftsimmanenter Deutungen ausbricht: *Kosmopolis. Die unerkannten Aufgaben der Moderne*, Suhrkamp Verlag, Ffm. 1991.

120 Olschki nennt sie so. Auch bei Max Weber in seiner Münchner Rede »Wissenschaft als Beruf« fand ich den Begriff.

121 Den Begriff »Rolle« hat er später freilich auch abgelehnt, da in seinen Augen nicht offen genug war, zu sehr an eine starre Typologie von zeitlosen Theatermasken erinnerte.

122 Das übliche Schema ist die Entwicklung von Geldverkehr, Kredit und Logik.

123 Es ist klar, daß man schwerlich von »Wissenschaft« im 13. Jahrhundert sprechen kann, wenn man nicht spezifiziert, was dieser heutige Begriff mit einem Wissenscorpus jener Zeit gemein hat.

124 Disp:8, »(O)« bedeutet Olschki.

125 »Die Anatomie bietet uns mehrere Beispiele dafür, doch ist keines so lehrreich und bezeichnend wie seine Untersuchungen über das Herz, dessen Beschaffenheit er mit einem Teil des Arterien- und Venensystems abgebildet und teilweise auch beschrieben hat. Wir ersehen daraus, daß ihm diese Organe genau bekannt waren; jedoch, wenn er das Auge von der Tatsache abwendet, um sich über die Umstände des Blutlaufes Rechenschaft zu geben, d.h. wenn er sich von den Tatsachen zum Geschehen wendet, dann entgeht ihm der physiologische Zusammenhang zwischen der motorischen Funktion des Herzens und dem Blutlaufe, weil er die beiden Erscheinungen beharrlich voneinander gesondert betrachtet. Die Zusammenhänge, die ihm einfallen, sind diejenigen zwischen Mikrokosmos und Makrokosmos, die zu seiner Zeit durch die Anregung des Cusanus wieder in den Vordergrund der naturwissenschaftlichen Betrachtungen getreten waren. Leonardo ergibt sich dem Spiel der Scheinanalogien, er bringt die Bewegungen des Herzens mit derjenigen der Erde in Zusammmenhang und den Lauf des Blutes mit demjenigen der Gewässer, und gibt sich mit diesen eindrucksvollen Kombinationen zufrieden.« Olschki 1919:277.

126 Olschki 1919:269; bei Vasari findet sich allerdings durchaus Bewunderung für Leonardos Talent
127 der eine Arbeit über Ulrich van Hutten schrieb.
128 Vgl. Kristeller 1981. Kristeller schrieb 1931 in Heidelberg über Ficino, vgl. ebd., Vorrede S.7.
129 Bd. 6 der *Geschichte der Philosophie*, die 1923 bei Walter de Gruyter, Berlin, erschien.
130 ob zu Recht oder Unrecht, mag hier unentschieden bleiben.
131 »das Vergangene, eben indem er es uns in seiner vollen Eigenart, in seiner Fremdheit selbst, vors Auge bringt, zur Gegenwart erheben«, Elias 1921.
132 »Renaissance-kunst und Renaissance-wissenschaft sind Geburten ein und derselben neuen menschlichen Haltung«, Disp:5.
133 Salin spricht davon, daß er die Vorlesungen vor dem Ersten Weltkrieg in Heidelberg, die er bei Alfred Weber gehört hatte, noch in dem Buch wiedererkenne. Tatsächlich machte Alfred Weber seit den Bleibeverhandlungen 1926 die Arbeit an einem Werk über Kultursoziologie geltend, um von Lehrverpflichtungen entbunden zu werden oder um Beurlaubungen zu erreichen.
134 Kuk:240ff. Die übrigen Spannungen waren: 1) Kirche als Spaltung von Trieb und Denken, 2) Gegensatz von weltlichem Imperium gegen Kirche, 3) Stadt (Freiheit) gegen Land (hierarchische Gliederung).
135 wie es Mannheim formulierte, vgl. Protokoll der vereinigten Seminare vom 21. Februar 1929, vgl. auch Mannheim 1925/1964:374.
136 »Neue Zeit, neue gesellschaftliche Atmosphäre stellte neue Aufgaben«, schreibt Elias in der Disposition.
137 Disp:6. Der Ausspruch stammt aus den Lebensbeschreibungen der Künstler von Vasari. Olschki hat ihn 1930 in einem Aufsatz zitiert: »Die bildenden Künstler ... hatten durchaus das Bewußtsein, daß ihre Werke die metaphysischen und kosmologischen Grundlagen einer göttlichen Ordnung in sich trugen. So begreifen wir die ungalante Antwort, die der besinnliche Paolo Uccello († 1475) in tiefer Nacht seiner Frau gab, als sie ihn mit der Mahnung zum Schlafengehen von seinen Lieblingsstudien ablenkte: ›Wie süß ist doch die Perspektive!‹«, ders. 1930:523f.
138 wie es in der anderen Passage heißt: »Neues Glücksgefühl der Menschen, neue Methode des Kunstschaffens, neue Haltung des Künstlers zu seinem Werk, neue Haltung des Menschen zu dem Kosmos des mit Sinnen Wahrnehmbaren«, Disp:6.
139 Die Warburg-Bibliothek hatte bereits einen legendären Ruf. Allerdings konnte damals von einer »Schule« noch keine Rede sein, die sich erst in England gebildet hat. Wie wenig Aufmerksamkeit Elias auch später der Warburg-Schule gezollt zu haben scheint, beschreibt Konrad Hoffmann in einer Studie über den Hausbuchmeister, den Elias in *Über den Prozeß der Zivilisation* zum Ausgangspunkt wichtiger Überlegungen genommen hat: »Elias ... hat bei der Auswertung des ›Hausbuchs‹ das verfügbare Wissen über den Künst-

ler (des Hausbuchs) und sein Werk ausgeblendet«, vgl. »Vom Leben im späten Mittelalter. Aby Warburg und Norbert Elias zum ›Hausbuchmeister‹«, in *Städel-Jahrbuch*, Ffm., NF 12, 1989:47–58.
140 »Frankfurter Lebenslauf«, Univ. Arch. Ffm., Bl. 9.
141 »Frankfurter Lebenslauf«, Univ. Arch. Ffm., Bl. 10.
142 entfällt.
143 Vgl. Gespräch von Volker Meja mit Norbert Elias: »Informal conversation over lunch with Norbert Elias in Amsterdam on December 12th, 1986«.
144 Leider läßt sich aufgrund der bisherigen Forschungslage nicht rekonstruieren, welche Anteile der heutigen Gestalt des Buches tatsächlich noch aus der Frankfurter Dissertation stammen.
145 Eigentlich sollte Fuchs den psychoanalytischen Teil der Arbeit übernehmen, aber Elias schrieb ihn dann doch selbst. Vgl. Blomert 1989/91 und ders. 1992(1).

Politik am Institut – Institutspolitik

1 Vgl. dazu im einzelnen Jansen 1997.
2 Weber stand in all diesen Komitees nicht auf dem ersten Platz, wirkte mehr durch die Autorität seines Namens, als daß er sich federführend einmischte.
3 »(G)anz ebenso die dem allen parallel gehenden unegalitären Tendenzen im Staatswollen der nationalen Körper sich nicht verschleiern, ihr konstruktives Eingestelltsein in ein neues europäisches Gesamtsystem als Voraussetzung sowohl wie Rahmen und Aufgabe der europäischen Politik erkennen; – und dabei wissen, daß all dem die heute nur zu einem neuen geistigen Ausdruck zu bringende Realität eines unzerbrochenen europäischen Wirtschaftskörpers zugrunde liegt, daß seine Umwandlung in einen politisch und geistig aperzipierten selbständigen Geschichtskörper notwendig ist, dies ist alles heute nötig. Dies zu zeigen, die darin eingeschlossene Problematik als den Teil einer historisch-soziologischen Situation zu schildern und damit den Ausblick auf eine neue europäische Periode zu eröffnen, – das war meine Absicht. ... Die Menschen, die (die neue Ideenwelt) unausgesprochen in sich tragen (die Europa aus der gegenwärtigen Barbarei und Geistesarmut heraushebt), sind da. Sie sind gegenwärtig schon die, wenn auch namenlosen, äußerlich machtlosen, aber doch die Zukunft entscheidenden Führer von Europa. Ihre Zeit wird kommen«, S.172 (Schluß des Buches).
4 So wurde etwa auch Walter Benjamin um seine Mitarbeit gebeten, vgl. Benjamin 1998:237.
5 Max Clauss war Sekretär des Europäischen Kulturbundes, seit 1930 Leiter des »Deutsch-Französischen Studienkomitees«, das diesen Austausch förderte. Geldgeber war Emil Mayrisch, Luxemburgischer Stahlindustrieller, vgl. Müller, Guido 1997:393.
6 Vgl. Müller, Guido 1997:395ff., 400f.

7 Aufgrund der Tatsache, daß Clauss 1933 »umkippte« und seinen ersten antisemitischen Artikel schrieb, gelangt Müller zu dem Urteil, daß das Heidelberger InSoSta »einen biographischen und geistigen Beitrag zum Untergang der Weimarer Republik geleistet« (Müller, Guido 1997:375) habe. Dieses Urteil erscheint schon deshalb ungerechtfertigt, weil Rassismus am InSoSta prinzipiell verpönt war. Abgesehen davon bleibt die Wegbereiter-Theorie jede Erklärung für individuelle Strategien in sozialen Zwangssituationen schuldig. Im folgenden wird auf die Problematik bei der Einschätzung individueller Strategien im Rahmen gesellschaftlicher Zwangslagen näher eingegangen.

8 Den fehlenden Rassismus gesteht Müller denn auch in sehr gewundener Formulierung zu: »... ohne direkt schon 1933 mit der Rassenideologie übereinzustimmen«, vgl. Müller, Guido 1997:376.

9 Vgl. dazu Giovannini, Norbert, *Zwischen Republik und Faschismus. Heidelberger Studentinnen und Studenten 1918–1945*, Deutscher Studien-Verlag, Weinh. 1990:108–111. Auch die folgenden Fälle sind dort geschildert.

10 Bericht Mierendorff an den Rektor 28. Juni 1922, zit. bei Albrecht, Richard 1987:56.

11 Vom damaligen Heidelberger Staatsanwalt und Sozialdemokraten Hugo Marx, vgl. Albrecht 1987:57.

12 Albrecht 1987:59. »Gemeinsam mit dem Rechtsanwalt R. Bauer-Mengelberg leitete er selbst ein akademische Disziplinarverfahren gegen sich ein, op.cit.:58.

13 1965 wurde der »Fall Gumbel« wieder aufgerollt (vgl. Heinrich Hannover und Elisabeth Hannover-Drück in *Politische Justiz 1918–1933*, Ffm. 1966:18f.) und ist seither durch die Reprints mehrerer seiner Schriften im Heidelberger Wunderhorn Verlag inzwischen vielfältig dokumentiert worden. Vgl. Jansen, Christian, *Emil Julius Gumbel. Portrait eines Zivilisten*, Wunderhorn Verlag, Hd. 1991. Zuletzt, auch mit weiterführenden Literaturangaben Eike Wolgast, *Emil Julius Gumbel – Republikaner und Pazifist*, »Diskussionsschriften« der Universität Heidelberg, Wirtschaftswissenschaftliche Fakultät, Heidelberg 1992.

Der »Fall Bergstraesser« in Krohn, Klaus-Dieter, »Der Fall Bergstraesser in Amerika«, in *Exilforschung. Ein internationales Jahrbuch*, Bd. 4, 1984:254–275; behandelt ausführlicher auch in Klingemann, Carsten, »Das Institut für Sozial- und Staatswissenschaften« an der Universität Heidelberg zum Ende der Weimarer Republik und während des Nationalsozialismus«, in *Jahrbuch für Soziologiegeschichte*, Verlag Leske & Budrich, Opladen, 1990:79–120; desgl. Eisfeld, Rainer, *Ausgebürgert und doch angebräunt. Deutsche Politikwissenschaft 1920 – 1945*, Bad.-Bad. 1991.

14 Lit. zum *Tat*-Kreis, s. u.

15 Jansen 1991:14. Walter Fabian beschrieb eine Berliner Studentenversammlung, auf der Gumbel sprach: »übrigens mit einer fast rührenden Ungewandtheit, ohne den geringsten rhetorischen Aufputz, sehr nüchtern, nur durch Unwiderlegbarkeit seiner Fakten und durch die Konsequenz seiner

Gedankenführung wirkend... Er gehörte zu den leider so wenigen Menschen in Deutschland, die Zivilcourage hatten«, vgl. Annette Vogt (Hg.) 1991:10.

16 Jansen 1991:14. Der Philosoph und Pazifist Russell war für Gumbel ein Vorbild im Kampf für die Menschenrechte.

17 Jansen 1991:16; Eisfeld zitiert: »Wort für Wort bestätigen die Justizminister (Preußens, Bayerns und Mecklenburgs) meine Behauptungen, rückhaltlos werden die Morde zugegeben, straflos laufen die Täter herum«, Eisfeld 1991:80, aus Gumbel, E.J. (Hg.), *Denkschrift des Reichsjustizministers zu »Vier Jahre politischer Mord«*, Bln. 1924:182.

18 »In Heidelberg lebte er gezwungenermaßen sehr zurückgezogen – kaum einer seiner Kollegen pflegte soziale Kontakte mit ihm«, Christian Jansen, »Republik werde hart. Der Kampf des Pazifisten Emil Julius Gumbel gegen Militarismus und Nationalismus«, in *Pazifismus 1918–1933*, Reader einer Veranstaltungsreihe an der Universität Bamberg vom 19.–21. November 1987:51–60, hier 56. Freundlicherweise zur Verfg. gestellt von Christian Jansen; vgl. auch Jansen 1991:29 über die wichtige Rolle von Gumbels Frau in bezug auf soziale Beziehungen.

19 Gumbel, E.J., »Der Professor aus Heidelberg« (1941), in Jansen, op.cit., »Autobiographisches«:92.

20 Peter Hartmann *Französische Kulturarbeit am Rhein*, F. K. Köhler Verlag, Lpz. 1921.

21 Kritik am Militär an sich wurde ansatzweise erst wieder öffentlich diskutabel in der radikalen Studentenbewegung. Eine wertneutrale Debatte ist jedoch bis heute noch nicht führbar, wie es die z. T. freilich künstliche Erregung über das Urteil zu dem bewußt provokativen Satz »Soldaten sind Mörder« zeigte.

22 Den Beziehungen Gumbels zu Frankreich ist bislang noch nicht nachgegangen worden. Die oben herangezogene Schrift Hartmanns steht eindeutig auf der Seite des nationalkollektiven Denkens.

23 Jansen 1991:38; das Komitee, das die Entscheidung für die Fakultät vorbereitete, wurde gebildet aus Anschütz, Hoops und Bergstraesser. Bergstraesser führte den Vorsitz, offenbar weil er zu dieser Zeit anstelle des beurlaubten Alfred Weber Verwalter des InSoSta war.

24 der selbst sogenannter »jüdischer Mischling« war.

25 Jansen hält diesen Vorwurf der Geschäftemacherei durch Hoffmann einfach für »hanebüchen«. Die Frage, ob es einen spezifischen Grund für einen solchen Vorwurf gab, der auch die Gereiztheit der liberalen Kollegen erklären könnte, wird nicht verfolgt. Jansens Mutmaßung bleibt darauf beschränkt, daß es sich dabei um eine letztlich selbstzerstörerische Maßnahme zur Pazifizierung der rechtsradikalen studentischen Störer handelte.

26 Immerhin war Gumbel 1924 vorgeworfen worden, den Professorentitel unberechtigt geführt zu haben, was er aber als ein Versehen entkräften konnte.

27 Curtius, Ludwig, *Deutsche und Antike Welt. Lebenserinnerungen*, DVA, Stgt. 1950:383.

28 Vgl. dazu Jansen 1991:38,39.
29 Selbstdarstellung, handschrftl., ca. 1942/43, NL Bergstraesser BA Kobl., NL 1260, Akte 78, S. 7.
30 »Karl Hampe war überhaupt gegen ein neues Verfahren, der Dekan Ernst Hoffmann, ferner Jaspers und andere wollten es nur dann, wenn gleichzeitig gegen die beteiligten NS-Studenten ein Verfahren eingeleitete werde. Auf diese Koppelung einigte sich denn auch die Fakultät.« Wolgast 1992:15.
31 Teilnachlaß in der HSA der UB Heidelberg.
32 Mit einem Erlaß des baden-württembergischen Justizministeriums vom 5. August 1953 an das damalige Landesamt für Wiedergutmachung Karlsruhe wurde die Zahlung einer Entschädigung nach dem Entschädigungsgesetz entsprechend dem Antrag von Gumbel für Einkommensverluste in den Jahren 1933 bis 1945 genehmigt (vgl. Reg. Nr. EA 4/204, GLA Karlsruhe, sowie Az. EK 8995/A). Die Stellungnahme des Kultusministers enthielt folgende Distanzierung: »Das Kultusministerium ist überzeugt, daß der damalige Untersuchungsausschuß zu einer anderen Würdigung des Antragstellers gekommen wäre, wenn er den nötigen Abstand zu den Ereignissen gehabt hätte und es ihm möglich gewesen wäre, die Entwicklung des politischen Kampfes gegen Dr. Gumbel seit den zwanziger Jahren unter rein sachlichen Gesichtspunkten zu würdigen«, zit. nach Eisfeld 1991:83.
33 »Aus Amerika, wohin er etwa 1933 gegangen war, hat er sich seit 1945 noch ein paar Mal brieflich an mich gewendet, ob ich nicht seine Rehabilitierung betreiben wolle. Im Bewußtsein der Gefahr, die das erneute Auftreten dieses rücksichtslosen, undisziplinierten Mannes in Heidelberg für die Universität bedeuten mußte, habe ich mehrmals ihm in dem Sinne geantwortet, ein Statistiker sei in Heidelberg nicht zusätzlich nötig. Wiedergutmachungsansprüche habe er meiner Ansicht nach nicht, da er nur eine Venia legendi besessen habe und keine Aussicht hatte, für irgend eine Berufung in Deutschland, die ihm entgangen sein könnte ... seine von der Wiedergutmachungsbehörde kreierte Stellung als Ordinarius (beruht) auf einer *reinen Fiktion*. Keine Universität hat ihn für eine solche Stelle vorgeschlagen, und keine auch im heutigen Deutschland würde ihn berufen. Es ist mir unbekannt, wie er, der sich als Kommunistenfreund gerierte, solange er in Deutschland war, drüben existiert hat. Aber es ist sonnenklar, daß er in Deutschland nicht eine Stellung beanspruchen darf, die er hier *nie* erlangt hätte«, Brief an den Dekan der Phil. Fak., 26. Juni 1956, NL Alfred Weber HD.
34 So etwa Eisfeld 1991:111. Eisfeld schrieb:»Sehr viel verhaltener als Grabowsky hatte Eschmann in seiner 1930 vorgelegten ›sachlichen Beschreibung‹ des italienischen Faschismus Sympathie erkennen lassen für das Streben nach Lösung des ›nachdemokratischen Gestaltungsproblems‹ und ›Hineinintegrierung der Arbeiterschaft in den Staat‹.«
35 Angaben nach Promotionsakten des Univ. Arch. HD, H IV 757/23, Lebenslauf Eschmann.
36 Vgl. auch Sontheimer, Kurt, VfZG, Juli 1959, S. 257.
37 Wunderlich nimmt die Jaspers-Zitate aus dem berühmten Göschen-

Bändchen Nr. 1000, das Jaspers erste öffentliche politische Stellungnahme enthält. Die Zitate folgen hier der fünften Auflage von 1933. Die Zitate von Wunderlich finden sich auf S. 41ff., hier 43.

38 *Die Tat*, Heft 10. Januar 1932:835.

39 Zu Rüstow vgl. zuletzt den biographischen Abschnitt in Kathrin Meier-Rust, *Alexander Rüstow: Geschichtsdeutung und liberales Engagement*, erschienen als Bd. 20 i. d. Reihe *Sprache und Geschichte*, hg. von Reinhart Kosseleck und Karlheinz Stierle, Klett-Cotta Verlag, Stgt. 1993, insbes. S. 17–82. Das Buch von Dieter Haselbach, *Autoritärer Liberalismus und Soziale Marktwirtschaft. Gesellschaft und Politik im Ordoliberalismus*, Nomos Verlag, Bad.-Bad. 1991, geht z.T. auch auf Rüstow ein.

40 Brief an Heimann, 30. April 1963, NL 169 Sig. 4, Bl. 2. Zu diesem Kreis gehörte auch Max Wertheimer.

41 Eschenburg, damals engster Mitarbeiter Rüstows, berichtete von Rüstows Manier, ständig Notizen zu verfertigen: »Rüstow hatte einen DIN A5 Block, den er in einer alten ausgebeulten Ledertasche mit sich trug. Wenn er irgend etwas Interessantes hörte oder las, schrieb er es auf einen dieser Blockzettel (z. B. ein Zitat von Herodot) und schrieb dazu das Fach, in das es eingeordnet werden sollte. Zu Hause hatte er Kuverts, in die er das einordnete, mit Tausenden von Zetteln. . . . Abends saß er zu Hause, um diese Zettel einzuzuordnen und Hinweise auf ihnen zu notieren. Das war sein Material (z.B. für die Ortsbestimmung der Gegenwart, RB), es reichte von Herodot bis Schumpeter. Er war ein Polyhistor. Diese Zettel bildeten (aber auch, RB) die Grundlage des Archivs des Maschinenbausyndikats«, Gespräch mit Theodor Eschenburg vom 24. November 1990 (zusammen mit Christian Jansen).

42 Die Auswertung dieser Rundbriefe und anderer Nachlaßdokumente scheint mir zur Klärung der inneren Zusammenhänge von Wirtschaftskreisen (Gesellschaft), Regierungsmacht und Militärkreisen von hohem Wert.

43 Heimann hatte bei Rüstow den Spitznamen Peter, als der er in der Korrespondenz stets auftaucht.

44 Rüstow (Jg. 1885) »zählte sich selbst zu den *Trägern* der ersten *bürgerlichen* Phase der Jugendbewegung vor 1914«, Meier-Rust 1993:20. Die Brüder Rüstow bildeten nach dem Zweiten Weltkrieg noch den Kern eines Freundeskreises der »Alt-Akademischen Freischar« in Göttingen, heißt es in Kindt 1974:253. Noch in einem Beitrag »Zur Geschichte, Soziologie und Ethik der Jugendbewegung« in der Zeitschrift *Freideutsche Jugend*, Bd. 6, Heft 5/6, Hbg. 1920:191–196, hier 194, schrieb Rüstow, daß »der Kapitalismus . . . als der eigentliche Feind der Jugendbewegung erkannt werden (muß)«, NL Rüstow 169, Sig. 231. Rüstow hatte in der Jugendbewegung keine organisatorische oder leitende Funktion übernommen und auch die Teilnahme an der Tagung auf dem Hohen Meißner verweigert, weil er »das ›Gemachte‹ daran« nicht schätzte, vgl. Meier-Rust 1993:20.

45 Aus einem Protokoll Mitgaus von 1920: »Heimann hält Organisation und Aussichten des Planes für durchaus günstig und meint, daß sowohl in der Industrie wie in Bankenkreisen Gelder flüssig zu machen sind.« Er schlägt

vor, Rathenau den Plan vorzulegen. »9.30 Uhr Besprechung mit Walther Rathenau in seiner Wohnung im Grunewald. Anwesend: Rathenau, Dr. Heimann, van Aubel, Bergstraesser, Mitgau. ... Praktisch schlägt Rathenau vor, für die Bereitstellung von Mitteln und für die Werbearbeit Männer der Wissenschaft heranzuziehen, die zugleich mit Industrie- und Bankenkreisen Fühlung haben« (Kindt op.cit.:1325).

46 Rüstow, aus Gargellen in Österreich an Eduard Heimann am 24. Januar 1932, NL Rüstow Koblenz.

47 In einem Manuskript, das Carl Joachim Friedrich zur Verteidigung Bergstraessers an den Aufbau schickte (und das – nach Bergstraessers Freilassung aus dem Camp – auch gedruckt worden ist), ist diese Episode vermerkt, NL Bergstraesser 1260 BA Koblenz, Aktenbd. 73. S. a. Horst Schmitt, »Ein typischer Heidelberger, im Guten wie im Gefährlichen. Arnold Bergstraesser und die *Ruperto Carola* 1923–1936«, in Blomert/Eßlinger/Giovannini, op.cit., MS S. 3., der sich auf eine Aussage von P. J. Winters bezieht.

48 Die Unterstützung Bergstraessers für die DDP bedeutete keine Übernahme der kulturellen Prioritäten in den Wertungen des zivilen Denkstils, sondern, wie bei der Mehrzahl der Weimarer Liberalen, ein Arrangieren mit den Rahmenbedingungen, in denen sie ihre Beziehungsnetze aufbauten. Die Kritik an den »emotionalen Defiziten der Republik«, am »fehlenden ›nationalen Willen‹« etc. blieb dabei aufrechterhalten, vgl. Jansen, *Professoren und Politik*, Gött. 1992:215,221 und passim.

49 Brief Heimann an Rüstow, NL Rüstow, Kobl., Sig. 4, S.118.

50 entfällt.

51 Auf der Leuchtenburgtagung der Deutschen Freischar im Oktober 1931, an der Bergstraesser teilnahm, wurde u.a. beschlossen, daß »eine Entscheidung des Bundes für die von den Parteien aller Richtungen vertretene Vordergrundpolitik nicht in Frage komme« und daß »die Amtsträger des Bundes keinen Parteien angehören dürfen«, vgl. Kindt, Werner, »Die Bündische Zeit«, op.cit.: (Anm. 3):1185. Auch wurde die »Anregung, die Älterenzeitschrift ›Deutsche Freischar‹ zugunsten der Beteiligung an der ›Tat‹ aufzugeben«, nicht aufgenommen (vgl. ebd.).

52 Krohn beschäftigt sich in dem erwähnten Aufsatz in der »Exilforschung« mit den Nachwirkungen dieser Vorwürfe in der Emigrantenszene in den USA. Neben Klingemann (ders. 1990) vgl. auch Eisfeld 1991:14,19,24, et passim.

53 Interessant auch, wie Rüstow auf die bei Heimann aufgeworfene Frage nach dem eigentlichen Grund des Nationalsozialismus für sich beantwortet – eine Frage, die die Rätselhaftigkeit der Erfolge der Nazis zu ergründen suchte: »Was meine eigene Einstellung zum Nationalsozialismus betrifft, so ist sie, wie wohl bei uns allen, so uneinheitlich, wie es der Uneinheitlichkeit der Bewegung selbst entspricht. Sie scheint mir eine schwer entwirrbare Verbindung von sehr zukunftskräftigen mit sehr verderblichen Elementen zu sein, unter reichlicher Beimischung von Bierbank, Spießbürgertum und Wilhelminismus«. Brief Rüstow an Heimann, 10. Februar 1932, NL Rüstow, 74/122f.

54 Rüstow, der das Plakative liebte – so schilderte ihn mir Reinhart Ko-

selleck in einem Gespräch –, war völlig anderer Natur als Bergstraesser, der eher die Aura verschwörerischer Kameradschaftlichkeit pflegte.

55 Laut Auskunft des verstorbenen Prof. Helmut Becker gehörte Bergstraesser zu einem Kreis um Adolf Morsbach, den Leiter des DAAD in Berlin, und besuchte auch Tees bei Beckers Vater, dem preußischen Staatsekretär und zeitweiligen Kultusminister Preußens (Gespräch am 20. April 1993). Becker, der selbst 1935 ein Semester in Heidelberg bei Bergstraesser verbracht hatte, bestätigte, daß Bergstraesser um sich einen Kreis von antinazistischen Studenten hatte. Becker erblickte bei Bergstraesser Züge, die man »nach dem Dritten Reich nationalistisch nannte« und sich aus der »Welt der bündischen Jugend« herleiteten: »Bergstraesser kann man nur verstehen, wenn man die Jugendbewegung kennt.« Becker berichtete auch: »Horkheimer und Adorno standen gut mit Bergstraesser«, überraschend deshalb, »weil man das alles anders zu werten gewohnt ist.« Sie hatten regelmäßige Kontakte zu ihm und Horkheimer hielt Bergstraesser für einen »überaus anständigen Menschen im Umgang«. Bergstraesser selbst berichtet von einem Kreis von antihitleristischen Offizieren, mit denen er seit 1932 Kontakt hatte, vgl. Selbstdarstellung, NL 1260/78 BA Koblenz, S. 7. Übereinstimmend hatte mir auch der Zeitzeuge Karl Friedrich Ackermann von einem General berichtet, mit dem Bergstraesser einen engeren Kontakt pflegte, ohne sich jedoch an den Namen erinnern zu können.

56 Gespräch mit Theodor Eschenburg vom 24. November 1990 (zusammen mit Christian Jansen).

57 Dr. Erich Raemisch wird im Mitgliederverzeichnis der Friedrich-List-Gesellschaft der Ausgabe vom 2. Mai 1931 der »Mitteilungen der Friedrich-List-Gesellschaft« (Nr. 14), die ein vollständiges Mitglieder-Verzeichnis enthält, als »Geschäftsführer des Vereins Deutscher Seidenwebereien, Krefeld«, geführt.

58 Eschenburg konnte es nicht mehr genau datieren.

59 Heinz Pulvermann war lt. Mitgliederverzeichnis der Friedrich-List-Gesellschaft »Generaldirektor der Verkehrs- und Handels AG, Berlin Grunewald«; vgl. Anm. 63.

60 Eschenburgs Beschreibung von Zehrer zeugt von seinem sozialen und politischen Abstand: »Zehrer war noch relativ jung, hatte nicht studiert und spielte eine große Rolle als außenpolitischer Redakteur bei der Vossischen. Es gab damals an jedem Freitag auf der letzten Seite einen Artikel von Zehrer, der sehr gut war, und viele Leute kauften freitags die Vossische wegen dieses Artikels, so, wie sie am Montag das Tageblatt kauften wegen des Kommentars von Theodor Wolff. ... Zehrer war ein ausgesprochener Parvenue, Sohn eines Eisenbahnbeamten, der eine reiche Jüdin geheiratet hat, von der er sich später getrennt hat. In Berlin bewohnte er eine große snobistische Etagenwohnung«, Gespräch mit Theodor Eschenburg, 24. November 1990.

61 Gespräch mit Theodor Eschenburg, 24. November 1990.

62 Auch bei Krohn die – freilich in Frage gestellte – These, Bergstraesser habe zu einer Gruppe um General von Schleicher gehört. Krohn berichtet, daß Bergstraesser versucht habe, Einfluß auf den linken Flügel der NS-Bewegung

um Gregor Straßer zu gewinnen, vgl. Krohn 1986:268. Eschenburg und Bergstraesser kamen nach dem Krieg erneut in Kontakt, als sie zusammen ein Schulprogramm für die Verbesserung der deutsch-französischen Beziehungen organisierten. Vor seinem Tod (1964) habe er Eschenburg einmal gefragt: »Eschenburg, was haben Sie eigentlich gegen Schleicher? Sie haben von dem Mann zu viel verlangt!« Und Eschenburg antwortete: »Dann hätte er es lassen sollen!«

63 Heimann wird Bergstraesser auch im amerikanischen Exil entlasten: »I do not have the slightest hesitation«, schreibt er am 17. Februar 1943 an Bergstraesser, »in saying, and have always said, that I have an unqualified respect for a sincere conservative position«, BA Koblenz, NL Bergstraesser 1260, Aktbd. 74.

64 Brief Heimann an Rüstow, 17. Februar 1932.

65 Brief an Rüstow vom 9. Februar 1932.

66 Werbetext in: Freyer, Hans, *Revolution von rechts*, Jena 1931. Aus welchem Jahr stammte Webers Satz? Möglich wäre, daß er sich auf die alte *Tat* bezog, bevor die Redaktion so deutlich gewechselt hatte. Und wie gelangte ein Satz Webers über die *Tat* zu Diederichs? Möglich, daß dieser Satz von dem am InSoSta studierenden und mit Eschmann eng befreundeten Sohn Peter Diederichs aufgegriffen und zum Werbetext verarbeitet wurde.

67 Er fährt fort: »Entschuldigen Sie, aber *Ihnen* geschieht es dann recht.... Sie machen es sich damit ein wenig leicht – abgesehen davon, daß Sie gleichzeitig anscheinend blind die ungeheure Gefahr verstärken, in der sich heute die Grundwerte unseres abendländischen Daseins befinden.

Gehen Sie diesen Weg weiter – ich fürchte, Sie werden wenig Freude an seinem Ende haben, das Sie mit herbeiführen helfen. Unterdessen können Sie mich ruhig zur ›alten Wirklichkeit‹ rechnen. Ich hoffe es noch zu erleben, daß sie wieder neuer sein wird als die Ihre!« In Alfred Weber, NL 197, Sig. 51.

68 Zehrer konnte die allzu enge Beziehung von Schleichers zu Papen nicht nachvollziehen. In der von Zehrer geleiteten *Täglichen Rundschau* wurde Papen mehrfach angegriffen, vgl. Plehwe 1983:214.

69 Die *Tägliche Rundschau* Zehres wurde aus dem Haushalt des Reichswehrministeriums mit 500 000 Mark unterstützt, vgl. Plehwe 1983:214/Eschenburg 1990. Eschenburg rätselte noch in dem erwähnten Gespräch, wie Schleicher diese Summe etatisiert hat: »Denn Schleicher hat Groener 1928 erklärt, er werde alles genau etatisieren, was die Reichswehr betrifft. Es gab eine Kommission unter dem Präsidenten des Reichsfinanzhofs Saemisch, in der über diese Fragen gesprochen wurde.«

70 Plehwe 1983:264, dort Hinweis auf Bracher 1971[5]:604; vgl. zu Schleicher auch Hart 1948:79ff.; auch, mehr aus persönlicher Anschauung, Meisel 1966:139ff. Für Meisel gehörte der General Kurt von Schleicher zu den großen »might-have-beens of history«: »Great not so much in character and talent as by virtue of the opportunity conferred upon them by a quirk of the historic situation.« Meisel (ursprünglich Hans) studierte in Heidelberg bis 1925 und wurde anschließend Korrespondent der *Vossischen Zeitung* in Berlin. In dieser Eigenschaft lernte er auch den Kollegen Zehrer kennen, den er so be-

schreibt: »Hans Zehrer ... was tall, good looking with a saturnine grin, secretive and soft spoken, creating the impression of a Talleyrand's *finesse*. Like so many other diplomats, he was also known to write verse, and outside his close circle nobody would have suspected the intense ambition behind the appearance of a ladie's man. He liked to while away his nights pretending to be a gay blade, but he was mostly engaged in Socratic probings into the charades of power and how to unriddle them« (ebd.:140). Meisel beschreibt die fast persönliche Feindschaft, die zwischen Hitler und Zehrer bestand (vgl. ebd.). Schleicher, der Zehrer finanziell unterstützte, »happened to be the one man in Germany who, at the time, was still a match for Hitler«. Zehrer setzte auf Schleicher und fand in ihm »his general, and with the general an army – a professional army, that was as superior, in military striking power, to the Nazi-militia as it was inferior to it on the battle field of politics« (ebd.:141).

71 Rümelin an Clauss am 29. November 1931, in Müller, Guido 1997:395. Müller schreibt auch, daß Clauss sich »mit dem politischen Kopf des Tat-Kreises Hans Zehrer ... einmal monatlich (traf), um die ›geplanten Themen und Autoren auszutauschen‹« (Müller, Guido 1997:394).

72 Esser an Weber 23. Juli 1931, NL A. Weber HSA Hd, vgl. Kap. II.

73 Im Brief des Badischen Kultusministeriums an den Engeren Senat vom 4. Januar 1932 heißt es nur: »Durch die von unbekannter Seite erfolgte Zustiftung ...«. Der Stuttgarter Zeitungsverleger Carl Esser schrieb dazu an Alfred Weber: »Die nähere Bekanntschaft mit dem von Ihnen geleiteten Institut und die mir gewordenen Mitteilungen haben mich in der Absicht bestärkt, soweit ich es irgend vermag, dazu beizutragen, daß das Institut seine Arbeit auch unter den schweren Umständen der Gegenwart weiter zu führen imstande ist«, 23. Juli 1931, Esser an Weber. NL A. Weber HSA Hd. Aus diesem Schreiben Essers wird nicht recht deutlich, warum gerade er sich für die Gothein-Gedächtnis-Professur erwärmte. Esser kannte Bergstraesser aus der Jugendbewegung und von daher wird zugleich mit der Stiftung der Privatdozent Arnold Bergstraesser »in Vorschlag« gebracht, Memorandum zum Gespräch mit Herrn Minister am 23. Oktober 1931, NL A. Weber, HSA Heidelberg.

74 lt. Erlaß des KuMi, vgl. GLA Ka.

75 Klingemann 1990:89.

76 *Wirtschaft und Nation*, Hanseatische Verlagsanstalt, Hbg. 1933; »The Economic Policy of the German Government«, in *International Affairs*, Jg. 13, 1934.

77 Philipp 1992:224. Philipp, der ein durchaus differenziertes Bild vom Wandel von Begriffen und Bedeutungen im Laufe der Epochen hat, sieht im Nationalsozialismus ein geschlossenes Weltbild und unterscheidet nicht zwischen verschiedenen Auffassungen, die im Nationalsozialismus nebeneinander bestehen konnten.

78 Erika Bergstraesser, Vorwort zu Arnold Bergstraesser, *Staat und Dichtung*, Rombach Verlag, Fbg. 1967:7, vgl. auch Schmitt, Horst 1997:171. Zu Wolters und seinem Einfluß auf die Heidelberger Sozialwissenschaftler vgl. Edgar Salin 1954:138ff., insbes. 145.

79 Die Briefe führen direkt in den Umgangsstil der Georgeaner ein, ihre

Hierarchien und Klatschgeschichten: »Es wurde gestern telephonisch bei mir angefragt, ob ich abends zu Gundolf kommen könne. Ich habe gewiß nicht unrecht, wenn ich diese früher nicht erfolgte Einladung in Beziehung zu Eckardt und zu dem bringe, was hier über meinen Kieler Aufenthalt bekannt sein mag. Ich habe mich mit meiner Arbeit entschuldigt, da ich eine andere Form der Absage, ohne Sie zu fragen, nicht wählen wollte und kann bis Weihnachten ruhig bleiben, wenn ich noch einmal gebeten werden sollte, was wenig wahrscheinlich ist. Für später bitte ich Sie, mir eine Weisung zu geben.« Von Eckardt galt als Abgefallener vom Meister, so daß der Umgang mit ihm einer besonderen Erlaubnis in der Hierarchie bedurfte. Brief Bergstraesser an Wolters, o. D. (ca. Mitte Dez. 1929), S. 4, BA Koblenz NL Bergstraesser 1260, Aktenbd. 75.

80 BA Koblenz, NL 1260 Bergstraesser Aktenbd. 75, ohne Datum, handschriftl.

81 Ebd., Brief vom 19. November 1929. Es ist davon auszugehen, daß diese Briefe an Wolters auch tatsächlich abgeschickt wurden und die im NL befindlichen nur Kopien für Bergstraesser zur Erinnerung sind. Andernfalls hätte es keinen Sinn gemacht, sie aufzubewahren.

82 Vgl. Philipp ebd., es folgen eine Reihe von Belegstellen.

83 Eisfeld, op.cit.:83–86; vgl. v. a. Schmitt, Horst, *Politikwissenschaft und freiheitliche Demokratie. Eine Studie zum politischen Forschungsprogramm der »Freiburger Schule« 1954–1970*, Nomos Verlag, 1995, insbes. zur Biographie 41–85, sowie ders., *Ein typischer Heidelberger...*, op.cit.

84 Es handelte sich um Günther Dallmann, der nach Stockholm ins Exil gehen mußte, wo er heute lebt. Dallmann berichtete mir von seinem Treffen mit Bergstraesser, an dessen Seminaren er 1931 bis 1933 teilgenommen hatte. Obwohl Dallmann von Bergstraessers Beteiligung am Disziplinarverfahren gegen Gumbel wußte, gegen dessen Behandlung er 1932 einen Artikel in der *Deutschen Republik* geschrieben hatte (unter dem Pseudonym Lot Anker), bezeugte er ihm für den Mut zu einem Treffen mit einem jüdischen Studenten seinen vollen Respekt und Zivilcourage. Von Bergstraessers Brief an Dallmann liegt mir eine Kopie vor.

85 so Klingemann 1990:88, Jansen 1992:67.

86 In *International Affairs* 13 (1934), No.1, (January):26–46.

87 »Hitler is not a political philosopher, but a personality who understood mass feeling in the twentieth century, and was able to lead these masses to a personal and responsible relation towards the community.« Ob Bergstraesser wirklich glaubte, daß Hitler die Massen zu einer persönlichen Verantwortung ihrer community – »Gemeinschaft« – gegenüber führte, oder ob es mehr eine übersteigerte Hoffnung und Selbstsuggestion war? S. 45.

88 S. 41: »We believe in the preeminence of the state over the individual«, auch auf S. 30: »We are organizing according to the daily necessities of economic life.«

89 »das Wirtschaftsprogramm der NSDAP ist geleitet ...« S. 30, »diese Art von Sozialismus beinhaltet ...«, S. 31 etc.

90 S. 45. Jansen, der ihn in seinem Buch unter die Rassisten einreihte – vgl. Jansen 1992:67 –, hat inzwischen sein Urteil in dieser Hinsicht revidiert.

91 *Nation und Wirtschaft*, Hanseatische Verlagsanstalt, Hbg. 1933.

92 Gumbel in einem Brief an das Scripps-College, an dem Bergstraesser lehrte, 9. April 1942, BA Koblenz, NL 1260, Aktbd. 73.

93 Brief an Wolfers, 3. April 1942, BA Koblenz, NL Bergstraesser 1260, Aktbd. 73. Im *Aufbau* fand der größte Teil der Kampagne gegen Bergstraesser statt, s.u. Bergstraesser schrieb einen Teil des Briefes deutsch und einen Teil englisch, was die typische Sprachvermischung bei den Emigranten widerspiegelt.

94 Erwin Planck war seit 1919 Mitarbeiter K. v. Schleichers und gehörte zu dessen engsten Vertrauten, vgl. Benz/Graml, *Biographisches Lexikon zur Weimarer Republik*, Beck Verlag, Mü. 1988, Artikel Planck, Erwin.

95 BA Koblenz, NL Bergstraesser 1260, Aktbd. 73.

96 Vgl. Barbara Schütz-Sevin, »Nacht über Heidelberg«, MS 583 im Institut für Zeitgeschichte, München.

97 op.cit., hier 102.

98 op.cit.:142. Dieser Vorgang ist auch in der PA Bergstraesser dokumentiert. Der Name des Studenten wird in den Akten mit Surenhöfener angegeben, vgl. PA Bergstraesser, Univ. Arch. Hd. S. a. Brief B.s an Rektor vom 18. Juni 1934. Interessant ist, daß die Studentin davon erfuhr – entweder wurde darüber mehr oder weniger öffentlich gesprochen, oder sie war tatsächlich sehr eng mit Bergstraesser vertraut.

99 Op.cit.:177.

100 Frau Schütz-Sevin, die nach dem Kriege als Korrespondentin in Bonn arbeitete, war leider kurz vor Aufnahme meiner Recherche verstorben. Herrn Schütz-Sevin, dem Sohn von Barbara Schütz-Sevin, verdanke ich weitere Auskünfte.

101 Möglicherweise also gab es Hinweise aus hitleristischen Kreisen der NSDAP auf Bergstraessers Verbindungen zu von Schleicher.

102 Eisfeld, op. cit.:125: »wandte man die Bestimmung der Reichshabilitationsordnung über ›jüdische Mischlinge‹ auf ihn (Bergstraesser, RB) an. Am 27. August 1936 wurde Bergstraesser die Lehrbefugnis entzogen«, ebenso S. 83. auch bei Marianne Weber: »Ein Webfehler im Geflecht seiner Vorfahren verhinderte seinen Aufstieg und trieb ihn nach drüben«, *Lebenserinnerungen*, Bremen 1948:200.

103 Rektor Groh an Dekan, 15. Januar 1935, PA Bergstraesser, Univ. Arch. Hd.

104 KuMi an Rektor der Univ. Hd., 19. März 1935, PA Bergstraesser, Univ. Arch. Hd.

105 »Durch ein Versehen meiner Kanzlei ist der Ende März ausgefertigte und am 4. April abgezeichnete Entwurf meines Ersuchens mit dem Datum 5. März statt 5. April herausgegangen, und diese irrige Datierung hat offenbar Herr Professor Bergstraesser veranlaßt, in seinem Bericht an den Herrn Dekan der Staats- und Wirtschaftswissenschaftlichen Fakultät in Heidelberg zu

schreiben, daß sein ›in anderem Zusammenhang notwendig gewordener Besuch auf dem Ministerium längere Zeit nach dem Abgang des Schreibens‹ erfolgt sei. Diese Auskunft ist objektiv unrichtig, da Herr Prof. Bergstraesser am 12. März im Ministerium vorgesprochen hat und außer einer Beschwerde über die Entziehung seines Reisepasses durch die Geheime Staatspolizei, auf die er in dem zitierten Satz offenbar anspielt, wegen seiner Nichtzulassung zu den Prüfungen (wg. »nichtarischer Herkunft«, RB) vorstellig geworden ist.« Damit aber habe er »seine vorgesetze Dienststelle zu täuschen« beabsichtigt. Rektor Groh an Dekan der WiWi Fak. Bötticher, 23. Mai 1935, PA Bergstraesser, Univ. Arch. Hd.

106 »Die handelspolitische Stellung des Saargebietes während der Zeit seiner Abtrennung vom Reichszollgebiet und die wirtschaftliche Rückgliederung«, eine Arbeit von Kleebauer, hat in der Liste, die Bergstraesser aufgrund einer Anfrage des Rektors abgeliefert hat, einen etwas abweichenden Titel: »Die handelspolitische Stellung des Saarlandes seit der Errichtung des Saarstatuts« und ist mit einer 2 benotet. Anlage zum Brief von Franz an Rektor vom 3. September 1935, PA Bergstraesser 260, Univ. Arch. Hd.

107 Jantkes Thema hieß: »Der staatliche Sinn der Bodenständigkeit des preußischen Adels in der Epoche der preußischen Großmachtentfaltung«, vgl. Anlage wie Anm. 70.

108 B-3099, PA Bergstraesser 260.

109 Vgl. Gutachten UAH, PA Bergstraesser B-3099.

110 Erlaß des Reichsministeriums Berlin vom 10. August 1936, PA Bergstraesser B-3099, Univ. Arch. Hd.

111 Rektor an Bergstraesser 27. August 1936, PA Bergstraesser 260, Univ. Arch. Hd.

112 Günther Franz konnte nach dem Krieg wieder Mitglied der Hohenheimer Universität werden.

113 »Professor Alfred Weber«, in: *Das Neue Tagebuch* (Paris vom 9. November 1935:1073–1075, in Horst Schmitt, 1996, MS:6/24.

114 Eine Kopie und eine englische Übersetzung des Artikels finden sich im NL Bergstraesser, Koblenz N 1260. Während Bergstraesser von Hannah Arendt (11. März 1941 an B.), Christiane Zimmer (geb. Hofmannsthal, 16. März 1943, et al.), Salz (an B. vom 9. April 1942) Unterstützung bekam (BA Kobl. NL 1260, Akte 80), waren ihm andere frühere Kollegen wie Svend Riemer oder auch Herbert Sultan, sozialdemokratische bzw. marxistische Emigranten, sowie Golo Mann (der sagte, daß »er und seine Freunde Bergstraesser damals zu den ›Edelnazis‹ zu rechnen pflegten«) nicht wohl gesonnen; vgl. Krohn 1986:270.

115 NL Bergstraesser 1260, BA Koblenz, Akte 81.

116 Selbstdarstellung, handschrftl., ca. 1942/43, NL Bergstraesser BA Kobl., NL 1260, Akte 78, S. 9.

117 für A.W., »Synopsis«, die ohne Bergstraesser-Beitrag erschien.

118 Bergstraesser an Salin, 5. Januar 1947, BA Kobl. NL 1260, Akte 85. Bergstraesser fährt fort: Ich weiß nicht, wie dieses psychologische Knäuel je

zu lösen ist. Ebenso wenig, wie ich ursprünglich die Absicht hatte, an Ihrer Festschrift mitzuarbeiten, von der ich ja nichts wußte, habe ich je die Absicht gehabt, in Webers Universitätspolitik einzugreifen, wenn er in ihr noch tätig ist ... Was aber diese ganze Sache so undurchsichtig macht, ist der Gegensatz zwischen dem Ton von Alfred Webers Briefen an mich und dem Ton, der durch Berichte von Dritten, Sie eingeschlossen, zu mir dringt ... Ihr Gedanke der Überbrückung von ›kleinen und größeren Abgründen‹ ist heute der einzig fruchtbare. Ich hatte gehofft, auch Weber wäre für diesen Gedanken zu gewinnen, nicht nur, weil mir die ›Abgründe‹ zwischen mir und ihm weniger deutlich sind, als sie ihm gegenwärtig zu sein scheinen, sondern aus ganz prinzipiellen Gründen ... Wenn Sie es für richtig halten, Frau Jaffé in geeigneter Weise von diesem Briefwechsel Mitteilung zu machen, tun Sie es bitte.«

119 Zit. in Horst Schmitt, 1995:226, Anm. 40.

120 Am 10. Januar 1931 läßt er sich von der Vorlesung für Volkswirtschaft entbinden, behält allerdings die Leitung der beiden Institute, vgl. Akten im GLA 235/30027.

121 23. November 47, Ulmer an Caspari, NL Bergstraesser 1260 BA Koblenz, Aktbd. 85.

122 der zu dieser Zeit in einer Regierungsabteilung für Wissenschaftsaufbau zuständig zu sein scheint, genauere Angaben fehlen.

123 NL Weber 197, BA Koblenz, Akte 35.

124 die mehrfach genannten »Ausbrüche«, ebenso wie die Animosität, die noch seine Schülerinnen und Schüler in der Zeit nach dem Zweiten Weltkrieg in bezug auf Bergstraesser bei ihm bemerkten, deuten in diese Richtung.

Schluß

1 Eßlinger 1997:140.

2 im Gespräch mit dem Verfasser; dito pers. Auskunft Nutzinger 1997.

3 Es wäre freilich ein Kurzschluß, aus derartigen Bekundungen abzuleiten, daß die Wertbetontheit von Alfred Webers Kultursoziologie den Nationalsozialismus vorbereitet habe, wie das gelegentlich von Schluchter vorgetragen wurde (Schluchter in einem Gespräch mit d. Verf. 1993, sowie Schluchter 1995). Alfred Webers persönliche Integrität hat Schluchter allerdings in diesem Zusammenhang ausdrücklich nicht in Frage gestellt. Max Weber, zu dessen Schülern und Verehrern auch Nationalsozialisten zählten, wurde der Wegbereiter-Vorwurf ebenfalls gemacht – freilich mit dem umgedrehten Argument: Er habe keine Werthaltungen vermittelt, die die Studenten gegen den Nationalsozialismus immun hätten machen können. Zur Rezeption Max Webers im Dritten Reich vgl. Klingemann 1996:171–216. Klingemann bietet allerdings keine inhaltliche Auseinandersetzung. Die Vorwürfe Klingemanns gegenüber Alfred Weber beruhen dagegen nicht auf me-

thodischen Überlegungen. Alfred Weber sei dem italienischen Faschismus gegenüber »ambivalent« gewesen (Klingemann 1996:125) und er habe sich mit den Machtverhältnissen des Dritten Reichs »akkomodieren« können (Klingemann 1996:156). Dieser Auffassung tritt Demm entschieden entgegen, vgl. Demm 1999:184ff. Vgl. auch die Debatte um Klingemanns Bewertung in *Soziologie. Mitteilungsblatt der Deutschen Gesellschaft für Soziologie*, 3/97, 4/97, 1/98 und 2/98.

4 Das ist auch der Grund, warum man erst in der Nachkriegszeit Arbeiten über diese Basis von Alfred Webers Schriften findet, vgl. Dechamps 1949. Bruno Dechamps mußte die »immanente Transzendenz« nicht nur sich selbst, sondern auch den amerikanischen Lesern seiner Dissertation klarmachen. Für die Überlassung einer Kopie dieser Arbeit sei an dieser Stelle Frau Dechamps gedankt. Auf die Bedeutung dieses Denkens zum Verständnis von Alfred Weber hat mich zuerst dankenswerterweise sein letzter Assistent, Dr. Götz Roth, hingewiesen.

5 Vgl. Blomert 1994. Eine ähnliche Auseinandersetzung spielte sich im Jahre 1953 in der DDR ab, als Hanns Eisler das Libretto für eine Faust-Oper vorgelegt hatte. Das Libretto wurde nicht nur abgelehnt, weil das Bildungsbürgertum und Bildungsarbeitertum in Eislers »Faust« ein »Zerrbild« des Goetheschen Fausts sahen, sondern es kam sogar zu Verurteilungen, und Hanns Eisler ging für einige Zeit nach Wien. Für Auskünfte danke ich Wolfgang Thiel.

6 Es gibt unterschiedliche Phasen, in denen sich dieser Kulturwandel vollzogen hat. Der stärkste und breiteste Reflexionsschub in dieser Richtung erfolgte erst 1968. Es gibt Anzeichen dafür, daß wir seither wieder eine Rückbewegung des Pendels erleben.

7 Notabene: Von Interessen hat Mannheim nicht gesprochen.

8 Daß bei dieser Erkenntnis seine jüdische Herkunft hilfreich war, die zur partiellen Relativierung gegenüber den religiösen Mehrheiten in einer noch nicht säkularisierten Gesellschaft führte, ist keine Frage, auch wenn Mannheim den Säkularisierungsprozeß, wie Max Weber, als ganz allgemeinen gesellschaftlichen Vorgang beschreibt.

9 Vgl. auch Dahme 1993:64.

10 Cassirer 1994[6]:108f. Die Parallelen zum Denken von Elias, seiner Rede gegen die Monaden und seinem Prozeßdenken sind hier überdeutlich.

11 Simmel sah selbst jedoch seine Lebensaufgabe in der Philosophie, die Soziologie galt ihm nur als Nebenfach, vgl. Dahme 1993:49.

12 Der Frage, ob Elias hier von Cassirer beeinflußt war oder ob er eigenständig diesen Denkweg genommen hat, soll hier nicht weiter nachgegangen werden, da wir noch über viel zu wenig Informationen verfügen, die hier notwendig wären, vgl. Blomert 1997,1.

13 Elias 1987:10. Eine Abschrift des MS von Nils Runeby zirkulierte seit 1983, die Veröffentlichung erfolgte erstmals 1987, vgl. Elias 1987:316.

14 Zur Kritik am Menschenbild des homo clausus in den Wissenschaften vgl. Elias 1997:46ff.

15 Daraus erhellt, daß sich Elias ebenso vom entindividualisierenden Sy-

stemdenken absetzt wie von den Theoriekonstruktionen des monistischen Individualismus.

16 Parsons besuchte in Heidelberg Seminare von Alfred Weber, Emil Lederer, Carl Brinkmann und Karl Jaspers, vermutlich auch von Bergstraesser und Salin. Mannheim hörte er nur in einer Vorlesung, die dieser zusammen mit Lederer gab. Sollten Elias und Parsons sich dort getroffen haben, so haben sie offenbar wenig Notiz voneinander genommen. Elias »(besiegte) Talcott Parsons mit einem Buch ..., das zwölf Jahre vor dessen Hauptwerk, The Social System, schon veröffentlicht war und das von Elias nun in der Phase der niedergehenden Vorherrschaft des struktur-funktionalistischen Paradigmas mit Verve und Überzeugungswillen ins Feld geführt werden konnte«, Rehberg 1996:33.

17 Das Neue an Wagners Versuch ist, die Unterschiede in der historischen Entfaltung dreier wissenschaftlicher Disziplinen (Wirtschaftswissenschaft, Politikwissenschaft, Soziologie) in drei verschiedenen Nationen zu diskutieren. Da er jedoch viele Zusammenhänge nur angerissen hat, bleibt der Gesamteindruck diffus.

18 In der Benutzung dieser Terminologie steht Wagner keineswegs allein. Das Stufenmodell scheint in der Wirtschaftsgeschichtsschreibung vielmehr stark verbreitet.

19 Es wäre gewiß lohnend, diesem Phänomen in der Wissenschaftsgeschichte ein wenig mehr Aufmerksamkeit zu widmen. Dabei wären Spracheigentümlichkeiten ebenso wie Modellbildungen zu analysieren in ihren Funktionen als Abgrenzungsmechanismus oder als zeitgebundene Substantialisierungen. Die Heidelberger Philosophiestudentin Wanda von Baeyer-Katte berichtete, daß sich die Studentinnen und Studenten in der Altstadt bestimmte typische Begriffe aus dem Sprachschatz des jeweiligen Professors zugerufen hätten, um mitzuteilen, welche Vorlesung sie besuchen wollten, Gespräch mit dem Verfasser vom 12. März 1995.

20 Für diesen Hinweis danke ich Gesa Bruno-Latocha.

21 So stammt der Ökonomienobelpreisträger von 1998 aus der Wohlfahrtsökonomie.

Dank

Vielen habe ich für Gespräche, Informationen und Hinweise zu danken, Nobuko Gerth, Günter Dallmann und Raymond Klibansky für ihre Berichte und Hinweise aus erster Hand, den Zeitzeugen des Alfred-Weber-Schüler-Kreises, insbesondere Heinz Markmann, Nicolaus Sombart, Harry Pross, Ingrid Gräfin Lynar, Leonore Gräfin Lichnowsky, Götz Roth, Christine Totten, den Professoren Dieter Claessens (†), Peter R. Gleichmann, Harald Hagemann, Dirk Käsler, David Kettler, Hermann Korte, Wolf Lepenies, M. Rainer Lepsius, Volker Meja, Karl-Siegbert Rehberg, Günther Roth und Nico Stehr, die mich in verschiedenen Phasen der Arbeit unterstützt und gefördert haben, den Teilnehmern des Colloquiums von Wolf Lepenies, die auf die Vorstellung einiger der Kapitel mit fruchtbarer Kritik reagierten. Und schließlich den stets hilfreichen und kritischen Kolleginnen und Kollegen Eberhard Demm, Hans Ulrich Eßlinger, Hans-Georg Nutzinger sowie Sabine Cofalla, Norbert Giovannini, Christian Jansen, Helmut Kuzmics, Reinhard Laube und Heiner Rutte, die sich der Mühe einer Lektüre von Teilen des Manuskripts unterzogen haben. Eine eindrucksvolle Schilderung des Lebens am Institut verdanke ich insbesondere Ruth Ludwig, geb. Neuberg (†), und ihrem Mann Heinz Ludwig (†), die beide in den zwanziger Jahren am InSoSta studiert und dort noch Salin, Lederer und Karl Mannheim kennengelernt hatten. Herrn Professor Joseph H. Kaiser (†) danke ich für das ausführliche Gespräch über Carl Brinkmann und die Erlaubnis der Benutzung des Carl-Schmitt-Archivs Düsseldorf. Der Platz reicht nicht, um auch die vielen Ratgeber und Freunde aufzuzählen, die mir bei so mancher der vielen Einzelfragen mit ihrer Stellungnahme geholfen haben – ihnen sei hier ebenfalls gedankt.

Der Heidelberger Studien-Stiftung und der DFG danke ich für Stipendien, den Archiven und ihren Mitarbeitern für freundliche Unterstützung und Druckerlaubnis. Sehr hilfreich waren mir insbesondere Frau Dorothy Christiansen von der Special Collection der University Libraries der National Archives, Albany, Herr Dr. Wolfgang Köstlin und Frau Monika Altgeld vom Alfred-Weber-Institut, Herr Dr. Gunzelin Schmid Noerr, der allzu früh verstorbene Herr Dr. Renger und Frau Hünerlach vom Univ. Archiv Heidelberg, Herr Stanske von der Handschriftenabteilung der Universitätsbibliothek Heidelberg, Herr Dr. Weber vom Hauptstaatsarchiv Düsseldorf.

Für Auskünfte, Einsichtnahme- und Druckerlaubnis danke ich Frau Marianne Bergstraesser, Frau Dorothea Hämer, Frau Bettina Henrich, Herrn Prof. Dr. Joseph Kaiser, Herrn Hans Saner. Für die freundliche Erlaubnis zum Abdruck des Gruppenfotos des InSoSta auf Seite 348 danke ich Frau Monika Altgeld, Alfred-Weber-Institut.

Das Buch ist meiner Frau gewidmet, die mich ermutigte und unterstützte.
Berlin, im Frühjahr 1999   Reinhard Blomert

Register

Abegg, Lilly 47, 241
Abetz, Otto 243
Ackermann, Karl 245
Adenauer, Konrad 14f., 17f., 283
Adler, Hans 48
Adler, Max 206
Alberti, Leon Battista 259, 263, 271, 359f.
Albrecht, Richard 282
Alemann, Heine von 15, 17
Altmann, Sally P. 59, 139
Al Farasi 351
Andreas, Willy 19, 39, 288
Anschütz, Gerhard 147
Arendt, Hannah 198
Aristoteles 160, 351f.
Artmann, Fritz 22
Aubel, Peter van 306
Augustinus 191
Avicenna 265

Bachem, Heinrich 297
Baden, Prinz Max von 16
Baeck, Leo 281
Baeyer, Hans von 349
Bandmann, Martin 39, 222f., 233
Baron, Hans 151, 170f.
Bauer, Walter 120, 306
Baum, Marie 19f.
Baxa, Jakob 154
Becker, Carl-Heinrich 111
Beerfelde, von 286
Below, Georg von 53
Benjamin, Walter 81f.
Bérard, Armand 32
Berber 116
Bergius, Friedrich 19, 349
Bergson, Henri 162
Bergstraesser, Arnold 8–10, 12, 17, 19–22, 24, 26, 34–37, 46, 59, 108–120, 133–138, 202, 241, 243, 280–282, 288–290, 301–308, 311–330, 332, 349
Bernays, Marie 148
Bernstein, Grete 245
Bismarck, Otto von 147
Blaustein 139
Bloch, Ernst 140, 168, 192, 246, 266
Blomert, Reinhard 152
Böhm-Bawerk, E. 60
Boll 250f., 362
Bonn, Moritz Julius 16
Borinski 250
Born, Max 230
Bortkiewicz, Ladislav von 290
Bosch, Robert 16
Böse, Georg 47, 245
Bran, Friedrich 242
Bran, Fritz 214, 242f., 245, 250
Brandt, Willy 244
Brauer, Theodor 15
Brecht, Arnold 332–334
Brentano, Lujo 16, 293
Briand, Aristide 137f., 243
Brinkmann, Carl 9, 19, 21, 24, 26f., 50, 56, 104–108, 110, 113–119, 176, 281, 302, 313, 318f., 329, 332
Brinkmann, Hanna 110
Brintzinger, Klaus-Rainer 9, 27, 52, 56, 312f., 329, 332
Brod, Max 67
Bruck, F. K. von 147, 300
Bruck, Moeller van den 299f.
Brunelleschi, Filippo 259f., 262f., 271f., 355–357, 359f., 363
Brüning, Heinrich 312, 317
Bruno, Giordano 360
Bruns, Victor 35
Buber, Martin 29
Buckmiller, Michael 14
Buhl, Heinrich 46

Burckhardt, Jakob 69, 249f., 273f., 278f.
Burdach, Konrad 250
Burke, Edmund 163, 169, 173f.

Carbe 42
Carlyle, Thomas 321
Caspari 326
Cassirer, Ernst 13, 178, 227–230, 250, 275, 339–341
Cassirer, Reinhold 245, 248
Caverni 362
Chateaubriand, Francois René 153
Clauss, Max 280f., 311f.
Clemens V. 354
Cohn, Benno 233
Colm, Gerhard 301f.
Comte, Auguste 220, 331
Confalonieri, Federigo Graf 68
Cournot, A. 55f., 58
Coyneer, Sandra J. 83, 101f.
Croce, Benedetto 250
Croner, Fritz 10f., 59, 84, 93, 99–101, 149
Curtius, Ernst Robert 11, 42, 44, 46f., 53, 116, 133, 163, 197, 206–212, 214, 221, 243, 259, 267, 289, 314, 335
Curtius, Ludwig 42

Dahme, Heinz-Jürgen 340
Dannemann 250f., 362
Dante Alighieri 249f., 259
Dehn, Günter 282
Demm, Eberhard 22, 54, 62, 130, 149, 177, 182, 280, 292
Delbrück, Hans 16
Descartes, René 208
Diebold, Bernhard 47
Diederichs, Eugen 243, 291
Diederichs, Niels 243
Diederichs, Peter 243, 250
Dilthey, Wilhelm 205
Donatello 271, 359
Doren, Alfred 250

Dovifat, Emil 44–46
Dreyfus, Alfred 68
Dreyfuss, Carl 92
Driesch, Hans 181, 222
Duggan, Stephan P. 31
Duhem, Pierre 250f., 362
Dunkmann, Karl 15

Eckardt, Felix von 47
Eckardt, Hans von 10, 19, 21, 41, 45–47, 110, 130–133, 245, 281
Eckert, Christian 18
Ehrenfels, Christian von 222
Eickstadt, von 147
Einstein, Albert 229
Eisfeld, Rainer 36, 313, 315
Elbrechter 310
Elias, Norbert 8, 12f., 24, 99, 177, 187, 189, 191, 197–202, 213f., 222–226, 229–242, 244–265, 267–279, 337, 340–342, 349f., 353, 363
Engels, Friedrich 208, 246
Eppstein, Paul 214
Erzberger, Mattias 283
Eschenburg, Theodor 306f., 311
Escher, K. 250
Eschmann, Ernst Wilhelm 241, 243–246, 250, 281, 291f., 300, 305, 308, 330–332
Esser, Carl 36, 312
Eßlinger, Hans Ulrich 60
Eyck, Jan van 269

Fabriano, Gentile da 260, 355
Falk, Werner 199
Falter, Jürgen 102f.
Fehling, Wilhelm 108, 111, 115f., 328
Feiler, Artur 59
Ficino, Marsilio 266–268, 360
Fischer, Fritz Wilhelm 84–91, 93, 97, 329
Fischer, Samuel 321
Fogarasi, Béla 28

Frank, Sebastian 139, 245
Franz, Günther 119, 320f.
Frei, Norbert 307
Freiberg, Dietrich von 254, 351
Freud, Sigmund 68, 165
Freyer, Hans 176, 250
Friedrich, Carl Joachim 31, 34
Friedrich II. 249
Fromm, Erich 349
Fuchs, Sigmund H. 278
Fueter 250

Gablentz, Ottoheinz von der 92
Gábor, Eva 29f.
Gadamer, Hans-Georg 290
Galen 265
Galilei, Galileo 229, 256, 263, 268f., 353, 357, 360, 363f.
Geiger, Theodor 77f., 82, 101, 176
Gentz, Friedrich von 151
George, Stefan 24, 47, 154f., 249f., 267, 305, 314, 324f., 330
Gerlach, Kurt Albert 18
Gerstner, Emil 51
Gerth, Hans 59, 193, 198f., 202–205, 214, 240
Ghiberti, Lorenzo 266, 271, 359f., 363
Giotto di Bondone 271, 355
Gleichen, Heinrich von 299
Glemm 148
Goethe, Johann Wolfgang 128, 150, 160, 180f., 192, 213, 223, 225f., 314, 335f.
Goldammer 139
Goldschmidt, Jakob 22
Gollub, Wilhelm 244, 248
Goldenberg, Boris 244, 246–248
Goldschmidt, Jacob 147
Goldschmidt, Viktor 22
Gournay, Vincent de 61f.
Goverts, Henry 34
Gothein, Eberhard 18, 21, 24–26, 32, 35–37, 40, 42, 49f., 51f., 54, 110, 249f., 306, 312f., 320, 327, 329

Gothein, Georg 210
Gradenwitz, Otto von 267
Greffrath, Mathias 193, 202f., 205
Greiff, Walter 112
Grimm, Jacob 150
Grimm, Melchior 61, 250
Grimm, Wilhelm 150
Groh, Wilhelm 119, 320
Groß, Hans 68
Groß, Otto 68
Großmann, Kurt R. 322f.
Gruhle, Hans 47, 267
Grünberg, Carl 18
Gumbel, Emil Julius 12, 19, 110, 282–290, 316, 328
Gundolf, Friedrich (geb. Gundelfinger) 23, 178, 212, 255, 314

Habsburg, Rudolph von 257, 354
Hackeschmidt, Jörg 222f., 233, 253
Hagemann, Harald 60
Hahn, Kurt 16
Halperin, Natalia 198, 244f.
Hamilton, Richard 102
Hamm, Reichsminister 147
Hampe, Karl 42, 119
Hardenberg, Friedrich von 150, 161, 167f.
Hartmann, Peter 286f.
Hasbach 49
Hashagen, Justus 199
Häuser, Karl 344f.
Hecht, Lilly 55–58
Hegel, Georg Wilhelm Friedrich 30, 123, 156, 158, 162f., 168, 183, 186, 191, 224, 331
Heide 48
Heidegger, Martin 197, 233
Heilbron, Johan 226, 276f.
Heimann, Eduard 91, 297, 301–308
Heimann, Moritz 321
Heinrich VII. 354
Heinrich VIII. 257
Heinsheimer, Karl August 47, 56, 349

Heisenberg, Werner 230
Helfferich, Karl 49
Hellpach, Willy 41, 44, 349
Hennis, Wilhelm 25
Hentschel, Volker 18f., 49–51
Herder, Johann Gottfried 242
Hermann, Otto 199
Herriot, Edouard 287
Hess 250f., 362
Heuss, Theodor 244, 293
Hielscher, Friedrich 209
Hilbert, David 56
Hildebrandt, Kurt 314, 325
Hippokrates 265
Hitler, Adolf 93, 109, 112f., 283, 293, 307, 310–312, 315, 317
Höber, Elfriede 34
Höber, Johannes 33, 199
Hoepker-Aschoff, Hermann 147
Hoffmann, Ernst 236, 288, 290
Hofmannsthal, Hugo von 322
Holborn, Hajo 36, 46, 266f., 317
Hölderlin, Friedrich 314
Hollander, von 139
Holl, Karl 246
Honegger, Claudia 198
Hönigswald, Richard 222, 226, 229–231, 233, 236, 267f.
Hoops, Johannes 349
Horkheimer, Hanna 59
Horkheimer, Max 18
Hübinger, Gangolf 209f.
Huch, Ricarda 68
Hugenberg, Alfred 300
Huizinga, Johan 250
Hunger, Erich 241
Husserl, Edmund 56, 233
Huyghens, Christiaan 229, 364

Imhoff 147

Jäckh, Ernst 47
Jacobs, Monty 47
Jacobsen, Otto 244, 250
Jaffé, Edgar 22–24, 59
Jaffé, Else 22f., 30, 68, 182, 325f., 329, 349
Jansen, Christian 51, 84, 114f., 133f., 148, 193, 267, 283–288, 292, 332
Janssen 246
Jantke, Carl 321
Jaspers, Karl 29, 93, 211f., 222, 232–236, 238, 240, 244, 270, 288–290, 293–295, 300, 335
Jecht, Horst 27
Joachimsen 250
Johann 321
Johnson, Alvin 200
Jung, Edgar Julius 293, 317

Kafka, Franz 67f., 80
Káldor, György 28, 30
Kalmbach, Peter 60
Kamm 241
Kant, Immanuel 29f., 128, 150, 167, 201, 222, 225f., 228–231, 236, 267
Kantorowicz, Ernst 249, 255
Karádi, Éva 28
Karl VIII. 122
Kaufmann, Hans 223
Kautsky, Karl 246
Keil, Georg 47
Keller, Gottfried 194
Kelsen, Hans 25
Kepler, Johannes 229
Kettler, David 11, 28, 198, 239
Keynes, John Maynard 345
Kindt, Werner 301
Kirchheimer, Otto 25
Kirsch 27
Kistiakowsky, A. F. 186
Kittredge, Tracy B. 113, 116–119
Kleebauer, Adolf 320
Kleist, Heinrich von 150
Klibansky, Raymond 12, 29–31, 267
Klingemann, Carsten 7, 313, 323, 332
Klüß, Franz 47
Knies, Karl 49
Knittel, Albert 38–40, 46

461

Koch, Adolf 39–42
Koch-Weser, Erich 292
Kocka, Jürgen 63, 95
Koenen, Andreas 152
Kohn, Hans 282
Kollwitz, Käthe 301
Kopernikus, Nikolaus 353, 360
Korte, Hermann 199, 232
Kossel, Albrecht 222
Koyré, Alexandre 264f., 275
Kracauer, Siegfried 9f., 70, 79–84, 87, 92, 140, 196f.
Krättli, Anton 150f.
Kreilisheim, Márta 30, 349
Krieg, Dr. 47
Kristeller, Paul Oskar 267
Krohn, Claus-Dieter 58, 119, 322f.
Krohn, Wolfgang 259
Krüger, Peter 122
Kruse, Volker 168, 177
Kuczinsky, Jürgen 29

Lagrange, Joseph Louis 362
Laitenberger, Volkhard 31, 34f.
Landshut, Siegfried 25
Lange-Kirchheim, Astrid 67
Laqueur, Walter 291f.
Lederer, Emil 9f., 19–22, 24–31, 40–42, 44, 46, 50, 56, 58–60, 70–79, 81, 84f., 91, 92f., 95, 99, 101, 108, 110, 113, 115, 117, 149, 175, 199f., 212, 214, 243–245, 285, 312f., 329, 331, 349
Lederer, Walter 245
Leijonhufvud, Axel 345f.
Leites, Nathan 25, 58f.
Lenard, Philipp 282
Lenin, Wladimir Iljitsch 54
Leonardo da Vinci 226, 253, 259, 263–266, 268–270, 360–364
Lepenies, Wolf 208, 278, 335f.
Lepsius, Johannes 16
Leviné, Eugen 148
Levy, Hermann 285
Lichnowsky, Leonore Gräfin 54f., 59

Lichtblau, Klaus 13
Liebknecht, Karl 283
Liepmann, Heinrich 117, 244
List, Friedrich 61f., 344
Löwe, Adolf 193, 214, 297, 301–305, 307
Löwenthal, Leo 59
Löwenthal, Richard 47, 239f., 243–248
Luchaire, Jean 243
Ludendorff, Erich 131
Ludwig XIV. 132, 277
Luther, Hans 147
Luther, Martin 244, 355
Lutz, Burkart 343
Lukács, Georg 18, 28, 168, 176, 214f., 242, 247
Luxemburg, Rosa 283

Machui, A. von 245
Macchiavelli, Niccolò 250
Macy 119
Mahraun, Arthur 130, 292
Maistre, Joseph Marie de 173
Man, Henrik de 206
Mann, Thomas 161, 232, 322
Mannheim, Julia 29, 110, 202, 349
Mannheim, Karl 8, 10–12, 20, 24f., 28–31, 46f., 84, 93, 110, 138–144, 146f., 149, 152, 156–170, 172–176, 178, 183–221, 225, 235f., 239–241, 244f., 252, 275–277, 305, 329, 331, 337–339, 342, 349
Marcuse, Ludwig 322f.
Mariotte, Edme 364
Marramao, Giacomo 186
Marschak, Jakob 25, 37, 59, 75, 84, 93, 108, 112, 115–117, 322
Martin, Alfred von 199, 238, 242, 249f., 253, 255–257, 259, 261, 266, 271, 279
Marx, Hugo 149
Marx, Karl 16, 71, 141, 164f., 168, 186, 189, 193, 203, 207, 218, 244, 246–250, 256, 286, 331f., 338f.

Masaccio 260, 269–272, 355–357, 359
Mayrisch, Emil 110, 148, 311
Maximilian I. 243
Medici, Johann von 258, 354
Medici, Lorenzo de 266
Meinecke, Friedrich 16, 151, 159, 169, 172
Meja, Volker 11, 198, 204–206
Melchior, Carl 16
Mendelssohn, Franz von 34
Mendelssohn-Bartholdy, Albrecht 16, 18
Menger, Carl 25, 56, 60
Mennicke, Carl 92
Metternich, Klemens Fürst von 151
Meyer, Th. 47
Michelangelo Buonarroti 266
Michels, Robert 25, 291
Mierendorff, Carlo 59, 282
Mitgau, J. Hermann 32, 302
Mitnitzky, Mark 30, 244
Mommsen, Theodor 41, 69, 178
Mommsen, Wolfgang J. 63, 121f.
Montesquieu, Charles de 126
Montgelas, Graf Max 16
Moras, Joachim 281
Morsbach, Adolf 35, 112, 317
Möser, Justus 159f., 162f., 166f., 170–174
Mosse, Rudolf 41f.
Muckle, Friedrich 285
Müller, Adam 10, 150–158, 162f., 167, 170–174
Müller, August 286
Müller, Guido 281, 311
Müller-Seidel, Walter 67f.
Münzenberg, Willi 283
Münzer, Thomas 246
Münzner, Gerhard 140, 199

Napoleon I. 124, 136, 154, 273
Naumann, Friedrich 293
Neuberg, Ruth 139f.
Neumann, Carl 249

Neurath, Paul 285
Newton, Isaac 229
Niekisch, Ernst 82
Nietzsche, Friedrich 69, 128, 244, 324, 336
Nikolaus von Cues 245, 250, 267
Noack, Paul 175f.
Novalis siehe v. Hardenberg

Olschki, Leonardo 250–252, 258f., 263–272, 275, 278, 360–364
Oncken, Hermann 16
Ott, Eugen 311

Papen, Franz von 311
Parsons, Talcott 7, 59, 342
Pascal, Blaise 364
Pastor, H. v. 250
Petrarca (Petracco, Francesco) 259
Pfitzenmaier, Eva 242
Pfleiderer, Otto 118
Philipp, Michael 313f.
Philippovich, Eugen von 60
Picht, Werner 34f.
Planck, Erwin 317
Platon 163, 180, 192, 206, 223f., 266, 268, 354
Plehwe, Friedrich Karl von 310f.
Plenge, Johann 15, 18, 293
Plessner, Helmuth 174
Plethon, Gemistos 266
Pollajuolo, Antonio 260, 266
Pollock, Friedrich 18
Portheim, Stiftung 22
Predöhl, Andreas 328
Prinzing, Albert 118f.
Przywara, Erich 47, 282
Pulvermann 306
Pythagoras 346

Radbruch, Gustav 285, 288, 349
Radványi, László 28, 30
Radványi-Seghers, Anna 29
Raemisch 306
Ranke, Hermann 326

463

Rathenau, Walther 282
Rathgen, Carl 49–51, 330
Rau, Karl Heinrich 27
Rehberg, Karl-Siegbert 342
Reinhold, Peter 147
Reimann, Horst 47f.
Rembrandt 269f.
Remmele, Adam 40, 44
Renan, Ernest 126
Renner, Karl 206
Rewalt 140
Rhodes, Cecil 118
Ribes, Champetier de 147
Ricardo, David 60
Richter, G. 44–46
Rickert, Heinrich 29, 42, 56, 144, 222, 236
Riemer, Svend 59, 93f.
Rienhardt 48
Riese, Reinhard 39f., 50
Ritter, Gerhard 267
Robbia, Luca della 359
Rockefeller, Nelson 9f., 18, 108–111, 114–116, 118f., 244f., 317, 326
Rohan, Karl Anton Prinz 280f.
Rohden, Richard 173
Rosenstock-Huessy, Eugen 47
Rössiger, Max 77, 82f.
Rothacker, Erich 267
Rousseau, Jean Jacques 125
Rubinstein, Nina 198, 239
Ruge, Arnold 39, 282
Rümelin, Frank 311
Rüstow, Alexander 31, 297–308
Rüstow, Hans Joachim 301f.
Rychner, Max 208f.

Saint-Simon, Claude Henry de 65, 186, 220
Salin, Edgar 19f., 22–24, 35, 55, 57, 110, 249, 324–326, 328–330
Salomon, Albert 59
Saltati, Culuccio 249
Salz, Arthur 18f., 23f., 56, 152–157, 285

Savigny, Friedrich Karl von 160, 171–173
Savonarola, Girolamo 355
Schacht, Hjalmar 47, 309
Schäfer, Dietrich 50
Schaeffer, Hans 297
Schall 147
Scheel, Alfred 19, 46
Scheel, Gustav Adolf 318
Schefold, Bertram 55
Scheler, Max 15, 17, 205
Schelling, Friedrich Wilhelm Joseph 156
Schelting, Alexander von 30, 166
Schiller, Friedrich von 299
Schiller, Karl 27
Schleicher, Kurt von 307, 310–313, 316
Schlier, Otto 112
Schluchter, Wolfgang 332, 334, 337
Schmitt, Carl 11, 25, 27, 114, 151–153, 156f., 162, 173, 175f.
Schmitt, Horst 8, 138, 314
Schmoller, Gustav 9, 26, 54, 66, 72, 77f., 343
Schneider, René 250
Schramm, Percy Ernst 267
Schremmer, Eckart 51
Schröder, Kurt Frhr. von 311
Schütz-Sevin, Barbara 319
Schumpeter, Joseph A. 56–58, 60, 94, 203
Schunk, Karl 56
Schuster, Ernst 84
Schwentker, Detlef 344
Schwoerer, Victor 26, 38–40, 111, 119
Seghers, Anna siehe Radványi-Seghers
Seidler-Lederer, Emmy 29
Seligman, Edwin R. 148
Shils, Edward 200
Shurman, Jacob G. 349
Sickle, John van 109, 113–118
Simmel, Georg 11, 13, 50, 178, 186,

190, 197, 241, 250, 253, 262, 336, 339f., 342
Simon, Kurt 44–47
Singer, Kurt 47
Smith, Adam 174
Snow, C. P. 259
Sohn-Rethel, Alfred 214, 218
Somary, Felix 22, 60
Sombart, Werner 49, 94, 214, 241, 279
Sommerfeld, Heinrich 52
Sorel, Georges 162
Spann, Othmar 56, 151, 154
Speier, Hans 10, 30, 59, 82, 92–99, 140, 199, 203–206, 215
Spengler, Oswald 30, 181f., 331
Staël, Germaine de 150
Stark, Johannes 199
Staudinger, Hans 301
Stehr, Nico 11, 198, 204–206
Stein, Edith 233
Stern, Günther 198
Stern, Lisbeth 301
Stern, William 80
Sternberger, Dolf 121f., 335
Stolleis, Michael 160
Strasser, Gregor 310, 312, 316
Stresemann, Gustav 138, 243
Ströbel, Heinrich 286
Svarez (unrichtig Suarez), Carl Gottlieb 160
Sultan, Herbert 110

Tarnow, Fritz 91
Taut, Heinrich 244, 329
Taylor, Frederick Winslow 97
Thadden, Elisabeth von 119, 147
Thibaut, Anton Friedrich Justus 160
Thode, Henry 249f.
Thomas von Aquin 254, 257, 351
Thun-Hohenstein, Graf 47
Tiberius 244
Tillich, Paul 193, 301, 304
Tolnay, Károly 30

Tönnies, Ferdinand 15, 241
Toscanelli 263, 360
Treitschke, Heinrich von 143
Trendelenburg, Ernst 147
Troeltsch, Ernst 249
Troeltsch, Hermann 139, 152f., 155–157, 159, 166, 169, 205, 241
Trotzki, Leo 283

Uccello, Paolo 273, 358
Ukichi, Taguchi 344
Ullstein, Leopold 41, 93
Ulmer, Eugen 326
Üner, Elfriede 336
Ungern-Sternberg, Leonore von 117
Unteutsch, Barbara 243

Vailati 362
Vasari, Giorgio 266
Velázquez, Diego de Silva 269
Verrocchio, Andrea del 266
Vezér, Erzsébet 28
Viénot, Pierre 212
Vitruv(ius) Pollio 271
Vogt, Martin 286
Voigt, Andreas 250
Voßler, Karl 250, 258

Waffenschmidt, Walter 9, 56f., 349
Wagner, Peter 108, 343
Wagner, Richard 161
Waldhof 148
Waldkirch, Wilhelm 19, 39, 45f.
Walras, Auguste 56
Walras, Léon 55f., 58, 344
Walther, Andreas 95
Warburg, Aby 276
Warburg, Max 16
Warburg, Paul 148
Wassermann, Jakob 282
Weber, Alfred 7–12, 16–30, 34–36, 39–46, 50–56, 59f., 62–68, 70–72, 76f., 84, 88, 92, 94f., 97, 108–110, 112–131, 134, 137, 146–149, 154,

164, 176–186, 188, 190f., 201f.,
204, 207, 209, 211, 213–221, 232,
235f., 238–249, 251f., 255–259,
266, 271–273, 275–277, 279–281,
285, 288–293, 308f., 312, 322–326,
328–339, 344, 349
Weber, Marianne 23, 29f., 54, 59,
109, 239, 242, 247–249, 267, 349
Weber, Max 7, 9–11, 16, 20f.,
23–28, 39f., 49, 51, 53, 56f.,
59–63, 68, 76, 85, 121–123, 128,
132, 134, 140–144, 146, 156f., 176,
183, 187–190, 193, 197, 202, 205,
207, 217, 232, 241, 253, 255, 263,
278f., 285, 313, 329–334, 336–338,
342, 344
Weil, Felix 18
Weizsäcker, Victor von 267
Wertheimer, Max 93
Weyl, Hermann 56
Wiedenfeld 45
Wiener, Norbert 230
Wiese, Leopold von 15, 18, 190

Wirsing, Giselher 27, 291, 302, 305, 308
Wirth, Louis 199
Witzenmann, Walter 330
Wohlwill 362
Woldring, Henk 29
Wolfers, Arnold 301
Wolff, Kurt H. 199
Woltereck, Richard 181
Wolters, Arnold 111
Wolters, Friedrich 314, 325
Wunder, Bernd 61f.
Württemberg, Graf von 354

Yorck, Peter Graf 317

Zehrer, Hans 291, 307, 309–311
Zilsel, Edgar 250, 255f.
Zimmer, Heinrich 267
Zimmermann, Friedrich (Ferdinand Fried) 291, 300
Zitzewitz-Kottow 147
Zuckmayer, Carl 59

Hanser Sachbuch

Ursula Pia Jauch
Jenseits der Maschine
Philosophie, Ironie und Ästhetik
bei Julien Offray de La Mettrie (1709–1751)
1998. 598 Seiten, 30 Abbildungen

»Ursula Pia Jauch legt nun die erste umfassende Untersuchung zu Leben und Werk seit Poritzkys ›Lamettrie‹ aus dem Jahr 1900 vor und verfolgt damit mehr als nur eine biographische Rehabilitation. Ihr gründlich recherchiertes Buch ... möchte vor ›dem Erfahrungshintergrund einer global zu Tode verwalteten, vernetzten und berechneten Welt La Mettrie als Vision, der in der Lage ist, vom einsetzenden Zahlenwahn der Aufklärer einen Prospekt auf die Datenwelt der Zukunft entwickeln‹, präsentieren. ... Ursula Pia Jauch präsentiert eine der gründlichsten neueren Lesungen des Gesamtwerks La Mettries. Ihre Verquickung philosophischer und literaturwissenschaftlicher Betrachtungsweisen und eine für deutschsprachige Wissenschaftsprosa seltene Stilsicherheit machen ihr Buch ganz ohne Zweifel zur derzeit anregendsten verfügbaren Lektüre zum Autor des *Homme machine*.« *Neue Zürcher Zeitung* – Hans-Ulrich Seifert

»Er war in den Augen seiner Zeitgenossen der wildeste Wüstling und Lüstling, seine Werke wurden zusammen mit Diderots *Pensées philosophiques* am 7. Juli 1746 auf den Treppen vor dem Pariser Parlament verbrannt. ... Jetzt wurde dieser radikalste aller Aufklärer und Atheisten von Ursula Pia Jauch wiederentdeckt: Julien Offray de La Mettrie (1809–1751), königlicher Leibarzt und Autor des zum Schlag- und Abschreckwort gewordenen *L'Homme Machine*, der Mensch als Maschine. ... Nun hat die Zürcher Philosophin Ursula Pia Jauch mit ihrem Gespür für exzentrische Denker den geschmähten Springteufel La Mettrie aus der Schublade ›Materialist‹ befreit. ... Ein sechshundertseitiges Standardwerk.« *Die Weltwoche* – Stefan Zweifel

Hanser Sachbuch

Wolf Lepenies
Sainte-Beuve
Auf der Schwelle zur Moderne
1997. 645 Seiten

»Wolf Lepenies legt nach Jahren des genauen Studiums eine – sagen wir's schon: außerordentliche Arbeit vor; eine Biographie des oft Geschmähten, die zugleich das französische 19. Jahrhundert einholt, ordnet, kommentiert. Es heißt hier, Gerechtigkeit für den Mann, Verständnis für sein Werk. Und wie Sainte-Beuve mit seinen Essays nicht nur als Richter und Rächer, als Henker und Bestatter seine Wirkung entfaltet, sondern viel eher den Leser, den Hermeneutiker, den geduldigen Moralisten vorzeigte, plädiert auch Lepenies für das Verstehen. Er urteilt weniger, als daß er rekonstruiert. ... Ungern, mit dem Vorbehalt der Rückkehr, trennen wir uns von Lepenies' großem Buch.« *Neue Zürcher Zeitung – Martin Meyer*

»Lepenies belehrt uns nun insgesamt, daß wir Sainte-Beuve anders sehen müssen und zeigt uns, daß wir ihn kaum kannten. Für Lepenies ist Sainte-Beuve – es ist die These des Buchs – ein Mann der Schwelle, der Schwelle zur Moderne. Dort blieb er stehen und scheiterte an ihr.« *Merkur – Hans-Martin Gauger*

Hanser Sachbuch

Joachim Radkau
Das Zeitalter der Nervosität
Deutschland zwischen Bismarck und Hitler
1998. 551 Seiten

»Radkaus Analyse der politischen Weiterungen der vormaligen Neurasthenie-Debatten in Deutschland eröffnet eine neue Sicht auf die mentale Entstehungsgeschichte des Ersten Weltkrieges und auf die Vorgeschichte des Dritten Reiches, das in den Zweiten Weltkrieg führte.« *WDR Hörfunk – Regine Gossmann*

»Mit seinen Studien über die Nervosität im hochindustriell geprägten wilhelminischen Deutschland ist der Historiker Joachim Radkau an die Öffentlichkeit getreten. Sein Buch zieht überraschende Parallelen, die bis in unsere Zeit reichen und wichtige Erkenntnisse liefern. ... Das Buch besticht nicht nur durch die neue Sicht auf eine ganze Epoche, sondern auch durch seinen journalistischen Erzählstil.«
Vorwärts, Berlin – Frank Suplie

»Was Radkau avisiert hat, ist nicht die Bindestrichspezialität Mentalitätsgeschichte, es ist wirklich Gesellschaftsgeschichte, so wie wir sie heute brauchen.« *taz – Katharina Rutschky*

»Unsere Vorstellungen über diese nervös-ängstliche, unentschlossene und oft irrationale Grundstimmung der Jahre vor 1914 werden durch Radkaus Studie klarer und an Belegen reicher. ... Es ist ein auf bewundernswertem Fleiß, archivalischer Akribie und überzeugender Analyse beruhendes Werk, das Joachim Radkau vorgelegt hat. Die gelungene Mischung aus Einzelfällen und ihrer mitunter äußerst detailfreudig nachgezeichneten Verwobenheit mit sozial-, kultur- und militärgeschichtlichen Verläufen macht das Buch überdies zu einem Lesevergnügen.« *Die Zeit, Literaturbeilage – Bernd Ulrich*

Sachbuch des Monats Juli 1998 in der *SZ/NDR*-Sachbuchliste

Hanser Sachbuch

Rüdiger Safranski
Das Böse
oder Das Drama der Freiheit
1997. 335 Seiten

»Rüdiger Safranskis neues Buch über das Böse öffnet die verengten Horizonte, die unsere Tagesdebatten über Gesellschaft und Moral, über Werte und Normen vielfach so harmlos und unfruchtbar sein lassen. Safranski macht den Leser bekannt mit der reichen, weithin vergessenen Geschichte des Nachdenkens über die Nachtseite des Menschen und der Welt. ... Das Problematische des Menschen, das im Bösen auf die Spitze getrieben ist, hat über Jahrhunderte ein ungeheures Maß an Scharfsinn und Einfühlung mobilisiert. Diesen Reichtum der Vergessenheit zu entreißen, den Bergwanderungen und Grubenfahrten der Selbsterkenntnis mit unzeitgemäßer Hingabe zu folgen, ist Safranskis Beitrag zum Kampf gegen die metaphysische Dummheit. ... Das Buch ist durchaus nicht schwierig zu lesen, sondern verständlich wie Safranskis meisterhafte Philosophenbiographien über Schopenhauer und Heidegger.«
Berliner Zeitung – Jan Ross

»Rüdiger Safranski wendet sich nicht an ein Publikum von Philosophie-Profis, sondern an räsonierende Leser, die sich das Nachdenken noch nicht verboten haben. Seine Fähigkeit, auch komplexe Gedanken in einer flüssigen Sprache vorzutragen, also auf jeden philosophischen Jargon zu verzichten, hilft ihm bei seinem Vorhaben. ... Der Leser wird in Denkabenteuer eingeführt und nicht belehrt.«
Focus – Stephan Sattler

»Wie kommen das Böse, das Inkorrekte, das Inhumane, das Unerwünschte, das Grausame, das Gemeine, das Gewalttätige in die Welt, wer ist dafür verantwortlich zu machen, wie wird man damit fertig, und worin liegt ihre kaum bestreitbare Faszination?
Nicht nur einen Mosaikstein, sondern in der Tat einen Eckpfeiler dieser Debatte stellt das neue Buch von Rüdiger Safranski dar.«
Falter – Konrad Paul Liessmann